海船船员适任考试培训教材
符合《海船船员培训大纲（2016版）》培训要求

船舶管理

(管理级)

张跃文　程　东　李福海　郭军武　主编

时冬生　主审

© 张跃文 程 东 李福海 郭军武 2019

图书在版编目(CIP)数据

船舶管理：管理级／张跃文等主编． — 大连：大连海事大学出版社，2019.1
海船船员适任考试培训教材
ISBN 978-7-5632-3770-8

Ⅰ.①船… Ⅱ.①张… Ⅲ.①船舶管理—职业培训—教材 Ⅳ.①U692

中国版本图书馆 CIP 数据核字(2019)第 013462 号

大连海事大学出版社出版

地址：大连市凌海路1号 邮编：116026 电话：0411-84728394 传真：0411-84727996
http://press.dlmu.edu.cn E-mail：dmupress@dlmu.edu.cn

大连金华光彩色印刷有限公司印装　　大连海事大学出版社发行

2019 年 1 月第 1 版　　2019 年 1 月第 1 次印刷
幅面尺寸：184 mm×260 mm　　印张：37.75
字数：960 千　　印数：1~3000 册

责任编辑：杨 淼　　责任校对：宋彩霞
封面设计：张爱妮　　版式设计：张爱妮

ISBN 978-7-5632-3770-8　　定价：112.00 元

前　言

为有效履行《1978年海员培训、发证和值班标准国际公约》马尼拉修正案，进一步规范海船船员培训行为，提高培训质量，根据《中华人民共和国船员条例》《中华人民共和国船员培训管理规则》规定，交通运输部编制了《海船船员培训大纲（2016版）》，自2017年4月1日起施行〔《交通运输部办公厅关于发布〈海船船员培训大纲（2016版）〉的通知》（交办海〔2017〕33号）〕。

为了更好地指导帮助船员进行适任考试前的培训，进一步提高船员适任水平，大连海事大学出版社、人民交通出版社股份有限公司组织全国有丰富教学、培训经验和航海实际经验的专家共同编写了与《海船船员培训大纲（2016版）》相适应的海船船员（管理级）培训教材。本套教材编写采用图文并茂的形式，改变了长期以来以文字为主的教材编写方式，满足《海船船员培训大纲（2016版）》对船员适任培训的要求，教材知识点紧扣培训大纲，具有权威、准确、系统、实用的特点，重点突出船员适任和航海实践需掌握的知识，旨在培养船员具备在实践中应用知识的能力，并可作为工具书帮助船员上船工作使用。

本套海船船员（管理级）培训教材由《船舶操纵与避碰》、《航海学》、《船舶结构与货运》、《船舶管理》（驾驶专业）、《轮机英语》、《船舶动力装置》、《主推进动力装置》、《船舶辅机》、《船舶电气与自动化（船舶电气）》、《船舶电气与自动化（船舶自动化）》、《船舶管理》（轮机专业）组成。

本套教材在编写、出版工作中，得到了各海事管理机构、中国海事服务中心、各航海院校、海员培训机构、航运企业等单位的关心和大力支持，特致谢意。

大连海事大学出版社
人民交通出版社股份有限公司
2018年12月

编者的话

《船舶管理(管理级)》是海船船员适任考试培训系列教材之一,在中国海事服务中心组织指导下,由航海类院校、海事局、航运公司等单位共同编审而成。为了便于船员使用,教材内容严格按照《海船船员培训大纲(2016版)》的内容进行编写。

本教材内容紧扣STCW公约马尼拉修正案,结合了其他最新国际公约、规则、国家法律、法规和规章,具有权威、系统和全面等特点。在编写过程中,紧密结合现代船舶应用技术,强调理论与实际相结合,注意培养船员的法律意识、安全意识和环保意识。本套教材注重对生产实践的指导作用,旨在培养船员实践应用知识的能力,其中含有船舶关键操作的案例和指南,可同时作为船员的工具书使用,指导船舶的日常操作和管理工作。本书可作为航海类院校相关专业的课程参考教材,也可作为船舶管理公司、船舶修造厂等人员学习和培训的教材。

本教材由大连海事大学张跃文、程东,青岛远洋船员职业学院李福海,上海海事大学郭军武等共同主编(主编排名不分先后),由张跃文统稿,上海海事局时冬生主审。本书共有十章:第一章由李福海、孙明编写,第二章由郭军武、邹永久编写,第三章由程东、黄党和编写,第四章由杜太利、李宏林编写,第五章由杜太利、张跃文编写,第六章由布景辉、李宏林编写,第七章由程东、段绪旭编写,第八章由李宏林、张跃文编写,第九章由姜兴家、张跃文编写,第十章由李福海、孙明编写。参与本教材编写的还有郭立新、陈立春、陶良深、苏龙刚、李文双、王迎新、张鹏、孟维明、冯伟、任洪莹、张君彦、刘勤安、马冉祺等同志。

本教材在编写过程中得到了中国远洋海运集团有限公司的大力支持,有关专家对本教材及大纲提出了许多中肯的意见和建议,并提供了大量的电子版资料。在此,向上述单位和所有关心、帮助本教材编写和出版的同人表示衷心的感谢!

由于编者学识水平有限,书中难免有不当之处,恳请各位读者批评指正。

编 者

2018年12月

目 录

第一章 船舶构造与适航性 ··· 1
- 第一节 船舶结构与营运经济性管理 ··· 1
- 第二节 船舶适航性 ··· 49

第二章 船舶公约、法规及有关规定 ··· 74
- 第一节 国际海上人命安全公约 ··· 74
- 第二节 国际防止船舶造成污染公约 ··· 77
- 第三节 船舶证书 ··· 79
- 第四节 国际船舶载重线公约 ··· 82
- 第五节 国际卫生条例 ··· 86
- 第六节 国际公约涉及的管理级职责 ··· 93
- 第七节 船舶安全责任 ··· 115
- 第八节 船舶防污染责任 ··· 134
- 第九节 国内相关法规 ··· 145

第三章 船舶营运维修管理 ··· 163
- 第一节 ISM 体系管理 ··· 163
- 第二节 修船管理 ··· 169
- 第三节 船舶检验 ··· 182
- 第四节 船舶保养体系 ··· 187

第四章 船舶安全操作与管理 ··· 191
- 第一节 船舶安全操作 ··· 191
- 第二节 船舶安全管理 ··· 246

第五章 船舶人员的安全管理 ··· 264
- 第一节 救生设备的安全管理规定 ··· 264
- 第二节 救生和消防的安全管理规定 ··· 271
- 第三节 保护船上人员的行动 ··· 279

第六章 船舶应急反应计划 ··· 286
- 第一节 船舶和港口的应急管理 ··· 286

第二节　船舶损害控制···302

第七章　船舶机械状态监测···312
　　第一节　船舶机械的维修···312
　　第二节　船舶机械故障检测和处理···314
　　第三节　船舶机械检测和调整···318
　　第四节　船舶机械的无损检测···323
　　第五节　船舶机械材料测试···331
　　第六节　船舶建造与修复···337

第八章　船舶油料、备件和物料的管理···344
　　第一节　船舶油料理化性质···344
　　第二节　船舶油料取样和测试···353
　　第三节　船舶油料化验结果分析···357
　　第四节　船舶油料加装管理···364
　　第五节　船舶备件和物料管理···368
　　第六节　船舶油料处理方法···376
　　第七节　船舶油料的污染管理···380

第九章　船舶防污染管理···384
　　第一节　船舶防污染国际公约和国内法规的相关规定···384
　　第二节　防污染设备及管理···425

第十章　领导力和管理技能运用···458
　　第一节　船舶人员管理的相关规定···458
　　第二节　船上人员管理与训练···503
　　第三节　轮机部团队管理···534
　　第四节　轮机部团队的有效管理···556
　　第五节　风险评估与决策···579
　　第六节　轮机部团队操作实例···584

参考文献···591

第一章 船舶构造与适航性

第一节 船舶结构与营运经济性管理

适用对象：沿海航区及无限航区 750 kW 及以上船舶大管轮和轮机长。

知识要点概述：要求无限航区/沿海航区 750 kW 及以上船舶轮机长，了解船舶应力，包括船舶结构方面的应力、进坞、搁浅时的应力等，了解船舶动力学的相关知识，掌握船舶阻力、燃料消耗、续航力的概念及相互关系。要求无限航区/沿海航区 750 kW 及以上船舶大管轮，了解船舶进坞、搁浅、振动冲击时的应力，了解船舶动力学及舵上的力，掌握船舶结构及船舶结构方面的应力、船舶腐蚀、摩擦阻力、雷诺数、剩余阻力等。

一、船体结构

(一) 船体结构

钢质的船体结构都是由钢板和骨架组成的，船体的甲板板和外板（包括舷侧外板、艉部外板、船底外板）是由钢板制成的，形成一个水密的外壳。在甲板板和船体外板的内部，布置着许多骨架，支撑着钢板。这样船体形成一个外部由骨架和钢板包围、中间是空心的结构。这种由骨架和钢板组成的船体结构的优点是，在同样的受力条件下，船体结构重量轻。

船体结构若按结构中骨架的排列方式划分，可分为横骨架式船体结构、纵骨架式船体结构、混合骨架式船体结构三种。

1. 横骨架式船体结构

当船体甲板板和外板里面的支撑骨材横向布置较密而纵向布置较稀时，这种形式的船体结构称为横骨架式船体结构，如图 1-1 所示。

横骨架式船体结构，实质上是由一系列的间距很小的横向环绕着船的肋骨框架组成的。这些肋骨框架包括船底肋板、舷侧肋骨和甲板下的横梁，以及把它们相互连接起来的肘板。肋骨框架的作用是加强船体外板和甲板，共同承担着船体的横向强度。横骨架式船体结构船的

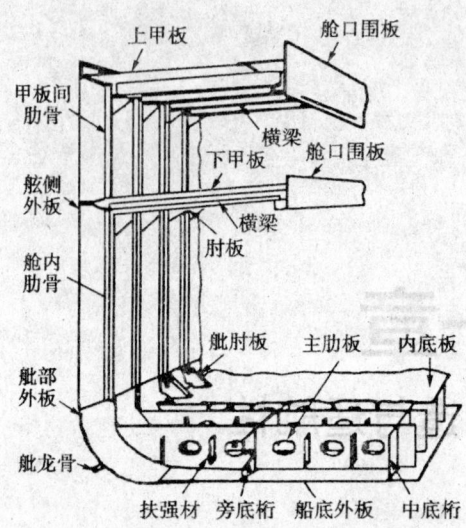

图 1-1　横骨架式船体结构

纵向强度,主要是由甲板板和船体外板以及少量的大型纵向构件来承担的。

横骨架式船体结构是造船中应用最早的一种结构。其优点是:船体结构强度可靠,结构简单,建造容易;另外,舱内肋骨和甲板下的横梁尺寸较小,结构整齐,不影响装卸货物。缺点是:船体的纵向强度主要是由甲板板和船体外板来承担,为了承担较大的纵向强度,必须把甲板板和船体外板做得较厚,增加了船体重量。故横骨架式船体结构适用于对纵向强度要求不高的中小型船舶。

2. 纵骨架式船体结构

纵骨架式船体结构,是在甲板板和船体外板里面的支撑骨材纵向布置得较密、横向布置得较稀的一种骨架形式。在横向布置少量的强肋骨、强横梁和肋板组成的大型肋骨框架,如图1-2所示。船体外板和甲板板与纵向连续构件一起承担着纵向强度。船体的横向强度主要是由大型肋骨框架及附连的甲板板和船体外板来承担。不过艏艉端采用的是横骨架式船体结构。

由于纵骨架式船体结构的骨材大部分是沿着船的纵向布置,因此其优点是:船体的纵向强度大,甲板板和船体外板可以做得薄些,船体重量轻。但是,由于货舱内布置着大型肋骨框架,妨碍货物的装卸。因此,纵骨架式船体结构主要用在对纵向强度要求较高的大型油船上。

3. 混合骨架式船体结构

混合骨架式船体结构,在主船体中段的强力甲板和船底采用纵骨架式船体结构,而在舷侧和下甲板上采用横骨架式船体结构,如图1-3所示,艏艉端采用横骨架式结构。

混合骨架式船体结构吸取了横骨架式结构与纵骨架式船体结构的优点,船体纵向强度大,有足够的横向强度,建造也容易,货舱内突出的大型构件少,不影响货物装卸,目前在大、中型干货船上广泛采用该结构。

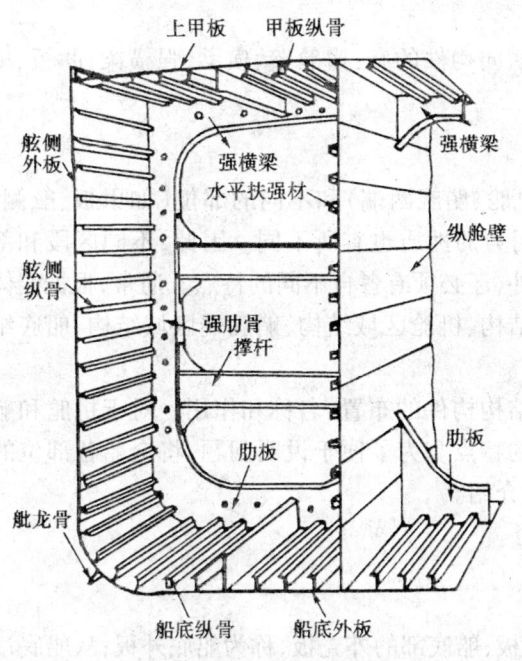

图1-2 纵骨架式船体结构   图1-3 混合骨架式船体结构

（二）船体构件和结构的分类

1. 船体构件的分类

在船体结构中每一加工单元就称为一个构件（如一块钢板、一根角钢都是一个构件）。一个构件按其在船体中所处的位置和作用不同，有着不同的名称。如由角钢制成的构件，在甲板下面纵向布置的称为甲板纵骨；在甲板下横向布置的称为甲板横梁；在舷侧竖向布置的称为肋骨；布置在舱壁板上的称为舱壁扶强材。

在结构构件中，作为甲板板、外板、舱壁板等板材的扶强材的这类构件称为次要构件，如肋骨、横梁、纵骨、舱壁扶强材等。

在船体结构中由组合型钢制成的大型构件，统称为桁材。纵向布置的有甲板纵桁、舷侧纵桁、船底纵桁等；横向布置的有强横梁；舷侧竖向布置的有强肋骨等。

在结构构件中支撑着其他构件的大型组合构件，称为主要构件，如甲板纵桁、舷侧纵桁、强横梁、强肋骨等。

根据结构构件和桁材在船体结构中承担的强度作用的不同，构件分为下面几种：

（1）纵向构件

纵向构件是指这类构件参与总纵弯曲，即承担总纵弯曲强度的构件。在结构上这些构件必须符合下列条件：

①布置在船长中部$0.4L$船长区段内；

②在纵向上是连续的；

③构件的横向接缝是牢固的。

属于纵向构件的有：甲板、甲板纵桁、甲板纵骨、船底纵桁、船底纵骨、内底板、纵向舱壁、船体外板等。在船体中部$0.4L$船长区域内，特别是位于甲板舷边和舱口角隅等部位的纵向构件不允许存在任何裂纹。

(2) 横向构件

横向构件是能承担横向强度的构件。属于横向构件的有：横舱壁、横梁、强横梁、肋板、横梁肘板、舭肘板等。

2. 船体结构的分类

在同一条船上，位于不同的区段（如货舱、机舱、艏艉两端）和不同的部位（如甲板、舷侧、船底等），不仅所受到的作用力的大小不同，作用力的性质也有所不同。因此，不同区段和部位的结构除了要保持整个船体结构的连续性以外，还必须有各自不同的特点。通常，根据船体结构特点的异同，将船体结构划分为货舱区域结构、机舱区域结构、艏艉端区域结构、船底结构、舷侧结构、甲板结构、舱壁结构等。

下面主要以货舱区域结构为例来说明船体结构构件的布置、名称和作用。对于机舱和艏艉两端的结构主要说明其与货舱区域结构不同的特点。为了便于说明问题，将全船各部位的外板和甲板板与其相连接的骨架分开，单独进行介绍。

（三）外板

1. 外板名称

位于主船体两舷侧的船壳钢板，称为舷侧外板；船底部的外壳板，称为船底外板；从船底过渡到两舷侧转弯处的船壳板，称为舭部外板。这三部分船壳板统称为船体外板，简称外板，又称船壳板（如图1-4所示）。

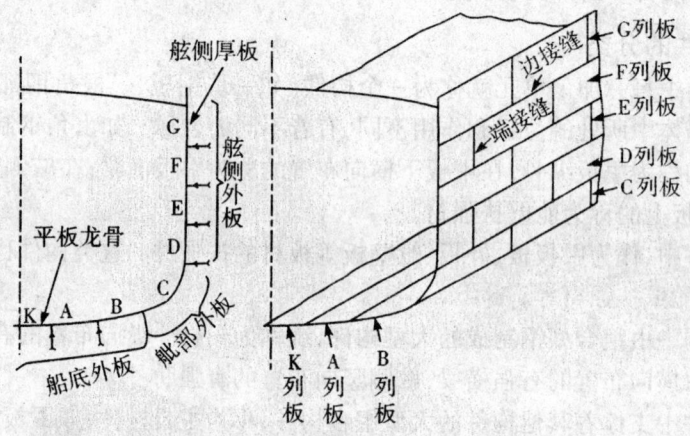

图1-4 船体外板名称

外板是由许多块钢板拼接而成的。钢板的长边都是沿着船长方向布置，钢板长边相连接的纵向接缝，称为边接缝。钢板短边的横向接缝，称为端接缝。由许多块钢板逐块端接而成的连续长条板，称为列板。

在舷侧与强力甲板（一般为上甲板）相连接的一列舷侧外板（通常为舷侧最上方的列板），称为舷顶列板，又称舷侧厚板；位于船体中心线处的一列船底外板，称为平板龙骨。

2. 外板的作用

外板的作用是：保证船体的水密性；承担船体总纵弯曲强度、横向强度和局部强度；承担舷外水压力，波浪冲击力，坞墩反作用力及外界的碰撞、挤压和搁浅等作用力。

3. 外板厚度的分布

外板厚度的分布原则是根据总纵强度的要求分配，对于个别受力较大的部位，则采用局部加强。

(1) 外板厚度在船长方向的分布

因为一般船舶的最大总纵弯曲力矩都是作用在船体中部 0.4L 船长区段内,所以在该区段内外板厚度最大,而向艏艉两端方向则逐渐减薄。但是,考虑到船舶进坞承受墩木作用以及搁浅等原因,平板龙骨从艏至艉厚度保持不变。

(2) 外板厚度沿肋骨围长方向分布

由于弯曲应力在中和轴处为零,向甲板和船底呈线性增大,因此平板龙骨和舷顶列板较其他列板厚些。另外,舷侧外板受拉、压交替作用,易疲劳;位于折角处,应力集中;甲板舷边易腐蚀;平板龙骨还要承受墩木反作用力等,基于上述原因,要求这两列板较厚。

(3) 局部加强

易产生应力集中的部位、受振动力或波浪冲击力较大的部位需外板加厚或加覆板,如船壳外板开口周围,锚链筒出口处,舷侧货舱门的周围,外板连续性发生突变的部位(如桥楼两端舷侧外板、与艉柱连接的外板、轴毂处的包板、艉轴架托掌固定处的外板),船首部位受波浪冲击力作用的船底外板和舷侧外板等处。

(四) 甲板板

在船体总纵弯曲时承担着最大抵抗力的甲板称为强力甲板(一般是上甲板)。一般船舶的上甲板为强力甲板。下面主要以强力甲板为例,说明甲板板的厚度分布和排列及舷边连接等问题。

1. 甲板板的厚度分布和排列

(1) 甲板板的厚度分布

若有多层甲板,因强力甲板(或上甲板)距中和轴最远,是承担总纵弯曲应力作用的主要甲板,所以强力甲板板是各层甲板中厚度最厚的甲板。

由于最大的总纵弯曲力矩作用在船体中部 0.4L 船长区域内,因此在该段区域内的强力甲板板最厚,并向两端逐渐减薄(如图 1-5 所示)。

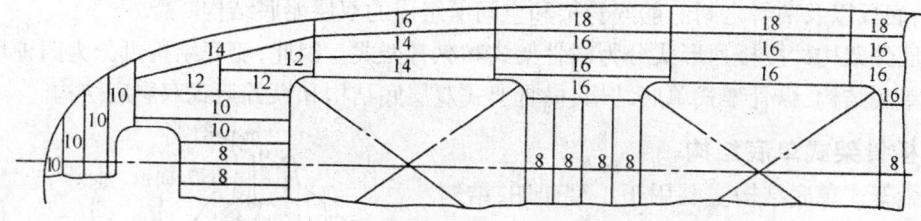

图 1-5 甲板板的厚度分布和排列

在强力甲板中,沿着舷边的一列钢板称为甲板边板,它是强力甲板中厚度最厚的一列板,这是由于甲板边板位于舷边折角处,易引起应力集中,舷边又经常积水而锈蚀严重。

在舱口之间的甲板板,因被舱口切断而不连续,不能参与总纵弯曲,故该处甲板板较其他处的甲板板薄。

(2) 甲板板的排列

从舱口边至舷边的甲板板,钢板是纵向布置的,长边沿船长方向并且平行于甲板中线。在舱口之间以及艏艉端的甲板板,因地方狭窄一般将钢板横向布置。

2. 甲板舷边连接

强力甲板与舷侧外板相交成直角,易造成应力集中,又远离中和轴,产生一个高应力区域。船体往往在该区域首先发生断裂,故舷边连接一直是船体强度需要特别注意的地方。目前,根据船舶的大小、使用的钢材、焊接工艺质量的不同,有以下三种连接方式(如图1-6所示):舷边角钢铆接、舷边直接焊接、圆弧形舷边连接。

3. 甲板开口处的加强

甲板板上的开口,由于损失了部分甲板断面面积,同时开口的角隅处易产生应力集中,故必须予以补偿和加强。

(1) 甲板上的人孔

采用圆形或椭圆形人孔,一般无须采取加强措施,但椭圆形人孔长轴要沿着船长方向。

(2) 货舱口等矩形开口

矩形开口的长边是沿船长方向布置的,开口的四个角隅做成圆形或椭圆形,在开口角隅处的甲板板要用加厚板或覆板予以加强(如图1-7所示)。

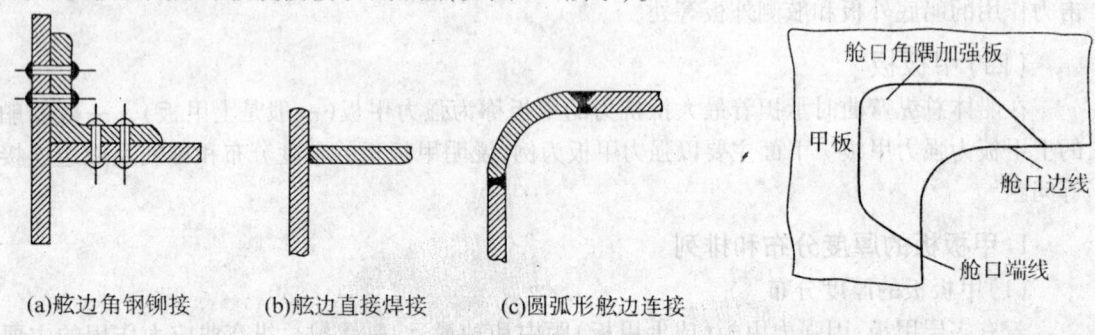

图1-6 舷边连接　　　　　　　　　　　图1-7 甲板舱口角隅处的加强

(五) 船底结构

船底结构分单底和双层底。单底是由船底板和船底骨架组成的单层船底结构;双层底是底板、内底板以及两者之间的船底骨架和空间所组成的双层船底结构。

船底骨架构件按排列形式分为横骨架式和纵骨架式。因此,船底结构可分为四种形式:横骨架式单底结构、纵骨架式单底结构、横骨架式双层底结构和纵骨架式双层底结构。

1. 横骨架式单底结构

横骨架式单底结构主要用于小型船舶,结构简单,施工方便,但抗沉性差。

主要构件(如图1-8所示)有:

(1) 中内龙骨:T形钢材,位于中线面上并焊接在平板龙骨上,与肋板等高,除艏艉端外不准有开孔,是一个纵向连续构件。其承担总纵弯曲强度、船底局部强度及墩木的反作用力等。

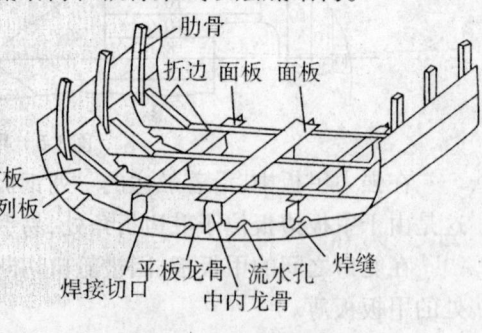

图1-8 横骨架式单底结构主要构件

(2) 旁内龙骨:位于单底的中内龙骨两侧对称布置的纵向构件。根据船宽的不同,每侧可设1~2道,与肋板等高并在肋板处间断焊接在肋板上。其作用与中内龙骨相同。

(3) 肋板:设在船底每一肋位处的横向构件。其主要作用是承担横向强度。

(4)舭肘板:连接肋骨下端与肋板的构件,用来加强接点的连接强度。

(5)流水孔:为了疏通舱底积水,在肋板、旁内龙骨的下边缘上开有半径为30～75 mm的半圆形小孔。

2. 纵骨架式单底结构

纵骨架式单底结构主要用在小型军舰及油船上,其结构布置特点是在船底纵向布置许多间距较小的船底纵骨,而肋板是每隔3～4个肋位布置一道。

3. 横骨架式双层底结构

(1)双层底结构的作用

①若船底破损,内底板可以防止海水浸入舱内,保证船舶和货物的安全。

②增强船底强度(总纵弯曲强度、横向强度、局部强度)。

③把双层底内部空间分隔成舱柜,可贮存燃料、淡水,空船时装压载水,不仅有效地利用了空间,而且可调整纵倾和吃水,降低船舶重心,增加船舶稳性。

(2)横骨架式双层底结构的主要构件

①底纵桁:在双层底内沿着船长方向布置的与双层底等高的纵向大型构件的统称。其作用是承担总纵弯曲强度、局部强度及墩木反作用力等,按布置的位置不同分中底桁、旁底桁(如图1-1所示)。

②肋板:布置在双层底内肋位上的横向构件。其主要承担横向强度,按其结构可分为主肋板、水密肋板和油密肋板。水密肋板和油密肋板用来分隔不同用途的双层底舱。

③内底板和内底边板:双层底顶的水密铺板。内底板承受总纵弯曲强度及横向强度,并能承受一定的水压力。在货舱口下面的内底板要加厚,为了满足清舱、检修和通风等需要,每个双层底舱的内底板的对角线处开设两个人孔,并装有水密的人孔盖。

内底边板是内底边缘与舭部外板相连接的一列板。由于所处位置容易积水,腐蚀较严重,因此厚度须比内底板稍大些。

④舭肘板:连接肋骨下端与肋板的肘板,以增强连接处的强度(如图1-1所示)。

4. 纵骨架式双层底结构

纵骨架式双层底结构的双层底内纵向布置的构件较密,而横向布置的构件较稀。在双层底内的中底桁、旁底桁、箱形中底桁、主肋板、水密肋板、舭肘板等构件,与横骨架式双层底内的相应构件基本相同。

箱形中底桁:又称箱形龙骨,是由两道对称布置于船底纵中线两侧的纵桁及内底板、船底板和骨材等组成的水密箱形结构,如图1-9所示。该结构一般设置于机舱舱壁与防撞舱壁之间。箱形龙骨不仅能起到中桁材所能起到的作用,同时还能将其用于集中布置各种管路和电气线路的处所,便于保护和维修这些设备,避免管路穿过货舱而妨碍装卸货,故又称管隧(Pipe Tunnel)。其缺点是要占去一部分双层底舱容。按规定,箱形中桁材侧板厚度应不小于水密肋板的厚度,两侧板之间的距离应不超过2 m,且箱形中桁材区域的船底板和内底板应适当增厚。箱形中桁材应设有水密人孔和通向露天甲板的应急出口,其出口的关闭装置能两面操纵。

(六)舷侧结构

舷侧结构是指在舷侧处从舭肘板至上甲板这段区域的骨架结构。舷侧结构也分为横骨架式和纵骨架式两种。横骨架式舷侧结构,在一般货舱内只设置主肋骨;在机舱中或舷侧需要特别加强的船舱中设有主肋骨、强肋骨和舷侧纵桁;对于冰区航行的船舶,在艏部货舱的主肋骨

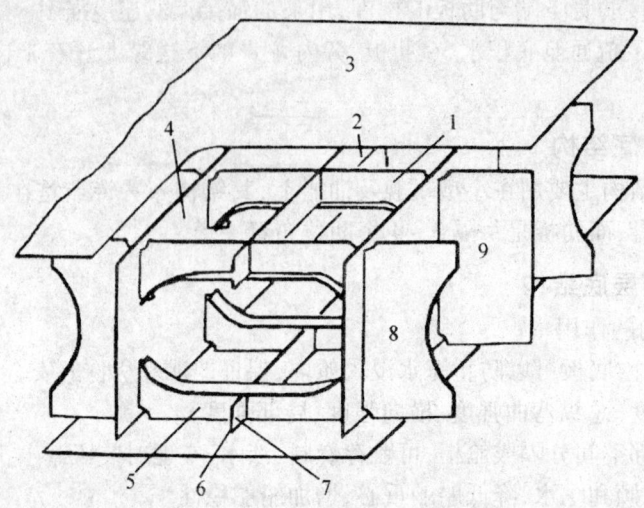

图 1-9　箱形中底桁结构

1—内底横骨；2—内底纵骨；3—内底板；4—水密纵桁；5—船底横骨；6—船底纵中线；7—船底纵骨；8—肘板；9—主肋板

之间应装设中间肋骨，用来局部加强。纵骨架式舷侧结构是由舷侧纵骨、强肋骨等组成的，这种结构主要用在油船上。

舷侧结构的主要构件有：

1. 肋骨

肋骨是指横向、竖向或斜向布置在舷侧、船底及尖舱中尺寸较小的骨材的统称，与外板、船底板一起承担横向强度。根据所在的位置不同和结构尺寸的大小，分为主肋骨、甲板间肋骨、中间肋骨、强肋骨尖舱肋骨、斜肋骨和船底肋骨等。

（1）主肋骨：通常所称的肋骨均指主肋骨，是指位于防撞舱壁与艉尖舱舱壁之间，在最下层甲板以下的船舱内的肋骨。其一般是由不等边角钢或球缘扁钢制成的，上端用肘板与甲板下横梁连接，下端连接在舭肘板上。

（2）甲板间肋骨：位于两层甲板之间舷侧的肋骨，由于跨距和受力较小，故尺寸较主肋骨小。

（3）中间肋骨：在冰区航行的船舶，为了增强舷侧抵抗冰的挤压，在主肋骨间距中点处装设的小肋骨。中间肋骨上、下两端均不设肘板，称为自由端（如图1-10所示）。

（4）强肋骨：一种大尺寸的肋骨，也称宽板肋骨。在横骨架式的舷侧结构中装设强肋骨是为了局部加强。在纵骨架式的舷侧结构中，强肋骨用来支撑舷侧纵骨，并与强横梁、肋板一起组成坚固的框架，以保证船体横向强度（如图1-2所示）。强肋骨都是由T形组合型材或带折边的宽板制成的。

2. 舷侧纵骨

舷侧纵骨是在舷侧沿着船长方向布置的骨材，装在纵骨架式的舷侧结构中，如油船的舷侧。

3. 舷侧纵桁

舷侧纵桁是在舷侧沿着船长方向布置的大型组合型材，与强肋骨高度相同，一般多设在机舱和艏艉尖舱中（如图1-11所示）。

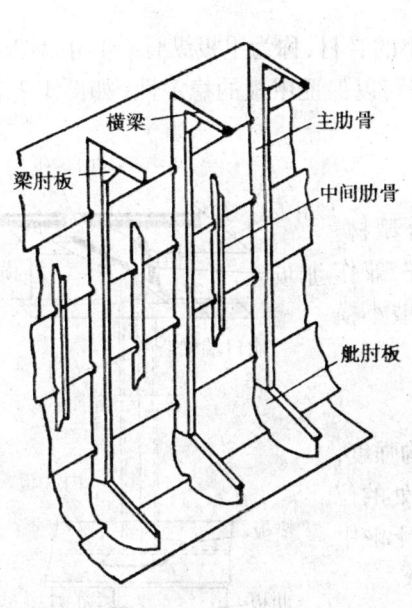

图 1-10 舷侧的防冰加强

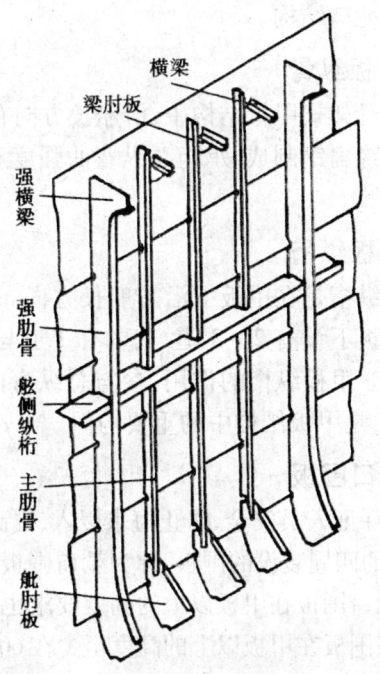

图 1-11 舷侧纵桁

4. 梁肘板

梁肘板是连接甲板下横梁与肋骨的三角形钢板,用来增强节点的强度。

(七)甲板结构

甲板结构,也分为横骨架式和纵骨架式两种。横骨架式甲板结构在甲板骨架中横向布置的构件较多而纵向布置的构件较少。在横骨架式船体结构中,各层甲板均采用横骨架式甲板结构,而在纵骨架式的船体结构和混合骨架式的船体结构中,除了强力甲板以外的各层下甲板均采用横骨架式甲板结构,这是因为下甲板距中和轴较近,承担的总弯曲强度小。强力甲板的舱口之间的甲板,由于不参与总纵弯曲,故也采用横骨架式甲板结构。纵骨架式甲板结构在甲板骨架中纵向布置的构件较多而横向布置的构件较少,主要布置在纵骨架式船体结构和混合骨架式船体结构中的强力甲板上。

在甲板结构中主要的构件有:

1. 横梁

横梁是设在甲板板或平台之下各肋位上的横向骨材的统称。横梁根据尺寸的大小和位置不同可分为:普通横梁、强横梁、半梁、舱口悬臂梁、舱口端横梁等。

(1)普通横梁:简称为横梁,主要是装设在横骨架式甲板结构中甲板下的每一个肋位上,承担横向强度,一般是由不等边角钢或球缘扁钢制成的。

(2)强横梁:由组合型材制成的大型横向构件。在甲板下面每隔3~4个肋位布置一道。它的作用是承担横向强度,在纵骨架式甲板结构中用来支承甲板纵骨。

(3)半梁:布置在舷侧至舱口边之间的横梁。

(4)舱口悬臂梁:布置在舷侧至舱口边之间的强横梁。

(5)舱口端横梁:布置在舱口两端肋位上的横梁,与舱口两端围板的下半部分做成一个整体来加强舱口结构。

2. 甲板纵骨

在纵骨架式甲板结构中,沿船长方向布置的尺寸较小的骨材,称为甲板纵骨。其由不等边角钢或球缘扁钢制成,承担总纵弯曲强度和甲板上的载荷,以保证甲板的稳定性(如图1-2、图1-3所示)。

3. 甲板纵桁

甲板纵桁是在甲板下沿着船长方向布置的大型组合型材。通常在甲板下设有2~3道,其中有2道与舱口边板对齐,兼作舱口纵桁。甲板纵桁的作用:参与总纵弯曲,支承横梁,减小横梁的尺寸,是甲板结构中的重要构件。

4. 舱口围板

为了保证人员安全,防止海水侵入,提高舱口区域结构强度,在货舱口的四周装设的围板,称为舱口围板。根据甲板所处的位置不同,舱口围板在甲板以上的高度要求也不同。在露天干舷甲板上,舱口围板在甲板以上的高度至少600 mm以上。

(八)支柱

支柱是支撑甲板和平台的柱子,可减小横梁、甲板纵桁等构件的尺寸,并将所受的力传递到下层较强的构件上。由于支柱妨碍装卸货物,故船舶都尽可能少设置支柱。

支柱的布置:若一个货舱设置4根支柱,则布置在4个舱口角上;若设置2根支柱,则布置在舱口两端的中线面上。各层甲板的支柱尽量装设在同一条垂线上,上、下两端要设有支座支承,支承在较强的构件上(如图1-12所示)。

(九)舱壁结构

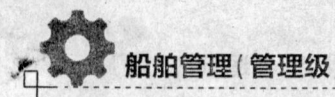

图1-12 支柱上、下端结构

1. 舱壁的作用

舱壁除了将船内分隔成许多舱室之外,横舱壁还承担船体的横向强度,进行水密分舱和分隔防火区,一旦船舱进水和着火使其不能蔓延。纵向舱壁可降低自由液面对稳性的影响,并承担总纵弯曲强度。

2. 舱壁的种类

根据舱壁的作用划分,舱壁分为以下几种:

(1)水密舱壁:在规定的水压下能保持不渗透水的舱壁。

(2)油密舱壁:在规定的压力下能保持不渗透油的舱壁。

(3)防火舱壁:分隔防火主竖区并能限制火灾蔓延的舱壁。

(4)制荡舱壁:在舱壁上开有流水孔,用来减小舱内液体的摇荡所产生的冲击力。

(5)轻型舱壁:一种无密性、强度和防火要求的轻型结构舱壁,起简单的隔离作用。

3. 水密舱壁的数目

水密舱壁的数目,主要是根据船体强度的要求、水密分舱、机舱的位置和货舱的长短等因素来确定的,在船舶建造规范中有具体的规定。但是,下列几个水密舱壁对于任何船舶都是必须设置的。

(1)防撞舱壁:又称为艏尖舱舱壁,是位于船首最前面的一道水密横舱壁,要求距艏垂线的距离不小于 $0.05L_{BP}$,自船底向上通至干舷甲板。在舱壁上不准开设门、人孔、通风管隧和任何其他开口。该舱壁的作用是一旦船首破损,阻止水漫延至其他舱室。

(2)艉尖舱舱壁:位于船尾的最后一道水密横舱壁。该舱壁向上可以允许通到水线以上的平台甲板。

(3)机舱两端的水密横舱壁:在机舱的前后端必须设置横舱壁,以与其他舱室隔开,对于艉机型船,机舱后端的舱壁即为艉尖舱舱壁。

4.舱壁结构

水密横舱壁布置在肋位上,从一舷伸至另一舷,并从船底向上伸至甲板。舱壁根据其结构可分为两种类型:

(1)平面舱壁:由平面舱壁钢板和加强壁板的骨架组成。由于水的压力与深度成正比,而且接近舱底的壁板易锈蚀,故舱壁板的各列板是水平布置的,在舱底的一列板最厚,向上逐渐减薄。

(2)槽形舱壁:把舱壁板压成槽形(弧形、梯形等形状),以增强舱壁的强度和刚度,槽形方向一般是竖向布置的。

(十)舷墙与栏杆

沿着露天甲板边缘装设的围墙,称为舷墙(如图1-13所示)。

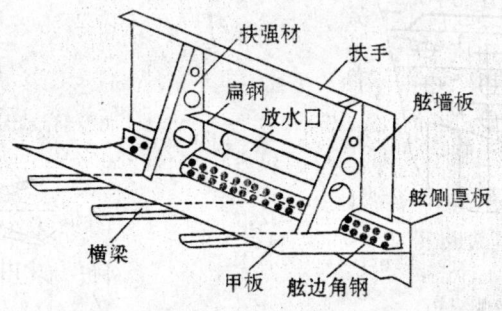

图1-13 舷墙结构

舷墙不参与船舶总纵弯曲,其作用主要是减少甲板上浪,保障人员安全和防止甲板上货物及物品滚到舷外。

干货船的上甲板或部分上层建筑甲板的露天部分设置舷墙,其他的露天甲板设置栏杆。油船仅在船首的露天甲板上或部分上层建筑甲板上设置舷墙,其他部位设置栏杆。

(十一)船首端结构

船首端是指上甲板以下、防撞舱壁以前的部分。为了减小航行时的兴波阻力和提高船速,现代运输船舶的船首常制成球鼻形。

1.作用于船首端的外力

船首尾两端所受的总纵弯曲力矩较小,但是受的局部作用力较大,如船舶在波浪上纵摇时船首底部受到的冲击作用,波浪对船首两侧的冲击力,在冰区航行时冰的挤压力以及碰撞力等。

2. 艏尖舱的特点和加强

（1）在艏尖舱区域内，多数采用横骨架式结构，肋骨间距小，构件尺寸大，设有许多空间骨架构件，如图1-14所示。

①肋骨间距一般不大于600 mm，每一肋位上都设有升高肋板，中内龙骨与升高肋板尺寸相同，并延伸至艏柱底部。

②在舷侧除了设置肋骨外，还必须设置间距不大于2 m的舷侧纵桁。

③在左右舷的两个舷侧纵桁之间，每隔一个肋位设置一道空间撑杆，称为强胸横梁；或者设置带有开孔的平台，代替强胸横梁和舷侧纵桁。

④在中纵剖面处设置制荡舱壁。

（2）在艏尖舱舷侧纵桁的延伸线上从防撞舱壁至距艏垂线0.15L船长区域内的舷侧，设置舷侧纵桁。

（3）从防撞舱壁至距艏垂线约0.25L船长区域内的船底，要在每一肋位上设置主肋板；旁底桁间距不大于3个肋骨间距或纵骨间距，在旁底桁之间还设有半高旁底桁。

3. 艏柱

艏柱是船体最前端用来加强船首，连接舷侧外板、甲板和龙骨末端的构件。

除了小船之外，一般的艏柱有两种结构：钢板焊接制成的艏柱和铸钢制成的艏柱，如图1-15所示。

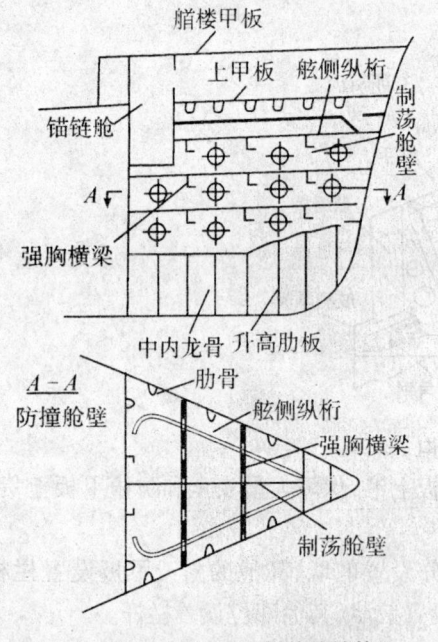

图1-14 船首端结构

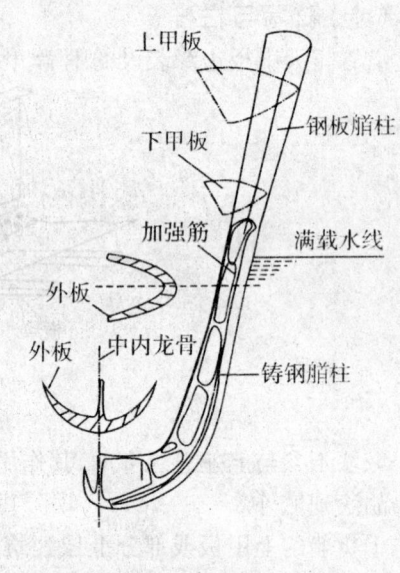

图1-15 艏柱

（1）钢板艏柱：用较厚的钢板弯曲焊接制成，在弯曲钢板的内侧焊接有水平向的和竖向的扶强材，以加强它的刚性。

钢板艏柱有下列优点：

①与外板、甲板、中内龙骨、平板龙骨等连接牢固。

②制造容易、重量轻、成本低。

③碰撞时，钢板仅局部发生变形，易修理。

(2)铸钢艉柱:由铸钢浇铸而成。刚性大而韧性差,重量也较大,可以制成较复杂的断面形状,但制造费工。故铸钢艉柱仅用在水线以下形状复杂的部位,水线以上部分均采用钢板艉柱。

(十二) 船尾端结构

艉尖舱壁以后、上甲板以下的船体结构称为船尾端结构,包括艉尖舱和艉部悬伸端,结构较为复杂。为了提高船舶推进效率,现代运输船舶的船尾常制成巡洋舰型。

1. 作用于船尾的外力

船尾所受的总纵弯曲力矩较小,但承受下列局部外力作用:螺旋桨运转时的水动压力、艉机型船由于主机引起的振动力、舵及螺旋桨的重力等。

2. 艉尖舱的特点和加强

艉尖舱一般采用横骨架式结构,并采取下列加强措施。

(1)在每一个肋位上设置升高肋板,如图 1-16 所示。

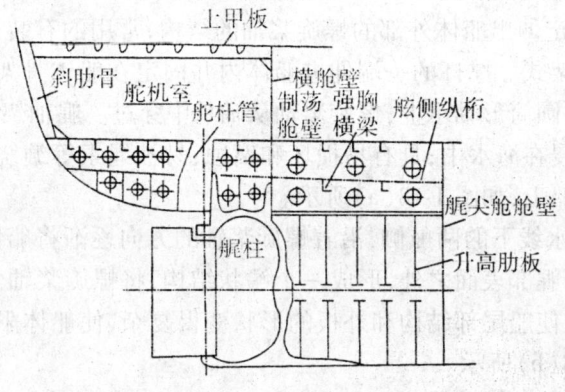

图 1-16 船尾端结构

(2)在舷侧除了肋骨之外,还设置舷侧纵桁,而且其竖向间距不大于 2.5 m。两舷侧纵桁之间设有强胸横梁。

(3)有的艉尖舱内设有制荡舱壁。

3. 艉柱

艉柱是设置在单桨船或有中舵的双桨船上,位于船体后端中线面上的大型构件。它的作用是连接艉端底部结构、两舷侧外板和龙骨等构件,支持和保护舵和螺旋桨,加强船底尾部结构。艉柱主要有下列几种形式:

(1)单桨船上装设不平衡舵的艉柱(具有桨穴艉柱):如图 1-17(a)所示,这种艉柱是由舵柱、螺旋桨柱和艉柱底骨组成的螺旋桨框穴形式,螺旋桨位于框穴内。舵柱的后缘上设有舵钮,用舵销把舵连接在舵钮上。在螺旋桨柱的中间设有一个轴毂,使桨轴从中穿出。由于不平衡舵目前很少使用,故这种艉柱已不多见。

(2)单桨船上装设平衡舵的艉柱(无舵柱艉柱):如图 1-17(b)所示,由于平衡舵是在舵叶上下两端设有支承,故舵柱就没有必要设置了。但艉柱底骨上作用着一个很大的力,因此其尺寸较大。

(3)单桨船装设半平衡舵的艉柱(无舵柱底骨艉柱):如图 1-17(c)所示,由于半平衡舵无下端支承点,故无须艉柱底骨,但上端尺寸较大。

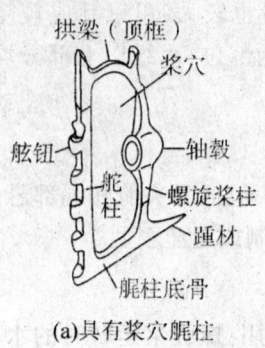  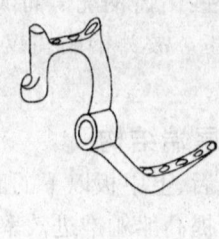

(a)具有桨穴艉柱　　　　(b)无舵柱艉柱　　　　(c)无舵柱底骨艉柱

图 1-17　艉柱

4. 艉轴架和轴包套

在双桨船上，螺旋桨在中线面的两侧船体外板上伸出船外，因此需要装设相应的结构固定螺旋桨轴。常见的有下列两种形式：

（1）艉轴架：用来固定伸出船体外部的螺旋桨轴的结构，常用的有装设一根撑杆的单臂式和装设两根撑杆的人字架式。撑杆的一端伸进船体内并固定在船体骨架上，或用撑杆脚固定在外板上，另一端连接在圆筒形轴承上，螺旋桨轴从轴承中穿过。艉轴架结构简单，阻力小，但因推进器轴很长一段沉浸在海水中，具有易损坏和腐蚀、易被绳索等缠绕的缺点，一般多用在小型船舶和瘦削型高速船上，如图 1-18（a）所示。

（2）轴包套：在艉部水线下的两舷侧，沿着螺旋桨轴的方向逐渐将船体两侧的结构和外板向外突出，使艉端突出于艉部表面之外，形成一个鳍状结构，将螺旋桨轴包在里面。这种结构便于轴的保护和维修，但使船尾部结构和外板的形状变得复杂，使船体阻力有所增加，多用在较宽大的船上，如图 1-18（b）所示。

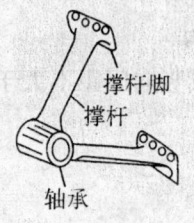 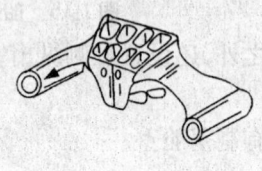

(a)艉轴架　　　　　　　(b)轴包套

图 1-18　艉轴架与轴包套

（十三）锚设备

船舶在装卸货物、避风、等泊位、检疫及候潮等情况下都需要在锚地抛锚停泊，锚设备的配置就是为了使船舶锚泊时产生足够的锚泊力。此外，锚也是船舶操纵的辅助设备，如靠离码头、系离浮筒、狭水道掉头以及紧急情况下减刹船速等往往都要用到锚。锚设备由锚、锚链、锚链筒、制链器、锚机、锚链舱、锚链管等几部分组成，其布置如图 1-19 所示。

锚链舱是存放锚链的舱室，一般设在防撞舱壁之前，锚机下面，艏尖舱的后上部。其形状为圆形或方形。

（十四）防火结构

从预防火灾发生的角度出发，船舶设有一整套完善的防火措施（Fire Precaution），这些措

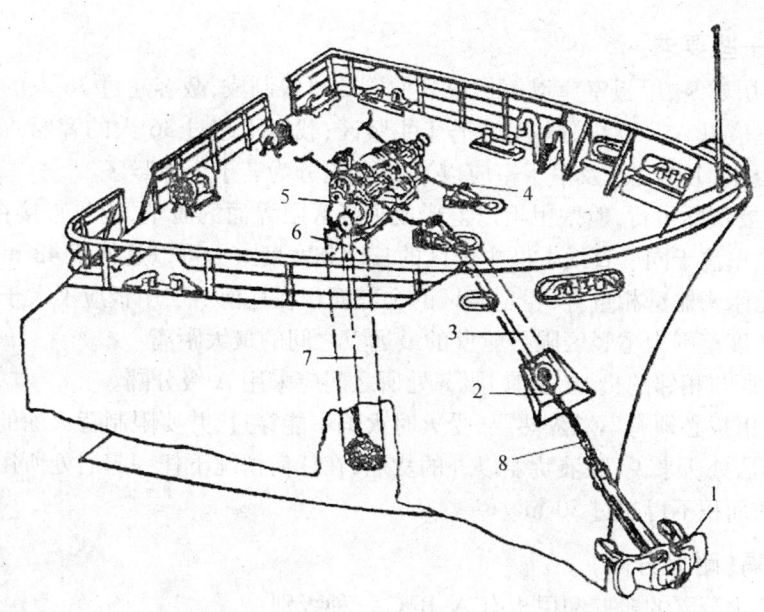

图 1-19 锚设备
1—锚；2—锚穴；3—锚链筒；4—制链器；5—锚机；6—锚链管；7—锚链舱；8—锚链

施主要包括：控制可燃物、控制热源(火源)及控制通风等，同时为了能在船舶发生火灾事故后有效地控制火势的任意蔓延，《1974年国际海上人命安全公约》(以下简称 SOLAS 公约)及我国规范均规定船舶在设计和建造时，就应采取一定的防火结构(Fire Structure)，即用符合规定的耐火材料(Refractory Material)将船舶划分为若干个主竖区。

1. **基本概念**

(1) 起居处所

起居处所系指用作公共处所、走廊、盥洗室、居住舱室、办公室、医务室、电影院、游戏娱乐室、理发室、无烹调设备的配膳室的处所以及类似的处所。

(2) 公共处所

公共处所系指起居处所中用作大厅、餐厅、休息室的部分以及类似的固定围蔽处所。

(3) 服务处所

服务处所系指用作厨房、设有烹调设备的配膳室、储物间、邮件及贵重物品室、储藏室、不属于机器处所组成部分的工作间以及类似处所和通往这些处所的围蔽通道。

(4) 主竖区

主竖区系指船体、上层建筑和甲板室以 A 级分隔分成的区段，它在任何一层甲板上的平均长度和宽度一般不超过 40 m。

(5) 等效材料

等效材料系指任何不燃材料本身或由于所设隔热物，经标准耐火试验规定的相应曝火时间后，在结构性和完整性上具有与钢同等的效能(如设有适当隔热材料的铅合金等)。

(6) 不燃材料

不燃材料系指某种材料加热至约 750 ℃时，既不燃烧，也不产生足量的能造成自燃的易燃气体。这是按照《国际耐火试验程序规则》中的相关规定并经主管机关同意所确定的材料，除此以外的任何其他材料均为可燃材料。

2. 相关的一些要求

(1) 船体上层建筑、甲板室应以钢材或其他等效材料制成,载客超过36人的客船船体、上层建筑及甲板室应以A-60级分隔分成若干主竖区;载客不超过36人的客船,在其起居处所和服务处所的船体、上层建筑及甲板室应以A级分隔分为若干个主竖区。

(2) 客船只要实际可行,舱壁甲板以上形成主竖区限界面的舱壁,应与直接在舱壁甲板以下的水密分舱舱壁位于同一直线上。主竖区的长度和宽度最大可以延伸至48 m,以便将主竖区的两端与分舱水密舱壁相重合,但主竖区的全部面积在任何一层甲板应不大于1 600 m²;主竖区的长度和宽度范围为主竖区限界舱壁的最远点之间的最大距离。

(3) 起居处所与相邻的机器、货舱、服务处所之间应采用A级分隔。

(4) 舱壁或甲板必须有不燃隔热层,受火时火焰不能穿过,并要限制背火面的温升。

(5) 对于起居处所来说,除液货船以外的货船,在任何情况下任一起居处所用A级或B级分隔的各处所的面积不得超过50 m²。

3. 防火分隔(耐火分隔)

用于船舶防火分隔的舱壁和甲板有A、B、C三种级别:

(1) A级分隔即甲级分隔,系指由符合下列要求的舱壁与甲板所组成的分隔:

① 应以钢或其他等效材料作分隔材料,并有适当的防挠加强。

② 其构造应在1 h的标准耐火试验至结束时,能防止烟及火焰通过。

③ 应用认可的不燃材料隔热,使在下列时间内,其背火一面的平均温度与原始温度相比,升高不超过140 ℃,且任何一点包括任何接头在内的温度较原始温度升高不超过180 ℃:

  A-60级·················60 min;
  A-30级·················30 min;
  A-15级·················15 min;
  A-0级··················0 min。

④ 根据需要,主管机关可要求将原型的舱壁或甲板按照《国际耐火试验程序规则》进行一次试验,以保证满足上述完整性及温升的要求。

(2) B级分隔即乙级分隔,系指由符合下列要求的舱壁、甲板、天花板或衬板所组成的分隔:

① 其构造应在最初半小时的标准耐火试验至结束时,能防止火焰通过。

② 应具有这样的隔热值,即在下列时间内,其背火一面的平均温度与原始温度相比,升高不超过140 ℃,且在包括接头在内的任何一点的温度较原始温度升高不超过225 ℃:

  B-15级·················15 min;
  B-0级··················0 min。

③ 应以认可的不燃材料制成。

④ 根据需要,主管机关可要求将原型分隔按照《国际耐火试验程序规则》进行一次试验,以保证满足上述完整性和温升的要求。

(3) C级分隔即丙级分隔:应以认可的不燃材料制成,它们不需要满足有关防止烟和火焰通过以及限制温升的要求,并允许使用厚度不超过2.5 mm的可燃装饰板。

(十五) 船体结构主要图纸

船体主要结构图的用途表现在三个方面:首先,通过该图可以达到了解本船船体结构的尺度;其次,该图亦是造船时计算强度和选用构件的依据;同时,修船时亦可根据图上标明的板材和骨架的厚度与尺寸,用船体允许的蚀耗表计算出允许蚀耗,对照实测结果来决定是否需要换新。常用船体主要结构图有下列几种:

1. 总布置图

总布置图是用来表示全船总体布置的图样,它能够比较集中地反映出船舶的技术、经济性能,是重要的全船性基本图样之一。总布置图由右舷侧视图、各层甲板与平台平面图、舱底平面图及船体主要尺度和技术数据等组成,如图1-20所示。它的主要用途如下:

——表明船舶上层建筑的形式以及舱室、设备、门窗、通道等的布置情况;

——作为其他设计和计算的依据,如全船重力和中心位置计算、船舶设备和结构设计等的依据;

——作为绘制其他图样的依据,如绘制各类设备、系统布置图,门、窗、扶梯布置图,家具、绝缘布置图等的依据;

——在施工时,可作为舾装工作的指导性图样,并能起到协调各机械、设备相互关系的作用。

(1) 主要尺度和技术性能数据

以文字形式表示,有垂线间长、型宽、型深、设计吃水、满载排水量等。

(2) 右舷侧视图

右舷侧视图是将船舶的右舷侧面向中线面投影所得到的视图,主要表示下列内容:

①全船的侧面概貌,如主船体轮廓、上层建筑位置、形式等。

②主船体内部舱室划分概况,如机舱位置、货舱分布、横舱壁位置和数量、甲板及平台位置和数量等。

③船舶设备的布置概况,如锚设备、系泊设备、救生设备及起货设备等。

(3) 各层甲板和平台平面图

各层甲板和平台平面图是各层甲板和平台的俯视图,表示下列内容:

①某层甲板或平台上的每个舱室、门、舷窗、通道、扶梯等在船长方向和船宽方向的具体位置。

②甲板或平台上的各种设备、家具、用具等的具体位置。

(4) 舱底平面图

舱底平面图是船底的俯视图,表示下列内容:

①内底板上的舱室和设备的布置情况。

②双层底内部空间的划分、液舱和隔离空舱的布置等。如果是单底船,则表示船底上的布置情况。

2. 船中剖面图

船中剖面图是取自船体中段部分(通常是艏尖舱、艉尖舱以外的船体部分)的横剖面结构图,表示船体主要纵、横构件的尺寸和结构。它也是船体结构的基本图样之一,并与基本结构图一起组成船体结构的三向视图。在修造船时,它是绘制其他结构施工图样的依据。

船中剖面图由中横剖面图、局剖结构图、主要尺度及附注组成,有的还附有构件尺寸表格栏。

(1) 中横剖面图

中横剖面图是选取船体中段结构不同的舱室（如机舱、货舱）某一肋位的横剖面图，采用重叠投影的表示方法，将同一舱室不在所剖肋位平面内的其他不同构件都重叠画在一个剖面图内，以清晰地表达整个舱室的结构情况。因为船体结构通常是左右对称的，所以剖面图一般只绘一半，左半部分表示偏后部的，右半部分表示偏前部的。对结构较单一的船舶，通常以船中为界；对结构较多变的船舶，则分段表示，剖面的数量取决于船体中段结构不同的舱室数量。

在中剖面图上标注的尺寸有两种：一种是各构件的大小，如肋板、肋骨、横梁等的尺寸；另一种是确定构件位置的定位尺寸，如内底高度、下甲板高度、纵骨间距等。

(2) 局部结构图

局部结构图对某些重要部位用较大比例尺另外画出，以便清晰地看出它们的结构及连接方法，如中桁材两侧肘板、内底边板内侧肘板等。

(3) 主要尺度及附注

与总布置图一样，船中剖面图在图的右上方有船体的主要尺度。如果无构件尺寸表格栏，通常还标出船长不同位置处的肋骨间距。附注内容是设计船体构件的依据，对所用材料和设计时所考虑的一些特殊因素等用文字加以说明。

(4) 构件尺寸表格栏

有些船中剖面图把全船各构件在船长方向所发生的尺寸变化用表格形式列出，表中包括构件尺寸、肋骨间距和板材厚度等。

3. 基本结构图

基本结构图表示船体纵、横构件布置和结构情况，是全船性的结构图样之一。在修造船时，它可作为绘制其他结构图样的依据，也是具体施工时的一张指导性图纸。

基本结构图的内容与总布置图相仿，由中纵剖面结构图、各层甲板和平台结构图及内底结构图组成。所不同的是常采用重叠投影法、阶梯剖面法及两次剖切法，把平行的不同剖面的结构绘制在同一视图中。

(1) 中纵剖面结构图

图上注有肋骨尺寸和间距、甲板纵桁尺寸、各种支柱尺寸、纵舱壁厚度及其上面的扶强材尺寸、上层建筑的高度以及板的厚度和扶强材尺寸等，如图1-21所示。

(2) 各层甲板结构图

图上注有甲板板的厚度、甲板纵桁的尺寸和间距、横梁尺寸及各开口的位置和尺寸等。

(3) 内底结构图

图上注有内底板和内底边板的厚度、舭肘板尺寸、内底和船底纵骨的尺寸、肋板的厚度和尺寸、中桁材和旁桁材的尺寸等。该图也叫双层底图，如图1-22所示。

4. 外板展开图

为了布置外板及船体放样等需要，在船舶设计过程中需绘制外板展开图。外板展开图上注有外板的排列及厚度、外板上开口的位置、各层甲板、内底板、船底桁材、舷侧桁材、各道舱壁、肋骨和肋板的位置线等，是造船或修理时确定船体钢板的规格和数量、申请备料和订货的主要依据。因此，外板展开图是一张船上必备的重要图纸，如图1-23所示。

船体的形状是左右舷对称的，故外板的布置也是左右对称的，所以外板展开图只绘出一半，习惯上是绘制右舷的外板展开图。

(1) 外板展开方法

因为船体表面具有双重曲度,不可能用一般的几何方法展开成平面图,所以外板展开图只表示船体外板横向曲度展开后的形状,而对其纵向曲度不加展开,即外板展开图中钢板的宽度与实际尺寸相同,而钢板的长度是投影长度,小于实际尺寸。

(2) 外板展开图的内容

①绘有外板的边接缝、端接缝和分段线。

②绘有船体纵、横构件位置线,用来表示外板接缝与这些构件的相对位置。

③标有每块钢板的编号、厚度和规格尺寸。有的只标厚度不标长宽尺寸,这种情况下可利用比例尺在图上量取钢板的宽度,而其长度可根据钢板所占的肋位数和肋骨间距近似估算出来。

④标有外板上的开口和加强复板的位置、形状和尺寸。

(十六) 船体结构的密性和开口关闭装置

为了保证船体结构的密性,对船壳外板、干舷甲板、水密舱壁、各种液舱的钢板接缝和开口关闭装置,根据它们的位置和用途的不同,要求保持不同程度的密性。

1. 船体结构的密性

密性是指在规定的条件下船体结构构件接缝、开口的关闭装置等不渗漏气体、油、水等的性能。

(1) 水密

水密是在规定的水压下,船体结构构件接缝和开口的关闭装置不渗漏水。在干舷甲板以下的船壳外板、水密舱壁、各种液舱、双层底、隔离空舱、海底阀箱、货舱舷门等构件的接缝和开口的关闭装置,都要求水密。

(2) 风雨密

风雨密是指在任何风浪情况下水都不得渗漏入船内。风雨密的密性要求比水密的低些。干舷甲板上及封闭的上层建筑和围蔽室等处各种开口的关闭装置要求保证风雨密。船体结构在制造的各个阶段和修船过程中,应检验焊缝和各种水密性开口关闭装置的密性。在试验之前,要求被检查的区域的船体结构打扫清洁,密性焊缝区域不得涂刷水泥和油漆或敷设隔热材料,开口关闭装置的橡胶垫料均应装设完毕。

2. 船体结构上开口的关闭装置

开口关闭装置根据用途划分,主要有下列四种:货舱舱口盖、船用门、船用窗、人孔盖。在这些开口关闭装置中,若按密性划分,又可分为:水密型、油密型、风雨密型、非密性的开口关闭装置。

(1) 货舱舱口盖

船舶货舱舱口盖的种类很多,若按密性来划分,有三种基本类型。

①风雨密舱口盖

风雨密舱口盖是装置在干舷甲板上的货舱口上。风雨密舱口盖的种类有很多。老式船上使用的风雨密舱口盖是由若干块木板和活动梁组成的,上面盖着防水布,用封舱压条和楔形块紧固在舱围板上。这种舱口盖开闭操作费时,劳动强度大,现在只在小型船上使用。现代船舶使用的风雨密舱口盖形式很多,但有些共同的特点,如都是钢质的盖板,在盖板的周边带有槽口,在槽口内装有橡皮垫料。当封舱时,舱盖板的橡皮垫料直接压在舱口围板的上边缘上,并用装在舱口四周围板上的夹扣螺栓将舱盖板压紧保持风雨密。风雨密舱口盖在船舶上应用广泛的主要有单拉翻滚式舱口盖（如图1-24所示）、铰接折叠舱口盖（如图1-25所示）、滚动式舱口盖（如图1-26所示）。

②非水密舱口盖

非水密舱口盖用于下层、甲板上的舱口上，无舱口围板，舱盖板与四周的甲板齐平。

③水密和油密的小型专用舱口盖

水密和油密的小型专用舱口盖用于油船的货油舱舱口上，这种舱口盖都是小型专用舱口盖（如图1-27所示）。

(2) 船用门

船用门的种类很多，若按门的密性划分，有下列几种形式。

①水密门

船舶主管机关认可的船上使用的水密门有：一级铰链式水密门，二级手动滑动门，三级动力兼手动滑动门。

任何水密门的操纵装置，无论是否为动力操纵，均须在船舶向左或向右倾斜15°时能将门关闭。

铰链式水密门（一级）。水密门板是由钢板制成的，门板周围的槽口装有橡胶封条，并用把手压紧在门框上，使其水密。水密门把手的数目一般为6~8个，要求在门的两面可以迅速地关闭（如图1-28所示）。

手动滑动门（二级）分为横动式与竖动式两种。其要求在门的两侧可以关闭，并能在舱壁甲板上方可到达之处，用转动手轮由齿轮和连杆传动，使水密门开启或关闭。当船舶在正浮位置时，手动将门完全关闭所需的时间应不超过90 s。

动力滑动门（三级）可分为竖动式和横动式。动力滑动门还备有手动装置可在门的两侧操纵，并在舱壁甲板上方可到达之处用转动手轮由齿轮和连杆传动，使水密门开启或关闭。门上设有音响信号装置。在门开始关闭、继续移动直至完全关闭为止的整个期间发出警报。若这种门采用液压操纵，每一动力源都有一台能在60 s以内关闭所有门的泵。

②风雨密门

在干舷甲板以上的封闭上层建筑两端壁的出入口处，要求装设风雨密门。

钢质风雨密门结构上与钢质水密门相似，但门板较薄，门的把手数目也较少，密性较差，只能保证风雨密，要求在门的两面可以操纵。

木质风雨密门门板是用橡木或柏木做的，装设在上层建筑甲板以上的甲板室敞露的出入口处，分为铰接式和滑动式两种，密性都较差。因为顶风的情况下铰接式门不易开闭，故驾驶室两侧壁的门采用横向滑动式门。

③钢质轻便门

钢质轻便门结构较轻，装设在无密性要求的贮藏室、工作舱室、卫生处所等的出入口。

④防火门

防火门是一种用钢板制成的门板和门框，镶嵌石棉等耐火材料的防火隔热门。其主要装设在防火控制区的舱壁上，平时开启，当发生火灾温度上升到一定高度时门能自动关闭，或门上装有磁性牵制器，断电以后门会自动关闭。防火门的启闭形式有铰接式和横移式两种。

(3) 船用窗

为了采光和通风，船上装设有各种类型的窗。

①舷窗：一种圆形窗，分为重型舷窗和轻型舷窗。重型舷窗装有铰链式抗风浪的舷窗盖。舷窗盖边上镶有橡胶封条，并用螺栓压紧，保证水密。轻型舷窗一般不带有风暴盖。

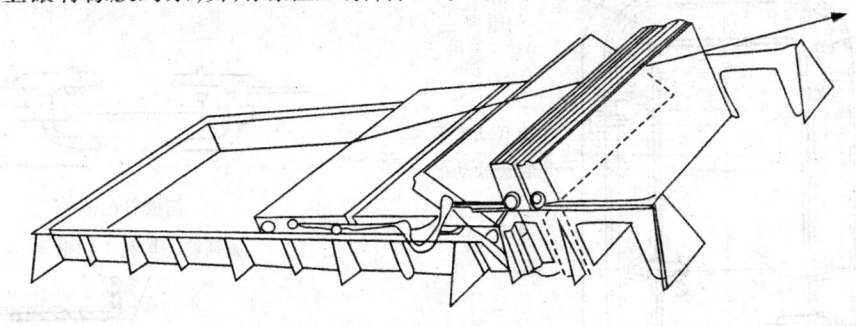

图1-24　单拉翻滚式舱口盖

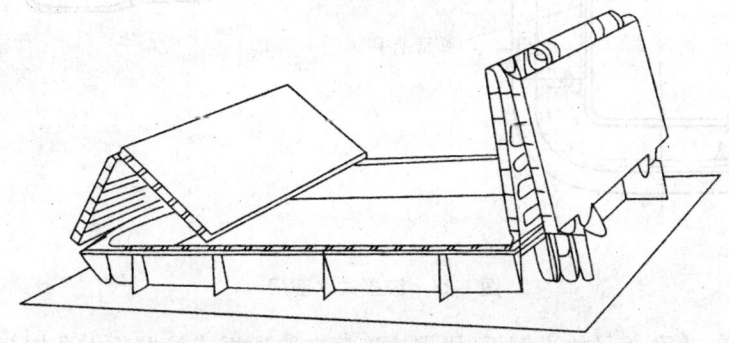

图1-25　铰接折叠式舱口盖

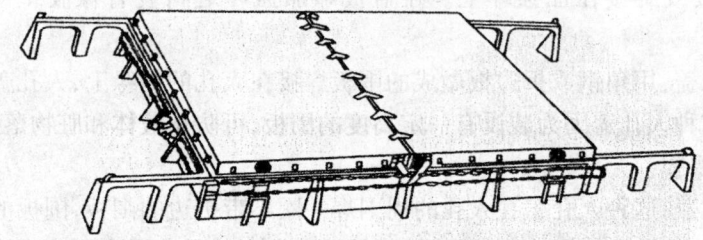

图1-26　滚动式舱口盖

②方窗：各种方形窗，装设在上层建筑中的上层甲板室的围壁上。方窗的周边用橡胶条密封，关闭时用螺栓压紧，要求保证风雨密。根据所处的位置不同，方窗可以向外、向内或上下开启。

③天窗：装设在舱室顶部用以采光和通风的窗。例如，机炉舱顶部的天窗，因位置较高采用机械传动或液压传动开闭。

④手摇窗：主要是装在驾驶室前壁上的窗，类似于汽车窗，用手摇机构升降玻璃或整个窗扇进行开闭。

(4)人孔盖

在船体结构的构件上为人员出入而开设的孔，称为人孔。其中在液舱、隔离空舱等的顶板或壁板上开的人孔，必须装设人孔盖，并保证水密性。为了便于维修、逃生和有利于通风，一般每个液舱或空舱在顶板或壁板上至少要开两个人孔，并呈对角线布置。人孔通常有圆形或椭圆形两种，人孔盖主要有下列几种形式。

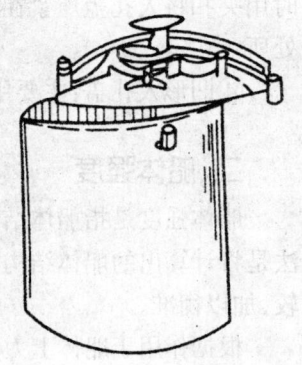

图1-27　水密和油密的小型专用舱口盖

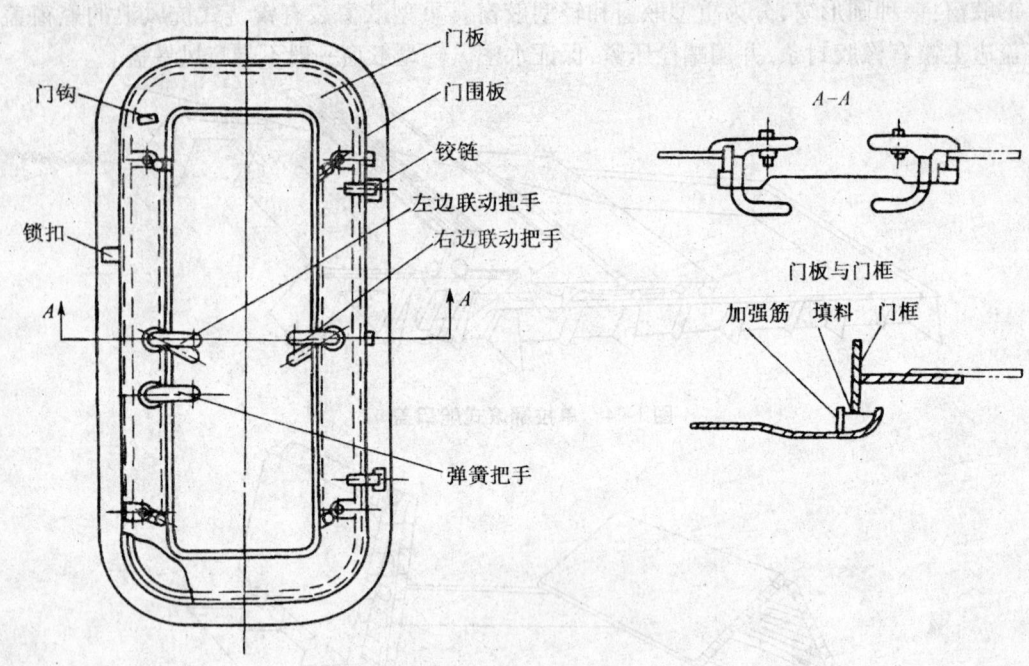

图 1-28 铰接式水密门

①齐平人孔盖：人孔盖是块平钢板，用螺栓连接在舱顶板或舱壁板人孔周绕的加强环（座板）上，螺栓被焊接或旋接在加强环上。在盖板和加强环之间装有橡胶垫圈，用来保证水密性。

②凸起式人孔盖：用角钢或折边板做成的围板焊接在人孔的周缘上，人孔盖用螺栓紧固在围板的折边上。这种人孔盖因为装设有一定高度的围板，可防止液体和脏物落进舱里、紧固螺栓易拆换，且不易受损。

③铰链式人孔盖：这种人孔盖在人孔的周围焊一圈不带折边的围板，围板的高度要符合舱口围板高度的要求，人孔盖板周缘有槽口，镶嵌橡胶垫料。人孔与围板之间用铰链连接，关闭时用夹扣将人孔盖压紧在围板的上缘。这种人孔盖开设在不易开设舱门或大舱口的贮藏室等处所。

④凹形人孔盖：主要用在舱面不允许有突出物的场所。

二、船体强度

船体强度是指船体结构抵抗各种外力作用的能力。检验船体结构抵抗外力作用能力的方法是将计算出的船体结构中产生的应力和变形与结构材料的许用应力和允许的变形进行比较，加以衡准。

根据作用于船体上力的性质和为了计算方便，将船体强度分为总纵弯曲强度（亦称为纵向强度）、横向强度、局部强度和扭转强度。

（一）总纵弯曲强度

1. 船体发生总纵弯曲的原因

船体的几何形状，是一个中部肥大，向艏、艉两端逐渐瘦削的细长体。由骨架和钢板组成外壳,中间是空心的。因此,可以把船体看作一个空心的变断面梁,简称为船体梁。船舶在营运过程中,作用在船体上的外力很多,有重力、浮力,船舶做各种运动时产生的惯性力,波浪冲击力,螺旋桨和机器等引起的振动力、碰撞力、搁浅和进坞时礁石与墩木的反作用力等。

在这些外力的作用下,船体结构可能会发生各种变形和破坏,有的属于整体性的,有的发生在局部位置上。对船体构成危害最大的是由重力和浮力引起的、沿着整个船长方向上发生的总纵弯曲变形和破坏。其他的力,如惯性力、冲击力、振动力等,对船体总纵弯曲的影响可以忽略不计。

船舶重量由船体自身重量,机器设备重量,装载的货物、旅客、燃料、备品等重量组成,这些重量的合力称为船舶重力 W,方向垂直向下,作用于船舶重心 G 上。舷外水对船体的压力在垂直方向上分力的合力,称为船舶浮力 D,方向垂直向上,作用于船舶浮心 B 上。当船舶静浮于水上时,重力 W 和浮力 D 大小相等、方向相反,作用于同一条直线上[如图1-29(a)所示]。但是,对于沿着船长方向上某一小区段来讲,作用于上面的重力和浮力并不一定相等。若将船体沿着船长方向分隔成若干个可活动的小分段[如图1-29(b)所示],则在各个分段上,对于重力大于浮力的分段,重力和浮力的差值是一个向下的力,这个力作用于分段上,该分段会向下沉。对于重力小于浮力的分段,其重力和浮力的差值是一个向上的力,这个力作用于分段上,该分段会向上浮。实际上,船体是一个弹性的整体结构,相当于一个弹性梁,不允许各个分段有上下相对的移动,而只能沿船长方向发生纵向的弯曲变形。因此,船体发生总纵弯曲主要是由于沿着船长方向每一点的重力和浮力分布不均匀造成的。

若船体中部所受的浮力大而艏艉两端所受的浮力小,重力在中部小而在艏艉两端大,此时船体将发生中部上拱而艏艉两端下垂的总纵弯曲变形,这种船体的弯曲变形称为中拱[如图1-29(c)所示]。相反,若船体中部所受的浮力小而艏艉两端所受的浮力大,重力在中部大而在艏艉两端小,此时船体将发生中部下垂而艏艉两端上翘的总纵弯曲变形,这种船体的弯曲变形称为中垂[如图1-29(d)所示]。船体发生中拱还是中垂,决定于船舶的重力和浮力沿着船长方向的分布。

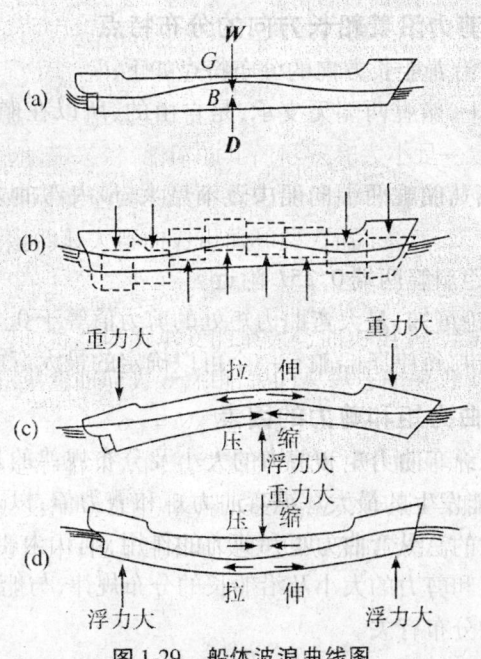

图1-29　船体波浪曲线图

2. 作用于船体上的总纵弯曲力矩与剪力

如图 1-30 所示,船舶浮于静水中,相当于一根两端自由的空心变断面梁承受着不均匀的重力和浮力作用。在船长方向上,某一单位船长上重力和浮力的差值,称为该段单位船长处的负荷。重力和浮力的不平衡产生船舶的弯曲变形,从而在船长方向上各点产生总纵弯曲力矩和剪力。船体结构抵抗总纵弯曲力矩和剪力作用的能力,称为船体总纵弯曲强度,简称为纵向强度。

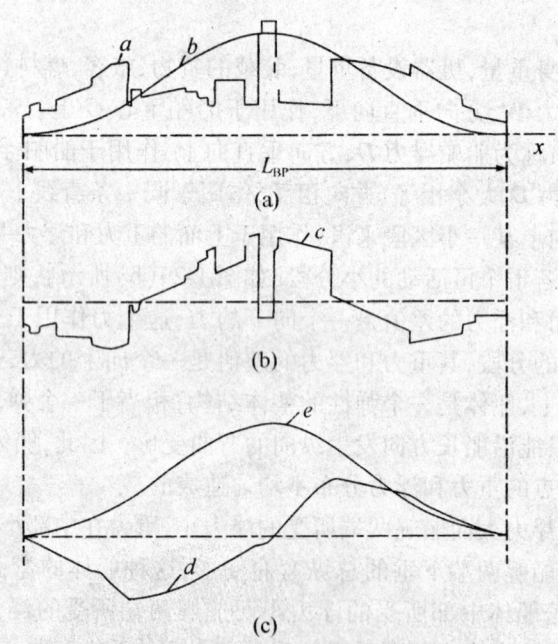

图 1-30　船体静水曲线图

a—重力分布曲线;b—浮力分布曲线;c—负荷曲线;d—剪力曲线;e—总纵弯曲力矩曲线

3. 总纵弯曲力矩和剪力沿着船长方向的分布特点

总纵弯曲力矩和剪力沿着船长方向的分布特点如下:

(1)由于船舶浮于水上,艏艉两端无支承,是自由的,所以在艏艉两端的弯曲力矩和剪力总是等于 0。

(2)总纵弯曲力矩值,从艏艉两端向船中逐渐增大,最大弯曲力矩一般位于船中 $0.4L$ 范围内。

(3)最大的剪力位于距艏艉两端 $0.25L$ 附近。

(4)根据梁的弯曲理论可知,最大弯曲力矩处的剪力值等于 0。

(5)对于营运船舶来讲,每一条船舶有一个可以确定的最大弯曲力矩值和剪力值。

4. 影响船体总纵弯曲力矩和剪力的因素

计算作用在船上的总纵弯曲力矩和剪力的大小及分布规律的目的,是要找出船舶在营运过程中,作用在船体上可能发生的最大总纵弯曲力矩和剪力值,以及它们作用在船上的位置。若船体结构能够抵抗最大的总纵弯曲力矩和剪力的作用,则认为船体结构是满足总纵弯曲强度要求的。总纵弯曲力矩和剪力的大小及沿船长的分布规律,与船舶的大小、船舶重力和浮力的大小及沿着船长方向的分布有关。

(1) 浮力的大小和分布

浮力的大小和沿着船长方向的分布，与船体水线下的几何形状和大小有关。具体地讲，即当船体的几何形状和大小一定时，其与船舶吃水，船在海上所遇到的波浪形状、大小以及船与波的相对位置有关。船舶在航行过程中，当遇到波浪时，浮力沿着船长方向的分布是在不断变化的。

船浮在平静的水面上，浮力沿着船长方向的分布是依据水线下船体横剖面沿着船长方向变化来确定的，若分布较均匀，则引起的弯曲力矩和剪力就较小。

研究表明，当船舶在海上遇到波浪时，船体可能产生最大弯曲力矩和剪力的浮力分布。假定波的形状为坦谷波（波峰较陡而波谷较平坦），波长 λ 等于船长 L，波高 H 等于波长的 $1/20$（$L>120$ m 时）或波高等于 $\lambda/30+2$ m（$L<120$ m 时）。船与波的相对位置是波峰位于船中或波谷位于船中时，船舶的浮力分布对船体总纵弯曲力矩和剪力来讲是最不利的。在船体强度中，上述这种波被称为标准波。

(2) 重力的大小和分布

营运船舶重力的大小与沿船长的分布，主要决定于船舶的装载状态。

研究表明，在载重分布合理的情况下，船舶满载出港、满载到港、压载出港和压载到港的装载状态下的船舶重力的分布对船体总纵弯曲力矩和剪力是最不利。

若船舶在上述的装载状态下遇到标准波，则作用在船体上的弯曲力矩和剪力有可能达到最大值。

例如：一条油船满载出港，当遇到了标准波，波谷位于船中时，可能会发生最大的中垂变形，作用在船体上的弯曲力矩和剪力可能达到最大值。这是因为，油船机舱位于船尾，满载时机舱较中部货油舱轻，油船的首部又设有干货舱，是一个空舱。因此油船满载时艏艉两端的重力小，中部重力大，当波谷位于船中时，中部所受浮力小，艏艉两端受到的浮力大，这种重力和浮力的分布会使船体发生很大的中垂弯曲变形。

又如中机型货船满载出港，遇到了标准波，波峰位于船中，船体可能会发生最大的中拱弯曲变形，作用在船体上的弯曲力矩和剪力可能达到最大值。因为机舱位于船中，满载时船中部重力小，艏艉两端的货舱重力大，当波峰位于船中时，船中受到的浮力大而艏艉部受到的浮力小，所以船体可能会发生很大的中拱弯曲变形。

综上所述，对于营运的船舶来讲，船体的几何形状和大小是一定的。船舶可能遇到的最不均匀的重力分布装载状态和可能遇到的最不均匀的浮力分布的波浪也应是一定的。因此，每一条船舶都有一个可以确定的最大弯曲力矩值和剪力值。

5. 总纵弯曲应力

根据梁的弯曲理论可知，将船体所承受的最大弯曲力矩 M 分别除以甲板剖面模数和船底剖面模数，则可得甲板的总纵弯曲应力 σ_d 和船底的总纵弯曲应力 σ_b 分别为：

$$\sigma_d = M/W_d, \sigma_b = M/W_b$$

总纵弯曲应力的大小是沿船深方向呈线性分布的。甲板和船底的弯曲应力方向相反，当船体发生中拱弯曲时，甲板受拉应力作用，船底受压应力作用；当船体发生中垂弯曲时，甲板受压应力作用，船底受拉应力作用；位于中和轴处，总纵弯曲应力等于0（如图 1-31 所示）。

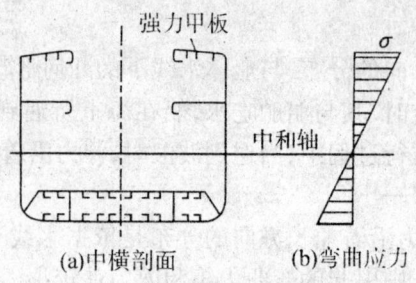

图1-31　船中横剖面和总纵弯曲应力的分布

6. 船体挠度

由于船体中拱或中垂而引起的挠度，一般不得大于$L/1\,000$（L为垂线间长，mm）。

船体发生过大的中拱和中垂弯曲变形时，会对船舶产生许多不利的影响。

（1）过大的中垂状态使船中吃水大于艏艉吃水，根据载重线标志判断载重量，减小船舶装载量。

（2）上层建筑和甲板室连接处作用力增加。

（3）使轴系和管系等发生弯曲变形。

（4）大开口舱口的变形会影响舱口与舱盖的配合。

（二）横向强度

船舶横向强度是指船体结构抵抗横向作用力的能力。承担船体横向强度的主要构件和结构有：横梁、肋骨、肋板及由它们所组成的肋骨框架和横舱壁等。当船体受到的舷外水压力作用与舱内货物、机器设备等的压力作用不均衡时，甲板、船底和舷侧结构会在船体横向断面内发生凹变形［如图1-32(b)所示］。另外，当船在水上受到横向波浪的作用时，会使船的一舷水压力大于另一舷的水压力，或者船舶在横摇时由于惯性力的作用，往往也会使肋骨框架发生图1-32(a)所示的歪斜。不过，一般海船的船体横向强度是足够的，不需要像总纵弯曲强度那样进行详细计算。

（三）局部强度

局部强度是船体结构抵抗局部外力作用的能力。如图1-33所示，在船首底部较平坦的部位，当船舶压载航行在波浪上发生纵摇时，船首吃水浅会使船首底部受到猛烈的冲击作用，使船底板产生凹陷变形。又如舷侧受到码头的碰撞和挤压作用、船尾受到螺旋桨的激振作用、桅以及机器设备等对船体结构的局部作用力等，都是船体受到的外力作用。对于较大的局部作用力，一般不去进行计算，主要是根据经验采取局部加强的办法。

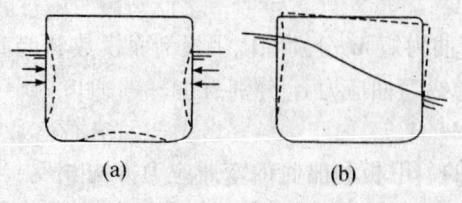

图1-32　横向变形

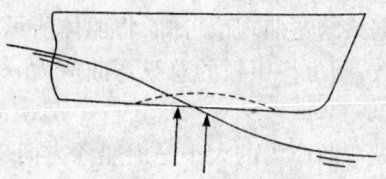

图1-33　船首底部的冲击载荷作用

（四）扭转强度

扭转强度，是指整个船体抵抗扭转变形和破坏的能力。如图1-34所示，当船舶斜置在波浪上时，或艏艉部的装载对于船中心线左右不对称时，以及其他原因产生的首尾、左右不对称的作用力,都会产生作用在船体上的扭转力矩,使船体发生扭曲变形。但是,一般船舶由于舱口较小,均有足够的抗扭强度,所以不进行扭转强度计算。对于集装箱船等,因甲板上货舱口较大,需要考虑船体结构的扭转强度问题。

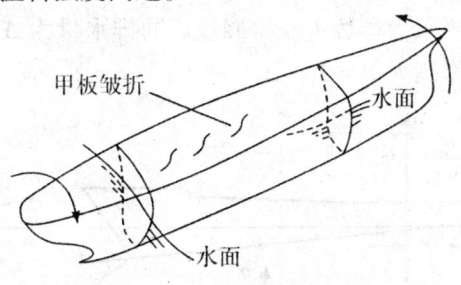

图 1-34 扭转变形

(五) 船舶进坞与搁浅时的应力

1. 船舶进坞船底应力

船舶进坞检修一般需要船舶具有一定的艉倾。进坞后,坞内的水逐渐排除,随着坞内水位的下降,船舶逐渐接近布置好的墩木,当船舶尾部与墩木接触于 A 点时,墩木对船舶产生一作用力 P(如图 1-35 所示)。随着水面的下降和作用力 P 的作用,艉倾在不断地减少,作用力 P 逐渐增大,当船舶的龙骨完全坐落在墩木上之前的瞬间,A 点的作用力达到了最大值。为了使船舶能够安全地坐落在墩木上,必须事先计算作用力的最大值 P_m,以检验墩木和船体的局部强度。

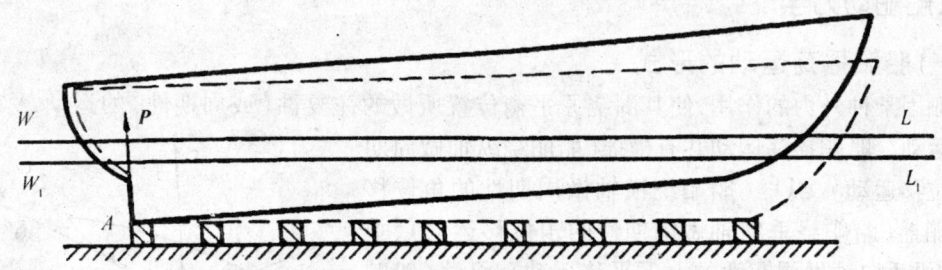

图 1-35 船舶进坞

通常,船舶龙骨完全坐落在墩木上为水平状态,作用力的最大值 P_m 为:

$$P_m = \frac{100 MTC}{\frac{L}{2} + x_f} \cdot t$$

式中:MTC——每厘米纵倾力矩;

L——垂线间长(船长);

x_f——漂心坐标;

t——吃水差。

为了避免出现过大的 P_m 值,船舶进坞时应空载进坞并且适当调整吃水,减小船舶的吃水差。

2. 船舶搁浅船底应力

船舶在搁浅时,由于受到浅滩及暗礁与船体接触点的作用,船舶的浮态发生变化,稳性降低,船舶可能处于危险状态。

如图 1-36 所示,船舶搁浅前初始水线面为 WL,排水量为 Δ,平均吃水为 d_m(艏吃水与艉吃水和的一半)。当船舶搁浅后船底没有破裂,纵倾亦不大。搁浅后船舶上浮、纵倾后的水线面为 W_1L_1,平均吃水为 d_{m1},查静水力参数表获得搁浅后的排水量为 Δ_1。因此,船舶搁浅前后的排水量差值即为接触点的反作用力 $P = \Delta_1 - \Delta$。

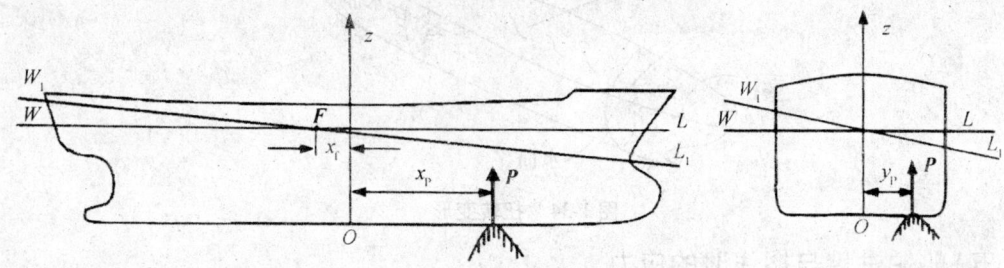

图 1-36 船舶搁浅

若搁浅前后船舶浮态变化不大,也可利用平行沉浮的计算方法求接触点的反作用力:
$$P = 100TPC \cdot (d_{m1} - d_m)$$

船舶搁浅所受作用力的大小及稳性、浮态变化的程度与船舶搁浅处水域的潮水变化有密切关系,显然,落潮将进一步加剧船舶搁浅后的危险程度。为了使搁浅的船舶脱险,除了借助外部的施救方式外,还可通过卸货来达到自救的目的。

三、船舶动力学

(一)船舶摇荡运动的形式

船舶因某种外力的作用,使其围绕原平衡位置所做的往复性(或周期性)的运动,称为船舶摇荡运动。船舶摇荡运动共有横摇(船舶绕纵轴做周期性的角位移运动)、纵摇(船舶绕横轴做周期性的角位移运动)、艏摇(船舶绕垂向轴做周期性的角位移运动)、垂荡(船舶沿垂向轴做周期性的上下平移运动)、纵荡(船舶沿纵向轴做周期性的前后平移运动)和横荡(船舶沿横向轴做周期性的前后平移运动)六种运动方式,如图 1-37 所示。在这六种摇荡方式中,横摇摆幅比较大,对船舶的性能影响最大,因此对船舶的横摇应该给予更多的关注。

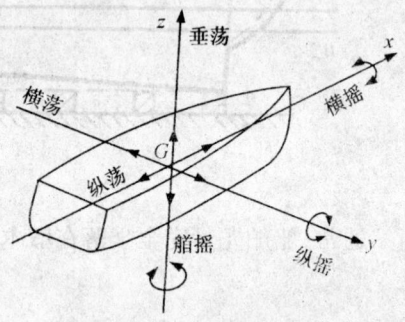

图 1-37 船舶摇荡形式

船舶摇荡运动是一种有害的运动,剧烈的摇荡会引起严重的后果:

(1)可能使船舶失去稳性而倾覆。

(2)使船体结构和设备受到损坏。

(3)引起货物移动从而使船舶重心移动,危及船舶安全。

(4)使机器和仪表的运转失常。

(5)使螺旋桨的效率降低,船舶阻力增加,船速下降。

(6)工作和生活条件恶化、甲板上浪等。

(二)船舶减摇装置

为了减小船舶的摇荡,除了在装载和操纵方面采取措施以外,在船舶设计与建造中,都装设必要的减摇装置。减摇装置用来产生一种外加的稳定力矩,使船舶的摇摆减缓。根据工作原理的不同,减摇装置可以分成三类:第一类是利用流体的重力作用以产生对船舶摇摆的稳定力矩(如减摇水舱);第二类是利用流体的动力作用以产生稳定力矩(如舭龙骨、减摇鳍);第三类所获得的稳定力矩则是由回转力产生(如减摇回转仪)。

目前采用的减摇装置有下列几种。

1. 舭龙骨

舭龙骨是装设在舭部外侧,沿着水流方向的一块长条板(如图1-38所示)。舭龙骨的作用是减小船舶横摇。由于舭龙骨减摇效果较好,制造简单,船舶几乎均装设舭龙骨。

舭龙骨板的长度为船长的1/4～1/3,宽度为200～600 mm(大型船更宽些),近似垂直于舭部列板,其外缘不超出船的半宽线与船底基线所围的范围,以免触到码头和海底而碰损。在结构上,舭龙骨有连续式和间断式两种结构。连续式结构简单,适用于航速不是很快的船;间断式结构适用于高速船,其优点是对船舶的航行阻力较小,一般不会超过船舶基本阻力的2%～3%,而横摇阻力较大,能减小船舶摇摆幅度的20%～25%。

为了防止舭龙骨损坏时使船体外板受损,舭龙骨一般不直接焊接在舭部外板上,而是用一块覆板将两者连接起来。

舭龙骨虽然装设在船中部很长的一段范围内,但在结构上其不参与船舶的总纵弯曲,仅承受船舶横摇时的水动压力。

图1-39是一艘船装设舭龙骨和无舭龙骨时的横摇角与横摇次数关系曲线,由图中可明显看出舭龙骨的减摇效果,而且装设舭龙骨的船航行时的减摇效果更好一些。

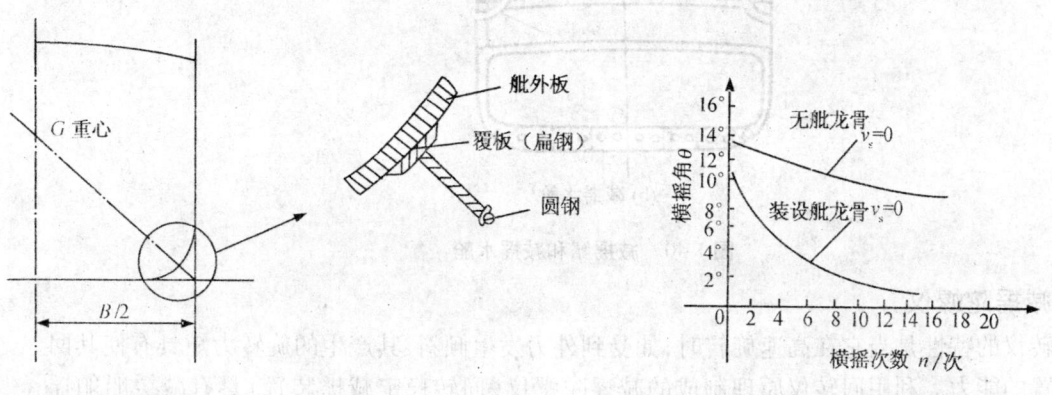

图1-38 舭龙骨　　　　　　图1-39 舭龙骨减摇效果图

2. 减摇鳍

减摇鳍,一般是一个长约为3.0 m、宽约为1.5 m的长方体,剖面为机翼形,安装在船中央附近两舷的舭部,如图1-40(a)所示。在船内设置操纵机构,根据需要可将减摇鳍收放于船内或伸出舷外,并且可调整机翼剖面相对于水流的攻角,使两舷的减摇鳍所产生的升力形成一个阻碍船舶横摇的力偶矩,并使力偶矩方向的改变与船舶横摇同步,这样可有效地减小船舶横摇。因减摇鳍需要有自动操纵系统,造价高,目前只在大型豪华客船上或军舰上装配。

3. 减摇水舱

减摇水舱(anti-rolling tank)是利用流体重力作用的减摇装置，它通过调节左、右两水柜的水量，产生与船舶横摇方向相反的稳定力矩来抵抗船舶的横摇，以达到减摇的目的，如图1-40(b)所示。减摇水舱在任何航速下均有较好的减摇效果。

减摇水舱可分为被动式和主动式两类。被动式减摇水舱没有水泵等设备和控制系统，是依靠船舶横摇时两水柜出现的水位差，使水柜的水通过连通两舷水柜的连通管从一舷流到另一舷，使两舷水柜的水保持水平，水流经通道的流速用空气阀来调节。被动式减摇水舱起减摇作用的前提是船舶产生横倾。主动式减摇水舱与减摇鳍类同，不受航速的限制，它是通过自动控制装置来调节两舷水柜中水的流向和流量的，其动力是水泵。主动式减摇水舱根据船舶的横摇情况，借助泵把水柜的水从一舷打到另一舷，产生一个可控的稳定力矩，以减少船舶的横摇。虽然主动式减摇效果较好，但装置结构复杂，成本较高，且工作时需要很大的动力。

减摇水舱可分为闭式和开式。减摇水舱内的水与舷外水不连通时，称为闭式减摇水舱；减摇水舱内的水与舷外水相通时，称为开式减摇水舱。

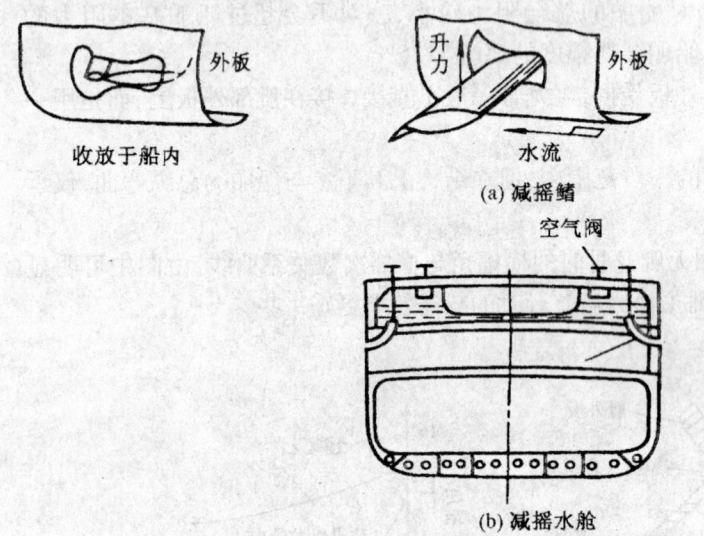

图1-40 减摇鳍和减摇水舱

4. 减摇陀螺仪

回转仪的特性是当它在高速旋转时，如受到外力发生倾斜，其产生的旋转力矩具有使其回复原位置的能力。利用回转仪原理制成的减摇陀螺仪(回转稳定减摇装置)具有减缓船舶摇摆的能力。但此种装置造价高，占用船舱体积大，在现代商船上已经基本没有。

（三）船体振动的知识

船舶是一复杂的弹性结构物，其结构及质量分布很不规则，是一变截面的空心梁，因此在船体受到干扰而振动时情况较为复杂，船体周围的水对船体振动也会产生影响，这就使船体的振动更为复杂。随着船舶吨位、主机功率的不断增加，又多采用艉机型船和艉部作为居住区，船体振动及舒适性问题比以前更加引起人们的关注。

1. 船体振动的分类

通常将船体振动分为总振动和局部振动两大类。整个船体的振动称为总振动，这时将船体视为一根两端自由的变截面空心梁。船体局部结构,如板架、梁、板格等对于整个船体所产生的附加振动称为局部振动。这两类振动往往是同时存在且互相关联的。如由主机的不平衡惯性力构成的扰动力,既能激起全船整体性的总振动,同时还会激起机舱板架及某些梁、板格的局部振动。

按振动时的不同受力情况,船体总振动和局部振动分为自由振动和强迫振动两种不同性质的振动。如在水中航行或停泊的船舶,当受到一个较大的波浪冲击后,就能激起船体的自由振动,由于存在阻尼而很快消失。船舶在航行中一直受到干扰力作用(如主机的不平衡惯性力)而激起的振动为强迫振动。

船舶振动所受的力有干扰力、弹性恢复力、惯性力和阻尼力。阻尼力的数值相对较小,对低谐调振动的主振动形式与频率影响不大,故可当作无阻尼振动考虑;高谐调阻尼影响扩大,需考虑阻尼的影响;特别是在共振时,不论谐调高低,阻尼力有减小动力放大因数值的作用,因而必须予以计及。船体所受的干扰力有周期性和非周期性两种。周期性干扰力(如由主机或螺旋桨引起的干扰力)能使船体产生周期性的振动;非周期性干扰力也能使船体产生振动,但其振动性质不稳定,如船舶在不规则波浪中的振动,由于波浪外力的随机性质,其振动规律不能用简单的函数来表达,只能用概率和统计的方法来描述其数量规律,这种在任何未来时刻表征振动物理量的瞬时值不能预先精确地加以判断的非周期性的持续振动称为随机振动。

将船体作为一根梁来研究,梁的各种振动形式在船体总振动中都可能发生,故按其振动形式,将船体总振动分为以下四种:在船体的纵中剖面内的垂向弯曲振动,称为垂向振动。在船体的水线平面内的水平方向的弯曲振动,称为水平振动。这两者的振动方向均垂直于船体纵向轴线,故又称为横振动(铅垂方向的横振动和水平方向的横振动)。船体横剖面绕纵向轴线扭转的振动,称为扭转振动。船体横剖面沿其纵向轴线做纵向拉压的往复振动(即在纵轴方向的伸缩运动),称为纵向振动。

船体除总振动外,还伴随着各种局部振动。局部振动按其振动形式可分为以下三种:

(1)垂直振动:平行于垂向轴的直线振动。

(2)横向振动:平行于左右方向的水平振动,常称为水平振动。

(3)纵向振动:平行于艏艉方向的水平振动。

对实船,最主要的振动是垂向振动,而轴系、桅杆、大功率拖船的驾驶甲板、甲板室及上层建筑内某些刚度很小的横围壁等局部结构还可能产生纵向振动。

2. 船体振动的原因

引起船体振动的主要振源是螺旋桨和主机,它们在运转时将引起周期性干扰力,使船体发生稳态强迫振动。波浪的冲击、火炮发射时的后坐力、抛锚等引起的干扰力则是非周期性干扰力,因为这些力对船体作用时间短,只会引起船体的衰减振动。

船体产生振动过大的原因可归结为下述三个方面:一是设计时考虑不周或计算错误,如主机选择、船舶主尺度、螺旋桨与船体、附属体间隙以及与艉部线型的配合,船体结构尺寸、布置和结构的连续性等;二是建造质量问题,如螺旋桨制造质量差、轴线不对中、结构连续性被破坏、焊接残余应力与初挠度等;三是营运时航行条件及操作管理水平的影响,如航行于浅水或狭窄水道,装(压)载不当,轴系变形,螺旋桨受损,主机各缸燃烧不均匀,更换机、桨不当和个别结构机件磨损、松动等。

3. 船体的防振与减振

防振是指船舶在设计阶段就考虑到振动衡准的要求而采取的降低振动的措施。减振是指使营运船舶的振动下降到振动衡准的要求。对已建成的船舶,若发现有严重的振动问题,要根治一般是比较困难的,且花费的代价相当大。为了防患于未然,要求在设计阶段就进行必要的动力计算,这就要求设计者在设计时了解船舶的主要振源和影响振动的其他因素,并对船舶的快速性、动力装置、结构设计等进行全面考虑后,选出较好的方案。由于船体振动的产生还有建造和营运方面的原因,所以在船舶营运过程中进行振动测试,衡量振动的水平,对发生剧烈振动的船舶分析振源,寻找产生振动的原因,从而采取减振措施也是非常必要的。

船舶设计阶段的防振措施及营运船舶的减振措施,仅是对象的差异及处理角度有些不同,但其基本原理是一样的,即改变结构的固有频率或干扰力频率以避免共振;减小干扰力的幅值与减小干扰力的传递,以降低强迫振动的程度;增加结构刚度和阻尼等。营运船舶的减振措施对设计船舶一般均可采用,但有些设计阶段的措施对已建成船舶较难实施。在理论上任何振动问题都可消除,但在实际情况下由于技术上或经济上的原因,消振工作往往不能较好地完成。

四、船舶操纵及营运经济性

(一) 船机零件的腐蚀

金属与周围介质发生化学、电化学作用或物理溶解产生变质和破坏的现象称为腐蚀。金属腐蚀破坏发生在零件表面,逐渐向内部扩展或同时向四周蔓延。腐蚀破坏是船机零件的故障模式之一。

腐蚀是现代工业中极为有害的破坏因素,不仅会造成机器、零部件的失效,而且会造成大量金属材料的浪费和巨大的经济损失。例如,全世界每年因腐蚀浪费的钢铁约占当年钢铁产量的10%。此外,腐蚀破坏还带来安全性和资源保护等问题,导致机器设备的突然损坏,严重危及人身安全和使地球上有限资源日渐枯竭,使人类生存受到威胁。

船机设备因腐蚀造成的破坏也很普遍,如船体钢板和管路的腐蚀,柴油机气缸盖、气缸套和活塞冷却水腔的电化学腐蚀,活塞顶部和排气阀的高温化学腐蚀,气缸套外表面和螺旋桨叶上的穴蚀等。腐蚀的后果:轻者使零件的尺寸和几何形状精度破坏,表面损坏;重者造成零件裂纹、穿孔和断裂。

1. 金属腐蚀的过程

自然界中大多数金属是以金属化合物的形式存在于矿石中,如铁以 Fe_2O_3 形式存在于赤铁矿中,而 Fe_2O_3 也是铁的腐蚀产物——铁锈的成分。冶炼金属是消耗能量把矿石中的化合物转变成金属,所以金属比其化合物具有更高的自由能。金属腐蚀是使金属恢复其自然状态,金属释放出能量回到热力学上更稳定的自然存在形式——化合物状态,即金属从金属状态自发地变成离子状态,生成氧化物、硫化物等。因此,腐蚀过程是金属释放出能量使自身稳定的自发过程,也是冶金的逆过程。金属释放的能量就是腐蚀的动力,其他破坏形式,如磨损、裂纹等则要消耗有用功。

2. 金属腐蚀的分类

金属腐蚀依过程的特点分为:化学腐蚀、电化学腐蚀。

金属腐蚀依腐蚀表面的特征分为:全面腐蚀、局部腐蚀。

全面腐蚀是机件整个表面上发生的腐蚀,一般多为全面不均匀腐蚀,局部腐蚀是机件表面局部发生的腐蚀,而表面上其他部分几乎不发生腐蚀。局部腐蚀较多,危害也比全面腐蚀严重,往往会产生突然破坏,造成机件损坏,甚至恶性事故。

3. 化学腐蚀

(1) 化学腐蚀的定义及分类

金属与周围介质(非电解质)直接发生化学作用引起的破坏称为化学腐蚀。腐蚀过程中不产生电流。化学腐蚀分为气体腐蚀和有机介质腐蚀。

气体腐蚀是指金属在干燥气体和高温气体中的腐蚀。金属与介质中的氧化剂直接作用后在金属表面生成一层氧化物薄膜,即腐蚀产物。金属能否继续被腐蚀取决于膜的结构及与基体的结合强度。碳钢零件在560 ℃以下被氧化,生成 Fe_2O_3 或 Fe_3O_4 的结构致密、与基体结合牢固的稳定膜,可阻止氧原子的扩散,保护金属不再被氧化;在560 ℃以上氧化生成结构疏松、与基体结合不牢的FeO膜,氧原子易于穿过而使金属继续氧化,使膜的厚度增加,当达到一定厚度时脱落。

金属的高温氧化曾被视为典型的化学腐蚀。近代研究认为:在高温气体中金属最初的氧化属于化学反应,但氧化膜的成长过程属于电化学反应。因为金属表面的介质已由气相变为既能电子导电又能离子导电的氧化膜,所以金属的高温氧化不再是单纯的化学腐蚀。

金属在有机介质中的腐蚀:有机介质为不导电的非电解质介质,如有机酸、卤代化合物和含硫的化合物等。实际生产中纯化学腐蚀的现象较少。例如,铝在四氯化碳、三氯甲烷或乙醇中的腐蚀,镁或钛在甲醇中的腐蚀金属钠在氯化氢气体中的腐蚀等都属于化学腐蚀,但实际上这些介质中都含有少量水分而使有机介质不纯,使化学腐蚀变为电化学腐蚀。

(2) 柴油机零件的化学腐蚀

柴油机运转时,燃烧室中的高温高压燃气直接与燃烧室组成部件——气缸盖及其上的阀件、气缸套和活塞组件接触,燃气中某些低熔点灰分熔化并附着在部件的金属表面上,在高温下发生化学作用使部件表面受到破坏的化学腐蚀,称为高温腐蚀或钒腐蚀。

重油燃烧后产生灰分,灰分是一些氧化物、无机盐和低共熔混合物。重油中含有钒、钠、硫的化合物,燃烧后生成这些元素的氧化物或硫酸盐,如 V_2O_4、V_2O_5、Na_2O 和 Na_2SO_4 等以及低熔混合物。这些物质的熔点较低,如 V_2O_5 的熔点为 675 ℃,$Na_2O \cdot V_2O_5 \cdot 5Na_2O \cdot V_2O_4 \cdot 11 V_2O_5$ 和 $60\% Na_2SO_4 + 40\% V_2O_5$ 的熔点分别为 640 ℃、535 ℃和 330 ℃。

高温下钢铁零件上附着熔化或软化的钒钠化合物后,由于 V_2O_5 是酸性氧化物,直接与金属接触使其表面上的氧化膜被溶解,裸露的基体金属不断被氧化而形成腐蚀麻点或凹坑,如排气阀盘面上的孔洞。零件金属温度越高,腐蚀速度越快,后果越严重。

柴油机燃用重油为发生高温腐蚀提供了条件,但并非燃用重油就必然发生高温腐蚀,还必须具备:

① 零件冷却不良,温度在550 ℃以上时,足以使钒、钠化合物处于熔化状态附着于零件表面。

② 灰分的成分影响腐蚀速度。当灰分中 $V_2O_5/Na_2O \approx 3$ 时,软化温度由 600 ℃降至 400 ℃,灰分非常易熔,所以腐蚀速度急剧加快;而 $V_2O_5/Na_2O \approx 1$ 时,腐蚀速度最小,因软化温度高于零件温度而不会发生腐蚀。

(3) 防止化学腐蚀的措施

根据化学腐蚀的机理,可在零件表面上覆盖一层保护膜,如做镀锡、镀锌、发蓝处理等。

排气阀等的高温腐蚀,可选用含钒、钠、硫少的燃油,控制其成分;加强燃烧室部件的冷却,使部件温度在550 ℃以下等。

此外,还应注意零件材料的选择,对在腐蚀环境下工作的零件应选用耐腐蚀性强的材料。

4. 电化学腐蚀

金属表面与离子导电的电解介质溶液发生电化学作用产生的破坏称为电化学腐蚀,电化学腐蚀过程中产生电流。电化学腐蚀是自然界和生产中最普遍和最常见的腐蚀,破坏作用也很显著,金属在大气、湿空气、海水、土壤及酸、碱、盐溶液中都会发生电化学腐蚀。在船上,船体和船机发生电化学腐蚀的部位和零部件较多。

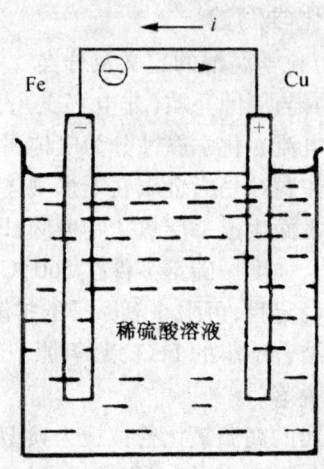

图1-41　Fe-Cu电池示意图

(1) 电化学腐蚀原理

电池作用原理可以充分说明金属在电解质溶液中的腐蚀过程。在图1-41所示的Fe-Cu电池示意图中,铁板和铜板分别为阳极和阴极,同装于盛有电解质溶液(如稀硫酸)的容器中,并用导线连接两极。电池反应发生后导线中有电流通过。电池反应如下:

阳极氧化反应后铁被溶解:$Fe \rightarrow Fe^{2+} + 2e$

阴极还原反应后放出氢气:$2H^+ + 2e \rightarrow H_2 \uparrow$

因此,电池作用使阳极铁板不断地被腐蚀,溶液中氢离子不断地从阴极获得电子变成氢气逸出。

电化学腐蚀中,腐蚀电池起着重要作用。电池依电极大小分为宏观电池与微观电池。

(1) 宏观电池

宏观电池是肉眼可见电极构成的宏观大电池,引起局部宏观腐蚀,主要有:

①异金属接触电池

两种具有不同电位的金属或合金相互接触(直接接触或用导线连接),并处于同一电解质溶液中时,会使电位低的金属不断地被腐蚀,这种电池称为异金属接触电池。两种金属的电位差越大,腐蚀也越严重。例如,Fe-Cu电池、海水中船的碳钢艉轴与铜质螺旋桨等也构成这种电池。

②浓差电池

同一金属的不同部位与浓度(含氧量或含盐量)或温度不同的介质接触构成的电池称为浓差电池,最常见的有氧浓差电池、盐浓差电池和温差电池等。

金属与含氧量不同的介质接触,在氧浓度较低处金属的电位较低,氧浓度较高处金属的电位较高。例如铁棒埋于土壤中,含氧量因土壤深度的不同而不同。氧的浓度不同,则氧的分压不同,浓度越高则分压越大,铁棒的电位越高,否则电位越低,于是构成氧浓差电池,使深埋于土壤中的铁棒端腐蚀越严重。

同样,分别插入浓、稀硫酸铜溶液中的铜棒两端电位不同,稀硫酸铜溶液中的棒端电位低,另一端电位高,构成盐浓差电池。

浸于电解质溶液中的金属在不同部位的温度不同时构成温差电池。例如,换热器的高温端比低温端腐蚀严重。

(2) 微观电池

微观电池是指金属表面由于电化学不均匀性构成无数微小电极的电池,又称微电池。零

件金属表面电化学不均匀性是由金属表面的微观不均匀性引起的,主要有:

①化学成分不均匀性

工业用的金属材料含有不同程度的杂质、非金属夹杂物,或有偏析使金属表面化学成分不均匀。金属、杂质、非金属夹杂物的电极电位不同,当有电解质溶液时就会构成无数微小电池,如图1-42(a)所示。

②金属组织不均匀性

零件金属材料中不同的金相组织和晶体缺陷具有不同的电极电位,在有电解质溶液的情况下就会构成微电池,如图1-42(b)所示。

③物理性质或状态不均匀性

金属材料冷、热加工后材料各部分的受力和变形不同或物理性质不均匀,在有电解质溶液的情况下构成微电池,如图1-42(c)中变形的1处电位较低,易被腐蚀。

④金属表面膜不完整

金属表面都有一层氧化膜,当膜因破裂、有孔等而不完整时,破裂处和有孔处电位较低,易构成微电池的阳极,如图1-42(d)所示。

船上常见的电化学腐蚀有以下几种:

(1)电偶腐蚀

船上的机器零部件或船体构件只要构成异金属接触电池就会发生电偶腐蚀,且较为普遍,如螺旋桨与艉轴、离心泵的叶轮与轴等。

(2)氧浓差腐蚀

金属浸入含氧溶液中形成氧电极产生氧浓差腐蚀。例如,工程上连接件的结合面缝隙处、气缸套与气缸体下部密封圈的缝隙处,因充气不足或冷却水的停滞使氧浓度低,此处金属为阳极,与附近氧浓度高处金属即阴极构成氧浓差电池,发生氧浓差腐蚀。

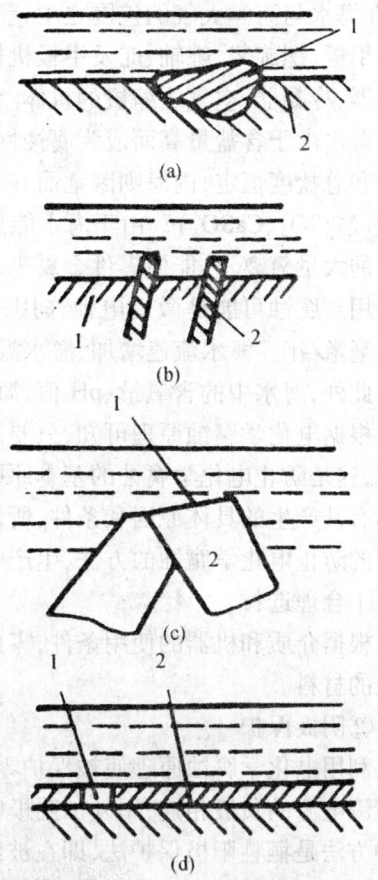

图1-42 微观电池

(a)基体金属2和所含杂质或夹杂物1构成微电池;(b)钢中铁素体1和渗碳体2构成微电池;(c)钢板弯曲变形处1和未变形处2构成微电池;(d)表面膜不完整(无膜表面1和有膜表面2)构成微电池

(3)选择性腐蚀

选择性腐蚀是由微观电池引起的电化学腐蚀。例如黄铜制件的脱锌——黄铜在酸性或盐溶液中构成无数微电池使锌被腐蚀。又如铸铁气缸套外圆表面在冷却水中发生铁素体被腐蚀的(仅剩下石墨)微观电化学腐蚀。

(4)应力腐蚀

碳钢、不锈钢、黄铜等工程材料的加工制件均会因加工引起的内应力较大而发生微观电化学腐蚀。例如气缸套与气缸体连接的肩部、应力集中的部位(如加强筋的圆角等处),往往会发生应力腐蚀,应力腐蚀的同时还伴随着裂纹的产生。

(5)海水腐蚀

海水是含盐浓度高的电解质溶液,是腐蚀性最强的天然腐蚀剂之一。船舶常年航行在海上,在海水与海洋大气的包围之中,船体、甲板机械和与海水接触的零部件受到严重的腐蚀,如船体钢板、螺旋桨、艉轴、舵及甲板机械(起货机、起锚机、绞缆机)等。此外,柴油机的空冷器、冷却器、冷凝器、空气压缩机的机体、各种海水管等都与海水接触,均会受到海水腐蚀。

海水由于含盐量高而成为腐蚀性介质,盐分总量为3.5%~3.7%,在世界大洋中海水的成分和总盐度恒定,内海则因地而异。海水中的盐类主要是氯化物($NaCl$、$MgCl_2$),其次是硫酸盐($MgSO_4$、$CaSO_4$)。由于海水能离解盐类,所以海水是一种导电性很强的电解质溶液。海水中的大量氧离子,能使零件金属表面的氧化膜遭到破坏,因而海水对大多数金属有很强的腐蚀作用。腐蚀可能是微观电池作用,也可能是宏观电池作用。钢铁在海水中的腐蚀速度为0.13毫米/年。海水流速增加、海水温度升高等还会加速海水腐蚀。

此外,海水中的含氧量、pH值、海洋生物等物理、化学因素都会影响海水腐蚀速度。

根据电化学腐蚀原理可知,只要破坏产生电化学腐蚀的条件之一,就能有效地阻止腐蚀的发生,这是防止电化学腐蚀的基本原则。另外,由于电化学腐蚀破坏的形式较多,每种破坏形式都有其产生的具体原因和条件,所以防止腐蚀的方法也是多种多样的。根据不同情况选用不同的防止电化学腐蚀的方法,生产中主要有以下几种:

①合理选材

根据介质和机器的使用条件,零件的材料尽量选用相同材料或电位相近的材料或其他耐腐蚀的材料。

②阴极保护

利用电化学腐蚀原理使被保护零件成为阴极可防止腐蚀。一种方法是将被保护零件与外加直流电源的负极相连,用外加阴极电流使阴极电位向负方向变化,阻止腐蚀过程的进行。另一种方法是牺牲阳极保护法,即在被保护零件上安装电位更低的金属使之成为阳极,被保护零件成为阴极而不被腐蚀。例如,在船体钢板的气缸套外表面上安装锌块。

③阳极保护

将被保护零件与外加直流电源的正极相连,用外加电流使阳极电位向正的方向变化,腐蚀速度迅速减慢并保持一定的稳定低电位,使阳极钝化降低腐蚀速度。

④介质处理

除去介质中加速腐蚀的有害成分。例如,锅炉给水的除氧处理;调节介质的pH值和改变介质的湿度;在介质中添加阻止和减缓腐蚀的物质,如常在柴油机冷却水中添加铬酸盐、亚硝酸盐等无机缓蚀剂,使在零件金属表面上形成钝化膜,抑制阳极腐蚀。此外,还可在冷却水中添加乳化防锈油。

⑤表面覆盖保护膜

在零件表面上覆盖一层金属或非金属保护膜,使其与腐蚀介质隔开以防止腐蚀。例如,采用电镀、电刷镀、喷涂或磷化、氧化处理等工艺在零件表面上形成金属膜或非金属膜。

⑥加强维护和管理

轮机人员应对船上容易发生腐蚀的零部件加强维护管理,防止或减少腐蚀。船舶动力装置中凡与海、淡水和湿空气接触的零件、构件和管系均有发生电化学腐蚀的可能,故应:

a. 定期进行柴油机冷却水处理。

b. 适时更换船体钢板上和缸套冷却侧上的防腐锌块。

c. 选用低硫燃油,燃用含硫高的燃油时应采用与之匹配的碱性气缸油。

d. 加强柴油机和艉轴润滑油的定期检验。

e. 机件经碱洗后,一定用清水彻底清洗和涂油保护。

5. 穴蚀

穴蚀是水力机械或机件在与液体相对高速运动时在机件表面上产生的一种破坏。穴蚀又称空泡腐蚀或气蚀。

穴蚀也是一种局部腐蚀。穴蚀的特征是机件金属表面上聚集着小孔群,呈蜂窝状或分散状的孔穴。孔穴表面清洁无腐蚀产物附着,孔穴直径一般在 1 mm 以上。例如,柴油机气缸套外表面上穴蚀小孔直径为 1~5 mm,最大可达 30 mm,孔深可达 2~3 mm,严重时会穿透缸壁。

船机零件发生穴蚀破坏的除柴油机气缸套外,还有轴瓦、喷油泵柱塞、螺旋桨桨叶及离心泵叶轮等。机件穴蚀破坏日益引起人们的关注,尤其是缸套穴蚀已是影响船用发电柴油机正常运行的重要问题,引起国内外的重视。

(1) 柴油机气缸套的穴蚀

气缸套穴蚀是船用中、高速柴油机普遍存在的严重问题。随着柴油机的功率增加、强载度的提高和高速、轻型化,气缸套穴蚀破坏已成为妨碍柴油机正常运转的首要问题,严重地影响柴油机的工作可靠性和气缸套的使用寿命。

一般来说,船用中速和高速筒形活塞式柴油机,特别是高速、轻型、大功率柴油机,不论是开式冷却还是闭式冷却,气缸套都有不同程度的穴蚀,如 12V180 型、6150 型等高速柴油机,6300 型、6250 型、8NVD48A-2U 型等中速柴油机。有的柴油机投入运转不久(仅几十小时)就会在气缸套外圆表面上出现穴蚀小孔,甚至柴油机运转不足 1 000 小时缸套就因穴蚀穿孔而报废,此时缸套内表面尚未磨损。二冲程十字头式低速柴油机气缸套基本不发生穴蚀破坏。

① 穴蚀部位

缸套穴蚀发生在湿式气缸套外圆表面上,一般集中在柴油机的左右侧方向,特别是承受侧推力最大一侧的偏上方;冷却水进口、水流转向处和水腔狭窄处对应的缸壁上;缸套下部密封圈附近缸壁。穴蚀小孔呈蜂窝状或分散状。

缸套冷却水腔除缸套穴蚀外,不应忽视气缸套和气缸体材料的差异和材料内部的各种电化学不均匀性而导致的宏观和微观电化学腐蚀。这两种腐蚀同时存在或交替进行均会加重缸套的腐蚀。此外,冷却水(海水或淡水)的水质、含气量、流速等均对穴蚀有影响。

② 气缸套穴蚀机理

a. 一般穴蚀机理

迄今为止,关于穴蚀机理的论述很多,其中被广泛接受的一种理论认为:机件发生穴蚀的先决条件是机件浸于液体中,并与液体有相对运动,或机件在液体中受到某种能量的传递作用,形成液体中的局部瞬时高压或瞬时高真空。在瞬时高真空区,液体汽化形成汽泡,或溶于液体中的空气以气泡形式从液体中分离出来;在另一瞬间形成高压时,汽泡、气泡被压缩,泡内汽体迅速液化或气体重新溶入液体而使气(汽)泡溃灭,这时周围液体急速冲向溃灭处,在金属表面产生极强的冲击波作用。频繁的冲击使机件表面金属逐渐剥落,与此同时,金属表面还产生微观电化学腐蚀。两种腐蚀交替进行共同作用致使机件穴蚀破坏。

b. 气缸套穴蚀机理

柴油机气缸套外圆表面与气缸体(或机体)构成冷却水空间,在狭小的环形通道中流动着淡水或海水。柴油机运转时,由于缸套和活塞之间的间隙,活塞在侧推力作用下不断地冲撞着缸壁的左、右侧,使气缸套产生高频振动。缸套的高频振动和缸壁的弹性变形使冷却水空间的容积交替地增大和减小,冷却水相应交替地膨胀和被压缩。膨胀时受拉伸作用形成瞬时低压,被压缩时形成瞬时高压。此外,冷却水进口和流动时产生旋涡使冷却水通道内压力变化,也会形成瞬时高压或低压。在瞬时低压时产生气(汽)泡,瞬时高压时气(汽)泡溃灭,缸套外圆表面因频繁受到冲击和微观电化学腐蚀作用而破坏。

灰口铸铁气缸套,在高达 1 GPa 冲击力作用下,缸套表面微小局部金属发生塑性变形,不断地作用使金属疲劳而剥落。此外,缸套振动能量的转化、液体间摩擦和气(汽)泡破裂时产生大量的热,缸套表面局部产生高温使金属达到熔化状态,高压作用下更易造成金属破坏,剥落后形成针孔。冲击波的继续作用和电化学腐蚀使孔穴增多、增大。

③影响缸套穴蚀的因素

生产中并非所有的筒形活塞式柴油机气缸套都会发生穴蚀破坏,即便发生穴蚀破坏其程度也各不相同。缸套穴蚀与柴油机的机型、结构、爆发压力、冷却水腔和冷却介质、柴油机的工艺参数等有关。

a. 缸套振动

柴油机运转中气缸套高频振动是产生穴蚀的根本原因,缸套振动强度与以下因素有关:

(a)活塞与气缸套之间的配合间隙

活塞在气缸中运动时,对气缸壁的冲击能量的大小取决于活塞质量和活塞在气缸中横摆时的速度。活塞质量固定不变,但速度随着活塞与缸套之间的配合间隙的增加而增大。因此,活塞对缸壁的冲击能量取决于活塞与缸套配合间隙的大小。配合间隙越大,活塞横摆加速度越快,冲击缸壁能量越大,则缸套振动越强。

(b)缸套刚度

缸套刚度直接影响缸套的振动。刚度大,受活塞冲击时缸套变形小、振动小,可有效地防止穴蚀。缸套刚度除与其材料有关外,还与缸套壁厚和纵向支承跨距的大小有关。缸壁厚度增加,则支承跨距缩短,缸套刚度增大。

气缸套与气缸体(机体)之间的配合间隙对缸套的刚度亦有影响。如果柴油机缸套与缸体铸成一体,则缸套刚度增大,可有效地防止穴蚀。

(c)冷却水腔结构

冷却水腔通道太窄,水流速度增快,容易产生空泡。柴油机设计时要求冷却水腔内水流速度应小于 2 m/s,水腔宽度 t 为 $0.4\%D$ (D 为气缸套内径)或不小于 10 mm,各处均匀一致,水流畅通不形成死水区和涡流区,有利于降低缸套穴蚀。4115 型柴油机把冷却水腔最窄处由 1.5 mm 增至 7 mm,大大降低缸套穴蚀。

b. 冷却水温度与压力

冷却水温度过高将加速腐蚀的进程,但也不宜长期水温过低。实验表明,钢铁和铝等金属材料在淡水温度为 50~60 ℃时穴蚀严重,随着水温的升高,穴蚀破坏程度减轻。从发挥柴油机的效能和降低腐蚀、穴蚀的角度出发,冷却水腔淡水温度在 80~90 ℃为好。

冷却水压力高可以抑制空泡的形成,减少穴蚀的发生。但冷却水压力增大又将使其温度升高而加速穴蚀。

④防止缸套穴蚀的措施

除从材料和结构上的改进来防止和降低缸套穴蚀外,对船用中、高速柴油机气缸套穴蚀,还可采用以下措施:

a. 缸套外圆表面覆盖保护层或强化层

采用镀铬、渗氮、喷陶瓷、涂环氧树脂或涂尼龙等工艺使金属表面与冷却水隔开,或使缸套外圆表面强化,可有效地防止电化学腐蚀与穴蚀。例如,12V180型柴油机缸套外表面镀镉,8300型柴油机机体冷却水腔表面涂环氧树脂,防腐蚀和防穴蚀效果较好。

b. 在冷却水腔内安装锌块实施阴极保护防止电化学腐蚀

例如,6300型、8300型柴油机气缸套外表面安装锌块并坚持定期更换,能取得防止穴蚀的良好效果。

c. 在冷却水中加入缓蚀剂

例如,加入乳化油缓蚀剂或被膜缓蚀剂,在缸套外表面上形成一层较薄的连续保护膜,不仅可以防止电化学腐蚀,而且可以减弱空泡破裂时的冲击波对缸套外表面的冲击作用,从而减轻腐蚀。

在实践中防止或减轻穴蚀的方法有很多,选用时必须依据具体机型、结构和产生穴蚀的原因而定,以取得良好预防效果。

(2) 燃油系统零件的穴蚀

柴油机燃油系统中的高压油泵柱塞、出油阀、喷油器针阀和高压油管均有穴蚀发生。燃油系统中因喷油需要产生瞬时高压和瞬时低压,喷油时系统处于高压供油,喷油终了会使系统内油压骤然降低。此外,随着柴油机强载程度的不断提高,燃油喷射压力和喷油率也会相应提高。高的喷射压力容易引起二次喷射使柴油机性能下降,并造成系统的穴蚀。燃油系统中的穴蚀有以下两种:

① 波动穴蚀

波动穴蚀主要发生在高压油管上。燃油系统中的高压燃油流动时产生和传播压力波,特别是喷射终了时会使某些部位压力变化很大,甚至产生负压力波,导致气泡产生,高压时又使气泡溃灭产生穴蚀,称为波动穴蚀。柴油机低负荷运转时波动穴蚀较为严重。

② 流动穴蚀

流动穴蚀主要发生在高压油泵柱塞螺旋槽附近和喷油器针阀截面变化处。在燃油系统中,高压燃油流经通道截面变化处产生强烈节流,压力下降并形成气泡,随后的压力升高又使气泡溃灭而产生穴蚀,称为流动穴蚀。柴油机高负荷运转时节流作用增大使穴蚀更加严重。

燃油系统中不适当的压力波动会引起穴蚀,而压力波动主要由卸载不当引起。为减小压力波动,常使用缓冲型出油阀、等压出油阀、控制节流和阶梯形螺旋槽柱塞、双锥型针阀等或对容易穴蚀部位采用保护性措施等。

(3) 轴瓦和螺旋桨的穴蚀

高速大功率柴油机的铜铅合金薄壁瓦上穴蚀破坏频繁出现,主要发生在主轴瓦和曲柄销轴瓦上油槽和油孔周围,呈小孔群状。

轴瓦穴蚀也是由特定条件下流动的润滑油产生气泡和气泡溃灭所致。目前主要从轴瓦材料的选择、轴瓦上油槽和油孔的位置及保证润滑油品质等方面着手防止轴瓦穴蚀。

螺旋桨桨叶的穴蚀破坏是桨的一种较为严重的破坏形式,主要发生在桨叶叶背边缘处,呈蜂窝状孔穴,成片分布,严重时使桨叶边缘烂穿。

桨叶穴蚀亦是空泡作用的结果。当螺旋桨在水中旋转时水流从叶背流过,水流速度增大而压力下降,叶面的水流速度减小而压力增大。螺旋桨转速越高,叶背处水流速度越快,压力下降越大,当达到该处水温下汽化压力时水汽化生成气泡,随后气泡移至高压区就会破灭,从而使叶背边缘遭到破坏。

一般采用在桨叶上涂环氧树脂、改进桨叶叶形和降低螺旋桨的转速等方法来防止或减轻穴蚀破坏。

(二) 船舶阻力

当船舶在水面上航行时,船体在空气和水两种流体介质中运动,必然受到空气和水阻止船舶前进的力的作用,这种与船体运动方向相反的作用力称为船舶阻力。

为研究方便起见,船体总阻力按流体种类分成空气阻力和水阻力。空气阻力是指空气对船体水上部分的反作用力。水阻力是指水对船体水下部分的反作用力。水阻力又可进一步分成船体在静水中航行时的静水阻力和在波浪中航行时的阻力增加值(亦称汹涛阻力)两部分。静水阻力通常分成裸船体阻力和附体阻力两部分。附体阻力是指突出于裸船体之外的附属体,如舵、舭龙骨、轴支架等所增加的阻力值。

根据这种分类方法,船舶在水中航行时所受到的阻力通常分为两大部分:一是船体在静水中所受到的裸船体阻力;另一部分是附加阻力,包括空气阻力、汹涛阻力和附体阻力(如图1-43所示)。

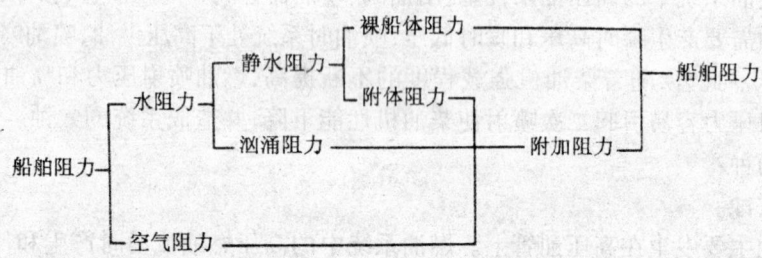

图1-43 船舶阻力构成示意图

船舶航行中的总阻力实际上按照裸船体阻力和附加阻力两部分分别进行研究。裸船体阻力是船舶阻力中的主要部分,因此是着重研究的内容。为了便于叙述,将裸船体阻力简称为船体阻力。

1. 船体阻力的成因

船体在静水中运动时所受到的阻力与船体周围的流动现象密切相关。根据观察,船体周围的流动情况是相当复杂的,但主要有以下三种现象:

首先,船体在运动过程中兴起波浪,波浪的产生改变了船体表面的压力分布情况,如图1-44所示。船首的波峰使艏部压力增加,而船尾的波谷使艉部压力减小,于是产生艏艉流体动压力差。这种由兴波引起的压力分布的改变所产生的阻力称为兴波阻力,一般用 R_w 表示。从能量观点看,船体掀起的波浪具有一定的能量,该能量必然由船体供给。由于船体运动过程中不断产生波浪,也就不断耗散能量,从而形成兴波阻力。

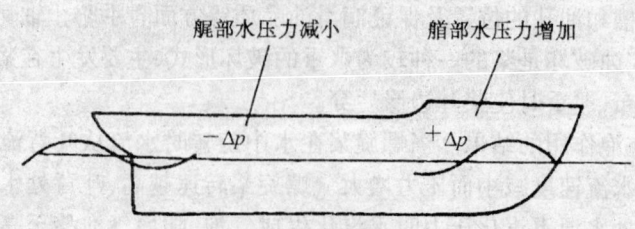

图1-44 兴波改变船体压力分布

其次,当船体运动时,由于水的黏性,在船体周围形成"边界层",从而使船体运动过程中受到黏性切应力作用,亦即船体表面产生了摩擦力。它在运动方向的合力便是船体摩擦阻力,用 R_f 表示。

另外,在船体曲度骤变处,特别是较丰满艉部常会产生旋涡。产生旋涡的根本原因也是水具有黏性。旋涡处的水压力下降,从而改变了沿船体表面的压力分布情况。这种由黏性引起船体前后压力不平衡而产生的阻力称为黏压阻力,用 R_{pv} 表示。从能量观点来看,克服黏压阻力所做的功耗散为旋涡的能量。黏压阻力习惯上也叫旋涡阻力。

应该指出,由于实际流体的黏性作用,即使在不产生分离的情况下,因为边界层在艉部排挤厚度大,从而使船体前后部分存在压力差,因此同样存在黏压阻力。

2. 船体阻力的分类

为了更好地研究和处理船体阻力中的各种问题,根据所研究问题的出发点阻力产生机理的不同,对船体阻力有以下分类方法:

(1) 按产生阻力的物理现象分类

按船舶航行过程中船体周围的流动现象和产生阻力的原因来分类,则船体总阻力 R_t 由兴波阻力 R_w、摩擦阻力 R_f 和黏压阻力 R_{pv} 三者组成:

$$R_t = R_w + R_f + R_{pv}$$

对于不同航速的船舶,上述诸阻力成分在船体总阻力中所占比重是不同的。对低速船,兴波阻力成分较小,摩擦阻力为 70%~80%,黏压阻力占 10% 以上;对高速船,兴波阻力将增加至 40%~50%,摩擦阻力为 50% 左右,黏压阻力仅为 5% 左右。

(2) 按作用力的方向分类

船体在实际流体中等速直线运动时,一方面受到垂直于船体表面的压力作用,这种压力是由兴波和旋涡等引起的;另一方面又受到水质点沿着船体表面切向力的作用,即水的摩擦阻力作用。

由于船体形状对称于纵中剖面,因此,船体湿表面上切向力和压力对于纵中剖面都是对称分布的,其合力 P_1 必位于纵中剖面上。在船的重心 G 处加上一对大小等于合力 P_1 但方向相反的力 P 和 P_2,如图 1-45 所示。于是船体可以被看作在重心 G 处受到一个 P 作用力和由 P_1、P_2 组成力偶的作用,该力偶将造成船体纵倾。作用力 P 的垂向分力 Q 支持船体重力,称为支持力。对于速度较低的船舶,垂向分力 Q 绝大部分是由水的静压力组成的,即静浮力;对于高速快艇,特别是滑行艇,其中流体动压力占主要部分。P 的水平分力 R,即与船体运动方向相反的总阻力。

由以上分析可知,船体运动中所受到的总阻力 R,就是所有流体作用力沿运动方向的合力,亦即船体表面上所有微面积 dS 上切向力 τ 和压力 p 在运动方向的合力:

$$R_t = -\int_s \tau \cos(\tau, x) \, dS - \int_s p \cos(p, x) \, dS$$

式中:S 为整个船体湿表面积,负号表示该作用力方向与船体运动方向相反,是阻力。第一项积分表示由作用在船体表面上切向力所造成的阻力,称为摩擦阻力 R_f;第二项积分表示由作用在船体表面上的压力所造成的阻力,称为压阻力 R_p。

由此可知,船体阻力包含摩擦阻力和压阻力两种阻力成分,即:

$$R_t = R_f + R_p$$

(3) 按流体性质分类

船体阻力中的压阻力含有黏压阻力和兴波阻力两种不同性质的力,黏压阻力只在黏性流

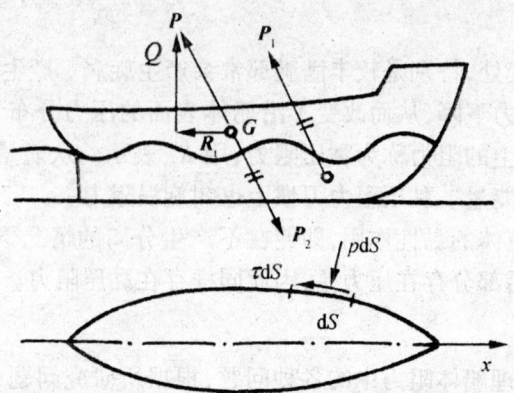

图1-45 船体受力示意图

体中存在，但兴波阻力即使在理想流体中仍然存在。黏压阻力和摩擦阻力两者都是由于水的黏性而产生，因此习惯上将两者合并称为黏性阻力 R_v，这样又可以认为船体总阻力是由兴波阻力和黏性阻力两部分组成：

$$R_t = R_w + R_v$$

式中：$R_v = R_f + R_{pv}$。

综上所述，船体总阻力与各阻力成分间的关系如图1-46表示。

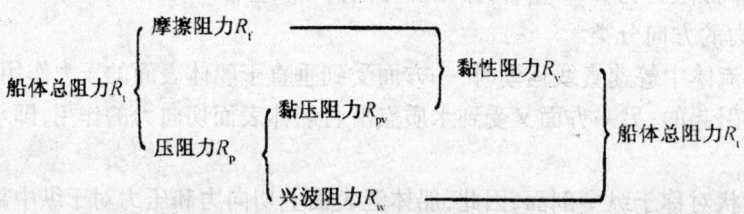

图1-46 船体总阻力与各阻力的关系

(4) 傅汝德阻力分类

除上述几种阻力分类外，还有其他阻力分类方法。这里扼要介绍在船舶阻力问题研究中，曾经有很大影响的傅汝德阻力分类法。该分类法将船体总阻力分成摩擦阻力 R_f 和剩余阻力 R_r 两部分，并认为船体摩擦阻力等于相当于平板的摩擦阻力。剩余摩擦阻力是指从船体总阻力中扣除相当于平板阻力所剩余部分的阻力，其实质是将黏压阻力和兴波阻力合并在一起称为剩余阻力，即：

$$R_t = R_f + R_r$$

式中：

$$R_r = R_w + R_{pv}$$

3. 阻力相似定律

在船舶阻力的计算中，通常利用船模试验测得的船模阻力换算为实船阻力。实船与船模阻力之间的换算必须遵循船模与实船之间一定的相似规律，即满足几何相似、运动相似、动力相似。

(1) 相似准则

① 几何相似

实船 s 与船模 m 所对应的几何尺度成同一比例，即：

$$C_L = \frac{L_s}{L_m} = \frac{B_s}{B_m} = \frac{d_s}{d_m} = \cdots$$

式中：C_L——几何相似比值，实船与船模几何相似即两者的船体系数、主尺度比等值对应相等。

②运动相似

实船 s 与船模 m 在满足几何相似的同时，其对应点处的流速方向相同，大小成同一比例，即：

$$C_V = \frac{v_s}{v_m} = \frac{u_s}{u_m} = \cdots$$

式中：C_V——运动相似比值。

③动力相似

实船与船模在满足几何相似的同时，其对应点处的流体作用力的方向相同，大小成同一比例，即：

$$C_F = \frac{R_f}{r_f} = \frac{R_{pv}}{r_{pv}} = \frac{R_w}{r_w} = \frac{R_p}{r_p} = \cdots$$

式中：C_F——动力相似比值；
　　　R——实船阻力；
　　　r——船模阻力。

(2) 阻力相似理论

①黏性阻力相似定律——雷诺定律

实验表明，与黏性有关的摩擦阻力 R_f 及黏性压差阻力 R_{pv}，与物体的线性量度 L（船长）、速度 v（船速）、流体密度 ρ 及流体运动黏性系数 γ 有关。以摩擦阻力 R_f 为例，R_f 可写成：

$$R_f = f(L, v, \rho, \gamma)$$

或写成：

$$R_f = k L^a v^b \rho^c \gamma^d$$

式中：k——无因次系数。

根据因次分析方法，即上式两端的物理量纲应当相同的原理，可得到：

$$R_f = f\left(\frac{vL}{\gamma}\right) \frac{1}{2} \rho v^2 L^2 = f(Re) \frac{1}{2} \rho v^2 S = C_f \frac{1}{2} \rho v^2 S$$

$$C_f = \frac{R_f}{\frac{1}{2} \rho v^2 S} = f(Re)$$

式中：$\frac{vL}{\gamma} = Re$——雷诺数；
　　　S——湿面积，代替 L^2；
　　　$C_f = f(Re)$——摩擦阻力系数。

同理可得黏压阻力的表达式：

$$\begin{cases} R_{pv} = f(Re) \frac{1}{2} \rho v^2 S = C_{pv} \frac{1}{2} \rho v^2 S \\ C_{pv} = \dfrac{R_{pv}}{\frac{1}{2} \rho v^2 S} = f(Re) \end{cases}$$

式中：$C_{pv} = f(Re)$——黏压阻力系数。

显然摩擦阻力、黏压阻力与无因次系数 Re（雷诺数）有关，当船模与实船几何相似且雷诺数相等时，船模与实船的摩擦阻力系数、黏压阻力系数分别对应相等，此时称为雷诺相似。

雷诺数相等：

$$\frac{v_m L_m}{\gamma_m} = \frac{v_s L_s}{\gamma_s} = Re$$

②兴波阻力相似定律——傅汝德定律

在兴波阻力研究中，可忽略流体的黏性，将其视为理想流体，不存在船舶的摩擦阻力和黏压阻力。重力在船行波的形成过程中起主导作用，根据研究，兴波阻力 R_w 的大小与物体的线性量度 L（船长）、速度 v（船速）、流体密度 ρ 及重力加速度 g 有关，即：

$$R_w = f(L, v, \rho, g)$$

或写成：

$$R_w = k L^a v^b \rho^c g^d$$

同样根据因次分析方法，将兴波阻力 R_w 写成：

$$R_w = f\left(\frac{v}{\sqrt{gL}}\right) \frac{1}{2} \rho v^2 L^2 = f(Fr) \frac{1}{2} \rho v^2 S = C_w \frac{1}{2} \rho v^2 S$$

$$C_w = \frac{R_w}{\frac{1}{2} \rho v^2 S} = f(Fr)$$

式中：$\frac{v}{\sqrt{gL}} = Fr$——傅汝德数；

$C_w = f(Fr)$——兴波阻力系数。

由此可见，当船模与实船几何相似且傅汝德数 Fr 相等时，船模与实船的兴波阻力系数相等，此时称为傅汝德相似。

傅汝德数相等：

$$\frac{v_m}{\sqrt{g_m L_m}} = \frac{v_s}{\sqrt{g_s L_s}} = Fr$$

③船体总阻力相似定律——全相似定律

根据上述雷诺定律和傅汝德定律分析可知，船舶总阻力 R_t 同时是雷诺数和傅汝德数的函数，可表示为：

$$R_t = f(Re, Fr) \frac{1}{2} \rho v^2 S = C_t \frac{1}{2} \rho v^2 S$$

式中：$f(Re, Fr) = C_t$——总阻力系数。

当船模与实船几何相似且雷诺数、傅汝德数均相等时，称为全相似。此时，船模与实船的总阻力系数相等。

雷诺数、傅汝德数均相等：

$$\begin{cases} \dfrac{v_m L_m}{\gamma_m} = \dfrac{v_s L_s}{\gamma_s} \\ \dfrac{v_m}{\sqrt{g_m L_m}} = \dfrac{v_s}{\sqrt{g_s L_s}} \end{cases}$$

如果船模试验能在满足与实船全相似的条件下进行,则可以通过试验中测得的船模总阻力可十分方便地求得实船的总阻力。但实践证明,要同时满足雷诺数和傅汝德数相等是无法做到的,也就是说船模与实船不能满足总阻力全相似,不能直接将船模的总阻力换算为实船的总阻力。

4. 阻力的近似估算方法

虽然我们可以通过船模试验求得船舶的阻力,然而在船舶设计初期,在决定了主尺度和船型系数以后,必须要知道主机功率,以保证船舶能达到设计航速;若是主机功率已知,则需要估计阻力,以确定船舶航速。在这个阶段,由于船舶型线尚未确定,因而还不能用船模试验的方法来确定阻力,只能用近似方法估算。另外,对一些小型船舶或次要的船舶,在设计过程中也往往应用近似方法估算其阻力,而无须进行船模试验。

船舶阻力(或有效功率)的近似估算方法,是根据大量船模试验和实船试验所积累的资料,分析、总结而拟订的,因此应用近似估算方法所得结果的准确程度取决于所设计船舶与母型船舶或设计船舶与船模系列之间的相似程度。为了提高近似估算的准确性,应有针对性地选择估算方法。

近似估算方法有很多,这里仅介绍目前民用船舶常用的海军系数法。

海军系数法亦称海军常数法。这是一种应用母型船舶数据,迅速地决定设计船舶有效功率的方法。虽然这种方法的精确性不高,但由于使用简单、方便,常用于比较多种设计方案的阻力性能估算,以及某些对阻力性能做粗略估算的情况。

海军系数法认为,对于船型近似、尺度和航速差不多的船舶,它们的总阻力 R_t 与其排水量 Δ 及航速 v 都有以下关系:

$$R_t \propto \Delta^{\frac{2}{3}} \cdot v^2$$

那么,有效功率 P_e 与排水量 Δ 及航速 v 的关系为:

$$P_e \propto \Delta^{\frac{2}{3}} \cdot v^3$$

又可表示为:

$$C_e = \frac{\Delta^{\frac{2}{3}} \cdot v^3}{P_e}$$

式中:C_e——海军系数,仅反映了船舶的阻力性能,值越大,表明船舶的阻力性能越好。

Δ——排水量,t;

v——航速,kn。

上式即为海军系数表达式,此式说明,对于船型相近、尺度和航速也差不多的船舶,它们的海军系数相同。

因此,通常估算设计船舶的有效功率时,若能找到母型船舶,即与所设计船舶的船型相近、尺度和航速差不多的船舶,那么,设计船舶的有效功率估算步骤如下:

(1) 先由母型船舶资料求得其海军系数 C_e。

(2) 因设计船舶与母型船舶之海军系数相同,故设计船的有效功率 P_e 为:

$$P_e = \frac{\Delta^{\frac{2}{3}} \cdot v^3}{C_e}$$

应注意上式中的排水量 Δ 和航速 v 均为设计船舶的数据。

5. 燃料系数和燃料消耗量

由于同类船的有效功率 P_e 和机器功率 P_m 之比大致为一常数,故可用 P_m 代替 P_e,则设计船舶的机器功率:

$$P_m = \frac{\Delta^{\frac{2}{3}} \cdot v^3}{C_m}$$

船舶每天的燃料消耗量:

$$B_d = 24g \cdot P_m = \frac{24g \cdot \Delta^{\frac{2}{3}} \cdot v^3}{C_m} = \frac{\Delta^{\frac{2}{3}} v^3}{C_f}$$

式中:g——船舶实际燃油消耗率,kg/h;

C_f——燃料系数,C_f 值越大,表明船舶的效率越高。

(三) 航速对续航力、燃油消耗量的影响

船舶动力装置所用的油料(燃油和滑油)是船舶排水量的一部分,它直接决定船舶的续航力,即:

$$L = vt$$

式中:L——续航力,n mile;

v——船速,kn;

t——航行时间,h。

如已知燃油储备量 $\sum m$ 及其动力装置每小时消耗量 B,则可求出船舶动力装置的工作时间:

$$t = \frac{\sum m \times 10^3}{B}$$

式中:$\sum m$——燃油储备量,t。

$B = B_1 + B_2 + B_3$,B_1、B_2、B_3 分别为主机、副机、锅炉每小时燃油消耗量,kg/h。考虑到 $B = g \cdot P$,则续航力 L 为:

$$L = \frac{\sum m \times 10^3}{g \cdot P} v$$

式中:g——动力装置实际燃油消耗率,kg/h;

P——动力装置实际功率,kW。

假定船舶燃油储备量一定和在船舶动力装置燃油消耗率 g 不变的条件下,比较船速为 v_0 和 v_1 两种航行状态,探讨船速对续航力的影响,有:

$$L_1 = \frac{P_0}{P_1} \cdot \frac{v_1}{v_0} \cdot L_0$$

式中:L_0、P_0、v_0 和 L_1、P_1、v_1 分别为两种航行状态下的续航力、功率和航速。

根据 $P = Cv^3$ 的关系,有:

$$L_1 = \left(\frac{v_0}{v_1}\right)^2 \cdot L_0$$

由上式可知,续航力与航速的平方成反比。

如果保持续航力 L 不变,同样可以计算出在新的航速 $v_1 > v_0$ 的情况下,所需要的燃油储

备量将增多,即:

$$\sum m_1 = \left(\frac{v_1}{v_0}\right)^2 \cdot \sum m_0$$

由上式可知,欲使航速增加20%,则燃油储备量需要增加44%。

(四)作用在舵上的力、舵杆上的扭矩

1. 舵的类型

目前,绝大多数船舶都把舵作为保持或改变航向的设备,舵垂直安装在螺旋桨的后方。早期船舶都采用平板舵,目前除一些内河小船外,为提高舵效和推进效率,大都采用由钢板焊接而成的空心舵,称为复板舵。这种舵由于水平截面呈对称机翼形,故又称流线型舵。

舵的型式有很多,图1-47示出三种典型的海船用舵。舵叶的偏转由操舵装置(通常称舵机)来控制。舵机经舵柄1将扭矩传递到舵杆3上,舵杆3由舵承支承,它穿过船体上的舵杆套筒4带动舵叶7偏转。舵承固定在船体上,由滑动或滚动轴承及密封填料等组成。此外,舵叶7还可通过舵销5支承在舵柱8的舵托9或舵钮6上。

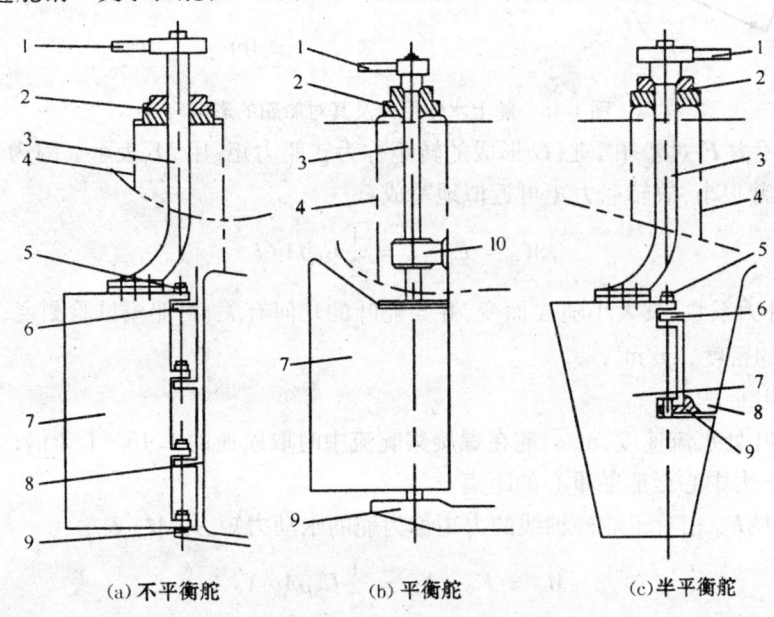

图1-47 舵的种类

1—舵柄;2—上舵承;3—舵杆;4—舵杆套筒;5—舵销;6—舵钮;7—舵叶;8—舵柱;9—舵托;10—舵承

舵根据舵杆轴线(即舵叶的转动轴线)可分为三类:舵杆轴线紧靠舵叶前缘的舵称为不平衡舵;舵杆轴线位于舵叶前缘后面一定位置的舵称为平衡舵(舵杆中心线前面的舵叶面积A'与整个舵叶面积A之比称为平衡系数,用K表示);而仅下半部做成平衡型式的舵称为半平衡舵。后两种舵在舵杆轴线之前有一定的舵叶面积,转舵时水流作用在它上面产生的扭矩可以抵消一部分轴线后舵叶面积上的扭矩,从而减轻舵机的负荷。

2. 作用在舵上的力、舵杆上的扭矩

目前船舶多采用空心复板舵,其水平方向剖面呈流线型。图1-48示出舵上水作用力及其对船舶的影响。当船舶航行时,如舵处于正舵位置,即舵角(舵叶与船舶中线的夹角)$\alpha=0$,若忽略螺旋桨和其他原因造成的不均匀水流的影响,则舵叶两侧的水流对称,水压力相等,对

船的前进方向不产生影响。当舵叶偏转某一舵角 α 时,则水流以冲角 α 流向舵叶,使两侧的流线不再对称,流程长的一侧流速较快,静压较小。舵叶所受水压力的合力用 F_N 表示,F_N 垂直于舵叶纵剖面,指向舵叶背水面,其作用点 O (其位置随舵角 α 而变)称为压力中心。除 F_N 外,水流对舵叶还会产生与舵叶中线方向一致的摩擦力 F_T,它比 F_N 小得多。所以当舵叶偏转舵角 α 后,在舵叶的压力中心 O 上,就会产生一个大小等于 F_N 和 F_T 合力的水作用力 F。舵上的水作用力 F 也可分解为与水流方向垂直的升力 F_L 和与水流方向平行的阻力 F_D。

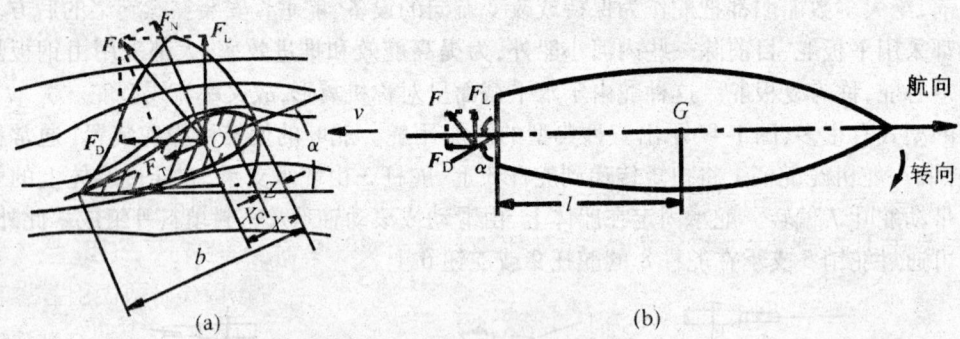

图 1-48 舵上水作用力及其对船舶的影响

舵的水作用力 F 对船舶重心 G 形成的转矩称为转船力矩,用 M_S 表示。因为 F_D 与船舶重心 G 之间的力臂很小,故转船力矩可近似地写成:

$$M_S \approx F_L \cdot l = \frac{1}{2} C_L \rho A v^2 l$$

式中:C_L——升力系数,其大小随 α 而变,并与舵叶的几何有关,由船模试验测定;
ρ——水的密度,kg/m^3;
A——舵叶面积,m^2;
v——舵叶处水流速度,m/s,舵在螺旋桨艉流中时取航速的 1.15~1.2 倍;
l——舵压力中心至船舶重心的距离。

舵的水压力 F_N 相对于舵杆轴线的力矩称为舵的水动力矩,用 M_a 表示:

$$M_a = F_N \cdot X_C = \frac{1}{2} C_N \rho A v^2 X_C$$

式中:X_C——舵压力中心至舵杆轴线的距离,m,平衡舵的 $X_C = C_X b - Z$;
C_N、C_X——舵叶的压力系数、压力中心系数,其大小随舵角 α 而变,并与舵叶几何形状有关,由模型试验测定;
b——舵叶平均宽度,m;
Z——舵杆轴线至舵叶导边的距离,m。

操舵装置施加在舵杆上的扭矩称为转舵扭矩,用 M 表示。舵匀速转动时,转舵扭矩应等于水动力矩 M_a 和舵各支承处的总摩擦扭矩 M_f 的代数和,即 $M = M_a + M_f$。M 以方向与舵转向相同为正,而 M_a、M_f 以方向与舵转向相反为正。显然,M_f 始终为正值,平衡舵一般 $M_f = (0.15 \sim 0.20) M_a$。当正车回舵或倒车偏舵时 M_a 为负,则会出现负转舵力矩。

舵机的公称转舵扭矩是指在最大舵角输出的最大扭矩,必须依据船在最深航海吃水以最大营运航速前进时,将舵转至最大舵角所需的扭矩来决定,并能按规范要求满足倒车时转舵需要。

通过上述分析可以得到：

（1）舵的转船力矩 M_s 比水动力矩 M_a 大得多，它们都与舵叶面积 A 及舵叶处水速 v 的平方成正比。因此，舵叶浸水面积增加和航速提高，都能使转船力矩（舵效）增加，但这时转舵扭矩和舵机负荷也会增加。在内河航行时，逆水靠离码头可增加舵效。

（2）正航偏舵时水动力矩 M_a 和转船力矩 M_s 随舵角 α 变化的规律如图 1-49 所示。转船力矩随舵角的增加而增加，当达到某一舵角时将出现最大值。这主要是因为升力系数 C_L 随 α 增加而增加，并在某一舵角出现最大值。该舵角值与舵叶几何形状有关，主要表现为与展舷比 λ（舵叶高度 h/舵叶平均宽度 b）的相关性。海船吃水较深，舵叶 λ 值较大，转船力矩达到最大值时的舵角在 $30°\sim35°$；而河船舵叶 λ 值较小，该舵角一般在 $35°\sim45°$。目前海船舵机规定的最大舵角是 $35°$，河船的最大舵角可以更大一些。

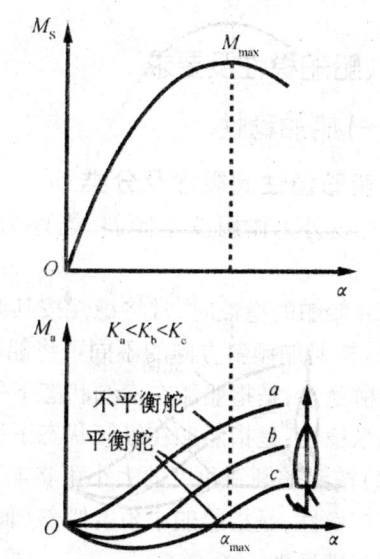

图 1-49 转船力矩 M_s 和舵水动力矩 M_a 曲线

（3）现代船舶大多采用平衡舵。这种舵的水动力矩 M_a 随力臂 X_C 的减小而减小，使舵机需要的功率减小，但转船力矩几乎不受影响。

平衡舵在小舵角时水动力矩会出现负值，转舵时水动力矩会帮助转舵，这是压力中心位于舵杆中心线前的缘故。选用适当的平衡系数可以减小舵机的额定功率和常用舵角（小于 $10°\sim20°$）的功率消耗，一般 $K=0.15\sim0.35$。

（4）倒航时舵叶后缘变成导边，压力中心与舵杆中心线的距离变大，但倒航航速一般不超过正航最大营运航速的一半。实践表明，流线型平衡舵倒航时的最大水动力矩一般为正航最大值的 60% 左右。

第二节　船舶适航性

适用对象：沿海航区及无限航区 750 kW 及以上船舶大管轮和轮机长。

知识要点概述：要求无限航区/沿海航区 750 kW 及以上船舶的轮机长掌握船舶稳性及要求、航行期间的操作对吃水差的影响，掌握船舶舱室进水对稳性的影响，了解自由液面对稳性的影响及国际公约对船舶稳性的要求，了解可浸长度、分舱因数、储备浮力等概念。要求无限航区/沿海航区 750 kW 及以上船舶大管轮掌握船舶稳性的概念、分类和影响因素；掌握风、波浪、舱内自由液面对稳性的影响、航行期间稳性发生变化的原因以及可浸长度、分舱因数、完整稳性、破损稳性等概念；掌握舱室损坏导致船舶沉没的原因；了解公约对稳性的要求；了解船舶进水对吃水差的影响。

一、船舶稳性及要求

（一）船舶稳性

1. 船舶稳性的概念及分类

船舶受外力作用发生倾斜，当外力消失后，船舶恢复到原来平衡位置的能力称为船舶稳性。

研究船舶的稳性时，常将稳性按其倾斜方向、倾角大小和作用力的性质等进行以下分类。

(1) 按船舶倾斜方向的不同可将船舶稳性分为：

①横稳性，是指船舶在横倾状态下所具有的稳性。

②纵稳性，是指船舶在纵倾状态下所具有的稳性。

(2) 按船舶倾斜角度的大小可将船舶稳性分为：

①初稳性，是指船舶小角度倾斜（倾斜角度不超过 10°～15°）时所具有的稳性，通常初稳性系指初横稳性。

②大倾角稳性，是指船舶大角度倾斜（倾斜角度超过 10°～15°）时所具有的稳性。

(3) 按作用力性质的不同可将船舶稳性分为：

①静稳性，是指船舶受静力作用发生倾斜后所具有的稳性。静力是指缓慢地作用于船上的外力，船舶在倾斜过程中不计角加速度和惯性矩。

②动稳性，是指船舶受动力的作用发生倾斜后所具有的稳性。动力是指在很短的时间内突然作用于船上的外力，或作用于船上的外力在很短的时间内有明显的变化，即在船舶倾斜过程中计及角加速度和惯性矩。

(4) 按船舶破损与否可将船舶稳性分为：

①完整稳性，是指船舶完整无破损浸水时的船舶稳性。

②破舱稳性，是指船舱破损浸水后的船舶稳性。

对于一般船舶，船长远远大于船宽，纵稳性远好于横稳性。因此，除做特别说明，下面讨论的稳性均指横稳性。

当船舶受一横向的风、浪或拖牵力等作用时，船舶会发生横倾，这种使船舶产生横向倾斜的外力，统称为横倾力矩，并以符号 M_h 表示。船舶在横倾力矩作用下倾斜的过程中，通常假设横倾力矩的大小是不随着倾角和时间的变化而变化的，认为是一个常量。

2. 船舶初稳性

船舶在一横倾力矩 M_h 作用下，从正浮位置倾斜一个小角度 θ（小于 10°～15°）时的船舶稳性，即初稳性。

如图 1-50 所示，船舶吃水为 d，浮心 B 的纵坐标为 Z_b，重心 G 的纵坐标为 Z_g。

重力 W 和浮力 D 的大小相等、方向相反，并作用在垂直于水线 WL 的同一条直线上，船舶静止地正浮于水线 WL 处。当船舶受一横倾力矩 M_h 作用，从正浮位置向一侧微倾一个 θ 角时，水线由 WL 移至 W_1L_1，在等体积微倾的情况下，倾斜前后两水线面的交线（倾斜轴）过倾斜前水线面漂心 F 点。

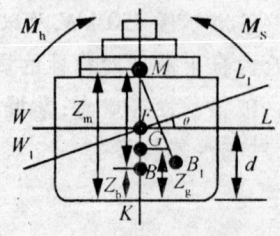

图 1-50 船舶初稳性高度

船舶在倾斜过程中，假定船舶的重心 G 的位置是不能移动的，由于水线下的船体形状发生了变化，浮心 B 向倾斜的一侧移至 B_1。此时，重力 W 和浮力 D 的大小不变、方向垂直于新的水线 W_1L_1，但两个力不再作用在同一条直线上，形成一个力偶矩 $M_S = D \cdot GZ$，力偶矩 M_S 的方向与横倾力矩 M_h 的方向相反，扶正船舶或使船舶回复到初始的平衡位置，该力偶矩称为船舶稳性力矩。GZ 值是从船舶的重心 G 向新的浮力作用线所作的垂线的距离，称为船舶静稳性力臂。

在船舶的倾斜过程中，浮心 B 移动的轨迹 BB_1，称为浮心变化曲线。浮心变化曲线的曲率中心，称为船舶的稳心，并以符号 M 表示。船舶在倾斜过程中，由于浮力作用线总是在浮心变化曲线的法线方向上，因此稳心 M 也可以看作微倾前后两浮力作用线的交点。

(1) 稳心(M)

当船舶从正浮位置微倾 θ（小于 $10°\sim15°$）时，由于倾斜前后两水线面积变化不大，浮心曲线 BB_1 可以近似看作一段圆弧线，而它的曲率中心，即稳心 M，是圆弧线 BB_1 的圆心。故船舶从正浮位置倾斜一个小角度时，其稳心 M 可以认为是一个固定点，并位于船舶中线上。该稳心称为船舶初稳心，通常简称为船舶稳心 M。稳心 M 点距基线的高度以坐标 Z_M 表示。

(2) 稳心半径 $r(BM)$

稳心 M 在浮心 B 之上的高度 BM 称为稳心半径，以符号 r 表示。

一般，在理论上 $r \propto B^2/d$，即稳心半径与船舶宽度的平方成正比，与船舶吃水成反比。对于确定的船舶来说，吃水 d 的变化对船宽 B 的影响很大，所以 r 或 Z_M 随着 d 的增大而逐渐变小，如静水力曲线图中的 r、Z_M 曲线所示。

(3) 初稳性高度(GM)

稳心 M 在船舶重心 G 之上的高度，称为船舶初稳性高度，并以符号 GM 表示：

$$GM = Z_M - Z_g$$

当稳心 M 在重心 G 之上，规定 $GM>0$，初稳性高度为正值；
当稳心 M 在重心 G 之下，规定 $GM<0$，初稳性高度为负值；
当稳心 M 与重心 G 重合，规定 $GM=0$，初稳性高度为零。

(4) 初稳性方程

由于船舶在初稳性时，稳心 M 是一个固定点，船舶在倾斜后的浮力作用线与正浮时的浮力作用线的交角等于船舶倾斜角 θ，可以利用直角三角形 MGZ 的正弦函数计算静稳性力臂和稳性力矩，使计算简化。

例如，已知船舶吃水为 d，从静水力曲线图中查得排水量为 D，浮心纵坐标为 Z_b，稳心的纵坐标为 Z_M，计算出船舶重心的纵坐标为 Z_g，当船舶从正浮位置倾斜一个小角度 θ 时，船舶的初稳性高度 $GM = Z_M - Z_g = Z_b + r - Z_g$，静稳性力臂 $GZ = GM \cdot \sin\theta$，稳性力矩 $M_S = D \cdot GM \cdot \sin\theta$。稳性力矩的方程为初稳性方程，它只适用于船舶在初稳性的条件下。

(5) 判断船舶是否具有稳性

由上述的讨论可以看出，利用初稳性高度可以简单地判断出船舶是否具有稳性。

图 1-51 所示的船舶，其初始的平衡状态为正浮于水线 WL 处，重力 W 和浮力 D 大小相等、方向相反，并作用在垂直于 WL 的同一条直线上。

①若船舶初始平衡状态的稳心 M 位于重心 G 之上，当船舶受一横倾力矩 M_h 干扰产生一微倾角 θ，此时船舶形成一个力偶矩 $M_S = D \cdot GM \cdot \sin\theta$。稳性力矩 M_S 与横倾力矩 M_h 方向相反，当外力 M_h 消失后，船舶在稳性力矩 M_S 作用下会自行恢复到初始平衡位置。我们称船舶

的原始平衡状态为稳定平衡状态,船舶具有稳性[如图 1-51(a)所示]。

② 若船舶初始平衡状态的稳心 M 位于重心 G 之下,当船舶受一横倾力矩 M_h 干扰产生一微倾角 θ,此时船舶形成一个力偶矩 $M_S = D \cdot (-GM)\sin\theta$,即船舶的稳性力矩 M_S 与横倾力矩 M_h 方向相同,当外力 M_h 消失后,船舶在稳性力矩 M_S 作用下会继续倾斜下去,而不会恢复到原初始平衡位置。我们称船舶的原始平衡状态为不稳定平衡状态,此时船舶不具有稳性[如图 1-51(b)所示]。

③ 若船舶初始平衡状态的稳心 M 与重心 G 重合,当船舶受一横倾力矩 M_h 干扰产生一微倾角 θ,此时船舶因为 $GM = 0$,所以稳性力矩 $M_S = 0$。当外力 M_h 消失后,船舶平衡在新的水线 W_1L_1 处,我们称船舶的原始平衡状态为随遇平衡状态,船舶不具有稳性[如图 1-51(c)所示]。

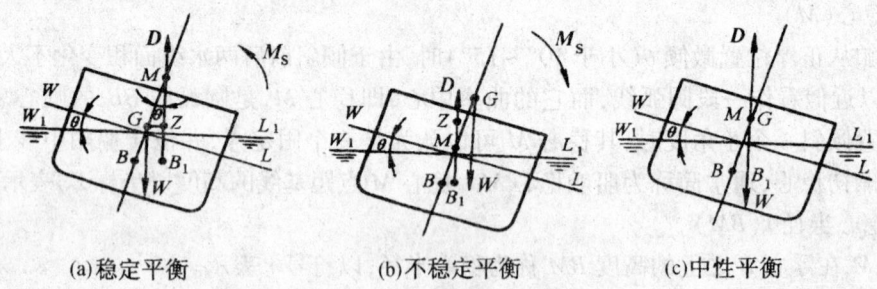

(a)稳定平衡　　　　　(b)不稳定平衡　　　　　(c)中性平衡

图 1-51　船舶三种平衡状态

由上述可知:当稳心 M 在重心 G 之上时,$GM > 0$,船舶为稳定平衡状态,船舶具有稳性;当稳心 M 在重心 G 之下时,$GM < 0$,船舶为不稳定平衡状态,船舶不具有稳性;当稳心 M 与重心 G 重合时,$GM = 0$,船舶为随遇平衡状态(或称中性平衡状态),船舶不具有稳性。

因此,船舶是否具有稳性,与船舶所处的初始平衡状态的重心 G 与稳心 M 的相对位置有关。对于船体几何形状一定的船舶,船舶稳心 M 距基线的高度 Z_M 与船舶的吃水有关,若吃水一定,则稳心距基线高度就是一定的。

船舶重心 G 距基线的高度 Z_g 与船舶装载状态有关,即与船舶装载货物的重心位置有关。在同一吃水下,由于货物等重量装载位置高低不同,船舶重心高度就不同。在同一航次中,由于航行中燃料、淡水等消耗,在出港、航行中途和到港时,船舶的重心高度不会完全相同,因此初稳性高度 GM 不会完全相同,船舶的稳性也不会相同。

3. 船舶稳性的基本衡准

对船体几何形状一定、结构和水密性符合要求的船舶,其稳性不仅与海上风浪的大小有关,而且与船舶吃水 d、船舶重心高度 Z_g 有关,即与船舶装载状态有关,或者说与静稳性曲线的形状和大小有关。

(1)静态横倾力矩与动态横倾力矩

作用在船上的横倾力矩,若按其性质划分,可分为静态横倾力矩和动态横倾力矩。

① 静态横倾力矩

船舶在横倾力矩的作用下,假定在倾斜的过程中不会产生角加速度时,则该种横倾力矩称为静态横倾力矩,即船舶在倾斜过程中,当横倾力矩 M_h 等于船舶稳性力矩 M_S 时,船舶就停止倾斜,处于平衡状态。因此,静态横倾力矩就是船舶处于静平衡时作用在船上的横倾力矩。船舶在静态横倾力矩作用下的稳性属于静稳性问题。

②动态横倾力矩

当作用在船上的横倾力矩使船舶的倾斜过程产生角加速度时,该种横倾力矩称为动态横倾力矩。船上的重物突然横移、横向突风作用、拖索急牵等所产生的力矩均可看作动态横倾力矩。在动态横倾力矩作用下,船舶在倾斜过程中,当横倾力矩 M_h 等于船舶稳性力矩 M_S 时,船不会立即停止倾斜,而是在惯性的作用下继续倾斜一个角度。

船舶在动态横倾力矩作用下的稳性属于动稳性问题。

在船舶稳性的研究中,假定船舶在倾斜的过程中,静态横倾力矩与动态横倾力矩均视为常量,是不随倾角和时间的变化而变化的。

(2)静平衡与动平衡

若作用在船舶上的横倾力矩的性质不同,则船舶在倾斜过程中的平衡状态及横倾角也不同。

①静平衡

如图 1-52 所示,船舶的稳性力矩为 M_S 曲线,作用在船上的静态横倾力矩为 M_h。船舶在倾斜过程中,稳性力矩 M_S 随着倾斜角 θ 的增加逐渐增大,由于是静态横倾力矩作用,所以当 $M_S = M_h$ 时,船不会继续倾斜而平衡在 $M_S = M_h$ 所对应的角度上。这种平衡是力矩的平衡,故称为静平衡。其对应的横倾平衡角 θ_s 称为静横倾角。若船舶的最大静稳性力矩为 M_{SM},则船舶在静态横倾力矩作用下,稳性应满足的条件为:$M_h \leq M_{SM}$。因此,船舶最大静稳性力矩 M_{SM} 的大小是衡量船舶静稳性的重要标志,它是表示船舶抗静态横倾力矩作用的能力。但是,在实际中船舶所受的横倾力矩均为动态横倾力矩,故必须用动态横倾力矩衡量船舶稳性。

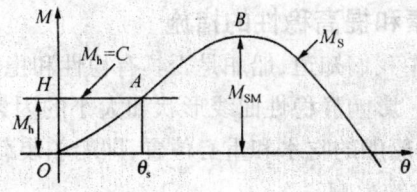

图 1-52 静平衡

②动平衡

当船舶受一个动态横倾力矩 M_h 作用时(如图 1-53 所示),船舶会带有一定的角加速度倾斜。所以当 $M_h = M_S$ 时,由于惯性作用,船舶不会立即停止而将继续倾斜,直至动态横倾力矩对船舶所做的功 W_h 被稳性力矩所做的功 W_s 全部抵消掉,船舶不再继续倾斜。所以动平衡的条件为 $W_h = W_s$,故船舶的动平衡是功的平衡。船舶在动态横倾力矩作用下的平衡称为动平衡。

当 $W_h = W_s$ 时,所对应的横倾角度 θ_d 称为动横倾角。在同样大小的 M_h 作用下,θ_d 比 θ_s 大许多。当船舶倾斜至 θ_d 时,不会再继续倾斜,但此时 $M_S > M_h$,船舶在 $-M_X = M_h - M_S$ 的作用下将回摇,摇至某一角度时 $M_h > M_S$,又向外摇,经过反复左右摇摆,由于水的阻尼作用摆幅逐渐减小,最后停止在 $M_S = M_h$ 所对应的 θ_s 角处。

(3)最小倾覆力矩 M_q

当横倾力矩增大到图 1-54 所示的情况时,此时 OHA 区域的面积等于 AEP 面积。若 M_h 再增大,$W_h > W_s$,船舶不会有动平衡而将倾覆。在此极限情况下的横倾力矩 $M_h = OH$,是使船舶倾覆的最小动态横倾力矩,称为最小倾覆力矩,通常以符号 M_q 表示。最小倾覆力矩 M_q 的大小

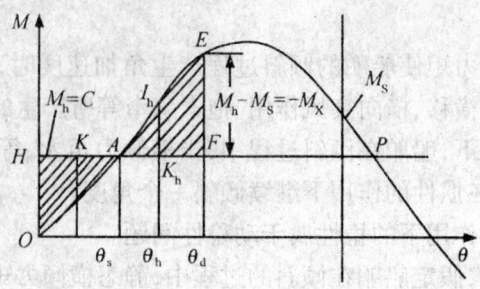

图 1-53 动平衡

是表示船舶抵抗动态横倾力矩的能力。因此,船舶在动态横倾力矩作用下,衡量稳性应满足的条件为:

$$M_h \leq M_q$$

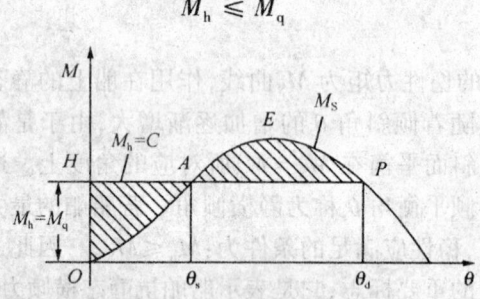

图 1-54 最小倾覆力矩

4. 影响船舶稳性的因素和提高稳性的措施

从船舶稳性的基本概念中我们知道,船舶是否具有稳性和稳性的大小,与船舶静稳性曲线的形状和大小有着重要关系。影响静稳性曲线形状和大小的因素有两方面:一方面是船体本身的形状和大小;另一方面是船舶的吃水和重心位置,即船舶装载状态和船内重物的移动。

(1)船体几何形状对稳性的影响

①船舶宽度

从前面船舶稳心半径与船舶宽度的关系知道,船舶稳心半径与船舶宽度的平方成正比,所以船舶宽度大,稳心距基线高度大,在重心距基线高度不变的情况下,则初稳性高度大,船舶初稳性好。但对于船舶大倾角稳性来说,由于船舶宽度增加,在同样的倾斜角度下,船舶一舷浸入海水的可能性增加,使其稳性消失角减小。因此,船舶宽度增加,大倾角稳性并不一定好。

②干舷高度

两船仅在干舷高度不同时,船舶初稳性高度相同,但对于大倾角稳性,干舷高度大的船舶,大倾角稳性好。

(2)船舶装载状态对稳性的影响

船体几何形状一定,船舶静稳性曲线的形状和大小主要是由船舶的吃水和重心距基线高度决定的,即与船舶的装载状态有关。在同样的装载重量时,即吃水相同,也就是稳心距基线高度相同时,船舶的稳性主要是由船舶重心距基线的高度来决定的。因此,船舶装载状态的重心高度是影响营运船舶稳性的主要因素。

(3) 船内重物移动对稳性的影响

①平行力移动原理(重心移动原理)

由理论力学可知,当一物体的重量为 W,重心为 G,将其部分重量 p 由其重心 g 移至 g_1 时(如图 1-55 所示),整个物体的重心 G 平行于 gg_1 同方向移至 G_1,移动距离的大小:

$$GG_1 = p \cdot gg_1 / W$$

该原理同样适用于面积和体积的移动。

②船内重物垂直移动对稳性的影响

如图 1-55 所示,重物垂直移动时可调整初稳性高度 GM 值,其调整值的大小 GG_1 与垂直移动重物的重量和移动的距离 l_z 之积成正比,与排水量 D 成反比。当重物向下垂直移动时,GG_1 为正值,初稳性高度 GM 增加,稳性提高;当重物向上垂直移动时,GG_1 为负值,初稳性高度 GM 减小,稳性降低。

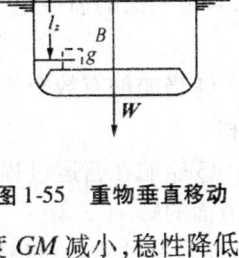

图 1-55 重物垂直移动

③重物水平横移船舶产生的横倾角及对稳性的影响

当船内的重物水平横移时,会使船舶产生横倾,如图 1-56 所示。

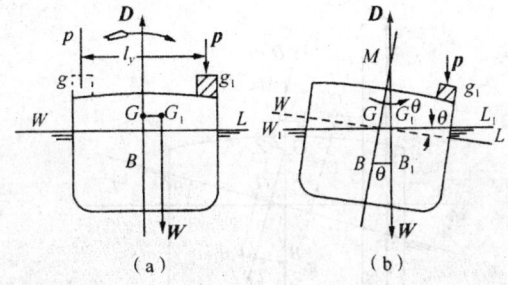

图 1-56 重物横移

由于船内重物的横移使船舶稳性发生了以下变化:

a. 船向重物移动方向产生一个固定横倾角 θ。

b. 减小了稳性范围。

c. 静稳性力臂的最大值 GZ_M 变小。

d. 动稳性变差。

(4) 自由液面对船舶稳性的影响

船上装载油、水等液体的舱柜,若液体未装满舱柜,当船舶横倾时,舱柜内液体会随着船舶的倾斜而移动,且保持与舷外水面平行。这种能够随船一起自由倾斜的液面称为自由液面。舱柜内液体的重心亦将向倾斜的一侧移动,相当于船内有一重物移动。这种由于液体的自由移动而产生的对船舶稳性的影响,称为自由液面影响,或称自由液面修正。

当船舶受外力矩作用发生倾斜时,船内液体重心将随之产生移动,移动方向与船舶倾斜方向相同,并且向上移动了一定的高度。液体重心移动后,与原来状态相比,相当于产生了一个附加力矩。该力矩与稳性力矩方向相反,而与船舶倾斜方向相同,所以它将降低船舶的稳性,也就是减小了初稳性高度。

自由液面对稳性的影响,经过推导可得以下结论:

①自由液面对稳性的影响,相当于使船舶的重心升高了一个 GG_1 值,或者说使初稳性高度减小了 ΔGM 值,使船舶的稳性变差。

②自由液面影响的大小,与舱内液体的密度 ρ、自由液面的面积惯性矩 i 成正比,即与自由液面的形状和大小有关。横倾时与液舱宽度 b 的三次方成正比,而与舱内液体的体积或重量无关,与排水量 D 成反比。初稳性高度为:

$$\Delta GM = \rho \cdot i/D$$

③减小自由液面影响的最有效方法是减小液舱宽度 b。设液舱宽度为 b、舱长为 l 的矩形舱,自由液面的惯性矩为:

$$i = l \cdot b^3/12$$

④当船舶有数个舱存在自由液面时,则总的自由液面修正值是各个舱柜自由液面修正值的和。

⑤船舶在营运过程中,当液体舱柜的装载量达到整个舱容的95%以上时,可以不考虑自由液面的影响。

(5)悬挂重物对稳性的影响

当船舶从正浮水线 WL 微倾至 W_1L_1 时,横倾一个小角度 θ,则重物的重心 g 绕 m 点移至 g_1 点,而重物的重心平行 gg_1 由 G 移至 G_1,如图1-57所示。

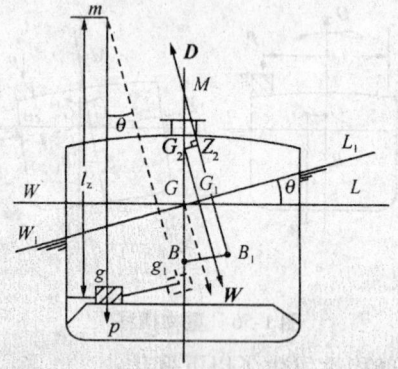

图1-57 悬挂重物

因此,悬挂重物 p 相当于使船舶的初稳性高度降低了 $l_z \cdot p/D$ 值。也就是说,悬挂重物对船舶稳性的影响相当于把重物 p 从位置 g 垂直上移至悬挂点 m,其对稳性影响的效果是一样的。

(6)散货的装载对稳性的影响

用散装方式进行运输的货物称为散装货物,如粮食、矿砂、煤炭等。散装货船有时由于各种原因导致船舱不满,货物在船舶横摇或横倾时会发生倾斜,使船舶重心发生横向移动,从而产生与自由液面类似的影响,使船舶稳性降低。

(7)船舶上层建筑结冰、甲板货物吸水和甲板上积水对稳性的影响

船舶水线以上结冰、甲板上存水等,对稳性有不利影响。船舶在航行的各个阶段均应做出安排以保持稳性的安全余度,甲板货物吸水和甲板结冰会造成船舶重量的增加,重心高度升高,船舶稳性降低。任何船舶在可能发生结冰的区域内航行时,将对船舶的稳性产生不利的影响,在装载情况分析中应考虑结冰的情况;木材船等甲板载货的船舶还要考虑甲板货物吸水的情况。

(8)提高船舶稳性的措施

①降低船舶的重心高度 Z_g,对提高初稳性或大倾角稳性均是最有效的办法。

②增加船宽,可以提高船舶初稳性。
③加大型深,可以提高船舶大倾角稳性。
④在液舱内设置纵向舱壁,可减小自由液面的影响。
⑤防止船内货物的移动。
⑥减小受风面,可使作用在船上的横倾力矩减小。

5. 机舱在航行期间的操作对船舶吃水差的影响和处置措施

船舶航行期间,机舱的操作(如由于燃油和物料的消耗)会造成的船舶重量减少,重心升高,船舶稳性降低。同时,由于燃油舱在船舶的布置的情况,燃油消耗会造成船舶横倾或纵倾,因此,船舶在航行期间,机舱应当与大副及时沟通,采取轮换燃油舱、内部调驳等措施来减少船舶的吃水差。当然,采取上述措施要充分考虑混油的影响,避免产生附加危害。

6. 横摇与谐摇

(1)船舶在静水中的横摇

船舶在静水中的横摇特性对波浪中的横摇特性有很大影响。一般而言,水的阻力作用对船舶的横摇周期的影响是非常微小的。就船员来讲,总是希望船舶航行得平静、舒缓些,因此要增加摇摆周期。但增加横摇周期的有效方法是减小初稳性高度值,这一点与稳性的要求是相矛盾的。合理的解决办法是,根据船舶的用途和航区,在满足稳性要求的前提下,取尽可能小的 GM 值。因此,在制定配积载方案、确定重心位置及初稳性高度时,既要考虑对稳性的影响,也要考虑对摇摆的影响,不能偏废任何一方。

为简便计,一般都用近似公式估算船舶横摇固有周期:

$$T_\theta = \frac{C \cdot B}{\sqrt{GM}} \text{ 或 } T_\theta = 0.58\sqrt{\frac{B^2 + 4Z_g^2}{GM}}$$

式中:B——船宽,m;
$\quad Z_g$——船舶重心纵坐标,m;
$\quad GM$——初稳性高度,m;
$\quad C$——系数,随船舶的类型而变,可按母型船的试验资料计算,一般在 0.76~0.85,粗估时可取 $C=0.8$。

横摇固有周期是船舶横摇的重要指标,并和船舶在波浪上的摇摆运动密切相关。横摇固有周期愈大,船舶在波浪上的摇摆愈缓和。万吨级货船的横摇固有周期一般在 8~13 s,有些情况下在 13 s 以上,千吨至万吨级的客船一般在 10~16 s,渔船等小型船舶往往在 4~8 s。

(2)船舶在波浪中的横摇与谐摇

船舶在波浪中航行时,船的航向经常与波浪传来的方向有一个波舷角。如图 1-58 所示,船以波舷角 φ 任意航向航行。由于船和浪在做相对运动,船体周围波形的变化周期已经不是波浪周期。从第一个波峰由船上某一点过去,至第二个波峰又到达这一点的时间间隔,称为波浪遭遇周期 τ_e。如 $\tau_e = T_\theta$,此时将发生强烈的横摇,称为谐摇。谐摇对船舶的安全有严重威胁,必须尽量避免。为安全起见通常取一个范围称为谐摇区,船舶在波浪中航行应尽量避开谐摇区,即:

$$0.7 < \frac{T_\theta}{\tau_e} < 1.3$$

波浪遭遇周期 τ_e 的计算式为:

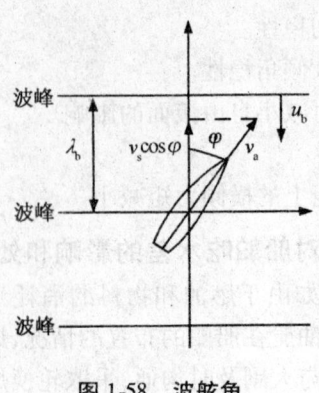

图 1-58 波舷角

$$\tau_e = \frac{\lambda_b}{u_b + v_s \cos\varphi}$$

式中：λ_b——波长，m；

u_b——波速，m/s；

v_s——航速，m/s，前进为正，倒车为负；

φ——波舷角，左舷右舷都取正值。

船舶顶浪航行时，$\varphi=0°$；偏顶浪航行时，$\varphi<90°$；横浪航行时，$\varphi=90°$；偏顺浪航行时，$\varphi>90°$；顺浪航行时，$\varphi=180°$。

波浪遭遇周期 τ_e 的大小，随船的航向和/或航速的变化而变化。因此，当船舶处于谐摇区时，只要适当改变船的航向和/或航速，就可以改变波浪遭遇周期使船避开谐摇区。

7. 船舶抗横倾系统的分类及管理

船舶抗横倾系统是对由于负荷不对称引起的船舶横倾进行补偿，主要有泵控制的抗横倾系统和风机控制的抗横倾系统。出于安全原因，均不允许在公海上以任何形式运行抗横倾系统。

（1）泵控制的抗横倾系统

泵控制的抗横倾系统的工作原理如图 1-59 所示，控制单元通过触点激励压载系统中的泵和阀，使得水在压载舱之间的流动达到平衡。该系统的控制方式有自动和手动两种。在自动运行时，阀和泵将根据船舶的实际位置选择，通过阀 WBV18/WBV20 的激励实现旁通运行，其工作过程如下：

①在船舶处于垂直位置（横倾角为零）时，阀 WBV18/WBV20 打开，其他阀保持关闭。

②在旁通方式下，延时若干秒后，泵开始启动，通过 WBV18/WBV20 循环传送水。待 3 min 的旁通时间过去后，停止运行。在横倾角超过规定值时，控制系统自动地驱动阀和泵。

③在船舶横倾超过 0.5°（启动设定值），延时若干秒后，自动开始运行，阀 WBV18/WBV20 全开，在旁通方式下启动的泵就通过这些阀进行水的传输。如果船舶向左方倾斜超过启动阈值，阀 WBV18 关闭、阀 WBV17 打开。这样，水就被泵入右方的舱中。

④当船舶达到垂直位置或最低水位时，泵再次在旁通方式下运行，阀 WBV18/WBV20 打开，阀 WBV19/WBV17 关闭。

⑤旁通方式限制在 3 min 之内，在泵停止运行若干秒后，阀 WBV18/WBV20 将处于关闭状态。

⑥在自动方式下，装置不会断电，而是处于静止状态，并能提供船舶不正常倾斜的报警。

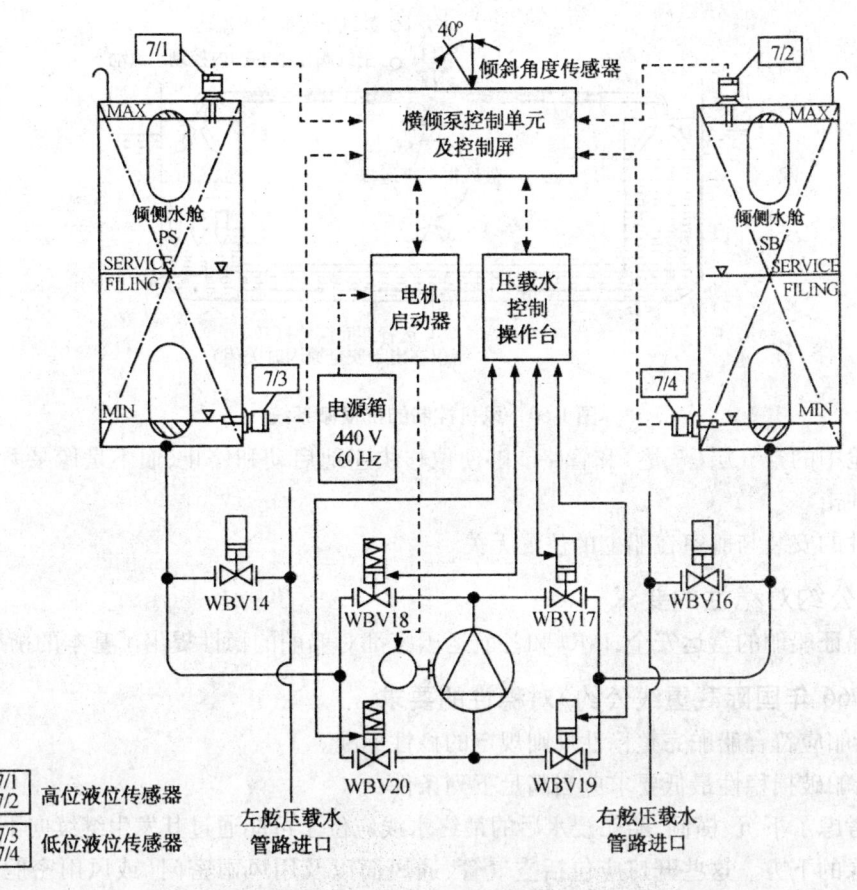

图 1-59 泵控制的抗横倾系统的工作原理

⑦当有新的横倾信号时,使得抗横倾系统相应地再次做出反应。泵立即再次启动,通过阀 WBV18/WBV20 再次进行水的传输,直至启动过程结束。

⑧阀 WBV14/WBV16 是压载水控制系统控制阀,在驾驶台授权之后才能进行操作,在装置启动横倾角为零后,全部停止。

(2)风机控制的抗横倾系统

风机控制的抗横倾系统(如图 1-60 所示)工作原理不同于传统的泵压载系统。旋转活塞式风机和气阀通过管路与船舶两侧的水舱相连。一旦船舶由于负荷不对称产生倾斜,鼓风的空气立即被引至相应的边舱中,从而使得舱中的水立即沿图示方向流到另一个边舱中,直到船舶垂直。

风机驱动的抗横倾系统工作过程为:当横倾超过规定值时,气阀控制鼓风空气/水流,使得船舶回到倾斜度为零或最高/最低水位的位置上,此时气阀阻塞水舱中的水,并将鼓风空气引入大气,水的流向变化不受限制。拥有保持横倾最小的任意转换速率,运行期间不存在电动机启动的峰值电流。

风机驱动的抗横倾系统最突出特点:

①由于风机一直在运转,加之气流的方向是由快速作用的空气阀控制的,因而在位移期间不存在动作时间的延时(亦即位移是连续的),动作反应快,工作期间也就不存在马达启动的大电流。

②系统没有任何工作部件与水相接触,这样侵蚀就不会影响系统在工作寿命期间的运行。

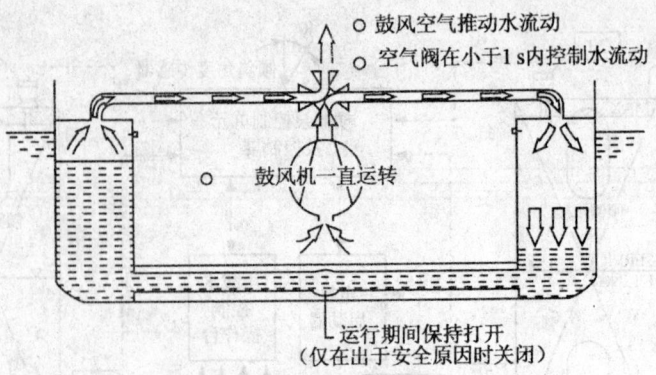

图 1-60 风机控制的抗横倾系统

③边舱中的空气层(气垫)和管路能够使位移快速地启动和停止,而不是像泵系统中那样担心动态冲击。

④部件的安装与舱室在船上的位置无关。

(二) 公约对稳性的要求

为了保证船舶的营运安全,IMO 和各航运国家都对船舶的稳性提出了基本的衡准要求。

1.《1966 年国际载重线公约》对稳性的要求

(1) 船舶应符合船舶完整稳性规则规定的稳性标准。

(2) 船舶破损稳性最低要求应当满足下列条件:

①经考虑了下沉、横倾,船舶浸水后的最终水线应位于可能通过其发生继续向下浸水的任何开口下缘的下方。这些开口应包括空气管、通风筒以及用风雨密门(或风雨密舱盖关闭的开口;但可不包括用人孔盖和平舱盖以及 A 型船舶的货舱盖、遥控的滑移式水密门和永闭式舷窗封闭的开口;但分隔主机器处所和舵机舱的水密门可为铰链速闭式门,且在海上不使用时保持关闭,同时,门的下门槛在夏季载重水线以上。

②如果管子、管道或隧道位于假定破损范围以内,则应采取措施使继续浸水不能由此漫延至每一破损情况计算中假定浸水舱以外的各舱室。

③由于不对称浸水而引起的横倾角不超过 15°。如果甲板没有任何部分被淹没,则可允许横倾角至 17°。

④在浸水状态下的初稳性高度为正值。

⑤在一特定破损情况中,当假定浸水舱之外的甲板任何部分被淹没时,或在任何情况下,对浸水状态的临界稳性有怀疑时,应对剩余稳性加以研究。如果复原力臂曲线超过平衡位置的最小角度为 20°,且在此角度范围内的最大复原力臂至少为 0.1 m,则剩余稳性可认为是足够的,在此角度内的复原力臂曲线下的面积应不小于 0.017 5 m·rad。主管机关应考虑到受保护的或不受保护的开口在剩余稳性范围内可能暂时被淹没而产生的潜在危险。

⑥浸水中间阶段的稳性应使主管机关满意。

2. IMO 船舶完整稳性规则对普通货船的稳性衡准要求

根据 1993 年 11 月 4 日通过的 IMO A.749(18) 号决议案——《关于 IMO 文件包括的所有船舶的完整稳性规则》(简称 IMO 船舶完整稳性规则),适用于普通货船的在核算装载状态下经自由液面修正后的基本完整稳性衡准要求如下:

（1）初稳性高度应不小于0.15 m。
（2）复原力臂曲线在横倾角为0°~30°时所围面积应不小于0.055 m·rad。
（3）复原力臂曲线在横倾角为0°~40°或浸水角中较小者时所围面积应不小于0.090 m·rad。
（4）复原力臂曲线在横倾角为30°~40°或浸水角中较小者时所围面积应不小于0.030 m·rad。
（5）横倾角30°处的复原力臂不小于0.20 m。
（6）最大复原力臂对应角（极限静倾角）最好大于30°且不小于25°。
（7）满足天气衡准要求（仅适用于船长不小于24 m的船舶）。

3. 稳性气象衡准

在海船稳性规范中所规定的船舶稳性应满足的基本要求，即衡量船舶稳性的基本衡准，就是以 $M_h \leq M_q$ 为依据。由于动态横倾力矩主要是由海上突风引起的横倾力矩 M_h，故在稳性规范中就称为风压倾侧力矩 M_f，而最小倾覆力矩 M_q 在稳性规范中还考虑了浪的影响。

（1）风压倾侧力矩

影响风压倾侧力矩 M_f 大小的因素有：

①航区海上风压（作用在单位受风面积上风的压力 P 的大小），与船舶距陆地的距离有关。一般离岸越远，风力越大。因此，根据风力的大小，将航区划分为：Ⅰ类航区（无限航区，风力最大）；Ⅱ类航区（近海，风力稍小些）；Ⅲ类航区（沿海，风力小）。在不同航区航行的船舶，可能受到的最大的风压倾侧力矩是不同的，即要求稳性的大小也不同。

②船舶受风面积是指船在水线以上的侧向受风面积，当船的大小、形状一定时，受风面积的大小就与船舶的吃水 d 有关。吃水越小（如空载），船舶的受风面积就越大，所受的风压倾侧力矩也就越大。

③受风面积中心距水面的高度，海上风压倾侧力矩的大小与距海平面的高度有关，距海平面越高，则风压倾侧力矩也越大。

由此可见，对于不同航区的船，可能受到的最大风压倾侧力矩是不同的。对于同一条船，吃水不同时，所受的风压倾侧力矩也不同，因而要求船舶的稳性也不同。

（2）最小倾覆力矩

在稳性规范中，还考虑了浪对最小倾覆力矩的影响。浪的影响与许多因素有关。如船舶种类、舭龙骨总面积 A_b 对船长 L 和船宽 B 乘积的比值 $[A_b/(L \times B)]$，Z_g/d，船舶自由横摇周期 T_θ 和航区等。当上述诸因素一定时，主要与吃水 d 和重心距基线高度 Z_g 有关。

这里需特别指出的是，由于航行中船舶燃料、淡水的消耗，船舶吃水和重心位置是在不断变化的。因此，在同一个航次中，船在出港、航行中途和到港的最小倾覆力矩 M_q 是不同的，因而在航行过程中船舶稳性也是不同的。也就是说船舶在出港时能满足稳性要求，而到港时不一定也能满足稳性要求。

综上所述，船体几何形状一定时，衡量船舶满足稳性的标准是：要求稳性衡准数 $K = M_q/M_f \geq 1$，而影响 K 大小的 M_q、M_f 与船舶装载状态（吃水 d 和重心高度 Z_g）及船舶的航区有关。

4. IMO 散货规则

固体散装货物配载不当可能造成船舶结构损坏、航行中散装货物的流动可能造成船舶稳性丧失或减小、散装货物的化学反应会导致船舶在运输过程中产生船体老化、腐蚀、结构变形等问题。为保障散货的安全运输,国际海事组织专门制定《国际海运固体散装货物规则》(IMSBC, International Maritime Solide Bulk Cargoes Code),该规则是针对海运固体散装货物的特殊危险性而制定的安全运输要求和标准。

《国际海运固体散装货物规则》包括13节和4个附录。其中13节的内容如下:(1)一般规定;(2)一般装载、载运和卸载预防措施;(3)人员与船舶安全;(4)评定货物的安全适运性;(5)平舱程序;(6)确定静止角的方法;(7)易流态化货物;(8)易流态化货物的测定程序;(9)具有化学危险的货物;(10)固体散装废弃物运输;(11)保安规定;(12)积载因数换算表;(13)相关信息和建议的参考资料。4个附录包括:附录1——各固体散装货物明细表;附录2——实验室测试程序、使用的仪器和标准;附录3——固体散物的特性以及附录4——索引。

《国际海运固体散装货物规则》的主要适用范围:根据 SOLAS 公约第Ⅵ章,适用于载运固体散装货物的一切船舶及小于 500 总吨装载固体散货的货船。根据 SOLAS 公约第Ⅱ章,1984 年 9 月 1 日或以后建造的 500 总吨及以上的货船,1992 年 2 月 1 日或以后建造的 500 总吨以下的船舶,在载运散装固体危险货物时,应持有国际散货运输危险化学品适装证书。

为了安全运输,《国际海运固体散装货物规则》将固体散装货物分为三组:

(1)A 组:易流态化物质,包括那些运输时的水分含量超过适运水分极限可能会流态化的货物。

(2)B 组:具有化学危险性的物质,包括那些运输时会使船舶产生危险局面的具有化学危险的货物,包括已在《国际海运危险货物规则》中列明并分类的物质,及未列明和分类的仅在散装运输时具有危险性的物质。

(3)C 组:包括既不易流态化(A 组),也不具有化学危险(B 组)的货物。

5. 对客轮破舱稳性的要求

《船舶与海上设施法定检验规则》对于国际航行单体客船破舱稳性的要求是:船舶破损后(若为不对称进水,但已采取平衡措施后)其最终状态应满足:

(1)用浮力损失法求得的初稳性高度不应小于 0.05 m。

(2)在不对称进水情况下,一舱进水的横倾角不得超过 7°;两个或两个以上相邻舱室进水后的横倾角不得超过 12°。

(3)在任何情况下,船舶进水终了的破舱水线的最高位置不得超过限界线。

(4)正值的剩余复原力臂应不小于 0.10 m,在平衡角以后应有一个 15°的最小范围。

(5)从平衡角到进水角或消失角(取小者)之间正值范围的复原力臂曲线下面积应不小于 0.15 m·rad。

同可以将完整稳性的多项指标要求通过数学方法换算成一项初稳性高度要求一样,对于上述(3)、(4)、(5)三项指标也可以换算成一项破舱稳性极限初稳性高度 GM_c。船舶资料中一般带有船舶完整和破舱临界初稳性高度曲线,容易根据吃水查得 GM_c。无论客船还是货船,在船舶装载手册等资料中若有这类资料的话,其破舱稳性的要求可换算成需要满足:

①$GM \geqslant GM_c$;②$\theta \leqslant 7°$(一舱进水时);$\theta \leqslant 12°$(多相邻舱进水时)。

6. 船舶进坞时对稳性的要求

船舶进坞时,稳性降低。进坞时,船尾受到较大的反作用力,为减少反作用力的不利影响,要求船舶进坞时,应当减小纵倾及船舶重量。

船舶进坞时,船舶的纵倾及横倾值应控制在船坞使用说明书的规定范围之内。根据《船舶进出浮船坞技术要求》(GB/T 3673—2013)以及《船舶进出干船坞技术要求》(GB/T 3677—1995)的规定：

(1) 进坞时以艏艉吃水差表示的纵倾值应不大于1%的船舶总长。

(2) 进浮船坞横倾值应不大于1°，对于船中舭部升高大的船舶应无横倾。

(3) 船进干船坞横倾值应不大于0.5°。

7. 我国《船舶与海上设施法定检验规则》中的完整稳性要求

根据经2002年修订的我国《船舶与海上设施法定检验规则》，对于从事国际航行的普通货船，其完整稳性要求可以全部引用IMO船舶完整稳性规则中的规定。对从事国内沿海航行的船舶，则执行以下稳性衡准要求：

(1) 初稳性高度应不小于0.15 m。

(2) 横倾角等于30°处的复原力臂应不小于0.20 m。

(3) 最大复原力臂对应的横倾角应不小于30°。如复原力臂曲线因计及上层建筑及甲板室而有两个峰值时，则第一个值对应的横倾角应不小于25°。

(4) 稳性消失角应不小于55°。

(5) 稳性衡准数 K 应不小于1.00。

二、船舶抗沉性

船舶在营运过程中，偶尔会因为某种海损事故使船体破损浸水，严重时会导致沉船事故。为了保证船舶的航行安全，一方面在船舶的设计和建造中采取有关措施，使船舶具有一定的储备浮力，如进行水密分舱；使船体结构及开口的关闭保持可靠的水密性，使船体本身具有一定的抗沉能力，并在船上配备一定的排水设备和堵漏器材等。另一方面，在船舶航行过程中，要求全体船员谨慎驾驶，按照规章制度进行操作，必须保持各种防水堵漏设备的良好状态，掌握防水堵漏的基本知识和实际技能。

(一) 基础知识及措施

1. 船体破损浸水情况

船体破损浸水可分三种情况：

(1) 舱室顶部是水密的且位于水线以下，船体破损后整个舱室内充满水，由于舱顶未破损，所以浸水量不随浸水后的舷外水线位置而变化，浸水量为一个定值，若没有自由液面的影响，浸水的计算可当作装载固体重量的计算来处理。此类浸水对船舶的浮态和稳性影响较小，如双层底等的浸水属于这一类[如图1-61(a)所示]。

(2) 舱室的顶部在水线以上，舱内水与舷外水不相通，水未充满整个舱室，浸水量根据具体情况而定，存在自由液面的影响，浸水的计算可当作装载液体重量计算。此类浸水对船舶的稳性影响较大。如船体破损口被堵住，而舱内的浸水未被抽干，或因甲板开口漏水引起的舱内浸水等属于这一类[如图1-61(b)所示]。

(3) 舱室的顶部在水线以上，舱内水与舷外水相通，其浸水量是随着船舶的下沉和倾斜而变化，舱内水面与舷外水面一致，且存在自由液面影响。这种浸水计算比较麻烦，需要进行逐次近似计算。通常水线以下的舷侧破损浸水属于这一类，它是船体破损最常见的情况，对船舶的危害最大，在抗沉性中所研究的主要是这种破损浸水情况[如图1-61(c)所示]。

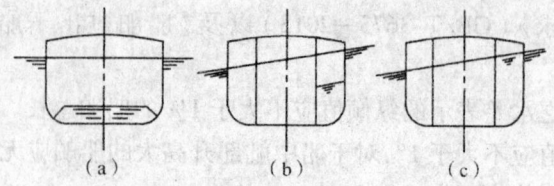

图 1-61 船体几种浸水情况

2. 计算抗沉性的两种基本方法

船舶破舱浸水后,如浸水量不超过排水量的 10%~15%,则可以应用初稳性公式来计算船舶浸水后的浮态和稳性,误差较小。计算抗沉性的方法主要有以下两种:

(1) 增加重量法

把破舱后进入船体内部的水看成增加的液体重量,相当于船舶承载的货物,此法简单直观。

(2) 损失浮力法(固定排水量法)

把破舱后的浸水区域看成不属于船的区域,即该部分的浮力已经损失,损失的浮力借增加吃水来补偿。这样,对于整个船舶来说,其排水量不变。因此,损失浮力法又称为固定排水量法。

3. 船舶抗沉性的基本概念

船舶抗沉性是指船舱破损浸水后船舶仍能保持一定的浮性和稳性的性能。

(1) 储备浮力

为了保证船舶的航行安全,在任何情况下都不允许船体的水密空间全部浸入水中。就是说在载重水线以上,必须保留一部分水密空间留作备用。这是因为甲板上浪或结冰会增加船舶的重量;另外,一旦发生海损船体内部浸水,为了使船舶保持一定的漂浮能力或不致立刻沉没,都需要有一定的备用水密空间提供浮力,以支持增加的船舶重量。因此,满载水线(设计水线)以上的船体水密部分的体积所具有的浮力,称为储备浮力。储备浮力通常以船舶正常排水量的百分数来表示,一般海洋运输船舶的储备浮力占满载排水量的 20%~50%。

(2) 干舷

干舷通常是指船舶的夏季最小干舷,它是在船中处,沿舷侧从夏季载重水线量至干舷甲板上表面的垂直距离。

干舷甲板是按载重线公约或载重线规范所要求的,用以计算最小干舷的基准甲板。通常干舷甲板是船舶最高一层全通甲板,在该层甲板及其下面的两舷侧,所有的水密开口都要求必须有永久性的水密封闭装置。

储备浮力的大小,一般是用船舶干舷的高度来衡量的。干舷越大,载重水线以上的水密空间就越大,即储备浮力也越大。因此,干舷是衡量船舶储备浮力大小的一个尺度。

为了既能保证船舶的安全航行,又能使船舶具有尽可能大的装载能力,每艘船都必须具有一个最小的储备浮力。最小储备浮力限定了船舶最大吃水,或者说规定了最小干舷。在任何情况下,船舶装载的重量都不得使干舷高度小于所规定的最小干舷高度。

最小干舷高度是由船长、型深、方形系数、上层建筑、舷弧、船舶种类、开口封闭情况及船舶航行的区带、区域、季节期和航区等方面决定的。

(3) 船舱浸水后船舶不沉的浮性和稳性标准

SOLAS 公约和我国《海船分舱和破舱稳性规范》中规定：船舱破损浸水后，船舶最终平衡状态的浮性和稳性，满足以下条件就认为船舶是不沉的，或船舶达到抗沉性要求。

① 浮态

在任何情况下，船舶浸水的终了阶段不得淹没限界线，即船体破损浸水后的最终平衡水线，沿船舷距舱壁甲板的上边缘至少要有 76 mm 的干舷高度。

② 稳性

在对称浸水情况下，当采用固定排水量法计算时，最终平衡状态的剩余稳性高度 $GM \geqslant 50$ mm；在不对称浸水情况下其总横倾角不得大于 $7°$，但在特殊情况下，可允许横倾角大于 $7°$，不过在任何情况下其最终横倾角不应大于 $15°$。

限界线是指沿着船舷由舱壁甲板上表面以下至少 76 mm 处所绘的线。

舱壁甲板是横向水密舱壁所达到的最高一层甲板。

若船舶有任意一个舱破损浸水后，仍能达到抗沉性所要求的浮性和稳性，则称该船为一舱制船舶。若有任意相邻二舱或三舱浸水后船舶不沉，则称该船为二舱制船舶或三舱制船舶。对于不同业务性质、航行条件和大小的船舶，抗沉性的要求是不同的。客船一般要求达到二舱制，个别的可达到三舱制。货船因装货的要求，船舱不能过短，因而往往达不到一舱制，但对远洋货船一般要求一舱制。军舰因作战需要，抗沉性要求比民用船高。

(4) 船舶分舱

对于船舶抗沉性的要求，主要是通过船舶分舱来达到的，即沿船长方向设置一定数量的水密横舱壁，将船体分隔成许多水密舱室，舱室的长度越短，则船舱破损浸水后浸水量越小，越容易达到公约或规范对破舱浸水后的浮态和稳性的要求。

(5) 分舱载重线

船舱破损浸水后，船舶不沉所允许的最大浸水量，与破舱前船舶的初始水线位置有关。初始载重水线位置较低，则船舶储备浮力较大，破舱浸水量也可以大些，或者说船舱的水密舱壁间距可以长些。决定船舶分舱长度的初始载重水线，称为分舱载重线。通常都是用满载水线作为分舱载重线。

(6) 渗透率 μ

船舱破损浸水后船舶不沉所允许的最大浸水量，还与船舱内各种设备所占据的体积和装载货物种类有关。如果装载的货物密度大、体积小，在同样载重情况下占的舱容小，破舱后浸水量就大，要保证船舱浸水后船舶不沉，船舶分舱的间距就必须短些。某一舱室或处所在安全限界线以下的理论体积能被水浸占的百分比，称为该舱室或处所的渗透率 μ。

(7) 可浸长度 L_f 和可浸长度曲线

沿着船长方向以某一点 C_1 为中心的舱，在规定的分舱载重线和渗透率的情况下破舱浸水后，船舶下沉和纵倾后的最终平衡水线若刚好与安全限界线相切，则该舱的长度称为以 C_1 点为中心的可浸长度 L_f。意思是说，在规定的分舱载重线和渗透率的情况下，以 C_1 点为中心所作舱的长度，若大于该点的可浸长度，该舱浸水后船舶达不到抗沉性的要求，船舶将沉没。若实际舱长小于该点的可浸长度，该舱浸水后船舶不会沉没，最终平衡水线至安全限界线还有一段距离，即还有一定的储备浮力。因此，以某一点为中心的可浸长度，是满足船舶抗沉性要求的两水密舱壁间的最大长度。

如图 1-62 所示，在船长方向上某一点 C_1 的可浸长度为 L_{f1}，而 C_2 点的可浸长度为 L_{f2}，C_3 点

的可浸长度为 L_{f3}，等等。在船舶的侧视图上，以船底纵向基线为横坐标，船长各点的可浸长度 L_f 为纵坐标，绘出曲线，即表示可浸长度沿着船长各点的分布，该曲线称为可浸长度曲线。

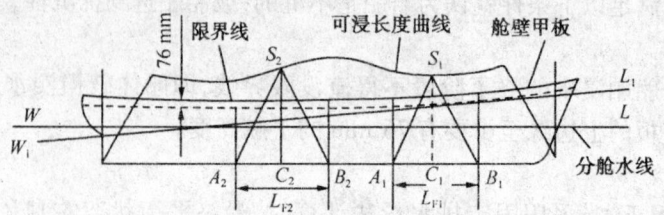

图 1-62　可浸长度曲线

从可浸长度曲线可以看出，在船长方向的不同位置处，可浸长度是不同的，这是因为位于船中部的船舱浸水后，船几乎仅是平行下沉，故浸水量可以大些，可浸长度会稍长一些。船中前后的舱室浸水后，船舶除了下沉之外同时还有纵倾，故允许的浸水量会小些，而可浸长度相应短些。位于艏艉部的舱室，因船体形状瘦削，故在允许的浸水量下，可浸长度可以长一些。

(8) 许可舱长 L_p 与分舱因数 F

上面所述的可浸长度，是在规定的分舱载重线和渗透率情况下的两水密横舱壁的最大长度。船舶实际上所允许的水密横舱壁间距，还要考虑到船舶的业务性质（或用途）和船舶长度。客船因载客而对船舶的航行安全要求较高，而货船因载货的需要，货舱的长度一般要大于可浸长度，因而满足不了抗沉性的要求。考虑到船舶业务性质和船长不同对船舶抗沉性的不同要求，采用一个参数表示，称为分舱因数 F。分舱因数 F 是一个不大于 1 的数，F 是随着船舶长度的增加而逐渐减小；当船长一定时，分舱因数 F 随着船舶业务性质而变化，客舱容积占的比例大，载客量多，则分舱因数小。

考虑到船长和船舶业务性质对抗沉性要求时所允许的实际舱长，称为许可舱长。许可舱长 $L_p = F \cdot L_{f3}$

① 当 $0.5 < F \leq 1.0$ 时，船舶任一舱破损浸水后的最终平衡水线不会淹没安全限界线，即为一舱制。同为一舱制船舶，其 F 值的大小是不同的。F 值较小（舱长度小）的船破舱后下沉和纵倾也较小，其剩余干舷高度较大，船舶比较安全。

② 当 $0.33 < F \leq 0.5$ 时，任意相邻两舱浸水后的最终平衡水线不超过安全限界线，即为二舱制船舶。

③ 当 $0.25 < F \leq 0.33$ 时，相邻三舱破损浸水后的最终平衡水线不超过安全限界线，即为三舱制船舶。

对于满足抗沉性要求的（如一舱制或二舱制等）船舶，并非在任何装载情况下都满足一舱（或二舱等）浸水不沉的要求。因为设计计算采用的渗透率 μ 是在规定的渗透率下进行的，当实际装载的渗透率的 μ 值大于规定值时，则破舱后将很难满足对船舶的浮态和稳性的要求。另外，若船舶破舱浸水前的载重水线低于规定的分舱载重线，则船舶破舱浸水后所允许的浸水量比规定的更大些且船舶不会沉没。

(9) 对称浸水与非对称浸水

对称浸水：船舶破损后假定船内左、右两舷对称位置上等量的浸水。

非对称浸水：船内左右两舷不对称的浸水。

灌注扶正：有选择地向舱柜注水以减少由于不对称浸水而造成船舶过大倾斜的措施。

（10）A 型船舶和 B 型船舶

①A 型船舶是指：

a. 专为运载散装液体货物而设计的船舶。

b. 其露天甲板具有高度完整性，仅设有通向货舱的小出入口，并以钢质或相当材料的水密填料盖封闭。

c. 载货时，货舱具有低渗透率。

②B 型船舶是指：

未列入 A 型船舶规定的所有船舶应认为是 B 型船舶。

4. 为改善破损船舶的稳性和吃水差的船舶操作要求

（1）"破损控制图"和《破损控制手册》

SOLAS 公约规定：驾驶室应设有永久展示或随时可用的控制图，用于指导船上负责的高级船员，图上应清晰显示每层甲板及货舱的水密舱室限界面，上面的开口及其关闭装置和任何控制位置，以及扶正由于浸水产生的横倾的装置。此外，还应给船上高级船员提供包含上述资料的小册子。

所有的高级船员（包括驾驶员、轮机员在内）都要熟悉和掌握船舶"破损控制图"的内容和控制要求。

①"破损控制图"包括船内轮廓，每层甲板俯视图，以及显示以下内容必要的区域横剖面图：

a. 船舶的水密分隔。

b. 横贯浸水装置，泄放塞和纠正由于浸水造成的横倾的机械装置的位置和布置，以及所有阀和遥控装置的位置，如有。

c. 所有内部水密关闭装置的位置，包括滚装船上防撞舱壁延伸区域的内部船首斜坡或吊门和它们的控制装置，以及就地控制和遥控控制装置开启/关闭指示器和警报装置的位置。根据 SOLAS 公约的要求，在航行过程中不允许开启和允许开启的水密关闭装置都应清楚地指明。

d. 船舶外壳上的所有门，开启/关闭指示器，渗漏检测和监测装置的位置。

e. 舱壁甲板以上和最低露天甲板上局部分舱舱壁的所有风雨密关闭装置，以及控制装置和开启/关闭指示器的位置，如适用。

f. 所有舱底泵和压载水泵，以及它们的控制装置和相关的阀的位置。

g. 已被主管机关接受的限制进一步浸水的管系、导管和轴隧，如有。

②《破损控制手册》包括"破损控制图"的全部内容。同时，还包含下列信息：

a. 控制破损船舶的常规程序：立即关闭所有水密和风雨密关闭装置；确定船上人员的位置和安全性，对液舱和舱室进行测深以确定破损的范围，并对浸水舱室重复测量以确定浸水速率；就横倾和为减少横倾或纵倾采取压载水调整的操作，以及评估由此产生的附加自由液面影响和为控制浸水启动泵进行排放操作的后果，考虑可能产生的风险。

b. 针对"破损控制图"中的信息，《破损控制手册》应包含更详细的内容：所有不高于露天甲板的测深仪、液舱通风管和溢流管的位置；泵的排量；管系分布图；横贯浸水装置的操作指南；根据破损控制部分从舱壁甲板以下的水密舱室通过和撤离所采取的方法，等等。

c. 如对船舶适用，应指出可能引起进一步浸水的、没有自动关闭装置的非水密开口的位置，以及对非结构性舱壁和门或其他使进入海水流速减慢的阻隔，造成至少暂时性不对称浸水状态的可能性做出指导。

d. 如果《破损控制手册》中包括分舱和破舱稳性的分析结果,应提供另外的指南,以确保参考这些信息的船上高级船员意识到,这些分析结果仅为评估船舶相关的残余稳性时提供帮助。指南应采用与分舱和破舱稳性分析相同的衡准,并明确指出分舱和破舱稳性分析中假定的船舶装载的初始状态、破损的范围和位置、渗透率,可能与船舶的实际破损情况没有关系。

e."破损控制图"和《破损控制手册》应为打印格式。

f. 配有为该船专门设计的破舱稳性软件,并被经过适当培训的船上高级船员所熟悉的船上计算机的应用,能提供一种快速方法,以便有效地进行破损控制。

g. 给船长的可视指南应易懂、清楚和简明,应能给船长提供一种评估船舶破损后果的快速方法。

h. 对客船,"破损控制图"应永久陈列在驾驶室和船舶控制站或相应地点。对货船,破损控制图应永久陈列在驾驶室或在驾驶室易于查阅。另外,破损控制图还应永久陈列在货物控制室或在货物控制室易于查阅。

(2) 保持船舶的稳性和吃水差的日常措施

① 防水检查:轮机人员要负责经常地检查机舱内的水密性,如轴隧的漏水情况;排水管系的技术状况是否正常,如污水井盖要完整,清除井内污泥,防止堵塞过滤器等。

在航行中,水手或木匠(如配备)每天上、下午各探测一次水舱和污水井的水位,其结果由大副记入航海日志中。发现异常要及时找出原因,并采取相应措施。

水密舱壁上的水密门,不论是动力操纵的还是手动操纵的,凡在航行中使用的,应每天进行操作。其他的水密门及为使舱室水密必须关闭的一切阀等,在航行中都要定期检查,每周至少一次。

② 堵漏应变部署及演习。

根据 SOLAS 公约的规定,对于水密门、舷窗、阀以及泄水孔、出灰管与垃圾管的关闭机械的操作演习,应每周举行一次演习。对航期超过一周的船舶,在离港前应举行一次全面演习。此后,在航行中至少每周举行一次学演习。听到堵漏演习警报信号后,除固定值班人员外,所有船员应在 2 min 内携带有关的堵漏器材在指定地点集合,由现场指挥布置抢救方案和操作演习,演习中每一个船员要明确职责,熟悉堵漏器材的使用方法,演习完毕后,要检查、保养器材,并放回原固定位置。

5. 船舶不同舱室浸水的危害和处置措施

船舶浸水是指船舶由于水密缺陷、船体破损、船舶积配载不当、恶劣天气影响、操作管理不善等原因,导致船舶舱室浸水,使船舶浮性、稳性和抗沉性下降、船体倾斜甚至存在沉没危险,威胁船舶、人员和环境安全的情况。

判明舱室破损浸水的方法是:根据船舶横、纵倾状况,估计破洞概略位置;检查舱室的空气管,如有气流声、流水声或水流漏出,则可判定该舱浸水;确认浸水舱室后,打开舱室察看水流情况,判断破洞的大概位置,而后进一步探明破洞的准确位置和大小,并采取可行措施,处置浸水。

船舶在破损浸水后是否会倾覆或沉没,在一定程度上与船上人员采取的抗沉性措施是否得当有关,因此,浸水后的处置措施至关重要,其可行性措施有:

(1) 如果查明属于油舱或艏艉尖舱浸水,一般不会因浸水而丧失全部储备浮力。此时可以启用机舱排水系统排水,同时采取措施堵塞破洞。

(2)如果查明机舱浸水,采取一切必要措施全力排水,尽量保持船舶动力装置处于可用状态,同时争取时间查出破洞的位置及大小,判断破洞对船舶危害程度,采取措施堵塞破洞。

(3)破损位于其他舱室,如破损较大,浸水不断增加,此时隔舱壁的强度不能满足舱内浸水后的水压力作用,可能变形或有被破坏的危险时,必须加强隔舱壁,在浸水舱的全部相邻舱室采取防止舱壁受压弯曲变形的支撑补强措施,在邻近的舱内用支柱、垫木和木楔等对舱壁进行支撑。支撑点的高度大约为舱内水位高度的2/3。同时应当关闭水密舱盖及开口,阻止浸水扩大到其他舱室。

(4)处置船舶浸水时应当尽力做到:成功堵漏,及时排水,恢复船舶稳性并保持正浮状态。然而,对因碰撞而造成较大破口的大型船舶来说,完全控制破损舱室的浸水并将其排空很难实现,应尽量控制浸水范围,减少浸水舱室。

(5)船舶破损浸水后可能造成船舶的横倾及纵倾,为减少浸水,需采取调整压载或压水等方法,调整船舶的横倾及纵倾,尽可能保持船体平衡,使之达到最安全状态。调整横倾及纵倾的注意事项:

①处置期间向船舶倾斜方向相反的一舷注水,可以改变船舶的横倾,但应注意注水会造成船舶储备浮力的减小并形成新的自由液面,进一步恶化船舶的稳性;向前后大量压水可以改善船舶纵倾,但会影响船体强度。

②处置浸水时可以通过调整压载水、转移货物等方法来减小吃水,从而可以减小船舶浸水量,特别是当破损部位在水线附近时,这种方法非常有效。

(6)如就近无法抢滩,破洞无法堵塞,经确认已无法挽救船舶下沉时,应立即发出求救信号,当机立断,发弃船命令,转入弃船应急部署。

(二)船舶损害控制

1. 船体结构上开口的关闭装置的设置要求

在SOLAS公约和我国《海船分舱和破舱稳性规范》中,对于船体结构上开口的关闭装置的设置,主要有以下规定:

(1)水密舱壁上开口的关闭装置

在限界线以下的水密舱壁上要求尽量减少开口的数量,开口处要有船舶主管机关认可的关闭装置。

①在防撞舱壁上不准设门、人孔或出入口。一般仅可通过一根管子,且管子上装有在舱壁甲板以上可以操作的截止阀,其阀体是装在艏尖舱内侧的舱壁上,以便艏尖舱破损时可以将它关闭。

②在甲板间舱内的水密舱壁上,可以装设一级或二级水密门。这种门在开航前关闭,航行中不得开启,且应装有防止任意开启的装置。此类门在港内开启的时间和船舶离港前关闭的时间应记入航海日志内。

③甲板的下缘在舷侧的最低点,高出最深分舱载重线2.13 m以上的甲板上的旅客、船员及工作的处所,可以设置一级水密门。

④从机舱通往轴隧的水密舱壁上的水密门,一般要求装设二级水密门。

⑤门槛在分舱载重线以下,航行中有时需要开启,且门的数目超过5扇;或在舱壁甲板以下设有旅客舱室,则舱壁上的门为三级水密门。

船上所有的水密门在航行中均应保持关闭,因船上工作而在航行中必须开启时,应做到随时可以关闭。

（2）限界线以下船壳板上开口的关闭装置

要求在限界线以下的船壳外板上尽量减少开口数量，并根据开口的用途及位置装设有效的关闭装置。

①在限界线以下船壳外板上的舷窗，都是采用水密性和抗风浪的圆形窗（重型舷窗），并设有内侧铰链式风暴窗盖。根据它距载重水线的高度不同，舷窗有不同的关闭要求。一种为永久关闭的固定式舷窗；另一种为离港前关闭加锁，到港后才可以开启的，它的开、闭时间应记入航海日志中；还有一种是航行中由船长决定是否开启的。在专供装货处所均不得装设舷窗。

②船壳外板上的排水孔、卫生排泄孔及其他类似开孔，要求数量越少越好，或采用一个排水孔供多种排泄管共用。在限界线以下穿过外板的每一个排水孔都设有一个自动止回阀，并在舱壁甲板以上设有能将其关闭的可靠装置。或装设两个止回阀，其中一个位于最深分舱载重线以上，使其可以随时进行检查，并且经常保持关闭。

③和机器连通的海水浸水孔和排水孔，在管子与外板之间，或管子与装配在外板上的阀箱之间，设有随时可以接近的阀门，并在阀上标明有阀门开启或关闭的指示器。

（3）限界线以上的船体结构开口关闭装置

在舱壁甲板以上，要求采取一切合理和可行的措施限制海水从舱壁甲板以上浸入舱内。

①舱壁甲板或其上一层甲板都要求是风雨密的，露天甲板上的所有开口均设有能迅速关闭的风雨密关闭装置。

②在限界线以上外板上的舷窗、舷门、装货门和装煤门以及关闭开口的其他装置应为风雨密的，且有足够的强度。

③在舱壁甲板以上第一层甲板以下处所内的所有舷窗应配有有效的内侧舷窗盖，且易于关闭成水密的。

④露天甲板上都设有排水口和流水孔，以便在任何天气情况下能迅速排除露天甲板上的积水。

2. 船舱浸水后对船舶抗沉能力的分析

首先应通过船上的资料了解船舶在设计时是否满足抗沉性的要求。对于有抗沉性要求的船，都是在规定的分舱载重线和渗透率的情况下，满足一舱、二舱或三舱浸水船舶不沉。若破舱浸水时的载重水线低于分舱载重线，渗透率也小于规定的渗透率值，则船舱在浸水最终平衡之后还会有一定的储备浮力。若渗透率大于分舱时规定的渗透率值，而载重水线达到分舱载重线处，则在船舱浸水之后未及时堵漏、排水的情况下，船舶有可能沉没。

对于设计上达不到抗沉性要求的船，也要从船舱浸水时船舶载重线的高低、渗透率的大小、浸水量的大小、排水设备的能力等方面分析船舶的抗沉能力，采取应急措施。

（1）舱底水泵的排水量估算

根据 SOLAS 公约的规定，一般船舶要有 2 台舱底泵，客船要求至少装设 3 台动力舱底泵与总管相连接。每一台动力舱底泵应能使流经排水总管的水流速度不小于 122 m/min。

若按此流速计算，则可计算出每一台动力舱底泵的排水量：

$$Q_{排} = 5.75 d_1^2 \times 10^{-3}$$

式中：$Q_{排}$——每台舱底泵的排水量，m^3/h；

d_1——舱底水总管的内径，mm。

（2）船舱破损的浸水量估算

水线以下破洞的浸水量，与破洞位置距水线的垂直距离以及破洞面积的大小有关。一般可按以下经验公式估算出：

$$Q_{进} = \mu F \sqrt{2gH}$$

式中：$Q_{进}$——破洞每秒钟浸水量，m^3/s；

F——破洞面积，m^2；

μ——流量系数，破洞面积较小或破洞中心距水面较近时，取 $\mu = 0.6$；

g——重力加速度，$9.81\ m/s^2$；

H——破洞中心在水线以下的深度，m。

当舱内水面超过破洞口位置时，则浸水量为：

$$Q = \mu F \sqrt{2g(H-h)}$$

式中：h——舱内水面距离破洞的高度，m。

依据舱底水总管内径，估算出舱底水泵单位时间排水量 $Q_{排}$；根据破洞位置，估算出单位时间里的浸水量 $Q_{进}$，比较 $Q_{排}$ 与 $Q_{进}$，从而可以正确判断是否需要采取其他措施。

舱底泵一般只能排出小型破洞的浸水，或机械设备、管系等的泄漏水。对于大量的破舱浸水，必须使用压载水泵和主机海水冷却泵将海水排出舷外，另外，还必须迅速采取堵漏措施以减小浸水量。

3. 船舶堵漏器材及其使用方法

根据船舶的大小、类型和航区等的不同，在船上要配备不同规格和数量的堵漏器材，主要有堵漏毯、堵漏板、堵漏箱、堵漏螺杆、堵漏柱、堵漏木塞、垫料、黄沙和水泥等。

（1）堵漏毯

堵漏毯也称为堵漏席，是一种大型的堵漏设备，主要用来堵住船壳水线下部位的破洞浸水。其规格有 $2.0\ m \times 2.0\ m$、$2.5\ m \times 2.5\ m$、$3.0\ m \times 3.0\ m$ 等。堵漏毯分为重型堵漏毯和轻型堵漏毯两种。

重型堵漏毯是用双层防水帆布中间铺有一层镀锌的钢丝网制成的。轻型堵漏毯也是用双层防水帆布制成的，但在两层防水帆布中间铺设一层粗羊毛毯。由于轻型堵漏毯比较软，为了防止堵漏时被海水压入洞内，在毯的一面缝有几道管套，用时插入几根镀锌钢管作为支撑。

在堵漏毯的四个角和每边的中部都装有套环，堵漏时将绳索系在套环上，用一根或两根绳索从艏端兜过船底，沿船舷拉到破洞处，根据破洞深度固定好顶索的长度，并将堵漏毯从甲板上推下水，收紧其他绳索，直至堵漏毯贴紧破洞为止（如图 1-63 所示）。

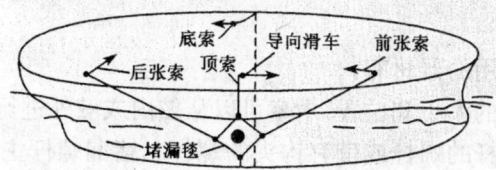

图 1-63 堵漏毯的使用方法

（2）堵漏板

堵漏板是用铁板或木板制成的。在铁板或木板上装有橡皮垫和固定堵漏板用的绳索或螺杆，使堵漏板能紧贴在破洞处。堵漏板主要用来堵漏舷窗大小的中型破洞。堵漏板有的是用整块板做成的,有的是用两块板或三块板中间铰接起来的折叠式。使用整块板式的堵漏板时,是在船内从破洞处将一根系有小木块的拉索推出船外,待木块上浮出水面后,从甲板上将木块捞起,并将拉索系在中央眼环上。用吊索将堵漏板放于水中,收紧拉索使堵漏板紧贴在破洞处的船壳板上(如图1-64所示)。折叠式堵漏板在使用时先将板折叠起来,从破洞伸出舷外后再张开堵漏板,收紧拉索或旋紧螺杆,使堵漏板紧贴在破洞外的船壳板上(如图1-65所示)。

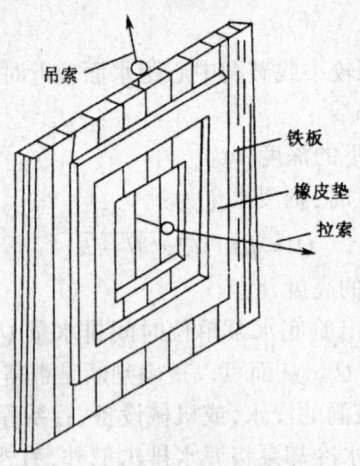

图1-64 堵漏板及使用方法

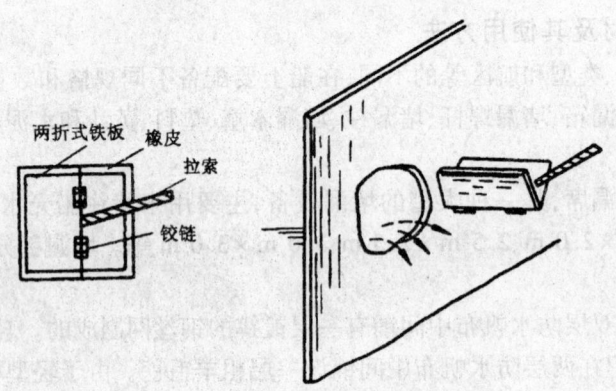

图1-65 折叠式堵漏板及使用方法

(3)堵漏箱

堵漏箱是用铁板制成的方箱,在开口一面的四周镶有橡皮条,堵漏时在舷内用箱口压在破洞口的周围,再用支柱和木楔撑住方箱(如图1-66所示)。

(4)其他堵漏器材

对于堵漏小型破洞,常用的器材有:

①堵漏木塞:根据破洞的大小和位置,木塞可以从舷内或舷外进行堵塞。

②堵漏螺杆:一种带横杆的螺杆或带有钩头的螺杆。堵漏螺杆主要适用于堵漏长缝形的破洞,堵漏时将横杆或钩头顺着裂缝伸出舷外,再把横杆转到与裂缝成直角处,然后将有孔的软垫或垫木套在螺杆上,用螺母压紧。

③堵漏水泥箱:将舱内水排出后,根据破洞的大小用木板制成型箱。先清除破洞周围的油污,并在洞口处敷设钢筋或铁丝网,将型箱架设在破洞上,把搅拌好的水泥浆(按一定的比例的混合物)灌进型箱内。

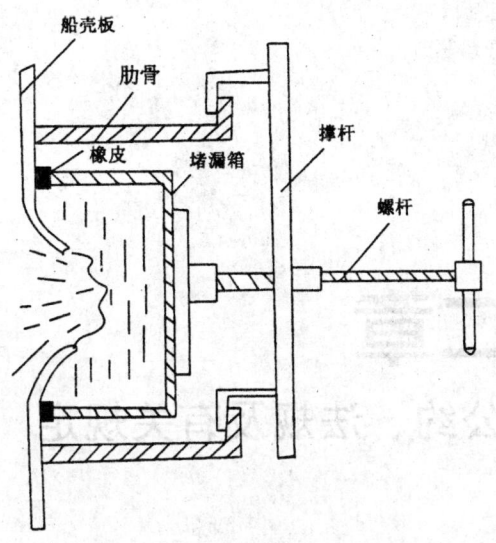

图 1-66 堵漏箱及使用方法

④堵漏柱、堵漏木楔：作为支撑用的器材。

⑤堵漏垫料和填料：有软垫、浸油麻絮、橡皮等。

⑥堵漏用的工具：有锤子、锯子、电钻、扳手、钉子、螺丝、铁丝等。

船用堵洞器材、工具、材料都存放在水线以上取用方便的舱室内，室外应有明显的标记。

橡皮、黄沙等物料要保持清洁，不得涂漆或被油脂等污染，每6个月检查一次各种堵漏器材有无损坏、短缺、变质等，不合格要及时更换、补充。

第二章
船舶公约、法规及有关规定

确保海上交通安全是我国海运事业发展的前提和必然的要求,它关系到我国作为一个航运大国的国际形象和国家利益。本章重点阐述与船舶营运安全管理有关的国际公约和我国法律、法规的相关内容,以及与其相关的技术性措施。学习这些国际公约和国家法规,旨在提高广大船员和航运管理人员的安全意识及管理水平,切实做到依法办事,按章操作,自觉遵守和维护水上交通秩序,保证航运安全和防止水域污染。

第一节 国际海上人命安全公约

适用对象:沿海航区及无限航区 750 kW 及以上船舶轮机长和大管轮。
知识要点概述:掌握《国际海上人命安全公约》有关要求规定的责任。

一、概述

《国际海上人命安全公约》(The Intenational Convention for the Safety of Life at Sea,简称 SOLAS 公约)是关于船舶在海上航行时,保障人命安全的基本公约。在涉及海上人命安全的所有国际公约中,它是最重要也是最古老的公约之一,其第一个版本是在 1912 年的"泰坦尼克号"沉没,致使 1 522 人丧生后,于 1914 年 1 月在英国伦敦制定的。自那时以来,又先后通过了 1929 年、1948 年、1960 年和 1974 年等不同版本。现行的版本是 1974 年 10 月 21 日—11 月 1 日在伦敦召开的 SOLAS 公约国际会议上制定的《1974 年国际海上人命安全公约》(简称 SOLAS 74 公约或 SOLAS 公约)。该公约于 1980 年 5 月 25 日生效。我国政府于 1980 年 1 月 7 日核准了该公约。SOLAS 74 公约是历史上第五个《国际海上人命安全公约》。SOLAS 74 公约自生效以来,由于船舶航海技术的不断进步,海上事故的频繁发生,公约执行中所发现的问题以及 IMO 各种文件之间的统一协调等因素,历届 IMO 会议又陆续对其内容进行了修改、补充或更新。

二、SOLAS 74 公约有关要求规定的责任

SOLAS 74 公约包含了为保证海上人命安全、保安及保护海洋环境的各种各样的强制性

措施：

（一）船舶要求

对船舶构造、设备与性能规定了最低标准。

（二）船员操作性要求

如 SOLAS 74 公约第Ⅱ-2 章的 E 部分规定了消防设备的操作性要求，目的是保持和监控船舶所具备的消防安全措施的有效性。为此，应满足下列功能要求：

(1) 防火系统及灭火系统和设备应进行维护保养，使其随时可用；和

(2) 防火系统及灭火系统和设备应妥为试验和检查。

1. 一般要求

船舶在营运期间的任何时候，应符合上述(1)和(2)的要求。船舶非营运期间系指以下情况：

(1) 船舶正在修理或闲置（在锚地或在港内）或进干船坞；

(2) 船东或船东代表宣布船舶停止营运；和

(3) 对于客船，船上无乘客。

2. 随时可操作状态

下列防火系统应保持完好状态，以确保其在发生火灾时能发挥所要求的作用：

(1) 结构防火，包括耐火分隔以及在这些分隔上的开口和贯穿件的保护；

(2) 探火和失火报警系统；和

(3) 脱险通道系统和设备。

灭火系统和设备应保持良好的工作状态并随时可用。已使用过的手提式灭火器应立即再充装或用等效装置替代。

（三）船舶管理及公司管理

SOLAS 74 公约第Ⅸ章"船舶安全营运管理"即 ISM 规则，简称国际安全管理规则，是强制实施的国际规则。规则要求公司建立船舶安全营运和防止污染管理体系。

（四）船舶保安

2002 年 12 月 12 日，IMO 大会通过了 SOLAS 公约新增的第Ⅺ-2 章"加强海上保安的特别措施"，即关于加强海上安全和保安的特别措施的修正案；会议通过了《国际船舶保安和港口设施保安规则》（以下简称 ISPS 规则）。

1. 对公司和船舶的要求

(1) 公司应符合本章和 ISPS 规则 A 部分的相关要求，并考虑到规则 B 部分提供的指导。

(2) 船舶应符合本章和 ISPS 规则 A 部分的相关要求，并考虑到规则 B 部分提供的指导，对此种符合应按规则 A 部分的规定予以验证和发证。

(3) 船舶在进入缔约国境内的港口之前或期间，如果缔约国政府规定的保安等级高于该船主管机关为其规定的保安等级，船舶应符合缔约国规定的保安等级要求。船舶应对改为更高的保安等级做出响应，不得有不当延误。

(4) 如果船舶不符合本章或 ISPS 规则 A 部分的要求，或不能符合主管机关或另一缔约国政府规定的对其适用的保安等级要求，则该船应在进行任何船/港界面活动之前，或在进港之前（以时间在先者为准）通知有关主管当局。

2. 船舶保安警报系统

(1) 船舶应按规定装设船舶保安警报系统。船舶保安警报系统启动后,应:

① 开始向主管机关指定的主管当局(在此情况下可包括公司)发送船对岸保安警报,确定船舶身份、船位并指出该船的保安状况受到威胁或已受到危害。

② 不向任何其他船舶发送船舶保安警报。

③ 不在船上发出任何警报。

④ 在关闭和/或复位前持续发送船舶保安警报。

(2) 船舶保安报警系统应:

① 能从驾驶室和至少一个其他位置启动。

② 不低于 IMO 通过的性能标准。

③ 船舶保安警报系统启动点的设计应能防止误发船舶保安警报。

3. 对船舶的威胁

(1) 缔约国政府应为在其领海内营运或已向其通报进入其领海意图的船舶规定保安等级并确保向其提供保安等级信息。

(2) 缔约国政府应提供一个联络点,船舶能够通过该联络点请求咨询或协助并报告关于其他船舶、动向或通信的任何保安问题。

(3) 如果已确定存在受到袭击的风险,有关缔约国政府应将以下情况告知有关船舶及其主管机关:当前的保安等级;按照 ISPS 规则 A 部分的规定,有关船舶为防备受到袭击而应采取的任何保安措施;沿岸国已决定采取的相应保安措施。

4. 船长对船舶安全和保安的决定权

(1) 依照其专业判断而做出为维护船舶安全或保安所必需的决定,应不受公司、承租人或任何他人的约束。这包括拒绝人员(经确认的缔约国政府正式授权的人员除外)或其物品上船和拒绝装货(包括集装箱或其他封闭的货运单元)。

(2) 依照其专业判断,在船舶操作中出现该船的安全和保安要求之间发生冲突的情况下,船长应执行维护船舶安全所必需的要求。在这种情况下,船长可实施临时性保安措施并应通知主管机关,如可能,还应通知该船所在或拟进入的港口的缔约国政府。

5. 控制和符合措施

(1) 对在港船舶的控制

① 船舶在另一缔约国港口时,应受到该国政府正式授权官员的控制。除有明确理由相信船舶不符合有关要求外,此种控制应限于验证船上持有有效的国际船舶保安证书或临时国际船舶保安证书。如该证书有效,则应予承认。

② 如果有明确理由,或者不能按要求出示有效证书,应采取下列一项或几项控制措施:检查船舶,推迟船期,扣留船舶,限制操作(包括限制在港内移动),或将船舶驱逐出港。

(2) 缔约国政府可要求拟进入另一缔约国港口的船舶,在进港前提供以下信息:

① 有效证书及证书签发机关。

② 船舶当前所处的保安等级。

③ 该船停靠前 10 个港口的时间段内,在其进行船/港界面活动的港口时,其保安等级和所采取的任何特别或附加保安措施以及在任何船对船活动中维持的适当的保安程序。

综上所述,SOLAS 公约已由原有的"纯技术"公约变成"技术管理"公约。这标志着 IMO

对海上人命安全和环境保护方面所采取的措施在指导思想上有了一个很大转变,即意识到人为因素在确保海上安全和防止海洋污染中所起的重要作用。

由于 ISM 规则、ISPS 规则的实施使得该公约的适用范围不再局限于船舶本身,而且涉及了岸上的公司和港口设施。因此,SOLAS 公约的适用范围从原有的船舶扩大到岸基。

第二节 国际防止船舶造成污染公约

适用对象:沿海航区及无限航区 750 kW 及以上船舶轮机长。

知识要点概述:了解国际防止船舶造成污染的基本情况。

《国际防止船舶造成污染公约》(The Intenational Convention for the Prevention of Pollution,简称 MARPOL 公约),是世界上最重要的国际海事环境公约之一。该公约旨在将向海洋倾倒污染物、排放油类以及向大气中排放有害气体等污染降至最低的水平。该公约的设定目标是:通过彻底消除向海洋中排放油类和其他有害物质而造成的污染来保持海洋的环境,并将意外排放此类物质所造成的污染降至最低。

一、概述

1. 公约背景

1954 年 4 月 26 日—5 月 12 日,伦敦举行了防止船舶污染海洋的国际会议,会议起草并通过了《1954 年国际防止海上油污染公约》(简称 1954 年公约)。该公约于 1958 年 7 月 26 日生效,1962 年和 1969 年做了两次修正,两个修正案分别于 1967 年 6 月 28 日和 1978 年 1 月 20 日生效。

1954 年公约主要强调在公约所规定的沿岸水域范围禁止排放石油和油水混合物,同时认为油分浓度小于 100ppm 的油水混合物对海洋环境不会造成污染。该公约虽然比较简单,但对防止海洋油污染曾起到了一定的积极作用。

随着现代工业的飞速发展,在海上航行的船舶数量和种类越来越多,特别是 10 万吨级以上大型油船及散装化学品船大量建造并投入营运,除了油类,其他一些有毒有害物质、船舶生活污水、船舶垃圾等对海洋的污染也更加严重。在这样的情形下,1954 年公约就显得不完善了。因此,1973 年 IMO 在伦敦召开国际海洋防污染会议,审议通过了第一个不限于油污染的《1973 年国际防止船舶造成污染公约》(简称 MARPOL 73)。MARPOL 73 共有 20 条,另附有 2 个议定书和 5 个附则。

MARPOL 73 制定后,由于技术、经济等方面的原因,该公约迟迟未能生效,直至 1978 年,参加该公约的国家只有约旦、肯尼亚和突尼斯三个国家。然而在 1973—1978 年,国际上发生了一系列重大的海洋油污染事故。为此,IMO 于 1978 年 2 月在英国伦敦召开了油轮安全与防止污染会议(TSPP 大会),通过了两个议定书,即《关于 1974 年国际海上人命安全公约的 1978 年议定书》《关于 1973 年国际防止船舶造成污染公约的 1978 年议定书》,并对 1973 年防污公约的附则做了适当的修改和补充,而且允许各缔约国把附则Ⅱ推迟到"1978 议定书"生效三年后再生效。《关于 1973 年国际防止船舶造成污染公约的 1978 年议定书》规定,《1973 年国际防止船舶造成污染公约》和"1978 年议定书"作为一个整体文件来理解和解释。通常,将《经 1978 年议定书修订的〈1973 年国际防止船舶造成污染公约〉》简称为 73/78 防污公约,即

MARPOL 73/78 公约。我国于 1983 年 7 月 1 日加入该公约,成为该公约的缔约国。

1997 年 9 月 15 日—26 日,在 IMO 总部伦敦召开的 MARPOL 73/78 公约缔约国大会,批准该公约新增一个附则,即附则Ⅵ——防止船舶造成大气污染规则。

2. 公约组成

现行的公约包括:

《1973 年国际防止船舶造成污染公约》;

关于《1973 年国际防止船舶造成污染公约及其 1978 年议定书》;

议定书Ⅰ——关于涉及有害物质事故报告的规定;

议定书Ⅱ——仲裁;

《经 1978 年议定书修订的〈1973 年国际防止船舶造成污染公约〉》的 1997 年议定书;

附则Ⅰ——防止油污染规则;

附则Ⅱ——防止散装有毒液体物质污染规则;

附则Ⅲ——防止海运包装形式的有害物质污染规则;

附则Ⅳ——防止船舶生活污水污染规则;

附则Ⅴ——防止船舶垃圾污染规则;

附则Ⅵ——防止船舶造成大气污染规则。

3. 公约适用范围

(1)本公约适用于:

①有权悬挂一缔约国国旗的船舶;和

②无权悬挂一缔约国的国旗但在一缔约国的管辖下进行营运的船舶。

(2)本条中的任何规定,均不得解释为减损或扩大缔约国根据国际法为勘探和开发其自然资源对于邻接于其海岸的海床和底土的主权。

(3)本公约不适用于任何军舰、海军辅助船舶或其他国有或国营并暂时只用于政府非商业性服务的船舶。但每一缔约国应采取不损害其所拥有或经营的这种船舶的操作或操作性能的适当措施,以保证这种船舶在合理和可行的范围内按本公约的规定行事。

二、议定书——涉及有害物质事故报告的规定

1. 报告的责任

(1)涉及本议定书第Ⅱ条中所述事故的任何船舶的船长或负责管理该船的其他人员,应毫不延迟地尽可能按照本议定书的规定,对事故做出详细的报告。

(2)如果本条(1)中所述的船舶被放弃,或者该船所做的报告不完整或得不到该船的报告,则该船的船东、租船人、经理人或经营人或者他们的代理人,应尽可能担负起本议定书中所规定的船长责任。

2. 报告的时间

当事故涉及下述情况时应进行报告:

(1)排放超过允许排放标准或不论何种原因有可能排放油类或有毒液体物质,包括为保证船舶的安全或在海上救助人命而进行的排放;或

(2)排放或可能排放包装形式的有害物质,包括装在货运集装箱、可移动式罐柜、公路和铁路槽罐车以及船载驳船中的有害物质;或

(3)船舶营运期间排放油类或有毒液体物质超过本公约允许的排放量或瞬间排放速率。

3. 报告的内容

在任何情况下,报告应包括:

(1)涉及船舶的特征。

(2)事故的时间、类型和地理位置。

(3)涉及有害物质的数量和类别。

(4)救助和救捞措施。

4. 报告的程序

(1)通过当时可利用的最快的电信通信渠道并尽可能最优先地将报告发送给最近的沿海国。

(2)为执行本议定书的规定,公约缔约国应按照本组织制定的指南①,颁发或敦促颁发有关在报告有害物质事故时应遵循的程序规则或指令。

5. 补充报告

(1)应在必要时对最初的报告提出补充并提供有关事态进一步发展的情况;和

(2)应尽可能满足受影响国家索取有关补充资料的要求。

第三节 船舶证书

适用对象:沿海航区及无限航区 750 kW 及以上船舶轮机长和大管轮。

知识要点概述:熟悉国际公约要求随船携带的证书及相关文件。

根据 IMO 及《2006 年海事劳工公约》(简称 MLC 2006)等国际公约要求,船舶适航必备随船携带的证书和文件,有的证明船舶已经履行了有关法定手续,有的反映船舶技术状态。船舶在进出港时,海事主管机关会检验和核查这些船舶证书和主要文件,是港口国监督和船舶安全检查的重要内容。如果发现证书和文件不全,或其中有失效者,将不准船舶离港,直至备齐或办妥证书才准予离港。在船舶发生事故时,有些证书和文件是国际航运海事处理的重要法律依据,必须重视船舶证书和文件的妥善保管。

一、船舶登记证书

船舶登记是一项法律行为,其依据是《中华人民共和国船舶登记条例》。船舶只有通过登记取得一国国籍,才有权悬挂该国国旗航行,受该国法律的保护和管辖。我国海船登记的目的,主要在于证明船舶的国籍,确定船籍港,享有悬挂中华人民共和国国旗权,享有在我国沿海和内河航行权;到达外国港口受到我国驻外使节的保护和协助;在海上航行可受到我国海军舰队的保护。

中华人民共和国海事局是船舶登记主管机关,各港口海事局是船舶登记机关。船舶登记港就是船籍港,船舶登记港由船舶所有人依据其住所或主要营业所所在地就近选择。

---

① 参见由本组织 A.851(20)号决议通过的《船舶报告系统和船舶报告要求的一般原则,包括涉及危险货物、有害物质和/或海洋污染物事故报告指南》。

1. 船舶所有权登记证书和船舶国籍证书

船舶所有权登记证书证明船舶财产所有权的归属;船舶国籍证书证明了船舶的国籍和船籍。在船舶营运中发生赔偿关系时,船舶国籍证书和船舶所有权登记证书是获得赔偿权益的证件。

(1)船舶所有权登记证书

船舶所有人申请船舶所有权登记,应当向登记机关交验足够证明其合法身份的文件,并提供有关船舶技术资料和船舶所有权取得(包括购买、新造、继承、赠予、依法拍卖、法院判决)的证明文件的正本、副本。登记机关对审核符合规定的,颁发船舶所有权登记证书,授予船舶登记号码,并在船舶登记簿中载明。

(2)船舶国籍证书和临时船舶国籍证书

船舶所有人申请船舶国籍,应交验依照本条例取得的船舶所有权登记证书,还应当按船舶航区和船舶种类,交验相应的由法定船舶检验机构签发的有效船舶技术证书。对经审核符合规定的船舶,船籍港船舶登记机关发给船舶国籍证书。船舶国籍证书的有效期为5年。

向境外出售新造的船舶,从境外购买新造的船舶、境内异地或境外建造船舶,以及以光船条件从境外租进船舶,经审查符合规定的,船舶登记机关或我国驻外大使馆、领事馆予以核准并发给临时船舶国籍证书。临时船舶国籍证书的有效期一般不超过1年。以光船租赁条件从境外租进的船舶,临时船舶国籍证书可根据租期确定,但最长不得超过2年。临时船舶国籍证书和船舶国籍证书具有同等法律效力。

2. 开放登记制度和方便旗船舶

世界各海运国家的船舶登记制度,根据其登记条件的不同基本上可分为三大类:严格登记制度、开放登记制度和半开放登记制度。

严格登记制度的登记条件是:

(1)船舶所有权全部或大部分属船旗国所有。

(2)船公司或主要营业所设在船旗国境内,并由船旗国公民或法人管理。

(3)船员必须全部或主要是船旗国公民。

开放登记制度受登记条件的限制很少。介于两者之间的为半开放登记制度。开放登记制度是指外国船舶通过交纳少量登记费用和其他有关费用即可在开放登记国家登记,并悬挂该国国旗进行营运的制度。国际上把在开放登记制度国家登记并悬挂该国国旗的船舶统称为方便旗船舶。办理船舶方便旗登记的国家主要有利比里亚、巴拿马等。

二、船级证书

1. 船级证书的种类

(1)船体(包括设备)入级证书。

(2)轮机(包括设备)入级证书。

如船体入级证书和轮机入级证书两者之一失效,则另一证书同时失效。船级社在未签发上述证书前,如确认船舶的船体(包括设备)和机械(包括电气设备)处于良好和有效状态,则可签发相应的临时船级证书,以便使船舶能及时投入营运。船舶入级证书的有效期一般不超过5年,临时入级证书的有效期不超过5个月。

(3)货物冷藏装置入级证书(如适用)。

2. 入级证书签发与签署

船舶按规定完成保持船舶入级的各种检验,验船师应按规定在入级证书上做相应的签署。特别检验完成后,如在现有入级证书期满日前不能发给新的入级证书,则验船师可在现有入级证书上签署,签署有效期为从现有入级证书期满日起不超过5个月。

三、船舶法定证书和文件

1. 国际航行船舶

国际航行船舶按照其适用情况,应具备以下相应的法定证书,即经相应法定检验合格后所签发的合格证书。

(1) 依据 SOLAS 公约:货船构造安全证书、货船设备安全证书、货船无线电安全证书,船舶安全管理证书(SMC)、符合证明(DOC)副本,国际船舶保安证书(ISSC),客船安全证书(适用客船),免除证书(如适用),国际散装运输危险化学品适装证书,国际散装运输液化气体适装证书,高速船安全证书、高速船营运许可证书,特殊用途船舶安全证书,放射性核燃料、核废料适装证书(INF 证书),核能相关安全证书。

(2) 依据 MARPOL 73/78 公约:国际防止油污证书(IOPP 证书)、国际防止生活污水污染证书(ISPP 证书)、国际防止空气污染证书(IAPP 证书),国际压载水管理证书(IBM 证书),国际防止散装运输有毒液体物质污染证书(NLS 证书,如适用)。

(3) 依据国际载重线公约:国际船舶载重线证书,国际船舶载重线免除证书(如适用)。

(4) 依据国际吨位公约:国际吨位证书。

(5) 依据 ILO 公约:起重机与起货设备检验簿、船舶起重设备检验和试验证书、双杆检验与试验证书、起重设备活动零部件检验与试验证书、钢索检验与试验证书、铁制活动零部件热处理证书,船员舱室证书,船舶卫生证书。

(6) 依据 MLC 2006 公约:应携带主管机关认可的组织签发的海事劳工证书和海事劳工符合声明。

2. 国内航行船舶

按其适用情况,应具备以下相应法定检验合格证书,即法定证书:货船适航证书,船舶安全管理证书、符合证明(副本),船舶保安证书,防止油污证书、防止生活污水污染证书,船舶吨位证书,船舶载重线证书,船舶卫生证书,客船适航证书,乘客定额证书,免除证书,防止散装运输有毒液体物质污染证书,散装运输液化气体适装证书,散装运输危险化学品适装证书,危险品适装证书,高速船安全证书、高速船营运许可证书,浮船坞安全证书,起重设备检验与试验证书,海上拖航法定证书,适拖证书。

3. 其他证书

无限航区船舶还应配有苏伊士运河专用吨位证书、巴拿马运河吨位证书;卫生检疫部门还发有免予除鼠证书。

为满足营运以及安全和生活上的需要,船舶还必须配有重要设备的证书,如锚链试验证明书、二氧化碳灭火装置检验簿、声光信号设备证书、蒸汽锅炉检验簿、集装箱检验鉴定书等多种设备证书和产品认可证书。

4. 船舶文件

船舶文件是船舶发生海损事故、油污事故和进出港口必须检查的重要文件。这些文件除上述船舶证书外,还有航海日志、轮机日志、天文钟日志、罗经日志、无线电日志、测深日志、车钟记录簿、船舶安全检查记录簿、油类记录簿、船上油污应急计划、垃圾记录簿、垃圾管理计划、货物系固手册、船员名册和旅客清单等。

5. 船舶法定证书的签发及其有效期

目前在船舶法定检验中采用两种检验与发证系统,即协调系统(Harmonized System of Survey and Certification,简称 HSSC)和非协调系统。此两种系统的主要区别体现在证书有效期上。HSSC 规定所有法定证书的有效期统一为5年(客船除外),以便船东安排船舶检验,并且对各种情况下证书的签署做了统一规定。证书有效期统一为5年并不是降低检验要求,而是通过证书有效期中规定的不同种类的检验来保证满足检验要求。

(1)国际航行海船

①客船安全证书的有效期不超过12个月。

②货船所有证书的有效期不超过5年。

③高速船安全证书的有效期不超过5年。

④免除证书的有效期应不长于其相关证书的有效期。

⑤1969年国际吨位证书在正常情况下,长期有效。

(2)非国际航行海船

①客船适航证书的有效期不超过2年。

②高速船安全证书的有效期不超过5年。

③货船所有证书的有效期不超过5年。

④船舶吨位证书在正常情况下,长期有效。

⑤浮船坞安全证书的有效期不超过5年。

第四节 国际船舶载重线公约

适用对象:沿海航区及无限航区750 kW 及以上船舶轮机长和大管轮。

知识要点概述:掌握国际载重线相关要求规定的责任。

鉴于保障海上人命和财产的需要,各缔约国政府愿意对国际航行船舶的载重限额共同制定统一的原则和规则。考虑到达成此目的的最好方法是缔结一个公约,各缔约国政府于1966年4月5日签订了《国际船舶载重线公约》。

本公约正文共有34条,其主要内容包括公约的一般义务,定义,一般规定,适用范围,除外,免除,不可抗力,同等效能,实验的批准,修理、改装和改建,地带和区域,载重线的浸没,检验、检查和勘划标志,初次和定期的检验和检查,检验后现状的维持,证书的颁发,由他国政府代发证书,证书格式,证书的有效期限,证书的承认,监督,权利,事故,以前的条款和公约,经过协议订立的特殊规则,情报的送交,签字、接受和加入,生效,修改,退出,中止,领土,登记和语文。

1. 公约的一般义务

各缔约国政府承担义务实施本公约中各项规定以及构成本公约组成部分的后附各项附则。凡引用本公约时,同时也就是引用各项附则。各缔约国政府应采取实施本公约所必需的一切措施。

2. 定义

除另有明文规定外,在本公约内:

(1)"规则"是指本公约所附的规则。

(2)"主管机关"是指船旗国的政府。

(3)"批准"是指经主管机关核准。

(4)"国际航行"是指由适用本公约的一国驶往该国以外港口或与此相反的海上航行。在这个意义上讲,由某一缔约国政府负责其国际关系的或联合国为其管理当局的每一领土,都被当作一个单独的国家。

(5)"渔船"是指用于捕捞鱼类、鲸鱼、海豹、海象或其他海洋生物的船舶。

(6)"新船"是指在本公约对各缔约国政府生效之日或其后安放龙骨或处于相应建造阶段的船舶。

(7)"现有船舶"是指非新船的船舶。

(8)"长度"是指量自龙骨上边的最小型深85%处水线总长的96%,或沿该水线从艏柱前边至舵杆中心的长度取大者。船舶设计为倾斜龙骨时,其计量长度的水线应和设计水线平行。

3. 一般规定

(1)凡适用本公约的船舶,都不得在本公约生效之日以后开往海洋从事国际航行,除非已经按照本公约的规定检验和勘划标志,并备有国际船舶载重线证书(1966),或者如果合乎条件,根据本公约各项规定,有国际船舶载重线免除证书者。

(2)本公约的任何规定,并不妨碍主管机关指定较之按照附则一核定的最小干舷为大的干舷。

4. 适用范围

(1)本公约应适用于:

①在各缔约国政府所属国家登记的船舶。

②在本公约根据第三十二条扩大适用的领土内登记的船舶。

③悬挂缔约国政府国旗但未登记的船舶。

(2)本公约应适用于从事国际航行的船舶。

(3)附则一的规定专门适用于新船。

(4)现有船舶如不尽符合附则一的规定或其任何部分的要求,应至少满足主管机关在本公约生效前对于国际航行船舶提出的那些较低的有关要求;在任何情况下,不得要求这种船舶增加干舷。如要取得任何减小原定干舷的好处,现有船舶应符合本公约的全部要求。

(5)附则二的规定适用本公约的新船和现有船舶。

5. 除外

本公约不适用于:军舰;长度小于 24 m(79 ft)的新船;小于 150 总吨的现有船舶;非营业游艇;渔船。

本公约的任何规定并不适用于专在下列水域航行的船舶:

(1)北美洲诸大湖和圣劳伦斯河东到从罗歇尔角和安蒂科斯蒂岛的西点之间所画的一条恒向线,以及到安蒂科斯蒂岛北面沿西经63°子午线为止。

(2)里海。

(3)拉普拉塔河、巴拉那河和乌拉圭河向东到阿根廷的北角和乌拉圭的埃斯特角城之间所画的一条恒向线。

6. 免除

对在两个或更多国家的邻近港口间从事国际航行,并且继续从事此类航行的船舶,如果上述港口所在的各国政府认为,上述港口间的遮蔽性质或航行条件,使从事此类航行适用本公约的规定,成为不合理或不切实可行时,主管机关可以免除其受本公约规定的约束。

主管机关对具有新型特点的任何船舶,如适用本公约的任何规定,可能严重妨碍发展这种特点的研究和这种特点采用到国际航行船舶上时,可以免除其受此项规定的约束。但是任何此类船舶应符合下述安全要求:主管机关认为适应于服务目的并保证船舶全面安全的要求,以及船舶将前往的各国政府所能接受的要求。

主管机关应将根据本条第一款、第二款准许任何免除的情节和理由,通知政府间海事协商组织(以下简称海协组织),由海协组织分别转知各缔约国政府,以供参考。

主管机关可以对通常并不从事国际航行而仅在特殊情况下需要进行一次国际航行的船舶,免除其受本公约任何要求的约束。但该船舶应符合主管机关认为适应于所承担航次的安全要求。

7. 不可抗力

在开航时不受本公约规定约束的船舶,在航行中因气候恶劣或其他不可抗力的原因而变更航线时,仍不受本公约约束。

主管机关在应用本公约规定时,对于船舶由于气候恶劣或其他不可抗力的原因而发生变更航线或延滞情况,应给予适当的考虑。

8. 载重线的浸没

当船舶处于密度为 $1.000\ g/cm^3$ 的淡水中时,其相应的载重线可以被浸没到国际船舶载重线证书(1966)上指出的淡水宽限。若密度不是 $1.000\ g/cm^3$,此宽限量应以 $1.025\ g/cm^3$ 和实际密度的差数按比例决定。

船舶从江河或内陆水域的港口驶出时,准许超越量至多相当于从出发港至海口间所需消耗的燃料和其他一切物料的重量。

除上述规定外,船舶两舷相于该船所在的季节及其所在地带或区域的载重线,不论在船舶是在出海时、航行中,或者在到达时,都不应被水浸没。

9. 检验、检查和勘划标志

为实施本公约的规定和核准免除上述规定而对船舶进行检验、检查和勘划标志,应由主管机关的官员办理。但是主管机关可以委托为此目的而指定的验船师或者它所承认的组织办理检验、检查和勘划标志。在任何一种情况下,该主管机关应充分保证检验、检查和勘划标志的完备和实效。

10. 初次和定期的检验和检查

(1)船舶应受下列的检验和检查:

船舶投入营运以前的检验。对于受本公约约束的船舶,此项检验包括对船舶结构和设备的全面检查。这种检验应保证各种布置、材料和构件尺寸完全符合本公约要求。

定期检验的期限由主管机关决定,但不得超过五年。这种检验应保证船体结构、设备、布置、材料和构件尺寸完全符合本公约要求。

证书签发日每周年前后三个月内的定期检验,以保证船体或上层建筑没有发生可以影响确定载重线位置的计算的变化,并且保证下列各种装置和设备保持有效状态:开口防护装置;栏杆设备;排水舷口;船员舱室出入口的设施。

(2)定期检查应于国际船舶载重线证书(1966)或者对船舶给予免除而发给的国际船舶载重线免除证书上签字。

11. 证书的颁发

对于依照本公约进行检验和勘划标志的船舶,应签发一张国际船舶载重线证书(1966)。

对于根据和依照第六条第二款或第四款给予免除的任何船舶,应签发一张国际船舶载重线免除证书。

上述证书应由主管机关或由该主管机关正式授权的任何人员或组织签发。不论属于何种情况,主管机关应对证书负完全责任。

不论本公约中有任何其他规定,本公约对船旗国政府生效时有效的任何国际船舶载重线证书在两年内或者在证书期满前(以何者较早为准)继续有效。在此以后,必须备有国际船舶载重线证书(1966)。

12. 由他国政府代发证书

缔约国政府应另一缔约国政府请求,可对一船舶进行检验,如认为符合本公约规定,应依照本公约签发或授权签发一张国际船舶载重线证书(1966)给此船舶。

证书的副本,用以计算干舷的检验报告副本和计算书副本各一份,应尽速送交请求国政府。

这样颁发的证书,必须载明,该证书是根据船旗国政府或行将悬挂的国旗所属国政府的请求颁发的,以及该证书应与根据第十六条颁发的证书具有同等效力,并受到同样的承认。

对于悬挂非缔约国政府国旗的船舶,不得发给国际船舶载重线证书(1966)。

13. 证书格式

证书应用发证国的官方语文写成。如果所用语文既不是英文,又不是法文,文本应包括上述语文之一的译本。

证书的格式应按照附则三所示范本。每一证书范本中的印刷部分,应正确地复制在签发的任何证书及任何认证的证书副本上。

14. 证书的有效期限

国际船舶载重线证书(1966),应由主管机关规定有效期限,该期限自颁发之日起不得超过五年。

在进行定期检验后,如果在原证书到期以前,不能对该船颁发新的证书,进行检验的人员或组织可以延长原证书的有效期限,但该期限不得超过五个月。这一期限的延长应在该证书上签注,并且只应在影响船舶干舷的船体结构、设备、布置、材料或构件尺寸没有变动的情况下才能准许。

如果存在下列任何情况,主管机关应吊销国际船舶载重线证书(1966):

(1)船舶的船体或上层建筑已发生实质性的变动,以致有必要增大干舷。

(2)第十四条第一款(三)项所述装置和设备未能保持有效状态。

(3)证书上没有签注表明船舶已按照第十四条第一款(三)项的规定进行检查。

(4)船体结构强度降低到不安全的程度。

主管机关根据第六条第二款对船舶给予免除而颁发的国际船舶载重线免除证书,自颁发证书之日起,有效期限不得超过五年。这种证书应遵循本条对国际船舶载重线证书(1966)所规定的关于换新、签注和吊销的同样程序。

根据第六条第四款对船舶给予免除而颁发的国际船舶载重线免除证书的有效期,应限于为此而发给的单一航行。

主管机关颁发的证书,在该船舶改悬挂另一国国旗时失效。

15. 签字、接受和加入

本公约应自1966年4月5日起开放三个月任凭签署,此后继续开放任凭加入。联合国会员国,或任何专门机构的会员国,国际原子能机构的会员国,或国际法院规约参加国的政府,可以通过下列方式成为公约的参加者:

(1)签字并对接受无保留。
(2)签字而保留接受,随后再予接受。
(3)加入。

接受或加入本公约,应向海协组织交存接受书或加入书后有效,海协组织应将收到的每一份新的接受书或加入书及其交存日期,通知所有已经签字或已加入公约的政府。

16. 生效

本公约应在至少有十五个国家的政府包括七个各拥有不少于100万总吨船舶的国家,已按本公约第二十七个签字并对接受无保留,或者已交存接受书或加入书之日起十二个月后生效。海协组织应将本公约生效日期通知所有已签字或加入本公约的国家政府。

对于上述十二个月内交存接受书或加入书的政府,接受或加入本公约,应于本公约生效时有效,或者交存接受书或加入之日起三个月后生效,以比较后之日期为准。

对于在本公约生效之日后交存接受书或加入书的政府,本公约应于上述文件交存之日起三个月后生效。

任何接受书或加入书,如在为使本公约的修改生效所需一切措施已经完成之日后交存,或者在全体同意修改的情况下,根据第二十九条第二款(二)项所认为一切必需的同意书均已提交之后交存,应认为适用于已修改过的公约。

17. 语文

本公约用英文和法文写成的独一文本,两种文本具有同等效力。应将俄文和西班牙文的正式译本,同签署的原本一并存放。

第五节 国际卫生条例

适用对象:沿海航区及无限航区750 kW及以上船舶轮机长和大管轮。
知识要点概述:掌握海员健康申报和国际卫生条例的要求。

一、概述

1830—1847年,肆虐欧洲的霍乱流行促进了频繁的传染病外交和公共卫生方面的多边合作。其后,1851年在巴黎召开了第一届国际卫生会议。1948年《世界卫生组织组织法》生效,世界卫生组织会员国(简称世卫组织)于1951年通过了《国际公共卫生条例》,后者于1969年被改名的《国际卫生条例》所取代。对1969年通过的《国际卫生条例》分别于1973年和1981年做了细微修改。

《国际卫生条例(1969)》的初衷是监测和控制6种严重的传染病:霍乱、鼠疫、黄热病、天花、回归热和伤寒。根据《国际卫生条例(1969)》,只有霍乱、鼠疫和黄热病仍然属法定报告疾病,这表明,当在其领土内发生以上疾病时,各国必须通报世卫组织。

20世纪90年代初,由于一些人所共知的流行性疾病(如南美洲部分地区的霍乱、印度的鼠疫)的死灰复燃和新传染性疾病(如埃博拉出血热)的出现,1995年召开的第四十八届世界卫生大会通过一项决议,要求修订《国际卫生条例(1969)》。

2001年5月,世界卫生大会通过了题为"全球健康保障:对流行病的预警和反应"的WHA54.14号决议,决议要求世卫组织支持会员国加强发现和快速应对传染病威胁和突发事件的能力。

2003年5月,关于修订国际卫生条例的WHA56.28号决议建立了向所有会员国开放的政府间工作小组(IGWG),其任务为审查和建议提请世界卫生大会审议的国际卫生条例修正草案。IGWG于2004年11月和2005年2月、5月先后召开会议,赞同将最终修正文本提请第五十八届世界卫生大会审议。第五十八届世界卫生大会于2005年5月23日以WHA58.3号决议通过了《国际卫生条例(2005)》。

二、《国际卫生条例(2005)》的构成和性质

1.《国际卫生条例(2005)》的构成

本条例主要有10篇,其主要内容包括:定义、目的和范围、原则及负责当局,信息和公共卫生应对,建议,入境口岸,公共卫生措施,卫生文件,收费,一般条款,《国际卫生条例》专家名册,突发事件委员会,审查委员会和最终条款。

2.《国际卫生条例(2005)》的性质

《国际卫生条例(2005)》是帮助各国共同挽救遭受疾病和其他卫生风险国际传播之害的生命和生活的一部国际法。其目的是预防、抵御、控制和应对疾病的国际传播,同时避免对国际交通和贸易的不必要干扰。它的另一目的是减少在国际机场、港口、陆地过境点疾病传播的风险。

本条例是非凡的全球共识的产物,它加强了对多种不同的公共卫生风险的集体防御行动,而这些风险正是当今全球化世界所面临并有可能通过旅行和贸易的增长而迅速播散的。本条例制定了一系列新的规定,以支持现有的全球暴发预警和应对体系,并要求各国改进针对公共卫生事件的国际监测和报告机制以及加强国家监测和应对能力。

因此,《国际卫生条例(2005)》成为必要和非常及时的新公共卫生文件,其中心是保障国际公共卫生安全。

3. 修改国际卫生条例的原因

《国际卫生条例(1969)》的缺陷是范围较窄(3种疾病)、依赖各国的官方通报和缺乏遏制疾病国际传播的正式国际协调机制,这正是对其修改的原因。

最近数十年来,跨国旅行和贸易增加,而通信技术发展急遽。目前,通过正式和非正式的

多种渠道快速传播各种消息,在对新出现和重新出现的传染病公共卫生控制方面,遇到了新的挑战。

《国际卫生条例(1969)》仅针对3种疾病(霍乱、鼠疫和黄热病),因此无力应对随着旅行和贸易增长而日趋增加的各种公共卫生风险。

此外,一些国家不愿意立即报告疾病的暴发,因担心旅行和贸易受到无根据的不利限制。需要找到一种办法来增加各国对报告严重和/或不寻常疾病事件的信任度,为此,应在及早报告后迅速给予支持,而且应确切地传播有关事件性质的信息。

《国际卫生条例(2005)》扎根于实际经验,扩大了1969年条例的范围,覆盖现有的、新的和再现的疾病,其中包括由非传染病因素引起的突发事件。

《国际卫生条例(2005)》通过新的法律框架确保做到:快速收集信息,对可能构成国际关注的突发公共卫生事件的原因取得共同理解并随时准备向各国提供国际援助。

新的报告程序旨在使关于潜在国际关注的突发公共卫生事件的及时和确切的信息尽快地送达世卫组织。作为拥有重要技术力量和资源的中立权威机构并由于建立了广泛的通信网,世卫组织能够去评估信息,提出行动建议,并在必要时促进或帮助协调与事件发展相适应的技术援助。

4.《国际卫生条例(2005)》主要修改内容

(1)通报

《国际卫生条例(2005)》要求各缔约国向世卫组织通报有可能构成国际关注的突发公共卫生事件的所有事件,并对有关这类事件的信息进行核实。这将使世卫组织能确保为有效预防此类突发事件或控制暴发提供适宜的技术合作,并在某些确定的情况下将公共卫生风险通知需要采取行动的其他国家。

结合世卫组织要求核实具有潜在国际影响事件的非官方报告以及建立国家国际卫生条例归口单位的职责,新的通报要求旨在促进和方便世卫组织和会员国之间的信息共享。随着对发展中的事件的进一步了解,加之及时技术合作的保证,当怀疑有可能发生国际关注的突发公共卫生事件时,会员国就更加愿意与世卫组织联系。

(2)国家国际卫生条例归口单位和世卫组织国际卫生条例联络点

《国际卫生条例(2005)》的重要创新是:要求缔约国的通报和报告以及其他紧急的国际卫生条例通信均由指定的国家国际卫生条例归口单位向世卫组织国际卫生条例联络点递送,两者均应一周7天、每天24小时运转。

(3)国家核心能力的要求

《国际卫生条例(2005)》的基本创新是,要求每个国家通过利用现有的国家资源(如防备流感大流行的国家计划)发展、加强和保持监测和应对的核心公共卫生能力。缔约国为此目的指定的国际机场、港口和陆地过境点也应发展关键的公共卫生和卫生服务及设施。

(4)建议的措施

世卫组织对国际关注的突发公共卫生事件的应对措施包括有关适宜公共卫生应对措施的临时建议,也可包括遭遇突发事件的国家采取的建议的措施,以及由其他国家和国际运输经营者采取的建议的措施。上述临时建议由世卫组织因发生国际关注的突发公共卫生事件而发布,有时间限定,并针对特定的风险。

长期建议指明针对正发生的特定公共卫生风险而例行采取的适宜措施,适用于例行或定期实施。建议的措施可针对人员、行李、货物、集装箱、船舶、航空器、公路车辆、物品或邮包。

(5) 有关《国际卫生条例(2005)》的外部建议

《国际卫生条例(2005)》规定了取得有关国际卫生条例执行情况的独立技术建议的程序。其中一项内容是建立突发事件委员会,其任务是向世卫组织总干事就确定某个特定事件实际上是否构成国际关注的突发公共卫生事件提出建议,并对任何适宜的临时建议提供意见。国际卫生条例审查委员会的任务是向总干事就涉及长期建议、本条例的实施及其修改的技术性事宜提出建议。

三、《国际卫生条例(2005)》的主要内容

1. 目的和范围、原则及负责当局

(1) 目的和范围

本条例的目的和范围是以针对公共卫生危害,同时又避免对国际交通和贸易造成不必要干扰的适当方式预防、抵御和控制疾病的国际传播,并提供公共卫生应对措施。

(2) 原则

①本条例的执行应充分尊重人的尊严、人权和基本自由。

②本条例应以《联合国宪章》和《世界卫生组织组织法》为指导。

③本条例的执行应以其广泛用以保护世界上所有人民不受疾病国际传播之害的目标为指导。

④根据《联合国宪章》和国际法的原则,国家具有根据其卫生政策立法和实施法规的主权权利。在这样做时,它们应遵循本条例的目的。

(3) 负责当局

①各缔约国应当指定或建立一个《国际卫生条例》国家归口单位以及在各自管辖范围内负责实施本条例规定卫生措施的当局。

②《国际卫生条例》国家归口单位应随时能够同世卫组织《国际卫生条例》联络点保持联系。《国际卫生条例》国家归口单位的职责应该包括:

a. 代表有关缔约国同世卫组织《国际卫生条例》联络点就有关本条例实施的紧急情况进行沟通,特别是根据第六条至十二条的规定;以及

b. 向有关缔约国的相关行政管理部门传播信息,并汇总反馈意见,其中包括负责监测和报告的部门、入境口岸、公共卫生服务机构、诊所、医院和其他政府机构。

③世卫组织应当指定《国际卫生条例》联络点,后者应与《国际卫生条例》国家归口单位随时保持联系。世卫组织《国际卫生条例》联络点应将本条例的执行情况(特别是根据第六条至十二条的规定)及时分送有关缔约国的《国际卫生条例》国家归口单位。世卫组织《国际卫生条例》联络点可由世卫组织在本组织总部或区域一级任命。

④缔约国应当向世卫组织提供本国《国际卫生条例》国家归口单位的详细联系方式,同时世卫组织应当向缔约国提供世卫组织《国际卫生条例》联络点的详细联系方式。以上联系细节应不断更新并每年予以确认。世卫组织应当让所有缔约国了解世卫组织按本条规定所收到的《国际卫生条例》国家归口单位的联系细节。

2. 入境口岸

(1) 总职责

除本条例规定的其他职责外,每个缔约国应当:

①确保规定的指定入境口岸的能力按规定的期限内得到加强;
②确定负责本国领土上每个指定入境口岸的主管当局;并
③当为应对特定的潜在公共卫生危害提出要求时,尽量切实可行地向世卫组织提供有关入境口岸感染或污染源(包括媒介和宿主)的相关资料,因此类感染或污染有可能导致疾病的国际传播。

(2)机场和港口

缔约国应当指定理应加强规定的能力的机场和港口。

缔约国应当确保:根据要求和示范格式签发船舶免于卫生控制证书和船舶卫生控制证书。每个缔约国应当向世卫组织寄送被授予以下权限的港口名单:

①签发船舶卫生控制证书和提供附件提及的服务;或
②只签发船舶免于卫生控制证书;以及
③延长船舶免于卫生控制证书一个月,直至船舶抵达可能收到证书的港口。

每个缔约国应当将列入名单的港口情况可能发生的任何改变通知世卫组织。世卫组织应当公布根据本款收到的信息。

在有关缔约国的要求下,世卫组织可以在经适当调查后设法证明:在其领土上的机场或港口符合要求。以上证明材料可由世卫组织在与缔约国协商下定期审核。

世卫组织在与相关政府间组织和国际机构的合作下,应当制定和公布按本条规定为机场和港口颁发证书的准则。世卫组织还应该发布经认证的机场和港口的清单。

3. 公共卫生措施

(1)总则

到达和离开时的卫生措施遵循适用的国际协议和本条例各有关条款,缔约国出于公共卫生目的可要求在到达或离开时:

①对旅行者;
②对行李、货物、集装箱、交通工具、物品、邮包和骸骨进行检查。

如通过规定的措施或通过其他手段取得的证据表明存在公共卫生危害,缔约国尤其对嫌疑或受染旅行者可在个别情况个别处理的基础上按本条例采取能够实现防范疾病国际传播的公共卫生目标的干扰性和创伤性最小的医学检查等额外卫生措施。

根据缔约国的法律和国际义务,未经旅行者本人或其父母或监护人的事先知情同意,不得进行本条例规定的医学检查、疫苗接种、预防或卫生措施,但有例外。

根据缔约国的法律和国际义务,按本条例接种疫苗或接受预防措施的旅行者本人或其父母或监护人应当被告知接种或不接种疫苗以及采用或不采用预防措施引起的任何风险。缔约国应当根据该国的法律将此要求通知医生。

对旅行者实行或施行涉及疾病传播危险的任何医学检查、医学操作、疫苗接种或其他预防措施时,必须根据既定的国际或国家安全准则和标准,以尽量减少这种危险。

(2)对交通工具和交通工具运营者的特别条款

①交通工具运营者

缔约国应当采取符合本条例的一切可行措施,确保交通工具运营者:

a.遵守世卫组织建议并经缔约国采纳的卫生措施;
b.告知旅行者世卫组织建议并经缔约国采纳的舱内卫生措施;并
c.经常保持所负责的交通工具无感染或污染源(包括媒介和宿主)状态。如果发现有感染或污染源的证据,需要采取相应的控制措施。

本条对交通工具和交通工具运营者的具体规定见附件。在媒介传播疾病方面,适用于交通工具和交通工具运营者的具体措施见附件。

②过境船舶和飞机

除另有规定或经适用的国际协议授权之外,缔约国对以下情况不得采取卫生措施:

a. 不是来自受染地区、在前往另一国家领土港口的途中经过该缔约国领土的沿海运河或航道的船舶,在主管当局监督下应当允许任何此类船舶添加燃料、水、食物和供应品;

b. 通过该缔约国管辖的航道,但不在港口或沿岸停靠的任何船舶;以及

c. 在该缔约国管辖的机场过境的飞机,但可限制飞机停靠在机场的特定区域,不得上下人员和装卸货物,然而,在主管当局监督下应当允许任何此类飞机添加燃料、水、食物和供应品,但过境的民用卡车、火车和客车除另有规定或经适用的国际协议授权之外,不得对来自非疫区并在无人员上下和装卸货物的情况下通过领土的民用卡车、火车或客车采取卫生措施。

③受染交通工具

如果根据公共卫生危害的事实和证据发现交通工具舱内存在着临床迹象或症状和情况(包括感染和污染源),主管当局应当认为该交通工具受染,并可:

a. 对交通工具进行适宜的消毒、除污、除虫或灭鼠,或使上述措施在其监督下进行;并

b. 结合每个具体情况决定所采取的技术,以保证按本条例的规定充分控制公共卫生危害。若世卫组织为此程序有建议的方法或材料,应予以采用,除非主管当局认为其他方法也同样安全和可靠。

主管当局可执行补充卫生措施,包括必要时隔离交通工具,以预防疾病传播。应该向《国际卫生条例》国家归口单位报告这类补充措施。

如果入境口岸的主管当局不具备执行本条要求的控制措施的实力,受染交通工具在符合以下条件的情况下可允许离港:

a. 主管当局应当在离港之际向下一个已知入境口岸的主管当局提供第(2)项提及的信息;以及

b. 如为船舶,则在船舶卫生控制证书中应当注明所发现的证据和需要采取的控制措施,应当允许任何此类船舶在主管当局监督下添加燃料、水、食品和供应品。

主管当局对以下情况表示满意时,曾被认为受染的交通工具应不再被如是对待:

a. 本条规定的措施已得到有效执行;以及

b. 舱内无构成公共卫生危害的情况。

④入境口岸的船舶和航空器

除适用的国际协议另有规定之外,不应当因公共卫生原因而阻止船舶或航空器在任何入境口岸停靠。但是,如果入境口岸不具备执行本条例规定的卫生措施的能力,可命令船舶或航空器在自担风险的情况下驶往可到达的最近适宜入境口岸,除非该船舶或飞机有会使更改航程不安全的操作问题。

除适用的国际协议另有规定之外,缔约国不应当出于公共卫生理由拒绝授予船舶或航空器"无疫通行";特别是不应当阻止它上下乘员、装卸货物或储备用品,或添加燃料、水、食品和供应品。缔约国可在授予"无疫通行"前进行检查,若舱内发现感染或污染源,则可要求进行必要的消毒、除污、灭虫或灭鼠,或者采取其他必要措施防止感染或污染传播。

在可行的情况下,缔约国如根据船舶或航空器到达前收到的信息认为该船舶或航空器的

到达不会引起或传播疾病,则应当通过无线通信或其他通信方式授予无疫。

船舶的负责官员或航空器的机长或其代理在到达目的地港口或机场前应当将舱内任何显示出某种传染病迹象的患病者的情况或存在公共卫生危害的证据在负责官员或机长一俟获知存在这类病情或公共卫生危害后便尽早通知港口或机场管制部门。此信息必须立即告知港口或机场的主管当局。在紧急情况下,负责官员或机长应直接向有关港口或机场主管当局通报此类信息。

如由于非飞机机长或船舶负责官员所能控制的原因,嫌疑受染或受染的飞机或船舶着陆或停泊于不是原定到达的机场或港口,则应当采取以下措施:

a. 航空器机长或船长或其他负责人应当尽一切努力立即与最近的主管当局联系;

b. 主管当局一旦得知航空器着陆,可采取世卫组织建议的卫生措施或本条例规定的其他卫生措施;

c. 除非出于紧急情况或与主管当局进行联系的需要,或得到主管当局的批准,否则搭乘航空器或船舶的旅客不得离开飞机或船舶附近,也不得从飞机或船舶附近移动货物;以及

d. 完成主管当局要求的所有卫生措施后,航空器或船舶可继续前往原定着陆或停泊的机场或港口,如因技术原因不能在这里着陆或停泊,可前往方便的机场或港口。

虽然有本条所含的条款,船长或机长可为了舱内旅客的健康和安全而采取认为必需的紧急措施。他(她)将根据本款采取的任何措施尽早告知主管当局。

⑤入境口岸的民用货车、火车和客车

世卫组织应与缔约国协商,制定对入境口岸和通过陆地过境点的民用货车、火车和客车所采取卫生措施的指导原则。

(3)对货物、集装箱和集装箱装卸区的特别条款

①转口货物

除非另有规定或经适用的国际协议授权,否则,除活的动物外,无须转运的转口货物不应当接受本条例规定的卫生措施或出于公共卫生目的而被扣留。

②集装箱和集装箱装卸区

缔约国应当在可行的情况下确保集装箱托运人在国际航行中使用的集装箱保持无感染或污染源(包括媒介和宿主),特别是在打包过程中。缔约国应当在可行的情况下确保集装箱装卸区保持无感染或污染源(包括媒介和宿主)。一旦缔约国认为国际集装箱装卸量非常繁重时,主管当局应当采取符合本条例的一切可行措施(包括进行检查)评估集装箱装卸区和集装箱的卫生状况,以确保本条例规定的义务得到履行。在可行的情况下,集装箱装卸区应配备检查和隔离集装箱的设施。如集装箱装卸区具有多种用途,集装箱托运人和受托人应当尽力避免交叉污染。

4. 卫生文件

(1)一般规定

除本条例或世卫组织发布的建议所规定的卫生文件外,在国际航行中不应要求其他卫生文件,但本条不适用于寻求临时或长期居留的旅行者,也不适用于根据适用的国际协议有关国际贸易中物品或货物公共卫生状况的文件要求。主管当局可要求旅行者填写符合所规定要求的通信地址表和关于旅行者健康情况的调查表。

(2)疫苗接种或其他预防措施证书

按本条例或建议对旅行者进行的疫苗接种或预防措施以及与此相关的证书应当符合附件

的规定,适用时应当符合附件有关特殊疾病的规定。

除非主管当局有可证实的迹象和(或)证据表明疫苗接种或其他预防措施无效,否则持有与附件相符的疫苗接种或其他预防措施证书的旅行者不应当由于证明中提及的疾病而被拒绝入境,即使该旅行者来自受染地区。

(3)海事健康申报单

船长在到达缔约国领土的第一个停靠港口前应当查清船上的健康情况,而且除非缔约国不要求,否则船长应当在船舶到达后或到达之前(如果船舶有此配备且缔约国要求事先提交),填写海事健康申报单,并提交给该港口的主管当局;如果带有船医,海事健康申报单则应当有后者的副签。

船长或船医(如果有)应当提供主管当局所要求的有关国际航行中船上卫生状况的任何信息。

海事健康申报单应当符合附件规定的示范格式。

缔约国可决定:

①免予所有到港船舶提交海事健康申报单;或

②根据对来自受染地区的船舶的建议,要求提交海事健康申报单或要求可能携带感染或污染的船舶提交此文件。

缔约国应当将以上要求通知船舶运营者或其代理。

(4)船舶卫生证书

船舶免于卫生控制措施证书和船舶卫生控制措施证书的有效期最长应为六个月。如果所要求的检查或控制措施不能在港口完成,此期限可延长一个月。

如果未出示有效的船舶免于卫生控制措施证书或船舶卫生控制措施证书,或在舱内发现公共卫生危害的证据,缔约国可根据本条例行事。

本条提及的证书应当符合附件的示范格式。

只要有可能,控制措施应当在船舶和船舱腾空时进行。如果船舶有压舱物,应在装货前进行。

如需要进行控制措施,并圆满完成,主管当局应当签发船舶卫生控制措施证书,注明发现的证据和采取的控制措施。

主管当局如对船舶无感染或污染(包括媒介和宿主)状况表示满意,可在规定的任何港口签发船舶免于卫生控制措施证书。当船舶和船舱腾空时或只剩下压舱物或其他材料(按其性质和摆放方式可对船舱进行彻底检查)时只有对船舶进行检查后才应签发证书。

如果执行控制措施的港口主管当局认为,由于执行措施的条件有限,不可能取得满意的结果,主管当局应当在船舶卫生控制措施证书上如实注明。

第六节　国际公约涉及的管理级职责

适用对象:沿海航区及无限航区 750 kW 及以上船舶轮机长和大管轮。

知识要点概述:掌握国际公约涉及的管理级责任。

一、联合国海洋法公约

联合国海洋法公约(United Nations Convention on the Law of the Sea)指联合国曾召开的三次海洋法会议,以及1982年第三次会议所决议的海洋法公约(LOS)。在中文语境中,"海洋法公约"一般是指1982年的决议条文。此公约对内水、领海、毗连区、大陆架、专属经济区(亦称"排他性经济海域",简称EEZ)、公海等重要概念做了界定。对当前全球各处的领海主权争端、海上天然资源管理、污染处理等具有重要的指导和裁决作用。

《联合国海洋法公约》于1982年12月10日在牙买加的蒙特哥湾召开的第三次联合国海洋法会议最后会议上通过,1994年11月16日生效,已获150多个国家批准。公约规定一国可对距其海岸线200 n mile(约370 km)的海域拥有经济专属权。

该公约共分17部分,连同9个附件共有446条。其主要内容包括:领海、毗连区、专属经济区、大陆架、用于国际航行的海峡、群岛国、岛屿制度、闭海或半闭海、内陆国出入海洋的权益和过境自由、国际海底以及海洋科学研究、海洋环境保护与安全、海洋技术的发展和转让等。

二、《1989年国际救助公约》

《1989年国际救助公约》是1989年发布的公约文件。

第一章　总则

第一条　定义　就本公约而言

(a)救助作业,系指可航水域或其他任何水域中援救处于危险中的船舶或任何其他财产的行为或活动。

(b)船舶,系指任何船只、艇筏或任何能够航行的构造物。

(c)财产,系指非永久性和非有意地依附于岸线的任何财产,包括有风险的运费。

(d)环境损害,系指由污染、沾污、火灾、爆炸或类似的重大事故,对人身健康,对沿海、内水或其毗连区域中的海洋生物、海洋资源所造成的重大的有形损害。

(e)支付款项,系指按本公约规定应付的任何报酬、酬金或补偿。

(f)组织,系指国际海事组织。

(g)秘书长,系指本组织的秘书长。

第二条　适用范围

本公约适用于在一缔约国提起的有关公约所辖事项的诉讼或仲裁。

第三条　平台和钻井装置

本公约不适用于已就位的从事海底矿物资源的勘探、开发或生产的固定式、浮动式平台或移动式近海钻井装置。

第四条　国有船舶

1. 在不影响第五条规定的情况下,除一国另有规定外,本公约不适用于军舰或国家所有或经营的、根据公认的国际法准则在发生救助作业时享有主权豁免的其他非商业性船舶。

2. 如一缔约国决定其军舰或本条第1款所述的其他船舶适用本公约,它应将此事通知秘书长,并说明此种适用的条款和条件。

第五条　公共当局控制的救助作业

1. 本公约不影响国内法或国际公约有关由公共当局从事或控制的救助作业的任何规定。

2. 然而,从事此种救助作业的救助人,有权享有本公约所规定的有关救助作业的权利和补偿。

3.负责进行救助作业的公共当局所能享有的本公约规定的权利和补偿的范围,应根据该当局所在国的法律确定。

第六条 救助合同

1.除合同另有明示或默示的规定外,本公约适用于任何救助作业。

2.船长有权代表船舶所有人签订救助合同。船长或船舶所有人有权代表船上财产所有人签订此种合同。

3.本条不影响第七条的适用,也不影响防止或减轻环境损害的义务。

第七条 合同的废止和修改

如有以下情况,可以废止或修改合同或其任何条款:

(a)在胁迫或危险情况影响下签订的合同,且其条款不公平;或

(b)合同项下的支付款项同实际提供的服务大不相称,过高或过低。

第二章 救助作业的实施

第八条 救助人的义务及所有人和船长的义务

1.救助人对处于危险中的船舶或其他财产的所有人负有下列义务:

(a)以应有的谨慎进行救助作业;

(b)在履行(a)项所规定的义务时,以应有的谨慎防止或减轻环境损害;

(c)在合理需要的情况下,寻求其他救助人的援助;和

(d)当处于危险中的船舶或其他财产的所有人或船长,合理地要求其他救助人介入时,接受这种介入,但是,如果发现这种要求是不合理的,其报酬金额不得受到影响。

2.处于危险中的船舶或其他财产所有人和船长对救助人负有下列义务:

(a)在救助作业的过程中,与救助人通力合作;

(b)在进行此种合作时,以应有的谨慎防止或减轻环境损害;和

(c)当船舶或其他财产已被送至安全地点后,如救助人提出合理的移交要求,接受此种移交。

第九条 沿海国的权利

本公约中的任何规定,均不得影响有关沿海国的下述权利:根据公认的国际法准则,在发生可以合理地预期足以造成重大损害后果的海上事故或与此项事故有关的行动时,采取措施保护其岸线或有关利益方免受污染或污染威胁的权利,包括沿海国就救助作业做出指示的权利。

第十条 提供救助的义务

1.只要不至于对其船舶及船上人员造成严重危险,每个船长都有义务援救在海上有丧生危险的任何人员。

2.缔约国应采取必要措施履行第1款所规定的义务。

3.船舶所有人对船长不履行第1款中的义务不承担责任。

第十一条 合作

在对诸如允许遇难船舶进港或向救助人提供便利等有关救助作业的事项做出规定或决定时,缔约国应考虑救助人、其他利益方同当局之间合作的需要,以保证为拯救处于危险中的生命或财产及为防止对总体环境造成损害而进行的救助作业得以有效、成功的实施。

第三章 救助人的权利

第十二条 支付报酬的条件

1. 有效果的救助作业方有权获得报酬。
2. 除另有规定外,救助作业无效果,不应得到本公约规定的支付款项。
3. 如果被救船舶和救助船舶属于同一所有人,本章仍然适用。

第十三条 评定报酬的标准

1. 确定报酬应从鼓励救助作业出发,并考虑下列因素,但与其排列顺序无关:
   (a)获救的船舶和其他财产的价值;
   (b)救助人在防止或减轻对环境损害方面的技能和努力;
   (c)救助人获得成功的程度;
   (d)危险的性质和程度;
   (e)救助人在救助船舶、其他财产及人命方面的技能和努力;
   (f)救助人所花的时间、费用及遭受的损失;
   (g)救助人或其设备的责任风险及其他风险;
   (h)提供服务的及时性;
   (i)用于救助作业的船舶及其他设备的可用性及使用情况;
   (j)救助设备的备用状况、效能和设备的价值。

2. 按照第1款确定的报酬应由所有的船舶和其他财产利益方按其获救船舶和其他财产的价值比例进行支付,但是缔约国可在其国内法中做出规定,报酬须由这些利益方中的一方先行支付,该利益方有权向其他利益方按其分摊比例进行追偿。本条中的任何规定均不影响抗辩权。

3. 报酬金额不包括应付的利息及可追偿的法律费用,不得超过获救船舶和其他财产的价值。

第十四条 特别补偿

1. 如一船或其船上货物对环境构成了损害威胁,救助人对其进行了救助作业,但根据第十三条所获得的报酬少于按本条可得的特别补偿,他有权按本条规定从该船的船舶所有人处获得相当于其所花费用的特别补偿。

2. 在第1款所述情况下,如果救助人因其救助作业防止或减轻了环境损害,船舶所有人根据第1款应向救助人支付的特别补偿可另行增加,其最大增加额可达救助人所发生费用的30%。然而,如果法院或仲裁庭认为公平、合理,并且考虑到第十三条第1款中所列的有关因素,可将此项特别补偿进一步增加,但是,在任何情况下,其增加总额不得超过救助人所发生费用的百分之百。

3. 救助人所花费用,就第1款和第2款而言,系指救助人在救助作业中合理支出的现付费用和在救助作业中实际并合理使用设备和人员的公平费率。同时应考虑第十三条第1款(h)、(i)、(j)项规定的标准。

4. 在任何情况下,本规定的全部特别补偿,只有在其高于救助人根据第十三条获得的报酬时方予支付。

5. 如果由于救助人疏忽而未能防止或减轻环境损害,可全部或部分地剥夺其根据本条规定应得的特别补偿。

6. 本条的任何规定不影响船舶所有人的任何追偿权。

第十五条　救助人之间的报酬分配
1. 救助人之间的报酬分配应以第十三条中的标准为基础。
2. 每一救助船的所有人、船长及船上其他工作人员之间的报酬分配应根据该船旗国的法律确定。如救助作业不是在救助船上进行的,其报酬分配应根据制约救助人与其受雇人所订合同的法律确定。

第十六条　人命救助
1. 获救人无须支付报酬,但本条规定不影响国内法就此做出的规定。
2. 在发生需要救助的事故时,参与救助作业的人命救助人有权从支付给救助船舶的费用、其他财产或防止或减轻环境损害的救助人的报酬中获得合理份额。

第十七条　根据现有合同提供的服务
在危险发生之前所签署的合同,不得依本公约的规定支付款项,除非所提供的服务被合理地认为已超出正常履行该合同的范围。

第十八条　救助人不当行为的后果
如因救助人的过失或疏忽或因救助人有欺诈或其他不诚实行为而使救助作业成为必需或更加困难,可剥夺救助人按本公约规定所得的全部或部分支付款项。

第十九条　制止救助作业
不顾船舶所有人、船长或其他处于危险中的不在船上而且未曾装过船的财产的所有人的明确而合理的制止而提供的服务,不产生本公约规定的支付款项。

第四章　索赔与诉讼

第二十条　优先请求权
1. 本公约任何规定不影响根据任何国际公约或国内法规定的救助人的优先请求权。
2. 当已提交或提供了包括利息和诉讼费用在内的令人满意的担保后,救助人不可行使其优先请求权。

第二十一条　提供担保的义务
1. 应救助人要求,根据本公约规定应支付款项的人,应对救助人的索赔,包括救助人的利息和诉讼费用,提供满意的担保。
2. 在不影响第1款的情况下,获救船舶的所有人,应尽力以保证在货物释放前,货物所有人对向其提出的索赔,包括利息和诉讼费用在内,提供满意的担保。
3. 在对救助人的有关船舶或财产的索赔提供满意的担保前,未经救助人同意,获救的船舶或其他财产不得从完成救助作业后最初抵达的港口或地点移走。

第二十二条　先行支付款项
1. 对救助人的索赔,有管辖权的法院或仲裁庭可根据案情,以公正合理的条件,通过临时裁定或裁决,责令向救助人先付公正合理的金额,包括适当的担保。
2. 根据本条规定,如已先行支付款项,根据第二十一条所提供的担保则应做相应的扣减。

第二十三条　诉讼时效
1. 如在两年内没有提起诉讼或仲裁,本公约规定的有关支付款项的任何诉讼,便丧失时效。时效期限从救助作业结束之日起算。
2. 被索赔人可在时效期限内的任何时间,通过向索赔人提出声明,延长时效期限。该期限可以同样方式进一步延长。
3. 如果诉讼是在起诉地的法律允许的时间内提起,即使上述两款规定的时效期限已届满,负有责任的人仍可提起要求补偿的诉讼。

第二十四条　利息

救助人根据本公约应得给付利息的权利,应按受理该案的法院或仲裁庭所在国的法律确定。

第二十五条　国有货物

除经国家所有人的同意外,本公约的任何规定均不得作为以任何法律程序或对物诉讼程序扣留、扣押或置留国家拥有的根据公认的国际法准则,在发生救助作业时,享有主权豁免的非商业性货物的根据。

第二十六条　人道主义货物

如果一国已同意向对其人道主义的货物所提供的救助服务支付费用,本公约中的规定均不得作为扣留、扣押或置留该国捐助的人道主义货物的根据。

第二十七条　仲裁裁决的公布

缔约国应在征得当事方同意的条件下,尽量鼓励公布救助案的仲裁裁决。

第五章　最后条款

第二十八条　签字、批准、接受、核准和加入

1.本公约自1989年7月1日至1990年6月30日在本组织总部开放供签字。此后继续开放供加入。

2.各国可按下列方式表示同意受本公约的约束:

(a)签字并对批准、接受或核准无保留;或

(b)签字而有待批准、接受或核准,随后再批准、接受或核准;或

(c)加入。

3.批准、接受、核准或加入应向秘书长交存一份相应的文件。

第二十九条　生效

1.本公约在15个国家表示同意受本公约约束之日后一年生效。

2.对于在本公约生效条件满足后表示同意受本公约约束的国家,应在表示同意之日后一年生效。

第三十条　保留

1.任何国家在签字、批准、接受、核准或加入时,就下列情况可保留不适用本公约规定的权利:

(a)救助作业发生在内陆水域,而且涉及的所有船舶均为内陆水域航行的船舶;

(b)救助作业发生在内陆水域,而且并不涉及船舶;

(c)所有的利益方都是该国的国民;

(d)有关财产为位于海床上的具有史前的、考古的或历史价值的海上文化财产。

2.在签字时做出的保留需在批准、接受或核准时加以确认。

3.对本公约做出保留的国家可在任何时候以向秘书长发出通知的方式撤销保留。这种撤销从收到通知之日起生效。如果该通知声明对某一保留的撤销应在该通知中载明的某一日期生效,而且该日期迟于秘书长收到通知的日期,则该撤销应在较迟的日期生效。

第三十一条　退出

1.任一缔约国在本公约对其生效之日起一年后,可随时退出本公约。

2.退出须向秘书长交存一份退出文件方为有效。

3. 退出本公约,应在秘书长收到退出文件一年后,或在退出文件中载明的较此更长的期限届满后生效。

第三十二条 修订和修正

1. 本组织可召开修订或修正本公约的会议。

2. 经八个或四分之一缔约国的要求,以数大者为准,秘书长应召集修订或修正本公约的缔约国会议。

3. 在本公约的修正案生效之日后同意受本公约约束的任何表示应被视为适用于经修正的公约。

第三十三条 保存

1. 本公约由秘书长保存。

2. 秘书长应:

(a)将下列事项通知所有签署或加入本公约的国家以及本组织的所有会员国:

(Ⅰ)每一新的签字或每一新的批准、接受、核准或加入书的交存及其日期;

(Ⅱ)本公约的生效日期;

(Ⅲ)任何退出本公约的文件的交存及其收到日期和退出的生效日期;

(Ⅳ)根据第三十二条规定通过的任何修正案;

(Ⅴ)收到根据本公约所做出的任何保留、声明或通知。

(b)将本公约核正无误的副本分发给已签署或加入本公约的所有国家。

3. 本公约一经生效,其保存人应按照联合国宪章第一百零二条的规定,将本公约核正无误的副本一份送交联合国秘书长,供登记和公布。

第三十四条 语言

本公约正本一份,用阿拉伯文、中文、英文、法文、俄文和西班牙文写成,各种文本具有同等效力。

以下署名者,经各自政府正式授权,特签署本公约,以昭信守。

1989年4月28日订于伦敦。

三、劳氏标准格式救助合同

劳氏救助合同是指为保证在危急情况下能够签订较公平合理的救助合同,航运界制定了救助合同格式。

劳氏救助合同格式最早是由英国的一个名叫威廉姆·瓦埃敦的律师兼仲裁员提出来的。他发现由于缺乏可供参考和适用的标准救助合同格式妨碍了救助事业的顺利发展,因为救助人与被救助人常常要为诸如救助报酬、当事人权利与义务等问题各执己见、争论不休,延误了许多救助良机,带来了一些不应有的损失,因此,便率先制定了一个较为合理的救助合同格式。1968年1月15日,由英国劳埃德委员会正式印刷出版,全称"劳氏救助合同格式"。此合同格式一直沿用至今,成为广大船东、货主、救助人与保险人所接受和使用的合同格式。目前,绝大多数海上救助都是根据劳氏格式进行的。该合同格式最主要的特征是坚持"无效果,无报酬"的原则。劳氏救助合同格式是国际海运业中最为广泛使用的一种标准合同,并为海上救助事业提供了法律保障。这对要求统一性与确定性的海上救助业来讲,该合同格式已充分显示出了其独特的作用。它之所以被广泛接受,是因为其具有下述特点:

(1)双方可事先了解合同内容,不必为达成协议而争执不休。救助双方要么是全部接受合同条款,要么是对某些条款加以保留,从而大大节省了宝贵时间,也大大降低了因争执而引起的费用。

(2) 救助报酬由仲裁员决定。该格式合同将容易引起争议的救助报酬问题留给经验丰富的仲裁员解决,从而可保证救助报酬的公正性与客观性。

(3) 该合同一经签订便具有法律约束力。因此,任何一方不得阻止海上救助作业的顺利进行,从而可保证救助双方的合法权益。

(4) 救助人可合理无偿使用被救助方的物品,但应使遇险船的财产避免不应有的损失,更不得抛弃或牺牲上述财产。

(5) 对担保问题做出了明确规定。救助担保金由劳埃德委员会收取,如被救方未能在14天内支付担保金,救助方对获救财产享有留置权。同时规定在42天内双方可就救助报酬金额进行协商,协商不成,可提交仲裁解决。若在42天未提交仲裁,则担保金充当救助报酬。裁决一旦做出,就应履行,但如对仲裁不服,仍可存在14天内提出上诉。

此外,为适应海上救助业发展的需要,劳氏救助合同曾被修改七次,1980年修改是对劳氏救助合同格式的重大修改。本次修改改变传统的救助原则,对世界海上救助事业产生着深远的影响。1980年修改的新劳氏救助合同格式的主要条款包括:

(1) 救助油船的例外规定

这是为了鼓励救助人救助遇难油船,防止海洋污染,在传统的"无效果,无报酬"原则的基础上,对劳氏救助合同格式最有意义的修改。油船遇难后往往给海洋环境造成灾难性后果,许多沿海国家为了使其沿海免遭污染,对油污事件采取强制性干预措施,不允许遇难油船驶入港口,甚至强制救助人将遇难油船拖至远离其领海或深海处销毁。依"无效果,无报酬"原则,救助方只有将获救财产送达安全地点或港口才是救助成功的表现,否则被助方无权取得救助报酬。因此,救助方对救助遇难油船多持消极态度,这样也给防止海洋污染带来了困难。

如1978年3月16日发生的"阿莫柯·卡地兹号"油船灾难性的油污事件,就是非常典型的一例。这一事件便促使人们采取法律对策,防止或减少海上油污的灾难性后果的发生。有关组织经过努力完成了救助油船例外条款的起草工作,并规定在1980年修改的合同格式中。该例外条款规定,在"无效果,无报酬"原则的基础上,被称为救助方的"安全网条款"。该条款规定,在救助满载或部分装载油类货物的油船场合,只要救助方无过失,油船船东保赔协会均应单独向救助方支付为此而发生的合理费用与不超过该费用15%的附加费。如救助作业取得成功,防止了油类事故,救胁报酬应当比单纯的财产救助更为优厚。但如救助失败或部分失败可归责于救助方、其雇员或代理人的过失,救助方则无权请求合理费用和附加费。

(2) 救助报酬金额的确定

如救助有效,则救助方有权收取报酬;如无效果,则无权收取报酬。双方均可对已约定的报酬数额提出异议,若发生纠纷,由伦敦劳合社仲裁解决。

(3) 签约双方为遇险财产方的船长与救助船船长或双方的其他法定代表。

(4) 被救财产的送达地点

如双方对此无明确约定,救助方只需将获救财产拖至某一安全地点,即视为已适当履行其救助义务。

(5) 救助方可合理地无偿使用遇险船的设备,但不应使该船遭受不必要的损失,并尽最大努力以防止船舶漏油。

(6) 救助报酬的担保。

(7) 仲裁程序

救助合同双方均有权就合同的内容及履行提交劳埃德委员会仲裁,仲裁适用英国法,裁决以英镑为货币单位,仲裁程序以劳埃德仲裁程序规则为准。

(8) 救助方的责任限制

在海上救助作业过程中,救助方如因自己的过失,给被救助方造成财产损失,有依英国法主张限制赔偿责任的权利。

总之,劳氏救助合同格式的修改使这个较古老的合同格式又赶上了现代海上救助事业发展的脚步。尽管新的劳氏救助合同格式并非完美无缺,但由于它是伦敦海运市场上各利害关系人妥协的结果,因此,在未来的几十年里,新劳氏救助合同格式将是国际海上救助中广泛使用且具有权威性的标准合同格式。

四、船东互保协会特别补偿条款

1989年救助公约为了鼓励救助人救助对环境构成污染损害危险的船舶或者船上货物,在以"无效果,无报酬"为原则的第十三条救助报酬外,又规定了第十四条特别补偿这一"安全网"条款,即在对构成环境污染损害危险的船舶或者船上货物进行救助时,即使由于救助财产未成功而不能获得第十三条下的救助报酬,也可根据第十四条获得数额基于救助费用(指救助方在救助作业中直接支付的合理费用以及实际使用救助设备、投入救助人力的合理费用)的"特别补偿"。如取得防止或者减少环境污染损害的效果,该"特别补偿"还可以另行增加相当于救助费用的30%~100%的赢利补贴。

第十三条下的救助报酬仍由船货保险人承保,即使其已因考虑到环境因素而有所增加。但第十四条的"特别补偿"由船东负责,属于P&I承保风险。

公约虽于1996年才生效,但早已被引入了LOF 1990及LOF 1995,因此大多数合同救助实际早已由公约调整了一段时间。在第十三条及第十四条规定具体的操作过程中,产生了许多问题,其中一些是船东及互保协会关心的,另外一些则是救助方所关心的。

互保协会担心"安全网"的设立会使自己及船东在救助人故意拖延工作时间或财产保险人推迟认定船舶推定全损时,处于无法控制局面的境地。救助人则担心第十四条仅在有损害环境威胁(需经证明)时才适用,从而对自己不利,而且该条款不适用于沿海、内河及其相邻水域之外的地方,其适用范围存在地理上的限制。同时,因受英国法院对"THE NA GA SA K I SP IR IT"一案判决的影响,救助人担心设备和人员的费用将不包括任何形式的赢利,而仅在防止或减少了对环境的损害时,才得到救助费用30%~100%的赢利补贴。

由于以上原因,为了救助方、船舶所有人、其他财产所有人、财产保险人和责任保险人,特别是互保协会等各方的利益,需要创立一个能促使救助方尽快完成救助作业(无论对环境是否构成损害危险),且保证救助方能因此获得补偿的简化机制,并可减少法律争议。

上述各方谈判的结果产生了SCOPIC条款,即船东互保协会特别补偿条款,需要注意的是,这里的"特别补偿"与船货是否构成环境损害威胁无关,即不同于第十四条的"特别补偿"。

虽然各利益方的会谈结果不能改变法律,但可通过合同实现目的,因而选中了LOF作为其媒介,该SCOPIC条款于1999年8月正式生效,经过2年的试用期后并入国际救助联盟(ISU)的成员与国际船东互保协会集团的船东签订的LOF格式,互保协会将向其成员船东推荐使用该条款。

船东互保协会特别补偿条款(即SCOPIC条款)的译文如下:

1. 总则

本 SCOPIC 条款是对 1995 年劳合社救助合同标准格式"无效果,无报酬"(下称"主协议")的补充规定。主协议中的定义被并入本 SCOPIC 条款。

一旦本 SCOPIC 条款根据其第二条规定被援用,则在其与主协议的规定,或适用的相关法律不符时,本 SCOPIC 条款应在足以使协助协议具有商业效率的范围内,优先于其他规定适用。

除本条款第四条另有规定外,已并入主协议的公约第十四条(下称"第十四条")所规定的确定特别补偿的方法,应由下文列出的计算方法所取代。在留置权及诉讼时效方面,下文中的各种服务将被视为救助。

2. 援用 SCOPIC 条款

服务提供方可在其选择的任何时间书面通知船舶所有人援用下文列出的 SCOPIC 条款,而无须考虑当时情况,尤其无须考虑是否有"损害环境的威胁"。

SCOPIC 酬金自书面通知到达船舶所有人处时起算,于上述书面通知到达以前提供的服务不得依据本 SCOPIC 条款获得酬金,但可依据已并入主协议的公约第十三条(下称"第十三条")获得报酬。

3. 对 SCOPIC 酬金的担保

(1)船舶所有人应在收到服务提供方选择援用 SCOPIC 条款的书面通知后两个工作日内(星期六、星期日及劳合社通常认为的节假日除外),向其提供对服务提供方合理满意形式的银行担保或互保协会担保,数额为 300 万美元,包括利息和费用(下称"最初担保")。

(2)在最初担保提供后的任何时间,如果船舶所有人合理地计算出 SCOPIC 酬金加上因此产生的利息和费用少于已经设置的担保,船舶所有人有权要求服务提供方将此担保减少到一个合理的数额,该数额一经协定,服务提供方有义务按此要求行事。

(3)在最初担保提供后的任何时间,如果服务提供方合理地计算出 SCOPIC 酬金加上因此产生的利息和费用高于已经设置的担保,服务提供方有权要求船舶所有人将此担保增加到一个合理的数额,该数额一经协定,船舶所有人有义务按此要求行事。

(4)如未达成协议,与担保人、担保形式、担保减少额或增加额有关的任何争议应提交仲裁解决。

4. 撤销

如果船舶所有人在上述两个工作日内未提供最初担保,服务提供方可在通知船舶所有人后撤销援用 SCOPIC 条款的所有规定,并恢复其在包括第十四条在内的主协议下的权利。此时,主协议应如同 SCOPIC 条款未曾存在过一样适用。

5. 费率

(1)SCOPIC 酬金指下列项目按费率表计算所得费用的总和:人工、拖船和其他船艇、可携式救助设备、实际支付的费用及应付奖金。

(2)与所有人工、拖船或其他船艇、可携式救助设备有关的 SCOPIC 酬金,应按附录 A 所列的费率表基于时间和材料进行计算。该费率表在船东事故代表(SCR)委员会根据附录 B 第一条(b)款复查并修改以前一直适用。用以计算 SCOPIC 酬金的费率应是在救助服务期间有效的费率。

(3)实际支付费用指已由服务提供方或为服务提供方或以服务提供方名义支付给任何第三方的全部合理金额,尤其包括使用的人力、拖船、其他船艇和设备租金,及救助作业必需的其

他合理费用。此费用按实际花费计算,但:

a. 如果该费用是由于租用国际救助联盟(ISU)的另一会员或他们的附属机构的人力、拖船、其他船艇和设备而付的租金,则应付金额按附录 A 所列的费率计算,而不考虑实际花费。

b. 如果人力、拖船、其他船艇或设备租自任何非国际救助联盟(ISU)会员,且租金率高于附录 A 中相关费率,则实际花费可全额作为直接支付的费用,但条件是船东事故代表(SCR)认为在案件的特定情况下,服务提供方以此费用租用这些项目是合理的。如果未任命 SCR 或者有争议,应由仲裁机构裁定在此情况下该花费是否合理。

(4)除上述所列费用外,服务提供方还有权获得相当于这些费用25%的一个标准奖金,但如果第五条(3)款 b 项述及的实际支付的费用超过了按附录 A 中适用的费率计算的费用,服务提供方有权获得奖金应可使其总收入达到以下数额:

a. 这类人力、拖船、其他船艇或设备的实际花费加上按附录 A 中的费率计算的费用的10%;或

b. 这类人力、拖船、其他船艇或设备按附录 A 中的费率计算的费用加上该费用的25%,取两者中较高者。

6. 第十三条报酬

(1)即使服务提供方已选择援用了 SCOPIC 条款,主协议下的救助仍得继续依第十三条计算报酬。依据上述第五条计算的 SCOPIC 酬金仅由船舶所有人支付,且仅在该酬金高于第十三条报酬的总额时,就高出部分支付。上述第十三条报酬的总额是指由所有救助受益方(包括货物、燃料、润滑油及备品)在考虑了汇率换算但不考虑利率和费用的情况下应支付的数额,即使该报酬未被实际支付或任一受益方未支付。

(2)依据第十三条的救助报酬不因"无效果,无报酬"原则在 SCOPIC 酬金形式中的例外适用而有所减少。

7. 扣减

如果本 SCOPIC 条款依第二条得以援用,且第十三条报酬或依据主协议的应付额(考虑了汇率换算但不考虑利率和费用)高于此时确定的 SCOPIC 酬金,则应从上述第十三条报酬或应付额中,扣去其与 SCOPIC 酬金之间差额的25%,而不管援用 SCOPIC 条款的实际日期。该 SCOPIC 酬金,是指假设从救助服务的第一天起即援用 SCOPIC 条款所应计算出的酬金。

8. SCOPIC 酬金的支付

(1)任何由此产生的 SCOPIC 酬金的支付期随实际情况而不同:

a. 如果没有已并入主协议的第十三条意义上的可能的救助报酬,除附录 B 第五条(c)款(Ⅳ)项另有规定外,由此产生的无争议的 SCOPIC 酬金应由船舶所有人在索赔提出后一个月内支付。利息自救助服务完成之日起,计算至酬金支付完毕之日,利率为美国基准利率加1%。

b. 如果除对 SCOPIC 酬金的索赔外,还有对第十三条救助报酬的索赔,除附录 B 第五条(c)款(Ⅳ)项另有规定外,SCOPIC 酬金高出船货双方要求的对第十三条报酬的担保总额部分的75%应由船舶所有人在一个月内支付,且于第十三条救助报酬已确定并到期时支付任何没有争议的差额。利息从救助服务完成之日起,计算至支付完毕之日,利率为美国基准利率加1%。

(2)如果应付的 SCOPIC 酬金最终证明少于已预付的金额,对于多支付的部分,服务提供方同意以船舶所有人可接受的方式对其进行补偿。

9. 终止

(1) 如果服务提供方合理地预计,其已进行的服务及为完成其对财产的义务所需要继续进行的服务的总费用[根据费率计算,但未考虑本条款第五条第(3)款赋予的奖金]将超过下列数额:

a. 能够获救的财产价值;及

b. 其有权作为 SCOPIC 酬金而获得的全部数额,服务提供方有权书面通知船舶所有人终止上述服务,并应交一副本给船东事故代表(如有的话)和任何被任命的特别代表。

(2) 在 SCOPIC 条款依据其第二条被援用后,船舶所有人可随时终止其支付 SCOPIC 酬金的义务,但应提前至少 5 天通知服务提供方。此时,SCOPIC 酬金的确定应考虑依本条款附录 A 所列费率计算的全部应付金额,为遣散救助队伍而花去的超过 5 天的终止通知期的时间也应计算在内,只要确实是合理超出。

(3) 上述第 9 条第(1)款和第(2)款关于终止 SCOPIC 合同的规定仅在政府、地方或港口当局或其他任何官方认可的在提供救助服务的地区有管辖权的机构不阻止服务提供方遣散其救助设备时适用。

10. 服务提供方的义务

服务提供方的义务和责任与主协议中相同,即尽其最大努力救助船舶及其上财产,并在如此行为时尽其最大努力防止或减少对环境的损害。

11. 船东事故代表(SCR)

一旦本 SCOPIC 条款依据第二条被援用,船舶所有人可以根据附录 B 列出的条件和要求自行指定一名船东事故代表参加救助作业。

12. 特别代表

在 SCOPIC 条款援用后的任何时间,船舶保险人(或如果不止一个,为牵头保险人)和船上全部或任何一部分货物的货主或保险人可各指定一名特别代表(下文分别称为"船舶特别代表"和"货物特别代表",并总称为"特别代表"),根据附录 C 列出的条件和要求出席事故现场,对救助作业进行观察和报告,由此产生的费用由指定人承担。此种特别代表应是技术人员而非执业律师。

13. 防止污染

SCOPIC 酬金的计算除包括清除紧临船舶周围的污染物外,还应包括防止污染,但应限于为了适当地完成救助行为所必需而不是为了其他目的。

14. 共同海损

SCOPIC 酬金高于第十三条报酬的部分不应列为共同海损费用,任何支付此类 SCOPIC 酬金的责任应由船舶所有人单独承担,且无论是直接、间接的索赔还是追偿或其他与高出第十三条报酬的 SCOPIC 酬金有关的索赔,都不应列为共同海损或由船舶所有人依据船舶险保险单索赔。

15. 任何由 SCOPIC 条款或适用此规定的救助作业产生的争议应依主协议的规定提交仲裁解决。

五、《1976 年海事索赔责任限制公约》

本公约于 1976 年 11 月 1 日—11 月 19 日在伦敦召开的原政府间海事协商外交会议上通过,1986 年 12 月 1 日生效。参加本公约的国家有:巴哈马、比利时、贝宁、丹麦、埃及、芬兰、法国、德国、日本、利比里亚、瑞典、挪威、波兰、瑞士、英国、也门、澳大利亚等。

本公约缔约国认识到通过协议确定关于海事索赔责任限制的若干统一规则的需要,已决定为此目的而缔结一项公约,并已就此达成协议如下:

第一章 责任限制的权利

第一条 有权享受责任限制的人

1. 下述定义中所指的船舶所有人和救助人,可以根据本公约规定,对第二条所列索赔,限制其责任。

2. "船舶所有人"一词,是指海运船舶的所有人、承租人、经理人和营运人。

3. "救助人"是指从事与救助作业直接相关的服务工作的任何人。救助作业还包括第二条第1款第(4)、(5)、(6)项所述作业。

4. 如果第二条所规定的任何索赔,是向船舶所有人或救助人对其行为、疏忽或过失负有责任的任何人提出的,这种人便有权享受本公约所规定的责任限制。

5. 就本公约而言,船舶所有人的责任,应包括对船舶本身提起诉讼案件中的责任。

6. 对于按本公约规定须受责任限制的索赔承担责任的保险人,有权与被保险人本人在同一限度内享受本公约的利益。

7. 援用责任限制的行为,并不构成对责任的承认。

第二条 须受责任限制的索赔

1. 除按第三条和第四条的规定外,下列索赔,无论其责任的根据如何,均须受责任限制的制约:

(1)有关在船上发生或与船舶营运或救助作业直接相关的人身伤亡或财产的灭失或损害(包括对港口工程、港池、航道和助航设施的损害),以及由此引起的相应损失的索赔。

(2)有关海上货物、旅客或其行李运输的延迟所引起的损失的索赔。

(3)有关与船舶营运或救助作业直接相关的侵犯除契约权利之外的权利引起的其他损失的索赔。

(4)有关沉没、遇难、搁浅或被弃船舶(包括船上的任何物件)的起浮、清除、毁坏或使之变为无害的索赔。

(5)有关船上货物的清除、毁坏或使之变为无害的索赔。

(6)有关责任人以外的任何人,为避免或减少责任人按本公约规定可限制其责任的损失所采取的措施,以及由此措施而引起的进一步损失的索赔。

2. 第1款所列各项索赔,即使以追偿请求或者根据契约要求赔偿的方式或其他方式提出,也应受责任限制的制约。但第1款第(4)、(5)和(6)项所列索赔,在其涉及与责任人所订契约中所载报酬问题时,应不受责任限制的制约。

第三条 不受责任限制的索赔

本公约的规则不适用于:

(1)有关救助或共同海损分摊的索赔。

(2)有关1969年11月29日国际油污损害民事责任公约的规定,或实施中的该公约修正案或议定书中所载油污损害的索赔。

(3)根据管辖或禁止核能损害责任限制的任何国际公约或国内法提出的索赔。

(4)对核子船舶所有人提出的核子损害索赔。

(5)所任职务与船舶或救助作业有关的船舶所有人或救助人的雇用人员,包括他们的继承人、亲属或有权提出索赔要求的其他人员所提出的索赔,如果按照船舶所有人或救助人同雇用人员之间的服务合同所适用的法律,船舶所有人或救助人无权在此类索赔方面限制其责任,或者根据此项法律,仅允许将其责任限制在较本公约第六条规定的限额为高时。

第四条 不得享受责任限制的行为

如经证明,损失是由于责任人本身为蓄意造成这一损失,或者明知可能造成这一损失而轻率地采取的行为或不为所引起,该责任人便无权限制其责任。

第五条 反索赔

如果按照本公约规定有权享受责任限制的人,就同一事件向索赔人提出索赔,则双方提出的索赔应相互抵销,而本公约的规定仅适用于其间的差额(如有差额)。

第二章 责任限制

第六条 一般限制

1. 除第七条所列者外,在任一具体情况下提出的索赔的责任限制,应按下列方法计算:

(1) 有关人身伤亡的索赔:

① 凡吨位不超过 500 吨的船舶,为 333 000 计算单位。

② 凡吨位超过 500 吨的船舶,除第①项外,还应增加下列数额:

自 501 吨至 3 000 吨,每吨为 500 计算单位;

自 3 001 吨至 30 000 吨,每吨为 333 计算单位;

自 30 001 吨至 70 000 吨,每吨为 250 计算单位;

超过 70 000 吨,每吨为 167 计算单位。

(2) 有关其他方面的索赔:

① 凡吨位不超过 500 吨的船舶,为 167 000 计算单位。

② 凡吨位超过 500 吨的船舶,除第①项外,还应增加下列数额:

自 501 吨至 30 000 吨,每吨为 167 计算单位;

自 30 000 吨至 70 000 吨,每吨为 125 计算单位;

超过 70 000 吨,每吨为 83 计算单位。

2. 但是,如果依照第 1 款第(1)项计算的那部分款额不敷支付全部索赔,则依照第 1 款第(2)项计算的数额,应用以支付第 1 款第(1)项下所未支付的差额,而此项未付差额应同第 1 款第(2)项的索赔按比例取偿。

3. 但是,在无损于按第 2 款提出的关于人身伤亡的索赔权利的情况下,缔约国可在国内法中规定,对港口工程、港池、航道和助航设施的损害所提出的索赔,应依该法规定而享有较第 1 款第(2)项所载其他索赔优先受偿的权利。

4. 凡不从任何船舶进行施救工作的救助人,或者只是在对之进行施救工作的船上作业的救助人,其责任限制应按吨位为 1 500 吨的船舶计算。

5. 就本公约而言,船舶吨位应为根据《1969 年国际船舶吨位丈量公约》附件 I 中所载吨位丈量规则计算的总吨位。

第七条 旅客索赔的责任限制

1. 对于在任一具体情况下提出的有关船上旅客人身伤亡的索赔,船舶所有人的责任限制,为 46 666 计算单位乘以船舶证书上规定的该船载客定额所得的数额,但不得超过 25 000 000 计算单位。

2. 就本条而言,"船上旅客人身伤亡的索赔",是指该船所载下列任何人所提出或代其提

出的任何此种索赔,即:

(1)根据旅客运输契约而载运者;或

(2)经承运人同意,随同照料货物运输契约中所载车辆或活动物者。

第八条　计算单位

1.上述第六条、第七条所述计算单位,是指国际货币基金组织所规定的特别提款权。第六条、第七条所述数额,应按照责任限制基金设立之日、付款之日或根据该国法律与此项付款等值的担保提出之日该国货币的价值,折算成谋求责任限制所有国家的本国货币。凡属国际货币基金组织成员国的本公约缔约国,其以特别提款权表示的本国货币的价值,应按国际货币基金组织在上述日期在进行营业和交易中适用的现行定价办法计算。非属国际货币基金组织成员国的本公约缔约国,其以特别提款权表示的本国货币的价值,应按该缔约国确定的办法计算。

2.但是,非属国际货币基金组织成员,且其法律不允许实施本条第1款规定办法的国家,可在签字并无保留地批准、接受或认可之时,或在批准、接受、认可或加入之时,或在此后任何时期宣布,将在其领土内适用的本公约所规定的责任限制,确定如下:

(1)有关第六条第1款第(1)项:

①凡吨位不超过500吨的船舶,为5 000 000货币单位。

②凡吨位不超过500吨的船舶,除第①项外,还应增加下列数额:

自501吨至3 000吨,每吨为7 500货币单位;

自3 001吨至30 000吨,每吨为5 000货币单位;

自30 001吨至70 000吨,每吨为3 750货币单位;

超过70 000吨,每吨为2 500货币单位。

(2)有关第六条第1款第(2)项:

①凡吨位不超过500吨的船舶,为2 500 000货币单位。

②凡吨位超过500吨的船舶,除第①项外,还应增加下列数额:

自501吨至30 000吨,每吨为2 500货币单位;

自30 001吨至70 000吨,每吨为1 850货币单位;

超过70 000吨,每吨为1 250货币单位。

(3)有关第七条第1款,为700 000货币单位乘以船舶证书上规定的载客定额所得的数额,但不得超过375 000 000货币单位。

第六条第2款和第3款的规定,相应地适用于本款第(1)和第(2)项。

3.上述第2款所指货币单位,相当于纯度为千分之九百的黄金65.5毫克。将第2款规定的货币单位数额折算成国家货币时,应按有关国家的法律办理。

4.第1款末句所述计算办法和第3款所述折算办法,应能使第六条和第七条所述数额在以缔约国本国货币计算时,尽可能表示出上述条款中按计算单位计算时的同一真实价值。缔约国在签字并无保留地批准、接受或认可之时,或在交存第十六条所指文件之时,应视情况向本公约保管人提交第1款所述计算办法,或第3款所述折算结果,并在其变更时做出相应的通知。

第九条　索赔总额

1.根据第六条规定的责任限额,应适用于下列各项索赔总额:

(1)对第一条第2款所指任何人以及他或他们对其行为、疏忽或过失负责的任何人提出的索赔。

(2) 对从另一艘船舶进行施救工作的该船船舶所有人,和从这种船舶进行施救工作的救助人,以及他或他们对其行为、疏忽或过失负责的任何人提出的索赔。

(3) 对不是从另一艘船舶进行施救工作的救助人,或者只是在对之进行施救工作的船上作业的救助人,以及他或他们对其行为、疏忽或过失负责的任何人提出的索赔。

2. 按第七条规定的责任限制,适用于可能在任何特定情况下,就第一条第2款所述有关第七条所指船舶的负有赔偿责任的任何人,以及他或他们对其行为、疏忽或过失负责的任何人提出的各项索赔的总额。

第十条 没有设立责任限制基金的责任限制

1. 尽管第十一条所述责任限制基金尚未设立,也可以援引责任限制。但是,缔约国可在其国内法中规定,当在其法院审理须受责任限制的索赔时,只有在责任人已按本公约规定设立责任限制基金,或在援用责任限制权利时设立该项基金,才能援用责任限制的权利。

2. 如在没有设立责任限制基金的情况下援用责任限制,应相应地适用第十二条的规定。

3. 根据本条规定发生的诉讼程序问题,应按受理诉讼的缔约国本国法律决定。

第三章 责任限制基金

第十一条 基金的设立

1. 被认定负有责任的任何人,可在提出责任限制索赔诉讼的任何缔约国法院或其他主管当局,设立基金。此项基金应为按照第六条和第七条规定适用于对该责任者提出索赔的金额,加上从事故发生引起责任之日起至基金设立之日为止的利息。此项基金仅可用于支付援用责任限制的索赔。

2. 设立基金可以储存专款,或提出为设立基金的缔约国法律所允许并经法院或其他主管当局认可的担保。

3. 由第九条第1款第(1)、(2)或第(3)项所述当事人之一或其保险人所设立的基金,应被认为是由第1款第(1)、(2)或第(3)项或第2款所述所有当事人所设立。

第十二条 基金的分配

1. 根据第六条第1款、第2款和第3款以及第七条的规定,基金应在索赔人之间,依其对该基金确立的索赔额,按比例分配。

2. 如在基金分配之前,责任人或其保险人已就对该基金的索赔付款结案,则他在已付金额范围内,应依代位权获得此受偿人根据本公约所可享有的权利。

3. 本条第2款所规定的代位权,也可由该款所述者之外的人在其已付赔偿金额内行使,但仅以所适用的国内法允许行使此种代位权为限。

4. 如果责任人或任何其他人认定,假若赔偿金在基金分配之前即已付出,他便可能在基金分配之后的某日被强制支付赔偿金额的全部或一部分,而根据本条第2款及第3款,该人对此项赔偿本可享有代位权,则基金设在国的法院或主管当局可以下令暂时拨出一个足够数额,以便该人在上述日期对此基金行使其索赔权。

第十三条 其他法律行为的禁止

1. 如果责任限制基金已按第十一条的规定设立,则已向基金提出索赔的任何人,不得针对该项索赔而对由其设立或以其名义设立基金的人的任何其他财产,行使任何权利。

2. 责任限制基金已按第十一条规定设立之后,则以其名义设立基金之人所属任何船舶或其财产,凡是因向基金提出索赔而已依缔约国管辖权予以扣押或扣留的属于基金设立人名下的任何船舶或其他财产,或是由他提交的抵押品,均可由该国法院或其主管当局下令开释或退还。如果此项基金已在下列地点设立,则应一律发出此种开释命令:

(1)已在事故发生港设立,而如事故发生在港外,则已在下一停靠港设立。

(2)对于人身伤亡的索赔,已在登陆港设立。

(3)对于货损,已在卸货港设立。

(4)已在执行扣押的国家设立。

3.第1款和第2款的规则,仅在索赔人向管理责任限制基金的法院就该基金提出索赔,而且就该项索赔而言,确有基金可用,并可自由划拨时,才可适用。

第十四条 法律管辖

关于责任限制基金的设立与分配规则,以及与其有关的一切程序规则,除按本章规定办理外,应受基金设在国法律管辖。

第四章 适用范围

第十五条

1.凡是第一条所指的任何人,当其谋求在缔约国法院获得责任限制,或谋求开释在此类国家管辖下的船舶或其他财产,或退还其所提交的任何抵押品时,均适用本公约。然而,当本公约的规则在缔约国法院被援用时,如果第一条所指的任何人,在缔约国并无常住地点,或在缔约国并无主要营业处所,或为其谋求责任限制或开释的任何船舶在当时并非悬挂缔约国国旗时,各缔约国可以全部或部分排除其对本公约的适用。

2.缔约国可以通过国内法的具体规定,使责任限制制度适用于下列船舶:

(1)依照该国法律规定,意欲在内陆水域航行的船舶。

(2)小于300吨的船舶。

缔约国在行使本款规定的任选权时,应将国内法规定的责任限制或者并无此种规定的事实,通知本公约保管人。

3.缔约国可以通过国内法的具体规定,使责任限制制度适用于毫不涉及其他缔约国国民利益的索赔。

4.缔约国法院在下列情况下,不应使本公约适用于为钻探而建造或改建并从事钻探作业的船舶:

(1)当该国已根据国内法规定制定一项高于本公约第六条规定的责任限制时;或者

(2)当该国已成为调节有关这种船舶责任制度的一项国际公约的缔约国时。

在适用本款第(1)项的情况下,该缔约国应相应地通知本公约的保管人。

5.本公约不适用于:

(1)气垫船。

(2)用于勘探或开采海底自然资源或其底土的浮动平台。

第五章 最后条款

第十六条 签字、批准和加入

1.本公约自1977年2月1日起至1977年12月31日止,在政府海事协商组织(以下简称"海协")总部向所有国家开放,以供签字,并在其后继续开放,以供加入。

2.各国可以通过下列方式成为本公约缔约国:

(1)签字并无保留地批准、接受或认可;或者

(2)签字并须经批准、接受或认可,随后予以批准、接受或认可;或者

(3)加入。

3.批准、接受、认可或加入本公约,应向"海协"秘书长(以下简称"秘书长")交存一份载有上述意图的正式文件。

第十七条 生效

1.本公约自十二个国家已在本公约签字并无保留地批准、接受或认可,或者已经交存所需批准、接受、认可或加入文件之日一年后次月第一日起生效。

2.对于在本公约生效条件已得到满足之后但在生效之日以前交存批准、接受、认可或加入文,或者签字并无保留地批准、接受或认可的国家,其批准、接受、认可或加入或者其签字并无保留地批准、接受或认可等项,应自本公约生效之日或签字之日,或交存文件之日第九十天后次月第一日起生效,二者之中以较迟者为准。

3.对于任何一个在本公约生效之后成为本公约缔约国的国家,本公约应自该国交存其文件之日九十天后次月第一日起生效。

4.对于批准、接受、认可或加入本公约的国家之间的关系,本公约应取代并废止1957年10月10日在布鲁塞尔签订的《海上船舶所有人责任限制公约》和1924年8月25日在布鲁塞尔签订的《关于统一海上船舶所有人责任限制某些规则的国际公约》。

第十八条 保留

1.任何国家均可在签字、批准、接受、认可或加入本公约时,保留不适用第二条第1款第(4)项和第(5)项的权利。但对本公约的实质性条款,不得做任何其他保留。

2.在签字时所做的保留,须在批准、接受或认可时予以确认。

3.对本公约做出保留的任何国家,均可在任何时日通过寄交秘书长的通知而予以撤销。这种撤销,应自通知收到之日起生效。如果该通知声称,对于保留的撤销应自通知中具体规定的日期起生效,而这一日期又较秘书长收到通知之日为迟,则撤销应自这一较迟日期起生效。

第十九条 退出

1.缔约国可在本公约对该国生效之日一年后的任何时日,退出本公约。

2.退出本公约,应向秘书长交存一份文件。

3.退出本公约,应自交存退出通知之日一年后次月第一日起,或自该通知中所载较此为长的期限起生效。

第二十条 修订和修正

1.修订或修正本公约的会议,可由"海协"召开。

2.经不少于三分之一缔约国要求,"海协"应召开本公约缔约国会议,修订或修正本公约。

3.凡在本公约的修正案生效之日以后交存的任何批准、接受、认可或加入文件,除非已在文件中表示相反意愿,否则应视为适用于修正后的本公约。

第二十一条 对限额和计算单位或货币单位的修改

1.尽管有第二十条的规定,"海协"仍可依照本条第2款和第3款的规定,召开专门会议,改变本公约第六条和第七条以及第八条第2款规定的限额,或以其他单位代替第八条第1款和第2款规定的两个单位,或其中之一。只有在其实际价值发生显著变化时,才能对限额做出改变。

2.经不少于四分之一的缔约国要求,"海协"应召开上述会议。

3.改变限额或以其他计算单位代替原有单位的决定,应由上述会议到会并投票的缔约国三分之二多数做出。

4. 凡在修正案生效后交存其批准、接受、认可或加入本公约的文件的国家,应适用修正后的本公约。

第二十二条 保管

1. 本公约应由秘书长保管。
2. 秘书长应当:
(1) 向被邀请出席海事索赔责任限制会议的所有国家和加入本公约的任何其他国家,分送经过核证无误的本公约副本。
(2) 通知已签署或加入本公约的所有国家:
①每一新的签署和每一文件交存事项以及对其所做任何保留及其日期。
②本公约或本公约的任何修正案的生效日期。
③任何退出本公约事项及其生效日期。
④依照第二十条或第二十一条规定通过的任何修正案。
⑤由本公约任何条文所要求的任何通知事项。
3. 本公约一经生效,秘书长便应依照联合国宪章第102条,将一份核证无误的本公约副本,送交联合国秘书长登记并公布。

第二十三条 语言

本公约以英文、法文、俄文和西班牙文写成,正本共一份,每种文本具有同等效力。1976年11月19日订于伦敦。

六、共同海损和海上保险

共同海损制度是海商法中一项重要的制度并且发挥了重要的作用。但随着航海事业的发展,废除共同海损制度的呼声不断,主要原因是共同海损制度本身的弊端越来越突出,但是共同海损作为一项古老制度仍然有其独特的存在必要性。

(一) 共同海损制度与海上保险制度

共同海损制度本来就是为了谋求海上航行安全,在基于公平原则对待海难损失而逐渐形成和发展起来的,它曾经起过并仍起着重要的积极作用。其主要表现形式在于为使船货免遭灭失的危险,以牺牲部分货物来换取船、货的共同安全,再由受益的货主和船东共同分担被抛弃的货物的损失。拯救同航程中的财产于危难之中,使其摆脱共同面临危险,是共同海损制度在其实质意义上的真正作用和根本目的,共同海损中的分担和分摊损失就是为这一目的服务的。

《中华人民共和国海商法》(简称海商法)第二百一十六条第1款规定:"海上保险合同,是指保险人按照约定,对被保险人遭受保险事故造成的损失和产生的责任负责赔偿,而由被保险人支付保险费的合同。"英国《1906年海上保险法》(以下简称 MIA 1906) 第1条规定:"海上保险合同是指保险人根据约定的方式和范围,对被保险人因从事海上风险活动所遭受的海上损失负责赔偿责任的合同。"两国的法律规定尽管在某些方面存在区别,但其中有一点是共同的,海上保险合同都是具有补偿性质的合同。

因为两者的补偿性质决定了它们存在着交叉、重叠之处。实践中也存在着主张用海上保险制度取代共同海损制度的呼声,但是,这并不太具有实践性,共同海损制度存在已久,即使要废除,代之以保险制度,也是需要不断反复研究实践的。

(二) 共同海损与海上保险人的责任

1. 承保风险引起的共同海损损失和分摊

根据英国 MIA 1906 第六十六条第 6 款,除非有明文规定,如果共同海损损失和共同海损分摊不是为了避免承保风险或不是与避免承保风险有关,保险人不负责任。现行伦敦保险人协会的船舶和货物条款中有关共同海损责任的规定与 MIA 1906 保持一致,即强调共同海损是为了避免承保风险或非除外风险而发生的。

我国海商法对于保险人共同海损责任没有做明确的界定,只是在货物或船舶保险条款中将共同海损列为承保责任,但在措辞上并没有严谨地强调须是"由承保风险引起"的共同海损。

2. 共同海损分摊项目与海上保险人的责任

(1) 可以列为共同海损项目进行分摊的损失,根据保险条款的规定却不能赔偿。例如,船舶保险人不愿意承担任何以共同海损分摊形式表现出来的环境损害和防污费用的风险,唯一的例外是对于考虑了救助人在防止或尽量减少环境损害方面的努力而增加的救助报酬,保险人承担赔偿责任。我国现行船舶、货物保险条款都没有对此做出明确规定,但是都规定赔偿"共同海损、救助、救助费用的分摊部分"。这样,在未明确将上述"防污费用"予以除外的情况下,如果按 1994 年或 2004 年《约克 - 安特卫普规则》理算,就要承担一部分分摊的费用。但是如按照我国的《北京理算规则》,这部分防治费用不能列为共同海损。

(2) 有些项目只有被列入共同海损,海上保险人才予以赔偿。例如,船员的工资和维持费用作为间接损失在船舶保险条款中一般不予承保。但是这部分费用如果能够按照共损理算规则列入共损费用进行分摊,保险公司就承认并赔偿。正是根据这一点,船舶保险条款中有所谓的"空船共同海损"的规定,目的是在船舶空载且没有出租,即只有船东一个利益方的情况下,当船舶发生损坏时,保险人承诺赔偿船长和船员的工资及船舶维持费用,以鼓励船东安排船舶进坞检查、修理,从而避免更大的损失。

(3) 有些项目根据理算规则不能列为共同海损分摊,却能从保险公司获得赔偿。例如,1994 年或 2004 年《约克 - 安特卫普规则》数字规则 13 规定,对于船龄超过 15 年的船舶的共同海损修理费用,要进行 1/3 的以新换旧的扣减,亦即只有 2/3 的修理费用能够列入共同海损损失,剩下的 1/3 由船东自己承担。船舶保险人对于修理费用的赔偿不做以新换旧的扣减,对不能列入共同海损分摊的 1/3 修理费用可以承担赔偿责任。关于这一点,中英现行船舶保险条款的规定相同。

(三) 共同海损与海上保险制度的衔接与完善

1. 完善共同海损的保险制度

保险人对共同海损的风险承保范围仅是指船方本应分摊的那一部分共同海损的牺牲和费用,而并不是及于保险标的船舶所遭受的全部共同海损的牺牲和费用,换句话说当船方垫付了共同海损所有的共同海损损失与费用之后,要等到理算师将理算结果公布之后,才能根据确定的自己分摊范围再从船舶保险人处取得补偿,而本不属于自己分摊范围的费用需要通过其他途径向应该分摊该费用的货方收取,这种保险方式对于提前垫付共同海损费用的船方而言是极其不利的。笔者认为,在关涉共同海损方面的保险制度中应该增加保险险种,鼓励参加共同海损航程的各相关利益方对因发生共同海损而自己可能分摊的价值进行投保。这样一来,一旦发生共同海损,优先垫付共同海损各项损失及其各项费用的船方可以从保险人处获得全部补偿。

2. 借鉴挪威海上保险条款中的"共同海损吸收条款"

挪威海上保险条款中的"共同海损吸收条款(General average absorption terms)"规定:如果被保险人选择不向其他共同海损利益方请求分摊,保险人应根据被保险人的选择,赔偿可以作为共同海损的任何损失、损害、责任或者费用,但是以保险单所规定的金额为限;或者船舶的共同海损分摊。船舶保险人把船舶所有人在一定金额内的共同海损风险全部"吸收"过来,即立即全部赔付船舶所有人遭受的共同海损牺牲和费用,无须等待共同海损分摊。

具体分析条款内容,赋予船舶所有人"选择权"——船舶所有人可根据个案情况选择是否援用此条款。从适用范围上,该条款不仅适用于船舶所有人自身遭受的共同海损和费用,而且适用于船舶所有人应对货方等承担的共同海损分摊责任。船舶所有人也可选择要求保险人按1994年的《约克－安特卫普规则》理算规则所估算出来的共同海损分摊数额进行赔付,而无须另找专业的海损理算师。当然,船舶所有人对其索赔的各项损失、损害、责任和费用,负有举证责任,即必须证明这些损失和费用可列为共同海损牺牲或者费用。保险制度可以参照挪威海上保险条款,结合共同海损制度的特点加以完善,必将有利于共同海损制度的发展。理由是:"共同海损吸收条款"是一种可以选择的条款,这样有理由被保险人自己选择是否援用此条款,这种做法,既不损害被保险人的利益,又能灵活处理共同海损事故,对于当代共同海损制度的发展和节约保险人的人力财力,是一种双赢的做法。

援用共同海损吸收条款,船舶所有人可免除承受收集共同海损担保,完成共同海损理算和向其他利益方要求分摊之耗时、劳苦和花费,这在涉及大量小货主时,对船舶所有人最为有利。因此,我国国内保险人应该逐步学会引入此种条款,这是共同海损制度发展的必然趋势。

七、租船合同

(一) 租船合同的分类

租船合同是船舶所有人与承租人达成的协议,规定承租人以一定的条件向船舶所有人租用一定的船舶或一定的舱位以运输货物,并就双方的权利和义务、责任与豁免等各项内容以条款形式加以规定,用以明确双方的经济、法律关系。租船合同分为定程租船合同和定期租船合同,简称程租约(Voyage-Charter-Party)和期租约(Time-Charter-Party)。具体的租船合同类型有航次租船合同、定期租船合同和光船租船合同。

1. 航次租船合同

航次租船合同是租期为一个或几个连续航次的租船合同。其性质是货物运输合同。出租人虽然出租船舶,但仍保有对船舶的控制,负责配备船长和船员,并组织营运。承租人租用船舶的目的是运输货物。

航次租船合同具有以下特点:①合同规定除装卸费由某方负担外,船舶的全部开支由出租人负责。②运费按船舶实际装载货物吨数计算,或者拟订一个包干运费。③合同订有装卸期限和延滞、速遣条款。实际装卸时期超过期限,由承租人向出租人支付滞期费;装卸提前完成,则由出租人向承租人支付速遣费。④关于出租人运输货物责任,大多数租船合同采用目前国际通行的《统一提单的若干法律规定的国际公约》(又称《海牙规则》或《海牙－维斯比规则》)的规定。航次租船合同有各种标准格式,通常采用的有波罗的海和国际航运协会制定的"金康(GENCON)"合同和北美粮谷租船合同等。

2. 定期租船合同

定期租船合同是出租人将船舶提供给承租人,在约定的期限(数月至数年不等)内按照约定的用途,由承租人控制船舶的经营并向出租人支付租金的合同。定期租船合同有以下特点:

①合同规定出租人提供适合约定用途的船舶,适当地配备船员和装备船舶,并在租期内维持船舶的适航状态;承租人负责船舶经营,既可以将船舶用于承运自己或他人的货物,也可以经营租船业务或用于其他业务。船长应在合同范围内按承租人的指示运行船舶,但在航行安全方面,仍应接受出租人的命令。

②承租人负责支付燃料费和港口费,出租人负责支付船员工资和给养、船舶的折旧费、修理费和保险费。

③租金按照舱容或载重吨计算,每月或每半月由承租人向出租人支付一次。

④承租人运送第三方货物时,出租人和承租人通常都被视为提单上所载货物的承运人。

定期租船合同有各种标准格式,使用比较多的有纽约产品交易所于1913年制定的定期租船合同和波罗的海和国际航运协会于1939年制定的波尔的姆租船合同。前者偏护承租人,后者偏护出租人。中国租船公司于1980年制定的中租期租船合同为中国租用外国船舶所采用的合同范本。

3. 光船租船合同

光船租船合同是承租人在一定租期内为取得对特定船舶的控制和占有,负责配备船长和船员并向出租人支付租金的合同。它是一种财产(船舶)租赁合同,而不是运输合同。光船租船合同有以下特点:

①光船租赁通常必须在主管当局登记,而且有的国家,特别是从事船舶开放登记国家(见船舶登记),允许在租期内改换船舶国籍。

②近年来,通过光船租赁以租购方式购置船舶,已成为缺乏资金的航运公司筹措资金扩大商船队的一项比较有效的措施。银行和其他金融机构往往以出租人即卖船人的身份把船舶租售给某些信誉较好的航运公司,租购期满后,船舶所有权就归于该航运公司。

(二)交易市场

提供船舶吨位的船舶所有人与需要吨位的承租人之间进行船舶吨位洽租的交易市场。

洽租船舶业务,通常是通过船舶经纪人即出租人代理人和承租人代理人在国际租船市场上进行的。租船市场当前主要集中在伦敦、纽约、香港、东京、奥斯陆、汉堡和鹿特丹等地,其中伦敦市场规模最大。

在伦敦市场的租船活动,大多是在一个以波罗的海命名的航运交易所内进行的。

第二次世界大战后纽约市场也发展成重要国际租船市场。与中国租船业务活动关系比较密切的是伦敦租船市场和香港租船市场。

(三)租船程序

洽订租船合同通常经过以下程序:

①承租人询价,提出货名、数量、装卸港口或区域等。

②出租人报价,提出船名、载重量、载货容积、受载日期、租金或运价、滞期和速遣费等。

③承租人根据出租人报价,结合市场情况提出还价。

④出租人报实盘。在双方关于租船合同的条款洽商接近一致时,出租人明确各主要条款,

要求承租人在一定期限内确认。

⑤制定送交租船合同。由出租人根据双方达成协议的内容,制定租船合同,送交承租人审核签署。

为加速租船合同的签订,出租人与承租人在洽谈过程中,通常都以某种标准租船合同格式作为基础,再根据运输具体要求,结合市价行情,做必要的修改和补充。因此,出租人与承租人签订的租船合同通常由两部分组成:一是经修改的某一标准租船合同格式;二是补充或附加条款,这部分往往是该租船合同的实质性内容。

(四)租船合同的主要条款

租船合同程租合同的主要条款有:

①合同当事人;
②船名和船旗;
③货物;
④装卸港;
⑤受载日和解约日(Laydays and Cancel Ling Date);
⑥运费(Freight);
⑦装卸费用的划分;
⑧许可装卸时间(Laytime, Laydays);
⑨滞期费和速遣费(Demurrage and Despatch Money)。

期租合同的主要条款:

①船舶说明(Description of the Ship);
②租期(Charter Period);
③交船(Delivery of Vessel);
④租金(Hire);
⑤停租与复租(Offhire/Suspension of Hire or on Hire);
⑥还船(Redelivery of Vessel);
⑦转租。

第七节 船舶安全责任

适用对象:沿海航区及无限航区 750 kW 及以上船舶轮机长和大管轮。
知识要点概述:掌握国际压载水公约及港口国监督的有关规定。

一、《国际船舶压载水和沉积物控制与管理公约》

(一)公约背景

IMO 海上环境保护委员会(MEPC)第二十七届会议(1989 年 3 月)起讨论船舶压载水带进外来有机物而造成的环境问题。几经修改,1997 年 9 月,MEPC 第四十届会议又通过了 A.868(20)号决议《关于对船舶压载水进行控制管理以减少有害水生物和病原体传播的指南》。2004 年 2 月 9 日—13 日,IMO 在伦敦总部召开国际压载水管理大会,通过了一个新公约,即《国际船舶压载水和沉积物控制与管理公约》。制定该公约的目的是通过船舶压载水和沉积物控制与管理来防止、尽量减少和最终消除有害水生物和病原体的转移。

(二)公约构成

2004年《国际船舶压载水和沉积物控制与管理公约》(简称 BWM Convention 2004 或《压载水管理公约》)由公约正文、一个附则(船舶压载水和沉积物控制与管理规则)和两个附录组成。正文共二十二条,包括:公约的定义,一般义务,适用范围,控制有害水生物和病原体通过船舶压载水和沉积物转移,沉积物接收设施,科学技术研究和监测,检验和发证,违犯事件,船舶检查,对违犯事件的侦查和对船舶的监督,监督行动的通知,对船舶的不当延误,技术援助、合作与区域合作,信息交流,争端解决,与国际法和其他协议的关系,签署、批准、接受、核准和加入,生效,修正,退出,保存人,文字等一般性条款和控制船舶压载水和沉积物传播有害水生物和病原体的原则要求。正文部分大致沿用了 IMO 其他公约的思路,表述也基本类似。

公约的附则——船舶压载水和沉积物控制与管理规则由 A 部分(总则)、B 部分(船舶的管理和控制要求)、C 部分(某些区域的特殊要求)、D 部分(压载水管理标准)和 E 部分(压载水管理的检验和发证要求)等五部分内容构成。附录Ⅰ是国际压载水管理证书格式,附录Ⅱ是压载水记录簿格式。

根据生效条款,该公约采用明示接受程序,即公约将在合计商船总吨位不少于世界商船总吨位 35% 的至少 30 个国家签署并对批准、接受或核准无保留,或按第十七条交存了必要的批准、接受、核准或加入文件之日起 12 个月后生效。公约从 2004 年 6 月 1 日起至 2005 年 5 月 31 日在 IMO 总部开放供任何国家签署,此后仍开放供任何国家加入。

(三)公约正文的有关内容

1. 定义

①压载水:系指为控制船舶纵倾、横倾、吃水、稳性或应力而在船上加装的水及其悬浮物。

②压载水管理:系指单独或合并的机械、物理、化学和生物处理方法,以清除、无害处置、避免摄入或排放压载水和沉积物中的有害水生物和病原体。

③证书:系指国际压载水管理证书。

④有害水生物和病原体:系指如被引入海洋,包括河口或引入淡水水道则可能危害环境、人体健康、财产或资源、损害生物多样性或妨碍此种区域的其他合法利用的水生物或病原体。

⑤沉积物:系指船内压载水的沉淀物质。

⑥船舶:系指凡在水环境中运行的任何类型的船舶,包括潜水器、浮动器具、浮动平台、浮式储存装置(FSUs)以及浮式生产、储存和卸载装置(FPSOs)。

2. 适用范围

①本公约应适用于:

(a)有权悬挂某一缔约国国旗的船舶;和

(b)无权悬挂某一缔约国国旗但在一缔约国的管辖下营运的船舶。

②本公约不适用于:

(a)设计和建造成不承载压载水的船舶;

(b)仅在某一缔约国管辖水域内营运的该缔约国的船舶,除非该缔约国确定此类船舶的压载水排放会损害或破坏本国、相邻或其他国家的环境、人体健康、财产或资源;

(c)仅在某一缔约国管辖水域内营运,并得到该缔约国授权免除的另一缔约国的船舶。

如果此种授权会损害或破坏本国、相邻或其他国家的环境、人体健康、财产或资源，则任何缔约国不得给予此种授权。不给予此种授权的任何缔约国应向有关船舶的主管机关做出本公约适用于该船的通知；

(d)仅在一个缔约国的管辖水域内和在公海上营运的船舶，但不包括未根据第(c)项给予授权的船舶，除非此缔约国确定此类船舶的压载水排放会损害或破坏本国、相邻或其他国家的环境、人体健康、财产或资源；

(e)任何军舰、海军辅助船舶或由国家拥有或营运并在当时仅用于政府非商业服务目的的其他船舶，但是，每一缔约国应通过采用不损害其拥有或经营的此类船舶的操作或操作能力的适当措施，确保此类船舶在合理和可行时以符合本公约的方式行动；和

(f)船上密封舱柜中的不排放的永久性压载水。

③对于非本公约缔约国的船舶，各缔约国应在必要时适用本公约的要求，以确保不给予此类船舶更为优惠的待遇。

3. 船舶检查

①本公约适用的船舶，当在另一缔约国的任何港口或海上装卸终端时，可能要受到该缔约国经正式授权的官员的检查，以确定该船是否符合本公约。任何该种检查均应限于：

(i)核实船上持有有效证书，如其有效，则应被接受；

(ii)检查压载水记录簿；和(或)

(iii)按照 IMO 将要制定的导则，进行船舶压载水取样，但是，分析样品所需的时间不得作为不当延误船舶作业、移动或离港的理由。

②如果某一船舶未持有有效证书或有明确依据认为：

(i)船舶或其设备的状况与证书的细节有重大不符；或

(ii)船长或船员不熟悉基本的船上压载水管理程序或未执行此类程序，则可进行详细的检查。

③在本条②规定的情况下，进行检查的缔约国应采取步骤确保该船在未能做到排放压载水而不会对环境、人体健康、财产或资源形成损害威胁前不得进行排放。如果取样结果表明该船对环境、人体健康、财产或资源构成威胁或证实从另一港口或海上装卸终端收到的此种信息，则该船在其水域营运的缔约国应禁止此种船舶排放压载水，直至该威胁消除。

二、港口国监督(PSC)

港口国监督(Port State Control，缩写 PSC，亦称港口国控制、港口国管理或港口国检查)，是指世界各地的港口国当局根据有关国际公约规定的标准，对进入其港口的外国籍船舶实施的以船舶技术状况、操作性要求、船舶配员以及船员的生活和工作条件为检查内容，以确保船舶和人命财产安全、防止海洋污染为宗旨的一种监督与控制。

港口国监督被公认为消除低标准船舶、保证海上安全和保护海洋环境的有效手段。近年来，随着相关国际公约修正案的生效，全球范围内的 PSC 检查力度明显加强，得到了更广泛的认同。随着 ISM 规则和 ISPS 规则的生效，PSC 检查程序已不再只是针对船舶硬件，也开始对船舶操作和管理进行相应的检查，这表明港口国检查已在更广泛的领域内得到应用。

目前，各港口国政府正日益严格和广泛地采取措施，对抵港的外国船舶实施港口国监督。不少抵港船舶因被发现存在严重缺陷而被警告、限期解决或被滞留。被滞留的船舶不仅会导致船期损失和承担高昂的修船费，还会使船舶、船公司、船旗国、船级社因被列入"黑名单"而

遭受名誉损失。

(一)港口国监督的由来和现状

港口国监督是因1978年"AMODO CADIZ"轮的触礁事故而产生的。当时,该事故引起了欧洲公众与政界的极大震动,普遍认为有些船旗国政府的主管机关,在确保它们所管辖的船舶符合国际公约规定的标准方面,未能尽到职责。为此,1980年12月2日,13个欧洲国家,加上欧洲共同体、国际海事组织、国际劳工组织在法国巴黎召开欧洲地区海事安全会议,一致同意共同采取措施,限制并继而消除不符合国际公约船舶的航行。1982年1月召开了第二次会议,会上通过了著名的巴黎谅解备忘录(PARIS MOU)。该备忘录于1982年7月1日开始生效。PARIS MOU原有18个成员,现有22个成员,分别是比利时、加拿大、克罗地亚、丹麦、爱沙尼亚、芬兰、法国、德国、希腊、冰岛、爱尔兰、意大利、拉脱维亚、荷兰、挪威、波兰、葡萄牙、俄罗斯、斯洛文尼亚、西班牙、瑞典和英国。涉及区域覆盖了欧洲沿岸和自北美到欧洲的北大西洋沿岸。

由于巴黎备忘录组织在防止和减少低标准船继续航行方面成效显著,IMO在1991年召开的第十七次大会上通过了关于"在船舶排放和控制方面加强地区合作"的决议。该决议要求全球各地区建立与巴黎备忘录相类似的PSC备忘录组织,并且要求各备忘录组织成员及实施PSC的其他国家应做出安排,相互合作,从而建立全球性的PSC网络。

目前,地区性PSC组织已达8个:巴黎备忘录(PARIS MOU,1982年7月1日),拉美PSC协议(1992年11月5日),东京备忘录(TOKYO MOU,亚太地区PSC谅解备忘录,1993年12月2日),加勒比地区备忘录(1996年2月9日),地中海地区备忘录(1997年7月11日),印度洋地区备忘录(1998年6月5日),中西非地区备忘录(1997年10月22日)和黑海地区备忘录(2000年4月7日)。美国则由其海岸警卫队(USCG)实施独立的港口国监督检查。在这些组织和机构中以TOKYO MOU、PARIS MOU和USCG影响力最大。我国是亚太地区PSC谅解备忘录的成员国。

(二)港口国监督的法律依据

港口国监督的实施是基于相关国际公约的相关规定,同时港口国是这些公约的缔约国。依据所适用公约的条款规定,港口国可由检查官对抵达其港口的外国籍船舶实施检查。下列公约及其技术标准作为港口国监督的统一尺度:

(1)1974年国际海上人命安全公约及修正案,1978年和1988年议定书(SOLAS 74)。

(2)经1978年议定书修正的1973年国际防止船舶造成污染公约(MARPOL 73/78)。

(3)1978年海员培训、发证和值班标准国际公约及1995年修正案(STCW 78/95)。

(4)1966年国际载重线公约及1988年议定书(LL 66)。

(5)1969年国际船舶吨位丈量公约(ITC 69)。

(6)1972年国际海上避碰规则公约及修正案(COLREG 72)。

(7)1976年商船运输(最低标准)公约(ILO第147号)。

根据上述公约要求,PSC的通常检查项目是:

(1)船舶证书、文件和手册。

(2)船体、机器和设备状态。

(3)有关机器、设备和仪器的使用和操作要求。

(4)船员配备、劳动及生活条件。

(三)《港口国监督程序》

为了统一各港口国控制组织执行港口国监督的做法,给港口国监督检查官提供有效的实施指南,1995 年 11 月 IMO 第十九届大会,通过了 A.787(19)号决议,即《港口国监督程序》(Procedures for Port State Control)。1999 年 11 月,IMO 第二十一届大会通过了 A.882(21)号决议,对《港口国监督程序》进行了修正,将有关对 ISM 规则的监督内容纳入了监督程序。经 A.882(21)决议修正(以后还可能进行相关的修正)的《港口国监督程序》已成为各港口国进行 PSC 检查的基准文件,特别是对船舶、船舶设备以及船员方面存在缺陷的判定提供了指导性的文件。

1.《港口国监督程序》的构成

《港口国监督程序》由六章正文和九个附录构成。

(1)正文

第 1 章 总论

阐明该程序的目的、适用对象、执行、PSC 适用公约、非公约成员国和低于公约要求长度的船舶的不优惠政策,以及有关定义。

第 2 章 港口国检查(Port State Inspections)

阐明检查的一般要求、登船检查、需更详细检查的"明显理由"、PSC 检查官的专业标准、资格和培训要求,给出 PSC 检查官的基本程序指南。

第 3 章 更详细的检查

阐明更详细检查的总原则,列出"明显理由"的例子,给出船舶构造和设备要求指南、MARPOL 73/78 附则 Ⅰ 和 Ⅱ 的排放要求指南、操作性要求的监督指南、最低配员标准要求以及有关 ISM 规则的 PSC 监督指南。

第 4 章 违反与滞留

内容包括低标准船的识别、缺陷资料的提交、针对低标准船舶的港口国行动、港口国采取补救措施的责任、船舶滞留指南、检查的中止以及缺陷纠正与解除的程序。

第 5 章 报告的要求

内容包括港口国报告、船旗国报告、根据 MARPOL 73/78 进行指控的报告。

第 6 章 审查程序

IMO 对有关缺陷和纠正措施报告的评价与指导。

(2)附录

附录 1——船舶滞留指南。

附录 2——根据 MARPOL 73/78 附则 Ⅰ 进行调查和检查的指南。

附录 3——根据 MARPOL 73/78 附则 Ⅱ 进行调查和检查的指南。

附录 4——证书和文件清单。

附录 4A——根据 1969 吨位公约进行港口国监督的指南。

附录 5——符合 PSC 程序的检查报告格式。

附录 6——对缺陷未全部纠正或仅做临时性修理的报告格式。

附录 7——通知下一港口当局采取行动的报告格式。

附录 8——违反 MARPOL 73/78 的 PSC 报告格式。

附录 9——船旗国对缺陷报告所做的评述。

2.《港口国监督程序》的用语定义

(1)明显理由(Clear Ground):船舶及其设备或其船员有实质上不符合有关公约的要求的证据,或船长或船员不熟悉涉及船舶安全或防污染的基本的船舶操作程序等。

(2)缺陷(Deficiency):被发现并不符合有关公约要求的状况。

(3)滞留(Detention):当船舶或船员存在实质上不符合适用公约要求时,港口国为保证船舶只有在不会对船舶或船上人员构成危险或不会对海上环境造成损坏威胁时方可开航所采取的干涉行动。

(4)检查(Inspection):登船查验有关证书、文件的有效性以及船舶、设备和船员的总体状况。

(5)更详细检查(More Detailed Inspection):当有明显证据相信船舶条件、船舶设备和船员存在实质上不符合证书项目时所进行的检查。

(6)PSC检查官(Port State Control Officer,简称检查官或PSCO):经有关公约缔约国的主管机关正式授权执行港口国控制检查,并只对缔约国负责的人员。

(7)停止作业(Stoppage of an Operation):由于船舶存在单个或几个被识别的缺陷,船舶继续进行作业将导致危险而对继续进行此项作业的正式禁止。

(8)低标准船(Substandard Ship):其船体、机器、设备或操作安全方面存在实质上低于有关公约要求的标准,或者实际配员不符合安全配员文件的船舶。船体、机器、设备或操作安全性实际上低于相应公约规定的标准,或者船员不符合最低安全配员证书的船舶。

(9)有效证书(Valid Certificates):由缔约国直接签发或缔约国授权组织代其签发的符合相应公约的证书;证书包括准确和有效的日期,符合相应公约的规定,并载明船舶、船员和设备的细节。

3. 采取更详细检查的"明显理由"

(1)缺少公约所要求的主要设备或设施。

(2)检查时,船舶证书被发现一张或几张明显失效。

(3)船舶未携带、未保持或不正确保持船舶各种日志、手册或公约和要求的其他文件。

(4)根据PSCO的总体印象和观察,发现船体或结构严重受损或存在重大缺陷可能对船体结构、水密或风雨密的完整性构成危险。

(5)由PSCO的总体印象和观察发现:船舶在安全、防污或航行设备方面存在严重缺陷。

(6)船长或船员不熟悉与船舶安全或防污有关的船上基本操作,或这些操作未被执行的信息或证据。

(7)有迹象表明主要船员之间或主要船员与船上其他人员之间不能够相互交流。

(8)缺少最新的应变部署表、防火控制图和客船破损控制图。

(9)错误遇险报警信号不能根据适当的取消程序停止发出。

(10)收到的报告或投诉中含有船舶处在低标准状态的信息。

4. 更详细的检查

如果船舶未携带有效证书;或者PSCO对船舶的总体印象或观察,有明显理由认为船舶或设备的状况与证书的细节有重大不符;或者船长/船员不熟悉船上主要操作程序,应进行更详细的检查。

更详细检查的内容包括:船舶构造和设备要求指南;MARPOL 73/78 附则Ⅰ和附则Ⅱ排

放要求指南;操作性要求检查指南;最低配员标准和证书;与ISM相关的PSC指南。这些指南用于指导PSCO的行动,也便于船员掌握更详细检查的重点,促使船方充分重视并改善船舶的安全管理状况。

(1)"船舶构造和设备要求"中的更详细检查的项目:

①结构

a. PSCO对船体保养和甲板基本状况,以及梯道、栏杆、管路盖板状况和腐蚀或麻点锈蚀区域等的印象,将影响其决定是否要对船舶结构进行最大可能的检查。重要区域的损坏或腐蚀,或各层甲板和船体的板材及其相关的扶强材的点锈会影响船舶适航性或局部强度,可能导致船舶滞留,也可能需要检查船体水下部分。

当磨耗超出许可值时,PSCO应根据船舶的适航性而非船龄做出决定。不影响适航性的损坏,或者为驶往永久性修理港口,已对损坏做了有效的临时性修理,都不应作为滞留船舶的依据。

b. PSCO应特别注意散货船或油船的结构完整性和适航性,并根据船舶检验报告对该类船舶的结构安全做出评估。该类检验报告应包括结构检验报告、状况评估报告(主管机关签署并译成英文)、测厚报告和检验计划等文件。

c. 如果检验报告显示有必要进行船舶结构的更详细检查或根本没有这样的报告时,PSCO应特别注意船体结构、货油舱或货船管系、泵舱、空舱、管隧、货物区域的隔离舱和压载舱。

d. 对散货船,PSCO应检查货舱主要结构是否存在明显未经允许的修理。

②机器处所

a. PSCO将对主辅机械和电气设备的状况(如能否为推进和辅助机械提供连续、足够的电力)进行评估。

b. 在对机器处所的检查中,PSCO将对保养状况形成印象。速闭阀拉线损坏或断开、延伸控制杆或机械的脱扣装置未连接或无法使用、阀门手轮丢失、长期形成的蒸汽、水和油泄漏的痕迹、舱面和污水井污浊或机器底座过度锈蚀等可作为系统维护工作管理不善的例证。大量临时性修理,包括管子的切断或水泥箱等均被视作不愿进行永久性修理。

c. 尽管不做性能试验时无法确定机械的状况,但对泵密封圈泄漏、水位表玻璃不洁、压力表失灵、释放阀锈蚀、安全或控制装置失灵或未连接、柴油机扫气箱或曲轴箱释放阀反复动作的迹象、自动设备和报警系统工作失常或不工作、锅炉壳体或烟道等的一般缺陷将导致轮机日志的检查和对机器故障、事故记录的调查,并可要求机器做运转试验。

d. 如果一台发电机无法投入运行,PSCO应调查供电量是否能维持主要设备和应急设备的工作,并应进行试验。

e. 如发现存在明显疏忽的证据,PSCO应扩大调查范围,包括主辅机布置、舱机布置、超速切断、断路器等。

必须强调:以上一项或多项缺陷的出现,可作为低标准状况的线索,实际的综合状况应根据具体情况进行专门判断,以便做出低标准结论。

③载重线的核定条件

在PSCO做出不需要船体检查的结论后,但是也可根据甲板上观察到的如舱口盖关闭设备故障、腐蚀的空气管和通风管壁等缺陷项目,仔细检查载重线的核定条件,并特别注意关闭装置、甲板排水设施及与船员保护有关设施的布置等。

④救生设备

救生设备的有效性很大程度上取决于良好的维护保养和在定期操练中的使用情况。除了未按公约要求配备设备或如救生艇破损等明显缺陷外,PSCO 还应查找是否存在救生艇筏释放装置废置(不使用)或障碍,包括油漆积聚、支点锈死、缺少润滑、艇筏错误绑扎、甲板货物的存放或捆绑妨碍艇筏降落装置等。

上述缺陷迹象,将成为 PSCO 决定对所有救生设备进行详细检查的依据。此检查可包括降落救生艇、查核救生筏的定期检查记录、救生衣和救生浮具的数量和状况,并确认烟火信号弹在有效期内。该检查应重点集中在安全弃船方面,但特殊情况下可进行船舶设备安全证书的全部检查。有效的外部照明的配备和完好性、船员和旅客的报警手段及通往集合地点、登艇位置路线的照明配备等应是检查的重点。

⑤防火安全

a. 消防和甲板冲洗管路及龙头状况差、居住处所消防皮龙和灭火器丢失等可能成为需要仔细检查所有防火安全设备的原因。除了应符合公约的要求,PSCO 将查找比日常更易发生火灾的隐患,这常见于机器处所不清洁。这种迹象和固定或手提灭火设备的严重缺陷可能导致船舶被定为低标准船舶。

b. PSCO 将检查船舶防火控制图,以了解船舶防火措施概况,并根据建造日期考虑其是否符合公约要求。

c. 防火门不易操作会加速火势蔓延。PSCO 将检查在主要区域舱壁上、封闭梯道及易失火区(如主要机器处所、厨房等)的防火门的操作性能和固定装置,并特别注意开敞位置的门。火情的另一威胁是通过通风系统蔓延的烟,可检查部分防火、阻烟挡板位置以确定其操作性。确认通风机能在总控站予以停止且通风系统的主进风口和主出风口装有关闭装置。

d. 确保脱险通道的有效性,注意重要的门不得锁闭,通道和梯道不得堵塞。

⑥其他更详细检查的项目有:海上避碰规则、货船构造安全证书、货船无线电安全证书以及公约或船旗国要求以外的设备。

(2)"操作性要求"中更详细检查的项目:

①应变部署表

a. PSCO 可查证船员是否清楚他们在应变部署表中的任务。

b. PSCO 可查证应变部署表已张贴在全船,包括驾驶台、机舱和船员居住处等的明显位置。在查证应变部署表是否符合规定时,PSCO 可证实是否:

.1 应变部署表指明了划分给不同船员的任务;

.2 应变部署表指明了哪些高级船员负责对救生和消防设施进行维护,使其处于良好状态和随时可用;

.3 考虑到不同紧急情况要求采取不同行动,应变部署表指明了某些关键船员一旦不能工作后的替代人员;

.4 应变部署表指明了紧急情况下负责旅客的船员的任务;

.5 船上所用的应急部署表已被认可。

c. PSCO 可要求提供当前船员名单以查证应变部署表是否最新,其他如安全配员证明等也可作为依据。

d. PSCO 可查证分派给救生艇、筏上指定船员的任务是否符合要求,并且查证每一救生艇、筏都有一位甲板部的高级船员或持证人员负责。然而,船旗国主管机关充分考虑航线特点、船上人员数目和船舶特点后,可允许救生筏的管理和操作人员代替上述人员负责救生筏。救生艇的第二指挥人必须指明。

e. PSCO 可查验船员是否熟悉应变部署表中所分派的任务和执行各自任务时的地点。

②消防演习

a. PSCO 可现场观看按应变部署表分派了相关任务的船员进行的演习。在同船长协商后,可以选择船上一个或多个位置模拟火灾,一个船员可派往上述位置启动火警系统或采用其他方式发出警报。

b. PSCO 将观察灭火船员到达模拟火灾现场、操作设备和扑灭模拟火灾的情况;观察参加灭火船员是否能正确地穿戴和使用消防设备,并确信装置齐全。PSCO 应通过选择一个船员作为模拟伤员,检查船员对人员伤害的反应,观察传话情况、担架和医疗队的响应,证实能正确救护伤员。

c. 演习应尽可能按真实紧急情况进行。

d. 被指派承担与消防演习有关的其他职责的船员,如应急发电机、二氧化碳室、喷水器和应急消防泵的船员,也应参与演习。要求这些船员解释他们的职责,如有可能,演示其熟练性。

e. 在客船上,应特别注意分派负责关闭手动门和挡火板的船员完成任务情况。分派协助旅客的船员应至少能够告知并指引旅客到正确的集合和登艇的位置。

③弃船演习

a. 在同船长协商后,PSCO 可以要求一只或多只救生艇、筏的弃船演习。

b. 演习应尽可能按真实紧急情况进行。

每次弃船演习应包括:

.1 用报警系统、有线广播或其他通信系统通知演习,将乘客和船员召集到集合地点,并确使他们了解弃船命令;

.2 向集合地点报到,并准备执行应变部署表中所述的任务;

.3 查看乘客和船员的穿着是否合适;

.4 查看是否正确地穿好救生衣;

.5 在完成任何必要的降落准备工作后,至少降下一艘救生艇;

.6 启动并操作救生艇发动机;

.7 操作降落救生筏所用的吊筏架;

.8 模拟搜救几位被困于客舱中的乘客;

.9 介绍无线电救生设备的使用。

c. 如果演习时降放的救生艇不是救助艇,也应降放救助艇,计及最短登乘和降放时间。

d. 每一救生艇筏均应以连续可用状态存放,以便两名船员可在不到 5 min 内做好登乘和降放准备。

e. 在客船上,要求所有救生艇和用吊架降放的所有救生筏能够在 30 min 内完成降落。

f. 在货船上,要求所有救生艇和用吊架降放的所有救生筏能够在 10 min 内完成降落。

④机械操作

a. PSCO 可查证船舶负责人员是否熟悉他们职责中与下列重要机械设备有关的操作:应急和备用电源;辅助舵机;舱底水泵和消防水泵;紧急情况下任何其他重要设备。

b. PSCO 可查证船舶负责人员对以下内容是否特别熟悉:

.1 应急发电机:启动原动机前的必要行动、依据启动动力源不同原动机可能有不同启动方式和原动机第一次启动失败后的程序。

.2 备用发电机原动机：手动或自动启动备用原动机的可能性、全船断电程序和负载分配系统。

c. PSCO 可查证船舶负责人员是否特别熟悉：

.1 本船的辅助舵机是何种型号；

.2 怎样表明哪台舵机正在工作；

.3 怎样才能使辅助舵机投入运转。

d. PSCO 可查证船舶负责人员是否特别熟悉：

.1 舱底水泵：船上舱底泵（包括应急舱底泵）的数量和位置；所有舱底泵的启动程序；适当的操作阀件；舱底泵运转故障的最可能的原因和可能的补救措施。

.2 消防水泵：船上消防泵（包括应急消防泵）的数量和位置；所有消防水泵的启动程序；适当的操作阀件。

e. PSCO 可查证船舶负责人员是否特别熟悉：

.1 救生艇和/或救助艇发动机的启动和维护；

.2 通常在驾驶台控制的系统的现场控制程序；

.3 无线电设施的应急电源和完全独立电源的使用；

.4 电瓶的维护程序；

.5 应急停止装置、探火系统和报警系统的工作和水密门、防火门的操纵；

.6 主、辅机冷却水系统和滑油系统从自动变为手动控制的切换。

⑤机器处所的油和油类混合物

a. PSCO 在考虑到下述因素的情况下，可查证是否符合 MARPOL 73/78 附则Ⅰ的所有操作的要求：产生的残油量；渣油和舱底污水储存柜的容量；油水分离器的处理能力。

b. 应检查油类记录簿

PSCO 可查证是否使用了接收设施和这些设施的使用情况的记录是否有不当之处。

c. PSCO 可查证责任船员是否熟悉渣油和舱底水的处理。可查证污油柜剩余空间是否足以存储下一航程产生的污油。对免除 MARPOL 73/78 附则Ⅰ第 16（1）条的①和②项要求的船舶，PSCO 可核实所有的含油舱底水是否保持在船上并随后排放到岸上接收设施。

（3）"最低配员标准和证书"更详细检查项目

①配员检查

a. 如果船舶的配员符合船旗国签发的安全配员证明或等效证明的规定，PSCO 应承认船舶已安全配员。除非这种证明明显没有根据有关公约的原则签发。

b. 如果实际船员数量或构成不符合配员证明的规定，港口国应要求船旗国对是否允许船舶在此船员数量或构成下航行一事提出意见。这样的要求和答复应采用适当方式并且任一方可要求书面形式沟通。如果实际船员数量或构成未符合安全配员证明的规定或船旗国未对船舶是否能够航行提出意见，可以考虑滞留该船。

c. 如果船舶未携带安全配员证明或等效文件，港口国应要求船旗国指明要求的船员数及其构成并尽可能快地签发一份证明。

②根据 STCW 95 的规定进行的 PSC 检查

a. 查核在船上服务应持有证书的所有船员具有适当的证书或有效免除，或提供书面证明其申请已提交船旗国主管机关。

b. 查核在船上服务的海员的数量和证书符合船旗国主管机关的安全配员要求。

c. 如果由于发生了下列事件而有明显理由相信未符合该公约规定的值班标准,将对船上海员的能力进行评估:

.1 船舶涉及碰撞、搁浅或触礁;

.2 船舶在航行中、锚泊点或码头从船上排放了违反国际公约的物质;

.3 船舶以错误的或不安全的方式进行操纵,未遵循 IMO 通过的航线确定措施或安全航行操作规程和程序;

.4 船舶操纵不当,以致对人员、财产或环境构成危险。

(4)"与 ISM 相关的 PSC"更详细检查项目

①PSCO 应检查公司的 DOC 证书副本和 SMC 证书,除非公司持有合法的 DOC 证书,否则船舶的 SMC 证书将被视为非法。PSCO 特别注意此船型是否包括在 DOC 证书中并且注意 DOC 和 SMC 证书中的公司详情是否一致。

②在检查船舶证书文件时,PSCO 应意识到:

a. 当前有效的 DOC 证书是每年签署的,一般在所签发的公司保存,而保存在船上的 DOC 证书副本不一定能够反映出每年签署的情况。

b. 如果船舶存在明显理由,将会执行对 SMS 的更详细检查。明显理由包括 ISM 证书的缺少或不准确或者在其他方面的滞留缺陷(或多个非滞留缺陷)。

c. 当执行更详细检查时,PSCO 可能会提出(但不限于此)以下问题以确定满足 ISM 规则的程度(以下括号内为 ISM 规则的条款)。

.1 公司是否制定安全和环境保护政策,并且船员是否熟悉此政策?(2.2)

.2 安全管理文件(手册)是否保存在船上?(11.3)

.3 相关 SMS 文件是否使用工作语言或船员理解的语言?(6.6)

.4 船上高级船员能否明确管理公司并且相应的公司在 ISM 证书中说明?(3)

.5 船上高级船员能否明确"指定人员"?(4)

.6 遇有紧急情况,是否建立和保持与岸上管理人员联系的程序?(8.3)

.7 船上是否保存准备应急行动的演习和训练的程序?(8.2)

.8 如果新船员刚刚上船,如何保证他们能够熟悉自己的职责和开航前的指示?(6.3)

.9 船长能否提供文件形式的证据以说明其职责和权力,其中包括其越权处置的权力?(5)

.10 是否将不合格报告给公司,并且采取适当的纠正措施?(9.1/9.2)

.11 船舶是否进行日常保养并记录?(10.2)

PSCO 应把 SMS 的缺陷记入检查报告。如有必要,港口国主管机关应将 SMS 的缺陷通知船旗国。严重不合格的 SMS 缺陷必须在开航前确认改正。

5. 低标准船的识别

(1)一般情况下,如果船舶的船体、机械、设备或操作安全性确实低于相应公约规定的标准,或其船员配备不符合船舶最低安全配员证明的要求,则该船被认定为低标准船。例如:

①缺少公约所要求的主要设备或布置;

②设备或布置不符合公约的有关要求;

③由于诸如管理维护不善造成的船舶或其设备的实质性受损;

④船员操作技能欠缺或对主要操作程序不熟悉;

⑤船员配备不足或船员证书不适当。

(2) 如果这些明显原因的总体或单个使船舶不适航和使船舶、船上人员的生命处于危险或如果让船舶开航可对海上环境构成过高的危害,此船应认定为低标准船。

(3) 根据相应公约的要求缺少有效证书将是船舶低标准的明显证据,是做出滞留船舶决定对其检查的依据。

6. 船舶滞留指南

《港口国监督程序》附录1的"船舶滞留指南",用于帮助PSCO做专业判断,但其滞留标准和滞留缺陷有助于船方有重点地自查和及时纠正,从而避免船舶被滞留。

(1) 主要标准的应用

①当发现的缺陷是否足够严重以致可以滞留船舶做判定时,PSCO应评估:
　a. 船舶相关的证书是否有效;
　b. 船员配员是否满足最低安全配员证书的要求。

②在检查中,PSCO应进一步评估船舶和/或船员在即将开始的航行中是否能够:
　a. 航行安全;
　b. 安全处理、承运和监控货物状况;
　c. 确保机舱安全操作;
　d. 维持正常的推进和操纵;
　e. 必要时船舶任何部位的有效灭火;
　f. 迅速安全地弃船和必要时的有效救助;
　g. 防止环境污染;
　h. 保持足够的稳性;
　i. 保持足够的水密完整性;
　j. 必要时遇险情况下的通信;
　k. 在船上提供安全和卫生的条件。

③如果上述评估的结果有否定的,考虑到所有已发现的缺陷,应强烈地认为该船应被滞留。多项不太严重的缺陷的组合也可能导致船舶滞留。对离港开航不安全的船舶,不论该船将在港停留多久,在第一次检查时,就应对其滞留。

(2) 一般情况

缺少要求的有效证书是滞留船舶的充分根据。

(3) 可导致船舶滞留的缺陷

为协助PSCO使用该指南,下面按相关公约或规则分类列出了缺陷,这些缺陷都是比较严重的,可以导致船舶滞留。

①依据SOLAS公约
　a. 推进机械和其他主要机械以及电气装置不能正常工作。
　b. 机舱不够清洁、舱底油污水过多,包括机舱中排气管的管系绝热层表面被污染、舱底水泵系不能正常工作。
　c. 应急发电机、应急照明、应急蓄电池组和开关不能正常工作。
　d. 主、辅操舵装置不能正常工作。
　e. 个人救生设备、救生筏和起落装置数量不足或严重损坏。
　f. 探火系统、报警系统、消防设备、固定灭火设施、通风阀、挡火板、速闭装置等缺少、不符合使用要求或严重受损以致不能满足预定用途。
　　g. 油船货舱甲板区域防火设施没有、严重损坏或不能正常工作。
　　h. 号灯、号型或号声没有,不符合要求或严重损坏。
　　i. 用于遇险和安全通信的无线电设备没有或不能正常工作。
　　j. 航行设备没有或不能正常工作。
　　k. 针对计划航线,缺乏所需的经改正过的海图和/或所有其他航海出版物,但可考虑用电子海图替代(传统)海图。
　　l. 货油泵舱没有采用无火花型排气风机。
　　m. 操作性要求方面存在严重缺陷。
　　n. 船员数量、构成或证书不符合安全配员文件的要求。
　　o. 未按 A.744(18)号决议实施加强检验计划。
　②依据国际散化规则(IBC Code)
　　a. 运输适装证书中未列出的货物或没有所运货物资料。
　　b. 高压安全装置没有或已损坏。
　　c. 电气装置为非安全型设计或不符合规则要求。
　　d. 危险场所存在火源。
　　e. 违反操作特殊要求。
　　f. 货舱装载量超过最大允许装货量。
　　g. 对敏感货物缺乏足够的隔热防护。
　③依据国际液化气体船规则(IGC Code)
　　a. 装运适装证书中未列出的货物或没有所运货物资料。
　　b. 起居处所、服务处所缺少关闭装置。
　　c. 舱壁不气密。
　　d. 空气闸失效。(开敞露天甲板上的气体危险区域与气体安全处所之间仅允许设空气闸。空气闸由两扇间距1.5~2.5 m能确保气密的钢质门组成。门是自闭的,无任何门背扣装置。空气闸处所两端有声光报警系统。空气闸处所机械通风。应监控空气闸处所内的货物蒸气。)
　　e. 速闭阀没有或失效。
　　f. 安全阀没有或失效。
　　g. 电气装置为非安全型设计或不符合规则要求。
　　h. 货物区域通风设施无法工作。
　　i. 货舱压力报警器失效。
　　j. 气体探测装置和/或有毒气体探测装置失效。
　　k. 运输防爆货物而无防爆证书。
　④依据载重线公约
　　a. 重要区域损坏或锈蚀,或影响适航性或甲板及船体上承受局部负荷的板材及其相关扶强材的麻点状锈蚀,除非已采取了经认可的临时性修理以便开往下一个港口做永久性修理。
　　b. 稳性不足。
　　c. 缺少经认可的足够和可靠的资料,使船长迅速和简单地安排船舶的装载和压载,并保证船舶在航程的各个阶段及航行条件变化时,具有安全的稳性余量和避免船体结构产生过大应力。

d. 关闭设施、舱口关闭装置和水密/风雨密门缺少、严重腐蚀或失效。

e. 超载。

f. 吃水和/或载重线标志没有或无法辨认。

⑤依据 MARPOL 公约附则 I：防止油类污染规则

a. 油水分离设备、排油监控系统和 15ppm 报警装置没有、严重腐蚀或不能正确工作。

b. 污油水舱或渣油柜的剩余舱容不能满足计划航程的污油存放。

c. 未能出示油类记录簿。

d. 设有未经认可的排放旁通管路安装了未经认可的旁通排放。

e. 第 13G 条(3)(b)款要求的检验报告(CAS 报告)：没有或不满足要求。

⑥依据 MARPOL 公约附则 II：控制散装有毒液体物质污染规则

a. 没有程序和布置手册。

b. 货物未经分类(如拟散装运输某种 MARPOL 73/78 公约附录 II 和附录 III 中未包括的物质时，应按程序进行评定其临时类别)。

c. 未能出示或没有货物记录簿。

d. 不满足运输类油物质的要求。

e. 设有未经认可的排放旁通管路。

⑦依据 MARPOL 公约附则 V：防止船舶垃圾污染规则

a. 没有垃圾管理计划。

b. 没有垃圾记录簿。

c. 船舶相关人员不熟悉垃圾管理计划中垃圾处置等相关要求。

⑧依据 STCW 公约

a. 船员未持有证书或持证不符、无有效免除或不能提供已提交船旗国当局申请签署的证明文件。

b. 不符合船旗国政府规定适用的最低安全配员要求。

c. 驾驶或轮机值班安排不符合主管机关针对该船舶制定的要求。

d. 值班人员不具备操作有关安全航行、安全无线电通信或防止海洋污染等主要设备的资格或能力。

e. 不能安排业已充分休息而适于值班的人员作为在航次开始时的首次值班人员和随后的接班人员。

⑨依据 ILO 商船运输(最低标准)公约

a. 没有充足的食物以航行到下一港口。

b. 没有充足的饮用水以航行到下一港口。

c. 船上卫生状况太差。

d. 当船舶航行在气温过低的海域时居住处所无供暖。

e. 在通道、居住处所存在过多的垃圾、设备或货物等阻碍人员通行或其他不安全的状况。

⑩依据 ISM 规则

a. 安全管理体系是船舶进行正常运作的程序化的必要条件，包括但不限于以下内容：预防性维护保养，航行程序，加油作业，应急准备，防污染措施，技术系统、操作以及通信程序。由此可见，大量的缺陷都归结于一些没有按照标准化程序执行或程序不当。因此，如有故障发生，船舶或公司必须纠正缺陷并且评审体系文件以确保正确实施程序。

b. 如船舶被发现存在安全管理体系问题,该船舶应被考虑滞留并要求做附加审核;如发现体系明显有疏漏,船舶应能提供真实的符合证据才能被考虑进港;如对公司方面存在疑问,则应要求船旗国政府立即对公司涉及有疑问的文件进行附加审核。

⑪依据 ISPS 规则

a. 缺少 ISSC 或临时 ISSC 证书,或 ISSC/临时 ISSC 证书过期(拒绝进港或驱逐出港)。

b. 缺少经过认可的船舶保安计划,或保安计划不完整(拒绝进港或驱逐出港)。

c. 缺少经任命的船舶保安员(拒绝进港或驱逐出港)。

d. 船舶保安员无法胜任船舶保安的职责(可拒绝进港或驱逐出港)。

e. 船员有反常现象(例如工作能力差、非法人员、人员超编、文件不全等)可拒绝进港或驱逐出港。

f. 到港信息不完整或不正确(可拒绝进港或驱逐出港)。

g. 有证据显示船舶的安全设备、文件或布置存在严重的缺陷。

h. 船长或船员不熟悉重要的保安程序。

i. 船员无法与负责保安的人员建立通信联系。

j. 船舶安全报警系统不能使用。

k. 在需要时或在各方之间达成一致后未做保安声明(延滞船舶)。

l. 未配备货物处理保安程序(限制操作/延滞进入/驱逐出港)。

m. 监控措施不力,比如对乘客进出控制和乘客行李看管不力(限制操作/延滞进入/驱逐出港)。

⑫有些不会导致船舶滞留,但会使货物操作停止,如未对惰性气体系统、货物装卸货设备进行正常操作或维护,将被视为停止货物操作的充分证据。

(四)实施港口国监督的有关规定

1. 目标船舶的选择

(1)巴黎备忘录

目标因素值(Target Factor)由一般因素(Generic Factor)和历史因素(History Factor)之和构成,一般因素是基于船舶基本参数得出的,历史因素是基于船舶在巴黎备忘录的检查历史得出的。目标因素值每天进行更新,并作为巴黎备忘录检查官选择检查船舶的一个工具。对于目标因素值超过 50 的船舶,如果距离上次巴黎备忘录成员检查的时间超过 1 个月,那么船舶将被选择进行检查。一般情况,船舶接受了巴黎备忘录成员检查后的 6 个月内,其他巴黎备忘录成员不会再对这艘船舶进行检查,除非船舶存在要求进行再次检查的明显证据。巴黎备忘录目标因素种类和相应的目标值,见表 2-1。

表 2-1　PARIS MOU 目标因素种类和相应的目标值

	目标因素种类		目标值
一般因素（该因素将随着船舶参数、船旗和船级社的改变而变化）	船旗因素（通过过去3年滚动平均滞留率来判断，该滞留率可参见巴黎备忘录PSC年报）	中等危险程度（滞留率大于10%）	+4
		中等至高危险程度（滞留率大于13%）	+8
		高危险程度（滞留率大于16%）	+14
		极高危险程度（滞留率大于19%）	+20
	目标船型因素	船龄超过12年的散货船	+5
		船龄超过10年的气体运输船	
		船龄超过10年的化学品船	
		船龄超过15年、总吨大于3 000的油船	
		客船、15年以上的滚装渡船	
	船级社因素	非欧盟认可的船级社	+3
	船龄因素	船龄大于25年	+3
	船旗国因素	船龄在21～24年	+2
	目标船级社（由船级社过去3年Class Related滞留率确定，相关滞留率可参见 PARIS MOU Blue Book）	船龄在13～20年	+1
		未加入主要的公约（非缔约国）	+1
		不大于平均滞留率	0
		超出平均滞留率2%之内	+1
		超出平均滞留率2%～4%	+2
		超出平均滞留率4%以上	+3
历史因素（该因素每天进行更新）	最近12个月内未接受巴黎备忘录成员检查		+20
	最近6个月内未接受巴黎备忘录成员检查		+15
	前12个月内是否滞留	否	0
		是	+15
	前12个月内检查发现的缺陷数	0个	-15
		1～5个	0
		6～10个	+5
		11～20个	+10
		20个以上	+15
	上次检查遗留缺陷情况	PSC报告中，每一个缺陷代号为15或17的缺陷	+1
		PSC报告显示所有缺陷已消除	-2

（2）东京备忘录

东京备忘录将船舶目标体系（Ship Targeting System）作为确定优先检查船舶的一个工具。各目标因素对应一定的分值，按照船舶对应的目标种类得到总分值，然后以分值的大小确定船舶检查的先后，其计算方法见表2-2。

表 2-2 船舶目标体系计算方法

目标因素种类		分值
船旗因素	超过平均滞留率（基于 APCIS 系统三年滚动平均滞留率）	每超出 1 个百分点 +1（小数四舍五入）
目标船型因素	船龄超过 15 年的下列船型：油船、化学品船、散货船、杂货船、冷藏船、滚装货船/客船、客船	+4
	其他船型	0
船龄因素	0~5 年	0
	6~10 年	+5
	11~15 年	+10
	16~20 年	10 + 超过 15 年的每年 +1
	大于 20 年	15 + 超过 20 年的每年 +2
船级社	非 IACS 船级社	+10
最近 4 次初始检查或发现新缺陷的跟踪检查中滞留次数	1 次	+15
	2 次	+30
	3 次	+60
	4 次	+100
缺陷	在最近 4 次检查或发现新缺陷的跟踪检查中发现的每项缺陷	+0.6×缺陷数（小数四舍五入）
上次检查遗留缺陷	遗留缺陷[APCIS 记录的上次检查或相关的跟踪检查中没有标注已纠正（Code 10）的缺陷]	+2×遗留缺陷数
距上次初始检查时间	6~12 个月	+3
	12~24 个月	+6
	超过 24 个月或从没有在东京备忘录接受过检查（包括新船）	+50

目标因素（TF）	优先等级
>100	Priority 1（very high）
41~100	Priority 2（high）
11~40	Priority 3（medium）
0~10	Priority 4（extreme）

2. 优先检查的船舶

（1）巴黎备忘录优先检查的船舶：

不论船舶目标因素值如何，以下船舶将被考虑为优先检查对象：

①引航或港口当局报告，存在影响安全航行缺陷的船舶。

②装载危险或污染货物时，未按要求进行报告的船舶。

③被港口当局通报的船舶。

④被相关方（船长、船员，任何与船舶安全有关的人或组织）就船上生活和工作环境或船舶防止污染进行投诉的船舶。

⑤曾有下列情况的船舶：

a. 在航行途中发生了碰撞、搁浅；

b. 被控告违反了有害物质和污水排放的相关规定;
c. 进行不安全方式的操纵,或未遵守安全航行程序的情况;
d. 进行了其他的不当操作,以至威胁到人员、财产、环境。
⑥在先前的6个月内,因安全原因船舶证书被其船级社暂停或取消。
⑦未在SIReNaC信息系统中出现的船舶。

(2)亚太备忘录优先检查的船舶:
不论船舶目标因素分值如何,有下列情况的船舶将被作为优先检查的对象:
①被港口当局通报的船舶。
②被相关方(船长、船员、任何与船舶安全有关的人或组织)就船上生活和工作环境或船舶防止污染进行投诉的船舶。
③要求在规定期限内消除缺陷的船舶。
④引航或港口当局报告,存在影响安全航行缺陷的船舶。
⑤装载危险或污染货物时,未按要求进行报告的船舶。
⑥船舶被滞留后,未得到港口国允许,擅自开航的船舶。
⑦PSC委员会公布的优先检查的船舶种类。

3. 巴黎备忘录的船舶扩大范围检查

(1)扩大检查适用于下列船舶类型:
①3 000总吨以上且船龄15年以上的油船;
②船龄12年以上的散货船;
③船龄15年以上的客船;
④船龄10年以上的化学品和气体运输船。

(2)对于满足上述条件的船舶,应在抵达巴黎备忘录港口的3天前通知港口当局。若航程短于3天,则应在离开上一港口前通知。因巴黎备忘录各成员间的通知安排不一样,船东应向他们的港口代理进行核实。应该注意,如果未及时通知相关信息,可能会导致船舶为了完成扩大检查而使船期被延误。

(3)对于目标因素值为7或以上的船舶,在船舶离港前将要求完成一次扩大检查。若因船舶在港停靠时间短等原因,扩大检查将在巴黎备忘录的下一港口进行。

(4)对于目标因素值低于7的船舶,通常不需要接受扩大检查,但船舶应按照(2)的要求通知巴黎备忘录的港口,直到目标因素值达到7并完成了一次扩大检查。

①除了例行的检查项目外,扩大检查至少包含以下项目:
a. 全船断电和应急发电机的启动;b. 检查应急照明;c. 应急消防泵连同连接在消防总管上的两个消防栓的操作;d. 舱底泵操作;e. 水密门的关闭;f. 一舷救生艇降落至水面;g. 锅炉、通风和燃油泵等的遥控应急切断装置的试验;h. 主、辅操舵装置的试验;i. 无线电设备的应急电源的试验;j. 油水分离器检查并尽实际可能进行试验。

②油船、液货船、散货船、化学品和气体运输船和客船:除基本项目外,还另有各自的附加检查项目。

4. 巴黎备忘录拒绝进入的船舶

(1)适用船舶类型(不分吨位和船龄):化学品和气体运输船、散货船、油船和客船。

(2)述所列船型的船舶,有下列情况之一者将被拒绝进入巴黎备忘录水域:

①船旗属黑名单上"medium to high"或"medium"的,且船舶2年内在巴黎备忘录水域发生3次滞留之后。

②船旗属黑名单上"very high risk"或"high risk"的,且船舶3年内在巴黎备忘录水域发生2次滞留之后。

禁令在船舶纠正引起滞留的缺陷并被获准驶离港口后立即生效。

(3)为了解除禁令,船东必须向提出禁令的港口当局递交正式申请。正式申请必须包括船旗国(不是被授权组织)出具的证明船舶满足所有公约要求(包括STCW公约、ILO)的证书,若适用时,还应附上船舶所属的船级社证明船舶符合它们规范的证书。为撤销禁令,船舶还必须由提出禁令港口当局在双方接受的港口完成一次检查,检查范围至少包括扩大检查的范围,此次检查船东需付费。

(4)船旗国黑名单将在巴黎备忘录年报和www.parismou.org网页上予以公布。

5. 缺陷纠正代码说明

(1)亚太地区港口国控制备忘录组织(东京备忘录)缺陷纠正代码说明,见表2-3。

表2-3 东京备忘录缺陷纠正代码说明

缺陷纠正代码	具体要求	港口国控制代码	具体要求
10	缺陷已纠正	40	通知下一港
15	缺陷在下一港纠正	45	在下一港纠正滞留缺陷
16	缺陷在14天内纠正	50	通知船旗国/领事机构
17	通知船长在开航前纠正缺陷	55	咨询船旗国
18	在3个月内纠正不符合	70	通知认可组织
19	在开航前纠正严重不符合项	80	临时替代设备
30	滞留缺陷	85	调查违规排放(MARPOL)
36	在跟踪滞留的前提下准予开航	95	签发警告信
99	其他(详细说明)	96	撤销警告信

(2)巴黎港口国控制谅解备忘录

新代码自2003年2月1日开始使用,公司和船舶应关注到这一变化,避免在检查和纠正缺陷中出现偏差,巴黎备忘录缺陷纠正代码说明见表2-4。

表2-4 巴黎备忘录缺陷纠正代码说明

新代码	具体内容		对应的旧代码
A	滞留	滞留缺陷	30
B	纠正	缺陷纠正	10
C	开航前	开航前纠正	17
D	下一港	下一港纠正(非滞留项目)	15
E	14天内	14天内纠正(非滞留项目)	16
F	船级条件	按同意的船级条件	70
G	3个月	3个月内消除NC(ISM非滞留缺陷)	18

续表

新代码	具体内容		对应的旧代码
H	严重NC	开航前消除严重NC(ISM滞留缺陷)	19
I	修理港	修理港消除(滞留缺陷)	
J	临时修理	临时修理	
K	通知船旗国	通知船旗国	55
L	签发警告信	签发警告信	
M	警告信撤销	撤销警告信	
N	操作中止	禁止继续某项操作	
O	临时替代	设备的临时替代	
P	其他	特别情形下	
Q	修理港	修理港消除(滞留缺陷)	

第八节 船舶防污染责任

适用对象：沿海航区及无限航区750 kW及以上船舶轮机长和大管轮。

知识要点概述：掌握船舶防止环境污染的方法、有关的防污染公约的规定。

一、《防止倾倒废物和其他物质污染海洋的公约》

《防止倾倒废物和其他物质污染海洋的公约》，简称伦敦倾废公约(London Dumping Convention)，1972伦敦公约，是为保护海洋环境、敦促世界各国共同防止由于倾倒废弃物而造成海洋环境污染的公约。

本公约各缔约国，希望通过鼓励特定地理区域内具有共同利益的各国缔结适当的协定作为本公约的补充，以改进对海洋环境的保护。

兹协议如下：

第一条 各缔约国应个别地或集体地促进对海洋环境污染的一切来源进行有效的控制，并特别保证采取一切切实可行的步骤，防止因倾倒废物及其他物质污染海洋，因为这些物质可能危害人类健康，损害生物资源和海洋生物，破坏娱乐设施，或妨碍对海洋的其他合法利用。

第二条 各缔约国应按照下列条款的规定，依其科学、技术及经济的能力，个别地和集体地采取有效措施，以防止因倾倒而造成的海洋污染，并在这方面协调其政策。

第三条 为本公约的目的：

(一)1."倾倒"的含义是：

(1)任何从船舶、航空器、平台或其他海上人工构筑物上有意地在海上倾弃废物或其他物质的行为；

(2)任何有意地在海上弃置船舶、航空器、平台或其他海上人工构筑物的行为。

2."倾倒"不包括：

(1)船舶、航空器、平台或其他海上人工构筑物及其设备的正常操作所附带发生或产生的废物或其他物质的处置。但为了处置这种物质而操作的船舶、航空器、平台或其他海上人工构筑物所运载或向其输送的废物或其他物质，或在这种船舶、航空器、平台或构筑物上处理这种废物或其他物质所产生的废物或其他物质均除外。

（2）并非为了单纯处置物质而放置物质，但以这种放置不违反本公约的目的为限。

3. 由于海底矿物资源的勘探、开发及相关的海上加工所直接产生的或与此有关的废物或其他物质的处置，不受本公约规定的约束。

（二）"船舶和航空器"系指任何类型的海、空运载工具，包括不论是否是自动推进的气垫船和浮动工具。

（三）"海"系指各国内水以外的所有海域。

（四）"废物或其他物质"系指任何种类、任何形状或任何式样的材料和物质。

（五）"特别许可证"系指按照附件二和附件三的规定，经过事先申请而特别颁发的许可证。

（六）"一般许可证"系指按照附件三的规定，事先发放的许可证。

（七）"机构"系指各缔约国按照第十四条第（二）款的规定所指定的机构。

第四条　（一）按照本公约规定，各缔约国应禁止倾倒任何形式和状态的任何废物或其他物质，除非以下另有规定：

1. 倾倒附件一所列的废物或其他物质应予禁止；
2. 倾倒附件二所列的废物或其他物质需要事先获得特别许可证；
3. 倾倒一切其他废物或物质需要事先获得一般许可证。

（二）在发放任何许可证之前，必须慎重考虑附件三中所列举的所有因素，包括对该附件第（二）款及第（三）款所规定的倾倒地点的特点的事先研究。

（三）本公约的任何规定不得解释为阻止某一缔约国在其所关心的范围内禁止倾倒未列入附件一的废物或其他物质。该缔约国应向该"机构"报告这类措施。

第五条　（一）在恶劣天气引起不可抗力的情况下，或对人命构成危险或对船舶、航空器、平台或其他海上人工构筑物构成实际威胁的任何情况下，当保证人命安全或船舶、航空器、平台或其他海上构筑物的安全确有必要时，如果倾倒是防止威胁的唯一办法，并确信倾倒所造成的损失将小于用其他办法而招致的损失，则不适用第四条的规定。进行这类倾倒活动应尽量减少对人类及海洋生物的损害，并应立即向该"机构"报告。

（二）当对人类健康造成不能容许的危险，并且在没有其他可行的解决办法的紧急情况下，一缔约国可以作为第四条第（一）款第1项的例外而颁发特别许可证。在发给这类特别许可证之前，该缔约国应与可能涉及的任何国家及该"机构"协商，该"机构"在与其他缔约国及适当的国际组织协商后，应根据第十四条规定，立即建议该缔约国应采取的最适当的程序。该缔约国应于必须采取行动的时间内，并遵守避免损害海洋环境的普遍义务，而在最大可能范围内遵循这些建议，并报告该"机构"其所采取的行动。各缔约国保证在这类情况下互相帮助。

（三）任何一个缔约国在批准或加入该公约时或在此以后，可以放弃第（二）款规定的权利。

第六条　（一）每一缔约国应指定一个或数个适当的机关，以执行下列事项：

1. 颁发在倾倒附件二所列的物质之前及为倾倒这类物质，以及出现第五条第（二）款所规定的情况时所需要的特别许可证；
2. 颁发在倾倒一切其他物质之前及为倾倒这类物质所需要的一般许可证；

3. 记录许可倾倒的一切物质的性质和数量,以及倾倒的地点、时间和方法;

4. 为本公约的目的,个别地或协同其他缔约国和主管的国际组织对海域状况进行监测。

(二)缔约国的适当机关,应按第(一)款规定对于准备倾倒的下列物质预先颁发特别许可证或一般许可证:

1. 在其领土上装载的物质;

2. 在其领土上登记或悬挂其国旗的船舶或航空器所装载的物质,如果这类物质系在非本公约缔约国的领土上装载。

(三)根据上述第(一)款第1、2项规定颁发许可证时,适当机关应遵守附件三的规定以及其认为有关的其他标准、措施和要求。

(四)每一缔约国应直接地或通过根据区域协定设立的秘书处向该"机构"以及必要时向其他缔约国报告本条第(一)款第3、4项所规定的情报及按照本条第(三)款采用的标准、措施和要求。应遵循的程序及这类报告的性质应由各缔约国协商同意。

第七条 (一)每一缔约国应将为实施本公约所必要的措施应用于:

1. 在其领土上登记的或悬挂其国旗的所有船舶和航空器;

2. 在其领土上或领海内装载行将倾倒的物质的所有船舶和航空器;

3. 在其管辖下的被认为是从事倾倒活动的所有船舶和航空器,以及固定或浮动平台。

(二)每一缔约国应在其领土内采取适当的措施,以防止和处罚违反本公约规定的行为。

(三)各缔约国同意合作,以制定有效适用本公约的程序,特别是适用于公海上的程序,其中包括报告所发现的违反本公约的规定进行倾倒活动的船舶和航空器的程序。

(四)本公约不适用于根据国际法享有主权豁免的船舶和航空器。但是每一缔约国应采取适当措施,确保其拥有或使用的这类船舶和航空器按照本公约的宗旨和目的行动,并应向该"机构"做出相应的报告。

(五)本公约的任何规定均不影响每一缔约国根据国际法原则采取防止海上倾倒的其他措施的权利。

第八条 为促进本公约各项目标的实现,对于保护某一特定地理区域的海洋环境有共同利益的各缔约国,应考虑到特定区域的特征,尽力达成与本公约一致的防止污染(特别是倾倒造成的污染)的区域协定。本公约各缔约国应尽力按这类区域协定的目标及规定行事,该"机构"应将这类协定通知各缔约国。本公约各缔约国应寻求与这类区域协定的各缔约国合作,以制定其他有关公约的缔约国所应遵守的协调程序。特别应注意在监测和科学研究方面的协作。

第九条 本公约各缔约国应通过该"机构"内以及其他国际团体内的协作,促进对在下列方面要求帮助的缔约国的支持:

(一)训练科学和技术人员;

(二)提供科学研究及监测所必需的设备和装置;

(三)废物的处置和处理及其他防止或减轻倾倒引起的污染的措施;并最好在有关国家内进行,以促进本公约的宗旨及目的。

第十条 依照一国因倾倒废物和其他各种物质而损害他国环境或任何其他区域的环境而承担责任的国际法原则,各缔约国应着手制定确定责任和解决因倾倒引起的争端的程序。

第十一条 各缔约国应在其第一次协商会议上考虑解决有关因解释及适用本公约引起的争端的程序。

第十二条 各缔约国保证,在各主管专门机构及其他国际团体内,促进为保护海洋环境免受下列物质污染而采取措施:

(一)包括油料在内的碳氢化合物及其废物;

(二)并非为倾倒的目的而由船舶运送的其他有害或危险物质;

(三)在船舶、航空器、平台及其他海上人工构筑物操作过程中产生的废物;

(四)包括源于船舶的各种来源的放射性污染物质;

(五)化学和生物战争制剂;

(六)由海底矿物资源的勘探、开发及相关的海上加工而直接产生的或与此有关的废物或其他物质。

同时各缔约国将在适当的国际组织内促进编订从事倾倒的船舶应使用的信号。

第十三条 本公约不影响依照联合国大会第2750(XXV)号决议召开的联合国海洋法会议对海洋法的编纂和发展,也不影响任何国家现在或将来关于海洋法和沿岸国管辖权及船旗国管辖权的性质和范围的主张及法律观点。各缔约国同意在海洋法会议后,无论如何不迟于1976年,由该"机构"召开会议进行协商,以便确定沿岸国在邻接其海岸的区域中适用本公约的权利和责任的性质和范围。

第十四条 (一)在本公约生效后三个月内,作为公约保存国的大不列颠及北爱尔兰联合王国政府应召集一次缔约国会议,以决定有关组织事项。

(二)各缔约国应指定一个在上述会议召开时存在的主管"机构",负责履行有关本公约的秘书处的职责。不是该"机构"成员国的本公约任何缔约国均应适当分担该"机构"在履行其职责中产生的费用。

(三)该"机构"的秘书处职责应包括:

1. 至少每两年召集一次缔约国协商会议,并根据三分之二以上成员国的要求随时召集缔约国特别会议;

2. 与各缔约国及适当的国际组织协商,在制订与履行本条第(四)款第5项所述的程序中,进行准备并提供协助;

3. 考虑各缔约国的询问以及情报,与各缔约国及适当的国际组织协商,对本公约未专门规定的有关本公约的问题,向各缔约国提供建议;

4. 向有关缔约国转交该"机构"按照第四条第(三)款,第五条第(一)款、第(二)款,第六条第(四)款,第十五条,第二十一条规定所收到的所有通知。

在指定"机构"之前,为执行这些职责的目的,有必要由保存国,即大不列颠及北爱尔兰联合王国履行。

(四)各缔约国的协商会议或特别会议应不断审查本公约的履行情况,并且,除其他外可以:

1. 按照第十五条审查并通过对本公约及其附件的修正案;

2. 邀请适当的科学团体与各缔约国或该"机构"协作,并就有关本公约的任何科学或技术问题,特别是各附件的内容,提供咨询意见;

3. 接受并审议按照第六条第(四)款提出的报告;

4. 促进与防止海洋污染有关的区域性组织的协作以及这类组织间的协作;

5. 与适当的国际组织协商,以制定或通过第五条第(二)款所述程序,其中包括确定非常情况和紧急情况的基本标准,以及在这种情况下提供咨询意见和安全处置物质的程序,包括指定适当的倾倒区和提供相应的建议。

6.考虑可能需要的任何其他行动。

(五)各缔约国在其第一次协商会议上应制定必要的议事规则。

第十五条 (一)1.在按第十四条规定召开的缔约国会议上,可以由到会的2/3多数通过对本公约的修正案。修正案在2/3的缔约国向该"机构"交存接受证书后第六十天起对接受该修正案的缔约国生效。此后,该修正案在其他任何缔约国交存接受修正案的证书后第三十天起,对该缔约国生效。

2.该"机构"应通知所有缔约国关于根据第十四条规定召开特别会议的任何请求和在缔约国会议上通过的任何修正案,以及通过的每一修正案对每个缔约国生效的日期。

(二)对附件的修正应以科学或技术上的考虑为依据。在按第十四条规定召开的会议上,以到会2/3多数通过的对附件的修正案,应在每一缔约国通知该"机构"表示接受该修正案后对该缔约国立即生效,并在会议通过该修正案一百天后对所有其他缔约国生效,但在一百天期间内声明在当时不能接受该修正案的缔约国除外。在会议上通过修正案后,各缔约国应尽快向该"机构"表示它们接受修正案。一缔约国可以在任何时候以表示接受的声明来代替先前所做的反对声明,因而其先前反对过的修正案应立即对该缔约国生效。

(三)根据本条规定对修正案的接受或声明反对,均应向该"机构"交存证书。该"机构"应将上述证书的收讫,通知所有缔约国。

(四)在指定"机构"之前,此条中属于秘书处的职责应暂时作为本公约保存国之一的大不列颠及北爱尔兰联合王国政府临时承担。

第十六条 本公约自1972年12月29日至1973年12月31日在伦敦、墨西哥城、莫斯科和华盛顿对所有国家开放签字。

第十七条 本公约须经批准。批准书应交墨西哥、苏维埃社会主义共和国联盟、大不列颠及北爱尔兰联合王国和美利坚合众国政府保存。

第十八条 1973年12月31日后,本公约应向所有其他国家开放加入。加入书应交墨西哥、苏维埃社会主义共和国联盟、大不列颠及北爱尔兰联合王国和美利坚合众国政府保存。

第十九条 (一)本公约应自第十五份批准书或加入书交存后第三十天生效。

(二)对于在交存第十五份批准书或加入书后批准或加入本公约的各个缔约国,本公约应在该国交存批准书或加入书后第三十天起对该缔约国生效。

第二十条 保存国应通知各缔约国:

(一)按照第十六条、第十七条、第十八条和二十一条规定关于本公约的签字以及批准书、加入书或退出书的交存情况;和

(二)按照第十九条规定,关于本公约生效的日期。

第二十一条 任何缔约国可以在书面通知一保存国后六个月退出本公约,该保存国应立即将这类通知告知所有缔约国。

第二十二条 本公约应交墨西哥、苏维埃社会主义共和国联盟、大不列颠及北爱尔兰联合王国和美利坚合众国政府保存,其英文、法文、俄文和西班牙文本具有同等效力。保存国应将经认证无误的副本分送所有国家。

下列各全权代表根据本国政府的正式授权签字于本公约,以昭信守。

注:(签名已略)

1972年12月29日订于伦敦、墨西哥城、莫斯科及华盛顿,共四份。附件一:

（一）有机卤素化合物。

（二）汞及汞化合物。

（三）镉及镉化合物。

（四）耐久塑料及其他耐久性合成材料,如渔网和绳索。这类物质能漂浮在海面或悬浮在水中,以致严重地妨碍捕鱼、航行或对海洋的其他合法利用。

（五）为倾倒的目的而装在船上的原油及其废物、经提炼的石油产品、石油馏出物残渣,以及含上述任何物质的混合物。

注：第（五）款是由1980年召开的第五届缔约国协商会议做的修正。第（五）款原文为"（五）为倾倒的目的装在船上的原油、燃油、重柴油、润滑油和压舱水,以及含有这些产品的混合物"。此修正案于1981年3月11日生效。

（六）在这一领域的国际主管机构（目前是国际原子能机构）根据公共卫生、生物或其他理由,确定为不宜在海上倾倒的强放射性废物和其他强放射性物质。

（七）为生物和化学战争制造的任何形态的物质（固体、液体、半液体、气体或活性物质）。

（八）本附件的上述条款不适用于通过海中物理、化学或生物过程迅速地转化为无害的物质,其前提是这些物质不会：

1. 使可食用的海洋生物变味；或
2. 危及人类和家畜家禽的健康。

如果对这些物质的无害性持有疑问,缔约国可遵循第十四条规定的程序进行协商。

（九）本附件不适用于含有上述第（一）至第（五）项所提及的物质之废物或其他材料（如阴沟淤泥和疏浚污物）的痕量沾污物。这类废物的倾倒相应地适用附件二和附件三的规定。

（十）本附件第（一）款和第（五）款不适用于通过海上焚烧而处置的在这些款项中提及的废物或其他物质。在海上焚烧这类废物和其他物质需要事先获得特别许可证。在为焚烧颁发特别许可证时,缔约国应适用本附件的附录（此附录为本附件整体的一部分）所载"海上焚烧废物及其他物质的管理条例",并充分考虑各缔约国协商通过的《海上焚烧废物及其他物质管理技术指南》。

注：第（十）款由1978年召开的第三次缔约国协商会议加入原案文。此修正案于1979年3月11日生效。

二、《1969年国际干预公海油污事故公约》

《国际干预公海油污事故公约》(International Convention Relating to Intervention in the High Seas in Cases of Oil Pollution Casualties)是1969年11月29日政府间海事协商组织在布鲁塞尔海上污染损害国际法会议上签订的公约,1975年5月6日生效。其宗旨是：保护沿岸国家利益,避免由于海上事故引起海上和沿岸油污危险的严重后果。

该公约正文有17条,并有附则,包括调解（12条）和仲裁两部分,共19条。其主要内容如下：

(1) 公约规定了沿岸国,在发生海上事故后,有在公海上采取必要措施的权利,以防止、减轻或消除对其沿岸海区和有关利益产生严重的和紧急的油污危险或油污威胁,但这些措施不能影响公海的自由原则。

(2) 本公约不针对军舰或其他属于国家所有或经营的,且当时为政府使用、从事非商业性服务的船舶采取措施。

(3)在采取措施前,应与受海上事故影响的其他国家,尤其是与船旗国进行协商,也可与没有利害关系的专家们进行协商。

(4)所采取的措施如超出前述1、2项的限度,而致使他方遭受的损失,应负赔偿责任。

(5)缔约国之间发生任何争议,又不能协商解决时,可按附则规定,在任一方要求下,提请调解或仲裁。

(6)处理油污费用由肇事船国家负责,若在肇事船被免责的情况下,由各会员国按此比例分担。

1973年政府间海事协商组织通过了修订公约的议定书,把公约的适用范围扩大到非油类的其他污染物,修订议定书于1983年生效。我国于1990年2月23日交存加入书,1990年5月24日对我国生效。

三、《1973年干预公海非油类物质污染议定书》

《1973年干预公海非油类物质污染议定书》是由国际组织在1973年11月2日于伦敦签订的条约。

本议定书各缔约国作为1969年11月29日在布鲁塞尔签订的国际干预公海油污事故公约的缔约国,考虑到1969年海洋污染损害国际法律会议所通过的关于非油类污染物的国际合作决议,还考虑到,按照该项决议,政府间海事协商组织与一切有关的国际组织合作,已加强了其在非油类污染物的各个方面的工作,兹协议如下:

第一条

1.本议定书的缔约国,在发生海上事故或与这种事故有关的行为后,如有理由预计到将造成重大的有害后果,则可在公海上采取必要的措施,以防止、减轻或消除由于非油类物质造成污染或污染威胁而对其海岸或有关利益产生的严重而紧迫的危险。

2.第1款中所指的"非油类物质"为:

(1)列于由本组织指定的适当机构所制定的名单中的物质,该项名单应作为本议定书的附件;以及

(2)其他易于危害人类健康、伤害生物资源和海生物、损害休憩环境或妨害对海洋的其他合法利用的物质。

3.每当进行干预的缔约国就上述第2款第(2)项中所述物质采取行动时,该缔约国有责任确证,该物质在进行干预时的情况下,会产生类似于上述第2款第(1)项所述名单中列举的任何物质所产生的严重而紧迫的危险。

第二条

1.《1969年干预公海油污事故公约》第一条第2款和第二至八条以及其附件的规定,应如同其适用于油类一样,适用于本议定书第一条中所述的物质。

2.就本议定书而言,该公约第三条第3款和第四条中所述的专家名单应予扩大,以包括能在非油类物质方面提供意见的专家。其人选由本组织的会员国和本议定书的缔约国提出。

第三条

1.第一条第2款第(1)项中所述的物质名单,应由本组织指定的适当机构保持常新。

2.本议定书的任一缔约国对该名单所提议的修正案,应提交本组织,并由本组织在该适当机构对之进行审议前至少3个月转发给本组织的所有会员国和本议定书的所有缔约国。

3.本议定书的缔约国,不论其是否为本组织的会员国,均有权参加该适当机构的会议。

4. 修正案须以到会并投票的本议定书缔约国的 2/3 多数票通过。

5. 修正案如按上述第 4 款的规定获得通过,则本组织应将其通知本议定书的所有缔约国,以供接受。

6. 该修正案,在通知后满 6 个月时,应视为已被接受,除非在此期限内有不少于 1/3 的本议定书的缔约国通知本组织表示反对。

7. 凡按上述第 6 款规定视为已被接受的修正案,应在其被接受后过 3 个月,对本议定书的所有缔约国生效,但对在该日期前声明不予接受者除外。

第四条

1. 本议定书对已签署或已加入第二条中所述公约的国家和被邀请出席 1973 年国际海洋污染会议的国家开放供签字,并自 1974 年 1 月 15 日起至 1974 年 12 月 31 日止在本组织总部继续开放供签字。

2. 除本条第 4 款的规定外,本议定书须经已签字的国家批准、接受或认可。

3. 除第 4 款的规定外,本议定书应对未签字的国家开放供加入。

4. 本议定书只可由业已批准、接受、认可或加入第二条中所述公约的国家批准、接受、认可或加入。

第五条

1. 批准、接受、认可或加入,须以相应的正式文件交存本组织秘书长。

2. 在本议定书的一项修正案已对所有现有缔约国生效之后或者在为该项修正案对所有现有缔约国生效所需的一切措施均已完成之后交存的任何批准、接受、认可或加入的文件,应认为适用于按该修正案所修订的本议定书。

第六条

1. 本议定书应在已有 15 个国家向本组织秘书长交存批准、接受、认可或加入文件之日后第 90 天生效,但本议定书不得在第二条中所述的公约生效之前生效。

2. 对于随后批准、接受、认可或加入本议定书的每个国家,本议定书应在该国交存相应的文件后第 90 天对之生效。

第七条

1. 本议定书的任何缔约国,可在本议定书对之生效之日后,随时退出本议定书。

2. 退出本议定书须以相应的文件交存本组织秘书长。

3. 退出本议定书,应在将退出文件交存本组织秘书长后经过 1 年或该文件中所指明的较长期限届满后生效。

4. 本议定书的一缔约国退出第二条所述的公约,即应视为也退出本议定书。这种退出,应在按照该公约第十二条第 3 款退出该公约生效之日同时生效。

第八条

1. 本组织可召开修订或修正本议定书的会议。

2. 在有不少于 1/3 的本议定书的缔约国提出要求时,本组织应召开缔约国会议,以修订或修正本议定书。

第九条

1. 本议定书应交本组织秘书长保存。

2. 本组织秘书长应:

(1) 将下列情况通知所有已签署或加入本议定书的国家:

①每一新的签字或文件的交存,以及其日期;
②本议定书生效的日期;
③任何退出本议定书的文件的交存以及退出生效的日期;
④对本议定书或其附件的任何修正案,以及对该修正案的任何反对或不予接受的声明。
(2)将核证无误的本议定书的副本分送给已签署或加入本议定书的所有国家。

第十条

本议定书一经生效后,本组织秘书长应即按联合国宪章第一百零二条的规定,将核证无误的副本一份送联合国秘书处登记和公布。

第十一条

本议定书正本一份,用英文、法文、俄文和西班牙文写成,四种文本具有同等效力。经正式授权的下列具名代表特签署本议定书,以昭信守。

附件:本组织海上环境保护委员会根据第一条第2款第(1)项制定的物质名单国际海事组织于1973年11月23日在其第八届大会上以决议 A.296(Ⅷ)指定海上环境保护委员会为本议定书第一条第2款第(1)项所述的适当机构。海上环境保护委员会经过审议,于1974年11月21日以决议 MEPC.1(Ⅱ)通过了此附件。

1. 油类(当散装运输时):

沥青溶液:调和油料屋顶用柏油直馏渣油。油类:澄清油,含有原油的混合物,铺路沥青,芳烃油类(不包括植物油),调和油料,矿物油,渗透润滑油锭子油透平油。馏分油:直馏油,急馏原料油。瓦斯油:裂化瓦斯油。汽油调和料类:烷化燃料重整产品聚合燃料。汽油类:天然汽油、车用汽油、航空汽油、直馏汽油。喷气机燃料类:JP-1(煤油)喷气燃料,JP-3喷气燃料,JP-4喷气燃料,JP-5(煤油,重质)喷气燃料,燃气轮机燃料,矿物油熔剂。石脑油:溶剂,石油,窄馏分油。

2. 有毒物质:醋酸酐,丙酮,2—甲基—2 羟基丙腈,丙烯醛,丙烯腈,艾氏剂,异硫氰酸烯丙酯,磷化铝氨(28% 水溶液),磷酸铵,戊硫醇,苯胺,盐酸苯胺,锑化合物,含砷化合物,阿特拉津(莠去津),谷硫磷(谷赛昂),叠氮化钡,氰化钡,氧化钡,苯,六氯化苯异构体(高丙体六六六),联苯胺,铍粉,溴,溴苯酰氰,丙烯酸丁酯,丁酸,卡可基酸,镉化合物,西维因(胺甲萘),二硫化碳,四氯化碳,氯丹(八氯化茚),氯丙酮,氯乙酰苯,氯二硝基苯,氯仿,氯醇类(粗),三氯硝基甲烷,铬酸(三氧化铬),木防己属(固体),铜化合物,甲酚,铜乙二氨,氰化合物,溴化氰,氯化氰,滴滴涕,二氯苯胺,二氯苯,狄氏剂,乐果(乐戈),二甲胺(40% 水溶液),二硝基苯胺,4,6—二硝基邻甲苯酚,二硝基酚,硫丹,异狄氏剂,表氯醇,溴醋酸乙酯,乙撑氯醇(2—氯乙醇),二氯乙烷乙基对硫磷,乙酸三苯基锡(薯瘟锡),氟硅酸,七氯,六氯苯,四磷酸六乙酯,氢氰酸,氢氟酸(40% 水溶液),异戊间二烯,铅化合物,高丙体六六六(六氯化苯,BHC),马拉硫磷,正汞化合物,甲醇,二氯甲烷,糖蜜,萘(熔融),萘硫脲,硝酸(90%),发烟硫酸,对硫磷,离子对草快(百草枯),酚,磷酸,元素磷,多卤联苯,五氯酚钠(溶液),苯乙烯单体,甲苯,甲基二异氰酸盐,毒杀芬,三甲苯基磷酸酯(磷酸三甲苯脂),2,4,5—三氯苯氧乙酸。

3. 液化气体(当散装运输时):乙醛,无水氨,丁二烯,丁烷,丁烷、丙烷混合物,丁烯,氯,二甲基胺,乙基氯,乙烷,乙烯,乙烯环氧,甲烷(液化天然气),甲基乙炔丙二烯混合物,甲基溴,甲基氯,丙烷,丙烯,乙烯基氯单体,无水氯化氢,无水氟化氢,二氧化硫。

4. 放射性物质:包括但不限于这样一些元素和化合物,即其同位素符合国际原子能机构出版的《放射性物质安全运输规则》(1973年修订版)第835节的要求,是用 A 类包装或 B 类包装进行储存或运输的物质和/或材料,或通过特殊安排进行运输的裂变材料或材料,例如:Co(60),Cs(137),Ra(226),Pu(239),U(235)。

四、《1969 年国际油污损害民事责任公约》

1992 年 11 月,国际海事组织(IMO)在伦敦召开的国际会议上通过了《〈1969 年国际油污损害民事责任公约〉1992 年议定书》(以下称 1992 年责任公约)。1992 年责任公约于 1996 年 5 月 30 日生效,目前已有 96 个国家加入了该公约。

经国务院批准,我国于 1999 年 1 月 5 日向国际海事组织交存了 1992 年责任公约加入书,成为该议定书的缔约国。根据议定书第十三条第 4 款的规定,该议定书于 2000 年 1 月 5 日对我国生效。

1. 适用范围

按照公约第 2 条的规定,公约适用于在下列区域内造成的污染损害:(1)缔约国的领土,包括领海;和(2)缔约国按照国际法设立的专属经济区;或者,如果缔约国未设立此种区域,则为该国按照国际法确立的,在其领海之外并与其领海毗连的,从测量其领海宽度的基线向外延伸不超过 200 海里的区域。公约同时还适用于不论在何处采取的用以防止或减少此种损害的预防措施。

"污染损害"系指:(a)油类从船上溢出或排放引起的污染在该船之外造成的灭失或损害,不论此种溢出或排放发生于何处;但是,对环境损害(不包括此种损害的利润损失)的赔偿,应限于已实际采取或将要采取的合理恢复措施的费用;(b)预防措施的费用及预防措施造成的进一步灭失或损害。

"油类"系指任何持久性烃类矿物油,如原油、燃料油、重柴油和润滑油,不论是在船上作为货物运输还是在此种船舶的燃料舱中。

2. 责任主体

在事故发生时的船舶所有人,或者,如果该事故系由一系列事件构成,则第一个此种事件发生时的船舶所有人,应对船舶因该事故而造成的任何污染损害负责。

当发生涉及两艘或更多船舶的事故并造成污染损害时,所有有关船舶的所有人,应对所有无法合理区分的此种损害负连带责任。

"船舶"系指为运输散装油类货物而建造或改建的任何类型的海船和海上航行器;但是,能够运输油类和其他货物的船舶,仅在其实际运输散装油类货物时,以及在此种运输之后的任何航行(已证明船上没有此种散装油类运输的残余物者除外)期间,才应视作船舶。

"船舶所有人"是指登记为船舶所有人的人,如果没有这种登记,则是指拥有该船的人。但如船舶为国家所有而由在该国登记为船舶经营人的公司所经营,"船舶所有人"即指这种公司。

"事故"系指具有同一起源的造成污染损害或形成造成此种损害的严重和紧迫威胁的任何一个或一系列事件。

根据公约第 7 条第 8 款的规定,对油污损害的任何索赔也可向承担船舶所有人油污损害责任的保险人或提供财务保证的其他人直接提出。

公约还明确规定了只有确定损害是第三人故意造成或明知可能造成此种损害而轻率地作为或不作为所致,才可以对该第三人提出污染损害赔偿请求。上述第三人包括:(1)船舶所有人的雇员或代理人,或船员;(2)引航员或为船舶提供服务但非属船员的任何其他人;(3)船舶的任何租赁人(不论如何定义,包括光船租赁人)、管理人或经营人;(4)经船舶所有人同意或根据主管公共当局指示进行救助作业的任何人;(5)采取预防措施的任何人;(6)第(3)、(4)和(5)项中所述人员的所有雇员或代理人。

3. 民事赔偿责任和免责条款

公约实行严格责任原则。只要油类从船上溢出或排放引起的污染在该船之外造成的灭失或损害,不论此种溢出或排放发生于何处,船舶所有人就要对污染承担民事赔偿责任。但是并不是绝对的,如果船舶所有人能够证实损害是属于以下情况的,则不负责任:

(1)由于战争行为、敌对行为、内战或武装暴动,或特殊的、不可避免的和不可抗拒性质的自然现象所引起的损害;

(2)完全是由于第三者有意造成损害的行为或怠慢所引起的损害;

(3)完全是由于负责灯塔或其他助航设备的政府或其他主管当局在执行其职责时,疏忽或其他过失行为所造成的损害。

如果船舶所有人证明,污染损害完全或部分地由于遭受损害人有意造成损害的行为或怠慢而引起,或是由于该人的疏忽所造成,则该船舶所有人即可全部或部分地免除对该人所负的责任。

4. 责任限额

1992年责任公约大幅提高了船舶所有人的责任限额,规定对于不超过5 000吨位的船舶,限额为3 000 000(2000年修正案已经提高为4 510 000)特别提款权;而对于超过5 000吨位的船舶,除上述金额外,对每一额外吨位另加420(2000年修正案已经提高为631)特别提款权,但该合计金额在任何情况下不应超过59 700 000(2000年修正案已经提高为89 770 000)特别提款权。

如证明该污染损害系由所有人故意造成或明知可能造成此种损害而轻率地作为或不作为所致,则该所有人无权根据本公约限制其赔偿责任。

5. 强制保险制度

1992年责任公约规定,船舶所有人可以选择实行强制保险制度或财务保证制度。实行强制保险制度或财务保证制度有利于受害人得到充分的补偿。

在缔约国登记的载运2 000吨以上散装货油船舶的船舶所有人必须进行保险或取得其财务保证,如银行保证或国际赔偿基金出具的证书等,保证数额按第5条第1款中规定的责任限度决定,以便按本公约规定承担其对油污损害所应负的责任。

缔约国的有关当局在确信上述要求已获得满足之后,应向每艘船舶颁发一份证书,证明保险或其他财务担保根据本公约的规定确属有效。对于在缔约国登记的船舶,这种证书应由船舶登记国的有关当局颁发或认证;对于不在缔约国登记的船舶,证书可由任何一个缔约国的有关当局颁发或认证。

6. 时效、管辖权及判决的承认和执行

油污损害赔偿请求的时效为3年,自损害发生之日起计算。无论如何不得在引起损害的事件发生之日起6年之后提出诉讼。如该事故包括一系列事件,6年的期限应自第一个事件发生之日起算。

公约规定,每一缔约国都应保证它的法院具有处理赔偿诉讼的必要管辖权。当某一事故

在一个或多个缔约国的领土(包括领海)或第二条所规定的区域中造成了污染损害时,或在这种领土(包括领海)或区域中采取了防止或减少污染损害的预防措施时,赔偿诉讼可向上述任何一个或多个缔约国的法院提起。上述任何诉讼的适当通知,均应送交被告人。

由具有上述管辖权的法院所做的任何判决,如可在原判决国实施而不再需通常复审手续时,除下列情况外,应为各缔约国所承认:

(1)判决是以欺骗取得;

(2)未给被告人以合理的通知和陈述其立场的公正机会。

按上述规定确认的判决,一经履行各缔约国所规定的各项手续之后,应在各国立即实施,在各项手续中不允许重提该案的是非。

7. 我国油污赔偿机制的完善

国际上建立的油污赔偿机制已运行20多年,被实践证明是科学和行之有效的,得到世界上越来越多国家的认可。缔约国发生的船舶油污损害,基本上都可以通过国际油污损害赔偿机制获得赔偿。

1969年责任公约及1992年责任公约为我国处理海上油污事故、保护海洋环境和受害者的利益,起到了良好的法律保障作用。"塔斯曼海"油污损害赔偿案就是这方面的佐证。该案是我国加入1992年责任公约以来的首例向外国船舶公司保险人进行索赔的案件,也是我国海洋行政管理部门在法律框架内提出污染海洋生态环境涉外索赔第一案,开创了维护我国海洋生态权益的先例。尽管如此,我国在油污损害赔偿制度方面仍需要进一步完善。

第九节 国内相关法规

适用对象:沿海航区及无限航区750 kW及以上船舶轮机长和大管轮。

知识要点概述:掌握国内相关法规规定的法律责任。

一、海上交通安全法有关规定

《中华人民共和国海上交通安全法》是我国海上交通安全管理的基本法,于1984年1月1日起施行。2016年11月7日,全国人大常委会对《中华人民共和国海上交通安全法》做出修改。该法共12章53条,分为:总则;船舶检验和登记;船舶、设施上的人员;航行、停泊和作业;安全保障;危险货物运输;海难救助;打捞清除;交通事故的调查处理;法律责任;特别规定;附则。

1. 总则

制定本法的目的,在于加强海上交通管理,保障船舶、设施和人命财产的安全,维护国家利益。

本法适用于在我国沿海水域航行、停泊和作业的一切船舶、设施和人员以及船舶、设施的所有人、经营人。

本法授权,中华人民共和国海事机关机构是对沿海水域的交通安全实施统一监督管理的主管机关。

2. 船舶检验和登记

船舶和船上有关航行安全的重要设备必须具有船舶检验部门签发的有效技术证书。

船舶必须持有船舶国籍证书，或船舶登记证书，或船舶执照。

3. 船舶、设施上的人员

船舶应当按照标准定额配备足以保证船舶安全的合格船员。

船长，轮机长，驾驶员，轮机员，无线电报务员，话务员以及水上飞机、潜水器的相应人员，必须持有合格的职务证书。其他船员必须经过相应的专业技术训练。

设施应当按照国家规定，配备掌握避碰、信号、通信、消防、救生等专业技能的人员。

船舶、设施上的人员必须遵守有关海上交通安全的规章制度和操作规程，保障船舶、设施航行、停泊和作业的安全。

4. 航行、停泊和作业

船舶、设施航行、停泊和作业，必须遵守我国的有关法律、行政法规和规章。

外国籍非军用船舶，未经主管机关批准，不得进入我国的内水和港口。但是，因人员病急、机件故障、遇难、避风等意外情况，未及获得批准，可以在进入的同时向主管机关报告，并听从指挥。外国籍军用船舶未经我国政府批准，不得进入我国领海。

国际航行船舶进出中华人民共和国港口，必须接受主管机关的检查。本国国籍国内航行船舶进出港口，必须向主管机关报告船舶的航次计划、适航状态、船员配备和载货载客等情况。

外国籍船舶进出我国港口或者在港内航行、移泊以及靠离港外系泊点、装卸站等，必须由主管机关指派引航员引航。

船舶进出港口或通过交通管制区、通航密集区和航行条件受限制的区域时，必须遵守我国政府或主管机关公布的特别规定。

除经主管机关特别许可，禁止船舶进入或穿越禁航区。

大型设施和移动式平台的海上拖带，必须经船舶检验部门进行拖航检验，并经主管机关核准。

主管机关发现船舶的实际情况同证书所载不相符时，有权责成其申请重新检验或者通知其所有人、经营人采取有效的安全措施。主管机关认为船舶对港口安全具有威胁时，有权禁止其进港或令其离港。

船舶、设施有下列情况之一的，主管机关有权禁止其离港，或令其停航、改航、停止作业：

(1) 违反我国有关的法律、行政法规或规章；

(2) 处于不适航或不适拖状态；

(3) 发生交通事故，手续未清；

(4) 未向主管机关或有关部门交付应承担的费用，也未提供适当的担保；

(5) 主管机关认为有其他妨害或可能妨害海上交通安全的情况。

5. 安全保障

在沿海水域进行水上水下施工以及划定相应的安全作业区，必须报经主管机关核准公告。无关的船舶不得进入安全作业区。施工单位不得擅自扩大安全作业区的范围。在港区内使用岸线或者进行水上水下施工包括架空施工，还必须附图报经主管机关审核同意。

在沿海水域划定禁航区，必须经国务院或主管机关批准。但为军事需要划定禁航区，可由国家军事主管部门批准。禁航区由主管机关公布。

未经主管机关批准,不得在港区、锚地、航道、通航密集区以及主管机关公布的航路内设置、构筑设施或者进行其他有碍航行安全的活动。对在上述区域内擅自设置、构筑的设施,主管机关有权责令其所有人限期搬迁或拆除。

禁止损坏助航标志和导航设施。损坏助航标志或导航设施的,应当立即向主管机关报告,并承担赔偿责任。

船舶、设施发现下列情况,应当迅速报告主管机关:
(1)助航标志或导航设施变异、失常;
(2)有妨碍航行安全的障碍物、漂流物;
(3)其他有碍航行安全的异常情况。

航标周围不得建造或设置影响其工作效能的障碍物。航标和航道附近有碍航行安全的灯光,应当妥善遮蔽。

设施的搬迁、拆除,沉船沉物的打捞清除,水下工程的善后处理,都不得遗留有阻碍航行和作业安全的隐患。在未妥善处理前,其所有人或经营人必须负责设置规定的标志,并将碍航物的名称、形状、尺寸、位置和深度准确地报告主管机关。

港口码头、港外系泊点、装卸站和船闸,应当加强安全管理,保持良好状态。

主管机关根据海上交通安全的需要,确定、调整交通管制区和港口锚地。港外锚地的划定,由主管机关报上级,上级机关批准后公告。

主管机关按照国家规定,负责统一发布航行警告和航行通告。

为保障航行、停泊和作业的安全,有关部门应当保持通信联络畅通,保持助航标志、导航设施明显有效,及时提供海洋气象预报和必要的航海图书资料。

船舶、设施发生事故,对交通安全造成或者可能造成危害时,主管机关有权采取必要的强制性处置措施。

6. 危险货物运输

船舶、设施储存、装卸、运输危险货物,必须具备安全可靠的设备和条件,遵守国家关于危险货物管理和运输的规定。

船舶装运危险货物,必须向主管机关办理申报手续,经批准后,方可进出港口或装卸。

7. 海难救助

船舶、设施或飞机遇难时,除发出呼救信号外,还应当以最迅速的方式将出事时间、地点、受损情况、救助要求以及发生事故的原因向主管机关报告。

遇难船舶、设施或飞机及其所有人、经营人应当采取一切有效措施组织自救。

事故现场附近的船舶、设施,收到求救信号或发现有人遭遇生命危险时,在不严重危及自身安全的情况下,应当尽力救助遇难人员,并迅速向主管机关报告现场情况和本船舶、设施的名称、呼号和位置。

发生碰撞事故的船舶、设施,应当互通名称、国籍和登记港,并尽一切可能救助遇难人员,在不严重危及自身安全的情况下,当事船舶不得擅自离开事故现场。

主管机关接到求救报告后,应当立即组织救助。有关单位和在事故现场附近的船舶、设施,必须听从主管机关的统一指挥。

外国派遣船舶或飞机进入中华人民共和国领海或领海上空搜寻救助遇难的船舶或人员,必须经主管机关批准。

8. 打捞清除

对影响安全航行、航道整治以及有潜在爆炸危险的沉没物、漂浮物,其所有人、经营人应当在主管机关限定的时间内打捞清除。否则,主管机关有权采取措施强制打捞清除,其全部费用由沉没物、漂浮物的所有人、经营人承担。本条规定不影响沉没物、漂浮物的所有人、经营人向第三方索赔的权利。

未经主管机关批准,不得擅自打捞或拆除沿海水域内的沉船沉物。

9. 交通事故的调查处理

船舶、设施发生交通事故,应当向主管机关递交事故报告书和有关资料,并接受调查处理,事故的当事人和有关人员,在接受主管机关调查时,必须如实提供现场情况和与事故有关的情节。

船舶、设施发生交通事故,由主管机关查明原因,判明责任。

10. 法律责任

对违反本法的,主管机关可视情节,给予下列一种或几种处罚:

(1) 警告;

(2) 扣留或吊销职务证书;

(3) 罚款。

当事人对主管机关给予的罚款、吊销职务证书处罚不服的,可以在接到处罚通知之日起15天内,向人民法院起诉;期满不起诉又不履行的,由主管机关申请人民法院强制执行。

因海上交通事故引起的民事纠纷,可以由主管机关调解处理,不愿意调解或调解不成的,当事人可以向人民法院起诉;涉外案件的当事人,还可以根据书面协议提交仲裁机构仲裁。

对违反本法构成犯罪的人员,由司法机关依法追究刑事责任。

11. 特别规定

国家渔政渔港监督管理机构,在以渔业为主的渔港水域内,行使本法规定的主管机关的职权,负责交通安全的监督管理,并负责沿海水域渔业船舶之间的交通事故的调查处理。具体实施办法由国务院另行规定。

海上军事管辖区和军用船舶、设施的内部管理,为军事目的进行水上水下作业的管理,以及公安船舶的检验登记、人员配备、进出港签证,由国家有关主管部门依据本法另行规定。

12. 附则

本法下列用语的含义是:

(1) 沿海水域,系指中华人民共和国沿海的港口、内水和领海以及国家管辖的一切其他海域。

(2) 船舶,系指各类排水或非排水船、筏、水上飞机、潜水器和移动式平台。

(3) 设施,系指水上水下各种固定或浮动建筑、装置和固定平台。

(4) 作业,系指在沿海水域调查、勘探、开采、测量、建筑、疏浚、爆破、救助、打捞、拖带捕捞、养殖、装卸、科学试验和其他水上水下施工。

二、《中华人民共和国海上交通事故调查处理条例》(1990)有关规定

1. 总则

为了加强海上交通安全管理,及时调查处理海上交通事故,根据《中华人民共和国海上交

通安全法》的有关规定,制定本条例。

中华人民共和国港务监督机构(现为海事局)是本条例的实施机关。

本条例适用于船舶、设施在中华人民共和国沿海水域内发生的海上交通事故。

以渔业为主的渔港水域内发生的海上交通事故和沿海水域内渔业船舶之间、军用船舶之间发生的海上交通事故的调查处理,国家法律、行政法规另有专门规定的,从其规定。

本条例所称海上交通事故是指船舶、设施发生的下列事故:

.1 碰撞、触碰或浪损;
.2 触礁或搁浅;
.3 火灾或爆炸;
.4 沉没;
.5 在航行中发生影响适航性能的机件或重要属具的损坏或灭失;
.6 其他引起财产损失和人身伤亡的海上交通事故。

2. 报告

船舶、设施发生海上交通事故,必须立即用甚高频电话、无线电报或其他有效手段向就近港口的港务监督报告。报告的内容应当包括:船舶或设施的名称、呼号、国籍、起讫港,船舶或设施的所有人或经营人名称,事故发生的时间、地点、海况以及船舶、设施的损害程度、救助要求等。

船舶、设施发生海上交通事故,除应按第五条规定立即提出扼要报告外,还必须按下列规定向港务监督提交海上交通事故报告书和必要的文书资料:

.1 船舶、设施在港区水域内发生海上交通事故,必须在事故发生后二十四小时内向当地港务监督提交。

.2 船舶、设施在港区水域以外的沿海水域发生海上交通事故,船舶必须在到达中华人民共和国的第一个港口后四十八小时内向港务监督提交;设施必须在事故发生后四十八小时内用电报向就近港口的港务监督报告海上交通事故报告书要求的内容。

.3 引航员在引领船舶的过程中发生海上交通事故,应当在返港后二十四小时内向当地港务监督提交海上交通事故报告书。

因特殊情况不能按规定时间提交海上交通事故报告书的,在征得港务监督同意后可予以适当延迟。

海上交通事故报告书应当如实写明下列情况:

.1 船舶、设施的概况和主要性能数据;
.2 船舶、设施所有人或经营人的名称、地址;
.3 事故发生的时间和地点;
.4 事故发生时的气象和海况;
.5 事故发生的详细经过(碰撞事故应附相对运动示意图);
.6 损害情况(附船舶、设施受损部位简图,难以在规定时间内查清的,应于检验后补报);
.7 船舶、设施沉没的,其沉没概位;
.8 与事故有关的其他情况。

海上交通事故报告必须真实,不得隐瞒或捏造。因海上交通事故致使船舶、设施发生损害,船长、设施负责人应申请中国当地或船舶第一到达港地的检验部门进行检验或鉴定,并应将检验报告副本送交港务监督备案。

前款检验、鉴定事项，港务监督可委托有关单位或部门进行，其费用由船舶、设施所有人或经营人承担。船舶、设施发生火灾、爆炸等事故，船长、设施负责人必须申请公安消防监督机关鉴定，并将鉴定书副本送交港务监督备案。

3．调查

在港区水域内发生的海上交通事故，由港区地的港务监督进行调查。在港区水域外发生的海上交通事故，由就近港口的港务监督或船舶到达的中华人民共和国的第一个港口的港务监督进行调查。

必要时，由中华人民共和国港务监督局指定的港务监督进行调查。

港务监督认为必要时，可以通知有关机关和社会组织参加事故调查。港务监督在接到事故报告后，应及时进行调查。调查应客观、全面，不受事故当事人提供材料的限制。根据调查工作的需要，港务监督有权：

.1 询问有关人员；

.2 要求被调查人员提供书面材料和证明；

.3 要求有关当事人提供航海日志、轮机日志、车钟记录、报务日志、航向记录、海图、船舶资料、航行设备仪器的性能以及其他必要的原始文书资料；

.4 检查船舶、设施及有关设备的证书、人员证书和核实事故发生前船舶的适航状态、设施的技术状态；

.5 检查船舶、设施及其货物的损害情况和人员伤亡情况；

.6 勘查事故现场，搜集有关物证。

港务监督在调查中，可以使用录音、照相、录像等设备，并可采取法律允许的其他调查手段。

被调查人必须接受调查，如实陈述事故的有关情节，并提供真实的文书资料。

港务监督人员在执行调查任务时，应当向被调查人员出示证件。港务监督因调查海上交通事故的需要，可以令当事船舶驶抵指定地点接受调查。当事船舶在不危及自身安全的情况下，未经港务监督同意，不得离开指定地点。

港务监督的海上交通事故调查材料，公安机关、国家安全机关、监察机关、检察机关、审判机关和海事仲裁委员会及法律规定的其他机关和人员因办案需要可以查阅、摘录或复制，审判机关确因开庭需要可以借用。

4．处理

港务监督应当根据对海上交通事故的调查，做出海上交通事故调查报告书，查明事故发生的原因，判明当事人的责任；构成重大事故的，通报当地检察机关。

海上交通事故调查报告书应包括以下内容：

.1 船舶、设施的概况和主要数据；

.2 船舶、设施所有人或经营人的名称和地址；

.3 事故发生的时间、地点、过程、气象海况、损害情况等；

.4 事故发生的原因及依据；

.5 当事人各方的责任及依据；

.6 其他有关情况。

对海上交通事故的发生负有责任的人员，港务监督可以根据其责任的性质和程度依法给予下列处罚：

.1 对中国籍船员、引航员或设施上的工作人员,可以给予警告、罚款或扣留、吊销职务证书；

.2 对外国籍船员或设施上的工作人员,可以给予警告、罚款或将其过失通报其所属国家的主管机关。

对海上交通事故的发生负有责任的人员及船舶、设施的所有人或经营人,需要追究其行政责任的,由港务监督提交其主管机关或行政监察机关处理；构成犯罪的,由司法机关依法追究刑事责任。

根据海上交通事故发生的原因,港务监督可责令有关船舶、设施的所有人、经营人限期加强对所属船舶、设施的安全管理。对拒不加强安全管理或在期限内达不到安全要求的,港务监督有权责令其停航、改航、停止作业,并可采取其他必要的强制性处置措施。

5. 调解

对船舶、设施发生海上交通事故引进的民事侵权赔偿纠纷,当事人可以申请港务监督调解。调解必须遵循自愿、公平的原则,不得强迫。

前条民事纠纷,凡已向海事法院起诉或申请海事仲裁机构仲裁的,当事人不得再申请港务监督调解。

调解由当事人各方在事故发生之日起三十日内向负责该事故调查的港务监督提交书面申请。港务监督要求提供担保的,当事人应附经济赔偿担保证明文件。

经调解达成协议的,港务监督应制作调解书。调解书应当写明当事人的姓名或名称、住所、法定代表人或代理人的姓名及职务、纠纷的主要事实、当事人的责任、协议的内容、调解费的承担、调解协议履行的期限。调解书由当事人各方共同签字,并经港务监督盖印确认。调解书应交当事方各持一份,港务监督留存一份。

调解达成协议的,当事人各方应当自动履行。达成协议后当事人反悔的或逾期不履行协议的,视为调解不成。

凡向港务监督申请调解的民事纠纷,当事人中途不愿调解的,应当向港务监督递交撤销调解的书面申请,并通知对方当事人。

港务监督自收到调解申请书之日起三个月内未能使当事人各方达成调解协议的,可以宣布调解不成。

不愿意调解或调解不成的,当事人可以向海事法院起诉或申请海事仲裁机构仲裁。

凡申请港务监督调解的,应向港务监督缴纳调解费。调解的收费标准,由交通部(现交通运输部)会同国家物价局、财政部制定。经调解达成协议的,调解费用按当事人过失比例或约定的数额分摊；调解不成的,由当事人各方平均分摊。

6. 罚则

违反本条例规定,有下列行为之一的,港务监督可视情节对有关当事人(自然人)处以警告或者二百元以下罚款；对船舶所有人、经营人处以警告或者五千元以下罚款：

.1 未按规定的时间向港务监督报告事故或提交海上交通事故报告书或本条例要求的判决书、裁决书、调解书的副本的；

.2 未按港务监督要求驶往指定地点,或在未出现危及船舶安全的情况下未经港务监督同意擅自驶离指定地点的；

.3 事故报告或海上交通事故报告书的内容不符合规定要求或不真实,影响调查工作进行或给有关部门造成损失的;

.4 违反第九条规定,影响事故调查的;

.5 拒绝接受调查或无理阻挠、干扰港务监督进行调查的;

.6 在受调查时故意隐瞒事实或提供虚假证明的。

如果当事人的行为构成犯罪,由司法机关依法追究其刑事责任。

对违反本条例规定,玩忽职守、滥用职权、营私舞弊、索贿受贿的港务监督人员,由行政监察机关或其所在单位给予行政处分;构成犯罪的,由司法机关依法追究刑事责任。

当事人对港务监督依据本条例给予的处罚不服的,可以依法向人民法院提起行政诉讼。

7. 特别规定

中国籍船舶在中华人民共和国沿海水域以外发生的海上交通事故,其所有人或经营人应当向船籍港的港务监督报告,并于事故发生之日起六十日内提交海上交通事故报告书。

如果事故在国外诉讼、仲裁或调解,船舶所有人或经营人应在诉讼、仲裁或调解结束后六十日内将判决书、裁决书或调解书的副本或影印件报船籍港的港务监督备案。

派往外国籍船舶任职的持有中华人民共和国船员职务证书的中国籍船员对海上交通事故的发生负有责任的,其派出单位应当在事故发生之日起六十日内向签发该职务证书的港务监督提交海上交通事故报告书。海上交通事故的调查处理,按本条例的有关规定办理。

8. 附则

对违反海上交通安全管理法规进行违章操作,虽未造成直接的交通事故,但构成重大潜在事故隐患的,港务监督可以依据本条例进行调查和处罚。

因海上交通事故产生的海洋环境污染,按照我国海洋环境保护的有关法律、法规处理。

三、《中华人民共和国船舶安全营运和防止污染管理规则》(NSM 规则)有关规定

1. 概述

《中华人民共和国船舶安全营运和防止污染管理规则》是为了保障水上交通安全,保护水域环境,应用《国际船舶安全营运和防止污染管理规则》(ISM 规则)的原理,结合我国实际情况而制定的规则。自 2003 年 1 月 1 日起对国内跨省航行载客定额 50 人及以上的客船(包括客滚船、旅游船、高速客船),150 总吨及以上的气体运输船和散装化学品船生效。该规则对其他船舶的具体生效日期另行通知,原则上对油船不迟于 2003 年 7 月 1 日生效。

2. 规则的构成和性质

本规则主要由两大部分构成。第一部分实施主要包括总则,安全和环境保护方针,公司的责任和权力,指定人员,船长的责任和权力,人力资源,船上操作方案的制定,应急准备,不符合规定的情况、事故和险情的报告和分析,船舶和设备的维护,文件,内部审核、有效性评价和管理复查。第二部分审核发证主要包括发证和定期审核、临时发证、审核管理和证书。

前言指出,本规则是为了提供船舶安全和防止污染的管理标准。考虑到航运公司及其船舶状况各有不同,本规则依据安全和防污染要求的一般原则和总体目标制定。本规则用概括性术语写成,船岸不同层次的管理人员应当对所列条款具有适应其岗位需要的理解和认识。

高级领导层的承诺是做好安全管理工作的基础,各级人员的责任心、能力、态度和主观能动性则对船舶的安全和防污染起决定性作用。

3. 规则的主要内容

(1)第一部分 实施

①总则

a. 定义

以下定义适用于第一部分和第二部分。

"本规则"系指由中华人民共和国交通部(现交通运输部)颁布的《中华人民共和国船舶安全营运和防止污染管理规则》。

"公司"系指中国籍船舶的所有人,或已承担船舶所有人的船舶营运责任并同意承担本规则规定的所有责任和义务的任何组织,如船舶管理人或光船承租人。

"主管机关"系指中华人民共和国海事管理机构。

"安全管理体系"系指能使公司人员有效执行公司安全和环境保护方针的结构化和文件化的体系。

"符合证明"系指签发给公司,表明该公司符合本规则要求的证明文件。

"安全管理证书"系指签发给船舶,表明其公司和船上管理已按照认可的安全管理体系运作的证明文件。

"客观证据"系指通过观察、衡量或测试获得并被证实的有关安全或安全管理体系要素的量或质的信息、记录或事实声明。

"不符合规定的情况"系指已发现的客观证据表明不满足某一具体规定要求的情况。

"重大不符合规定的情况"系指已发现的对人员或船舶安全构成严重威胁或对环境构成严重危险,并需要立即采取纠正措施的事项或情况,包括未能有效和系统地实施本规则的有关要求。

"周年日"系指对应于有关证明文件有效截止日期的每年的该月该日。

b. 目标

本规则的目标是保障水上交通安全,防止人员伤亡,避免对环境,特别是水域环境造成危害以及造成财产损失。

公司的安全管理目标应包括:

.1 提供船舶营运的安全做法和安全工作环境;

.2 针对已认定的所有风险制定防范措施;

.3 不断提高船、岸人员的安全管理技能以及安全与环境保护应急反应能力。

公司的安全管理体系应保证:

.1 符合强制性规定和标准;

.2 充分考虑国际海事组织、主管机关、船舶检验机构和行业组织所建议的规则、指南和标准。

c. 适用范围

本规则适用于国内航行船舶及其公司。

d. 安全管理体系的功能要求

公司应建立、实施并保持包括以下功能要求的安全管理体系:

.1 安全和环境保护方针;

.2 保证船舶的安全和防污染操作符合有关规定和标准的工作程序和须知;

.3 船、岸人员的职责、权限和相互间的联系渠道;

.4 事故和不符合规定情况的报告程序;

.5 对紧急情况的准备和反应程序;

.6 内部审核、有效性评价和管理复查程序。

②安全和环境保护方针

公司应制定安全和环境保护方针,其内容应能说明如何实现所述目标。

公司应当采取措施,确保船岸各级机构均能始终贯彻执行此方针。

③公司的责任和权力

如果负责船舶安全和防污染管理责任的实体不是船舶所有人,则船舶所有人与该实体必须签订符合以下规定的船舶管理协议,并将双方的详细情况报告主管机关:

.1 当船舶安全和防污染与生产、经营、效益发生矛盾时,应当坚持安全第一和保护环境的原则;

.2 船舶管理公司同意承担本规则所规定的所有责任和义务;

.3 在不妨碍船长履行其职责并独立行使其权力的前提下,船舶管理公司对处理涉及船舶安全和防污染的事务具有最终决定权。

对管理、执行以及审核监控安全和防污染工作的所有人员,公司应当用文件形式明确规定其责任、权力及相互关系。

为使指定人员能够履行职责,公司有责任对其提供足够的资源和岸基支持。

④指定人员

公司应当任命指定人员,以直接同最高管理层联系,提供公司与船舶的联系渠道。

公司应当以文件形式明确规定指定人员的责任和权力。指定人员的责任和权利应包括:

.1 对公司船、岸的安全和防污染工作进行监控;

.2 确保公司向船舶提供足够的资源和岸基支持。

⑤船长的责任和权力

公司应当以文件形式明确规定船长的下列责任:

.1 执行公司的安全和环境保护方针;

.2 激励船员遵守该方针;

.3 以简明方式发布相应的指令;

.4 核查具体要求的遵守情况;

.5 复查安全管理体系并向公司岸上管理部门报告其存在的缺陷。

公司应当保证在安全管理体系中包含一个强调船长权力的明确声明,确立船长的绝对权力和责任,以便船长能够就安全和防污染事务做出决定,并在必要时要求公司给予协助。

⑥人力资源

公司应当确保船长:

.1 具有适当的指挥资格;

.2 完全熟悉公司的安全管理体系;

.3 得到必要的支持,以便可靠地履行其职责。

公司应当保证按照有关规定为每艘船舶配备合格并健康的船员。

公司应当建立有关程序,以便保证涉及安全和环境保护工作的新聘和转岗人员熟悉其职责,凡需在开航前发出的重要指令均应当标明并以书面形式下达。

公司应当保证安全管理体系内的所有人员充分地理解有关规定、标准和相关指南。

公司应当建立有关程序,以标识为支持安全管理体系可能需要的任何培训,并保证向所有相关人员提供这种培训。

公司应当建立有关程序,确保船员能够及时获得有关安全管理体系的信息。

公司应当保证船员在履行其涉及安全管理体系的职责时能够有效地交流。

⑦船上操作方案的制定

对涉及船舶安全和防止污染的关键性的船上操作,公司应当建立制定有关方案和须知(包括需要的检查清单)的程序。与之相关的各项工作,应明确规定由适任人员承担。

⑧应急准备

公司应当建立程序,以标识、描述船上可能出现的紧急情况,并明确对这些紧急情况如何做出反应。公司应当制订应急行动的训练和演习计划。

安全管理体系应提供措施,确保公司能在任何时候对其船舶所面临的危险、紧急情况和事故做出反应。

⑨不符合规定的情况、事故和险情的报告和分析

公司应当建立程序,确保不符合规定的情况、事故和险情及时报告公司,并保证进行调查和分析,以便改进安全和防污染工作。

公司应当建立实施纠正措施的程序。

⑩船舶和设备的维护

公司应当制定程序,保证船舶及设备按照有关规定和标准以及公司可能制定的任何附加要求进行维护。

为满足这些要求,公司应当保证:

.1 按照适当的间隔期进行检查;

.2 任何不符合规定的情况及可能的原因得到报告;

.3 采取适当的纠正措施;

.4 保存这些活动的记录。

公司应当制定有关程序,以便标识那些会因突发性运行故障而导致险情的设备和技术系统,并提供具体措施,以提高这些设备和系统的可靠性。这些措施应当包括对备用装置及设备或非连续使用的技术系统的定期测试。

所述的检查和所提及的措施应纳入船舶的日常操作性维护。

⑪文件

公司应当建立有关程序,对与安全管理体系有关的所有文件和资料进行控制。

公司应当保证:

.1 在所有相关场所均能够获得有效的文件;

.2 文件的更改应由经授权的人审查批准;

.3 被废止的文件应及时清除。

用于阐述和实施安全管理体系的文件可称为"安全管理手册"。公司应以最有效的方式保存文件。每艘船舶均应配备与之有关的全部文件。

⑫内部审核、有效性评价和管理复查

公司应当定期开展内部审核,以核查安全与防污染活动是否符合安全管理体系的要求。

除非由于公司的规模和性质不可能做到,实施内部审核的人员应当不从属于被审核的部门。

公司应当定期评价安全管理体系的有效性,必要时还应当对安全管理体系进行管理复查。

内部审核及管理复查的结果应当告知所有负有责任的人员,以提请他们注意。负有责任的管理人员应当对所发现的缺陷及时采取纠正措施。

内部审核、有效性评价、管理复查及可能采取的纠正措施应当按文件规定的程序进行。

(2) 第二部分 审核发证

①发证和定期审核

船舶应当由已取得与该船相关的"符合证明"或符合要求的"临时符合证明"的公司营运。

对于符合本规则要求的公司,主管机关将签发有效期不超过5年的"符合证明"。该证明作为公司符合本规则要求的证据。

"符合证明"只对适用的船舶种类有效。船舶种类以初次审核确定的为准。"符合证明"新增船种,必须通过审核并证实公司的管理能力满足本规则关于该船种的要求。

"符合证明"的有效性服从于由主管机关在周年日前后三个月内进行的年度审核。

如果公司没有申请所要求的年度审核,或者有客观证据表明存在重大不符合规定情况的,主管机关将收回"符合证明"。

如果收回"符合证明",所有相关的"安全管理证书"或"临时安全管理证书"也应收回。

船上应当保存一份"符合证明"副本,以便船长在接受主管机关查验时出示。

经审核,船上的管理及操作符合经认可的公司安全管理体系要求的,主管机关或主管机关认可的机构将向船舶签发有效期不超过5年的"安全管理证书"。该证书作为船舶符合本规则有关要求的证据。

"安全管理证书"的有效性服从于由主管机关或主管机关认可的机构进行的至少一次的中间审核。如果只进行一次中间审核,且"安全管理证书"的有效期为5年,中间审核须在证书的第二和第三个周年日之间进行。

如果公司没有申请所要求的中间审核,或者有客观证据表明存在重大不符合规定情况的,主管机关将收回"安全管理证书"。

公司应当在"符合证明"或"安全管理证书"有效期届满前申请换证审核。当换证审核在所持"符合证明"或"安全管理证书"有效期届满之前三个月内完成时,新签发的"符合证明"或"安全管理证书"自完成换证审核之日起有效,且有效期自原证书有效期届满之日起不超过五年。

当换证审核在所持"符合证明"或"安全管理证书"有效期届满之日三个月前完成时,新签发的"符合证明"或"安全管理证书"自完成换证审核之日起有效,且有效期自完成换证审核之日起不超过五年。

②临时发证

新成立的公司或对"符合证明"增加船种的公司,主管机关在审核公司安全管理体系满足本规则目标要求后,向其签发有效期不超过十二个月的"临时符合证明",但该公司必须做出在"临时符合证明"有效期内实施满足本规则全部要求的安全管理体系的计划。"临时符合证明"的一份副本应当保存在船上,以便船长在接受主管机关查验时出示。

新造船舶交付使用或公司新承担对某一船舶的安全和防污染管理责任的,经主管机关或主管机关认可的机构审核确认满足下述要求后,向船舶签发有效期不超过六个月的"临时安全管理证书":

.1 "符合证明"或"临时符合证明"覆盖了该船种;
.2 公司已向船舶提供了安全管理体系文件及相关信息;
.3 公司已做好三个月内对该船实施内部审核的计划;
.4 高级船员熟悉安全管理体系及其实施的计划安排;
.5 标明为重要的指令已在开航前下达。

特殊情况下,主管机关可以对"临时安全管理证书"的有效期做出不超过六个月的展期。

③审核管理

有关安全管理体系审核发证的规则及程序,由中华人民共和国海事局制定。

④证书

"符合证明""安全管理证书""临时符合证明""临时安全管理证书"由中华人民共和国海事局确定格式并统一制作。

四、《中华人民共和国船舶安全监督规则》

《中华人民共和国船舶安全监督规则》已于 2017 年 5 月 17 日经第八次部务会议通过,现予公布,自 2017 年 7 月 1 日起施行。

1. 总则

为了保障水上人命、财产安全,防止船舶造成水域污染,规范船舶安全监督工作,根据《中华人民共和国海上交通安全法》《中华人民共和国海洋环境保护法》《中华人民共和国港口法》《中华人民共和国内河交通安全管理条例》《中华人民共和国船员条例》等法律法规和我国缔结或者加入的有关国际公约的规定,制定本规则。

本规则适用于对中国籍船舶和水上设施以及航行、停泊、作业于我国管辖水域的外国籍船舶实施的安全监督工作。本规则不适用于军事船舶、渔业船舶和体育运动船艇。

船舶安全监督管理应遵循依法、公正、诚信、便民的原则。

交通运输部主管全国船舶安全监督工作。国家海事管理机构统一负责全国船舶安全监督工作。各级海事管理机构按照职责和授权开展船舶安全监督工作。

本规则所称船舶安全监督,是指海事管理机构依法对船舶及其从事的相关活动是否符合法律、法规、规章以及有关国际公约和港口国监督区域性合作组织的规定而实施的安全监督管理活动。船舶安全监督分为船舶现场监督和船舶安全检查。船舶现场监督,是指海事管理机构对船舶实施的日常安全监督抽查活动。船舶安全检查,是指海事管理机构按照一定的时间间隔对船舶的安全和防污染技术状况、船员配备及适任状况、海事劳工条件实施的安全监督检查活动,包括船旗国监督检查和港口国监督检查。

海事管理机构应当配备必要的人员、装备、资料等,以满足船舶安全监督管理工作的需要。

船舶现场监督应当由具备相应职责的海事行政执法人员实施。

从事船舶安全检查的海事行政执法人员应当取得相应等级的资格证书,并不断更新知识。

海事管理机构应当建立对船舶安全状况的社会监督机制,公布举报、投诉渠道,完善举报和投诉处理机制。海事管理机构应当为举报人、投诉人保守秘密。

2. 船舶进出港报告

中国籍船舶在我国管辖水域内航行应当按照规定实施船舶进出港报告。

船舶应当在预计离港或者抵港 4 小时前向将要离泊或者抵达港口的海事管理机构报告进

出港信息。航程不足4小时的,在驶离上一港口时报告。船舶在固定航线航行且单次航程不超过2小时的,可以每天至少报告一次进出港信息。船舶应当对报告的完整性和真实性负责。

船舶报告的进出港信息应当包括航次动态、在船人员信息、客货载运信息、拟抵离时间和地点等。

船舶可以通过互联网、传真、短信等方式报告船舶进出港信息,并在船舶航海或者航行日志内做相应的记载。

海事管理机构与水路运输管理部门应当建立信息平台,共享船舶进出港信息。

3. 船舶综合质量管理

海事管理机构应当建立统一的船舶综合质量管理信息平台,收集、处理船舶相关信息,建立船舶综合质量档案。

船舶综合质量管理信息平台应当包括下列信息:
①船舶基本信息;
②船舶安全与防污染管理相关规定落实情况;
③水上交通事故情况和污染事故情况;
④水上交通安全违法行为被海事管理机构行政处罚情况;
⑤船舶接受安全监督的情况;
⑥航运公司和船舶的安全诚信情况;
⑦船舶进出港报告或者办理进出港手续情况;
⑧按照相关规定缴纳相关费税情况;
⑨船舶检验技术状况。

海事管理机构应当按照第十六条所述信息开展船舶综合质量评定,综合质量评定结果应当向社会公开。

4. 船舶安全监督

(1)安全监督目标船舶的选择

海事管理机构对船舶实施安全监督,应当减少对船舶正常生产作业造成的不必要影响。

国家海事管理机构应当制定安全监督目标船舶选择标准。海事管理机构应当结合辖区实际情况,按照全面覆盖、重点突出、公开便利的原则,依据我国加入的港口国监督区域性合作组织和国家海事管理机构规定的目标船舶选择标准,综合考虑船舶类型、船龄、以往接受船舶安全监督的缺陷、航运公司安全管理情况等,按照规定的时间间隔,选择船舶实施船舶安全监督。

按照目标船舶选择标准未列入选船目标的船舶,海事管理机构原则上不登船实施船舶安全监督,但按照第二十一条规定开展专项检查的除外。

国家重要节假日、重大活动期间,或者针对特定水域、特定安全事项、特定船舶需要进行检查的,海事管理机构可以综合运用船舶安全检查和船舶现场监督等形式,开展专项检查。

(2)船舶安全监督

船舶现场监督的内容包括:
①中国籍船舶自查情况;
②法定证书文书配备及记录情况;
③船员配备情况;
④客货载运及货物系固绑扎情况;

⑤船舶防污染措施落实情况；
⑥船舶航行、停泊、作业情况；
⑦船舶进出港报告或者办理进出港手续情况；
⑧按照相关规定缴纳相关费税情况。
船舶安全检查的内容包括：
①船舶配员情况；
②船舶、船员配备和持有有关法定证书文书及相关资料情况；
③船舶结构、设施和设备情况；
④客货载运及货物系固绑扎情况；
⑤船舶保安相关情况；
⑥船员履行其岗位职责的情况，包括对其岗位职责相关的设施、设备的维护保养和实际操作能力等；
⑦海事劳工条件；
⑧船舶安全管理体系运行情况；
⑨法律、法规、规章以及我国缔结、加入的有关国际公约要求的其他检查内容。

海事管理机构应当按照船舶安全监督的内容，制定相应的工作程序，规范船舶安全监督活动。

海事管理机构完成船舶安全监督后应当签发相应的《船舶现场监督报告》、《船旗国监督检查报告》或者《港口国监督检查报告》，由船长或者履行船长职责的船员签名。《船舶现场监督报告》《船旗国监督检查报告》《港口国监督检查报告》一式两份，一份由海事管理机构存档，一份留船备查。

船舶现场监督中发现船舶存在危及航行安全、船员健康、水域环境的缺陷或者水上交通安全违法行为的，应当按照规定进行处置。发现存在需要进一步进行安全检查的船舶安全缺陷的，应当启动船舶安全检查程序。

（3）船舶安全缺陷处理

海事行政执法人员在船舶安全监督过程中发现船舶存在缺陷的，应当按照相关法律、法规、规章和公约的规定，提出下列处理意见：
①警示教育；
②开航前纠正缺陷；
③在开航后限定的期限内纠正缺陷；
④滞留；
⑤禁止船舶进港；
⑥限制船舶操作；
⑦责令船舶驶向指定区域；
⑧责令船舶离港。

安全检查发现的船舶缺陷不能在检查港纠正时，海事管理机构可以允许该船驶往最近的可以修理的港口，并及时通知修理港口的海事管理机构。修理港口超出本港海事管理机构管辖范围的，本港海事管理机构应当通知修理港口海事管理机构进行跟踪检查。修理港口海事管理机构在收到跟踪检查通知后，应当对船舶缺陷的纠正情况进行验证，并及时将验证结果反馈至发出通知的海事管理机构。

海事管理机构采取本规则措施的,应当将采取措施的情况及时通知中国籍船舶的船籍港海事管理机构,或者外国籍船舶的船旗国政府。

由于存在缺陷,被采取本规则措施的船舶,应当在相应的缺陷纠正后向海事管理机构申请复查。被采取其他措施的船舶,可以在相应缺陷纠正后向海事管理机构申请复查,不申请复查的,在下次船舶安全检查时由海事管理机构进行复查。海事管理机构收到复查申请后,决定不予本港复查的,应当及时通知申请人在下次船舶安全检查时接受复查。复查合格的,海事管理机构应当及时解除相应的处理措施。

船舶有权对海事行政执法人员提出的缺陷和处理意见进行陈述和申辩。船舶对于缺陷和处理意见有异议的,海事行政执法人员应当告知船舶申诉的途径和程序。

海事管理机构在实施船舶安全监督中,发现航运公司安全管理存在问题的,应当要求航运公司改正,并将相关情况通报航运公司注册地海事管理机构。

海事管理机构应当将影响安全的重大船舶缺陷以及导致船舶被滞留的缺陷,通知航运公司、相关船舶检验机构或者组织。船舶存在缺陷或者隐患,以及船舶安全管理存在较为严重问题,可能影响其运输资质条件的,海事管理机构应当将有关情况通知相关水路运输管理部门,水路运输管理部门应当将处理情况反馈给相应的海事管理机构。水路运输管理部门在市场监管中,发现可能影响到船舶安全的问题,应当将有关情况通知相应海事管理机构,海事管理机构应当将处理情况反馈给相应水路运输管理部门。

船舶以及相关人员,应当按照海事管理机构签发的《船舶现场监督报告》《船旗国监督检查报告》《港口国监督检查报告》等的要求,对存在的缺陷进行纠正。航运公司应当督促船舶按时纠正缺陷,并将纠正情况及时反馈给实施检查的海事管理机构。船舶检验机构应当核实有关缺陷纠正情况,需要进行临时检验的,应当将检验报告及时反馈给实施检查的海事管理机构。

中国籍船舶的船长应当对缺陷纠正情况进行检查,并在航行日志或者航海日志中进行记录。

船舶应当妥善保管船舶现场监督报告、船旗国监督检查报告、港口国监督检查报告,在船上保存至少2年。

除海事管理机构外,任何单位和个人不得扣留、收缴船舶现场监督报告、船旗国监督检查报告、港口国监督检查报告,或者在上述报告中进行签注。

任何单位和个人,不得擅自涂改、故意损毁、伪造、变造、租借、骗取和冒用船舶现场监督报告、船旗国监督检查报告、港口国监督检查报告。

船舶现场监督报告、船旗国监督检查报告、港口国监督检查报告的格式由国家海事管理机构统一制定。

中国籍船舶在境外发生水上交通事故,或者被滞留、禁止进港、禁止入境、驱逐出港(境)的,航运公司应当及时将相关情况向船籍港海事管理机构报告,海事管理机构应当做好相应的沟通协调和给予必要的协助。

5. 船舶安全责任

航运公司应当履行安全管理与防止污染的主体责任,建立、健全船舶安全与防污染制度,对船舶及其设备进行有效维护和保养,确保船舶处于良好状态,保障船舶安全,防止船舶污染环境,为船舶配备满足最低安全配员要求的适任船员。

中国籍船舶应当建立开航前自查制度。船舶在离泊前应当对船舶安全技术状况和货物装载情况进行自查,按照国家海事管理机构规定的格式填写船舶开航前安全自查清单,并在开航前由船长签字确认。船舶在固定航线航行且单次航程不超过2小时的,无须每次开航前均进行自查,但一天内应当至少自查一次。船舶开航前安全自查清单应当在船上保存至少2年。

船长应当妥善安排船舶值班,遵守船舶航行、停泊、作业的安全规定。

船舶应当遵守港口所在地有关管理机构关于恶劣天气限制开航的规定。航行于内河水域的船舶应当遵守海事管理机构发布的关于枯水季节通航限制的通告。

船舶检验机构应当确保检验的全面性、客观性、准确性和有效性,保证检验合格的船舶具备安全航行、安全作业的技术条件,并对出具的检验证书负责。

配备自动识别系统等通信、导/助航设备的船舶应当始终保持相关设备处于正常工作状态,准确完整显示本船信息,并及时更新抵、离港名称和时间等相关信息。相关设备发生故障的,应当及时向抵达港海事管理机构报告。

任何单位和个人不得阻挠、妨碍海事行政执法人员对船舶进行船舶安全监督。

海事行政执法人员在开展船舶安全监督时,船长应当指派人员配合。指派的配合人员应当如实回答询问,并按照要求测试和操纵船舶设施、设备。

海事管理机构通过抽查实施船舶安全监督,不能代替或者免除航运公司、船舶、船员、船舶检验机构及其他相关单位和个人在船舶安全、防污染、海事劳工条件和保安等方面应当履行的法律责任和义务。

6. 法律责任

违反本规则,有下列行为之一的,由海事管理机构对违法船舶所有人或者船舶经营人处1 000元以上1万元以下罚款;情节严重的,处1万元以上3万元以下罚款。对船长或者其他责任人员处100元以上1 000元以下罚款;情节严重的,处1 000元以上3 000元以下罚款,并可扣留船员适任证书6个月至12个月:

①拒绝或者阻挠船舶安全监督的;

②弄虚作假欺骗海事行政执法人员的;

③未按照船舶现场监督报告、船旗国监督检查报告、港口国监督检查报告的处理意见纠正缺陷或者采取措施的;

④按照第三十条第一款规定应当申请复查而未申请的;

⑤涂改、故意损毁、伪造、变造、租借、骗取和冒用船舶现场监督报告、船旗国监督检查报告、港口国监督检查报告的。

船舶未按照规定开展自查或者未随船保存船舶自查记录的,对船舶所有人或者船舶经营人处1 000元以上1万元以下罚款。

船舶未按照规定随船携带或者保存船舶现场监督报告、船旗国监督检查报告、港口国监督检查报告的,海事管理机构应当责令其改正,并对违法船舶所有人或者船舶经营人处1 000元以上1万元以下罚款。

船舶进出内河港口,未按照规定向海事管理机构报告船舶进出港信息的,对船舶所有人或者船舶经营人处5 000元以上5万元以下罚款。船舶进出沿海港口,未按照规定向海事管理机构报告船舶进出港信息的,对船舶所有人或者船舶经营人处5 000元以上3万元以下罚款。

实施船舶安全检查中发现船舶存在的缺陷与船舶检验机构有关的,海事管理机构应当按照相关规定进行处罚。因船舶检验机构人员滥用职权、徇私舞弊、玩忽职守、严重失职,造成已签发检验证书的船舶存在严重缺陷或者发生重大事故的,海事管理机构应当撤销其检验资格。

海事管理机构工作人员不依法履行职责进行监督检查,有滥用职权、徇私舞弊、玩忽职守等行为的,由其所在机构或者上级机构依法给予行政处分;构成犯罪的,由司法机关依法追究刑事责任。

7. 附则

本规则所称船舶和相关设施的含义,与《中华人民共和国海上交通安全法》《中华人民共和国内河交通安全管理条例》中的船舶、水上设施含义相同。本规则所称法定证书文书,是指船舶国籍证书、船舶配员证书、船舶检验证书、船舶营运证件、航海日志或者航行日志以及其他按照法律法规、技术规范及公约要求必须配备的证书文书。本规则所称航运公司,是指船舶的所有人、经营人和管理人。

第三章
船舶营运维修管理

第一节 ISM 体系管理

适用对象:沿海航区及无限航区 750 kW 及以上船舶轮机长和大管轮。

知识要点概述:要求沿海航区及无限航区 750 kW 及以上船舶轮机长,了解 ISM 规则的构成和基本要求,掌握其中关于船舶系统设备维护保养的一般要求和规定。要求沿海航区及无限航区 750 kW 及以上船舶大管轮,掌握 PMS 体系的组成及应用。

《国际船舶安全营运和防止污染管理规则》(International Management Code for the Safe Operation of Ships and for Pollution Prevention,简称 ISM 规则),是国际海事组织(IMO)于 1993 年 11 月在第十八届大会上正式通过的。1994 年 5 月,《1974 年国际海上人命安全公约》SOLAS 74 第二次缔约国大会上通过该公约的修正案,增加第九章"船舶安全管理",并将 ISM 规则作为该章的附件,使 ISM 规则的实施成为强制性要求。ISM 规则自 1998 年 7 月 1 日起已开始实施,至 2002 年 7 月 1 日起全面实施。

一、制定 ISM 规则的目的

海难事故发生的数量多和船舶造成的严重污染是产生 ISM 规则最重要的原因。发生于 20 世纪 80 年代前后的几起震惊世界的重大海事案例,几乎全部是由人为因素造成的,沉痛的教训使 IMO 认识到加强公司管理对船舶安全营运的重要性。过去 IMO 制定的公约、规则,主要是针对船舶、设备和船员的技术标准做出的,对已暴露出的公司管理问题却很少涉及。因此,迫切需要 IMO 采取有力措施,制定一个针对公司安全和防止污染活动的国际性管理标准。

20 世纪 80 年代前后,随着船舶开放登记国的增加,悬挂方便旗的船舶急速增多。因方便旗国缺乏管理能力,船检标准低,再者,船舶管理公司低薪招募船员,配备低水平或多民族船员,导致语言交流困难,均给航运安全带来严重的威胁,造成方便旗船的事故率高。此外,因船舶老龄化、船体结构有不同程度的损伤,海难事故的发生数量逐年增加。船舶方便旗化和老龄化,对船舶检验和保险界产生巨大压力,社会公众舆论强烈,如任其发展,将导致海事率的急剧增加,船公司就难以在国际航运市场上生存与发展。对航运业实施 ISM 规则,强化安全管理,满足 IUMI 和 IACS 更加严格的要求,是一种有效的措施。

高新技术的发展和应用,改变了生产模式和传统的管理方式,也必然要求与之相适应的安全管理水平。传统的管理方式有许多弊端:一是对公司管理本身缺乏规范要求;二是安全管理与营运管理脱节,在实际中矛盾突出;三是存在管理职能交叉、关系不顺及船岸衔接不畅等管理体制问题;四是船岸人员的安全业务和管理素质跟不上;五是忽视信息反馈的动态管理,始终处于被动的事后管理的落后状态。总之,要改变这种状况,只有实现安全管理方式从反应型向预防型的根本转变,通过管理的系统化、标准化和规范化,才能实现安全管理的现代化。因此,ISM 规则的实施,既为船公司提供了改善安全管理的规范和标准,也为推进整个航运业的管理现代化提供了契机。

二、ISM 规则的内容与特点

ISM 规则的着眼点是公司改善船舶安全和防污染管理,其核心是要求公司和船舶建立和保持安全管理体系。船旗国政府不仅对公司的安全管理采取措施,而且要达到一种非常具体的程度,具体到部门、岗位的职能分配,甚至具体到一些程序和方案。因此,ISM 规则的核心不是船舶设备标准本身,不是设备维护标准本身,也不是船员标准本身,而是由公司建立和实施安全管理体系,以便落实这些标准,按照有关公约、规则、规定的要求去营运船舶。

"保证海上安全,防止人员伤亡,避免对环境,特别是海洋环境造成危害以及对财产造成损失"是 ISM 规则的主要目标,ISM 规则中其他条款规定都是为实现这一最终目标而制定的。ISM 规则虽然已被列入 SOLAS 公约第九章内容而必须强制执行,但所提出的管理标准的核心内容已超越 SOLAS 公约的范畴,不仅仅是保证船舶海上安全和防止人员伤亡,还包括了保护环境、保护财产新的内涵。

三、ISM 规则的实施、发证与审核

(一) ISM 规则的内容

ISM 规则适用于客船和高速客船、500 总吨及以上的气体运输船、油船、化学品船、散货船、高速货船和海上移动式钻井平台,但属于政府经营用于非商业目的的船舶除外。

ISM 规则包括前言、A 部分(实施)和 B 部分(发证与审核)。

1. 前言

前言点出了该规则的特性是用概括性的措辞向使用者提供广泛的应予以遵循的要求,具体怎么做可根据各船公司的具体情况和条件而定。其中第六条特别强调 ISM 规则实施的效果首先有赖于公司的高层领导对做好安全管理工作的承诺。

2. 实施

实施部分主要包含了这几个方面:

(1)必须有明确的目标,具体的方针和措施,以求达到预期的要求,即第一、第二章所说的三项目标、六项功能和每个公司的方针。

(2)要求建立有效的"机构和文件体系",达到"规范化"的"程序性"管理,这体现在第三章、第四章、第五章和第六章里。

(3)在安全管理体系里有严格的规定、规则、操作须知等要求,这就构成了 SMS 里的"规

章制度体系"。ISM规则的第七章、第八章、第十章、第十一章里要求把船上的有关安全和防污染的操作,遇到险情时的应急措施,船舶的日常维护保养工作分门别类制定出操作制度和须知,并以文件形式具体化落实到岗位,包括陆上有关岗位。

(4) ISM规则的第四章、第九章、第十二章规定了检查、督促上述体系是否按照规定的程序和要求执行。

3. 发证与审核

IMO第七十三届海安会MSC.104(73)于2000年12月通过并定于2002年正式实施。该部分内容包括:第十三章,发证和定期审核;第十四章,核发临时证书;第十五章,审核;第十六章,证书格式。该部分内容主要规范安全管理体系的审核发证行为,明确审核方与被审核方的权利、责任和义务,规定公司和船舶申请发证的条件。

(二) DOC、SMC的获取及有效期

ISM规则提出了公司制定安全和防污染的管理标准,这个标准只是对航运公司制定这一目标提出的最低要求。因此,公司制定自己安全防污染管理目标时必须满足并高于这一要求。

按照ISM规则有关"公司"的定义,"公司"可以是船东,也有可能不是船东而是管理公司或光船承租人。如果不是船东而是管理公司或光船承租人这样的"公司",就必须承担船东的船舶营运责任,同时就要承担ISM规则规定的所有责任和义务。也就是说,对一条营运的船舶来讲,要么负责其管理的"公司"是船东,要么就是管理公司或者是光船承租人,不论是谁,只能由两者之一的"公司"负责管理这条船的安全和防污染管理工作,而不能由两者同时负责管理。值得注意的是,如果非船东承担"公司"的责任,负起ISM规则规定的所有责任和义务的一方,就必须与船东签订协议,明确双方的责、权、利关系,才能符合ISM规则中所指"公司"的定义。

ISM规则规定:凡审核合格的公司将取得缔约国主管机关颁发的符合证明(Document of Compliance,简称DOC),其所属船舶在具有公司符合证明副本的情况下,经审核合格,可取得船舶安全管理证书(Safety Management Certificate,简称SMC)。

符合证明仅对其载明的船舶类型有效,有效期是5年。符合证明的有效性应受到由主管机关、主管机关认可的机构或应主管机关的要求由另一缔约国政府在周年日期的前后三个月内进行的年度审核。符合证明的一份副本应保存在船上,以便船长按要求出示给主管机关或由其认可的机构查验,或为公约第Ⅸ章第6.2条的监督目的而出示。安全管理证书的有效期是5年,其有效性应受到由主管机关、主管机关认可的机构或应主管机关的要求由另一缔约国政府进行的至少一次中期审核。如果只进行一次期间审核,且安全管理证书的有效期为5年,中期审核应在安全管理证书的第二个和第三个周年日期之间进行。

我国政府规定,中国船级社为实施国际安全管理规则的所有船舶的发证机构,海事局作为主管机关对发证工作负责监督,船公司的符合证明由交通运输部签发。

船公司为获得DOC的签发和保持DOC的有效性应进行初次审核、年度审核、换证审核和附加审核;船舶为获得SMC的签发和保持SMC的有效性应进行初次审核、中间审核、换证审核和附加审核。

四、安全管理体系

(一)建立SMS的步骤

根据ISM规则的要求,凡从事国际航行的船舶及经营国际航运的公司,应建立、实施和保

持一个安全管理体系(Safety Management System,简称 SMS)。

公司建立安全管理体系大体上要经过下述 11 个步骤：

(1) 公司最高管理层和专门工作班子的 ISM 规则培训；

(2) 制订计划；

(3) 公司安全管理现状的评估；

(4) 安全管理体系设计；

(5) 安全管理体系文件编写；

(6) 船岸人员的安全管理体系培训；

(7) 安全管理体系在代表船及岸上运行；

(8) 内部审核；

(9) 定期评价和管理评审(或称管理复查)；

(10) 纠正不符合规定的情况；

(11) 外部审核和各船推行。

公司 SMS 体系建立后,必须有至少 3 个月的运行,每种类型船舶至少有一艘运行 3 个月,并取得客观证据,即具备岸上和船上的内审记录,然后可以向主管机关申请对其公司 SMS 进行审核。

从管理模式上看,IMO 通过船旗国控制船公司、船级社和船舶的安全管理状态。通过港口国监督(PSC)来约束船级社和船公司,各港口国对各船旗国起制约作用,促使船公司和船舶不断改进 SMS 体系,以强化船舶安全管理,最终实现海上安全和防止污染的管理的目标。船舶分级管理模式如图 3-1 所示。该管理模式中有明确的职能分级,通过各职能部门的分级管理和相互监督来建立系统化的国际安全管理机制。

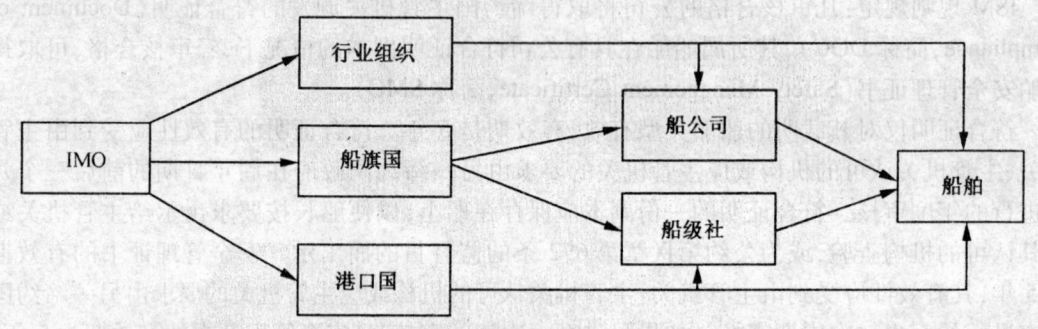

图 3-1 船舶分级管理模式

(二) 体系文件的层次及编写

制定 SMS 文件应遵循的原则包括：

(1) 必须全面覆盖和符合 ISM 规则的要求。

(2) 符合船旗国立法的指令和程序。

(3) 符合法定的规范,即强制性规则规定。

(4) 考虑国际海事组织、主管机关、船级社及海运业组织建议的适用的规则、导则(指南)及标准。

(5) 以公司以往的规章制度等为基础。

ISM 规则 1.4 款是公司在编写 SMS 文件时最起码应达到的要求：

（1）安全与环境保护方针。
（2）使安全与环境保护方针和目标得以实现的安全管理手册。
（3）保障船舶安全营运与环境保护，符合有关国际公约及船旗国政府法规的须知和程序。
（4）明确岸上和船上人员的权限和相互间的通信联络方式。
（5）按 ISM 规则规定报告事故及不合格的程序。
（6）应急情况的防备及处理程序。
（7）内审及管理评审程序。

在 SMS 中也存在明显的组织层次和职能分级，即高层决策－中层组织落实－基层执行。SMS 文件也有不同的层次，即安全方针－安全管理手册－管理程序－操作文件。

安全方针是公司的灵魂。

安全管理手册是公司安全管理程序文件的汇总，用来解释安全方针和对整个安全管理体系做系统的描述。安全管理手册一般分章编写，主要包括目录、公司简介、安全和环保方针、公司机构岗位描述和职责规定、指定人员（任命和职责）、船长权责规定机关与船长权力的声明、资源与人员、制定船上操作方案的程序的描述、应急准备、事故险情和不符合规定情况的报告原则、船舶和设备维护规定概要、文件控制程序要点、公司内审、复查和评价及相关文件介绍等内容。安全管理手册阐述上述内容时，应当详细阐述安全和环保方针，公司机构岗位描述和权责规定，指定人员和关于船长权力的声明，其他内容由于还另有具体程序或须知，只要说清要点及相关文件即可，不需要详细阐述。

管理程序用以展开具体要素、过程、阐明分工、职责、流程和接口关系。安全管理程序一般包括目的、适用范围、职责、实施程序、流程图（应尽量有）、涉及的资源和相关文件，以及如何进行控制和记录、附表等。通常应满足 5W1H 的内容要求：WHY——规定某项活动的目的和范围；WHEN——何时；WHERE——何地；WHO——由谁来做；WHAT——应做什么；HOW——如何做。

操作文件用于保障管理程序的实现，如安全管理职责、船舶操作、船舶维护、船舶应急等操作文件编入须知文件册，须知文件可以分成安全管理职责文件、船舶操作文件、船舶维护文件、船舶应急计划等几本，其具体的体系文件结构如图 3-2 所示。

在文件编写时，考虑到 ISM 规则的普遍适用性，可以参照和借鉴现成的体系模式或其他公司的 SMS 文件，汲取对本公司有用或缺的内容。但是，如果没有充分认识到航运公司之间的区别和船舶之间操作条件的不同，照抄、照搬别的公司 SMS，将造成体系针对性不够、管理性文件与其支持性文件之间缺乏必要的接口、操作性不强等缺陷。

对航运企业而言，实施 ISM 规则认证是强制性要求，为满足主管机关的要求，必须依据 ISM 规则建立安全管理体系；而 ISO 9000 族标准虽然是建议性的，但为满足市场的要求，许多航运企业在建立安全管理体系时，也依据 ISO 9000 族标准建立了质量管理体系。此外，航运企业的产品质量特性中包括了安全性，即建立质量管理体系必须考虑安全方面的要求，也促使一些航运企业优先建立、实施质量安全管理体系。

五、船舶安全管理体系

船舶实施安全管理体系是在所有船员都接受了有关 ISM 规则的知识培训，而且公司的所有安全管理体系文件已经配备到船的基础上，船舶可以开始正式实施安全管理体系。其过程大致如下：

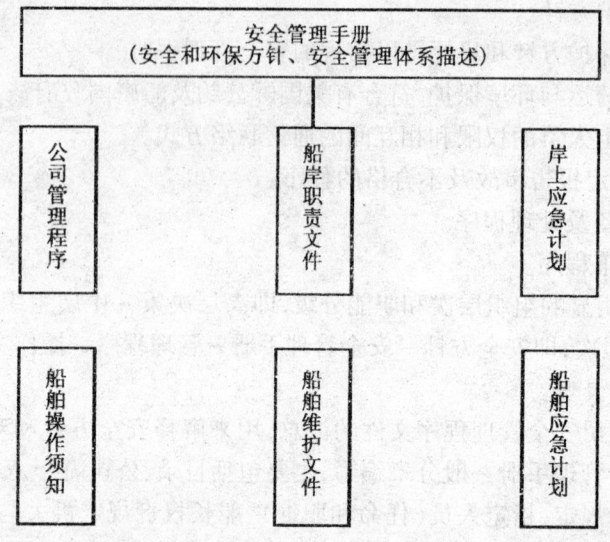

图 3-2　体系文件结构

培训：对安全管理体系的熟悉和理解是实施安全管理的基础，所以第一步就是由船长负责组织实施安全管理体系文件的学习培训，组织全体船员学习公司的安全管理体系文件，熟悉各人的职责，熟悉各个操作程序。

运行：在船长的领导下，船上各部门、各责任人均要严格按安全管理体系文件规定的分工行使其职责（从各种设备的操作、使用到检查、试验，从船舶及设备的维护、保养到修理、安装），各种安全活动均要按安全管理体系文件的具体要求认真进行记录。

监控：对在实施安全管理体系时所进行的各项具体活动，船长必须严格实施监督管理，并做好记录。各部门对运行中发现的不符合规定的情况，要及时报告船长，并由船长按安全管理体系文件的具体要求向指定人员报告，并同时采取有效的预防纠正措施，对采取的纠正措施和纠正效果要进行记录。所有活动所产生的记录必须完整和规范，这也是分析和评估安全管理体系时所必需的材料。

内审：为了对船舶实施安全管理体系的状况进行评价，不断调整和完善安全管理体系的机制和各项实际操作，船舶必须适时进行内审。对在内审中发现的不符合规定的情况都要向指定人员报告，并制定切实有效的预防纠正措施并在规定的时间期限内及时纠正。

管理复查：为了不断完善按管理体系的机制和实际操作，要对船舶的安全管理体系进行复查，以对安全管理体系的符合性和适合性进行评价并向指定人员提交报告，从而为调整、完善公司的安全管理体系提供第一线的资料。

申请外审和发证：当安全管理体系在船舶运行三个月以上，已进行过内审并且内审中发现的不符合规定的情况已经得到纠正后，就可以向主管机关或船级社提出初次审核申请，以取得船舶的安全管理证书（SMC 证书）。初次审核通过，且在审核中审核组发现的不符合规定的情况已经得到纠正并由审核员确认后，由相应的主管部门发放船舶的 SMC 证书（中华人民共和国国旗船由 CCS 直接发放，方便旗的船舶由方便旗国家授权的机关发放），其有效期为五年，并服从于中间审核。

接受外审：为了保证船舶所取得的 SMC 证书的持续有效，船舶还要接受发证机关的各种审核，如中间审核（审核时间为初次审核后的第三个年度）、换证审核（证书到期时必须进行）等。除了这些，船舶的 SMC 证书的有效与否还要服从于公司的 DOC 证书，这也就是说，如果公司的 DOC 证书失效,船舶的 SMC 证书也随之失效。

各船的安全记录的种类和数量是依据各公司安全管理体系的具体要求,也就是安全管理体系文件的具体要求而产生的。一般来说,安全记录按其性质大致可分为以下几种:

(1)船舶的各种法定记录:如航海日志、轮机日志、车钟记录簿、油类记录簿、垃圾记录簿等。

(2)船舶的管理性记录:如按 SOLAS 公约进行的各项演习训练记录、船舶和岸基地之间的来往电函记录、船员的培训学习记录、船员的考核记录、交接班记录、会议记录、不符合规定的情况报告及纠正记录、各种海事声明、事故报告、船舶和设备的维修保养计划和完成情况报告、船舶的物料和备品库存记录、内审和外审记录等。

(3)船舶的操作性记录:如设备的操作记录、各种设备的维修保养和检查试验记录、船舶压载水的压入和排放记录、燃润料/淡水加装记录等。

(4)船舶的其他记录:如船舶在国外接受 PSC 或在国内接受 FSC 检查的记录、船级社的检验记录、船舶在船厂进行修理时的修理检验报告和设备、测量记录、设备的证书、设备的形式认可证书等。

第二节 修船管理

适用对象:沿海航区及无限航区 750 kW 及以上船舶轮机长和大管轮。

知识要点概述:要求沿海航区及无限航区 750 kW 及以上船舶轮机长,了解影响船舶系统设备安全和有效维修的基本组成与要求,制订维修计划的依据,熟悉船舶系统设备维护修理的基本类型和特点、操作要求及程序,掌握常用维修过程中涉及的管理及要求,包括修船前、修理中、修理后等环节涉及的各类文档、操作规范、试验记录、检验要求。要求沿海航区及无限航区 750 kW 及以上船舶大管轮,了解船舶在干坞内的油水柜管理及水下部分的清洗,熟悉船舶进坞修理工程的管理及船体水下部分的检验。

一、船舶维修程序

(一)修船的种类和原则

1. 修船的种类

根据船舶修理的原因,船舶修理可以分为自主修理和被动修理。船东为适应新技术的发展改装修理船舶和船舶定期检修可以算作船东自主修理,其他原因导致必须修理的情况可以称为被动修理。

根据修理工程承担对象,可分为船员自修、厂修。

船员自修是船员应尽的基本职责之一,是保证船舶技术性能良好、消除设备隐患、减少故障、缩短修期、节约修费、提高船员技术水平的重要措施。

船员保养自修分为:不停航自修、停航自修和厂修时的自修。

①不停航自修是船员在航行期间内进行的自修保养工作。其主要内容是按计划和设备保养规程规定的预防性检查保养项目,解决航行中发现的问题。

②停航自修是有计划安排或停泊期间的船员自修工作,以主机的检修为主,并进行其他不

停航时无法进行的工程。停航自修以船员为主，必要时由航修站或船厂协助进行。

③厂修时的自修是船员在船舶厂修期间尽可能多地完成一些厂修范围的工程。船舶进厂时，船员的主要职责是积极配合厂修做好监修工作。船厂应积极支持船员自修，及时解决自修所需的零部件加工和配件供应等问题。

厂修的种类，没有统一的规定。交通运输部曾经根据使用的时间和磨损的程度，分为航修、小修和检修三种。中国船舶工业总公司规定为坞修、小修、中修和大修。

(1) 按交通运输部规定

航修：船舶营运中发生局部过度磨损或一般性事故，影响航行安全而船员难于自行修复，必须由船厂或航修站修理的工程。

小修：营运期中的船舶按规定周期结合定期检验而进行的短期计划性修理。其目的是消除在使用中产生的过度磨耗和腐蚀，保证到下次修理期内的安全运转。小修主要对船体、主辅机、管系、通海阀、舵装置、轴系、锅炉、受压容器、液压设备、电气设备及工程专用设备进行重点检查和修理，对设备进行清洁保养、研磨、调整和更换零部件，一般以原样修复为主。

小修间隔期，客货船为12个月，远洋货船为12~18个月。如船舶技术状况良好不需修理，经验船师检验认可后，可以延期6个月，但最多不超过12个月。

检修：按规定周期每隔2~3次小修进行的厂修工程。它结合定期检验对船体、主辅机及其他设备进行较全面的检查，修复小修时不能解决的较大缺陷，消除检验证书上重要保留条款，保持船舶强度和主要设备的安全运转条件。主辅机允许做全面检查和修理，但必须依据设备的技术状况确定项目，不应盲目全面解体和修换。

除计划厂修类别外，还有事故修理。事故修理是指船舶在营运中，如遇到不可抗拒(台风、龙卷风)的因素或意外(如船舶碰撞、触礁所造成)的海损事故后的修理。其修理情况要根据船舶损坏程度和船检部门提出的修理意见及要求进行临时性修理，以取得适航证书。

(2) 按航运企业的规定

航修：航修属临时性修理，不编制计划。主要是为解决营运中发生的局部故障，影响航行安全，而船员又不能自修的工程，可由船厂、航修队等利用船舶在港期间进行，不影响船舶营运。

计划修理：一般5年为一个周期，5年中一次特检和一次计划修理。在两次计划修期之间有一次坞修。

事故修理：船舶发生事故后，应根据船舶损坏情况和检验部门提出的修理范围和要求进行。

如果通过临时性修理可以取得适航证书可做临时性修理，以减少营运损失。如损坏严重，则应根据当时当地的条件决定修理方案。事故修理如距计划修理时间较近可以考虑合并进行。

此外，厂修还可分为计划修理和临时修理。计划修理多结合船舶的各种检验有计划、周期地进行，包括坞修、小修和检修。临时修理是由于意外而进行的非计划修理，包括航修和事故修理。

2. 修船的原则

(1) 船舶修理应以恢复机械、设备的原有性能为目的。要对船舶进行更新和改造时，需要做经济论证，并经船级社认可。

(2) 船舶的使用年限是修船的重要依据，各种海船使用年限一般规定见表3-1。

表 3-1　海船使用年限一般规定

船舶类别	船型	老龄船	特别定期检验船龄	强制报废船龄
一类	高速客船	大于 10 年	大于 18 年	25 年
二类	客滚船、客货船、客渡船、客货渡船（包括旅客列车轮渡）、旅游船、客船	大于 10 年	大于 24 年	30 年
三类	油船（包括沥青船）、散装化学品船、液化气船	大于 12 年	大于 26 年	31 年
四类	散货船、矿砂船	大于 18 年	大于 28 年	33 年
五类	货滚船、散装水泥船、冷藏船、杂货船、多用途船、集装箱船、木材船、拖船、推船、驳船	大于 20 年	大于 29 年	34 年

对于船龄较小的船舶,修理时应尽可能保持其原设计性能;对于大龄船舶,修理时要保证安全营运和使用年限;对于老龄船舶只进行维持性修理,同时采取适当减载和限制功率的措施以保证强度和安全运输的要求。

(3)远洋船舶应按入级标准进行修理,如为达到原入级要求而修理范围过大,经济论证又不合算时,应按改变入级航区或改为沿海使用的要求进行修理。

(4)保证修船的质量。修理的项目必须达到质量标准,应满足验船规范、修理标准、技术说明书等有关规定。

(5)缩短修船时间,降低修船费用。

(6)修船工作实行预防为主,维护保养和计划修理并重的原则,切实保持船舶良好的技术状况。

(二)修船的组织

1. 修船的准备工作

(1)修理单的编制与确定

修理单编制的依据主要包括:

①公司的修船计划和规定的修理级别;

②船舶证书上需要船级社检验的项目;

③说明书所规定的各种设备和部件的检修间隔期;

④船舶在航行中的技术状况、磨损与损坏规律以及各种测试资料。

船舶修理单分甲板、轮机、电气和坞修四个部分。轮机和电气部分由轮机员负责编制,由大管轮汇总后轮机长审定。公司船技处审批后将修理单送有关船厂报价,选择修船厂。

修理单应注明每项修理工程的内容、规格要求,修理机械设备的制造厂名、出厂年月、数量和规格,修理部件的材料和性能等。如果修理单不明确,将影响船厂的报价,并影响公司对船厂的选择。

修理单一式三份,其中一份留船用,其余两份交给船技处。在编写修理单时,要明确修理的类别,属于船级社检验的修理工程要写明,以便于船厂在修理过程中安排验船师进行检验,对修理工程签证或换发船级证书。

(2)修船备件和物料的准备

在编制修理单的同时,根据修船项目的需要,做好所需备件的订货工作,以保证修船进度和节约修理费用,在修理单上可写明备件由船方提供。

对于订货困难需要船厂制造加工的配件应提前向船厂提出，由船厂安排制造。在修理单上应写明备件由厂方提供。

对于修船中使用的工具、物料，以及自修项目的备件也应有计划地分期申请领取。

2. 修船的组织工作

（1）安全方面

船舶修理期间的防火安全工作，由船方、船厂双方结合实际情况拟订具体措施，共同做好。施工过程中，双方都要严格履行开始前商定的安全协议，遵守双方的防火等安全规定，本船修理时施工区域的防火安全主要由厂方负责，船方应密切配合。

为使进厂修理的船舶得以安全、顺利地完成修理工程，双方协商，签订协议，共同遵守。为了配合船厂做好施工安全工作，机舱应派船员看火，协助船厂安全员做好机舱防火安全工作和施工现场的安全工作。修船过程中万一发生意外灾害事故，船员要坚守岗位，首先保卫好本船的安全，然后服从船厂的统一指挥，共同保护或抢救其他船舶。

（2）自修方面

船员自修工作对摸清技术状况、及时消除隐患、节约修理费用、缩短修理期、延长船舶寿命、提高船员技能和保证船舶安全都有重要作用，必须做好。

厂修期间应适当安排船员自修项目，以配合船厂共同完成修船任务，缩短修期，节省修理费用。船员应根据自修范围编制好自修计划，做好自修工作，并按船厂进度安排完成。船员自修应该充分利用船上已有的设备和工具。机务和供应部门要有计划地给船舶配备必要的工具。船员自修所必需的备品、配件和物料，各主管部门要给予优先安排和及时供应。

船舶进厂时船员要基本固定，必须调动时要征得机务部门的同意，以保证自修力量。船厂要为船员自修安排必要的协作加工任务。

（3）监修方面

船方应指派船舶监修师进行监修，并代表船方制定和签署文件。不指派监修师时，应由轮机长负责监修轮机修理项目。对修理工程的进度、材料、工艺和数据测量等，轮机员应该进行监修，如有不妥，应及时向厂方提意见。修理项目中需提交验船师检验的项目，由船方申请检验。单项工程修理完工或试验合格后，由轮机长检查认可。全部修理工程完工后，由双方代表签署完工验收单，以作为交船的依据，船厂对试验、试航和工程的质量完全负责。船厂修理工程的保修期，固定部件为6个月，运动部件为3个月。

3. 修船的监修与验收

（1）监修工作

船舶进厂修理时，机务管理部门应派出监修代表，负责与船厂联系，最后确定工程，处理修船中发生的问题，办理结账等事宜。船方应负责具体修理项目的监修和验收工作。

船舶进厂后，根据检查的情况允许对工程范围进行修正，但应及时做出决定，以免影响工程进度。增减工程项目应由船员与监修代表协商，最后由监修代表决定，通知厂方。增减工程的范围不宜过大，决定应该及时，不影响施工。对于重大的增减项目如未派监修代表，应迅速请示公司，对不监修将影响开航的工程，则可在通知厂方施工的同时向公司报告。

一般工程由轮机长、大副分别组织人员监修，重要工程应由该设备的检修负责人亲自监修。监修人负责监督船厂是否按船舶修理单指定的范围和要求施工，工艺、材料及安装质量是否符合技术要求，施工中有无船厂责任引起的部件及设备的损坏，施工时有无不安全因素；若可能引起火灾及其他危险,在必要时有权停止其施工,并向主管人员汇报,等待处理;做好必要的修理记录,以便对验收和审核账单准备材料。此外,监修人应配合船厂工作,为施工提供方便。

(2)验收工作

验收的目的是检查修理质量是否达到技术要求。船厂施工完毕后应交船员验收。验收时应有厂、船双方代表在场,验收后以验收人签字作为该项工程的结束。对船级社要求检验的项目,应申请验船师检验。

修理完工后可根据修理范围决定是否需要试航,或在码头试车。试航时应由双方提出试航大纲,明确试航时的安全责任。在试航中发现的问题,凡应厂方负责的项目应由船厂负责修理。

修理完毕,应即组织力量,认真审核完工单。完工单是编制账单的主要依据,要严格把关,对于质量未达到要求的应文字注明,并双方签字。

二、船舶坞修工程

船舶坞修是指为了实现船舶水下结构和装置的保养、检验、维修和改造工作,或泛指与船舶在船坞内进行维修相关的各项工作(检验、修理、改装、清洁、涂装、进出坞、修船管理等)的总称。船舶坞修是目前实现船体清洁、除锈和涂装等唯一有效的方式。

船舶坞修工程一般是指船舶水线以下部分的船体工程和机电工程的修理和检验。其主要任务有:清除船体水下部分的海洋附生物和完成除锈防腐作业;检验水下部分的船体和装置,并消除其腐蚀损坏等缺陷;进行检修和完成改装工程。坞修工程涉及船舶设计、装配工、电工、钳工、焊接、泵工、涂装、起重运输、无损检验、舾装等多工种的综合性工程。

(一)轮机坞修的主要项目

船舶常规坞修就是按船级社的规定,在一定的营运周期后必须在船坞里对船舶进行的检验。依据CCS《钢质海船入级与建造规范》对船舶坞修的要求,特别检验一般情况下,船体、轮机和电气设备的特别检验每5年进行一次,检验合格后换发新的证书,以保持船级的有效性。螺旋桨轴和艉轴的检验一般不超过5年。坞内检验5年内应不少于2次,间隔期为2.5年,最长间隔不超过3年,但其中1次应与特别检验同时进行。

轮机坞修工程主要是对船舶推进装置、舵和水线下的船舷阀件等的检修。具体项目如下:

(1)螺旋桨的检查与修理主要检修内容包括:拆下螺旋桨进行检查,桨叶表面抛光,测量螺距;桨叶如变形应予矫正,如有裂纹和破损需进行焊补修理;完成校正和修理后还需要按照要求测量螺距和做静平衡试验。

(2)螺旋桨轴、艉轴和艉管轴承的主要检修内容包括:测量轴承下沉量和轴承间隙;当抽轴检查时,检查轴套和轴承磨损情况,对螺旋桨轴的锥部进行探伤检查;检修和换新滑油密封装置等。

(3)舵、舵承的主要检修内容包括:对舵扇、舵杆及其紧固件进行外观检查;测量轴与轴承的磨损和间隙;如全面拆检,需将舵扇、舵杆、舵销、舵销衬套和止推轴承全部拆除,进行检验和修理(包括对舵扇进行焊补和水压实验,对舵杆的堆焊和镗孔以及衬套换新等)。

(4)船体水线下的阀件和设备的主要检修内容包括:①对海底阀箱的检查与修理内容是拆检格栅连接螺栓和螺帽,钢板除锈、测厚、修理、更换锌块和涂防锈漆,钢板换新后进行水压试验;②对海底阀的检查与修理内容是海底阀解体清洁,阀体除锈、涂防锈漆,阀及阀座研磨

(如锈蚀严重可光车后再磨)，阀杆填料换新，海底阀与阀箱的连接螺栓检查与换新；③对船舷排出阀(如海水出海阀、锅炉排污阀)以及其他位于水线以下设备，也应按修理规范要求严格检查修理。

通常在实际修船过程中，还需合理安排，对其他船舶轮机工程、船舶甲板工程、船舶电气管路工程项目进行同步检查和修理。

(二) 坞修的准备工作

船舶坞修是一项复杂的工作，坞修之前轮机管理人员需要做好各项技术和安全方面的准备工作：

(1) 编制修理单。编制好坞修项目修理单，将修理单提前报公司船技处审核、报价，以选定坞修的船厂。

(2) 准备坞修工具、材料和备件。准备好坞修所需的专用工具，为节省经费，船方应预先订购好坞修所需的重要材料和备件(如修理艉轴前应预定艉轴前后密封圈)。

(3) 准备技术资料。轮机长应准备好海底阀箱布置图、通海阀布置图；舵、舵杆、舵销、舵承的装配图和零件图，舵杆和舵销的安装工艺图和计算书；艉轴、轴套、艉轴密封、艉轴承、螺旋桨的零件图和装配图；防渔网装置的零件图和装配图；艉管布置图和结构图；艉尖舱或艉管冷却水舱图及加热管、压载管、空气测深管等需在坞内安装的管系图纸；螺旋桨拆装工艺和安装计算书；侧推器装配图；计程仪、测探仪等安装图。此外，还应准备好有关设备维修的历史资料(如上次坞修的测量记录和检验报告)，海损船还应提供海损部位的详细报告，以供船厂和验船师参考。

(4) 落实进坞计划。与公司机务代表及船厂主管工程师落实坞修事项，如进出坞日期、岸电的供应、淡水的供应、蒸汽的供应、冷藏系统冷却水的供应、消防水的供应、厨房的使用、卫生设备的使用和临时追加项目的可能性等。

(5) 船舶入坞技术准备。主要的技术准备内容有：①修船前应注意油水补充应适量，避免油水过多，影响施工；前往船厂航次可多次压、排压载水，减少淤泥存量；尽量将双层底舱、深油舱、污水沟处的污水、油腻及泥等清除干净。②将厂修的项目用标签或油漆标明，对营运中怀疑损坏等不确定部位(如结构和管路腐蚀等)，应重点检查和确定。③假如要拆检艉轴，船厂会在进坞之前拆开艉轴的连接法兰，测量其偏移及曲折值并做记录，作为修理安装的参考和比较。④如有外加电流阴极保护，要求关掉电源；修船前将通往舱底的所有水阀关闭，减少修船期间的舱底存水。⑤北方冬季坞修时，预先做好有关设备防冻措施。⑥入坞前主机应转换轻油运行。

(6) 船舶入坞安全准备：①油舱的清洁处理，对于需要烧焊和明火作业的油舱，必须将油驳出，并经过洗舱和防爆安全检验。②如需在坞内进行锅炉检验，进坞前应将炉水放光，以免在坞内烫伤工作人员和影响坞修工程。③备好劳动保护用品，防止发生如砸伤、坠落、烫伤等安全事故，北方冬季坞修时，做好人员防滑工作。④标识禁止动火区域，将动火部位的油管、油舱、透气管、油管用醒目油漆标识。⑤进入各种舱柜等密闭狭小空间时应注意通风良好，受检的油水舱道门入坞前可提前通风备检，修理前应对狭小空间空气进行检验，标识禁止进入空间或安排必要值守，避免发生窒息、误关人等事故发生。⑥考虑到船厂工人成分的复杂性，提前检查和锁闭无关物料、备件间和工具间，收集和保护机舱中的专用工具、有色金属等。

(三) 坞内的维修、检验技术

1. 进坞及坞修时的检查

船舶进厂修船的基本准备工作包括：

(1) 船上一切易燃、易爆品和高压设备应妥善安排好。一切可以移动而暂时不用的备件、物品收藏入库，以防损坏和丢失。

(2) 吊杆放平，检查吊货索具及滑车是否需更换或维修保养；货舱打开，双层底舱、深舱、边舱、艏/艉尖舱、艏艉等人孔盖打开，污水系统打开，以备检查。封闭厕所，不允许厕所流水入坞。

(3) 凡送厂修理的零部件，拆下后及时标记挂上标记牌。海底阀应封锁好，做好标记，以防误拆修。

(4) 做好安全和环保措施。消防系统检查完好，装上通岸接头，备好消防管系，熟悉消防单位的地址和联系电话。出现的垃圾、残油、残油、废弃物品，若不能及时处理，应在修理单上注明，委托厂方清除。了解船舶油舱、油柜等清理、测爆工作。船在坞内时，应防止各种油类和其他易燃物质流入坞内，避免造成污染和火灾的发生。

(5) 备好进坞的有关图纸及上一次进坞坐墩的部位和有关资料，避免测深仪和计程仪的通海装置、船底塞、海底阀的出口坐落在墩上，尽可能错开上次坐墩的位置，以便船体保养。

(6) 按坞方要求，清除杂物，卸出燃料油，尽量减轻进坞的船舶重量。调整好船舶的吃水和纵横倾。例如，船长 120～180 m 的船舶，一般应使纵倾不大于 0.5°，横倾不大于 0.5°。水舱或者压满，或者抽空，以消除自由液面对稳性的影响。

(7) 船用锅炉最好在进坞前熄灭，否则要注意安全。停止使用船用卫生间、厨房、浴室、脸盆等；收妥突出舷外的设备、吊杆、舷梯、救生艇等；任何水线下能缩进装置（如防摇鳍）应牢固处于"收藏位置"；桨叶与坞底面呈 45°角。

(8) 如果要拆卸艉轴，可在进坞前拆开艉轴的连接法兰，并做测量，防止坐墩后发生变形。

(9) 准备好带缆设备和跳板，清除跳板附近障碍。准备好船上动力设备，如果船上保持动力，主机、锚机、舵机、绞缆机等应备妥待用。若出现任何异常情况应通知船厂。

(10) 了解厂方有无其他要求，并按要求进行准备。

船舶入坞后应该立即开展的检查工作还有：

(1) 船舶上墩的质量检查：船在墩上横倾不超过 1°~1.5°；检查墩是否牢固，不能有墩腾空，防止船体变形；检查助航仪器的通海装置是否露出。

(2) 遵守坞上特殊要求：船方厨房应停火，如不停火，则应将餐料下脚料及污水收集在专用容器内，集中处理。伙食库的冷藏机如保持运转，其冷却水应接妥橡皮管排入坞底，不得直接由高位的排水孔排放，以免排出船外的水被风吹洒到工作人员身上，影响坞修工作的正常进行。

(3) 及时进行勘验检查：检查船体、桨舵装置、海底阀和其他所有水下装置的状况，核对维修项目。根据初步勘验决定进一步检查项目，如外板测厚检查、舵叶测厚、密封检查等。坞内勘验和验收要求有船方和检验部门参加和认可，注意验收文件的保存。施工前还要注意检查船底航海仪器的通海装置是否贴封。

(4) 检查确认施工防火和安全措施：检查监督火种易燃物是否妥善处理；检查用电、防滑、防冻、高空、舷外作业等措施是否完备和正常。

施工中应该注意以下检查工作:

(1) 鉴定、检查所选用的材料、配件、属具是否符合规格和质量标准,重要部件的验收应有验船部门的认可和签证。

(2) 船壳外板、各层甲板和构件割换安装时,应对照是否符合修理单的要求。工程进行中应注意检查其附近的骨架、垫板、开口四个角等有无变化。注意不要在同一区域内同时拆除多根肋骨、横梁或多块钢板,以免发生船体变形。

(3) 注意焊缝、焊补、矫正处的质量。焊缝应均匀、致密、平滑地向主材过渡,不应出现疏松多孔、夹渣、裂纹、咬边、焊瘤及弧坑等缺陷。对船舶重要的部件和部位,应做无损检验,可利用 X 光或 γ 射线探伤和超声波探伤或其他相应有效的方法进行检查,以查明焊缝内部质量。无损伤的工艺和评定标准应由船检部门决定。

(4) 管阀维修中,应注意检查各管系统、水管、气管和油管各吸口是否畅通。

(5) 检查舵、螺旋桨安装是否合乎标准,锚链的换节连接是否牢固。

坞修项目完工后应进行全面检查或试验,要注意及早准备验收文件,按规定组织验收。在船舶检验完毕后,由维修相关方(船方、船检)签署坞修工程验收报告,以作为船舶出坞的依据。

2. 船体水下部分的清洗与检查

船体工程的勘验是指根据委修单位的修船单,经过测量、检查,与船舶检验规范比较,确定是否进行修理和修理的范围。例如,舷体的裂口和大块凹陷、钢板的显著裂缝和断裂等。对损坏部位的界限、钢板的挠度和裂缝的长度,也都需要经过仔细的勘验方能加以确定,包括随船勘验,码头、坞内勘验。勘验准备工作有:勘验计划、相关图纸、拍摄装置、预搭脚手架等。

船体工程的勘验注意点有:

(1) 待船坞内水抽干或坞排出水后,应立即检查船舶的坐墩情况,若发现有坐墩严重不良情况,则应做出相应的补救措施。

(2) 船舶进坞后应立即组织人员对水下工程进行勘验。重点检查以下内容:①水线附近的船体钢板、舭龙骨/肋骨、水舱处、阀箱等的腐蚀情况(油舱锈蚀层可能有 2 层);②注意船体变形情况检查,如果外板或甲板变形严重,还要重点检查肋骨或横梁的变形;③舵系、轴系轴承的磨损情况,确定隐蔽工程的修理内容。

(3) 通过测量确定重点部位的腐蚀情况。应尽快安排对船体钢板的除锈,除锈后发现钢板锈蚀严重的应增加测厚点数量,对大级别修理的船体钢板进行普测(增加测厚点数量),并对测量数据进行加工、整理和归档。

(4) 根据勘验结果,应组织船方进行一次修理工程的补报。勘验后,由厂方召集船方代表(委修方)、验船师、厂方有关科室与车间负责人及主要勘验人员开会,明确修理内容。会后,双方签署协议书,作为施工依据。

船体清污与除锈,就是通过高压水和喷砂处理,去除船体表面的海生物、污染物、油漆层和氧化层,它是船体修理和涂装工程的前准备工序。船体表面除污和除锈的方法有:

(1) 高压水处理(主要去除海生物)。

(2) 喷射磨料处理(主要是喷砂处理)。

(3) 动力工具打磨处理:采用各种风动或电动的除锈工具(包括直柄砂轮机、端形平面砂磨机、带锥齿轮的平面砂磨机、气铲等)。

(4) 其他处理方法:如真空喷丸(砂)处理、湿式喷砂处理等。

下面介绍其中主要的除锈技术。

高压水清洗除锈:利用水射流的冲击"机械"作用来除去锈蚀和污垢的方法,目前用于清洗除锈的是一种高压连续细射流(5 mm 以下)。这种除锈方法的生产效率高,锈尘少,不损伤钢板表面,除锈质量好,能除去疏松的蚀锈、旧漆皮及附着的海生物,特别能除去麻点锈蚀,工艺性能好,使用方便,辅助工时少。但也存在一些问题有待今后不断完善,如安全防护,保证零件强度,避免高压管爆裂等。

喷射磨料处理:通常分为喷丸处理和喷砂处理两类。喷丸处理的磨料一般为钢丸、铁丸、钢丝段、棱角钢砂等。喷砂处理的磨料有河砂、石英砂、熔铜矿渣砂(俗称铜矿砂)等。由于喷石英砂易使操作工人患硅肺病,故被禁止使用。

电动除锈机除锈:船底电动除锈机是一种轻便的手推式除锈装置,它由行走车轮、中间摇摆支架(包括缓冲器)和电动除锈拷铲头三部分组成。它仅适用于平直的船底部位,对于舭部和艏艉部船体外板,则需用其他除锈方法来弥补。

遥控自行式除锈机是我国研制的一种结构轻巧、使用方便、除锈效率高的除锈新设备。它适用于板厚 4 mm 以上的平直船侧外板、甲板及舱内平台的除锈和其他大面积除锈作业。遥控自行式除锈机系用电磁吸力将除锈机吸附在船壳板上,利用旋转的除锈片敲击锈层和旧漆皮来除锈的。它主要由行走系统、磁路、除锈和控制系统等四部分组成。

船体清污除锈注意事项:

(1)进行高压水清洗,出水的压力应控制在 200 kg/cm² 左右。清洗过后,涂装主管应组织油漆代表或船方代表对船壳表面进行检查,清洗过的表面应无泥浆,无青苔及海蛎子等海生物,无松动的漆皮。

(2)喷砂处理前,应对喷砂区域及附近易损坏部位进行保护,或按船东的要求对相关部位进行保护。喷砂一般要求为 Sa 2.5 级,喷砂时相对湿度不得大于 90%,无雨、无雪、无大雾,或满足现场工艺要求。铜矿砂应干燥无水、无油污、无大杂质,矿砂一般以直径为 0.6~2.6 mm 为宜。

(3)施工部门检查合格后向油漆代表或船东代表交验。

3. 坞修时油水舱室的试验

CCS《钢质海船入级与建造规范》规定的密封性试验主要有:充气试验(A),压水试验(W),压水强度试验(S),灌水试验(F)、压水、充气混合试验(W+A),冲水试验(H),抽真空试验(V),涂煤油试验(K)。密封性试验方法见表3-2。

表 3-2 密性试验方法

舱室结构	试验方法	备注
边水舱压载水舱 双层底压载水舱 双层底燃油舱	A	首制船允许由船东选择 1~2 舱做 S
艏尖舱、艉尖舱	A	首制船用 S
可用作压载的货舱	S	—
艉部冷却水舱	W	

续表

舱室结构	试验方法	备注
淡水舱 饮水舱 清洁水舱	A 或 W	首制船用 W
测深仪舱 计程仪舱	A	—
机舱 双层底 舱底水舱 柴油舱 滑油循环舱 隔离空舱 污油舱	A 或 W	优先采用 A
机舱平台上的小油柜	A 或 W＋A	优先采用 A
海底阀箱结构	A	气压要求为 0.2 MPa
厨房、配餐间、更衣室、湿粮库、浴室、厕所、蓄电池室、冷藏室、空调室等	F	—
露天甲板、主要水密隔舱、甲板四周围壁、水密门、舷窗、水密舱口盖、锚链筒、机舱顶棚、锚链管等	H	—
液货舱 （化学品船、油船等）	A	试航时间隔做 S
货船的舷侧傍板	一般不做密性检查	如船东或船级社要求，则做 H
局部的对接焊缝或角焊缝	V	用于工艺孔的封焊、焊缝的修补等

(1) 压水试验（静水压试验、结构试验）

向密闭舱柜内注入淡水，达到规定的水位和持续的时间后，检查焊缝渗漏和结构变形情况。试验时，一般将水灌至规定高度 15 min 后，检查有关结构和焊缝，各处不应有变形和渗漏现象。试验时，当外界气温低于 0 ℃时，则应采取适当加热措施。应使试验介质温度保持在 5 ℃。

水压试验的压力，应符合有关公约、规则、船级社规范的要求。根据施工标准，一般要求压水至空气管顶或溢流管顶。

当因实际试验条件的限制而不能进行静水压试验时，可用静水压气动试验代替，但其试验状态应尽可能模拟与该液舱实际载荷相同。

(2) 冲水试验

用规定尺寸的喷嘴和一定压力的清洁水，按要求喷射被检验的焊缝，在另一侧检查焊缝的渗透情况。

根据船级社要求确定冲水试验的压力、喷嘴直径和喷嘴至检测点距离。根据标准一般冲水压力为 0.25 MPa，喷嘴直径为 12.5 mm，喷嘴至检测点距离不大于 1.5 m。

(3) 气压试验

向密闭舱柜内注入压缩空气，并达到规定的压力和持续的时间后，通过向被检验的焊缝表面喷涂检验液(如用肥皂溶液时,在 0 ℃以下应加热,或采用不冻起泡剂),检查焊缝渗透情况。

(4)充气试验

充气试验是在焊缝的一侧充气,在另一面上涂以起泡剂(肥皂液),观察有无起泡现象,如果起泡则表明焊缝存在缺陷。其技术要求为压力应不小于 0.5 MPa;充气喷嘴距离焊缝为 50~100 mm,喷嘴必须反复来回 5 次以上,逐段充气;反面涂的起泡剂应有适当浓度(20 ℃时的表面张力系数为 4×10^{-3} N/mm);应仔细检查焊缝是否起泡,在起泡处应做出标记,便于以后修正。当外界温度低于 0 ℃时,应采用适当防冻措施后再进行试验。实践证明,充气试验检查焊缝缺陷的敏感性超过煤油试验,充气试验可以可靠地代替冲水试验。

相邻舱室不得同时做充气试验。

充气试验的压力应符合有关公约、规则、船级社规范的要求。如船级社无特殊要求,除海底阀箱结构以外,充气试验压力为 0.02 MPa。

海底阀箱结构的充气试验压力为 0.2 MPa。

(5)压水、充气混合试验

压水、充气混合试验系指静水压和空气压力的组合试验,向密闭的舱柜内灌水至人孔盖下缘,然后再注入不小于 0.015 MPa 压缩空气,检查焊缝渗透情况。其压力与充气试验的压力相同。

(6)充油(油雾)试验

充油试验又称为油雾密性试验,是用煤油和压缩空气通过油雾装置产生油雾而进行工作的,因为煤油的渗透性远比水和气雾强,所以能取得良好的检验效果。充油试验技术要求为:试验前清除焊缝水渍、油漆、焊渣等覆盖物;喷嘴口径小于 16 mm,喷嘴距离焊缝为 50~100 mm,喷嘴移动速度为 5~10 m/min;管路中压缩空气压力不小于 0.3 MPa。充油 3~5 min(20 ℃以上)或 10~15 min(20 ℃以下),在焊缝的另一面检查有无渗漏的现象。

(7)抽真空试验

在被检验的焊缝上喷涂检验液(如用肥皂溶液时,0 ℃以下应加热),将真空盒覆盖在焊缝上,通过高速气流形成真空,检验焊缝渗透情况。抽真空试验时,真空负压应达到 -0.02 MPa。

(8)涂煤油试验

在被检验的焊缝上先涂上白垩粉溶液,其宽度不小于 40~50 mm;干燥后,在焊缝背面涂上适量的煤油。利用煤油的渗透力,通过观察白垩粉上是否产生煤油斑迹,检查焊缝的渗漏情况。煤油试验的持续时间在 0 ℃以上时按表 3-3 规定。

表 3-3 煤油试验持续时间 (单位:min)

焊缝厚度 T	水平焊缝		垂直焊缝	
	水舱	油舱	水舱	油舱
$T \leqslant 6$ mm	20	40	30	60
6 mm $< T \leqslant 12$ mm	30	60	45	80
12 mm $< T \leqslant 25$ mm	45	80	60	100
$T > 25$ mm	60	100	90	120

该试验方法一般适用于 5 000 吨级以下的中小型船舶。

(9)灌水试验

向敞开的舱室区域灌水至门槛高度,检查焊缝渗透情况。灌水试验时应灌水至舱室门槛高度。

(四)坞修工程的验收

船舶进厂后,船舶公司机务代表全面负责现场协调和业务处理。轮机长负责轮机一般维修项目监修,重要项目则由轮机长和机务代表、船级社验船师共同监修。

船舶入坞抽干水后,轮机长应和坞修主管、船东、大副一起查看和确认船体的坐墩情况;要查看阀箱、舵和螺旋桨等的外观状况,以便确定是否有计划外的修理项目;还应对桨、舵等重要部位拍照以存查备用。

坞修项目验收是确保坞修质量的关键,因此要把好质量关,对每项工程质量都应按修理单的要求认真、仔细地检查和验收。监修人员负责监督船厂是否按修理单指定的范围和要求施工;修理工程进度、工艺、材料、安装质量和测量数据是否符合条例技术要求;施工中有无船厂责任引起的部件及设备的损坏;安排和提交需要检验的项目;做好必要的修理记录,以便准备好验收和审核的材料。

主要坞修工程应申请验船师现场检验,签证检验报告。验收工作的安排应灵活,有些项目可以边施工、边检查、边验收,以免完工后因不合要求而返工,影响船期,有些项目可以等到项目完成后统一验收。项目完工单是编制账单的主要依据,要严格把关,属于质量未达到要求或扩大修理范围的应文字注明,并双方签字。

修船质量检验标准参考如下:
①船级社或船舶检验局制定的标准;
②国家、交通运输部颁发的各项船舶修理技术标准;
③国际公约、标准、章程、规则;
④与修理商一致商定,经船检部门认可的有关修船技术标准、工艺规程、设计图纸和技术文件。

轮机坞修工程主要维修项目验收要点如下:

(1)螺旋桨的验收 螺旋桨修复后,应检查螺旋桨的抛光质量及修复质量是否符合要求;螺距测量和静平衡试验数据是否符合要求;安装螺旋桨时,轮机长应在场监督进行,检查其安装过程是否符合有关工艺规程;对于有键桨的船舶注意在拆前要做好记号和轴头数值的测量和记录;对于无键湿式螺旋桨,安装时应注意在各种温度下所对应的螺旋桨的安装推进量和推紧力,并现场监控安装结果。安装完成后,应要注意大螺母保险的安装,检查保护将军帽处是否涂好水泥;检查有关维修记录(如螺距测量和静平衡试验数据、螺旋桨相对艉轴安装位置、液压装配压力和压入量坐标图等)是否完整。

(2)螺旋桨轴、艉轴和艉管轴承的验收 修理过程中应注意检查以下几点:
①拆轴前要留意检查后密封装置是否有缠绕渔网和渗油现象。准备好艉轴下沉量测量表,测量艉轴下沉量和轴头数的测量。对照艉轴密封油系统资料,及时停止油泵,关闭重力柜出口阀和放出滑油,防止污染。
②艉轴衬套如被密封环磨出槽,则应予光车或用电镀或喷涂等工艺修复。当衬套装复后,应调校圆周的跳动量,跳动量越小越好。
③检查前后轴承、艉轴锥度处有无裂纹等损坏现象。
④艉管滑油有无乳化,如有,则必须要求船东找出漏水的原因。如排除轴封漏,则检查艉

轴冷却水舱中艉管进出油管及连接法兰。

⑤艉轴安装之前,轮机长应检查艉管内的清洁状况和密封油管的马脚是否牢靠。要求电机员或电工测量艉轴承温度传感器是否正常。

⑥安装艉轴时,轮机长应在场监督进行。安装艉轴密封时,要保持密封环箱体与艉轴承的同心度。装好后应测量艉轴下沉量。按工艺要求安装艉轴密封时要有固定支架使轴封箱与白钢套连接(防止胶圈嘴唇不到位),一起套入艉轴安装。

⑦检查艉轴是否装妥,艉轴密封装置装妥后充油做油压试验。装复检查正常后,灌油放出空气,转动艉轴几个角度查看后轴封是否有渗油。拧开后部检漏螺塞检查是否漏油,确认正常后,倒上滑油封闭。若遇上此处是由油柜通过管道加油,则要提醒船员关闭阀门,以防因压差而造成漏油。

⑧检查艉轴下沉量、艉轴承间隙、舵轴承间隙和轴系找正等和其他测量记录是否完整;不管是否抽艉轴,都必须测量艉轴下沉量,以确定艉轴承的磨损及轴承间隙是否正常。测量值应以工厂规定的表格形式做好记录。

(3)验收舵、舵承,即使舵系不是全部拆解,都应对舵杆轴承和舵销轴承进行检查,测量其间隙值并做记录,以确定舵承的磨损量和间隙在正常范围内。注意检查舵杆与舵叶连接螺栓是否良好,检查舵杆、舵叶有无电化学腐蚀。在牺牲阳极保护的船上要注意检查阳极的质量、数量和分布情况;在外加电流阴极保护的船上,则要注意检查轴系和舵杆的接地是否良好。理论上接地良好的舵、桨与船体的电位差应小于 0.1 V。

船舶的舵常见为半悬挂式及悬挂舵,舵轴承间隙的测量如果超过极限,则要考虑换舵承或加厚舵杆或衬套。装舵前,须确认舵杆衬套的两端之间部位用环氧树脂包裹,衬套与锥面位这一段距离也要用环氧树脂包裹;密封环区域必须修整光滑,所选用的密封橡皮圈的直径必须高于环槽的深度,检查止跳保险,测量舵杆止跳间隙,止跳间隙在 1~3 mm。

(4)船体水线下的阀件和设备的验收应在船壳高压水清洗前打开海底阀箱的格栅,以便对阀箱内部进行冲洗。冲洗结束后,轮机长与修船主管应立刻对阀箱内部情况进行检查并确认修理项目内容。海底阀内部较特殊,其底部淤积的污泥必须彻底冲洗干净,清除阀箱表面所有海生物。因进坞时所有海底阀都关闭,查看是否有滴水,如果有则说明这些阀漏水,要重点跟踪记录。

海底阀一般的检验方法为阀盘及阀座的接触环带做着色研配检查,如整体拆解则可进行水压试验。坞修中的各海底阀和出海阀必须解体、清洁、研磨完好,阀与阀座的密封面经轮机员检查认可后才能装复。

装复时检查海底阀箱的格栅是否装妥,箱中是否有被遗忘的工具、塑料布等异物,所有海底阀和出海阀是否装妥。船底塞及各处锌板是否装复好。坞内放水后检查各海水阀和管路。坞内放水后对海水系统放空气,使其充满海水。先使各阀处于关闭状态,观察海水有无漏入管内,然后分别开启各阀,检查所有管路接头及拆修过的部分是否漏水,必要时上紧连接螺栓。

坞修过程中自修与厂修工程不要相互干扰,应以厂修监修为主,自修工程安排不影响修期。对于检验和修理中发现的增减工程,根据检查的情况允许对工程范围进行修正,但应及时做出决定,以免影响工程进度。增减工程项目应由船方与机务代表协商,最后由机务代表决定,通知厂方。一般修船后期不允许增加工程,以确保修期。

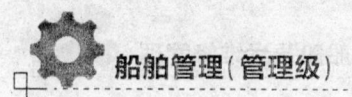

第三节 船舶检验

适用对象:沿海航区及无限航区 750 kW 及以上船舶轮机长和大管轮。

知识要点概述:要求沿海航区及无限航区 750 kW 及以上船舶轮机长,掌握船舶法定检验及船级检验的规定,熟悉船舶维护保养计划要求及规定。要求沿海航区及无限航区 750 kW 及以上船舶的大管轮,熟悉船舶检验类别及要求,掌握船舶检验的一般规定。

一、船舶检验概述

根据《中华人民共和国船舶和海上设施检验条例》规定,船舶检验是"为了保证船舶、海上设施和船运货物集装箱具备安全航行、安全作业的技术条件,保障人民生命财产的安全和防止水域环境污染",即通过对船舶结构及船用材料、机械、设备的监督检验和试验,使其符合国际公约、国家法规和船舶规范的各项要求和规定,使船舶具备安全营运和防止污染海洋的技术条件,达到保障船舶及海上人命安全和防止海洋污染的目的。

船舶检验是船舶检验机构对船舶进行技术质量检验与监督,是保证船舶具备安全航行、防止水域污染技术条件的一项重要举措,是保证船舶安全的第一道防线,也是促进海运业健康发展的重要手段。

船舶检验机构基本上有两种性质:国家的船舶安全监督机构和民间性质的船级社。目前世界上约有 40 多家船级社,其中英国劳氏船级社(LR)成立于 1760 年,是世界上最老的船级社,其他船级社还有美国船舶局(AB)、法国船级社(BV)、挪威船级社(DNV)、俄罗斯船舶登记局(RS)、德国劳氏船级社(GL)、日本海事协会(NK)、韩国船级社(KR)和意大利船级社(RINA)等。

二、中国船级社

我国验船机构成立于 1956 年 8 月 1 日,当时称"中华人民共和国船舶登记局"。1958 年 6 月 1 日更名为"中华人民共和国船舶检验局",并以"ZC"("中船"汉语拼音首字母)作为代号。中国船级社成立于 1986 年 1 月 1 日,简称"ZC"。1988 年 5 月 1 日,中国船级社被接纳为国际船级社协会(IACS)正式成员,并于 1993 年 3 月 10 日将代号"ZC"改为"CCS"(China Classification Society),制定了新的社徽(龙锚图案)。1993 年 10 月,中国船级社通过了 IACS 的 ISO 9002 认证,进入了国际先进船级社行列。1996 年 7 月 1 日至 1997 年 6 月 30 日,中国船级社首次出任国际船级社协会轮值主席。1999 年,船舶检验局的职能划归中华人民共和国海事局,中国船级社仍为独立的民间组织。

中国船级社的服务宗旨是:对船舶、海上设施、集装箱以及相关的工业产品提供合理和安全可靠的技术规范,并通过 CCS 独立、公正和诚实的入级、认证和技术服务,为交通运输、海上开发及相关的制造业和保险业服务,为促进水上人命和财产的安全与保护海洋及其他环境服务。

中国船级社的主要业务是:

(1)船舶与海上设施及其产品(包括集装箱)入级服务:规范制定与维护、审图、检验与发证。

(2) 船舶与海上设施及其产品受权法定服务：法定检验技术规则制定、审图、检验与发证。

(3) 受理其他验船机构委托的检验与发证、船舶与海上设施公正检验和安全评估、船舶与海上设施鉴证检验和发证、重大海上安全事故调查。

(4) 相关陆上工业设施与产品认证、检验及发证，外国验船机构委托船用与相关陆上工业设施和产品代理检验及发证。

(5) 船舶安全管理体系（ISM 规则）审核与发证。

(6) 船舶保安体系（ISPS 规则）审核与发证。

(7) 船舶技术状况勘验与技术状况鉴定。

(8) ISO 9000 与 ISO 14000 等系列质量体系与环境管理体系认证。

(9) 船舶与海上设施入级技术研究、水上安全与环境保护技术研究、船用与相关陆上工业设施和产品检验技术研究、相关信息技术应用研究。

(10) 其他服务。

三、船舶检验的种类

船舶检验的种类分为：法定检验、船级检验、公正检验和临时检验。

1. 法定检验

法定检验是一种强制性检验，是船旗国政府规定的对船舶执行国家法令、法规的检验与监督。法定检验由政府主管机关设置的验船机构、政府指定的验船师或授权的组织和个人执行检验，但大多授权船级社检验。法定检验的依据是船旗国政府承认、批准、接受或加入的有关国际公约、规则和规定的要求，以及船旗国政府的法律、条例和规范等。法定检验依据国际公约和国家法规的性质不同，分为安全检验（SOLAS 74 公约）、防污检验（MARPOL 73/78）、载重线检验（ILL 66）和吨位丈量检验（ITC 69）等；为了获得相应证书和保持证书有效，法定检验又可进一步依次细分为如初次检验、年度检验、期间检验、换证检验和附加检验等。在上述不同性质和类别的法定检验合格后，验船机构签发或签署相应的法定证书。

法定检验的种类：

(1) 初次检验（营运前检验）：将有关的图纸、资料送验船机构进行审查，验船师检查船舶结构、机械与设备，确保其材料、尺寸、建造和布置与批准的图纸资料及其他技术文件相符，且工艺与安装在各方面均令验船师满意，由检验机构签发法定证书。

(2) 营运中检验：年度检验、中间检验、换证检验、船底外部检验、附加检验；经检验并认为处于良好技术状态，则在法定证书上签署或签发新证书。

2. 船级检验

船级检验是船舶所有人为了使船舶获得某种船级自愿申请的一种技术检验。船级社根据船舶的用途、技术状况和航行区域等，按照船级社的有关规范和规则对船舶进行技术检验，合格后授予相应的船级证书、船级符号和附加标志，并载入船级社的船舶录。

船级是一种世界性评定船舶技术状态的通用形式。船级是按照船级社的规范对船舶结构的完整性和机械、设备等的可靠性以及其预定用途所必要的设施等所做出的评价。船级可以区别船舶的技术状态，促进船舶质量的提高，减少海损事故率。船级可以保证海上安全和防止船舶污染海洋，是港口国、运河国对进入或过往船舶进行技术监督的依据，是船舶取得国际航行和营运的基本条件。船级还可以提高船舶所有人在国际海运市场中的竞争能力，当船舶发生意外，造成海损、机损、货损和人身伤亡时，可作为保险公司承保的条件，在船舶买卖、租赁中可作为评价船舶技术状态的重要依据，有利于出租和承租。所以，船级检验给船舶所有人带来诸多的利益，是船舶所有人自愿申请检验以使自己拥有的船舶获得船级的理由所在。

需特别指出，具有船级的船体和机械设备，所有国家主管机关均将其看作满足某些法定检验要求的一种担保。近年来，船级社的各种入级规范或认证规范往往也包括了法定检验的内容，如新增加稳性、载重线、救生设备、航行安全及无线电通信等法定检验的内容。

船级检验的种类：

（1）初次入级检验

初次入级检验系指船东按船级社规范的规定，初次申请某一船级符号和附加标志，而船级社按船东入级要求进行审图、检验并签发相应船级证书的全部工作。初次入级检验又可分以下两种：新建船舶初次入级检验（又称建造中检验）和现有船舶初次入级检验。现有船舶初次入级检验一般是指未经船级社参加检验而建造的船舶，为换发该船级社规定的船级证书所进行的检验，通常又称为更换船级证书的检验。

（2）保持船级检验（又称建造后检验）

保持船级检验系指已被授予船级的船舶投入营运后，按规定的间隔期及检验内容进行检验，认为满意后签署或换发新的船级证书。

保持船级检验包括以下几种：

①年度检验：每周年前后3个月内进行，检验完成后在船级证书上签署。

②特别检验（换证检验）：每5年进行一次，检验完成后换发新证书。

③中间检验：在建造日期或特别检验日期的第二或第三个周年日前后3个月内进行。检验完成后在船级证书上签署。

④坞内检验：与法定的船底外部检验内容相同，但法定的船底外部检验范围更广泛。

⑤水下检验：实际上是坞内检验的替代检验。

⑥螺旋桨轴与艉管轴检验：其检验间隔期因船舶类型和航区以及螺旋桨轴与艉管轴的结构的不同而不同。

螺旋桨轴与艉管轴具有连续衬套保护，或具有认可的油封装置，或由抗腐蚀的材料制成，检验间隔期：单螺旋桨轴为3年；多螺旋桨轴为4年。

按水下检验进行，轴的抽出检查间隔期单螺旋桨轴和多螺旋桨轴可延长至5年。

在所有其他情况下，轴的检验间隔期为两年半（加/减6个月）。

⑦其他替代检验方法：主要指机电设备的特别检验项目，可采用循环检验、计划保养系统检验、状态监控系统检验。后两者为近几年开展的且不同于以往检验制度的检验。

如未进行保持船级的各种检验，或进行了影响船级的修理、改建改装而又未经船级社检验等，船级社有权取消或暂停所授予的船级。

3. 公正检验

公正检验是船级社应申请人（如保险人、被保险人、受益人、保险代理人、船东、承租人、货主等）的需要而办理的一种证明性或鉴定性的检验。公正检验应遵循合法、公正、独立的原则。船级社指派验船师对所申请项目进行一种证明实际存在的状况或原因的检验，检验后签发相应的检验报告，作为申请人解决或处理问题的凭证或依据。公正检验与法定检验和船级检验不同，它没有规定的检验间隔期，也没有固定的检验项目，更没有法令、规则和规范的强制性要求。

公正检验的种类主要有：

（1）损坏检验：又称海损检验，检验时应确定船舶损坏范围、程度、性质和原因，以及对安全航行的影响程度、修理要求和范围、修理费用等；最后签发检验报告，以便作为海损理算和裁决的依据之一。

（2）起租/退租检验：根据起、退租约进行，比较起、退租时的船舶技术状况，在退租时还应对船上油水存量进行确定。

（3）索赔检验：根据用户与制造厂的商业合同，用户对所购买的船舶、船用产品、机械设备、仪器和仪表等在规定的使用期内损坏，为了向制造厂提出索赔要求而申请进行的证明性的检验。检验目的是判定损坏程度、性质、范围和原因，并提出处理意见（进行修理、赔偿），作为申请人索赔的依据。一般索赔检验仅指直接损坏。

（4）船舶状况检验：用于鉴定船舶的技术状况、设备的性能状况。一般是保险商、船舶经纪人在船舶进行承保、抵押、拍卖、作价等业务活动时，为了解船舶状况而向船级社申请对船舶的技术状况和设备状况等进行检验，并做出详尽和准确的技术鉴定，以便作为商业活动的有利凭证；提供详细资料，以便做出准确估计和判断。

（5）货损检验：主要是应货主、货物保险人、货物承运人及船东的申请而进行的检验，包括货物损坏的数量、程度以及引起货物损坏的原因等，作为申请人进行保赔理算业务时的证明材料。目前，此项检验大多由商检部门进行，船级社通常是从专业角度对货损原因进行检验和分析。

4. 临时检验

临时检验是根据用船部门或其代理人临时向验船机构提出申请，涉及船级检验和法定检验范围的一种检验。

船舶在下列情况下，应申请临时检验：

（1）更改船名、船籍港或船舶所有单位时。
（2）遭受影响船级和船舶安全的海损或机损事故时。
（3）改变航区或变更用途时。
（4）涉及船级和船舶安全的任何修理或改装时。
（5）船舶证书的有效期期满要求展期时。
（6）上次检验中准予展期检验的项目或限期检验的项目的期限届满时。
（7）船舶封存后起用时。

四、船级符号与附加标志

钢质海船入级的范围为船体（包括设备）、船舶机械（包括电气设备）和货物冷藏装置。凡符合中国船级社《钢质海船入级规范》（2006）或等效要求者，中国船级社将授予相应的船级，并载入中国船级社船舶录。已在中国船级社入级的船舶，如能遵循中国船级社保持船级的各种检验并仍符合入级要求者，将继续保持其相应船级。

中国船级社对申请入级的船舶进行入级检验和试验合格后，签发船体船级证书和轮机船级证书（其有效期不超过5年）。如两者之一失效，则另一证书同时失效。中国船级社在未签发上述证书前，如确认船舶的船体（包括设备）和机械（包括电气设备）处于良好和有效状态，则可签发相应的临时船级证书（其有效期不超过5个月），以便船舶能及时投入营运。

1. 船级符号

船级符号是船舶主要特性的表述,具有强制性。凡船舶的船体(包括设备)与轮机(包括电气设备)经 CCS 批准入级,将根据不同情况授予下列入级符号:船舶的船体(包括设备)和轮机(包括电气设备)符合 CCS 规范、指南或等效规定,CCS 将授予相应的入级符号与附加标志。钢质海船的入级符号见表3-4。

表3-4 钢质海船的入级符号

入级符号	说明
★CSA	表示船舶的结构与设备由 CCS 审图和建造中检验,并符合 CCS 规范的规定
<u>★</u>CSA	表示船舶的结构与设备不由 CCS 审图和建造中检验,其后经 CCS 进行入级检验,认为其符合 CCS 规范的规定
★CSM	表示船舶推进机械和重要用途的辅助机械由 CCS 进行产品检验,而且船舶轮机和电气设备由 CCS 审图和建造中检验,并符合 CCS 规范的规定
<u>★</u>CSM	表示船舶推进机械和重要用途的辅助机械不由 CCS 进行产品检验,但船舶轮机和电气设备由 CCS 审图和建造中检验,并符合 CCS 规范的规定
★CSM	表示船舶轮机和电气设备不是由 CCS 审图和建造中检验,其后经 CCS 进行入级检验,认为其符合 CCS 规范的规定

2. 中国船级社的附加标志

附加标志是船舶不同特点的分级表述,加注在入级符号之后。中国船级社根据其船体、轮机的具体情况授予不同的船级符号,根据船体和轮机的具体特点、工作条件不同授予一个或数十个附加标志,并签发相应证书。

附加标志包括船舶类型、货物特性、特种任务、特征、航区、航线限制以及其他含义的一个或一组标志。

例如,一艘散货船由 CCS 按照其 CSR 规范进行建造检验,无限航区航行,按 CCS COMPASS-Structure 软件进行船舶设计校核,小块漂流浮冰况区域航行,总强度、完整稳性和散装谷物计算装载仪,水下检验,机器处所周期性无人值班,螺旋桨轴状况监控。授予下列入级符号及附加标志(见表3-5):

★CSA Bulk Carrier;CSR;Ice Class B;BC – A;Holds Nos. 2,4&6 may be Empty;Strengthened For Heavy Cargoes;Grab(20);COMPASS(D,F);Loading Computer(S,I,G);ESP,In-Water Survey。

★CSM AUT – 0;SCM。

表3-5 轮机的附加标志

序号	说明	附加标志
1	推进装置由驾驶室控制站遥控,机器处所包括机舱集控站(室)周期性无人值班	AUT – 0(机器处所周期无人值班)
2	机舱集控站(室)有人值班对机电设备进行监控	MCC(机器处所集中控制)
3	机舱集控站(室)有人值班对机电设备进行监控	BRC(驾驶室遥控)
4	惰性气体系统	IGS
5	船舶机械计划保养系统	PMS(Planned Maintenance System)

续表

序号	说明	附加标志
6	有螺旋桨轴状况监控	SCM（Screwshaft Condition Monitoring）
7	轮机实行循环检验	CMS（Continuous Machinery Surveys）
8	柴油机滑油状态监控	ECM（Engine Lub-oil Condition Monitoring）
9	柴油机的 NO_x 排放量控制	NEC（NO_x 排放控制）
10	船上所用的所有燃油硫含量控制	SEC（SO_x 排放控制）
11	制冷剂的臭氧消耗控制	RSC（冷藏系统控制）
12	船舶装载的与推进装置和辅机有关的，并用作燃油的各种油控制	FTP（燃油舱保护）
13	规定执行加强检验程序的油船、油/散、油/散/矿、化学品、散货船，在船型附加标志之后加注该标志	ESP（加强检验程序）
14	具备水下检验条件船舶，可授予该标志，以替代干坞状态下进行船底外部及有关项目的检验	In-Water Survey（水下检验）

若某船不在中国船级社检验下制造，但在中国船级社检验下安装、检验和试验推进机械和重要辅助机械（包括电气设备），能以周期性无人机舱运行且装有惰性气体系统，则其轮机（包括电气设备）的船级符号和附加标志为：★CSM AUT-0,IGS。

3. 国外船级社的船级标志

不同的船级社有其不同的船级标志，表 3-6 列出了部分若干外国船级社的船级符号。

表 3-6　若干外国船级社船级符号

船级社	船级符号			
	船体	机械设备	无人机舱	冷藏装置
英国劳氏船级社 LR	100A	LMC	UMS	RMC
德国劳氏船级社 GL	100A4	MC	Aut-h/24	KAZ
美国船舶局 AB(S)	A1	AMS	ACCU	RMC
法国船级社 BV	I		AUT	RMC
日本海事协会 NK(K)	NS *	MNS	M0	RMC
挪威船级社 DNV	1A1	MV	E0	KMC

第四节　船舶保养体系

适用对象：沿海航区及无限航区 750 kW 及以上船舶轮机长和大管轮。

知识要点概述：要求沿海航区及无限航区 750 kW 及以上船舶轮机长，掌握船舶维护保养计划要求及规定。要求沿海航区及无限航区 750 kW 及以上船舶大管轮，掌握船舶保养体系的基本知识。

传统的船舶维修保养主要依靠技术管理人员进行，管理人员业务水平的差异直接导致管理工作不稳定,具有随意性和短期行为,"重修轻养""重用轻管",由于信息流通不畅,船东对船舶的维修保养不能及时实施,没有准确计划和控制。在日常营运中,还经常因船员变更或船员技术素质不齐,导致船舶设备日常检修不够或部分设备重复检修,而在年修和进坞大修以及接受船级社检验时,修理项目集中,船舶修期较长,修费很高,这些都造成了人力、物力的巨大浪费。

国际船级社协会注意到船东保养体系的不断完善和实施效果,逐步改变原有观念,接受"以养代检"的方式,首先在20世纪70年代开始全球推行"轮机循环检验(CMS)"制度,将特别检验项目分解到周期内的各个年度进行,充分与航运公司的维修保养体系接轨和配合。此项工作取得良好的效果,一是将对设备的检验"化整为零",及时发现设备的缺陷和隐患;二是将部分项目委托船上轮机长进行,大大节省了修船时间,使保养工作更加有针对性。

随着航运公司保养体系的日趋完善,IACS 在 1989 年提出了 PMS 的检验模式,进一步地将检验和保养相结合,也将设备的技术状况判别权力下放到有资格的轮机长。中国船级社作为 IACS 正式成员,在 1996 年《钢质海船入级和建造规范》中引入了 PMS 要求。

计划保养系统(Planned Maintenance System,简称 PMS):船舶机械(包括电气设备)根据规范的有关要求和设备制造厂说明书的规定,由船东制订一套详细的周期维修保养计划,通过该计划在船上的贯彻和实施,使船舶机械始终保持在良好的技术状态。对这种船舶机械采用周期性维修保养的计划管理,称为计划保养系统。由船东申请,经 CCS 批准的以船舶机械计划保养系统来替代船舶机械(包括电气设备)的循环检验或特别检验的制度,称为船舶机械计划保养系统检验。

PMS 可作为轮机特检或轮机循环检验的一种替代方式,其检验项目应与所替代的特检或循环检验项目相覆盖。PMS 检验项目表见《船舶机械计划保养系统(PMS)指南》。

PMS 检验适用于:

(1) CCS 级钢质海船(高速船除外)和海上设施。
(2) 原则上已实施 CWBT 的船舶。
(3) 只适用于船舶机械(包括电气设备,不包括船体)。

特检间隔期不超过 5 年的船舶,不接受实行 PMS 申请。

1. PMS 的申请

凡拟实行 PMS 的船舶,船东应向 CCS 总部或各执检单位提出书面申请。申请时间最好在轮机特检或轮机循环检验完成后,申请实施 PMS 检验。对于正在执行循环检验的船舶,如能合理编排 PMS 检验,则可对原循环检验项目予以确认,PMS 检验项目应完全覆盖所有循环检验项目,并保证原循环检验项目完成日距下次维修保养日期不超过 PMS 检验间隔期。对于在两次特别检验期间申请实施 PMS 的船舶,如能够将所有轮机特别检验项目合理编排在剩余的特检周期(申请时间至本次特检到期时间)内,也可接受实施 PMS 检验。

船东在提交申请的同时,应将下述书面资料一式三份,或将电子文件一份提交批准:

(1) 公司相关岗位(职责)结构框图。
(2) PMS 文件编写程序。
(3) PMS 的设备清单。
(4) PMS 设备标识程序(编码体系)。
(5) 每个 PMS 设备的预防性维修程序。
(6) 状态监控设备的清单和规格(如有)。

(7)状态监控设备的基准数据(如有)。

(8)PMS 设备维修保养计划(对采取定时检验的设备,应在计划中注明检修周期的小时数)。

(9)PMS 计算机管理程序、软件。

(10)轮机长的 PMS 培训和资历证明。

船上应保存以下资料:

(1)上述全部最新资料。

(2)轮机长的 PMS 授权证书(PMS 培训或经历证明)以及上次年度/到期审核以来轮机长的更换情况及他们的授权证书副本。

(3)设备制造厂和船厂的保养说明书。

(4)自上次拆检以来状态监控设备的所有监测数据,包括设备原始基准数据(如有)。

(5)参考文件(趋势分析程序等)。

(6)设备维修保养记录(包括修理和更换)。

2. PMS 的相关要求

(1)轮机长的要求与职责

为保证船舶正确实施 PMS,该船舶的轮机长应经 CCS 或 CCS 认可的机构/组织进行 PMS 培训,取得 PMS 培训证明,并且轮机长应具有从事循环检验所要求的授权轮机长的资历和实施 CWBT 的经历。

轮机长是船上实施 PMS 的负责人,负责安排每一项目的检修,检修应按照工作卡汇总表的要求进行,并保存必要的维修和测量记录。轮机长负责检查或确认、签署相关的检修报告。只有轮机长或指定的人员,有权修改和更新船上的 PMS 数据库。轮机长应向公司上报 PMS 计划的完成情况。

(2)维修保养计划的制订与实施

公司 PMS 主管机构,应根据规范的有关要求和设备制造厂说明书的规定,列出 PMS 设备清单,制订详细的维护保养计划和绘制工作卡汇总表。PMS 设备清单应覆盖规范对于轮机的特检或循环检验项目,并根据设备制造厂说明书和船舶设备实际运行状况,确定各级保养期限;对于设备制造厂说明书没有要求的项目,应规定在每个 PMS 检验周期内至少拆检1次。然后根据上述资料制定计算机化的 PMS 管理系统。

PMS 项目的检验间隔期,一般不应超过循环检验所限定的期限;但实行定时检验的项目,可以接受更长的间隔期,但不应超过设备说明书规定的检修期限;若想对于批准的状态监控系统进行有效控制的设备,则上述间隔期可适当延长。

船公司主管机构应提前将月计划指令下达到船上。如船舶已安装计算机和 PMS 管理系统,在船上可自动生成月保养计划,则可免除指令的下发。轮机长应按照公司指令及时完成要求的项目。船上应至少每季度将该季度内每个月的完成情况报公司主管机构,主管机构负责汇总和管理。

已实施 CWBT 的船舶,编写人员要特别注意 PMS 检验规定对原有项目的数量、保养内容和检验周期的设置进行适当调整和修改。

还应注意的是,CWBT 系统的部分项目并非 PMS 检验的范畴,如锅炉、起货设备、防污染设备等。实施 PMS 检验的船舶,不能改变也不能替代规范所规定的保持船级的其他定期检验项目的检验,如船级年度检验、中间检验、锅炉检验、对艉轴和螺旋桨轴的检验。对在 PMS 中没有包括的项目,仍按现行《钢质海船入级与建造规范》的规定进行检验。

3. PMS 检验的实施

PMS 检验一般分为年度确认性检验和 PMS 检验到期(即特检到期)时的确认性检验。

年度确认性检验一般包括审查船东提交的年度报告、轮机长是否有 PMS 授权证书、检查设备自前一次检查后工作状态是否正常、对机械设备的性能和维修记录进行检查、对机械设备故障的详细记录等,更换规范要求的重要部件时应提供相关产品证书。年度确认检查合格后应在轮机长提交的 Form PMS/R 上进行签署,并应在轮机入级证书上做以下签署:Annual Verification Survey for PMS carried out and class maintained。年度检验(F 级)项目应在到期日前后三个月内进行。

PMS 检验到期(即特检到期)时的确认性检查除需进行年度确认性检查外,还应进行总体检查,包括在 PMS 的一个周期内设备的维修保养是否全部完成,任何规定应拆验项目的拆验周期是否超过 5 年。特检到期时对 PMS 确认检查合格后应在轮机长提交的 Form PMS/R 上进行签署,并应在轮机入级证书上做以下签署:Periodical Verification Survey for PMS carried out and class maintained。轮机特别检验(H 级)项目应在到期日前三个月内完成。

第四章
船舶安全操作与管理

第一节　船舶安全操作

适用对象:沿海航区及无限航区 750 kW 及以上船舶轮机长和大管轮。

知识要点概述:要求沿海航区及无限航区 750 kW 及以上船舶轮机长,了解系统设备评估、应急处置的一般要求和规定;熟悉机舱作业安全的规定及应急处置程序。要求沿海航区及无限航区 750 kW 及以上船舶大管轮,熟悉船舶安全操作风险评估及船舶安全培训,熟悉船舶防火安全及机舱作业安全,掌握机舱作业安全的规定及应急处置程序;熟悉船舶机舱安全作业流程。

一、船舶安全操作风险评估

(一)风险评估

1. 名词释义

"危险"是指可能会引致受伤或伤害的源头,或可能会引致受伤或伤害的情况。

"风险"有两个意思:危险会发生的可能性;危险事件的后果。

2. 风险评估的含义

从信息安全的角度来讲,风险评估是对信息资产(即某事件或某事物所具有的信息集)所面临的威胁、存在的弱点、造成的影响,以及三者综合作用所带来风险的可能性的评估。作为风险管理的基础,风险评估是组织确定信息安全需求的一个重要途径,属于组织信息安全管理体系策划的过程。

3. 风险评估原则

(1)风险评估旨在小心审核操作时可能会造成的伤害,以便能及早判定是否已采取足够的预防措施,还是需要采取更多的措施以防止伤害发生。风险评估的目的在于尽量减少船上的意外和疾病。

（2）评估应首先确立工作场所存在的危险，继而认明执行工作时会产生的重大风险。评估应包括审议现行的预防风险监控措施，如工作许可证、禁区、警告牌或个人保护装备。

（3）任何风险评估必须对工作人员健康与安全的风险进行评估。

评估视船舶的种类、操作性质、危险与风险的类型和程度而定。执行评估的过程应该是简单而有实际作用的。评估范围应涵盖工作人员在船上工作所引致的风险，但不会正常地预见的风险除外。所有雇主均有责任为工作人员和可能受工作影响的其他人士做出风险评估。船公司有责任为船上每一个人协调风险评估，包括直接受雇于船公司的工作人员，同时也要考虑到其他雇主的评估。风险评估的过程应由具备适当经验的人士执行，并在适当情况下采纳专家的意见。工作人员在执行常规任务时所引致的健康与安全风险，须有适当而充分的评估，这项风险评估的规定仅与在工作时会直接产生并有可能危及实际进行该工作或直接受该工作影响人士的风险有关。评估时所做出的努力应视已辨明风险的程度，以及那些风险是否已受到充分的预防措施或程序所监控，从而在合理可行范围内确保最低的风险。风险评估应是持续性的。实际上，如工作场所尚未有任何有效的风险评估，则应在工作开始前先对工作场所的风险做出评估。评估必须按需要不时检讨及更新，确保能反映出设备或程序的重大改变。

4. 风险评估的内容

（1）对工作活动进行分类

风险评估中一项有用初步任务是认明各项工作，用理性及可以处理的方式对其进行分类，并收集与这些工作有关的必需资料（或将现有资料整理）。不经常执行的维修工作和日常操作均应包括在内。对工作活动进行分类的可行依据包括：

①船上的部门/地点；
②操作或例行工作所在阶段；
③已排期和不定期的维修；
④明确任务（如装货/卸货）。

各项工作所需的数据可包括：

①要执行的工作，所需的时间及次数；
②进行工作的地点；
③通常/偶然执行工作的人员；
④可能受到工作影响的其他人士（如承办商、乘客）；
⑤船员为执行工作所接受的训练。

（2）认明危险和处于风险中的船员

认明危险主要包含"有没有伤害源？""谁（或什么）可能受到伤害？""伤害会怎样发生？"三个问题。可以按不同方式对危险进行分类，如按以下主题归类：机械；电力；物理；辐射；物质；火灾与爆炸；化学；生物学；心理学。

另一个补充处理方法是制备一份提示表，即在进行工作时，是否会出现以下危险：

①在平面上滑倒/跌倒；
②有人从高处堕下；
③有工具、对象等从高处堕下；
④两层甲板间的高度不足；
⑤通风不足；
⑥与装配、试运行、操作、维修、改良、修理及拆卸机械部件有关的危险；

⑦可能导致机械装置毁坏或遗失重要部件的危险;
⑧人手操作引致的危险;
⑨长期生理影响造成的危险,例如暴露于极限值之上。

(3) 认明风险监控

降低风险的最有效方法是完全排除危险。然而,在许多情况下想要把危险完全排除并不可能,故有必要采取风险监控措施。风险评估主要是认明实质的风险与危险,以施行适当的监控措施去降低风险。遵守已订立的良好行为守则能提供所需的监控。风险评估应能全面认明危险,所制定的监控措施可降低伤害的风险,不同的监控例如风险监控系统可适当地减少可能发生的风险,改善个人保护装备可降低受伤的程度等。风险评估的程序除了可以为特殊的风险认明所需的监控措施,也是为确保这些监控措施能确切地执行及保持而做出的安排。风险监控系统为个别监控措施或监控措施的种类提供管理方法。以工作许可证制度为例,风险监控系统界定了:

①工作许可证的工作范围;
②设计工作许可证制度的责任,以及参与操作者的责任;
③设计或操作工作许可证制度者的训练和资格;
④在设计和操作该制度时所需的通信和咨询;
⑤安排视察和审核该制度及其执行情况;
⑥安排审阅工作许可证制度的成效,并决定是否需要改进。

在评估现有风险控制系统时,应考虑采取降低类似风险和/或伤害严重性的措施。下述的制度可以引用:

①可以的话,一并排除危险或尝试在风险的源头防止风险;
②若不能排除风险,可尝试在风险的源头降低风险;
③通过工作的程序和安全系统去降低风险,个人保护装备是在考虑过所有其他监控措施后的最后选择。

(4) 估计风险

危险率可按伤害的潜在严重性、产生伤害的可能性做出估计规定。这两个因素应独立判断。要判断伤害的潜在严重性,可考虑以下情况:身体哪部分可能会受伤;伤害的程度,从轻伤至重伤。确定对健康性和安全性的短期和长期性伤害的类别定义时务必审慎。表4-1 列出以轻微、中度和极度三级来划分伤害严重程度的可能分类。

表4-1 伤害严重程度类别的例子

类别	轻微伤害	中度伤害	极度伤害
健康性	身体不适(如头痛);健康欠佳引起的暂时不适(如腹泻)	失聪;皮肤炎;哮喘;与上肢失调有关的工作;导致永久轻度伤残的疾病	职业性癌病;其他严重折寿疾病;严重的致命疾病;永久严重伤残
安全性	外伤;割伤和擦伤;灰尘入眼	割伤;烧伤;脑震荡;严重扭伤;轻微骨折;筋骨痛	断肢;严重骨折;中毒;身体多处受伤;致命重伤

确立伤害的可能性时,应考虑现时已有的监控措施,一般而言,应评估以下事项:

①影响所及的船员数目。
②暴露于危险中的时间长短和次数。
③电力或水源中断的影响。

④机械装置、机件或安全设施失效的影响。
⑤暴露在自然力之下。
⑥个人保护装备提供的保障及其规限性。
⑦做出不安全行为可能引致的危险,他们:
　a. 可能不知道危险性;
　b. 可能没有执行该项工作的知识、体能或技能;
　c. 低估了自己所冒的风险;
　d. 低估了安全操作方法的实用性和效用。

根据非常可能、可能、不可能和非常不可能四级而划分伤害严重程度的可能类别如表4-2所示。

表4-2　可能发生伤害类别的例子

可能发生伤害的类别	非常可能	可能	不可能	非常不可能
发生的种类	个人通常每六个月经历最少一次	个人通常每五年经历一次	通常在个人一生的工作中经历一次	在个人一生的工作中经历伤害的机会小于1%

任何一种危险若影响及大群人,危险更大。可是,有些更严重的危险,可能是与偶然执行任务的个人有关,如维修吊机中不易接触的部件。按照上文所述伤害的潜在严重性和发生伤害的可能性,估计风险的简单方法如表4-3所示。

表4-3　风险估计的简单方法

发生伤害的可能性	危害的严重性		
	轻微伤害	中度伤害	极度伤害
非常不可能	非常低风险	非常低风险	高风险
不可能	非常低风险	中度风险	非常高风险
可能	低风险	高风险	非常高风险
非常可能	低风险	非常高风险	非常高风险

注:表内的非常低风险,是指已合理和切实可行地将风险减至最低程度。

(5)决定风险的可容忍程度
(6)编制风险监控行动计划(若有需要)

经确定重大风险后,考虑到已采取的预防监控措施,下一步骤是决定应采取什么行动以改善安全。风险分类是决定应否改善监控行动和制定行动时间表的基础。表4-4为一个简易的方法,显示出所采取监控风险的行动,以反映风险的严重性。

表4-4　简易风险-监控计划的基础

发生伤害的可能性	行动与时间表
非常低	这些风险被视为可接受。除确保监控措施持续执行外,无须采取进一步行动
低	除非以极低成本(以时间、金钱和劳力计算)执行,否则无须额外的监控措施。进一步降低这些风险的行动属于低优先级,不过须保持监控,确保其在控制之中
中度	应采取行动降低风险至可容忍水平,最好可达到可接受水平(如适用),但所用的成本应小心衡量,不可太高,同时也应在限定时间内实施降低风险的措施。若风险属中度,会造成伤害,则应投放资源以确保监控措施的运作

续表

发生伤害的可能性	行动与时间表
高	须在指定时限内紧急投放大量资源以降低风险。风险降低前或实施并完成临时性的风险监控措施前,不得动工。应投放大量资源进行更多监控措施。若风险会造成严重或极大伤害,应投放资源以确保监控措施的运作
非常高	不可接受。必须进行重大改善风险监控措施,以便风险降低至可容忍或可接受水平。风险降低前必须停工。若未能降低风险,禁止工程进行

注:若风险程度关系到极大的伤害,为增加信心,必须就伤害的实际可能性有进一步的评估。

风险评估的结果应用来结算要采取的行动,以先后次序列出,用以制定、维持或改进监控措施。

选择监控措施时,应按效能做出下述的考虑:
①排除;
②弃用危险的物质,改用安全的一种;
③围栏(将危险区域围起,排除或监控风险);
④提供监护/隔离;
⑤将风险降低至可接受水平的工作安全系统;
⑥以书面通告通知受影响的人士;
⑦专业技能与程序间相互结合运作的检讨;
⑧足够的监管;
⑨认明所需的训练;
⑩信息/指示(标志、小册子);
⑪个人保护装备——在其他监控措施未能奏效时的最后选择。

(7)检讨行动计划是否适当

实施任何行动计划前,应先做检讨,提出一些下述问题:
①修改了监控措施后,会否令风险转至"可容忍"程度?
②会否产生新的危险?
③受措施影响的人士对修改了的预防措施有什么看法?他们认为有没有需要?是否实际可行?
④修改了的措施是否可行,会否在急于要完成工作的压力下,被人忽略?

(8)确保风险评估及监控是有效及最新的

风险评估和监控措施是持续性的。因此,风险评估书须视定期检讨以确认评估的有效性,以及风险监控措施是否仍然有效和足够而定。即使无书面说明,任何工作开始前都须进行风险评估。若风险评估书已经存在,则须检讨以确保此评估书上所采取的措施仍然有效。如发现有新的风险,必须做出评估,并在工作开始前通知各有关人士或工程的负责人。

如工作现况察觉到有下述的改变,风险范围和风险有重大的变动,则已制定的风险评估须重新检讨。这些改变可包括:
①工作面扩大、收缩或有结构性的重组;
②职责重新配置;
③更改工作方法或行为模式;
④有危险事故发生。

风险评估的检讨，尤其是在审核时详细审查风险评估，是维持风险评估和监控措施的有效性和效能的有用工具。检讨也有助于在工作人员和工作时间有变动时，确保风险评估的一贯性。风险评估旨在减少危险事故的发生，出现危险事故突显了风险评估在设计、执行或监督等方面的不足。完成详细的风险评估，并采取适当的监控措施使风险降低至可接受或可容忍水平后，须将安全工作程序以书面记录，任何人士均应在工作开始前获知该记录，并对内容进行了解。

(二)船上风险评估程序实例

1. 目的

通过运用特定的方法，对可能发生的风险予以识别、认定，并对已认定的风险进行评估，针对这些风险采取有效措施以减少或避免风险、危险事件的发生。通过风险评估，对正常操作引起的危害进行监督，以便决定防范措施是否得当，防止对财产或环境的损害，并尽可能防止造成损失，确保船舶和人员的安全。

2. 定义

危险：可能导致人员伤害或疾病、财产损失、环境破坏、影响管理正常有效开展，或这些情况组合的根源或状态。

风险：危险发生的可能性和危险事件的后果。

风险管理：接受一个已知或经评估的风险和/或实施降低风险后果或发生概率的措施的过程。

风险评估：评估由已识别的危险产生危害的可能性和后果，确定控制风险的恰当措施的过程。

风险组成：风险由发生的危险的可能性和产生危险事件的后果两个因素组成。

3. 职责

(1)船舶

①船长

船长应接受适当的危险识别及风险评估的培训。

a. 负责组织船员对其进行适当的危险识别及风险评估的培训。对工作中涉及人员、船舶、设备和环境进行风险评估，并尽可能充分考虑船员提出的关于安全改进的想法，确保对风险的评定有效。可通过采用适当的措施将风险减轻到允许范围。当有理由相信不再有效并且需要做必要调整时，船长必须审查评估。

b. 鼓励船员将船上的不安全行为和不安全状况报告给船长，由船长适时召开船舶的风险评估会议，进行风险评估，采取适当的纠正措施，使风险处于可控水平，并将风险评估表报公司。风险评估的内容还应在相关记录中显示，如船舶安全会会议记录、管理复查报告。

c. 负责向公司报告船上操作引起的任何与健康、安保、安全有关的风险。同时，需考虑到外部的环境和因素对健康、安保、安全有潜在的不利影响。

②部门长

按船长指令组织本部门人员，对所要进行工作按照评估程序进行风险评估，并将评估结果报船长。

③各级船员

接受危险识别及风险评估的培训，参考公司安全管理体系文件、船舶保安计划，以及船舶有关的建议、指导和规章制度等,对相关健康、安全和环境进行风险评估。

(2)公司岸基
①管理高层
管理高层为减少或避免风险的发生提供足够的资源支持。
②各主管人员
a. 船长和其他高级船员在公司培训时,应给予适当的危险识别及风险评估的培训。
b. 为船舶的风险评估提供指导和建议,必要时协助船长等做好风险评估工作。
c. 确认已评估的风险,并为减少或避免风险的发生提供相应的支持。
d. 协调船上所有的操作风险评估。

4. 操作细则

(1)风险的分类
船舶风险分类常用"按照导致事故的直接原因""参照事故类别"的方法进行分类。
①按照导致事故的直接原因进行分类:

物理性危险和有害因素——设备、设施缺陷;防护缺陷;电危害;噪声;振动危害;运动物体伤害;明火;高温物质;低温物质;作业环境不良等。

化学性危险和有害因素——易燃、易爆性物质;自燃性物质;有毒物质;腐蚀性物质。

生物性危险和有害因素——致病微生物;传染病媒介物;致害动物;致害植物等。

心理、生理性危险和有害因素——负荷超限;健康状况异常;从事禁忌作业;心理异常;辨识功能缺陷等。

行为性危险和有害因素——指挥错误;操作错误;监护失误。

②按照事故类别进行分类:

物体打击;起重伤害;机械伤害;触电;灼烫;火灾;爆炸;高处坠落;中毒和窒息;搁浅;碰撞;沉没;进水;油泄漏或污染;机械设备损害;恐怖事件或海盗袭击。

③公司管理中可能出现的风险:
a. 组织结构不合理,如职责不明确、管理流程不畅通。
b. 安全管理文件不合理,包括安全管理体系内的文件和其他任何指导性文件规定。
c. 管理失误,包括向船舶或岸上人员下达错误的指令,或未及时对船舶提出的要求给予岸基地支持,或购买不恰当的机械设备或备件。
d. 知识更新不及时,包括未及时传递和组织学习新生效或新发布的公约、规定、规则、指南或通函等,或未对船舶学习新生效或新发布的公约、规定、规则、指南或通函等给予恰当的指导或培训。
e. 人员与所聘岗位的要求之间有差距,包括不熟悉本岗位职责,或所聘人员因工作能力或其他原因而不能胜任其所承担的工作。

(2)危险性辨识
危险因素包括:船舶机械设备的机械能、电能、热能、化学能等的非正常释放,为确保机械设备正常而进行的维护保养中人为失误和作业环境不良所产生的危险因素;船舶航行、靠泊、货物装卸、海上运输管理及应急反应等过程和与之相关的各种作业过程中产生的各种不安全因素;陆地危险因素以及除上述三类以外的包括特殊作业在内的各种作业,及其作业过程中人员的不安全行为、设备的不安全状态所产生的危险因素。船舶和公司的危险因素还可从安全生产管理组织机构、安全生产管理制度、事故应急反应措施、人员培训和日常安全管理职责等方面进行识别。

①对危险有害因素的辨识通常通过询问以下三个问题来识别：
 a. 有危害来源？
 b. 谁(什么)会被危害？
 c. 危害如何发生？

②对危险有害因素进行归类可能有益于对危险有害因素的识别，通常将危险有害因素归为以下类别：
 a. 机械；
 b. 电器；
 c. 物质；
 d. 放射物(如有)；
 e. 火灾或爆炸；
 f. 污染等。

③互补的处理问题的方法可以来完善检查表，诸如：
 a. 平地滑倒/摔倒；
 b. 人员高处摔倒；
 c. 高处坠物(工具等)；
 d. 头顶空间不足；
 e. 通风不足；
 f. 来自机器和机械装置的装配、试车、操作、保养、改装、修理和拆装的危害；
 g. 来自操作手册的危害；
 h. 污染危害；
 i. 船舶灾难；
 j. 损害机器设备等。

(3) 风险评估的基本原则和对风险的界定

①基本原则

a. 风险评估应该首先认清在工作地点产生的危害，然后确定应对重大风险的活动和操作。这种评估应该包括考虑现有控制危险的措施，如允许工作范围、限制通道、预警信号、个人防御设备和操作流程。

b. 风险评估必须涉及人员的健康、人身安全、财产完整和环境保护等方面。

c. 评估依赖于对船的类型、操作类型及危害和风险的范围的认知。评估的目的应该是简单而有意义的。

d. 适当和充足的评估应该由船员正常工作职责中所引起的人身安全、船舶、设备和在正常操作中的环境组成。直接操作的风险仅仅与风险评估要求有关，具有潜在危害。风险评估必须适当且足够，即风险评估依赖于风险判定的界别和是否这些风险已经被完善的预警措施控制或者确保实施了最基本有效的工作程序。

e. 评估不希望包含不合理的风险。

②对风险的界定

a. 对风险本身的界定：包括风险发生的可能性；风险强度；风险持续时间；风险发生的区域及关键风险点。

b. 对风险作用方式的界定：包括风险造成的影响是直接的还是间接的；是否会引发其他的相关风险；风险的作用范围等。

(4) 风险评估的基本内容和要素

① 评估的基本内容

a. 风险评估应对船舶所涉及的所有操作的活动。

b. 对此，所涉及的基本内容应包括：

(a) 工作活动或操作；

(b) 危害；

(c) 地点控制；

(d) 人身安全；

(e) 可能的危害；

(f) 危害的程度；

(g) 风险等级（有时叫作风险因素）；

(h) 实施细则（包括评估者姓名、日期等）。

② 风险评估的要素

风险评估过程主要包括以下要素：

a. 工作内容分类；

b. 危害、人身、设备、环境风险的认定；

c. 风险判定；

d. 判定风险是否可承受；

e. 如果必要，起草执行方案；

f. 审查执行计划的适用性和可操作性，并对不足之处予以补充等。

(5) 风险评估的时机和责任者

① 评估时机

a. 风险评估是一个持续的过程。在实践过程中，风险评估应该在工作任务开始前。

b. 评估应该回顾并且做必要的更新，以确保对设备或工作程序的（重大）改变的反应。

② 评估的责任者

a. 风险评估一般分为初步评估和详细评估。初步评估由部门长组织。经初步评估后如需详细评估，部门长向船长报告，由船长组织评估并对评估的结果进行审核和批准。

b. 评估责任人的分工按规定进行。

(6) 风险评估的实施

① 准备

a. 有效的风险评估的准备工作将用来识别各自的工作活动，将其归类于合理的、易处理的方法，并且收集必要的信息（或校对现存的信息）。日常的操作和非经常的保养任务应被包括在可能的工作活动分类方法中，包括：

(a) 船上的部门、位置；

(b) 作业或日常工作的步骤；

(c) 计划和计划外的维护；

(d) 任务的分类（例如装、卸货物）等。

b. 每一项工作活动的信息，可以包括：

(a)所进行任务的期限和频率;
(b)所进行工作的位置;
(c)谁经常/偶尔进行该项工作;
(d)可能被该工作影响的他人;
(e)培训接受该工作人员等。
(7)风险识别的步骤
①识别可能对船舶、人员、货物、操作、管理造成危害的危险,对所有常规和非常规危险都要进行识别和风险评估;
②识别出具体可能发生的危险情形或危险事件;
③分析受到危险情形或危险事件影响的人员。
(8)确认风险
①来自危险有害因素的风险可以通过下列评估来探测:
a.危害的潜在严重性;
b.危害发生的可能性。
对这两种成分必须分开评判。
②当企图证实危害的严重性时,应从以下两方面考虑:
a.整体中可能被影响的部分;
b.危害的性质,范围从轻度危害到极度危害(见表4-5)。

表4-5 危害的性质

类型	严重性		
	轻度危害	危害	极度危害
伤害	表皮受伤,小的割伤和瘀伤;灰尘导致眼睛疼痛;不适和疼痛(如头痛);生病,导致临时不舒服;有限的环境污染	撕裂伤,烧伤,脑震荡,严重扭伤,轻微骨折,肌肉-骨骼功能失调;耳聋、皮炎、哮喘,与工作相关的上肢功能紊乱,疾病-健康导致永久功能障碍;严重环境污染可能引发国内新闻关注	截肢,主要骨折,中毒;多种受伤,致命伤痕;职业性癌症,其他严重缩短寿命疾病,急性致命疾病;污染造成持久的损害环境
损失	损失/损伤在10 000美元内	损失/损伤在10 000到50 000美元内	损失/损伤超过500 000美元

③为了确认危害的可能性,应考虑现场控制措施是否足够。法律规定及其他安全出版物,对指导具体的危害控制的足够性是好的指南,评估时应考虑下列问题:
a.暴露人员的数量。
b.接触危害的频率和持续时间。
c.电力故障或水供应的影响。
d.机器和机械部件及安全装置失灵的影响,应加强设备检测/周期性维护保养计划的落实及备件/物料的充足供应。
e.接触到的元素。
f.提供的保护个人防护装备及其局限性。
g.安全管理体系的不完善。持续改进安全质量管理体制,使之严谨、系统且可操作。有效运行的SMS是避免危害及不合格发生的根本措施。

h. 不可抗力。科学预测，有效规避，建立完善的保险机制。

④人的不安全行为是导致危险发生的因素，必须予以考虑，例如：

a. 可能不知道什么是危险，低估安全的工作方法的实用性及有效性。

b. 可能没有足够的知识、身体能力或技能做该工作。对于因操作技能不足可能导致的人为失误应采取提高录用标准、强化熟悉培训、周期性的适任评价和改进工具及设备等措施；对于因违章操作可能导致的人为失误应采取操作规程的文件化、加强训练和演习、严明纪律管理、强化监督机制和奖励机制等措施。

c. 对于因疲劳而产生的人为失误应采取合理安排工作顺序、加强团队协作、降低劳动强度和补充资源等措施。船员的工作时间应该符合 STCW 的相关规定，并记入船员工作时间记录。

⑤对风险的可能性可以被评估为极不可能、不可能、可能。

⑥风险是否可以接受。

表 4-6 是估计风险级别和决定风险是否能接受的简单方法，可用于判定风险级别和决定风险是否能接受。

表 4-6　估计风险级别和决定风险是否能接受的简单方法

可能性	严重性		
	轻微伤害	有危害	极有危害
极不可能	极小的风险 风险等级为 1	可承受(容忍)的风险 风险等级为 2	中等风险 风险等级为 3
不可能	可承受(容忍)的风险 风险等级为 2	中等风险 风险等级为 3	重大风险 风险等级为 4
可能	中等风险 风险等级为 3	重大风险 风险等级为 4	无法承受(容忍)的风险 风险等级为 5

注：可承受(容忍)在这里意味着风险已降至最低水平，是合理可行的。

例如：如果一个事件发生的可能性是不可能的，但发生该事件的严重性具有非常有害的性质，则风险等级应认为是 4（重大的）。

(9)准备控制风险的行动计划

①若已经确定了重大风险，在考虑了现有的预防控制措施的情况下，下一步就是要决定应该采取什么行动以改善安全。

②风险类别由决定是否需要改进的控制和采取行动的时间表构成，表 4-7 所示为一个尽可能简单的方法。这表明控制风险的努力应该反映这种风险的严重性。

表 4-7　采取行动的时间表

风险类别	行动
一般	无须行动，并且记录不需要被保留
可承受	无须额外控制。可考虑给予更符合成本效益或没有额外的负担的解决方案。监测所需确保控制手段
中等	应做出努力，以减少风险。但预防费用应仔细衡量和限制，减少风险的措施应当在规定的时间内执行。凡中度危险的后果与极其有害的后果有联系，可能有必要进一步评估，以建立较精确的损害的可能性作为确定需要改进控制措施的基础
重大危害	不应该开始工作，直到减少了风险。可观的资源也许必须使用。凡涉及风险工作在进行中，应采取紧急行动

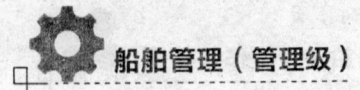

续表

风险类别	行动
无法承受危害	直至风险已经降低前，工作不应开始或继续进行。如果甚至无限资源情况下不可能降低的风险，必须禁止工作

注：能忍受这里意味着风险降低到了是合理的可实行的最低的水平。

③预防措施的具体要求：

a. 应明确实施的责任人、完成期限和所需的资源，当船舶需要岸基地支持时，应通过有效手段迅速报公司；

b. 应能把高风险或中等风险降到低风险，并尽可能降低到切实可行的最低水平；

c. 应包括限制意外事件影响的应对措施；

d. 必要时，应包括应急计划，以促进局面安全恢复。

④一个风险评估的结果应该是行动详细目录、优先顺序，以制定、维持或改善控制手段。控制手段应选择考虑到以下几方面（以效果为顺序）：

a. 如果可能的话，完全消除或减轻危险源，如使用安全物质，而不是危险物质；

b. 如果无法消除，尝试减少风险，如风险是触电，则使用低压电器；

c. 在可能情况下，个人去适应工作，如考虑到个人的精神和身体状况；

d. 利用技术进步来提高控制手段；

e. 优先考虑保护每一个人的措施；

f. 必要时将使用的技术与程序性控制相结合；

g. 引进或确保计划维护的连续性，如机械保护措施；

h. 保证现场有应急计划；

i. 在其他控制选择被考虑后，个人防护用品仅作为最后措施；

j. 除紧急情况外，还应考虑有必要提供应急设备的特殊危险。

(10) 除按照上述方法进行危险识别外，还应对以下情形进行危险识别和风险评估

①公司组织结构的变化；

②最高领导层变化，聘用新的船舶主管、船舶管理员或其他岸上管理人员及船员。

③安全管理体系文件的修改。

④船舶增加或更换不同的机械或设备。

⑤新发布或新生效的法规要求。

⑥公司增加船舶（如新接船舶）。

⑦船舶配员水平变化。

⑧新航线、新货种。

⑨电脑软件、硬件的变化。

⑩引入新的供应商、修理商和新的燃油、润滑油品种等。

(11) 风险评估有效性的评估内容

①危害是否得到了充分识别。

②对危害的风险评估打分是否适当。

③船队的普通风险是否得到评估。

④所制定的预防措施是否适当，预防措施所需的资源能否得到提供。

⑤预防措施是否得到有效实施。

⑥原先存在的风险是否降到了低风险程度,或降低到了切实可行的最低水平。
⑦针对风险评估的公共领域是否有最佳做法。
⑧现在的风险评估程序是否需要修改,其他相关的 QSMS 文件是否需要修改。
⑨参加危害识别和风险评估的人员,关于危害识别和风险评估的培训是否充分。
⑩对风险评估的有效性的评估应记录在风险评估记录。
⑪针对船舶报告的高风险的风险评估记录,事后一周内,指定人员应组织岸基部门主管评估本次风险评估的有效性,并向相关船舶反馈必要的信息。
⑫指定人员每半年对比分析不合格情况、事故和险情的变化规律,对公司风险评估及预防措施的有效性进行综合评估,并作为岸基 SMS 有效性评估和管理评审活动的输入,公司总经理应结合该综合评估制定后续的改进措施。

(12)对行动计划的审查和批准
①任何行动计划应在实施前予以审查,以审查行动计划是否完整,此项审查由船长负责。一般对行动计划审查的考虑是:
a. 修正的控制手段能导致一个可承受的风险。
b. 是否造成新的风险?
c. 受影响的人想到经修订的预防措施需要什么和实用性是什么?
d. 将修订后的管理措施应用于实践,并且未忽视在面对压力时来完成这项工作。
②经船长批准的计划由部门长组织有关人员实施。

(三) 风险评估表实例

1. 进入封闭场所作业风险评估表

A 部分 危险识别和风险评估

部门/船舶		日期	
行动或任务			

编号	步骤细分工作过程	危险		现有控制措施	现有风险			
		危险情形或危险事件	暴露在危险中的人员		可能性 P	后果 F	风险 $R=PF$	风险等级
1	进入封闭场所准备	未进行进入封闭场所操作程序的培训,导致人员不熟悉安全操作程序发生人员伤亡事故	操作人员	按规定对全船人员进行进入封闭场所操作程序的培训,严格按照要求布置安全措施				
2	通风	通风不彻底,导致操作人员产生窒息的危险	操作人员	对将要进入的封闭场所进行彻底的通风,确保氧气含量满足进入的要求				
3	测氧测爆	人员对操作仪器不熟悉,导致测量错误,发生进入人员产生窒息的危险	操作人员	对相关人员进行仪器操作的培训,确保人员操作仪器熟练				

续表

编号	步骤细分工作过程	危险情形或危险事件	暴露在危险中的人员	现有控制措施	现有风险			
					可能性 P	后果 F	风险 R=PF	风险等级
4	测氧测爆	测氧测爆仪器故障,导致测量值不准确,发生进入人员产生窒息的危险	操作人员	正确进行测氧测爆仪器的校测和维护保养,确保仪器工况正常				
5	测氧测爆	测氧测爆取样位置不正确,导致测量值不准确,发生进入人员产生窒息的危险	操作人员	正确对封闭场所气体取样位置进行标定,认真做好测量,确保氧气含量满足进入的要求				
6	测氧测爆	未对封闭场所进行定期测定,导致进入人员发生中毒、窒息休克或死亡的危险	操作人员	严格按照规定对封闭场所进行连续的定期测定,确保封闭场所内氧气含量始终符合要求;连续强力通风、带个人气体检测仪实时检测气体;在入口处备有包括罗伯逊担架和急救药箱在内的救助器材和复苏器,指定专人在入口处负责照管、做好营救准备,一旦有险情出现,通知驾驶台,立即发出警报,船舶进入封闭舱室救助程序				
7	测毒	未对封闭场所进行相应的测毒检查,导致进入人员发生中毒危险	操作人员	按照封闭场所的位置性质,区分所要测定的毒气种类,做好相应的毒气测量,确保封闭场所内的空气质量符合要求				
8	封闭或隔离所有通向封闭场所的管路阀门	未彻底封闭或隔离所有通向相应封闭场所的含有有害气体的管路等,导致进入人员发生窒息的危险	操作人员	作业之前利用船舶资料熟悉作业现场环境,彻底隔断封闭场所与其他相关场所的管路阀门联系,阻断有害气体的进入				
9	打开封闭场所孔盖	未采取打开孔盖的防护措施,导致发生人员坠落的危险	本船船员	加防护栏、警示标识、夜间照明,指派专人现场看护				
10	安装风机	不小心,导致操作人员发生滑倒、跌倒、压伤的危险	操作人员	作业前熟悉相关设备使用和安装程序;穿戴个人防护用品(防护手套、工作衣、安全帽、工作鞋等);做好防滑措施				

续表

编号	步骤细分工作过程	危险		现有控制措施	现有风险			
		危险情形或危险事件	暴露在危险中的人员		可能性 P	后果 F	风险 R=PF	风险等级
11	通风换气	未采用防爆的电动机械,导致进行机械通风时发生爆炸的危险	操作人员及船上其他人员	进行机械通风时,采用防爆的电动机械或使用水力风力				
12	封闭场所内照明	采用非防爆型照明设备,导致封闭场所产生爆炸的危险	操作人员及船上其他人员	封闭场所内照明必须采用防爆型照明设备				
13	封闭场所内照明	封闭场所内照明亮度不足,导致在封闭场所内工作人员碰伤、摔倒	操作人员	为封闭场所提供合适的照明设备,为封闭场所内工作现场提供充足的照明				
14	人员进入封闭场所	不小心,导致进入人员滑倒摔伤,坠落	操作人员	进入之前进行安全操作培训,布置穿戴好个人防护装备(防护手套、工作衣、安全帽、工作鞋等);带防爆手电筒和手提便携式本质安全型VHF、在入口处备有包括罗伯逊担架和急救药箱在内的救助器材和复苏器,指定专人在入口处照管、建立舱室内外人员固定时间间隔联系制度,做好营救准备利用绳索 滑车或其他设备吊运工具;一旦有险情出现,通知驾驶台,立即发出警报,船舶进入封闭舱室救助程序				
15	封闭场所内操作	操作人员对封闭场所内工作环境不熟悉,导致在封闭场所内工作时迷失方向,找不到出口	操作人员	在进行封闭场所内工作前,利用图纸资料讲解工作场所的内部环境,让所有参加人员全部熟悉该环境;为内外人员配备工况良好的通信设备,定期进行沟通;一旦出现险情,马上通知驾驶台,启动应急程序,对舱内人员给予援助				

续表

编号	步骤细分工作过程	危险情形或危险事件	暴露在危险中的人员	现有控制措施	可能性 P	后果 F	风险 R=PF	风险等级
16	封闭场所外人员监护	安排的监护人员监护不到位,没有定期与内部工作人员联系,导致封闭场所内操作人员发生伤亡的危险	操作人员	对监护人员进行培训,要求他们严格按照封闭场所外监护程序进行现场看护				
17	封闭场所内外进行工具传递	操作人员的疏忽,导致工具在吊进吊出封闭场所时,发生工具掉落砸伤人员的危险	操作人员	对人员进行安全操作程序的培训,按照工具吊进吊出的方法进行操作,工具吊进吊出时内外人员做好沟通协调				
18	封闭场所内作业	舱气变化达不到安全标准,导致封闭场所内操作人员中毒、窒息休克或死亡	操作人员	连续强力通风、带个人气体检测仪实时检测气体、停止作业、在入口处备有包括罗伯逊担架和急救药箱在内的救助器材和复苏器、指定专人在入口处负责照管、做好营救准备,一旦有险情出现,通知驾驶台,立即发出警报,船舶进入封闭舱室救助程序				
19	封闭场所内作业	操作人员在封闭场所内未使用本质安全型设备,导致作业场所发生爆炸的危险	操作人员及船上其他人员	在封闭场所作业,一定要使用本质安全型的设备				
20	作业人员封闭场所撤离	操作人员的疏忽,在人员撤离封闭场所时发生人员坠落、滑倒摔伤、跌倒的危险	操作人员	对人员进行安全操作培训;对工作场所进行适度照明;指定专人在入口处照管;做好营救准备				
21	封闭场所内作业	救助器材不到位,导致人员受伤时不能进行及时救助而出现人员伤亡事故	操作人员	严格按照封闭场所内操作程序的要求,在相应位置布置好救助器材				
22	封闭场所内作业	救助设备不合格,导致人员受伤时不能进行有效救助而产生人员伤亡事故	操作人员	配备合格的救助设备;加强对救助设备的检查保养,确保工况正常				

编号	需要采取的其他措施	受到控制措施影响的部门/人员	执行部门/执行人	完成期限	剩余风险		
					可能性 P	后果 F	风险 R=PF	风险等级

B 部分 复查和审批

Review comment 复查意见：	Review comment 复查意见：	Approval comment 审批意见：
Responsible person 复查人：	Responsible person 复查人：	Responsible person 审批人：
Date 日期：	Date 日期：	Date 日期：

注：需要采取其他控制措施的风险的编号应与初始评估的风险的编号相对应。

2. 主机气缸盖拆装风险评估表

A 部分 危险识别和风险评估

部门/船舶		日期	
行动或任务			

编号	步骤细分工作过程	危险		现有控制措施	现有风险		
		危险情形或危险事件	暴露在危险中的人员		可能性 P	后果 F	风险 R=PF	风险等级
1	主机气缸盖拆装前	在天气海况恶劣的条件下，进行的气缸盖拆解作业，船摇晃致使作业人员受伤	作业人员	主机气缸盖的拆解作业，必须考虑天气海况可以接受的条件下进行作业，轮机长还需征得船长的同意方可实施作业				
2	主机气缸盖拆装前	在通航水域进行气缸盖拆解作业，丧失动力，造成撞船等恶性事故	作业人员	在通航水域尽量不要实施拆解作业，可以考虑封缸运行等，必须作业一定要征得船长的同意方可实施				
3	主机气缸盖拆装前	做准备工作时，作业人员被气缸盖、排气阀等高温部件烫伤，被高压气体击伤等	作业人员	主机气缸盖拆解作业，作业人员防护用品穿戴按照 SMS 操作文件 SO12 规定，等主机温度降低以后作业，高压气体要先关掉总阀，再放余压，确保安全				

续表

编号	步骤细分工作过程	危险		现有控制措施	现有风险			
		危险情形或危险事件	暴露在危险中的人员		可能性 P	后果 F	风险 R=PF	风险等级
4	主机气缸盖拆装前	准备工作不充分,致使拆解过程中发生作业人员被烫伤、击伤等危险情况	作业人员	在主机气缸盖拆解前,要认真阅读说明书,按照说明书规定进行作业,关主启动阀,合上盘车机,打开示功考克,关该缸冷却水进出口阀,打开冷却水透气考克和放残阀,等水放空后关放残阀,关燃油进口阀,停主滑油泵、凸轮轴滑油泵,关控制空气阀和安全空气阀,主机操纵系统放气等准备工作后再实施拆解作业				
5	主机气缸盖拆装时	在拆卸主机燃油高压油管时,作业人员被漏泄的高温燃油烫伤	作业人员	在拆解高压油管中,首先要释放高压油泵和高压油管的余压,注意高温燃油的漏泄方向,作业人员防护用品穿戴按照 SMS 操作文件 SO12 规定,方可进行拆卸作业				
6	主机气缸盖拆装时	在拆卸排气阀排气出口管与排气集箱之间的夹具时,地方狭隘余温较高,作业人员被铁榔头砸伤	作业人员	在拆卸排气出口管夹具时,尽量使用专用扳手,站位要稳,注意不要过度疲劳工作,作业人员防护用品穿戴按照 SMS 操作文件 SO12 规定,轮机长靠前指挥,有隐患及时指出,确保作业人员的人身安全				
7	主机气缸盖拆装时	在拆卸喷油器时,燃烧室内的较高余压致使喷油器飞出,致使作业人员受伤	作业人员	在拆卸油头作业前,主机需盘车,检查所吊缸的示功考克畅通性,确保该缸燃烧室内的余压完全释放,确保安全				
8	主机气缸盖拆装时	在拆卸排气阀上开阀高压液压油管的紧固螺栓时,船舶摇晃,致使作业人员摔倒受伤	作业人员	在拆卸作业时,要充分预计由于船舶摇晃可能产生的严重后果,站位要稳,手防滑摇,抓牢处所要稳固,谨慎作业,不慌不忙,安全为上				
9	主机气缸盖拆装时	在拆卸气缸盖固定螺栓时,液压拉伸器的高压油管快速接头脱落,致使作业人员被高压油击伤	作业人员	在主机气缸盖拆解前,对液压拉伸设备进行测试,确保合格后,方可投入使用,作业人员防护用品穿戴按照 SMS 操作文件 SO12 规定,方可实施作业				

续表

编号	步骤细分工作过程	危险情形或危险事件	暴露在危险中的人员	现有控制措施	现有风险			
					可能性 P	后果 F	风险 $R=PF$	风险等级
10	主机气缸盖拆装时	在吊装气缸盖总成时,机舱行车出现故障,致使作业人员受伤	作业人员	吊装气缸盖前,要认真检查机舱行车的状况,前后左右的限位器需正常,行车的钢缆要合格,每年的测试报告要具备,确保安全	1	2	2	1
11	主机气缸盖拆装时	在吊装气缸盖总成时,吊装用的钢缆断裂,致使作业人员受伤	作业人员	吊装气缸盖等重物的钢缆要专用,定时检查,有问题及时调换,保证吊装作业的安全	1	2	2	1
12	主机气缸盖拆装时	气缸盖总成在安装过程中,作业人员由于工作场所油水太多滑倒摔伤	作业人员	在拆装过程中,要时刻注意工作处所环境,干净整洁,有油水及时擦干净防止滑倒,确保安全	1	2	2	1
13	主机气缸盖拆装时	气缸盖总成在安装过程中,作业人员在对位置时,手被压伤	作业人员	在安装过程中,要由轮机长或大管轮统一指挥,作业人员要绝对服从指挥,有隐患及时指出,确保安全	1	2	2	1
14	主机气缸盖安装后	安装后,供水过程中,气缸盖与缸套冷却水接管漏水,燃油高压油管供油过程中漏泄,作业人员被烫伤	作业人员	气缸盖安装过程中,按照说明书的规定作业,冷却水接管的橡皮圈要换新,与缸盖和缸套对应的孔要对合,新橡皮圈要涂牛油。燃油高压油管的安装,所有的元件要清洁,油管接头与高压油泵的接头座要匹配,橡皮圈要换新,上紧螺栓时使用专用的扭矩扳手	1	2	2	1
15	主机气缸盖安装后	安装后试车时,缸头排气管与排气集管连接夹具处漏泄排气,烫伤作业人员	作业人员	缸头排气管安装时,与排气集箱和排气阀排气出口对中性要好,紧固螺栓要加垫片,盘根床要换新,按照说明书要求紧固	1	2	2	1

编号	需要采取的其他措施	受到控制措施影响的部门/人员	执行部门/执行人	完成期限	剩余风险			
					可能性 P	后果 F	风险 $R=PF$	风险等级

B 部分 复查和审批

Review comment 复查意见： Responsible person 复查人： Date 日期：	Review comment 复查意见： Responsible person 复查人： Date 日期：	Approval comment 审批意见： Responsible person 审批人： Date 日期：

注：需要采取其他控制措施的风险的编号应与初始评估的风险的编号相对应。

二、船舶安全培训

（一）工作装备的使用

1. 含义

"工作装备"一词适用于为于工作中使用而提供的任何机器、电器、器材、工具或装置，但不包括为符合 SOLAS 规定而提供并须受其他法律法规规定的任何安全装备或器材。所有供工作人员使用的装备均须符合船舶所在地的有关标准。

2. 要求

所有工作装备均须：

（1）适合所进行的工作。

（2）能正确地适应该工作的用途。

（3）不会对工作人员的健康或安全构成任何风险。

3. 保养

所有工作装备均须按制造商的指示保持有效操作状态及妥善维修。

保养应包括由合资格人士进行定期检查。如怀疑有任何工作装备不适当运作，或可能受损，则须停用，直至经检查并完成适当修理或保养为止。日常保养工作包括：

（1）整个轴承均须经常涂油，如果轴承及其他活动部分变干，会增加负荷，从而导致故障。

（2）所有缆绳及链条须定期检测有没有磨损、损坏及锈蚀，并于有需要时更换。

（3）所有操纵装置、紧急停止装置、制动器、安全装置等均须进行定期功能测试，确保运作正常。在测试这些设备前应先行检查。

装备应能在停用时进行装配或改装。若不能，则须设有适合的保护措施，确保安全进行保养工作，不会对进行保养工作者或其他人士的健康及安全产生任何风险。保护措施应包括：

（1）只可暴露最小而无可避免的危险部分。

（2）由专责高级船员或其他专责人员监督。

（3）只准合资格人士进行操作。

（4）确保任何在机器附近工作的人员，在工作时有足够的空间和充足照明。

（5）确保任何操作机器或在机器附近工作的人员，对机器的工作安全体制、操作时所产生的危险及所采取的预防措施有充分指示了解。

（6）在机器上或其附近放置并展示清晰的警告字句。

机器如有保养记录，应记录有最新数据。

4. 检查

如果工作装备的安全性须根据安装情况而定，应在首次安装后或在新场地重新装配后，并在首次投入使用前，交由合资格人士检查，确保已按照制造商的指示正确安装，并可安全使用。

检查须包含焊接或其他安装标准及所用材料,以及船舶上承放该工作装备处的强度是否足够;还须顾及制造商所规定的检查规定或指引。工作装备须定期进行复检,每次相距不得超过五年,或根据制造商建议缩短复检时间,确保其装置性能。

应经常检查各构筑件,检查轴承、加固点等是否有锈蚀、断裂、扭曲或磨损;检查台架或桅杆等空心构筑件内是否有积水。若须排水,则应予处理,然后封密,以免再次进水。如工作装备变坏,是否可以继续使用,应交由合资格人士检查判断,并确保做出必需的补救措施,以保证安全。

所有检查结果均须记录在案。在下一次检查并做出记录前,该项记录须保留并可供随时检查。船上的工作装备如需在船外使用,或须将船下工作装备运到船上使用,须有实质证据证明上次检查符合相关规定。

5. 培训

所有使用工作装备的工作人员,或督导其使用者,均须接受充分的培训,当中包含使用该装备的方法、使用时可能会出现的风险,以及应做出的预防措施。如该装备(如电动设备、机械式切割设备)可能会给使用者带来健康或安全风险,则该工作装备的修理、保养或检修的工作人员也须接受充分培训。根据 ISM 规则,上述所有培训须记录在案,并须表明有关人员已具有符合资格。使用指南或数据均须以接受培训的人员能清楚明白的语言写成。

6. 电气设备

船上所有电气设备及装置的架设、安装、操作及保养方法,均不得令船舶或任何人员有电力上的危险。船上电气装置如需进行保养,应提供及使用合适的个人保护装备。

(二)安全响应程序

凡受雇或受聘于海上航行船舶上工作的人员(不包括乘客),在被指派执行船上职责之前,须在个人求生技能方面接受经认可的熟习训练,或得到足够的数据和指导,使他们能够:

(1)就基本安全事宜与船上的其他人沟通,以及明白安全信息的符号、标志和警报信号。
(2)知道以下情况出现时应如何行事:
①有人堕海。
②发现火警或烟雾。
③火警警报或弃船警报响起。
(3)辨认召集站、登乘站和紧急逃生路线。
(4)找到并穿上救生衣。
(5)发出警报,以及具有使用手提式灭火器的基本知识。
(6)在遇到意外时立即采取行动,或在遇到其他医疗紧急事故时,在船上寻求进一步医疗协助前立即采取行动。
(7)关闭和打开安装在特定船舶上的防火门、风雨密门和水密门(安装于船体开口的防火门、风雨密门和水密门除外)。

完成基本安全入职培训后,每位新上船的船员应接受其部门的入职培训,内容包括安全工作习惯、职责范围、部门常规,以及操作特定机器或执行特定任务所必需的训练、证书课程。

1. 紧急程序与防火

须向新上船的船员清楚说明船上各种警报信号,并就船上所有紧急集合地点、救生艇筏停放处,以及消防演习的规定向他们做出指导。船员必须严格遵守船上有关吸烟的规定。船员

须安全而正确地弃置烟蒂,亦须严格遵守"不准吸烟"的指示。船上失火可酿成巨灾。火警的常见起因包括:

(1)电器失灵、电路故障。
(2)电路负荷过重。
(3)乱丢烟蒂。
(4)垃圾、碎布(特别是沾有油渍者)的自燃。
(5)堆放潮湿的床单被铺、物件。
(6)机舱漏油。
(7)食油过热使厨房失火。
(8)不合理使用熨斗。
(9)不正确使用干衣机。

2. 事故与紧急医疗事件

所有船员均须知道船上发生意外或医疗事故时应采取的行动,至少要知道如何发出警报及求助。船员在港受伤或发生疾病时,船长应尽快报告公司及联系医院抢救。发生人员重伤事故时,事故现场人员和发现人员应立即关停导致人员伤害的机器设备并停止有关作业,切除或隔离危险源,并报告船长。航行中发现急重病患者应立即报告船长。船长、大副、客运主任要立即组织抢救,并寻求支援。船舶在采取紧急抢救措施进行自救的同时,尽快报告公司,以便得到医务部门的指导。视情加速前往目的港或返回始发港,情况紧急时可申请直升机或快艇援救。如发现传染性疾病,应迅速切断传染源,将病人迅速隔离,并用常备消毒药品迅速消毒,抵港后报告防疫部门处理。船舶紧急处理完毕后,要写出事故报告上报公司和有关主管机关,将详细情况记录在航海日志或客运日志中。

3. 环境责任

不论在何处(即卧舱、工作区),何种环境下,都应注重环保,这也是船员的责任。国际上已制定了很多法规,涉及不同层面,每个船员均须严格遵守这些法规。处理与储放垃圾可能会危害到船员健康和船只的安全,所以应遵守垃圾管理计划的各项规定。

须特别留意处理弃置物品的正确方法,包括废油(舱底污水等),化学品,厨房垃圾及其他垃圾(特别是胶质、玻璃、罐及其他不可生物分解的物品),冗余物品(系泊索具、货垫、残余的货物等)。

4. 职业健康安全

海员有责任保持自己的健康,保持高度的个人清洁与卫生水平。在船上,传染病很容易相互传播,所以必须采取预防措施和实施有效治疗。良好的身体健康,来自均衡的饮食和足够的睡眠,同时避免服用软性毒品及过度的烟酒,也不要滥用药物,经常运动也对保持身体健康有帮助。轻微的损伤也要立即处理,割伤及擦伤的伤口要清洗,有需要时应进行急救治疗,防止细菌感染。防护霜可保护裸露皮肤以免发炎,并可以帮助彻底清洁。在疟疾流行的地区要采取一些防蚊措施,如使用纱窗和蚊帐,经常关上门窗和孔口,使用蚊药、喷杀虫剂等,都有助于将感染疟疾的风险降低。老鼠与其他啮齿类动物都有可能是传染病的带菌者,所以切勿徒手处理。任何人服用了会影响警觉性的药物后,应知会专责的高级船员,以便调配工作。不可以酒送服药物,因为即使是阿司匹林、防晕船药、抗疟药和咳药水等普通的药物,以酒送服都会十分危险。从事国际航线的船上人员须定期接受种痘和防疫注射,并于需要时服用如抗疟药的预防性药物。船上人员已接受过训练,对可能会出现的健康问题有基本的医疗知识。若有船员染上重病或受了重伤,应立即通过无线电向医生求助,并尽量安排患病或受伤的船员上岸接受治疗。

潮湿、高温可以导致虚脱及中暑。出汗是人体最有效的体温调节机制,但汗水的主要成分是盐和水,流汗后必须补充淡盐水。在这种天气下工作,最好每日饮用至少 4.5 L 的凉开水(不是冰水),短时间内少量饮用。盐分可以在食物里吸收,再喝一些含盐饮料补充,可防止中暑性痉挛。切勿饮酒。若在密闭场所内工作,应确保空气流通,所穿的衣服应尽量轻薄,不妨碍排汗。尽可能避免在烈日下曝晒,尤其是在热带地区。若需要在烈日下工作,不论是否已适应当地天气,都要穿上合适的衣物,保护头部及身体。浅色的棉质衣服能反射热力,保持身体凉快。若在非常炎热及潮湿的环境下工作或须戴呼吸器,应不时到有新鲜空气或阴凉的地方歇息。

衣着应配合工作环境,工作服须称身,没有松开的衣襟、口袋或绳带,以免被卷进机械活动的部件,或被障碍物或突出物钩着。在有烧伤或烫伤危险的地方(如厨房),应穿着能充分覆盖身体的衣物,而衣物的质料应属不易燃性质(如棉质或涤棉)。长袖衬衣或外衣能提供更佳的保护。长袖不可卷起。长发应向后扎起并用帽子遮盖。有需要时应穿着安全鞋。

良好的日常管理有助于促进船上的健康与安全:所有设备及其他物品要稳妥存放,这样不但可以及时发现问题,在需要时也可以立即取用;固定装置及装置的配件应做妥善保养;所有工作区和通道应有足够照明;船上尤其是在船舱内,电路不可超负荷;垃圾废物要尽快清理并正确地弃置;门与抽屉应关妥;指示板、告示及操作指示应保持清洁,使上面所写的文字清晰易见。很多喷雾剂含有挥发性或易燃性物质,在任何情况下,切勿在明火或其他热源附近使用或放置,即使罐内的喷剂已经用完。一些消毒和杀虫喷雾剂所含的成分本身可能对人体无害,但在受热后会分解。在喷过喷雾剂的空间内吸烟,若喷雾剂尚未完全消散,则可能会有危险。

(三)船舶医疗急救的有关规定

IMO 和国际劳工组织(ILO)以及《2006 年海事劳工公约》均规定所有船舶应配备药品、医疗器具和《国际船舶医疗指南》,这些也是 PSC 检查的内容之一。根据 IMO 和 ILO 的规则,所有国际航行的船舶必须按推荐清单,根据其航程的长短、目的港、船员数量和所运货物配备足量药品和医疗器具,且定期对其检查,使之保持良好和随时可用的状态。船舶医护上的配备主要考虑在船上可能发生的病情,所需的应急处理药品和器具,更主要考虑船舶的特点,在必要时可通过无线通信设备进行医疗咨询,以指导船上做好医疗急救的工作。

1. 船上医护管理的基本准则

(1)责任:船长是主要责任人。

(2)记录:通用药名的有效期、存放情况、存量、对船员的医护处理和药品的使用情况进行记录。在一些国家需要这些记录。船长应持有受控药物的登记记录,该记录应从最后一次记录起保存两年。

(3)药物的识别:每种药品的外包装应标明药品的通用名称、服用剂量及有效期。

(4)贮存:每艘船上均有一个单独的医务室,用来存放药品和隔离病人。每种药品应保持良好的状态,防潮,保持合适的温度,一般为 15~25 ℃。医务室应配备冰箱,用以贮存需冷藏的药品。

(5)过期日期:定期检查药品和一些医疗器具的有效期,确保其正常使用,有的港口的

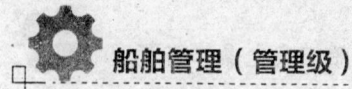

PSC检查对过期的药品也会处以罚款。

(6)应对症下药,避免发生误服,造成人体伤害。

2. 船舶用药使用须知

(1)船舶配备药品只限于船员在船工作期间临时患病时使用。慢性病用药,船员上船前自备。

(2)有医生的船舶,船舶配备的药品由医生管理;没有医生的船舶由大副管理,并做好病人用药记录。

(3)外购药品要向公司门诊部提出书面申请,征得同意后方能购买。购药收据附药品明细表转公司统筹中心报销。

3. 船舶用药目录(常用部分)

(1)急救药类:

①抗休克药、止血药:肾上腺素、去甲肾上腺素、多巴胺、阿托品、654-2、酚磺乙胺、6-氨基己酸;

②抗心力衰竭药:毛花苷C、毒毛旋花子甙K、狄高辛;

③治疗冠心病急救药:利血平、硝酸甘油、亚硝酸异戊酯、异山梨酯、潘生丁、普萘洛尔、维拉帕米。

(2)抗生素类药物:安必仙、红霉素、欣美罗、CO头孢氨苄、环丙沙星、氧氟沙星、土霉素、COSMZ、诺氟沙星、小檗碱、新雪丹、牛黄消炎片、庆大霉素。

(3)心血管系统常用药:CO丹参片、地奥心血康、速效救心丸、复方丹参滴丸、异山梨酯、硝酸甘油、复方降压片、倍他乐克、硝苯地平、脂必妥、小剂量阿司匹林、普萘洛尔、维拉帕米、急救盒。

(4)消化系统常用药:复方铝酸铋、雷尼替丁、快胃片、气滞胃痛冲剂、复方氢氧化铝、胃蛋白酶片、乳酸菌素片、酵母片、阿托品、莨菪片、溴丙胺太林、果导片、泻叶、消炎利胆片、葡醛内酯、三九胃泰、附子理中丸。

(5)呼吸系统及抗感冒药:速效伤风胶囊、吗啉胍、VC银翘片、羚翘解毒丸、板蓝根、索米痛片、对乙酰氨基酚、喷托维林、氨茶碱、CO甘草片、CO桔梗片、阿尼利定。

(6)维生素类:维生素C、复合维生素B、维生素B_1、维生素B_2、维生素B_6、维生素B_{12}、维生素A、维生素K。

(7)中枢神经系常用药:安定片、利眠宁、谷维素、茶苯海明、养血安神片、珠珀安神丹。

(8)代谢病药:

①糖尿病常用药:消渴丸、二甲双胍、迪化糖锭、胰岛素。

②痛风病及止痛药:吡罗昔康、吲哚美辛、双氯芬酸、芬必得、腰痛宁、沈阳红药、骨折挫伤散。

(9)眼科用药:氯霉素眼药水、润舒滴眼液、环丙沙星眼药水、醋酸可的松眼药水、红霉素眼药膏、金霉素眼药膏。

(10)耳鼻喉科药物:新霉素滴耳液、滴耳油、过氧化氢溶液、鼻通药膏、萘甲唑啉、六神丸、西瓜霜、草珊瑚含片、咽特佳、牛黄解毒片、牛黄上清丸、牛黄消炎片、冰硼散。

(11)皮肤科用药:

①烫冻伤药:烫伤膏、京万红、万花油、绿药膏、冻伤膏、人丹。

②皮肤病药:氯苯那敏、阿司咪唑、泼尼松、氟轻松、皮炎平、红霉素软膏。
③脚气用药:克霉唑癣药水、脚气膏、达克宁、足光粉。
④外用药:风油精、红花油、清凉油、樟脑、伤湿膏、麝香壮骨膏、创可贴、鱼石脂软膏、防晒膏。

(12)外科用药:
①消毒防腐剂:来苏水、新洁尔灭、漂白粉、器械消毒液。
②创面用药:高锰酸钾、过氧化氢、呋喃西林、依沙吖啶。
③表面消毒药:酒精、红汞、龙胆紫、碘酊。

(13)器械类:缝合针、线、止血钳、持针器、镊子、手术刀、手术剪、药棉、绷带、敷料、止血带、输液器、注射器(1 mL、2 mL、5 mL、20 mL)、听诊器、血压计、体温计、小夹板、担架、药箱(4个)。

(14)抗生素:四环素、碘胺药类、链霉素等。

(15)常用杀虫灭鼠药:敌敌畏、磷化锌、杀蟑螂用药、拜干。

4. 船舶急救药箱的配备

(1)每艘船舶至少配备4个急救药箱。这些急救药箱应放置在驾驶台、机舱集控室、生活区内的公共场所(如餐厅),以及,病房和/或货物操作控制室(若适用)。

(2)每个急救药箱应包含下列药品:急救盒、一次性注射器、听诊器、血压计、体温计、止血带、镊子、手术剪、创可贴、绷带、三角巾、一次性消毒敷料、酒精、碘酊、红汞、阿托品、冻疮膏、烫伤膏、防晒膏、清凉油、风油精、土霉素、诺氟沙星、芬必得、索米痛片、庆大霉素、阿尼利定、生理盐水。

5. 船舶医疗垃圾及过期药品管理

(1)船舶医疗垃圾由船医或负责医疗卫生人员收集保管,按规定分装并妥善保存。

(2)船舶过期报废药品由船医或负责医疗卫生人员向公司门诊部申请报废,报废后的药品同船舶医疗垃圾同样处理。

(3)船舶靠泊后向港口国医疗垃圾回收部门移交医疗垃圾并取得签字认可。

(4)少量的医疗垃圾通过集中保管封存,待船舶到达国内港口后交付门诊部按规定统一处理。

(5)船舶分装医疗垃圾的用具由门诊部提供。

三、船舶防火安全

(一)烟气的危害

船舶上材料燃烧时生成的烟和气体,尤其是气体将成为一种有害因素,它们对人员的行动和安全避难是一大威胁,严重时将导致人员死亡。

几乎所有的燃烧生成物都对人体有害,而评价有害气体必须根据其发生量的多少和毒性的危害程度来综合考虑,有些毒性气体虽然含量甚微,但也会对人有致命的危险。燃烧生成物通常为:一氧化碳(CO)、二氧化碳(CO_2)、氯化氢(HCl)、氨(NH_3)、氯气(Cl_2)、碳酰氯($COCl_2$)、氰化氢(HCN)等,其中以一氧化碳、氰化氢、氯化氢危害最大,一氧化碳与氰化氢是窒息性气体的代表,氯化氢是刺激性气体的代表。

燃烧所生成的气体取决于材料及燃烧条件(加热的温度及氧气的供给等),同一材料由于燃烧条件的不同,生成气体的成分和量往往差别很大。

不同的材料,其燃烧的生成物并不同,大致如下:

(1)塑料燃烧生成的气体,以聚氯乙烯(PVC)材料燃烧时产生氯气、氯化氢、碳酰氯和氯化氢,氯化氢气体是PVC在燃烧过程中生成的主要有害气体。

(2)木质材料(包括木材、胶合板、纸张)在燃烧时产生有害气体主要为一氧化碳和二氧化碳,一氧化碳为主要的毒性气体。

(3)聚丙烯腈、聚酰胺、聚氨酯燃烧时产生一氧化碳和氰化氢。

(4)橡胶、羊毛燃烧时产生一氧化碳和二氧化碳以及碳化氢、二氧化硫、硫化氢。

(5)聚苯乙烯、酚醛树脂和其他材料燃烧时产生的有害性主要是一氧化碳、尿素、三聚氰胺树脂燃烧时产生的有害气体主要是氰化氢。

除了以无机质为主的防火材料燃烧时不产生或基本不产生有害气体外,其他材料如木质材料、塑料材料等均产生有害气体。在船舶大多数火灾中,人员死亡大部分不是被烧死,而是由于易燃气体或缺氧窒息而死。因此,掌握有害烟气的产生知识是非常重要的,一旦船舶发生火灾,船员应清楚是什么材料在燃烧,会产生什么有害气体,以便在探火、灭火、逃生过程中均能做好自我保护。

预防有害烟气措施:

(1)当船舶发生火灾后(封闭处所),探火人员进入封闭处所必须要穿戴好消防员个人装备进入火场探火或灭火。

(2)船舶开敞处发生火灾,灭火人员要处于火场上风处灭火,避免烟气顺风而下对处于下风处灭火人员的伤害。

(3)封闭处所失火,值班人员从机舱逃生时,要戴好"紧急逃生呼吸装置"。

(4)封闭处所火灾扑灭后,有关人员在测试封闭处所内有害气体含量时,要穿戴好消防员个人装备。

(5)当船舶装有能够释放出有害气体谷物、生铁等货物时,人员进入货舱前必须先经船长同意,人员进入前先进行通风,并有人进行保护。

(二)电气危险及预防措施

电气火是由电器、电料等漏电而引起的火,或者由普通火、油类火引起的火灾延烧而引起电气火,这种火在施救时有触电的危险,故在施救时,应先切断电源,在未切断电源前禁用水灭火系统或泡沫灭火设备或器材灭火,避免造成人员触电身亡。电气火在没切断电源前的扑救应用干粉、二氧化碳灭火器或用干沙土灭火。

(三)易燃液体管理和防护

即使不承运易燃液体货物,但由于在工作上需要用些易燃液体,如油漆、涂料稀释剂、燃油,这些易燃液体应集中保管,远离火源。

船舶在燃油舱的透气孔口处应设有防火网,防止外来火种进入透气孔内引起爆炸事故。经常维护防火网,避免其受损。

(四)一般防火安全实践和预防手段

为了保障船舶安全运营,必须认真贯彻"预防为主,防消结合"的消防工作方针,平时积极做好防火防爆工作,加强船员消防训练,使全船人员特别是主管船员熟知船舶火灾的成因、消防设备的熟练使用及扑救方法,这样才能有效地控制火灾的发生或减少火灾造成的损失。

1. 灭火行动

船舶一旦发生火灾,人们都希望能在最短的时间内,以最快的速度、最小的消耗迅速扑灭火灾,并把火灾损失控制到最低程度,为达到这一目的,本部分主要论述灭火原则和方法。

无论面对多么复杂的火灾现象,灭火行动总是在一定的原则指导下进行的。如果没有一个正确的原则来指导,很难保证在复杂多变的火场中赢得胜利。船舶灭火的原则是"先控制,后消灭;先探明火情,后采取行动"。

(1) 先控制,后消灭

船舶造成大的火灾事故往往是由于初期对火灾缺乏控制而引起的,由此看来,"先控制,后消灭"这一原则对船舶灭火具有非常重要的作用。

①先控制是指火灾发生后,最先赶到的人员首先进行积极的控制,在控制的同时再采取适当的灭火措施,这一原则的提出是由大量船舶火灾的经验教训总结而来的。船舶发生火灾之初,能够发现或立即赶到着火现场的人员少,在这种情况下最重要的是控制火势蔓延,防止火灾扩大。比如甲板有物质燃烧,应将没有燃烧但靠近火源的易燃物质移到安全地方,这就属于先控制。

②后消灭并不能理解为消极地等待火势被完全控制后再采取灭火行动。在具体的灭火过程中控制和灭火行动往往是同时进行,在没有控制的前提下,绝对不能盲目采取行动。例如:由于机舱油管破裂,油外溢引起火灾,首先关闭油路,控制油进一步外流后,再采取灭火行动。

(2) 先探明火情,后采取行动

作为灭火指挥只有"知己知彼,百战不殆"才能有效、迅速地将火灾扑灭。不探明火情,就匆忙采取灭火行动,则不会取得理想的效果。

①先探明火情,就是运用适当的方法对火灾区域、火灾性质、火灾规模进行全面的调查研究,为采取正确的灭火行动提供丰富的材料。当然,探明火情的方法各不相同,有的时候火灾太大,探火员无法接近火场,这时候不能机械地等待全部火情报告,白白地丧失扑救时机。正确的做法是尽可能多地获取火情资料,利用已掌握的情报,大胆地做出判断,下述灭火行动命令。

②后采取行动,实际上就是"消灭火灾"时的行动。

2. 火灾形成条件

可燃物质、氧气(或空气)、热源,这三者俗称为燃烧的三要素。它们好比三个连接的环,只有三要素同时存在并达到一定条件时,燃烧才能发生。反之,如果缺少其中任一条件,燃烧就不能发生。一切消防灭火或预防发生火灾的方法,就是使三要素中的某一要素不存在,防火通常是管理好可燃物质和火种,灭火主要是中断燃烧时所需要的氧气或降温冷却。

3. 船舶火灾易发区域

(1) 机舱

机舱是船舶的心脏,它既有大量可燃物质(燃油)又有火源,因而是发生火灾频率较高的部位。

引起机舱火灾的原因包括:

①可燃性液体从有缺陷和破损的连接处渗漏出来;

②有油渗入隔热材料中;

③热表面,比如废气管、机器离油管路太近而引起过热等;

④防护罩破损；

⑤电气焊、切割等特殊作业；

⑥受热自燃，比如油滴到热表面上。

(2) 生活区

生活区的特点是人员集中、火源多且不易控制，是船舶防火的重要区域。

生活区火灾的起因有以下几种：

①可燃、易燃物品较多，严格管理困难；

②吸烟后没能将烟头熄灭，烟头、烟灰到处乱丢，躺在床上吸烟火星落在床上；

③纺织品离热源如灯、暖气等太近；

④电路系统故障或短路，比如使用不合格电器，或是不懂用电知识，而乱接电线；

⑤使用非自动关闭的电水壶，并无人看管使水烧干，私设电炉或封闭电炉，使用后没有拔掉电源。

(3) 厨房

厨房也是容易发生火灾区域，尤其是由于燃油（目前船舶使用燃油灶的船舶极少）、可燃气体和电器等使用管理不当引起的火灾经常发生。

引起厨房火灾的原因包括：

①可燃性液体或油脂过热；

②油锅过热；

③电气设备和电路故障；

④排油烟管路、油烟罩里积油过多，烹调时遇明火。

(4) 报房、蓄电池房

报房电气设备结构复杂、数量较多，蓄电池容易放出易燃气体，一旦发生火灾危害较大。

火灾的起因大致有以下几种：

①短路或电路的过载；

②电路的绝缘不好；

③接头松动或破损；

④在蓄电池间，通风不好会使化学反应过程中产生的氢气积聚在房间内，并在遇明火后被点燃。

(5) 货舱

货舱火灾主要是由货物引起的，因此正确认识装载货物的性质并进行适当的保管是防止这类火灾的重要措施。

引起货舱火灾的原因包括：

①容易发热和自燃的货物，比如煤炭、鱼粉、种子饼、硫黄；

②遇水产生的气体易燃易爆炸的货物，比如硅铁。

(6) 物料间

船舶物料间往往存有可燃物质且人员不经常到达，一旦发生火灾不易被人发现，危险性也较大。

物料间内存有危险特性的物品有：

①油漆、清漆、稀释剂；

②润滑油；

③清洗剂、棉纱和石蜡等；
④机动救生艇和紧急机器的燃油；
⑤氧气和乙炔的钢瓶；
⑥求生信号等。

4. 灭火程序

船舶发生火灾大致发生在以下几个场所：机舱、货舱、船员居住室、厨房、油漆间、物料间。根据着火部位的不同，船员在灭火时要从实际出发，当机立断采取不同的灭火程序，才能有效地将火灾扑灭。

（1）机舱

机舱的特点是有大量的油品，并且温度高，航行时风机不断地向外部排热，一旦发生火灾，将以很快的速度蔓延，油火产生高热或爆炸。

①初始火的灭火程序：

a. 当值班人员或工作人员发现火情，立即到达火情现场周围的报警点，按下报警按钮报警。

b. 值班人员迅速利用在火情附近场所设置的灭火器进行扑救，直至将火扑灭。

c. 其他消防员进入现场共同灭火，直至将火扑灭。

d. 清理现场，防止死灰复燃。

对于无人值班机舱，无人机舱值班人员在听到报警后，应立即进入机舱查找火源，如火势不大，同样采用有人值班机舱 b、c、d 项灭火程序。

②火势较大情况下的灭火程序：

在航行中如果机舱发生火灾，值班人员到现场判断火势无法扑灭，或在利用火场附近灭火器扑救无效后。

a. 值班人员立即在火场附近设置的报警器（手按式报警器）报警，再撤离到机控室内用电话向驾驶台值班人员报告火灾位置、火势。

b. 驾驶台值班人员按响警铃，（机舱）连续短声一分钟，再按四声，或用广播报火灾位置。

c. 机舱值班人员启动应急消防泵后，戴好紧急逃生呼吸装置，迅速撤离机舱。

d. 全体船员按照应急部署表所列各自职责在机舱入口处附近集合。

e. 值班人员撤离出机舱后，立即向现场指挥报告火源的位置、火势、火的种类。

f. 现场指挥马上向总指挥报告火源的位置、火势、火的种类，并提议采用固定式大型灭火系统灭火。

g. 总指挥下达命令，机舱里人员全部撤出，封闭所有通往机舱门、天窗及烟囱挡板，切断电源、油路速闭阀、风机、通风筒挡火闸等。

h. 做完以上各种动作后，清点人员，人员全部到齐后，命令施放固定式大型灭火系统。

i. 三副启动固定式大型灭火系统向机舱里释放。

j. 释放后现场指挥指派专人对机舱的各个封闭的门、窗部位进行全面检查，确保灭火效果。

k. 现场指挥指派专人对机舱四周舱壁进行检查，如舱壁发热，可用消防水喷淋降温。

l. 做好释放救生艇准备后待命，以防火灾不能扑灭，做好弃船准备。

m. 数小时后，估计火灾已被扑灭，派探火员进入机舱探火。如发现有余火马上用机舱里的灭火器扑灭；如探火员证实火已被扑灭，立即离开机舱向现场指挥报告火已被扑灭。

n. 现场指挥命令打开所封闭的门窗自然通风。

o. 经大约半小时后,现场指挥命令探火员携带测氧仪进入机舱测试,如氧气正常,组织人员下机舱清理现场。同时启动机器,并进行机械通风。

p. 一切恢复正常后,解除警报。

③火势不大但烟浓情况下的灭火程序:

在无人机舱里,往往火警警报响起后,值班人员首先进入机舱观察情况。当打开机舱门发现烟雾很浓,看不到火情,值班人员还要判断机舱里的温度是否有明显升高,如温度有明显升高,可以判断火势比较大。温度如没有明显变化,则说明火势不大,报告现场指挥,现场指挥将情况再报告总指挥。如果总指挥命令探火,应按以下程序进行。

a. 现场指挥命令探火员进入机舱探火。

b. 探火员进入机舱查找火源,如发现火势较小,探火员可迅速利用在火情附近设置的灭火器进行扑救,直至将火扑灭。

c. 如发现火势较大,难以用周围的灭火器扑灭火灾,马上撤离火场向现场指挥报告火源的位置、火势、火的种类。

d. 现场指挥马上向总指挥报告火源的位置、火势、火的种类,并提议采用固定式大型灭火系统灭火。

e. 总指挥下达命令,机舱里人员全部撤出,封闭所有通往机舱门、天窗及烟囱挡板,切断电源、油路速闭阀、风机、通风筒挡火闸等。

f. 做完以上各种动作后,清点人员,人员全部到齐后,命令施放固定式大型灭火系统。

g. 三副启动固定式大型灭火系统向机舱里施放灭火物质。

h. 施放后现场指挥指派专人对机舱的各个封闭部位进行全面检查,确保灭火效果。

i. 现场指挥指派专人对机舱四周舱壁进行检查,如舱壁发热,可用消防水喷淋降温。

j. 做好释放救生艇准备后待令,以防火灾不能扑灭,做好弃船准备。

k. 数小时后,估计火灾已被扑灭,派探火员进入机舱探火。如发现有余火马上用机舱里的灭火器扑灭;如探火员证实火已被扑灭,立即离开机舱向现场指挥报告火已被扑灭。

l. 现场指挥命令打开所封闭的门窗自然通风。

m. 经大约半小时后,现场指挥命令探火员携带测氧仪进入机舱测试,如氧气正常,组织人员下机舱清理现场。同时启动机器,并进行机械通风。

n. 一切恢复正常后,解除警报。

(2) 货舱

公司所管船舶承运的货物中有易燃货物种类少,通常情况下只有几种易燃货物和产生有害气体的货物(如种子饼杂货)等特点。这些货物特性在一般情况下发生火情,大部分属于自燃,火势也不会太大,灭火的方法也比较简单。

货舱灭火程序:

①听到火警报警后,消防人员集合在火灾现场附近,根据各自的职责做好相应准备,待命。

②机舱值班人员开启消防泵。

③现场指挥命令关闭货舱通风、挡火闸和道门,货舱里如有照明设施还要切断电源。

④现场指挥命令探火人员探火,探火人员从货舱道门进入货舱探火。

⑤探火人员探火之后,向现场指挥报告火源的位置、火势。

⑥现场指挥报告火源的位置、火势及根据货物的特性决定采用大型二氧化碳或消防水系

统灭火。如果用消防水灭火，打开舱盖，灭火人员要处于火场上风，避免因烟和货物产生的有害气体而伤害灭火人员，直至将火扑灭。

⑦火灾扑灭后现场指挥派人清理现场，防止死灰复燃，火灾彻底扑灭后解除警报。

（3）船员居住室

船员居住舱的特点是各层走廊相通，气流流动快，居住室相互连接，通风管路密布，火势蔓延快，可燃物质多，电线多，扑救难度较大。因此，住舱灭火速度对维护全船安全而言至关重要。

船员居住舱灭火程序：

①听到火警报警后，消防员奔赴着火舱室门外集结，机舱值班人员启动消防泵。

②现场指挥命令关闭各层走廊通往外界的所有防火门，关闭通风系统，切断着火舱室的电源。

③消防员接好灭火器材皮龙、水枪，手提灭火器做好准备。

④现场指挥根据现场情况，判断出火势大小。如果火势小，可命令消防员直接把门打开灭火，直至将火扑灭；如果火势大，不要急于打开门，防止火焰外串，应将居室门下方的通风窗打破，将水枪伸进去灭火。当失火居室火势明显减小后再打开房门正常扑救，直至将火扑灭。

⑤清理现场，确认没有火种存留后，解除警报。

（4）厨房

在公司所管船舶上，厨房里的炉灶基本是通过电能或液化气进行烹调的，用燃油做燃料的炉灶已基本不存在。厨房发生火灾基本上是由于深油炸锅里的食用油温度过高或炉灶上方集油罩里的油遇到明火引起的。

厨房灭火程序：

①听到火警报警后，消防员迅速集结在厨房外侧，接妥皮、龙水枪，准备好灭火器，机舱值班人员启动消防泵。

②现场指挥命令有关人员切断厨房电源、通风，关闭所有厨房门窗。

③现场指挥命令消防员进入火场灭火，如果船舶厨房门也有通向后甲板的，消防员尽量从通向甲板的门进入，避免从通向生活区走廊的门进入，防止火蔓延到生活区里。

④有的船舶厨房外边设置固定式专用灭火器，消防员可将阀打开，向厨房里释放；没有配固定式专用灭火器的船舶，消防员携带手提式灭火器进入火场进行扑救，直至将厨房里的火扑灭。

⑤清理现场，确认没有火种存留后，解除警报。

（5）油漆间

目前船舶上油漆间配备的灭火设备有以下几种：

①固定式二氧化碳系统，可在二氧化碳站内控制释放，通过管路进入油漆间。

②独立式二氧化碳气瓶，设置在油漆间外部。

③消防水系统，油漆间里有喷淋设施，油漆间外部有通向消防水的管路和开关阀。

④油漆间小于 $4 m^2$，在外部配有手提式灭火器。

油漆间灭火程序：

①听到火警报警后，消防员迅速集结在油漆间外侧，机舱值班人员启动消防泵。

②现场指挥命令消防员按照以上船舶配备的灭火设施进行灭火，直至将火扑灭。

③打开油漆间门后，探火员进入检查，确认火已彻底扑灭后，进行自然通风，散发油漆间内

的有害气体。

④油漆间内有害气体散发后，其他人员再进入油漆间进行清理，证实没有火种后，再解除警报。

（6）物料间灭火程序：

①听到火警报警后，消防员迅速集结在着火物料间外侧，机舱值班人员启动消防泵。

②消防员接好皮龙、水枪，准备好灭火器待命。

③现场指挥命令消防员灭火，消防员打开门开始灭火，直至将火扑灭。

④如果物料间较深，探火员需穿好消防服进去探火，如火势较小探火员可直接用物料间里设置的手提式灭火器进行灭火直至扑灭；如火势较大可用消防水灭火直至将火扑灭。

⑤清理现场，确认火已彻底扑灭后，再解除警报。

5. 火源的预防与管理

火源管理是防止船舶火灾极为重要的措施。船上的火源很多，常见的有烟头、火柴及打火机、热工工作、炉灶、锅炉、柴油机、未绝热的主辅机排气管、烟囱火星、电器设备的短路及过载、非防爆电机的火花、装载时的外来火种、货物自燃起火、危险品遇水反应起火、粉尘爆炸、静电火花等。

（1）吸烟管理

①未灭的烟头是引起火灾的重要原因，烟头必须熄灭后放入烟缸，不得随意乱扔，烟缸内要放入水，船员起居室内的垃圾桶应是铁制的并放入适量水。

②在船上所有危险地方，一概禁止吸烟，在所有禁止吸烟的地方，均须在明显处张贴"禁止吸烟"告示。

（2）热工管理

①在船上任何部位动火，必须经船长审批。

②监督员彻底检查确认安全后才能动火。

③在进行切割或焊接工作前，必须先视察铁板后面情形，以决定是否可行。完工时，再次查看有无因进行热工工作而造成的危险。

④在进行焊接工作时，必须根据施工区域燃烧物的特点准备相应的灭火机、水桶，以便随时取用。

⑤在未清理工作现场及四周的可燃物品之前，切勿进行热工工作。

⑥在未进行清除可燃气体并测爆合格的油舱柜内，切勿进行热工工作。

⑦在港口动火，须经港口当局同意后，才能进行热工工作。

⑧油舱柜内进行热工工作时，必须先将所有浸油锈皮用水淋湿及铲除后，才能进行热工工作。

（3）炉灶管理

①船舶在使用油灶时，要严格遵守安全操作规程，避免因油灶油头漏油，生火前又未充分通风而发生点火引爆事故。

②在使用炉灶时厨房值班人员必须严守岗位，炉灶熄灭或切断电源后才允许离开岗位。

③炉灶上方的集油罩及通风道，应定期消除油污，以防用油炸食品时的高温而引燃。

（4）锅炉管理

①锅炉的热燃油管路应注意防滴防漏，因热燃油泄漏后极易点燃。

②锅炉油头漏油或雾化不良是造成炉膛积油及点火引爆的主要原因。为防止这类事故发

生,除须经常检查和维修油头雾化片外,在营运过程中应先通风一段时间再点火,熄灭时要先关油头控制阀再关风机,以防炉膛因积聚油气而爆炸。

(5)柴油机管理

柴油机由于滑油系统故障(如轴承断油)而使曲柄箱内滑油点燃引爆。

①在营运中注意滑油仪表及报警装置,巡回检查时查看滑油透气管口出来的油气情况。

②柴油机扫气箱因积聚滑油,易发生火警,应经常泄放积油并调整汽缸油至合适剂量。

(6)主辅机排气管管理

主辅机排气管及过热蒸气管应仔细包扎好绝热层,防止溢油或漏油至排气管上引燃起火。

(7)电器设备管理

①严格禁止使用不完善的电气工具、电线、电插头、插座、电水壶、电炉等。

②切勿将衣服、杂物放在电炉上方或接近电炉或灯泡,避免产生过热现象而引起火警。

③电线和货灯线不能浸于积水之中,也不能置于其他可能使电线遭受割破或磨损的地方,破损电线往往造成火灾。货灯暂时不用时应收妥保存。

④修船中所增设的临时电线,应确保其有足够负荷能力并应随时检查,确保安全。应尽量减少临时线路的架设,应禁止修船工人擅自移动船上的电气设备。

⑤一旦发现电气设备或电线不妥,应立即报告,及时采取措施。

⑥全部电路必须装配容量适当的保险丝,以防过载。

⑦任何电气用具应通过插头插入电源插座,不准将电气用具的导线直接插入电源。

⑧船上危险地带不准使用手提电灯(非防爆型灯)。

⑨居住舱室、机舱、锅炉间的电气设备,均不适宜在可燃气体环境中使用。

⑩船员严禁私接电线。

(8)氧气及乙炔气用具管理

①在任何情况下,切勿在氧气瓶的阀件或控制杆上涂上润滑油或油脂。

②输气橡皮软管应注意保护,防止损坏卷曲。

③禁止无遮盖火焰靠近氧气瓶或乙炔筒。

④切勿将载有氧气或任何压缩可燃气体的储气瓶放置或装置于距离任何热源不足 5 m 的地方。

⑤所有氧气或乙炔气瓶,除装置或放置于船上有充分通风设备而无气体积聚危险的处所外,一概不准移至舱面甲板以下的地方。

⑥在进行修理工作的船舶上,不得装置乙炔发生器。

⑦氧气或任何可燃气体之供应软管,必须构造坚固并保持完好,并须与用具稳固连接,所有接口必须紧密牢固,以保安全。

⑧每天使用氧气或乙炔用具完毕后,气瓶的控制阀必须关紧,与气瓶连接的可移动软管必须撤离。

⑨载有氧气或压缩可燃气体的气瓶,必须装有完善的减压器,并须经常保持完好。

⑩如需在密闭场所内进行热工工作,必须装置充足的通风设备,以免发生窒息、中毒或爆炸等危险。

⑪船上如同时存有筒装氧气及可燃气体,应分别隔离储存。

(9)外来火种及其他管理

①对于外来火种,必须依靠船员、港口装卸、修理工人的共同努力才能防止引入船内,在甲

板、生活区、货舱、机舱处所严禁吸烟。

②在装卸易燃货物时,特别注意铲车摩擦产生的火花以及岸上起货机械的电气火花等。

③含油的破布、棉纱、木屑等若长期存放会腐烂发热而自燃,因此必须及时清理。

④烟囱冒出的火星极易引燃甲板上堆放的易燃物,生活区周围甲板上严禁堆放易燃物。

另外,船舶值班人员坚持每班巡回检查制度也是预防火灾的一项措施。

(五)紧急程序

1. 火警发生时应采取的行动

在船上发生火警的风险不会完全消除,但只要负责任地遵守相关规定,火灾的危害即可大为降低。应依照公约的规定定期进行演习,确保船员熟习灭火程序和保养灭火设施。取用灭火装备的通道应经常畅通,紧急逃生出口和走廊也不能被堵塞。一般而言,火警在起始的数分钟最易被扑灭,所以行动必须迅速和正确。发生火警时,应立即发出警报并通知驾驶台。若船舶正在港内停泊,应通知当地的消防部门。若有可能,应以最顺手且适合的工具(如适用的手提式灭火器)将火扑灭或控制火势,在厨房因油脂或食油着火时,可用防火毯等将火闷熄。船舶应备有多款手提式灭火器,以应付各类火警。水基灭火器不能用于燃油或电器着火。发生火灾时,应关闭失火区域的通风口,减少空气流通,阻止火势蔓延。如有燃油管道输送燃油至火场或受到火警威胁,应立即停止相关设备、关闭相关阀门,尽可能将附近的易燃物品移开。若现场充满烟雾,未配备呼吸器的船员应立即撤离;如有必要,因为靠近甲板地面的空气比较清新,应手膝着地缓慢前行。将火扑灭后,须提防死灰复燃。如未戴呼吸器,船员切勿返回曾发生火警而未充分通风的船舱内。

2. 召集与演练

根据相关规定,应定期举行召集及演习,旨在使船员在可能危害到海上人命安全的突发情况下,熟练做出反应并井然有序。演习要认真,并尽可能近似现实中的紧急情况。若船舶的设备或船上的人员有变动,召集的安排也要相应更改。应变部署表应在开船前张贴在明显处。除应变部署表外,船上每个人均应在床头放置应变部署卡。这些指示应列明各人应报到的召集站、救生艇筏所在位置、所有紧急信号,以及听到这些信号时应采取的行动。

假如有超过25%的船员在过去一个月内没有在船上参加过弃船演习及消防演习,则船舶在离开港口后24 h内必须进行此类演习。船员上船工作后,应尽快(在两星期内)学习使用包括救生艇筏在内的船上救生设备。船员在上船后亦应尽快熟习他们在紧急状况下的职务、各种警报信号的含义、救生艇筏所在位置,以及所有救生与消防设备的位置。

船上全体船员在召集、集合时都应穿上救生衣,并系结妥当。在登艇演习及将艇只降落水时,仍应穿着救生衣。但在其他情况下,如果救生衣妨碍演习的进行或会构成负累,可由船长酌情决定脱去,但仍须放在随手可取的地方。紧急演习应编排在不同的时段举行,以便每位船员都可以参加。在演习及检阅时发现的任何缺失或不足,要尽快改正。

船员各司其职、通力合作,即可提高救火行动的效率。消防演习须与第一阶段的弃船演习同时进行。消防组应在指定的地点集合。机舱船员应开动机舱内的消防泵,检查消防总管是否达到规定压力。装置于机舱外的应急消防泵亦要同时开动。全体船员均须懂得如何开动及操作应急消防泵。消防组应从指定的集合点出发,带着斧头、灯具及呼吸器等紧急装备,前往经选定的模拟火警场地。每次火警演练的模拟场地均应不同,以便船员熟练地在不同情况下处理各类火警,演练场地须遍及生活区、机舱、物料间、厨房、货舱及其他极易引起火警的地方。

消防演习应尽量逼真,使用足够数目的消防栓,期间需测试消防栓的出水压力,机舱内消防泵及应急消防泵交替进行。在可行范围内,演习应包括实地测试风机、油泵及油柜遥控速闭阀,关闭各通风口,以及适当关上电器装置等。固定灭火装置应在可行情况下试用。演练时应预备手提式灭火器做示范用,并应有不同类别的灭火器,以应对不同种类的火灾。演练时应由一名消防组成员操作一个或多个灭火器,每次演习均应有不同的成员轮流参与。灭火器用后在放回原位前,应先充填好,或在示范时备有足够的灭火器。消防组成员均须戴上呼吸器,各成员也应轮流试用。搜索及救援演习应在船上不同地点进行。呼吸器在存放前应先行清洁,检验过证实性能良好。独立式呼吸器的气瓶应予充气,或备有足够的备用气瓶供示范用。除了法定的检查外,所有在演习时没有使用的消防器具、防火及水密门和其他关闭装置、火警探测及警报系统等,都应在演习时或演习完成后立刻检查。

四、船舶机舱作业安全

船上有多种不同的工作,而船员在执行例行职务时,可能会在无意中危及他人的安全。对于担任某类特定工作的人员来说,也要采取一系列措施以确保他们的安全。无论进行什么工作,在工作完成之前,都有需要认清潜在的危险,将发生危险的可能性排除或加以有效监控。工作许可证是为特定工作而设立的建议监控措施。工作许可证制度是一套有系统的既定安全工作程序,不会使工作更安全,但有助于安全工作措施的制定。

船舶可因应个别情况决定是否采用工作许可证制度。采用时应遵循以下原则:

(1)许可证应尽量贴切准确,列明工作的地点和工作详情、初步测试的性质和结果、为使工作安全进行而采取的措施,以及在运作时必须采取的防护措施。

(2)许可证上要标明有效期限(不应超过24 h)及进行工作的时限。

(3)只可以进行许可证上开列的工作。

(4)负责授权的高级船员在签发许可证之前,应确保已采取证上所开列的各项措施。

(5)负责的高级船员须为该项工作负责,直至许可证注销,或将职务正式移交给另一位负责人员;移交时,要让后者对情况有全面了解。无论是例行公事,还是在紧急情况下,从负责人员手上接过责任的人员都要在许可证上签署,表明会对此负起全责。

(6)负责执行指定工作的船员应在工作许可证上连署,表示对须遵行的安全措施已清楚了解。

(7)工作完成后,执行工作的船员应通知负责人员,以便将许可证注销。

(8)执行指定工作的船员与负责人员不应为同一人。

(一)上高和多层作业时的安全注意事项

(1)按规定离基准面2 m以上为高空作业。上高作业用具,如系索、滑车、脚手架、坐板、保险带、移动式扶梯等,在使用前必须严格检查,确认状况良好。脚手架上应铺防滑的帆布或麻袋。

(2)上高作业人员应穿防滑软底鞋、系带保险带并系挂在牢固的地方,必要时应在作业处的下方铺设安全网。另外,如果要在船旁工作,须穿着浮水衣,并且准备一个可供实时使用,绳索有足够长度的救生圈。船员工作时,应有人在甲板上照应。

(3)上高作业和多层作业时,上高作业所有的工具和所拆装的零部件应放在工具袋或桶内,或用软细绳索缚住,以防落下伤人或砸坏部件。

(4)当上层有人作业时,其他人员应尽量避免在其下方停留或作业。如属必要,应戴安全帽。

(5)上高作业人员易发生坠落或重物落下砸人等伤亡事故。在强风中或涌浪时,除非特殊需要,禁止上高作业。

(6)年龄在18岁以下,或航海经验少于12个月的船员,除非获有经验船员陪同或有充分指导,否则不应在高空工作。

(7)在船笛附近工作前,专责高级船员必须确保船笛已经关闭,并要在驾驶室和机舱贴上警告告示。

(8)在烟囱上工作前,专责高级船员要通知值班轮机员,确保已经采取措施,尽量将蒸气、有害气体及烟雾的排放量减少。

(9)在无线电天线附近工作前,专责高级船员要通知电报员或负责无线电设备的人员,不得发射任何信号,以免危及工作中的船员,同时要在电报室张贴警告告示。

(10)若要在雷达扫描仪附近工作,专责高级船员应通知当值的高级船员,在有关工作完成之前暂停使用雷达和扫描仪,并在装置上张贴警告告示。

(二)吊运作业时的安全注意事项

(1)严禁超负荷使用起吊工具。在吊运部件或较重的物件前,应认真检查起吊工具、吊索、吊钩以及受吊处,确认牢固可靠,方可吊运。禁止使用断股钢丝、霉烂绳索和残损的起吊工具。吊起的部件,除非必要,应立即在稳妥可靠的地方放下,并衬垫绑系稳固。

(2)起吊时,应先用低速将吊索绷紧,然后摇晃绳索并注意观察,确认牢固、均衡且起吊物已松动后,再慢慢起吊。如发现起吊吃力,应立即停止,进行检查或采取相应措施,防止超负荷起吊。

(3)在吊运过程中,禁止任何人员在其下方通过,也不得在起吊的部件下方进行工作,如确属必要,应采取各种有效的防范措施。

(4)使用气动吊车时,应派人看守压缩空气阀,以便一旦失控立即切断气源,以免发生事故。

(5)严禁用起重设备运送人员。

(三)检修作业时的安全注意事项

检修作业时的安全注意事项如下:

(1)检修主机时,必须在主机操纵处悬挂"禁止动车"的警告牌并应合上转车机,以防水流带动推进器。检修中如需转车,须征得驾驶员同意。应特别注意检查各有关部位是否有人或影响转车的物品和构件,并应发出信号或通知周围人员注意,以防伤人或损坏部件。

(2)检修副机和各种辅助机械及其附属设备时,应在各相应的操纵处或电源控制部位悬挂"禁止使用"或"禁止合闸"的警告牌。

(3)检修发电机或电动机时,应在配电板或分电箱的相应部位悬挂"禁止合闸"的警告牌。如有可能,还应取出控制箱内的保险丝。

(4)检修管路及阀门时,应事先按需要将有关阀门置于正确状态,并在这些阀门处悬挂"禁动"的警告牌,必要时用锁链或铁丝将阀扎住。

(5)在锅炉、油水舱内部工作时,应打开两个导门并给予足够通风。作业期间应经常保持空气流通,并悬挂"有人工作"的警告牌;派专人守望配合,注意在内部工作的人员情况。

(6)在锅炉汽包等汽水空间内工作时,应参照上述(4)、(5)项执行。如在连通的其他部位时仍有压力,还应事先检查并确认阀门无漏,应派专人看守阀门。

(7)检修空气瓶、压力柜及有压力的管道时,应先泄放压力,禁止在有压力时作业。

(8)在锅炉、机器和舱柜等内部工作时,应用可携式低压照明灯,但在油柜内应使用防爆式,使用前必须认真检查并确保状态良好。

(9)拆装带热部件时,要穿长袖衣裤并戴帽及手套。

(10)拆装冷冻液管时,一般应先抽空,拆装时必须戴手套、防护镜或面罩,以防冻伤和中毒。

(11)检修气门室、气缸、透平内部、减速齿轮以及其他较为隐蔽或不易接近的部位时,作业人员的衣袋中不得携带任何零星杂物,以免落入机内造成事故。检查减速齿轮时,必须在主管检修的轮机员亲自监督指导下方可打开探视门,收工以前必须盖好;严禁在无人看守时敞开探视门。

(12)柴油机在运转中如发现喷油器故障需立即更换时,应先停车,打开示功阀,泄放气缸内压力,禁止在运转中或气缸尚有残存压力时拆卸喷油器。

(13)试验柴油机喷油器时,禁止用手探摸喷油器的油嘴或油雾。

(14)裸露的高压带电部位必须悬挂危险警告牌或用油漆书写危险标记。除非绝对必要,严禁带电作业;确需带电作业时,必须使用绝缘良好的工具。禁止单人作业,只有一名电机人员时,轮机长应指派一名合适的人员进行协助。作业中注意防止工具、螺栓、螺帽等物掉入电器或控制箱内。看守人员应密切注意工作人员的操作情况,随时准备采取切断电源等安全措施;作业完毕后,应再认真检查。

(15)一切电气设备,除主管人员和电气人员外,任何人不得自行拆修。

(16)禁止使用超过额定电流的保险丝。

(17)一切警告牌均由检修负责人挂、卸,其他任何人不得乱动。

(18)因检修移走栏杆、花钢板或盖板后,应在周围用绳子拦住,以防人员不慎踏空而受伤。

(四)车、钳作业时的安全注意事项

车、钳作业时的安全注意事项如下:

(1)在进行车床、钻床作业时应严格遵守操作规程,工件应夹持牢固,夹头扳手用完应立即从夹头上取下。操作者衣着要紧身,袖口要扣好,戴好防护眼镜。禁止戴手套操作。

(2)在磨制工具和砂轮机作业时(包括除锈、除炭时),作业者应戴防护眼镜和口罩,并站在与砂轮旋转方向略偏一个角度处。

(3)禁止使用手柄不牢的手锤。

(五)清洗和油漆作业时的安全注意事项

清洗和油漆作业时的安全注意事项如下:

(1)油管、过滤器和加热器等如有泄漏应尽快清除,并注意防止漏油流散。

(2)机舱地板上的油污必须随时抹去。在用水冲洗机舱底部时,要防止水柱和水珠冲到电气设备上而引起损坏,并防止人员滑倒跌伤。

(3)使用易燃或有刺激性的液体清洗部件时,一般应在艉部甲板下风处进行,不宜在机舱进行,同时要注意防止发生污染海面的事故。

(4)在处理酸、碱或其他化学品,或进入有毒气处所时,需相应地戴手套、防护眼镜、口罩、

面罩等。

(5) 处理化学品时,要按规定的步骤操作,避免引起剧烈的反应,损伤人体。如果身上溅到液体,要迅速地用水清洗或做相应的处理。

(6) 油漆空气瓶内部或其他封闭处所,不能同时多人作业且时间不能太长时,应轮流作业、相互照顾,防止油漆中毒。

(六) 焊接作业时的安全注意事项

1. 焊接守则

(1) 若在航行途中需施焊作业,轮机长须报告船长,征得同意后方可进行并报上级机关备案。除施焊间外,必须经轮机长或大管轮同意方可在机炉舱内实施焊接作业。在机炉舱外的其他部位施焊必须征得船长同意。船靠码头或在装卸作业期间如需进行焊接,必须遵守港方有关规定或征得港方同意方可进行。

(2) 在任何部位施焊均必须先清理现场,现场不得有任何易燃物品,并注意周围环境有无易燃的物品和气体,必要时应予挪移和通风。根据不同环境备妥适当的灭火器材。

(3) 施焊时必须有两人作业,一人操作,一人监守。作业人员应穿长袖衣裤,戴手套、眼镜,必要时应戴防护面具。电焊时必须使用面罩,不得用墨镜代替。

(4) 严禁对存有压力的容器,未经清洁和通风的油柜、油管进行施焊。

(5) 在狭窄舱、柜内或其他空气不够流通的部位施焊要特别注意通风,施焊持续时间不应太长。照明灯具应使用低压型并注意电线不能距离施焊处过近。

(6) 焊件的焊处应清洁、干燥,防止焊后产生裂缝。焊接大件时,应先预热以消除内应力,必要时可使用夹具。

(7) 对有色金属或合金施焊时应注意通风,作业人员应在上风位置或戴防护面具,以防中毒。

(8) 敲打焊渣时必须戴眼镜并注意角度,以防碎屑飞溅入眼。

(9) 焊件未冷时,作业人员不应离开现场,如属必要,应采取防范措施,防止误触烫伤。

(10) 施焊完毕后,应将工具整理好并复归原处,现场打扫清洁,仔细检查周围有无火种隐患,确认无患后方可离开。

(11) 如由船厂工人施焊,应征得主管部门同意,派专人备妥消防器材,并监督施焊以防止发生火灾;如认为施焊不安全,有权停止其作业。施焊完毕后应仔细检查,应特别注意施焊物的背面有无隐患,待施焊物完全冷却后方可离去。

(12) 焊接作业需执行工作许可证制度。

2. 电焊注意事项

(1) 严格遵守电焊机的使用操作规程,开机时应逐步启动开关,不宜过快,注意防止焊夹和焊条碰地。

(2) 经常注意检查焊机温度及运转是否正常。禁止在施焊时调整电流。

(3) 禁止在运转中的机电设备、起重用的钢丝绳或乙炔、氧气管或钢瓶上通过电焊线。

(4) 密切注意电焊设备的绝缘状况,夏季作业时焊工脚下最好垫入木板、橡皮等绝缘物。

(5) 电焊完毕或较长时间停焊应切断焊机电源。

3. 气焊注意事项

(1) 各部分焊具前,应先吹净阀口,检查并确认各阀门无漏气。任何时候,气瓶阀口和焊枪喷嘴均不应对着人。

（2）连接胶管时（尤其应注意焊枪一端）要注意颜色标志，接氧气的应是蓝色或黑色，接乙炔的应是黄色或红色，不能反接。

（3）胶管要牢固，接口要紧密，不宜用铁丝捆扎胶管接口，以防扎孔或断裂。烧焊时胶管不应拉得过紧，并尽量远离火焰和焊件。

（4）一般情况下，气瓶总阀的开度应不超过1/2，以便应急关闭。

（5）气焊结束后，应先关掉焊枪上的控制阀，然后关闭气瓶总阀。

（6）点火、熄火、回火：

①点火

打开钢瓶上的阀门，转动减压器的调节螺丝，将氧气和乙炔调到工作压力（氧气为 0.3~0.5 MPa，乙炔为 0.01~0.05 MPa），然后打开焊枪上的乙炔阀门，稍开氧气阀，在喷嘴的侧面点火，点着后慢慢开大氧气阀，将火焰调到中性焰（或碳化焰、氧化焰）：

a. 中性焰的焰芯较圆且呈蓝白色，轮廓清楚，外焰中长呈淡橘红色。这种火焰常被用来焊接低碳钢材料。

b. 碳化焰的焰芯较长且尖，呈绿白色，轮廓不清楚，外焰很长呈橘红色。这种火焰常被用来焊接铸铁、高碳钢和硬质合金。

c. 氧化焰的焰芯短小且呈蓝白色，外焰看不清，同时发出急剧的"嘶嘶"声响。这种火焰常被用来焊接黄铜材料。

②熄火

先将氧气阀关小，再将乙炔阀关闭，火即熄灭，然后关闭氧气阀（如使用割炬，应先关切割氧气阀，再关乙炔和预热氧气阀）。

③回火

施焊中有时会出现爆响，随之火熄灭，同时焊枪有"吱吱"响声，这种现象称为回火。如遇回火，应速将胶管曲折握紧，先关闭焊枪上的氧气阀，再关闭乙炔阀，回火即可免除。处理回火时，动作要迅速、准确，防止气瓶爆炸酿成重大事故。

（七）压力容器使用安全注意事项

压力容器使用安全注意事项如下：

（1）氧气、乙炔和氟化物钢瓶是高压容器，而乙炔是易燃易爆的危险性气体，故在装卸或搬运时不准跌落或抛扔，避免碰撞。插好瓶口钢帽，取下钢帽时不准敲击。

（2）压力钢瓶不准卧放使用，应直立安放在妥善处并用卡箍或绳子紧固。两瓶的间距和瓶与烧焊处的距离均应大于 3 m。

（3）钢瓶不准在电焊间存放，应放在阴凉处，禁止曝晒或靠近锅炉、火焰等热源。

（4）钢瓶内气体绝不能全部用光，剩余压力应保持不小于 100 kPa。

（5）待灌的空瓶应做好明显标记并按原来气体充灌，不准互换使用或改灌其他气体。

（6）钢瓶在开阀前应仔细检查，特别要注意阀门是否反螺牙。开阀时要缓慢开大。

（7）钢瓶如因严寒结冻，不能用明火烘烤，但可用蒸汽或热水适当加温。一般瓶体温度不得超过 30~40 ℃。

（8）当发现下列情况时，应立即停止使用：

①容器超温、超压、过冷、严重泄漏，经处理无效时；

②主要受压元件发生裂缝、鼓毛、变形、泄漏，危及安全时；

③安全阀失效、接管端断裂,难以保证安全时;
④发生火灾、爆炸或相邻管道发生事故危及容器安全时,应迅速搬挪至他处或泄压。

(八)船舶机舱消防安全注意事项

1.船舶常发生的火灾爆炸事故

(1)机械设备管理操作不当引起的火灾爆炸事故:
①柴油机曲轴箱爆炸;
②柴油机扫气箱着火爆炸;
③锅炉炉膛爆炸;
④空压机曲轴箱爆炸;
⑤烟囱冒火引起火灾;
⑥燃油管破裂、油柜冒油使燃油喷到柴油机排气管和锅炉上引起火灾。

(2)电气设备管理操作不当引起的火灾爆炸事故:
①导线超负荷或老化引起火灾;
②绝缘不良引起火灾;
③电气设备故障,因电流的热作用而产生火花。

(3)对易燃物质管理不严引起火灾:
①地板上、舱底、机器周围漏油过多;
②浸过油的破布、棉纱、木屑等因空气不流通而导致温度过高引起火灾。

(4)明火及明火作业引起火灾:
①吸烟、火柴、打火机;
②焊接;
③锅炉与厨房炉灶。

(5)油舱柜的爆炸与火灾:
①透气管处遇明火引起火灾与爆炸;
②油舱柜清洗产生静电引起火灾与爆炸;
③油舱柜附近有明火和明火作业引起爆炸。

(6)易燃易爆货物引起事故:
①油船;
②货船装运易燃易爆货物或物资。

2.船员日常防火防爆守则

(1)吸烟时,烟头、火柴杆必须熄灭后投入烟缸,不能乱丢或向舷外乱扔,也不准扔在垃圾箱内。禁止在机舱、货舱、物料间、储藏室内吸烟,在卧室内禁止躺着吸烟。装卸货或加装燃油时禁止在甲板上吸烟。

(2)规定必须集中保管的易燃易爆物品不准私自存放,禁止任意烧纸或燃放烟花爆竹,严禁玩弄救生信号弹。

(3)离开房间时应随手关闭电灯和电扇,靠近窗口的台灯尤应关熄。风雨或风浪天气应将舷窗关闭严密。航行中不得锁门睡觉。

(4)禁止私自使用移动式明火电炉。使用电炉、电熨斗、电烙铁等电热器具或工具时必须有人看管,离开时必须拔掉插头或切断电源。

(5)不准擅自接拆电气线路或拉线装灯(插座);不准用纸或布遮盖电灯;不准乱拉收音机或电视天线;不准在电热、蒸汽器具上烘烤衣服、鞋袜等。

(6)废弃的棉纱头、破布应放在指定的金属容器内,不得乱丢乱放。潮湿或油污的棉、毛织品应及时处理,不能堆放在闷热的地方,以防自燃。

(7)大舱货灯必须妥善保管。使用时要检查灯泡及护罩,如有损坏,应及时换新。货灯电缆要通畅,防止被他物压坏,用后应放在指定处所,妥善保管。

(8)进行明火作业前,经船长同意后须查清周围及上下邻近各舱有无易燃物,特别要查明焊接处是否通向油舱。当气焊作业时要严防"回火",避免发生事故,并须派人备妥消防器材且在旁监护。港方如有规定,还应向港监申请,经批准后方可施工。作业完毕后,要仔细检查有无残留火种。

(9)对于油船除应遵守《油舱安全生产管理规则》外,其货油泵间必须保持清洁,不得堆放杂物,污油应经常清理。货油泵要定期检查,并应按规定进行注油。装卸期间,泵浦员或轮机员不得擅离职守;禁止闪光照相和在甲板阳光下戴用老花镜。

(10)严格遵守与防火防爆有关的安全操作规程和有关规定。当发现任何不安全因素时,每个船员均有责任及时报告领导;对违章行为应及时制止,人人有责。

3. 防火防爆的安全措施

(1)定期检验机械的安全设备,如锅炉、空气瓶、柴油机气缸盖上的安全阀由船检定期检验铅封。

(2)保持电路的绝缘良好。

(3)对油舱柜加强管理:

①空油柜经清洗、除气、测爆后,才准予明火作业。用测爆仪测爆。使用前要先检查仪器的准确度,并按说明书要求正确取样、操作、修正。测爆仪不能测量空气中的含氧量,为了保证测试的准确性,一般用两只仪表同时进行。国际公约及我国法规都规定:**船舶油舱柜的油气浓度在爆炸下限的1%或以下时,才能进行热工作业,在爆炸下限的5%或以下时,才能进入某些区域。**

②清洗空油柜时,严禁污水再循环。

③空油柜附近,严禁拖动电焊用电缆。

④空油柜中应充满惰性气体,以防雷电。

(4)机炉舱内应保持清洁,严禁吸烟。

(5)自动探火及报警系统应保持正常工作。

(6)消防系统和各种消防器材应能随时投入工作并放置在规定的位置上。

(7)加强船员防火防爆的安全教育和消防训练,做好应变部署。

4. 机舱火灾应急操作规程

(1)发现机舱火情,当值人员应迅速发出火警并及时灭火,控制火势蔓延。

(2)轮机部全体人员立即进入应变部署岗位,服从统一指挥。

(3)轮机长迅速进入机舱,做出正确判断,进行现场指挥。

(4)必要时:

①切断火场电源或停止发电机运转,启动应急消防泵灭火;

②通知船长减速、改变航向或主机停车;

③停止机舱通风机、燃油泵,关闭油柜速闭阀、机舱天窗和风道挡板。

(5)抢救人员三人一组,穿好消防衣,戴呼吸器,做好支援通信联络工作。

(6)确认机舱必须施行二氧化碳灭火,应按有关规定与船长商定后执行。在机舱施放二氧化碳前必须封闭机舱,按响警报通知人员撤离现场,确认无人后,通知船长施放。使用二氧化碳灭火所需的时间比较长,不宜过早地开启机舱。

(7)火灾扑灭后,要查找隐火,严防死灰复燃;救护伤员,机舱通风,清理现场,检查机电设备状况,排出舱底水。

(8)查清火灾成因,起火、灭火准确时间,灭火过程,善后处理,火灾损失情况,需要修理项目,并记入轮机日志。将有关情况电告公司,为海事处理做好必要的准备。

(九)船上封闭处所作业的安全注意事项

任何封闭处所内的气体都有可能缺氧(或含有易燃、有毒气体或蒸气)。这种不安全气体也可能出现在以前是安全的处所。不安全的气体也可能在靠近已知是危险处所的处所中存在。因此,在进入船上封闭处所时应该严格遵守以下安全技术要求。

1. 危险评估

为确保安全,合格人员应在考虑到船舱先前载运的货物、处所的通风、处所的涂层和其他有关因素的情况下,首先对将要进入的处所的潜在危险做出初步评估。合格人员的初步评估应确定存在缺氧、易燃或有毒空气的可能性。

如果初步评估指出了对健康或生命具有最低危险或在处所工作期间有出现危险的可能性,应视情采取相应的预防措施。如果初步评估确定对健康或生命具有危险,则在进入该处所时应采取额外防护措施。

2. 进入许可

未经船长或指定负责人许可并且未采取为具体船舶规定的适当安全措施,不得打开或进入封闭处所。进入封闭处所应有计划,并建议采用进入许可制度,其中可能包括使用核对清单。进入封闭处所许可证,应由船长或指定负责人发放,并在进入之前由进入封闭处所的人员填写。

3. 空气测试

应由经专门训练使用该仪器的人员使用标有准确刻度的仪器对处所的空气进行适当的测试。应严格遵守制造厂家的使用说明。应在人员进入处所之前进行空气测试,并在人员进入后按固定的时间间隔继续进行空气测试直至所有工作完成。应在不同层面上对处所内的空气进行测试,从而实现有代表性的抽样。

(1)空气质量要求

①舱内空气中的氧气的浓度始终不得低于18%,一般氧气含量表显示氧气占21%的体积。

②舱内空气中的二氧化碳的浓度始终不得高于1%。

③如初步评估已确定有易燃气体(或蒸气)的可能性,敏感度恰当的易燃气体指示表的读数不超过可燃低限的1%。

如果不能满足上述这些条件,应对处所进行补充通风并且在适当的时间间隔后再对处所进行空气测试。为得到准确的读数,须在停止对封闭处所通风后进行气体测试。

(2) 通风换气

①船舶应对装有易造成缺氧危险货物的货舱及其相关处所(如人孔等)进行有效的通风换气,为进舱作业人员提供安全作业环境。

②因故暂停作业、封舱的货舱在重新作业前,必须重新进行有效的通风换气。

③对有多层货舱的船舶,在进入不同货舱作业时,必须分别进行通风换气。对于深层货舱尤其要进行充分的通风换气。

④进入自然通风换气效果不好的舱室或封闭时间较长的舱室(如空舱、水舱、锚链舱、边舱、双层底、油舱和浮筒舱等)必须采用机械通风。

⑤清舱作业前,应通风换气。

⑥严禁使用纯氧通风换气。对可能存在可燃、可爆气体的舱室使用机械通风时,应采用防爆通风机械。

⑦采用二氧化碳气体灭火的货舱,应进行有效的通风换气。

(3) 空气检测

①检测方法类型:

a. 现场检测可采用便携式氧气检测仪和二氧化碳检测仪进行检测;

b. 实验室检测应采用 GB 12301 气相色谱分析法进行检测。

②对于装有原木、粮食等一类易造成缺氧窒息事故的货舱,在工人进舱前和工人在舱内作业期间,应检测舱内空气质量。

③船舱通风换气后,应检测舱内空气中氧气、二氧化碳的浓度。尤其要注意检测舱室底部、角落的氧气、二氧化碳的浓度,若检测结果未达到标准,严禁人员进舱作业。

④检测人员应尽量采用不下舱的检测方法,当必须进舱或进人孔内检测或采样时,检测人员必须戴自给式空气呼吸器进舱,严禁戴过滤式防毒面具。

⑤检测点的选择应根据船舱结构、货物装载状况等实际情况合理布点。

只有按照以上安全技术要求,即经过严格的危险评估、建立了进入许可制度以及空气测试合格以后,有关作业人员才能进入封闭处所作业,但是还应采取以下安全防护措施。

4. 一般安全防护措施

(1) 港航单位应配备准确可靠的检测仪器,要明确专管部门和专管人员。仪器要定期检定和维护,保证检测数据准确可靠。

(2) 作业单位应配备自给式空气呼吸器,要明确专管部门和专管人员。每次使用前应仔细检查空气呼吸器,发现异常立即更换,不得使用。

(3) 进入舱室的检测人员,应配备必要的自给式空气呼吸器和安全带、索等安全防护用品。每次使用前应认真检查,发现异常立即更换,不得使用。

5. 进入封闭处所期间的安全防护措施

(1) 进入舱室作业或检测时,必须安排监护人员。作业人员与监护人员应事先规定明确的联络信号,监护人员始终不得离开工作点,随时按规定的联络信号与作业人员取得联系。

(2) 对作业过程中易发生氧气、二氧化碳浓度变化的舱室和作业过程长的舱室应随时监视空气中的氧气、二氧化碳的浓度变化情况,应保持必要的检测次数或连续检测,并根据检测结果采取相应的通风换气措施。

(3) 货舱内作业应严格遵守卸货程序规定。对必须定位分层拆卸作业的,要采取阶梯式拆卸方法,并检测每层每处作业点的氧气浓度。

(4)作业中不得以任何理由离开工作场所和擅自进入货舱深处。作业工具落入舱内禁止私自下舱拾取,必须重新领取使用。

(5)当处所内有人时和在暂时休息期间,应继续保持通风。在休息结束再次进入之前,应对处所内再次进行测试。万一通风系统失灵,处所内所有人员应立即离开。

(6)万一出现紧急情况,在救助人员尚未到达和尚未对情况做出评估,确保进入处所进行救助作业的人员安全之前,照应的船员无论如何都不得进入处所内。

(7)作业人员进入舱室前和离开舱室时,应清点人数。

6. 发生事故的应急防护措施

(1)当发现舱内有异常情况或有缺氧危险可能性(如发生不明原因的突然晕倒、坠落等)或发生缺氧窒息事故时,必须立即停止作业,应组织作业人员迅速撤离现场,在安全处清点人数,并迅速向有关机关报告。

(2)发生缺氧窒息事故时,港、船双方应积极营救遇险人员,对已患缺氧症的作业人员应立即在空气新鲜处施行现场抢救(人工心肺复苏),并尽快与医疗单位联系,以便进一步抢救和治疗。

(3)进舱抢救人员必须戴自给式空气呼吸器等救生用具,不允许戴过滤式防毒面具下舱救人。

(4)舱内发生缺氧窒息事故时应封锁通道,在危险解除前非抢救人员以及未配备安全救护器的救护人员不得进入事故现场。

7. 在已知或怀疑处所内空气危险时进入处所的额外防护措施

(1)如果怀疑或知道封闭处所内的空气危险,只有在别无其他可行的选择时才能进入处所。只有在进行进一步测试、属于绝对必要的操作、出于船上人员安全或船舶本身安全时,才应进入处所。进入处所人员的数量应为完成工作要求的最低数。

(2)应携带合适的呼吸器,例如空气管或自给式呼吸器,而且只有在使用呼吸器方面经过训练的人员才准许进入封闭处所。由于空气过滤呼吸器不能提供封闭处所以外的清洁空气,因此不应使用这种呼吸器。

(3)应系配救助安全带,且除非不可行,还应使用救生索。

(4)应穿着适当的防护服,特别是在存在有毒物质或化学品可能接触人员皮肤或进入眼睛的危险情况下。

进入封闭处所,除了要严格遵守以上的安全技术要求和防护措施外,还要对作业人员和作业负责人进行必要的安全教育和预防缺氧窒息事故的技术培训。

8. 作业人员的教育

(1)一般作业人员的教育内容

①缺氧症的主要症状、预防舱内缺氧窒息事故的措施和安全作业注意事项;

②自给式空气呼吸器及其他安全防护用品正确的佩戴、使用知识;

③事故现场的应急措施及现场抢救(人工心肺复苏)知识。

(2)作业负责人的培训内容

①与缺氧作业有关的法规;

②缺氧窒息事故发生的原因、缺氧症的主要症状、预防舱内缺氧窒息事故的方法和措施;

③事故现场应急抢救措施及人工心肺复苏技术；
④自给式空气呼吸器和其他安全防护用品的使用、检查和维修、保养技术；
⑤仪器的使用方法及氧气、二氧化碳的检测方法。

(十) 无人机舱作业注意事项

驾驶员必须熟悉和掌握驾驶台的主机操作程序、紧急应变的操作程序以及各类有关指示器、开关、警报等设备的功能及作用，船长必须负责培训新接班的驾驶员熟悉主机遥控操作程序和紧急应变操作程序。

轮机员必须熟悉和掌握主机、副机等自动化设备的操作程序、应急应变操作程序和有关指示器、开关、警报等设备的功能及作用，并负责自动化设备中的气动、液压和机械部分的检查维修保养工作。电机员(主管轮机员)必须熟悉和掌握全船的自动化设备系统中的电气、电子和电动设备的功能和作用原理，并负责对其进行定期检查、维修和保养。轮机长负责培训新接班的轮机员熟悉主机、副机等自动化设备的操作程序和紧急应变操作程序。主管人员应按说明书的有关要求对自动化设备进行检查、试验、核对、调整及维修保养。无关人员不得随便调整自动化设备。当满足下列条件时，船长和轮机长协商后可实行无人机舱制度：

(1)轮机长确认机舱各设备处于正常状态。
(2)轮机长确认机舱的监测系统、报警系统和各自动转换装置工作状态正常。
(3)船长确认各值班驾驶员熟悉驾驶台遥控主机的操作程序。
(4)航行在宽阔的海域中。
(5)船长和轮机长均认为可以实行无人机舱时。
(6)对副机、泵浦、空压机等自动转换装置进行试验，并把试验结果和日期记入轮机日志中。
(7)主自动电站和机组的试验和保养按照有关规定进行。
(8)火警报警装置应按有关规定执行。

在开始实施无人机舱值班前，值班轮机员应首先确认所有机器设备和运行参数在正常状态。同时应确信所有有关装置处于"自动"位置，对有人值班时降低和调整过的运行参数，应在实施无人机舱值班前恢复正常。如：

(1)不存在未经处理的"机舱警报"。
(2)柴油发电机处于"备车"状态，开关置于"自动"位置。
(3)应急发电机处于"备车"状态，开关置于"自动"位置。
(4)所有火警监控装置和系统处于"监控"状态。
(5)备用设备都处于正常状态，开关置于"备用"位置。
(6)甲板上的氧气、乙炔钢瓶都已关闭并有效隔离。
(7)应急消防泵随时可启动并处于"备用"状态。
(8)无人机舱值班警铃功能试验良好。
(9)根据夜间实施无人机舱值班的有关规定，驾驶台已被通知到。

燃油沉淀柜中的残水应由值班轮机员泄放，并根据轮机长的指示每天从燃油储藏舱中向燃油沉淀柜驳油。在实施无人机舱值班时，值班轮机员的活动范围应为机舱警报能听得到的区域。值班轮机员应在晚上十点至十二点实施对机舱设备的全面检查，并将检查结果记入轮机日志。当机舱发生警报时，值班轮机员进入机舱进行调查和处理，同时值班轮机员还应开启"DEAD MAN"呼叫系统。任何轮机员和机舱人员在无人机舱值班期间进入机舱，都应开启

"DEAD MAN"呼叫系统。

交接班时,接班轮机员若认为设备的温度、压力和其他运行参数不正常,可拒绝接班。值班轮机员应负责向接班轮机员详细介绍发生不正常情况的原因、处理的经过和结果,目前的情况和存在的问题以及需要注意的事项,直到接班轮机员完全明白后才能离开岗位。当发生的不正常事件轮机员认为无能力解决时(除非紧急情况下),应通知轮机长和大管轮。

五、船舶人员操作安全

(一)船舶安全员

船上每个人均须对安全负责。船公司有责任确保船舶的整体安全,船舶安全须有适当的安排和保障。维持船舶的安全操作以及船上所有人的安全,是船长的日常责任。部门长对属下工作人员的健康与安全负责。个别工作人员对自己的健康与安全,以及因为他的作为或不作为而受到影响的任何人员的健康与安全负责。

能否建立"安全文化"和达致高度安全水平,取决于良好的组织,以及管理层与全体船员的鼎力支持。要就特定安全事宜负责的人员尽职尽责,管理层也要以身作则,注重健康与安全。此外,船上应有适当的程序,让全体船员通力合作,共同建立和保持安全的工作环境,养成良好的工作习惯。

船舶要进行安全巡查,主要包括以下几个方面:

1.登船通道/安全走动

(1)通往受检查区域的登船通道(如有)是否安全,照明是否良好及是否没有阻塞(尤其是舷梯和楼梯)?

(2)若登船通道情况危险(如舷梯被拿走了),有没有适当地排除危险及张贴警告告示?

(3)整个受检查区域内用作通道及工作的地方,是否有清楚标志、充足照明、不受阻塞及安全?

(4)会使海员绊倒或碰撞到的物体(尤其是放在高处的物体)因而构成潜在危险的对象,是否已有适当的油漆或标记?

(5)应放置在该区域内的用具,是否已妥善地固定好?

(6)所有栏杆是否已完好无损地安装妥当及固定在指定的位置?

(7)是否已在所有容易令人堕落的洞口外围妥栏杆?

(8)若使用活动扶梯,是否已将扶梯系稳,摆放角度是否安全?

2.工作环境

(1)进入该区域时是否安全?

(2)照明是否足够?

(3)该区域内的垃圾、易燃物品、漏出的油污等,是否都已被清除?

(4)通风是否足够?

(5)如有需要,船员是否已有足够保护,不受噪声损害?

(6)有没有危险货物及危险品被不必要地弃置在该区域或以危险的方式放置?

(7)有没有未予系稳的工具、备用物资及类似的物品被不必要地随处放置?

3.工作条件

(1)机器在有需要时有没有足够人员看守?

(2) 有没有在显眼处张贴必需的安全操作指示？
(3) 有没有在显眼处张贴必需的安全标记？
(4) 有没有在需要的地方采用工作许可证？
(5) 在该区工作的船员有没有穿戴保护衣物及装备？
(6) 该保护衣物及装备是否性能良好，并被正确地使用？
(7) 是否有机件或设备损坏的迹象？若有，有没有采取任何行动？
(8) 对船员，尤其是缺乏经验者的监督是否足够？
(9) 可以采取什么实际可行的安全措施？

4．一般事项
(1) 是否已遵守所有法定规例及公司安全程序？
(2) 是否已尽力遵行守则、商船通告等所载的安全指示？
(3) 在该工作区域内工作的船员是否曾提出有关安全的建议？
(4) 上次检查时发现的毛病是否已经得到纠正？

（二）接触有害物质安全作业程序

首要的考虑是避免接触有害物质，方法是把有害物质移走，譬如以伤害程度较轻的物品代替。若没有合理做法可避免接触有害物质，可采取下述一种或多种方法，以避免或设法减少与有害物质的接触。

(1) 将有害物质置于封闭或半封闭的环境中处理。
(2) 采用设备、工作流程和制度，尽量减少出现有害物质溢出、泄漏，以及产生烟尘和雾气的情况，或抑制和控制/防止出现有关情况。
(3) 限制工作场所内有害物质的数量。
(4) 尽量减少可能接触有害物质的人员数目和时间。
(5) 禁止在可能会受到有害物质污染的范围内饮食或吸烟。
(6) 采取卫生措施，包括提供充足的洗濯和洗衣设施，同时定时清洁墙壁/舱壁和其他表面。
(7) 列明可能受污染的范围，并充分使用适当的警告告示。
(8) 使用有封口和附清楚标签的容器，安全地储存、处理和弃置有害物质。
(9) 使用适当的程序量度有害物质，尤其要及早发现因不能预知事件或意外而引致的接触量异常的情况。
(10) 采取个人/整体防护措施。
(11) 为很可能会导致接触量异常偏高的紧急事故制订应变计划。

船上有很多物质会损害接触者的健康。这些物质不但包括标明危险的物质，如危险货品和石棉，也包括一些家庭用品。例如苛性钠和漂白粉或漂白水，会灼伤或渗进皮肤，与其他物质混合时又会起剧烈反应，因此绝不可以混合使用。风险评估应指出船员在何时会在存在危害健康物质的地方工作，并衡量风险。应采取适当的措施消除或监控风险，或将风险降至最低。

打开化学品的容器前，应仔细阅读标签，了解里面会否含有危险物质。容器上没有标签的化学物品，除非很清楚知道是什么，否则绝不可以打开使用。若含有石棉的嵌板、面层包装物料或绝缘物在航行中脱落或受损，须妥善修理。其露出的边角或表面应先以合适的涂料或覆盖物保护,以防石棉纤维脱落,在空气中飘浮。长时间接触矿物油和清洁剂,可能会导致皮肤病。皮肤沾有矿物油应彻底清洗,但绝不可用碳氢化合物溶剂清洗。不小心接触到有毒化学品或其他有害物质,应立即报告并采取适当的补救行动。工作服要经常清洗。切勿将沾了油的碎布放进口袋里。吸入刺激性的尘埃会导致咳嗽及肺部受损。吸烟者的风险较不吸烟者高。

应指导、通知及训练船员,使他们知道并明白工作的风险,应采取的预防措施及风险监察的成效。船员必须遵守场地的所有监控措施,穿着保护衣物,并佩戴船上供应的保护装置。如果监控措施失效,则易产生危害健康的重大风险,或者担心这些措施或效用不足够时,须进行健康检查。

根据欧洲共同体指令91/155/EC,任何在共同体成员国境内定居并负责把危险物质或制剂投放到共同体市场的人员,不论是制造商、进口商或分销商,均须向使用有关物质或制剂作工业用途的客户提供安全数据表,而资料表必须包括下述方面的数据:

(1)物质/制剂及公司/企业的识别资料。
(2)原料的成分/资料。
(3)危险性说明。
(4)急救措施。
(5)消防措施。
(6)意外泄漏的应变措施。
(7)处理及储存。
(8)接触量的控制/个人防护。
(9)物理及化学特性。
(10)稳定性及反应性。
(11)毒理资料。
(12)生态资料。
(13)弃置考虑。
(14)运输资料。
(15)法规资料。
(16)其他数据。

(三)减少噪声和振动

在不让船员暴露于物理因素中并非合理可行的情况下,可借以下一种或多种方法,予以避免或监控:

(1)将有关装置置于封闭或半封闭的环境中。
(2)通过所使用的设备、应用的工作流程和制度,将暴露于物理因素中的机会减至最小。
(3)尽量减少会暴露于物理因素中的人员数目,并缩短有关人员暴露于物理因素中的时间。
(4)规划出船员可能会受到达危害健康水平物理因素影响的范围,并张贴适当且数量充足的警告告示。
(5)使用适当程序量度暴露于物理因素中对健康所造成的危害,尤其要能及早发现因未能预见的事情或意外而导致暴露量异常的情况。
(6)采取个人、整体防护措施。

(7)为可能导致物理因素暴露量异常偏高的紧急情况制订应变计划。

以上措施可将船员受到健康危害的风险尽量降低,但若这些措施不足以控制危害健康的风险,便应额外提供适当的个人保护装置。

1. 戴听觉保护器

所有在机舱等高噪声环境下工作的人员,都应戴上适用的听觉保护器。保护器有三种:即弃耳塞、可多次使用耳塞、耳罩。耳塞是最简单的护耳装备,缺点是降低噪声的能力有限。橡胶及塑料耳塞的效能都很有限,过高或过低的音频会使耳塞在耳道内振动,失去保护作用。要在船上保持可多次使用的耳塞清洁并不容易,因此即弃耳塞较为可取。任何耳朵有毛病的人员在接受医生诊治前,不宜使用耳塞。

戴即弃耳塞需要遵循以下步骤:

(1)带上耳塞前,请先确保双手干净。

(2)用拇指和食指拿着耳塞。转动及挤压耳塞,用另一只手绕过头部,把外耳拉起、拉后,让耳道变直,提供紧窄合适的通道。

(3)把耳塞插入耳道,保持20~30 s,从而扩张耳塞,填塞耳道。

在嘈杂的环境中插入耳塞,用双手掩盖双耳,然后把手放开,如果察觉不到噪声水平有很大的差别,则表明戴得良好,如果感觉噪声水平差别很大,则需要重新戴。拔掉耳塞的动作一定要慢。扭动耳塞才可以把封边的位置掰开,若耳塞拔得太快则会损伤耳膜,因此必须按照制造商的使用说明书,并按照指示正确戴耳塞,即弃耳塞不得重复使用,切勿共用耳塞。保护听觉,以免失聪。

一般来说,以耳罩保护听觉较为有效。耳罩有一对坚稳的罩壳,把耳朵完全包起来,壳边的软质密封环紧贴耳朵四周。罩壳以具弹性的头带(或颈带)连接,用以固定耳侧密封环的位置。这种耳罩有不同种类,应根据实际情况和专家的意见来选用。

对于汽车轮渡船舶来讲:船员在汽车甲板上工作,平均每日不得在90 dB及以上的环境下停留超过8 h。若每日有8 h达到或超过85 dB,船上应备有听觉保护器;若每日有8 h达到或超过90 dB,则要戴上听觉保护器。

2. 振动的缓解措施

(1)应寻求其他可免除或减少暴露于振动环境的工作方法。

(2)应把工作站设计成可把雇员手部、手腕、手臂和背部的负荷减至最低。如有需要,应使用夹具和悬挂系统等装置,以减少紧握沉重工具的机会。

(3)必须确保执行工作所选用的设备是合适的,且能有效率地完成有关工作。应选取合适、能有效执行工作而振动程度最低的工具,以尽量减少使用振动程度高的工具。

(4)如工作设备因耗损而须更换,用以更换的设备必须适用于所进行的工作,具有高效能且振动程度较低。

(5)必须为设备制订适当的保养计划,以避免振动量因可避免的原因(使用变钝或损毁设备、消耗品)而增加。

(6)工作人员如需使用可产生振动的设备,必须进行正确使用有关设备的适当训练及指示。

(7)应拟订工作计划,以免工作人员长时间持续暴露于振动环境。

(四)个人防护装备的种类及其使用

个人防护用品是指劳动者在劳动中为防御物理、化学、生物等外界因素伤害人体而穿戴和配备的各种物品的总称。

1. 按照用途分类

（1）以防止伤亡事故发生为目的的安全护品,主要包括:
①防坠落用品,如安全带、安全网等;
②防冲击用品,如安全帽、防冲击护目镜等;
③防触电用品,如绝缘服、绝缘鞋、等电位工作服等;
④防机械外伤用品,如防刺、割、绞碾、磨损用的防护服、鞋、手套等;
⑤防酸碱用品,如耐酸碱手套、防护服和靴等;
⑥耐油用品,如耐油防护服、鞋和靴等。

（2）以预防职业病为目的的劳动卫生护品,主要包括:
①防尘用品,如防尘口罩、防尘服等;
②防毒用品,如防毒面具、防毒服等;
③防放射性用品,如防放射性服、铅玻璃眼镜等;
④防热辐射用品,如隔热防火服、防辐射隔热面罩、电焊手套、有机防护眼镜等;
⑤防噪声用品,如耳塞、耳罩、耳帽等。

2. 以人体防护部位分类

（1）头部防护类:包括用各种材料制作的安全帽、一般防护帽、防尘帽、防水帽、防寒帽、防静电帽、防高温帽、防电磁辐射帽、防昆虫帽等。

（2）呼吸器官防护类:包括过滤式防毒面具、滤毒罐(盒)简易式防尘口罩(不包括纱布口罩)、复式防尘口罩、过滤式防微粒口罩、长管面具。

（3）眼、面部防护类:包括电焊面罩、焊接镜片及护目镜、炉窑面具、炉窑目镜、防冲击眼护具。

（4）听觉器官防护类:包括用各种材料制作的防噪声护具,主要有耳塞、耳罩和防噪声头盔。

（5）防护服装类:包括防静电工作服,防酸碱工作服(除丝、毛面料外,材质必须经过特殊处理),涉水工作服,防水工作服,阻燃防护服。

（6）手足防护类:包括绝缘、耐油、耐酸三种手套;绝缘、耐油、耐酸三种靴;盐滩靴,水产靴,用各种材料制作的低电压绝缘鞋、耐油鞋、防静电、导电鞋,安全鞋(靴)和各种劳动防护专用护肤用品。

（7）防坠落类:包括安全带(含速差式自控器与缓冲器),安全网,安全绳。

3. 安全帽的防护作用

防止物体打击伤害;防止高处坠落伤害头部;防止机械性损伤;防止污染毛发的伤害。它可以在以下几种情况下保护人的头部不受伤害或降低头部受伤害的程度。

（1）飞来或坠落下来的物体击向头部时。
（2）当作业人员从 2 m 及以上的高处坠落下来时。
（3）当头部有可能触电时。
（4）在低矮的部位行走或作业,头部有可能碰撞到尖锐、坚硬的物体时。

戴安全帽要符合标准,使用要符合规定,否则就起不到充分的防护作用。安全帽使用注意事项如下:

(1)戴安全帽前应将帽后调整带按自己头型调整到适合的位置,然后将帽内弹性带系牢。缓冲衬垫的松紧由带子调节,人的头顶和帽体内顶部的空间垂直距离一般为25~50 mm,最好不要小于32 mm。这样才能保证在遭受到冲击时,帽体有足够的空间可供缓冲,平时也有利于头和帽体间的通风。

(2)不要把安全帽歪戴,也不要把帽檐戴在脑后方,否则,会降低安全帽对于冲击的防护作用。

(3)安全帽的下颌带必须扣在颌下,并系牢,松紧要适度。这样不至于被大风吹掉,或者是被其他障碍物碰掉,或者由于头的前后摆动,安全帽脱落。

(4)安全帽体顶部除在帽体内部安装帽衬外,有的还开有小孔通风。但在使用时不要为了透气而随便再行开孔,因为这样做将会使帽体的强度降低。

(5)安全帽在使用过程中,会逐渐损坏。因此要定期检查,检查有没有龟裂、下凹、裂痕和磨损等情况,发现异常现象要立即更换,不准再继续使用。任何受过重击、有裂痕的安全帽,不论有无损坏现象,均应报废。

(6)严禁使用只有下颌带与帽壳连接的安全帽,也就是帽内无缓冲层的安全帽。

(7)维修、操作人员在现场作业中,不得将安全帽脱下,搁置一旁,或当坐垫使用。

(8)由于安全帽大部分是使用高密度低压聚乙烯塑料制成,具有硬化和变蜕的性质,所以不易长时间在阳光下曝晒。

(9)新领的安全帽,首先检查是否有劳动部门允许生产的证明及产品合格证,再看是否破损、薄厚不均,检查缓冲层及调整带和弹性带是否齐全有效。不符合规定要求的立即调换。

(10)在现场室内作业也要戴安全帽,特别是在室内带电作业时,更要认真戴好安全帽,因为安全帽不但可以防碰撞,还能起到绝缘作用。

(11)平时使用安全帽时应保持整洁,不能接触火源,不要任意涂刷油漆,不准当凳子坐,防止丢失。如果丢失或损坏,必须立即补发或更换。无安全帽一律不准进入工作现场。

4. 防护眼镜和面罩的作用

防护眼镜和面罩的作用和注意事项:防止异物进入眼睛;防止化学性物品的伤害;防止强光、紫外线和红外线的伤害;防止微波、激光和电离辐射的伤害;防止物质的颗粒和碎屑、火花和热流、耀眼的光线和烟雾对眼睛造成伤害。必须根据防护对象的不同选择和使用防护眼镜和面罩。

防护眼镜和面罩使用注意事项:选用的护目镜要选用经产品检验机构检验合格的产品;护目镜的宽窄和大小要适合使用者的脸型;镜片磨损粗糙、镜架损坏,会影响操作人员的视力,应及时调换;护目镜要专人使用,防止传染眼部疾病;焊接护目镜的滤光片和保护片要按规定作业需要选用和更换;防止重摔重压,防止坚硬的物体摩擦镜片和面罩。

5. 防尘防毒用品的作用

防止生产性粉尘的危害。由于固体物质的粉碎、筛选等作业会产生粉尘,这些粉尘进入肺组织可引起肺组织的纤维化病变,也就是尘肺病。使用防尘防毒用品将会防止、减少尘肺病的发生。

自吸过滤式防尘口罩使用注意事项:

(1)选用产品其材质不应对人体有害,不应对皮肤产生刺激和过敏影响。

(2)戴起来方便,与脸部要吻合。

(3)使用前必须弄清作业环境中的毒物性质、浓度和空气中的氧气含量,在未弄清楚作业环境条件以前,绝对禁止使用。当毒气浓度大于规定使用范围或空气中氧气含量低于18%时,不能使用自吸过滤式防毒面具(或防毒口罩)。直接式防毒面具规定耐受毒气体积浓度大于0.5%时,应改用导管式。

(4)使用前应检查部件和结合部的气密性,若发生漏气应查明原因。例如,面罩选择不合适或戴得不正确;橡胶主体有破损;滤毒罐(盒)破裂;面罩的部件连接松动,等等。面具保持良好的气密状态才能使用。

(5)应根据劳动强度和作业环境空气中有害物的浓度选用不同类型的防毒面具。如低浓度的作业环境可选用带有小型滤毒罐的防毒面具。

(6)防毒呼吸用品应专人使用和保管,使用后应清洗、消毒。在清洗和消毒时,应注意温度,不可使橡胶等部件因受温度影响而发生质变受损。

6. 防护手套的作用

对手的安全防护主要靠手套。使用防护手套时,必须对工件、设备及作业情况进行分析之后,选择适当材料制作的、操作方便的手套,方能起到保护作用。但是对于需要精细调节的作业,戴用防护手套就不便于操作,尤其是对于使用钻床、铣床和传送机旁及具有夹挤危险的部位操作人员,若使用手套,则有被机械缠住或夹住的危险。因此,从事这些作业的人员,严格禁止使用防护手套。

工作现场常用的防护手套有下列几种:

(1)劳动保护手套。具有保护手和手臂的功能,作业人员工作时一般使用这类手套。

(2)带电作业用绝缘手套。要根据电压选择适当的手套,检查表面有无裂痕、发黏、发脆等缺陷,如有异常禁止使用。

(3)耐酸、耐碱手套。主要用于接触酸和碱时戴的手套。

(4)橡胶耐油手套。主要用于接触矿物油、植物油及脂肪簇的各种溶剂作业时戴的手套。

(5)焊工手套。电、火焊工作业时戴的防护手套,应检查皮革或帆布表面有无僵硬、洞眼等残缺现象,如有缺陷,不准使用。手套要有足够的长度,手腕部不能裸露在外。

7. 防护鞋

防护鞋的种类比较多,如皮安全鞋、防静电胶底鞋、胶面防砸安全鞋、绝缘皮鞋、低压绝缘胶鞋、耐酸碱皮鞋、耐酸碱胶靴、耐酸碱塑料模压靴、高温防护鞋、防刺穿鞋、焊接防护鞋等。应根据作业场所和内容的不同选择使用。电力建设施工现场上常用的有绝缘靴(鞋)、焊接防护鞋、耐酸碱橡胶靴及皮安全鞋等。

防护鞋的功能主要针对工作环境和条件而设定,一般具有防滑、防刺穿、防挤压的功能,另外还具有特定功能,比如防导电、防腐蚀等。

对绝缘鞋的要求有:

(1)必须在规定的电压范围内使用。

(2)绝缘鞋(靴)胶料部分无破损,且每半年做一次预防性试验。

(3)在浸水、油、酸、碱等条件下不得作为辅助安全用具使用。

8. 防护服（工作服）

用于保护作业者免受环境有害因素的伤害。主要产品有阻燃防护服、防酸工作服、防静电工作服、带电作业屏蔽服、防X射线工作服、防寒服、防水服、防微波服、潜水服、防尘服等。防护服分为一般工作服和特殊防护服。

穿防护服要诀："三紧"——领口紧，袖口紧，下摆紧。

9. 安全带的防护作用

为了防止作业者在某个高度和位置上可能出现的坠落，作业者在登高和高处作业时，必须系挂好安全带。

安全带的使用和维护有以下几点要求：

（1）思想上必须重视安全带的作用。无数事例证明，安全带是"救命带"。可是有少数人觉得系安全带麻烦，上下行走不方便，特别是一些小活、临时活，认为"有扎安全带的时间活都干完了"。殊不知，事故发生就在一瞬间，所以高处作业必须按规定要求系好安全带。

（2）安全带使用前应检查绳带有无变质、卡环是否有裂纹、卡簧弹跳性是否良好。

（3）高处作业如安全带无固定挂处，应采用适当强度的钢丝绳或采取其他方法。禁止把安全带挂在移动或带尖锐棱角或不牢固的物件上。

（4）高挂低用。将安全带挂在高处，人在下面工作就叫高挂低用。这是一种比较安全合理的科学系挂方法。它可以在坠落发生时使实际冲击距离减小。与之相反的是低挂高用，就是安全带拴挂在低处，而人在上面作业。这是一种很不安全的系挂方法，因为当坠落发生时，实际冲击的距离会加大，人和绳都要受到较大的冲击负荷，所以安全带必须高挂低用，杜绝低挂高用。

（5）安全带要拴挂在牢固的构件或物体上，要防止摆动或碰撞，绳子不能打结使用，钩子要挂在连接环上。

（6）安全带绳保护套要保持完好，以防绳被磨损。若发现保护套损坏或脱落，必须加上新套后再使用。

（7）安全带严禁擅自接长使用。使用3 m及以上的长绳时必须要加缓冲器，各部件不得任意拆除。

（8）安全带在使用前要检查各部位是否完好无损。安全带在使用后，要注意维护和保管。要经常检查安全带缝制部分和挂钩部分的状况，必须详细检查捻线是否发生裂断和残损等。

（9）安全带不使用时要妥善保管，不可接触高温、明火、强酸、强碱或尖锐物体，不要存放在潮湿的仓库中保管。

（10）安全带在使用两年后应抽验一次，频繁使用应经常进行外观检查，发现异常必须立即更换。定期或抽样试验用过的安全带，不准再继续使用。

（五）使用常用工具的安全注意事项

在使用常用工具时，必须按工具所设计的用途正确使用。船员执行工作时，须确保使用正确的工具或设备。使用不正确的工具或设备会导致意外。使用机器时，切勿穿宽松的服饰，以免被卷进运转部件，长发也须扎起来，并戴上发网或用安全帽遮盖。只有符合资格的船员方可使用设备。新入职者必须就他们会用到的设备接受训练，学习正确的使用用法。设备在停用时，须整齐地放在原位，刀锋要藏好。

1. 手工具

切勿使用损坏及残旧的工具。刀锋要保持锐利和清洁。修理与翻新的工作，必须由合资格人士进行。使用工具时应尽量朝外操作，以免因失手而受伤。不过，在使用扳手时，向内扭会较易操控。使用带刀锋的工具时，双手都要放在刀锋后面。手持凿子时，最好把凿子放在拇指和食指之间的虎口位，拇指和食指伸直，手掌朝下。使用锯子时不可大量压向所锯物，应轻力、均匀地移动。

2. 手提机动工具与设备

凡机动设备均须妥善保养、操作和使用，并只可由合资格人士使用，否则会造成危险。

电动工具的软电线须符合有关国际标准。船员在开工前，须确保电源引入线及电源线管完整并远离任何可能会引致其损坏的杂物，也不应阻碍安全通道。若要将电线穿过门口，须将门打开系稳。汗水、潮湿的处所或大面积的导电表面，都会增加触电的危险。在此情况下，操作机动工具时应从低压电源取电（交流电不得超过 50 V，接地电压最多 30 V，直流电 50 V）。若无法使用低压电源，应采用其他的预防措施，如只供一台电器使用的局部隔离变压器，或敏感度高的漏电断路器（又称电流式漏电断路装置）。使用手提灯具的风险与使用手提电动工具的风险相同，其电源不得超过 24 V。船上不宜使用双重绝缘工具，因为水分会将电由带电部分引到外壳，增加触电的危险。如此类工具上的电源线不设接地线，也会令漏电断路器失去作用。

机动工具上各节压缩空气管之间应装上接链或同类装置，以防断裂时抽动，另外也可以装上安全阀，在喉管断裂时截断管道供气。配件和工具组件（钻嘴、凿子等）必须在工具上装稳。具体而言，弹簧、钳子、锁杆和气动工具的其他内置安全装置，必须在更换工具组件之后立即装回。切勿在接上电源的情况下更换配件和工具组件。使用机动工具前，应装妥正确的安全护罩，并予以检查。停机后，方可拆除安全护罩。若在使用期间有必要进行保养或检查，而要将安全护罩拆除，则必须采取下述的预防措施：

（1）应由专责人员授权拆除，并由合资格人士保养或检查。

（2）工作空间须予以适当清理，并有充足照明。

（3）在机器附近工作的人员均须知悉有关风险，并就工作安全制度及应采取的预防措施获得指导。

（4）在当眼处张贴警告告示。

暂停工作时（如用膳休息时）及任务完成后，须将设备的电源截断，并安全地放好或放回原位。若操作设备时会发出高分贝噪声，应戴上听觉保护器；若会有碎屑飞出，要保护脸部和双眼。往复式的工具（如气钻、锤、凿等）或高速转动的工具所产生的振动，会造成手指"僵硬"或"白指"等永久残疾。病发初期，手指会感到麻痹，渐渐会经常觉得寒冷。到了后期，手指会呈蓝色，指尖肿胀。有这些症状的人员，不宜使用该类工具。其他人员亦应得到指示，不可连续使用该类工具超过 30 min，或按照风险评估的要求将连续使用时间缩短。

3. 固定工具（固定装置）

固定装置只可以由合资格船员操作，操作员在每次使用前必须检查机件，确保已装妥安全护罩和设施，并且性能良好，而工具配件（如钻嘴、刀头等）均符合要求。工作区的照明要充足，亦没有杂物堆积。如果机器丢失了护罩或安全设施、调校不准或不妥，或机器性能欠佳，切勿使用。如已查明确有不妥，应截断机器的电源，直至修妥后方可再用。操作时，船员须确保工作组件已在正确位置上装稳,机上不要堆积过量碎屑(如金属屑、喷砂等),并将碎屑以正确的方法弃置。不管要离开机器多久,船员均须将机器关闭及截电。重新启动前,应对机器及各安全护罩再做检查。

4. 磨轮

(1)磨轮的选择、安装和操作仅可由合资格人员进行,也需遵循制造商的指引行事。磨轮脆而易碎,收藏和使用时都要小心。

(2)因工作的需要,并参照制造商的指引,选择正确的磨轮。一般来说,硬物料宜用软轮,软物料宜用硬轮。

(3)磨轮在装配前应刷干净,并仔细检查有没有在收藏或搬运时受到损坏。如果要进一步检查磨轮是否完好,可垂直吊起轻敲,如声音低沉,则说明该轮可能已经破裂,不宜再用。

(4)切勿将磨轮装在不合适的机器上。磨轮应刚好套进转轴中,如果接口过紧,则转轴受到机器运转时所产生的热力而膨胀,可能会令磨轮裂开。

(5)旋上钳位螺帽时所用的力度,只需将磨轮夹稳即可。如果是用一组螺钉将法兰夹紧,应先用手将螺钉旋上,再按对角线将螺钉逐对依次旋紧。

(6)转轴的速度不得超过磨轮的既定可行速度的上限。

(7)每一个磨轮都要装有坚固护罩,除非工作性质不容许装上护罩,需有措施可以在磨轮爆裂时挡接碎片,并防止操作人员接触到工作中的磨轮。

(8)若设有工作座,应装稳在机器上,并调校至尽量贴近磨轮,两者之间的隙缝一般不超过1.5 mm。

(9)磨轮的平面不可用作研磨,如磨轮已有一定程度破损,用来研磨更加危险。

(10)切勿以布块或钳子持着工件。

(11)进行干磨操作,或修正磨轮时,要在磨轮的外露部分前加装适当的透明屏蔽,或操作人员应戴合适的护目镜。

5. 液压、气动、高压喷射设备

(1)使用液压、气动、高压喷射系统的船员,须接受充分的训练,并胜任该类设备的使用;必须时刻遵守制造商的操作指引。操作设备时,所用的压力不得超过制造商的建议压力。

(2)船员开始工作前,要确保设备及供电系统运作正常,安全设施亦已安装妥当并正常运作。若设备有不妥或怀疑有故障,应将系统关闭,截断电源及减压,以便更换或修理。修理工作要由获授权的合资格船员以获准使用的部件进行。

(3)启动压力系统前和在关闭时,要按照制造商所建议的方式检查,确保系统里没有气囊或残留的压力,避免使设备的运行出故障。

(4)处理液压机液体时,应留意下列事项:

①以正确类别的液体注满系统;

②如果溢漏,须立即清理;

③若将液体溅在皮肤上,须立即清洁,因为这些液体大多含有矿物质;

④维修、测试时须远离明火,因为液压机液体或会散发出易燃的雾气。

(5)操作人员使用高压喷射设备时,须穿戴正确的保护装置。高压系统可能会使用热源,因此须慎防溅伤或烫伤。进行这类工作时,须在工作范围附近张贴警告告示,让其他船员知道该处正使用高压系统。另外,操作人员应格外小心,确保朝安全的方向喷射。

(6)使用压缩空气时,压力切勿超过工作所需。

(7)切勿使用压缩空气清洁工作场所,更不要将压缩空气对着人体。

6. 液压千斤顶

(1)使用千斤顶前应先做检查,确保性能良好,且油池内的油不少于指定的最低标准。

(2)操作千斤顶时,须细心确保千斤顶的提升力足以应付工作,同时亦应确保放置千斤顶的位置平稳及有足够的承载力。

(3)千斤顶的着力点须在装置的指定或安全提升点下。

(4)若有船员须于设备下工作,须以稳定架、楔子或其他安全方法将设备承起,而非单靠千斤顶承托。

(5)千斤顶在承托着重物时,如无须再以千斤顶调高或降低,须尽量把千斤顶的操作手柄移开。

7. 绳索

(1)缆索有很多种,包括各款以人造纤维和天然纤维制成,特性各有不同,抵受船上的可能严重损害缆索的物质的能力亦各异。缆索抵受损害的能力更在于材料的实际成分、污染物的分量、受到污染的时间长短,以及污染时的温度。有时,单凭肉眼仔细察看,也不一定会察觉出缆索已经受到损害。

(2)存放缆索的地方应远离阳光及热力,并应在通风良好而干爽的舱内分开存放,与储存化学品、去污剂、除锈剂、去漆剂及其他可带来损害的物品的容器隔开。系泊缆须盖上防水帆布;若船舶正进行长途航行,则应将其存放妥当。若意外地受到污染,应立即报告,以便清理或采取其他措施。

(3)人造纤维缆索耐用防水,不会腐烂,亦不会受霉菌侵蚀,但会发霉;不过发霉通常不会影响缆索的强度。

(4)聚丙烯缆索最能抵抗有害物质,故属公认首选。不过,聚丙烯在强光下容易分解(光化学降解),故不宜长时间曝晒。聚丙烯缆索在抓握方面与马尼拉麻和剑麻相似。

(5)从一卷缆索里取出新缆索、三索股纤维缆索和钢索时,尽量不要将之搅乱。

(6)使用缆索前,应里外检查一次,查看有否老化、磨损或损坏的迹象。

(7)使用钢索时,必须按其用途妥善地安装、保养和润滑。必须遵照制造商的指引和建议的用途。如需眼结,须以眼插接法或适用的压合装置(如铁模或套圈)制成。绳头夹不宜使用,更不可用于吊索和系泊缆等用途。

第二节 船舶安全管理

适用对象:沿海航区及无限航区 750 kW 及以上船舶轮机长和大管轮。

知识要点概述:熟悉轮机应急和安全设备的有关要求;掌握消防设备的管理规定;掌握恶劣天气条件下的应急程序及处置方法。

一、应急和安全设备的一般要求

机舱应急设备的种类按功能不同可分为:

(1) 应急动力设备:应急电源、应急空气压缩机和应急操舵装置等。
(2) 应急消防设备:应急消防泵、燃油速闭阀、风油应急切断开关、通风筒防火板和机舱天窗应急关闭装置等。
(3) 应急救生设备:救生艇发动机和脱险通道(逃生孔)等。
(4) 其他应急设备:应急舱底水吸口及吸入阀、水密门等。

(一) 应急动力设备的使用与管理

1. 应急电源

(1) 应急电源要求

①一切客船和 500 总吨及以上的货船均应设独立的应急电源。

②应急电源应布置于经主管机关/船级社认可的最高一层连续甲板以上和机舱棚以外的处所,使其确保当船舶发生火灾或其他灾难致使主电源装置失效时能起作用。整个应急电源的布置应能在船舶横倾 22.5°和/或纵倾 10°时仍起作用。

③应急电源可以是发电机——由 1 台具有独立的冷却系统、燃油系统和启动装置的柴油机驱动。原动机的自动启动系统和原动机的特性均应能使应急发电机在安全且实际可行的前提下尽快地承载额定负载(最长不超过 45 s)。

④应急电源也可以是蓄电池组,当主电源供电失效时,蓄电池组自动连接至应急配电板。它应能承载应急负载而无须再充电,并在整个放电期间保持其电压在额定电压的 ±12% 以内。

⑤应急电源的功率和供电时间应满足 SOLAS 公约和船级社对不同类型船舶的规定。

(2) 应急电源使用管理

①应急发电机(见图 4-1):在船舶布置上位于救生艇甲板层,为船舶应急照明、空压机、消防泵、舵机、助航设备等提供电源。应急发电机应按 ISM 体系文件和 PMS 的规定做定期检查、维护和试验;检查其柴油储存柜油量、冷却水箱与曲轴箱液位是否正常;润滑点要加油;检查启动电瓶或启动空气瓶,进行启动(包括遥控启动)和并电试验;冬季或寒冷区域应做好防冻保温工作。应急发电机若位于不保暖处所,冬季应做的保护工作有:选用适当凝点的轻柴油和冬用润滑油;冷却水中加防冻剂;对于采用机外循环冷却的,应在使用后尽量放掉机内和管系中的残水。

②应急蓄电池(见图 4-2):在船舶布置上位于救生艇甲板层。其应按 ISM 体系文件和 PMS 的规定做定期检查、维护和试验;主要检查其电解液的比重,及时补充蒸馏水或对应的酸液;定期进行充放电;蓄电池室禁止烟火,并保持通风良好。现代化的船舶上基本上采用密闭的蓄电池,定期更换。

2. 应急空气压缩机

(1) 应急空气压缩机要求

①应急空气压缩机应采用手动启动的柴油机或其他有效的装置驱动,以保证对空气瓶的初始充气。

②应急空气压缩机是船舶以"瘫船"状态恢复运转的原始动力。"瘫船状态"是指包括动力源的整个船舶动力装置停止工作,并使主推进装置运转和恢复主动力源的辅助用途的压缩空气和启动蓄电池等都不起作用的船舶状态。

(2) 应急空气压缩机使用管理

要按其结构的具体情况,定期检查和加注润滑油,进行启动和效用试验,确保其技术状况达到随时可用的状态。

3. 应急操舵装置

（1）应急操舵装置的要求

①每艘船舶应配备主操舵装置和辅助操舵装置，并且两者之一发生故障时不会导致另一装置不能工作。

②辅助操舵装置应能于紧急时迅速投入工作，并能在船舶最深航海吃水和以最大营运前进航速的一半或 7 kn（取大者）前进时，在 60 s 内将舵自一舷 15°转至另一舷 15°。

③对于辅助操舵装置，其操作在舵机室进行，如系动力操纵也应能在驾驶室进行，并应独立于主操舵装置的控制系统。

④驾驶室与舵机室之间应备有通信设施。

（2）应急操舵装置使用管理

定期进行检查和进行效用试验，并做好记录。

 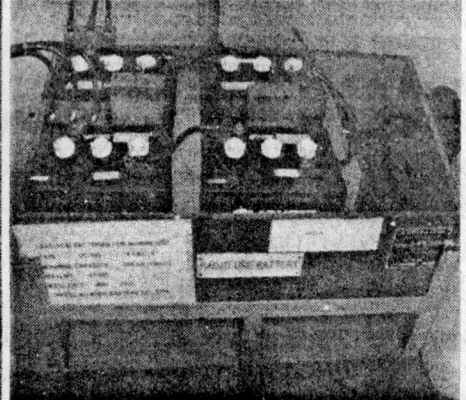

图 4-1　船用应急发电机　　　图 4-2　船用应急蓄电池

（二）应急消防设备的使用与管理

1. 应急消防泵

（1）应急消防泵要求

① 2 000 总吨以下船舶的应急消防泵多为可携式，常用汽油机驱动的离心泵；2 000 总吨及以上船舶应设固定式动力泵。固定式应急消防泵应设在机舱以外，其原动机为柴油机或电动机。电动应急消防泵需由主配电板和应急配电板供电。

②应急消防泵的排量应不少于所要求的消防泵总排量的 40%，且任何情况下不得少于 25 m³/h。应急消防泵按要求的排量排出时，在任何消火栓处的压力应不少于规范规定的最低压力。

③作为驱动应急消防泵的柴油机，应在温度降至 0 ℃时的冷态下能用人工手摇曲柄随时启动。若不能做到，或可能遇到更低气温时，则应设置经主管机关认可的加热装置，以确保随时启动。如人工启动不可行，可采用其他启动装置。这些启动装置应能在 30 min 内至少使动力源驱动柴油机启动 6 次，并在前 10 min 内至少启动 2 次。任何燃油供给柜所装盛的燃油，应能使该泵在全负荷下至少运行 3 h，在主机舱以外可供使用的储备燃油，应能使该泵在全负荷下再运行 15 h。

(2)应急舱底水吸口和吸入阀要求

机舱应设一个应急舱底水吸口。应急吸口应与排量最大的一台海水泵相连,如主海水泵、压载泵、通用泵等。少数船舶的应急吸口还与舱底水泵相通,其管路直径应不小于所连接泵的进口直径。应急吸口与泵的连接管路上装设截止止回阀,阀杆应适当延伸,使阀的开关手轮在花钢板以上的高度至少为460 mm(2006年《钢质海船入级规范》规定为450 mm)。

2. 应急消防设备使用管理

(1)应急消防泵应做启动和泵水试验,检查排水压力,试车后关闭海底阀和进口阀,放空消防管中残水,冬季防止冰冻。

(2)应定期清洁机舱应急舱底水吸口,防止污物堵塞;截止止回阀阀杆应定期加油活络,防止锈死,保证正常开关。

(3)速闭阀、风机油泵应急开关,应定期保养和检验,并进行就地操纵试验和遥控试验。

(三)应急救生设备的使用与管理

1. 救生艇发动机

(1)救生艇发动机的要求

①救生艇发动机应是压燃式发动机;

②发动机应设有手动启动系统,或设有两个独立的可再次充电的电源启动系统;

③发动机启动系统和辅助启动设施应在环境温度为 -15 ℃,启动操作程序开始后 2 min 内启动发动机;

④使用的燃油其闪点不得低于43 ℃;

⑤滑油应有耐寒性,在低温下不能结冻,通常情况下,救生艇发动机的滑油都有与其对应的滑油品牌;

⑥救生艇发动机应有独立的冷却系统,现在的救生艇发动机都采用风冷。

(2)救生艇发动机的使用和管理

①救生艇发动机要每月定期检查发动机和离合器,进行启动试验;做好冬季防冻工作。

②定期检查燃油储存箱及发动机的滑油液位。

③定期更换发动机的滑油。

2. 脱险通道

(1)脱险通道要求

①货船和载客不超过36人的国际航行客船,在机器处所内,在每一机舱、轴隧和锅炉舱应设有两个脱险通道,其中一个可为水密门。在专设水密门的机器处所内,两个脱险通道应为两组尽可能远离的钢梯,通至舱棚上同样远离的门,从该处至艇甲板应设有通路。

②从机舱处所的下部起至该处所外面的一个安全地点,应能提供连续的防火遮蔽。

(2)脱险通道使用管理

对应急通道(逃生孔)应保持通道清洁无障碍;照明良好;逃生孔的上、下门应经常加油活络,上下扶梯安全可靠,不可封闭。

(四)其他应急设备的使用与管理

1. 水密门的要求

(1)水密门应为滑动门或铰链门或其他等效型式的门。任何水密门操作装置,无论是否为动力操作,均须于船舶横倾15°时能将水密门关闭。

(2) 机舱与轴隧间舱壁上应设有滑动式水密门,水密门的关闭装置应能就地两面操纵和远距离操纵。在远距离操纵处应设有水密门开关状态的指示器。

2. 水密门使用管理

水密门、应急舱底水吸口及吸入阀等应急设备应按ISM体系文件和PMS规定做定期检查、活络、加注润滑油。

(五) 轮机部应急设备维护保养

轮机人员应加强对应急设备方面的管理,所有应急设备应按规定周期进行效用试验并记录,确保应急设备始终处于立即可用状态,并能达到熟练操作的程度。轮机部应急设备维护保养一览表如表4-8所示。

表4-8 轮机部应急设备维护保养一览表

序号	应急设备	效用试验内容及周期	设备负责人	维护保养标准
1	救生艇机	①艇机:每周进行启动、正倒车换向试验,每次试验时间不得少于3 min；②充电变压器:每季测量输出电压;每月进行自动启动试验	三管轮	①及时补充燃油并泄放油柜凝结水；②具备0℃启动能力,冬天用10号轻柴油；③充电变压器螺丝要紧固,充电控制箱水密性要好。自带充电机及艇内照明应检查线路,排除短路、断路和腐蚀隐患
2	消防泵和应急消防泵	每周进行效能试验		在最高、最远位置的消防栓上应能维持两股射程不少于12 m的水柱或消防栓处的压力达0.28 MPa
3	应急空压机	①每2周进行效用试验；②每年进行充气试验1次		年度充气试验应记录应急气瓶充气压力和所需时间
4	应急发电机	每月试验应包括启动和供电:①自动启动、人工启动功能均正常；②在主电源断电后45 s内能及时供电	二管轮	①应急电源可以是应急发电机,也可以是蓄电池,但必须满足《钢质海船入级规范》要求,应急发电机具备0℃启动能力,及时补充燃油和滑油并泄放燃油柜的凝结水；②应急配电板内外清洁,螺母无松动；③蓄电池组必须保持清洁,注液孔的胶塞必须旋紧,以免因振动使电解液溢出,透气孔保持畅通；⑤充放电盘:为了消除极板磁化现象,应按时进行过充电和定期进行全容量放电；⑥蓄电池室严禁烟火并保持通风良好
	应急配电板	①每月试验应急启动应符合要求；②每年检查与主配电板连锁装置动作应正常		
	充放电盘及蓄电池	每年对电解液化验1次,发现异常应及时处理		
5	油类速闭阀	每6个月进行就地、遥控关闭试验		及时保养集控箱(或空气管路、气瓶、空气压力或液压系统等)连接索,保持操作灵活

续表

序号	应急设备	效用试验内容及周期	设备负责人	维护保养标准
6	主机机旁应急操作装置	每6个月进行操作试验	大管轮	有些船公司要求每次抵港前和开航前进行操作试验,张贴主机应急操作规程
7	风、油应急切断装置	每6个月进行切断电源试验		
8	机舱应急吸入阀	每3个月进行开关活络检查;每年打开彻底检查		该阀应是截止止回阀,吸口应直通舱底,开关手轮应高出花钢板450 mm,开关方向的标识要醒目,检查机舱进水操作步骤
9	应急舵机	每3个月进行手动操舵试验		有些公司要求每次抵港前和开航前进行操作试验,应急操作程序应能永久显示
10	机舱天窗、烟囱百叶窗速闭装置、机舱风筒挡火板	每3个月进行开关试验		保持活络
11	机舱水密门	每3个月进行就地两侧操作及遥控关闭试验		关闭前声光报警15 s,直到关闭;关闭时间不大于90 s(手动)或60 s(动力)
12	机舱安全通道	随时畅通		整洁、照明良好
13	二氧化碳灭火装置	随时保证完好可靠		①二氧化碳站室的通风和通信联系应良好可靠,站内不允许存放任何杂物,开启站室钥匙箱应完好;②瓶体明显腐蚀时应对其进行测厚检查或压力试验;③机舱二氧化碳遥控释放装置应完好可靠,释放前声光报警应完好

二、消防设备的管理规定

船舶是在有限的空间集中了船上人员和大量物资,存有各种可燃和易燃物质。船上同时存在着许多火源:吸烟者的烟蒂、厨房的炉灶、机械的高速运转、烟囱、维修中的气焊和电焊、电气设备的短路或绝缘不良、易燃物品的保养不当,甚至静电等均可引起火灾。船舶远离陆地,自身消防能力较差,发生火灾时难于疏散和救助,所以船舶一旦失火将会带来巨大损失乃至沉船的恶果。

为了达到船舶的消防安全目标,需要考虑的功能要求为:
(1)用耐热与结构性限界面,将船舶划分为若干主竖区和水平区。
(2)用耐热与结构性限界面,将起居处所与船舶其他处所隔开。
(3)限制可燃材料的使用。
(4)探知火源区域内的任何火灾。
(5)遏制和扑灭火源处所内的任何火灾。
(6)保护脱险通道和消防通道。
(7)灭火设备的随时可用性。
(8)将易燃货物蒸气着火的可能性降至最低。

船舶上的防火分隔根据等级不同，分为"A"级分隔、"B"级分隔和"C"级分隔。"A"级分隔是指由符合以下标准的舱壁与甲板所组成的分隔：

（1）用钢或其他等效的材料制成。

（2）有适当的防挠加强。

（3）用认可的不燃材料隔热，使之在下列时间内，其背火一面的平均温度较初始温度升高不超过 140 ℃，且在包括任何接头在内的任何一点的温度较初始温度升高不超过 180 ℃："A-60"级为 60 min；"A-30"级为 30 min；"A-15"级为 15 min；"A-0"级为 0 min。

（4）其构造应在 1 h 的标准耐火试验至结束时能防止烟及火焰通过。

（5）主管机关已要求按《耐火试验程序规则》对原型舱壁或甲板进行一次试验，以确保满足上述完整性和温升的要求。

"B"级分隔是只由符合以下标准的舱壁、甲板、天花板或衬板所组成的分隔：

（1）用认可的不燃材料制成，且"B"级分隔建造和装配中所用的一切材料均为不燃材料，但并不排除可燃装饰板的使用，只要这些材料符合相应要求。

（2）具有的隔热值使之在下列时间内，其背火一面的平均温度较初始温度升高不超过 140 ℃，且在包括任何接头在内的任何一点的温度较初始温度升高不超过 225 ℃："B-15"级为 15 min；"B-0"级为 0 min。

（3）其构造应在标准耐火试验最初的 0.5 h 结束时防止火焰通过。

（4）主管机关已要求按《耐火试验程序规则》对原型分隔进行一次试验，以确保满足上述完整性和温升的要求。

"C"级分隔指用认可的不燃材料制成的分隔，不必满足防止烟和火焰通过以及限制温升的要求。只要这些可燃装饰板满足相关要求，则允许使用。

主竖区是指由"A"级分隔分成的船体、上层建筑和甲板室区段，其在任何一层甲板上的平均长度和宽度一般不超过 40 m。

船舶消防的基本原则是防火、探火和灭火。船舶防火是从船体材料、船体结构、布置和设施上来防止和限制火灾的发生和蔓延；船舶探火报警系统使人们及早发现火情，及早采取灭火措施，减少损失；船舶灭火是根据火灾的情况、灭火介质等的不同，采取不同的灭火系统。

1. 国际通岸接头

（1）标准尺寸

国际通岸接头法兰的标准尺寸应符合表 4-9 中的要求。

（2）材料和配件

国际通岸接头应用钢材或其他等效材料制成并设计成能承受 1.0 N/mm^2 的工作压力。法兰的一侧应为平面，另一侧应为永久附连于船上消防栓或消防水带的对接口。国际通岸接头应与适合承受 1.0 N/mm^2 工作压力的任何材料的垫片，连同直径为 16 mm、长度为 50 mm 的 4 个螺母和 8 个垫圈一起保存在船上。

表 4-9　国际通岸接头法兰的标准尺寸

名称	尺寸
外径	178 mm
内径	64 mm
螺栓节圆直径	132 mm
法兰槽口	直径为 19 mm 的孔 4 个,等距离分布,在上述螺栓节圆直径上,开槽口至法兰盘外缘
法兰厚度	至少为 14.5 mm
螺栓及螺母	4 副,每只直径为 16 mm,长度为 50 mm

2. 人员保护

（1）消防员装备

消防员装备包括一套个人设备和一副呼吸器。

个人配备应包括下列内容：

①防护服,其材料应能保护皮肤不受火焰的热辐射及灼伤和蒸汽烫伤。其外表面应能防水；

②长筒靴,由橡胶或其他绝缘材料制成；

③一顶能对撞击提供有效保护的硬头盔；

④一盏认可型的安全电灯（手提灯）,其照明时间至少为 3 h。在液货船上使用和拟用于危险区域的安全电灯应为防爆型。

⑤能提供高压绝缘保护的带柄斧头。

呼吸器应为瓶内空气储存量至少为 1 200 L 的自给式压缩空气呼吸器,或可供使用至少 30 min 的其他自给式呼吸器。呼吸器的所有气瓶应能够互换使用。

对每一呼吸器都应配有一根长度至少为 30 m 的耐火救生绳。救生绳应能够成功通过 5 min 的 3.5 kN 静荷载认可试验而不失效。救生绳应能够用卡钩系在呼吸器的背带上,或系在一条单独的系带上,以防止在使用救生绳时呼吸器脱开。

（2）紧急脱险呼吸装置（EEBD）

①定义

a. 面罩系指被设计成将眼睛、鼻子和嘴的周围全部封闭起来的面部遮盖物,并用适当的方式将其固定就位。

b. 头罩系指能把头、颈完全覆盖起来,并可能覆盖到部分肩部的头部遮盖物。

c. 有害气体系指对生命或健康有直接危害的任何气体。

②细节

a. 紧急脱险呼吸装置至少应能使用 10 min。

b. 紧急脱险呼吸装置应视情包括一个头罩或全脸面罩,以便在逃生时保护眼睛、鼻子和嘴。头罩和面罩应由耐火材料制成,并包括一个清晰的视窗。

c. 未启用的紧急脱险呼吸装置应不用手就能携带。

d. 紧急脱险呼吸装置应储存适当,以免受环境的影响。

e. 必须在紧急脱险呼吸装置上清晰地印有简要的使用说明或清晰的图示。佩戴程序应迅速且容易,以便能在极短的时间安全摆脱有害气体。

3. 灭火器

(1) 灭火器

每个干粉或二氧化碳灭火器的容量至少应为 5 kg,而每一泡沫灭火器的容量至少应为 9 L。所有手提式灭火器的质量应不超过 23 kg,而且必须至少有相当于一个 9 L 液体灭火器的灭火能力。主管机关应确定灭火器的等效品。

(2) 便携式泡沫灭火器

便携式泡沫灭火器应包括一只能以消防水带连接于消防总管的感应式泡沫枪,连同一只至少能装 20 L 发泡液的可携式容器和一只备用发泡液体容器。泡沫枪每分钟应至少产生 1.5 m^2 适用于扑灭油类火灾的有效泡沫。

4. 固定式气体灭火系统

(1) 二氧化碳系统

① 灭火剂的量

a. 除非另有规定,货物处所可用的二氧化碳量应足以放出体积至少等于该船最大的装货处所总容积 30% 的自由气体。

b. 机器处所可用的二氧化碳量应足以放出体积至少等于下列两者中较大者的自由气体:被保护的最大机器处所总容积的 40%,该容积不包括机舱棚上部,该部分从舱棚的一个水平面起算,该水平面的面积等于或小于从舱顶到舱棚最低部分的中点处的舱棚水平截面面积 40%;或被保护的最大机器处所包括舱棚在内的总容积的 35%。

c. 对小于 2 000 总吨的货船,若有两个或两个以上的机器处所未完全隔开,应被视为一个处所,上述 b 项所述的两个百分数可分别减至 35% 和 30%。

d. 就本部分而言,二氧化碳自由气体的容积应以 0.56 m^3/kg 计算。

e. 机器处所的固定管路系统应能在 2 min 内将 85% 的气体注入该处所。

② 控制装置

a. 应设置两套独立的控制装置,以将二氧化碳释放至被保护处所,并确保警报装置的启动。一套控制装置用于开启将气体输送到被保护处所的管路上的阀门,另一套控制装置用于将气体从贮存的容器中放出;以及

b. 两套控制装置应位于一个标明具体控制处所的释放箱内,如果放置控制装置的箱子上加锁,则一把钥匙应放在位于控制箱附近明显位置,且应设有可击碎玻璃罩的盒子里。

(2) 蒸汽系统

供给蒸汽的一个或数个锅炉,每小时应能对最大一个被保护处所的总容积每 0.75 m^3 至少供给 1 kg 的蒸汽,除了要符合上述要求外,该系统在其他各方面应由主管机关确定并使主管机关满意。

(3) 使用燃料燃烧后的气态产物的系统要求

① 气态产物

气体应是燃料燃烧后的气态产物,其氧气含量、一氧化碳含量、腐蚀成分以及任何固体可燃成分的含量均应降至允许的最小量。

② 灭火系统的能力

如在固定式灭火系统中使用此种气体作为保护机器处所的灭火剂,它应与使用二氧化碳作为灭火剂的固定式系统提供等效的保护。

如在固定式灭火系统中使用此种气体作为保护货物处所的灭火剂,应备有足够数量的此种气体,使每小时能供给自由气体的体积至少等于最大一个被保护处所总容积的25%,并能连续供气72 h。

(4)机器处所和货泵舱的等效固定式气体灭火系统

等效于第(2)和(3)款中规定的固定式气体灭火系统,应由主管机关根据本组织制定的导则予以认可。

5.固定式泡沫灭火系统

(1)固定式高倍泡沫灭火系统

①高倍泡沫灭火系统的泡沫液应由主管机关依据本组织制定的导则予以认可。

②机器处所所要求的固定式高倍泡沫灭火系统应能通过固定喷射口迅速喷出泡沫,其数量足以每分钟向被保护处所中的最大者至少注入1 m 深的泡沫。储备发泡液应足够产生5倍于被保护的最大处所容积的泡沫。泡沫膨胀率应不超过1 000:1。

③如主管机关确信能取得同等的保护效果,则可以允许采用替代装置和相应的喷射率。

(2)固定式低倍泡沫灭火系统

①低倍泡沫灭火系统的泡沫液应由主管机关依据本组织制定的导则予以认可。

②该系统应能在不超过5 min 的时间内通过固定的喷射口喷出足以在燃油所能散布的最大单个面积上覆盖150 mm 深的泡沫。泡沫膨胀率应不超过12:1。

6.固定式压力水雾和细水雾灭火系统

(1)固定式压力水雾灭火系统

①喷嘴和水泵

a.在机器处所中所要求的任何固定式压力水雾灭火系统,均应配有认可型水雾喷嘴。

b.喷嘴的数量和布置应使主管机关满意,并应确保每分钟每平方米有至少5 L 的水量,在其所保护的处所有效且均匀地分布。如果认为有必要增加喷水率,则应使主管机关满意。

c.应采取预防措施,防止喷嘴被水中的杂质或管系、喷嘴、阀和泵的腐蚀所阻塞。

d.水泵应能同时向任一被保护舱室内该系统的所有分区以所需的压力供水。

e.水泵可以用独立的内燃机驱动,但如需要靠所安装的视情符合公约第Ⅱ-1章第42条或第43条规定的应急发电机供电,则该发电机应布置成在主电源失灵时自动启动,以便使d项所要求的水泵立即获得电力。由独立内燃机驱动的水泵的所在位置应在被保护处所失火时,不会影响对该机器的空气供应。

②系统控制要求

该系统应以必要的压力保持充水,且当该系统内的压力下降时,水泵能自动向系统供水。

(2)等效细水雾灭火系统

机器处所和货泵舱的细水雾灭火系统应由主管机关依据本组织制定的导则予以认可。

7.自动喷水器、探火和失火警报系统

(1)动力供应源

①客船

海水泵及自动警报和探火系统应有不少于两套的动力供应源。若泵的动力源为电力,则动力源为一套主发电机及一套应急电源。泵的供电应一路来自主配电板,另一路来自通过专用独立馈线的应急配电板。除非为达到相应配电板所必需,馈线的布置应避免穿过厨房、机器处所和其他具有高失火危险的围蔽处所,并应接通至设在喷水器泵附近的自动转换开关。只要主配电板有电,此开关应一直由主配电板供电,并应设计成当此路供电发生故障时,能自动转换为由应急配电板供电。主配电板和应急配电板上的开关均应清楚标示,并在通常情况下保持闭合状态。上述馈线不允许设有其他开关。报警和探火系统动力源中的一路应为应急电源。如果泵的动力源之一是内燃机,则除应符合规定外,其所在位置应在任何被保护处所失火时不影响机器的空气供给。

②货船

海水泵及自动警报和探火系统应有不少于两套的动力供应源。若泵为电力驱动,则应与主电源连接,该电源应由至少两台发动机供电。除非为达到相应配电板所必需,馈线的布置应避免穿过厨房、机器处所和其他具有高失火危险的围蔽处所。报警和探火系统动力源中的一路应为应急电源。如果泵的动力源之一是内燃机,则除应符合规定外,其所在位置应在任何被保护处所失火时不影响机器的空气供给。

(2)组件要求

①喷水器

a. 喷水器应耐海上大气腐蚀。在起居和服务处所中,喷水器应在68~79 ℃的温度范围内开始工作,但在干燥室等可能出现较高环境温度的处所除外,在这些处所内,喷水器的动作温度可以增加至不超出舱室顶部最高温度30 ℃。

b. 应在船上备有各种型号和规格的备用喷头,其数量如表4-10所示。

表4-10 备用喷头的数量

喷头的总数	所需备件数
<300	6
300~1 000	12
>1 000	24

任一型号的备用喷头数无须超过所安装的该型号喷头总数。

②压力柜

a. 应装有容积至少等于本款所规定充注水量两倍的压力柜。压力柜储存的常备充注淡水量应相当于b款所述水泵的一分钟排量,并应设有能保持柜内空气压力的装置,当柜内常备充注淡水被使用时,能确保柜内的压力不低于喷水器的工作压力加上所测得的柜底至系统中最高位置喷水器的水头压力。应装设在压力下补充空气和柜内淡水的适当设施。压力柜应装设显示柜内正确水位的玻璃水位表。

b. 应设有防止海水进入柜内的设施。

③喷水器水泵

a. 应装有一台专供喷水器自动连续喷水的独立动力泵。该泵应在压力柜内常备淡水完全排干之前由于系统压力的降低而自动开始工作。

b. 泵和管系应能对在最高位置的喷水器保持所需的压力,以确保其能按规定的出水量连续喷水,足以同时覆盖至少 280 m^2 的面积。该系统的液压能力应通过审查液压计算加以确认,如果主管机关认为必要,还应对该系统进行试验。

c. 在泵的出水一侧,应装有一个带有一根末端开口的排水短管的测试阀。阀和管子的有效截面积应足以放出对该泵所要求的出水量,并同时在系统内保持规定的压力。

8. 固定式探火和失火报警系统

(1) 供电源

固定式探火和失火报警系统工作中使用的电气设备的供电源应不少于两套,其中一套为应急电源。应由专用的独立馈线来供给电力。这些馈线应接至位于或临近于探火系统配电板上的自动转换开关。

(2) 探测器组件要求

①探测器应通过热、烟或其他燃烧产物、火焰或这些因素的任何组合来动作。主管机关可以考虑采用根据其他能指示初始火灾的因素而动作的探测器,但其灵敏度应不低于上述探测器。感焰探测器只能作为感烟或感温探测器的补充。

②所有梯道、走廊和起居处所内的脱险通道要求的感烟探测器应经过验证,在烟密度超过每米12.5%的减光率之前动作。但在烟密度超过每米2%的减光率之前不应动作。安装在其他处所的感烟探测器应在主管机关考虑到避免探测器不灵敏或过度灵敏的情况时认为满意的灵敏度极限内进行动作。

③感温探测器应经过验证,当温度以每分钟不超过1 ℃的速率升高时,在温度超过78 ℃之前动作,但在温度超过54 ℃之前不应动作。升温率更大时,感温探测器应在主管机关考虑到避免探测器不灵敏或过度灵敏的情况时认为满意的温度极限内动作。

④安装在干燥室和通常环境温度较高的类似处所的感温探测器的动作温度可以达到130 ℃,在桑拿房可达到140 ℃。

⑤所有探测器的型式均应能接受正确工作试验并且无须更换任何部件便能恢复到正常的监测状态。

9. 取样探烟系统

(1) 一般要求

本部分凡出现"系统"一词时,系指"取样探烟系统"。

所要求的任何系统应能在任何时间连续工作,但按程序扫描原理工作的系统可被接受,条件是扫描同一位置两次之间的间隔所给出的总响应时间应使主管机关满意。

该系统的设计、制造和安装应能防止任何有毒或可燃物质或灭火剂漏进任何起居处所和服务处所、控制站或机器处所。

该系统和设备应做适当设计,以能承受船上通常遇到的电压变化和瞬间波动、环境温度变化、振动、潮湿、冲击、碰撞和腐蚀,并避免可燃气体与空气混合物着火的可能性。

该系统的型式应为能进行正确工作试验,并能在无须更换任何部件的情况下恢复到正常的监测状态。

应为该系统工作中所用的电气设备提供一套替代电源。

(2) 组件要求

传感装置应经验证,以在传感室内的烟密度超过每米6.65%的减光率之前动作。

应装有双套取样风机。在正常通风条件下,风机应具有足够的容量在被保护区内工作,并且总响应时间应使主管机关满意。

控制板应允许在每一取样管上都可观察烟雾。

应装有通过取样管监测气流的装置,并设计成确保从每一个相互连接的集烟器中抽取的量尽可能相等。

取样管的内径至少为 12 mm,但与固定式气体灭火系统连接的取样管除外,此时管路的最小尺度应足以使灭火气体能在适当的时间内被排放出来。

取样管应配备一个用压缩空气定期驱烟的装置。

10. 低位照明系统

所要求的任何低位照明系统应由主管机关依据本组织制定的导则予以认可,或达到本组织可接受的国际标准。

11. 固定式应急消防泵

(1)应急消防泵

①泵的排量

泵的排量应不低于公约第Ⅱ-2 章第 10.2.2.4.1 条所要求的消防泵总排量的 40%,而且在任何情况下不低于下列排量:

小于 1 000 总吨的客船和 2 000 总吨及以上的货船　　　　　　25 m^3/h

小于 2 000 总吨的货船　　　　　　15 m^3/h

②消防栓压力

当泵按①款的要求供水时,消防栓处的压力应不小于公约第Ⅱ-2 章所要求的最低压力。

③泵吸水头

泵的总吸头和净正吸头的确定应考虑公约和本部分有关泵的排量和在运行中可能遇到的各种横倾、纵倾、横摇和纵摇状态下消防栓的压力。船舶在进出干船坞时的压载状态不必视为营运状况。

(2)柴油机和燃油柜

①柴油机的启动

泵的任何柴油驱动动力源应能在温度降至 0 ℃时的冷态下用人工(手摇)曲柄启动。如果这样不切实际,或遇到更低的气温时,则可考虑主管机关可接受的加热安排,以确保随时启动。如人工(手摇)启动不可行,则主管机关可允许其他启动方式。这些方式应能够在 30 min 内至少使柴油驱动的动力源启动 6 次,并在前 10 min 内至少启动两次。

②燃油柜容量

燃油供应柜所装盛的燃油应能使泵在全负荷下至少运行 3 h,同时在 A 类机器处所外应储备足够数量的燃油,能使该泵在全负荷下再运行 15 h。

12. 脱险通道的布置

(1)客船

①梯道宽度的基本要求

梯道的净宽度应不小于 900 mm,对于超过 90 人的情况,每超过 1 人则梯道的净宽度应至少增加 10 mm。经由该梯道撤离的总人数应假定为该梯道所服务区域内船员和旅客总人数的 2/3。

a. 人员分流

脱险通道的尺度应根据从梯道和通过门廊、走廊和梯道平台逃生的预计总人数来计算。对于逃生路线的每一组成部分,所确定的尺度应不小于按每一种情况确定的最大尺度。对于下述两种处所的占用情况应做分别计算:

第一种情况:在铺位容量最大的舱室中住满旅客;在船员舱室的船员占据最大铺位容量的

2/3;以及服务处所有 1/3 的船员。

第二种情况:公共处所中的旅客占据最大容量的 3/4;公共处所中的船员占据最大容量的 1/3;服务处所有 1/3 的船员;以及船员居住处所有 1/3 的船员。

在仅计算梯道宽度时,某一主竖区内容纳的最大乘员数,包括从另一主竖区进入梯道的人员,不应假定为高于船舶的核定载客人数。

b. 禁止降低通向集合站梯道的宽度

在向集合站撤离的方向的梯道宽度不得减少,如一个主竖区内有几个集合站时,向最远的集合站方向撤离的梯道的宽度不得降低。

②梯道的细节

a. 扶手

梯道的两侧应安装扶手。扶手间的最大净宽度为 1 800 mm。

b. 梯道走向

所有尺度供 90 人以上使用的梯道应为首尾向梯道。

c. 竖向高度和倾斜度

不带楼梯平台的梯道的竖向高度不应超过 3.5 m,倾斜角不应大于 45°。

d. 平台

除了服务于公共处所直接通向梯道围壁的梯道平台外,每一层甲板上的梯道平台的面积应不小于 2 m^2,如果使用该平台的人数超过 20 人,每增加 10 人则平台面积增加 1 m^2,但不必超过 16 m^2。

③门厅和走廊

门厅和走廊以及脱险通道内的中间平台的尺度应与梯道同样处理。

通向集合站的梯道出口门的合计宽度应不小于为该层甲板服务的梯道的总宽度。

④通向登乘甲板的撤离路线

a. 集合站

应该认识到通向登乘甲板的撤离路线可能包括一个集合站。在这种情况下,应考虑防火要求和从梯道围壁到集合站和从集合站至登乘甲板的走廊和门的尺度,并注意到从集合站撤离人员至登乘位置将分成小的控制组进行。

b. 从集合站到救生筏登乘位置的路线

如果旅客和船员被困在一个集合站,该集合站却不在救生筏的登乘位置,则从集合站到登乘位置的梯道和门的宽度应按控制组的人数计算。除非在通常情况下从这些处所撤离需要更大的尺度,否则梯道和门的尺度不必超过 1 500 mm。

⑤脱险通道平面图

应备有标明下列内容的脱险通道平面图:

a. 在所有通常有人的处所中船员和乘客的人数;

b. 预计经由梯道并通过门厅、走廊和平台逃生的船员和乘客的人数;

c. 集合站和救生筏登乘位置;

d. 主要和次要的脱险通道;和

e. 梯道、门、走廊和平台区域宽度。

脱险通道平面图应附有确定逃生梯道、门、走廊和平台区域宽度的详细计算情况。

(2)货船

用作脱险通道的梯道和走廊的净宽度应不小于700 mm,而且应在一侧设有扶手。净宽在1 800 mm及以上的梯道和走廊应在两侧都有扶手。"净宽"是指扶手与另一侧舱壁之间或两侧扶手之间的距离。梯道的倾斜角一般为45°,但不大于50°,在机器处所和小处所则应不大于60°。通向梯道的门厅应与梯道宽度相同。

13.**固定式甲板泡沫系统**

(1)泡沫溶液和泡沫浓缩剂:

①泡沫溶液的供给率不得小于下列数值中的最大值:

a. 按液货甲板面积每平方米每分钟0.6 L,此处液货甲板面积系指船舶最大宽度乘以全部液货舱的纵向总长度;

b. 按具有最大面积的单个液货舱的水平截面面积计算,每平方米每分钟为6 L;或

c. 按最大泡沫喷射装置保护并完全位于该装置前方的面积计算,每平方米每分钟3 L,但不少于每分钟1 250 L。

②应供应足量的泡沫浓缩剂,以保证在采用上述所规定的泡沫溶液供给率中的最大值时,对装设惰性气体装置的液货船能产生泡沫至少20 min,或者,对于没有装设惰性气体装置的液货船能产生泡沫至少30 min,以大者为准。泡沫倍数(即所产生的泡沫体积与水和发泡浓缩剂混合物的体积之比)一般不超过12∶1。如果系统基本上产生低泡沫,但其倍数比稍稍超过12∶1,则所需的泡沫溶液的数量仍然按倍数比为12∶1的系数计算。当采用中等倍数的泡沫时(倍数在50∶1至150∶1),泡沫的使用率和泡沫喷射装置的能力应使主管机关满意。

(2)喷射装置和泡沫枪:

①来自固定式泡沫系统的泡沫应用喷射装置和泡沫枪来供应。每一喷射装置应至少供给第(1)款a项和第b项所要求的泡沫溶液供给率的50%。对小于4 000载重吨的液货船,主管机关可以不要求装设喷射装置,而只要求装设泡沫枪。但在这种情况下,每一泡沫枪的能力至少应是第(1)款a项或第b项所要求的泡沫溶液供给率的25%。

②任一喷射装置应对所保护的、完全位于它前方的甲板区域至少能以每平方米每分钟3 L的能力喷射泡沫溶液。该能力不得低于每分钟1 250 L。

③任一泡沫枪的能力应不小于每分钟400 L,在静止空气中,其射程应不小于15 m。

14.**惰性气体系统**

(1)惰性气体的供应

①惰性气体可以是来自主锅炉或辅助锅炉的经过处理的烟道气体。主管机关也可以允许使用来自一个或多个各自独立的惰性气体发生器或其他来源或任何它们混合的烟道气体,但必须达到等效的安全标准。此种系统应尽可能符合本部分的要求。不准使用利用储备的二氧化碳气体的系统,除非主管机关认为系统本身产生静电着火的危险已降至最低程度。

②该系统应能以船舶最大125%的卸货速率(按体积计算)向液货舱输送惰性气体。

③该系统以任何所需的流速向液货舱输送惰性气体时,在惰性气体供气总管内的含氧量(按容积计算)应不超过5%。

④惰性气体发生器应装有两台燃油泵。但如果在船上备有燃油泵及其原动机的足够备件,以便船员在燃油泵及其原动机发生故障时可以进行检修,主管机关允许只装一台燃油泵。

(2)清洗器

①应装设烟道气体清洗器,使其有效冷却惰性气体的供应第(1)款中②、③项所规定的全部气体并清除其中的固体颗粒和硫的燃烧产物。冷却水系统的布置应保证连续向惰性气体系统供应足量的冷却水而不妨碍船上任何其他重要用途的供水。此外还应有备用冷却水供水装置。

②应装设过滤器或等效设施,以尽量减少被带到惰性气体鼓风机里的水量。

③清洗器应位于所有液货舱、液货泵舱和将这些处所与 A 类机器处所隔开的隔离空舱的后方。

(3)鼓风机

①应至少装设两台鼓风机,并应能至少向液货舱输送惰性气体的供应第(1)款中②、③项要求的气体体积。如果带有气体发生器的系统能向被保护的液货舱输出惰性气体的供应第(1)款中②、③项要求的气体总量,则主管机关可允许只安装一台鼓风机。但船上应备有鼓风机及其原动机的足够备件,以便船员在鼓风机及其原动机发生故障时可以进行检修。

②惰性气体系统的设计应使其作用在任一液货舱的最大压力不超过该液货舱的试验压力。在每台鼓风机的进、排气连接管上应安装截止阀。应装设能使惰性气体设备的功能在开始卸货前达到稳定的装置。如果将鼓风机用于除气,则其空气进口应安装盲断装置。

③鼓风机应位于所有液货舱、液货泵舱和将这些处所与 A 类机器处所隔开的隔离空舱的后方。

(4)水封

①系统中的安全措施所述的水封应能由两台独立的泵供水,每台均能一直保持足够的供水量。

②水封和它的附属装置的布置应能在各种工况下防止碳氢化合物气体倒流,并保证起到正常的密封作用。

③应有确保防止水封被冰冻的措施,该措施不能因过热而损坏水封的完整性。

④与水封有关的供水和排水管以及通往气体安全处所的透气管或压力传感管均应装设环流水管或其他认可的装置。应有防止此种环流水管被真空抽空的措施。

⑤甲板水密封和环流装置应能防止碳氢化合物气体在其压力等于液货舱的试验压力时发生回流。

⑥关于声光报警装置部分,应使主管机关对于在所有时间维持充足水量以及在气流停止时维持装置的完整性以便能自动形成水封方面感到满意。在得不到惰性气体供应时,应启动水封水位低的声光报警。

三、恶劣海况下的安全管理规定

恶劣海况是指下面几种情况:

(1)海面受台风的袭击或影响及季节风的影响,导致海面上风浪较大,即大风浪天气。

(2)海面上雾大,能见度不良。

(3)在冰区航行,如冬季航行在北冰洋海域。

图 4-3 为船舶在大风浪中航行照片,其中图 4-3(a)为某船在侧风中满载航行,船舶左右摇摆,甲板上浪情形;图 4-3(b)为船舶顶风航行,船头上浪情形。

(a)　　　　　　　　　　　　　　　(b)

图 4-3　船舶在大风浪航行照片

(一) 在大风浪中航行时轮机部安全管理事项

船舶在大风浪中航行时，在条件允许的情况下，尽可能找一避风处避风，待海况变为适于航行后再继续航行，如无法避开，应按照公司 SMS 体系的相关程序文件的规定执行。轮机部应做好以下安全管理措施：

1. 轮机长

(1) 应经常到机舱督促和监测轮机部全体人员的工作，防止主机、副机和舵机发生故障。

(2) 如果是无人值班机舱，可根据具体情况，调整无人值班机舱为航行班（机舱有人值班）。

(3) 在安全范围内，主机转速应尽可能配合驾驶台的需求。

(4) 根据海上风浪、船体摇摆情况以及主机飞车和负荷变化的情况，轮机长应适当降低主机负荷，并调整好主机限速装置。

2. 机舱值班人员

(1) 值班轮机员不得远离操纵室，应注意主机转速变化，防止主机飞车，减轻或避免主机增压器喘振，认真执行船长和轮机长的命令。

(2) 做好行车、工具、备件和可移动的物料、油桶等绑扎事宜，关闭好机舱管辖范围的门窗和通风道。

(3) 尽量将分散在各燃油舱柜里的燃油驳到几个或少数燃油舱柜中，以减少自由液面，并保持左、右舷存油平均，防止船体倾斜。

(4) 燃油的日用柜和沉淀柜要及时放残水，并保持较高的油位和适当的油温。

(5) 主机滑油循环油柜的油量应保持正常，不可过少；特别是船舶在摇晃时出现低油位警报时应及时补油。

(6) 注意主、副机燃油系统的压力，酌情缩短清洗燃油滤器的时间，以免燃油滤器被堵而影响供油。

(7) 密切注意辅助锅炉和废气锅炉的工况，特别是辅助锅炉的水位，防止出现假水位。

(8) 机舱舱底水要及时处理。

(9) 必要时增开一台发电机。

(二) 船舶在大风浪中锚泊时轮机部安全管理事项

具体事项如下：
(1) 按航行要求保持有效的轮机值班。
(2) 影响备车和航行的各项维修检查工作必须立即完成，并使之保持良好的工作状态。
(3) 仔细检查所有运转和备用的机器设备。
(4) 按驾驶台命令使主、副机保持备用状态。
(5) 采取措施，防止本船污染周围环境并遵守各项防污规则。
(6) 所有应急设备、安全设备和消防系统均处于备用状态。
(7) 注意做好在大风浪中航行的各项准备工作。

(三) 能见度不良时航行轮机部安全管理注意事项

具体事项如下：
(1) 轮机部加强值班，集控室不能无人值班，保持主机、发电机、锅炉及空压机等机器设备处在正常使用状态。
(2) 保证汽笛的工作空气正常使用。
(3) 保持船内通信畅通。
(4) 随时听从驾驶台的命令。
(5) 必要时增开一部发电机。

(四) 船舶在冰区航行时的应急安全措施

图4-4为船舶航行于冰区的图片，其中图4-4(a)为从船尾看到的船舶航行于冰区后留下的航迹情况；图4-4(b)为从船头看到的冰区情况。

(a)

(b)

图 4-4 船舶航行于冰区的图片

在冰区航行时，除做好必要的防冻工作外，还要做到：
(1) 轮机值班人员加强监视主、辅机等机电设备的运行工况。
(2) 指定专人照顾主、副海水泵的工作，及时换用低位海底阀，防止冰块卡住或堵塞，以致海水系统因缺水而无法正常工作。
(3) 特别注意舵机的运转情况。
(4) 注意船体与舷外冰块的摩擦声响、船体的动态及推进器搅动冰块的声响。空载、轻载船舶应增加艉部吃水，使推进器全部浸入水中。
(5) 若发现异常动态，要做好记录并及时通知轮机长和船长。

第五章
船舶人员的安全管理

第一节　救生设备的安全管理规定

适用对象：沿海航区及无限航区 750 kW 及以上船舶大管轮。

知识要点概述：了解并熟悉关于救生设备和装置有关规定的知识（SOLAS），包括 LSA 规则。

一、个人救生设备

（一）救生圈

每只救生圈应具有不大于 800 mm 的外径及不少于 400 mm 的内径；采用自然浮力材料制成；其浮力应不得依靠灯芯草、软木刨片或软木粒，任何其他松散的粒状材料或任何依靠充气的空气室；能在淡水中支承不少于 14.5 kg 的铁块达 24 h；具有不少于 2.5 kg 的质量；在被火完全包围 2 s 后，不致燃烧或继续熔化；其构造应能经受从存放位置至最轻载航行水线的高度或 30 m 处，取其大者，投落水而不致损害救生圈或其附件；如救生圈配有自发烟雾信号及自亮灯配备的迅速抛投装置者，则应具有足以操动此项迅速抛投装置的质量；设有直径不少于 9.5 mm 及长度不少于救生圈体外直径 4 倍的把手索 1 根。把手索应围绕在救生圈的周围，制牢在 4 个等距点上，形成 4 个等长的索环。

（二）救生衣

救生衣应在被火完全包围 2 s 后，不致燃烧或继续熔化。每件成人救生衣的结构应至少有 75% 完全不熟悉救生衣的人在无人帮助、指导或事先示范的情况下在 1 min 内能正确地穿好救生衣；经示范后，每一个人在无人帮助情况下在 1 min 内能正确地穿好救生衣；明显地只能用一种穿着方式或尽可能不致被错误地穿着；穿着舒服；允许穿者从至少 4.5 m 高度处跳入水中不致受伤，且救生衣不移位也不损坏。

每件成人救生衣在平静淡水中，应具有足够的浮力和稳性：将筋疲力尽或失去知觉人员的嘴部托出水面不低于120 mm,其身体向后倾斜与垂直方向的角度不少于20°;失去知觉人员在水中从任何姿势转成嘴部高出水面的姿势,不超过5 s。

每件成人救生衣应使穿着的人员可完成短距离的游泳,并登上救生艇筏。

除了下列规定以外,一件儿童救生衣的构造和性能应和成人的相同:低龄儿童允许帮助他们穿着;仅要求将筋疲力尽或失去知觉人员的嘴部高出水面一段距离,并应与穿着人员身长相适应;帮助其登上救生艇筏,但穿着者的灵活性不能有明显降低。

每件儿童救生衣还应标出符合由本组织建议的试验和评估标准的救生衣高度或重量范围;由本组织通过的"儿童救生衣"标志中所示的"儿童"。

在浸入淡水中24 h后,每件救生衣应具有的浮力的降低超过幅度不得5%。每件救生衣应备有用细索系牢的哨笛。

(三)救生服

救生服应采用防水材料制成,并应在无帮助情况下,能在2 min内将它打开并穿好,如救生服必须连同救生衣一起穿着,则要考虑到任何有关联的衣服和救生衣;在被火完全包围2 s后,不致燃烧或继续熔化;遮盖除脸部以外整个身体,双手也应遮盖,配有永久性附连的手套者除外;备有限制或减少救生服裤腿内自由空气的设施;从不低于4.5 m高度处跳进水中后,不致有过多的水进入救生服。

应使穿着救生服再加穿救生衣,如救生服必须连同救生衣一起穿着的人员还能:爬上并爬下长度至少为5 m的垂直梯子;在弃船时,执行正常的任务;从不低于4.5 m高度处跳入水中,救生服不损坏或不移位,或人员不受伤;在水中做短距离的游泳并能登上救生艇筏。

具有浮力且设计为无须加穿救生衣的救生服应设有符合要求的灯以及规定的笛哨。如救生服必须连同救生衣一起穿着,救生衣应穿在救生服外面。穿着救生服的人员应能在无帮助的情况下穿上救生衣。

(四)抗暴露服

抗暴露服应用防水材料制成,且提供固有的浮力至少为70 N;其材料应能减少在救助和撤离时产生热应力的危险;遮盖除脸部和手部以外整个身体,如果主管机关允许,则应配有鞋、手套及防护罩,连同抗暴露服一起可用;在无帮助情况下,能在2 min之内打开和穿着好;在被火完全包围2 s后,不致燃烧或继续熔化;配备1只装可携式甚高频电话的袋子;具有至少120°的侧向视野。同时符合救生衣规定的抗暴露服可归类为救生衣。抗暴露服应使穿着人员:爬上并爬下长度至少为5 m的垂直梯子;在不低于4.5 m高度跳下由足先入水,救生服不损坏或不移位,或人员不受伤;在水中至少游泳25 m并登上救生艇筏;在无帮助情况下穿好救生衣;执行与弃船有关联的任务,帮助其他人及操作一救助艇。每套抗暴露服应备有符合要求的灯和规定的笛哨。

二、视觉信号

(一)火箭降落伞火焰信号

火箭降落伞火焰信号应装在防水外壳内;在外壳上,印有清楚阐明火箭降落伞火焰信号用法的简明须知或图解;具有整套装在一起的点燃装置;并设计成按制造厂的操作须知使用时,人员握持外壳而不致感到不舒适。

在垂直发射时,火箭应达到不少于300 m的高度,在其弹道顶点处,或在接近其弹道顶点处,火箭射出降落伞火焰,该火焰应发出明亮红光;燃烧均匀,平均光强不少于30 000 cd;具有不小于40 s的燃烧时间;具有不大于5 m/s的降落伞速度;在燃烧时不烧损降落伞或附件。

(二)手持火焰信号

手持火焰信号应装在防水外壳内;在外壳上,印有清楚阐明手持火焰信号用法的简明须知或图解;具有整套装在一起的点燃装置;及设计成按制造厂的操作须知使用时,人员握住外壳不致感到不舒适,燃烧中或熄灭的渣滓不致危害救生艇筏。

手持火焰信号应发出明亮红光;燃烧均匀,平均光强不少于15 000 cd;具有不少于1 min的燃烧时间;浸入100 mm深的水中历时10 s后,仍能继续燃烧。

(三)浮烟雾信号

漂浮烟雾信号应装在防水外壳内;按制造厂操作须知使用时,不会爆炸般地点燃;在外壳上,印有清楚阐明漂浮烟雾信号用法的简明须知或图解。

漂浮烟雾信号应在平静水面漂浮时,匀速地喷出鲜明易见颜色的烟雾;持续时间不少于3 min;在整个喷出烟雾期间,不喷出任何火焰;在海浪中,不致淹没;在浸入100 mm深的水中历时10 s后,仍能继续喷出烟雾。

三、救生艇筏

(一)构造

每只救生筏的构造,应能经受在一切海况下暴露漂浮30天。救生筏的构造应为从18 m高度处投落下水后,救生筏及其属具能符合使用要求。如救生筏必须存放在最轻载航行水线以上超过18 m高度处,则该救生筏应在至少为此高度处进行满意投落试验。在顶篷撑起和未撑起的情况下,漂浮的救生筏应能经受从筏底以上至少4.5 m的高度重复多次蹬跳。救生筏及其舾装件的构造应使救生筏在载足全部乘员及属具并放下1只海锚后,在平静水中,能被拖带,航速达3 kn。救生筏应设有保护乘员免受暴露危险的顶篷,该顶篷在救生筏降落中和到水面时能自动撑起,且应符合下列要求:

(1)采用以空气间隙隔开的双层材料或其他等效设施来隔热和御寒。应设有防止水分聚集在空气间隙内的设施。

(2)其内部的颜色应不致使乘员感到不舒服。

(3)每个进口处都应有鲜明的标志,并设有有效的可调整的关闭装置,该关闭装置应能使穿着救生服的人员从内、外两面均能容易而迅速地开启,从内部关闭。救生筏应便于通气且防止海水、风和冷气的侵入。容纳8人以上的救生筏应设有不少于2个对称的进口处。

(4)即使当进口处关闭时,顶篷无论何时都应能通入满足乘员需要的空气。

(5)设有不少于1扇的瞭望窗。

(6)设有收集雨水的设施。

(7)应提供在离海面至少1 m以上安装救生艇筏雷达应答器的设施。

(8)坐在顶篷下面各处的乘员,应有足够的头顶空间。

(二)救生筏的最小乘员定额与质量

按气胀式救生筏的乘员定额或刚性救生筏的乘员定额的要求计算的乘员定额少于6人的救生筏概不认可。除必须使用符合降落与登乘设备要求的认可降落设备降落的救生筏及不要求从安放在一舷侧容易地转移至另一舷侧的救生筏外,救生筏及其容器和属具的总质量不得超过 185 kg。

(三) 救生筏舾装件

对救生筏舾装件的要求如下：

(1) 救生筏应沿筏体外围及内侧牢固地装设链环状把手索。

(2) 救生筏应设 1 根有效的舾缆,其长度应不少于 10 m 加上从存放处到最轻载航行水线距离或 15 m(两者取大者)。舾缆系统的破断强度,包括和救生筏的连接:额定乘员 25 人以上的救生筏,为不少于 15 kN;额定乘员 9～25 人的救生筏,不少于 10 kN;其他任何救生筏,不少于 7.5 kN,国际救生设备(LSA)中 4.1.6 要求的薄弱环除外。

(3) 救生筏顶篷上应装设人工控制灯。该灯光应为白色且能连续运作 12 h,其光强在上半球体方向上不少于 4.3 cd。但是,如果该灯为闪光灯,则在 12 h 运作期间内,闪光灯每 1 min 的闪光率应不少于 50 闪,不多于 70 闪,且为等效的光强。当顶篷竖好以后,该灯自动点亮。电池型式不应因存放位置的潮气或湿度而变质。

(4) 救生筏内部应装设 1 个至少能连续运作 12 h 的人工控制灯。当顶篷竖好以后,灯能自动点亮并能提供足够亮度供乘员阅读救生与设备须知。电池型式不应因存放位置的潮气或湿度而变质。

(四) 吊架降落救生筏

对吊架降落救生筏的要求如下：

(1) 除符合上述要求外,使用认可降落设备的救生筏,当救生筏载足全部乘员及属具后,能承受碰撞速度不少于 3.5 m/s 碰撞船舷的侧向撞击力,还要从不低于 3 m 的高度处投落水中,不得有影响其性能的损坏;应设置在登乘期间能可靠地将救生筏贴紧,并系留在登乘甲板的装置。

(2) 每艘客船的吊架降落救生筏的布置,应使救生筏的全部乘员能迅速地登上救生筏。

(3) 每艘货船的吊架降落救生筏的布置,应使救生筏的全部乘员能在自发出登筏指示的时间起 3 min 内登上救生筏。

(五) 属具

对属具的要求如下：

(1) 每具救生筏的正常属具应包括：

① 系有不少于 30 m 长浮索的可浮救生环 1 个。

② 装有可浮柄的非折叠式小刀 1 把,以短绳并存放在顶篷外面靠近舾缆与救生筏系连处的袋子内。另外,乘员定额为 13 人或者 13 人以上的救生筏应加配 1 把不必是非折叠式的小刀。

③ 乘员定额不超过 12 人的救生筏配有可浮水瓢 1 只。

④ 乘员定额为 13 人或 13 人以上的救生筏配有可浮水瓢 2 只。

⑤ 海绵 2 块。

⑥ 海锚 2 只,每只配有耐震锚索及收锚索各 1 根,1 只备用,另 1 只固定地系于救生筏上,其系固方法应使海锚在救生筏充气或水面时,总是使救生筏以非常稳定的方式顶风。每只海锚及其锚索和收锚索应具有足以适用于一切海况的强度。海锚应有防止绳索旋转的设施,并应是不能在其支索之间外转的一种类型。永久地固定在吊架降落救生筏上和安装在客船的救生筏上的海锚只供人工布放。所有其他的救生筏应配备当筏充气时能自动布放的海锚。

⑦可浮手划桨2支。

⑧开罐头刀3把。带特殊开罐头叶片的安全小刀可满足要求。

⑨急救药包1套,置于使用后能紧密关闭的防水箱内。

⑩哨笛或等效的音响号具1只。

⑪符合要求的火箭降落伞火焰信号4支。

⑫符合要求的手持火焰信号6支。

⑬符合要求的漂浮烟雾信号2支。

⑭适于摩氏通信的防水手电筒1只,连同备用电池1副及备用灯泡1只,装在同一防水容器内。

⑮有效的雷达反射器1具,除非救生筏内存放有1只救生艇筏雷达应答器。

⑯日光信号镜1面,连同与船舶和飞机通信用法须知。

⑰印在防水硬纸上,或装在防水容器内的救生信号图解说明表1份。

⑱钓鱼用具1套。

⑲总数为救生筏额定乘员每个人不少于10 000 kJ的口粮。这些口粮应在建议的储存期内保持可口,能够食用,且其包装方式易于分开和打开。口粮应保存于气密包装内并储存于防水容器内。

⑳防水容器数个,内装有总数为救生筏额定乘员每个人1.5 L的淡水,其中每个人所需的0.5 L可用2天内能生产等量淡水的海水除盐器来代替或每个人所需的1 L可用2天内能产生等量淡水的人工逆渗透除盐器来代替。

㉑不锈饮料量杯1个。

㉒救生筏额定乘员每个人配足够48 h的防晕船药以及清洁袋1只。

㉓救生须知;紧急行动须知。

㉔符合要求的足供10%的救生筏额定乘员使用的保温用具或2件,取其大者。

(2)在根据要求配备的救生筏上,所要求的标志应是印刷体大写罗马字母标明的"SOLAS A PACK"字样。

(3)从事短程国际航行的客船,如主管机关在考虑到航程性质与时间后认为第(1)款规定的项目不都是必要的,主管机关可准许这些船上所载的救生筏配备另有规定的属具,以及第(1)款规定的属具的半数。在这些救生筏上,所要求的标志应是以印刷体大写罗马字母标明的"SOLAS B PACK"字样。

(4)属具,凡适宜者,应收存在容器内,如容器不是救生筏的整体部分或固定地附于救生筏上,则容器应存放并制牢在救生筏内,并能在水面漂浮至少30 min,不损坏其内存属具。

(六)救生筏自由漂浮装置

(1)艏缆系统

救生筏艏缆系统应在船舶与救生筏之间起连接作用,其布置应确使救生筏在脱开时,如为气胀式救生筏则在充气时,不致被下沉中的船舶拖带沉没。

(2)薄弱环

如自由漂浮装置使用薄弱环,则不会被从救生筏容器拉艏缆所需的力拉断;如适用,有足够强度使救生筏充气;在张力为(2.2±0.4) kN时断开。

(3)静水压力释放器

如自由漂浮装置中使用静水压力释放器,则该脱开装置就应:采用兼容的材料制成,以防止该装置发生故障,不得采用在静水压力释放器的部件上镀锌或其他形式的金属镀层;在水深不超过4 m处,自动脱开救生筏;设有在该装置处在正常位置时防止水分聚积在静水压力室内的泄水器;当海浪拍击时,其结构应不致脱开;在其外部应耐久性地标明出其型号与出厂号;该装置上应永久地标明或附有产品铭牌,说明其制造日期、型号与出厂号以及该装置是否能适用于容量25人以上的救生筏;每件连接艏缆系统的部件的强度应不小于对艏缆所要求的强度;如愿意,可采用确定过期日期的方法代替制造日期的要求。

(七) 救助艇

如果救生艇符合本部分的所有要求,成功地完成所要求的救助艇试验,船上的存放、降落和回收装置均符合救助艇的所有要求,则救生艇可作为救助艇。救助艇的浮力材料可以装设于艇体的外部,只要它能适当地保护以防止损坏并且它能经受住规定的暴露。救助艇可以是刚性结构或充气结构,或两者的混合结构,并且:

(1) 长度应不少于3.8 m,不大于8.5 m;及

(2) 应至少能乘载5个坐着的人员和1个躺在担架上的人员。

尽管有规定,除舵工之外,可在地板上提供座位,只要座位位置间距根据要求设置形状,也可以是全长为1 190 mm以能伸展腿部。座位位置的任何部分都不能处在护舷材、艇尾板和艇舷的充气浮力上。

刚性与充气混合结构的救助艇应符合本部分合适的要求,使主管机关满意。除具有足够舷弧的救助艇外,救助艇应设有不少于15%艇长的延伸艇首盖。救助艇应能以航速达到6 kn进行操纵,并保持此航速至少4 h。救助艇应在海浪中具有充分的机动性和操作性,以能从水中拯救人员,集结救生筏并能以至少2 kn航速拖带船舶所配备的载足全部乘员及属具或相当重量的最大救生筏。救助艇应装设舷内发动机或舷外发动机。如装设舷外发动机,舵和舵柄可以是发动机的组成部分。不管国际救生设备(LSA)中如何要求,救助艇可以装设具有认可燃油系统的舷外汽油机,但燃油柜应有特殊的防火和防爆保护。拖带装置应永久地安装在救助艇上,其强度应足够集结或拖带规定要求的救生筏。除另有明文规定外,每艘救助艇都应提供有效的舀水或自动舀水设施。救助艇应设有细小属具的风雨密贮存处。

(八) 降落与登乘设备

除自由降落救生艇的次要降落设备以外,每具降落设备的布置应能在纵倾达到10°并向任何一舷横倾达到20°的不良情况及下列条件下安全降落它所配属的装备齐全的救生艇筏或救助艇。

(1) 按公约规定的第Ⅲ/23条或第Ⅲ/29条的要求,满载全部乘员。

(2) 不多于船上操作所需的船员。

按经有关1978年议定书修改后的《1973年国际防止船舶造成污染公约》和本组织的建议(如适用)计算的最后横倾角超过20°的油船、化学品液货船和气体运输船所配备的救生艇降落设备应在考虑了船舶的最终破损水线后在该船舶处于最后横倾角的情况下,在船舶的较低一舷进行操作。

降落设备不得依靠除重力或船舶动力的任何储存机械动力以外的任何方式来降落其所配属的处于满载、装备齐全状态和轻载状态的救生艇筏或救助艇。

每具降落设备的构造,应仅需要最少的日常维护量。一切需要船员进行定期维护的部件,应容易接近和容易维护。

降落设备及其附属设备的强度,除绞车制动器外,应足以经受不少于2.2倍最大工作负荷的静负荷试验。

构件和一切滑车、吊艇索、眼板、链环、坚固件和其他一切用作连接降落设备的配件应用一个安全系数来设计,该安全系数根据规定的最大工作负荷和结构所选用材料的极限强度来决定。所有构件的最小安全系数为4.5,吊艇索、吊艇链、链环和滑车的最小安全系数应为6。

每具降落设备应尽实际可能在结冰情况下保持有效。救生艇降落设备应能收回载有艇员的救生艇。每艘救助艇降落设备都应装设一台能把载足全部乘员和设备的救助艇从水面以不小于0.3 m/s的速率升起的动力驱动的绞车马达。降落设备的布置应能使人员安全地登上符合要求的救生艇筏。

四、其他救生设备

每具抛绳设备应能相当准确地将绳抛射出;包括不少于4个抛绳体,每个能在无风天气中将绳抛射至少230 m;包括不少于4根抛射绳,每个抛射绳具有不少于2 kN的破断力;备有简要说明书或图解阐明抛绳设备的用法。

手枪发射的火箭,或火箭与抛射绳组成整体的组件,应装在防水的外壳内。此外,对于手枪发射的火箭、抛射绳和火箭以及引燃器材应贮存在抗风雨的容器内。

五、通用应急报警和有线广播系统

(一)通用应急报警系统

通用应急报警系统应能发出通用报警信号,该信号由船舶号笛或汽笛以及附加电铃或小型振膜电警笛或其他等效报警系统,发出的7个或以上的短声继以1长声组成,而通用警报系统的电源由船舶主电源及所要求的应急电源供电。除了船舶号笛外,该系统应能自船舶驾驶室和其他要害位置进行操作。全船所有起居处所及正常船员工作处所均应能听到该系统的报警。该报警系统在启动后能连续发出直至人工关闭或被一有线广播系统的信息所暂时打断。

内外部应急报警音响的最小声压等级应为80 dB(A),并应至少高于船舶在中等气象状况下一般设备操作产生的环境噪声标准10 dB(A)。在没有安装扬声器的舱室中,应设置电子报警发送器,如蜂鸣器或类似的设备。

在舱内睡眠位置和舱内盥洗室中的声压等级应至少为75 dB(A),并应至少高出环境噪声标准10 dB(A)。

(二)有线广播系统

有线广播系统应为一扬声器装置,能向船员或乘客,或两者通常出现的所有地方广播信息,并通向集合地点。它应能允许从驾驶室和主管机关认为必要的船上其他地方广播消息。它应受到保护以免不经许可的使用。

船舶在正常状态下航行时,广播应急通告的最小声压等级应为:

(1)内部处所75 dB(A),并应至少高于讲话干扰标准20 dB(A);以及

(2)外部处所80 dB(A),并应至少高于讲话干扰标准15 dB(A)。

第二节 救生和消防的安全管理规定

适用对象:沿海航区及无限航区 750 kW 及以上船舶轮机长和大管轮。

知识要点概述:了解并熟悉消防和弃船演习的组织,保持救生、消防和其他安全系统工作状态,掌握救生、消防和其他安全系统维护的相关知识,包括 SOLAS 公约训练手册中安全设备的使用和维护、船上救生/消防和其他安全系统的维修程序和检查时间表。

一、消防演习的组织

(1)消防演习应按应变部署表中的消防部署进行。大副任消防演习的现场指挥,负责指挥消防队、隔离队和救护队。

(2)演习要求:消防演习时,应假想船上某处发生火警,组织船员扑救。假想的火警性质及发生的地点应经常改变,以便船员熟悉各种情况。全体船员必须严肃对待演习,听到警报后,应按照消防应变部署的规定,在 2 min 内携带指定器具到达指定地点,听从指挥,认真操演。机舱应在 5 min 内开泵供水。

(3)演习评估:消防演习后,由现场指挥进行讲评,并检查和处理现场,还要对器材进行检查和清理,使其恢复至可用状态。必要时,船长可召开全体船员大会,进行总结。

(4)演习记录:演习结束后,应将每次演习的起止时间、地点、演习内容和情况,如实记入航海日志。

二、弃船演习的组织

1. 集合地点

弃船求生或其演习的集合地点应设在紧靠登乘地点。集合与登乘地点一般在艇甲板。通往集合与登乘地点的通道、梯口和出口应有能用应急电源供电的照明灯。

客船应有旅客容易到达登乘的集合地点,并且是一个能集结和指挥旅客用的宽敞场地。

2. 演习组织

(1)听到弃船警报信号后,全体船员应在 2 min 内穿好救生衣并到达集合地点。

(2)艇长检查人数,检查各艇员是否携带规定的物品,检查每人的穿着和救生衣是否合适,并加以督促、指挥,然后向船长汇报。

(3)船长宣布演习及操练内容。

(4)由 2 名艇员在(船长发出放艇命令后)5 min 内完成登乘和降落准备工作,其他船员按分工各就各位。

(5)在完成任何必要的降落准备工作后,至少降下一艘救生艇,启动并操纵救生艇发动机。

(6)操作降落救生筏所用的吊筏架。

(7)模拟搜救几位被困于客舱中的乘客。

(8)介绍无线电救生设备的使用。

(9)试验集合与弃船所用的应急照明系统。

（10）演习结束，船长发出解除警报信号；收回救生艇。清理好索具，由艇长进行讲评后解散，艇员并向船长汇报。

3. 记录

弃船求生演习的起止时间、演习及操练的细节由大副和大管轮分别记录于航海日志和轮机日志。

三、救生、消防设备的检查及维护保养

（一）救生设备的检查及维护保养

在船舶离港前及整个航行时间内，一切救生设备应处于正常工作状态，并立即可用。救生设备及其易损或易耗而必须定期更换的部件应配有备件与修理设备。

1. 每周检查

每周应进行下列试验和检查，并把检查报告写进航海日志：

（1）所有救生艇筏、救助艇和降落设备均应进行目视检查，以确保其随时可用。检查应包括（但不仅限于）吊钩、吊钩与救生艇的连接以及适当和完全复位的承载释放装置的状况。

（2）只要环境温度在发动机启动和运转所要求的最低温度以上，所有救生艇和救助艇的发动机均应进行运转试验，总时间不得少于 3 min。在这段时间内，应证实齿轮箱和齿轮箱传动系统运行正常。安装在救助艇上的舷外发动机如果由于其特殊性而不得在螺旋桨没有浸没的情况下运转 3 min，则其应按制造商手册中规定的时间运行。在特殊情况下，主管机关可以对 1986 年 7 月 1 日以前建造的船舶放弃这种要求。

（3）只要天气和海况允许，货船上除自由降落式救生艇以外的救生艇应在不载人的情况下从其存放位置做必要的移动，以证实降落设备可正常操作。

（4）应试验通用应急报警系统。

2. 月度检查

救生设备月度检查表见章末。

3. 救生艇检查项目

（1）救生艇结构状况，包括固定和可拆装的设备。
（2）艇机和推进系统。
（3）自动喷淋系统，如装有。
（4）送风系统。
（5）操纵系统。
（6）供电系统。
（7）排水系统。

4. 释放设备检查项目

（1）释放装置的操作性检查。
（2）过度的自由裕量（公差）。
（3）静水压力连锁系统，如装有。
（4）用于控制和释放的绳索。
（5）索紧钩。

释放装置的设置和维护对于保持救生艇的安全操作、艇上人员的安全是至关重要的。应极其谨慎进行所有对这种设备的检查和维护操作。在只有艇钩受力的情况下,不得进行维护或调整释放装置。可使用为达成此目的而设置的悬挂装置,但该装置不得在救生艇处于正常存储位置和进行救生艇训练演习期间使用。在进行操纵性检查之前,应先对释放装置进行检查。应在操作性检查和绞车制动系统的动态检查之后对释放装置进行重新检查。应特别考虑锁紧钩的状态,以确保不会在绞车制动测试过程中出现任何损失,尤其是固定钩的紧固。

（1）负载释放功能的操作性测试

①当救生艇位于部分入水的位置时,救生艇钢丝应承受艇的全部重量且静水压力连锁系统不应有动作,如有安装;

②操作负载释放装置;

③重置负载载释放装置;

④检查释放装置和锁紧钩,以确保挂钩被完全复位且没有发现损坏。

（2）非负载释放功能操作性测试

①救生艇艇重完全由水支撑;

②操作非负载释放装置;

③重置负载释放装置;

④将救生艇的收回到存放位置并处于随时可用状态。

注意：在艇被绞起之前,检查释放装置是否完全和正确复位。收艇的最后阶段,任何人不得留在艇内。

（3）自由降落式救生艇释放功能的操作性测试

①按照制造商的操作说明安装好模拟释放装置;

②操作人员应在释放装置位置正确、稳固地就座以方便操作;

③操纵释放装置,释放救生艇;

④将救生艇重置到其存放状态;

⑤重复上述②至④的步骤,如适用,请使用备用释放装置;

⑥移除模拟释放装置;

⑦确认救生艇在存储位置处于立即可释放状态。

5. 吊艇架检查项目

（1）吊艇架结构,特别是对于腐蚀、不当调校、变形和过度的自由裕量。

（2）钢丝和滑轮可能的损坏,如扭转和腐蚀。

（3）钢丝、滑轮和移动部件的润滑。

（4）限位开关的功能。

（5）电力存储系统。

（6）液压系统。

6. 绞车检查项目

（1）打开检查制动装置。

（2）如果有必要,更换刹车片。

（3）遥控系统。

（4）供电系统。

(5)绞车基座。

7. 负载释放装置的拆检

(1)拆除钩释放部件。

(2)检查耗蚀和设计要求。

(3)重新组装后,调整释放装置系统。

(4)按照上述要求和加装,根据"释放装置检修后,应进行操作试验,其负荷应取艇满载乘员和设备总质量的1.1倍"的规定进行操作性测试。

(5)检查关键零部件有否存在缺陷和裂缝。

(二)消防设备的检查及维护保养

所有的消防系统和设备在营运状态下应该保持随时可用的状态。在消防系统进行维护、检测或修复时,应提供替代的固定式或移动式消防设备和其他措施以确保安全措施没减弱。这项规定应包括在船上的维护计划中。

1. 维护和测试

船上的维修和检查应按照船舶的维修保养计划进行,该计划应至少包括周、月度、季度、年度、两年度、五年度、十年度维护和检查的最低要求。某些船舶消防系统和设备的维护和检查工作应由经过高级消防培训课程的、能胜任的人员来执行。其他的维护和检查工作也应该由经过专门培训的人员执行。船上的维护计划应说明哪些检查和维修应由受过训练的人员完成。指定设备的检查应当由船员按周、月度、季度、年度、两年、五年和十年的周期进行。检查的记录(可以是电子文档)应保在船上(如适用)。如果检查和维护是由船员以外的、经过培训的技术服务人员进行的,他们应在测试完成后提供检测报告。除了遵循本指南规定的船上维护保养和检查外,还应遵循制造商的维护保养和检查指南。自动喷水器系统的水质特别重要且应根据制造商指南进行维护。应根据制造商指南在船上保留水质记录。如某些检验和维护安排有实际困难,替代措施应能使主管机关满意。

2. 每周的测试和检查

(1)固定的火灾探测和报警系统:验证所有的火灾探测和火灾报警控制面板操作指示灯/测试指示开关的功能。

(2)固定气体灭火系统:确认所有固定灭火系统控制面板功能操作指示灯/指标测试开关;核查所有控制/分区阀处于正确的位置。

(3)防火门:核查所有防火门的控制面板,如适用,进行操作灯/指示开关的功能试验。

(4)公共广播和通用报警系统:验证所有的公共广播系统和通用报警系统运作正常。

(5)应急逃生呼吸器:检查所有的呼吸器(EEBD)及其钢瓶的气压指示确认是否在正确的压力范围内。

(6)低位照明:通过关闭选定位置的正常照明,验证低位照明系统功能。

(7)细水雾、水雾和自动喷水灭火系统:验证控制面板指示和报警功能;检查泵组及配件;检查泵组阀的位置,确认阀没有锁定(如适用)。

3. 月度的测试和检查

消防设备月度检查表见章末,其测试和检查内容如下:

(1)消防管路、消防泵、消火栓、水龙带和喷嘴:确认所有的消防栓、软管和喷嘴的位置、布置妥当,并处于可用状态;操作所有消防泵,确认系统的压力足够;确认应急消防泵燃料供应充足,加热系统状况良好(如适用)。

(2)固定气体灭火系统:检验容器/瓶体配备的压力表读数在适当的范围内,无泄漏。

(3)泡沫灭火系统:验证所有的控制和部分阀门的开启或关闭,所有的压力表读数在适当的范围内。

(4)细水雾、水雾和自动喷水灭火系统:验证所有的控制、泵和部分阀门处于正确的开启或关闭的位置;喷水器压力柜或其他储水容器的存水处在正常的水平;测试所有系统泵的自动启动装置满足设计要求;验证所有备用压力和空气/气体压力表读数在适当的压力范围;抽样测试选定的分区阀门畅通性和报警的正常启动。(注:选择测试阀应确保所有阀门在一年内都能得到测试。)

(5)消防员装备:检查消防员设备(包括清单)的存储情况,确认装备处于可用的状态。

(6)固定干粉系统:确认控制分区阀处于正常的开闭状态,所有的压力表的读数在正常的范围内。

(7)固定的气溶胶灭火系统:确认所有电气连接和/或手动操作台布置正确,并处于适用状态;验证的驱动系统、控制板电路满足制造商的设计要求。

(8)手提式泡沫枪:确认所有的手提式泡沫枪各就其位、布置合理、处于可用的状态。

(9)舟车式灭火器:确认所有的舟车式灭火器各就其位、布置合理、处于可用的状态。

(10)固定式火灾探测和报警系统:确认所有的探测器和手动报警按钮已经过抽样测试,间隔不超过五年。非常大的系统的抽样比例应该由主管当局决定。

4. 季度测试和检查

(1)消防水管、消防泵、消火栓、水龙带和喷嘴:确认国际通岸接头处于可用状态。

(2)固定泡沫灭火系统:检查泡沫系统储藏柜存有适量的浓缩泡沫液。

(3)通风系统、挡火风闸:测试所有的挡火风闸的就地操作。

(4)防火门:测试所有的位于主竖区舱壁防火门的就地操作。

(5)细水雾、水雾和喷水器系统:根据制造商水质指南对压力柜和泵送装置中的系统水质进行评估。

5. 年度测试和检查

(1)消防水管、消防泵、消火栓、水龙带和喷嘴:确认所有的部件处于可用的状态;确认所有消防泵的压力和容量满足要求;测试应急消防泵隔离阀的关闭功能;测试所有消火栓阀门;抽查消防水龙带在主消防泵工作压力最大时的压力情况,确保使所有消防水龙带在五年内都得到检查;确认所有消防泵减压阀设置正确(如适用);检查所有过滤器,确认它们没有被杂物阻塞和污染;确认喷嘴尺寸/类型正确,维护和工作正常。

(2)固定式探火和失火报警系统:测试所有的火灾探测系统,确认用来自动释放灭火系统的火灾探测系统操作正常(如适用);检查所有易接近的探测器没有被改动阻塞,以便于所有的探测器一年内都得到检查;进行应急电源切换试验。

(3)固定气体灭火系统:检查所有易接近的部件,确认处于可用的状态;外部检查所有高压容器,检查有无损坏或腐蚀;检查所有的储存容器水压试验日期;所有固定系统的声光警报功能测试;验证所有控制/分区阀处于正确的位置;所有启动释放管系与管道连接的密性;按照制造商的说明检查所有软管;测试连接到消防系统的所有燃料关闭控制装置的正常运作;检查受保护的空间的边界,确认密闭区域内没有因修改而造成不能封闭的、可能导致系统失效的开口;如果容器钢瓶安放在受保护的区间,检查在受保护的区域内两条释放管线的完整性,并进行释放间低压或电路的完整性监测(如适用)。

(4)泡沫灭火系统:确认所有易接近部件处于可用状态;测试所有固定系统声音报警功能;测试供水畅通实验和泡沫泵的压力和容量测试,确认每一区段的管路的压力都能达到要求(确保所有管道在使用后都能用淡水彻底冲洗);测试所有系统与其他供水管线连接的操作正常;检查所有泵的溢流阀设置的正确性(如适用);检查所有过滤器,确认它们没有被杂物阻塞和污染;确认所有控制/分区阀处于正确的位置;用干燥的压缩空气或氮气吹通排放管道,或以其他方式确认管道和高倍数泡沫灭火系统的喷嘴使用无障碍、无杂物阻塞和污染。如可能,可卸掉喷嘴,对所有泡沫浓缩液进行抽样检查。高倍泡沫浓缩液应按照海安会通函 MSC.1/Circ.1312 进行定期试验,而低倍泡沫浓缩液按照海安会通函 MSC.1/Circ.670 进行定期试验。(注意:除了非酒精性泡沫,其他类型的泡沫需要被供应到船上 3 年后才开始进行第一次检测,测试连接到消防系统的所有燃料关闭控制装置的正常运作。)

(5)细水雾、水雾和喷水器系统:
①使用每个分区的试验阀,以验证所有细水雾、水雾和喷水器系统是否运转正常。
②目视检查所有可以接近的部件是否处于正常状态。
③检查所有高压气缸的外部是否有损坏和腐蚀的痕迹。
④核查所有高压气缸的静水压力试验日期。
⑤测试所有固定式系统的听觉和视觉报警功能。
⑥对所有泵进行流量试验以测试其压力和排量是否正常。
⑦测试所有防冻系统是否有足够的防冻保护能力。
⑧测试系统与其他供水源的所有交叉连接是否运转正常。
⑨验证所有泵安全阀(如设有)设定适当。
⑩检查所有过滤器/滤净器,以验证其没有残渣和污染。
⑪验证所有控制/分区阀的位置正确。
⑫向干管系统的排放管路吹送干燥的压缩空气或氮气,或用其他方法,确认管路和喷嘴没有任何障碍物。这可能需要拆除喷嘴(如适用)。
⑬测试应急电源转换(如适用)。
⑭目视检查所有喷水器,特别是处于侵蚀性空气中(如桑拿房、水疗室、厨房区域)和易受物理损坏区域(如行李搬运区域、健身房、游戏室等)的喷水器,以在一年内对所有喷水器进行检查。具有明显外部损坏(包括油漆)的喷水器应予以更换,但并不包括在根据流程图进行试验的喷水器个数中。
⑮检查可能影响系统的任何改变,如通风管道、管路的阻碍物等。
⑯通过让水流出喷嘴,至少测试每个开式水雾系统中的一个分区。所试验分区的选择应确保所有分区在五年内均被进行过试验。
⑰根据流程图测试自动喷水器和自动细水雾喷嘴。细水雾检查流程如图 5-1 所示。

(6)通风系统和挡火风闸:测试用于远程操作的所有挡火风闸;确认厨房排气管道和过滤器无油脂积聚;测试所有的相互连接的通风控制与消防系统的运行情况。

(7)防火门:测试所有的远程控制防火门的开放。

(8)呼吸装置:检查呼吸气瓶充气系统(如适用,包括检查空气质量);检查呼吸器面罩和

第五章 船舶人员的安全管理

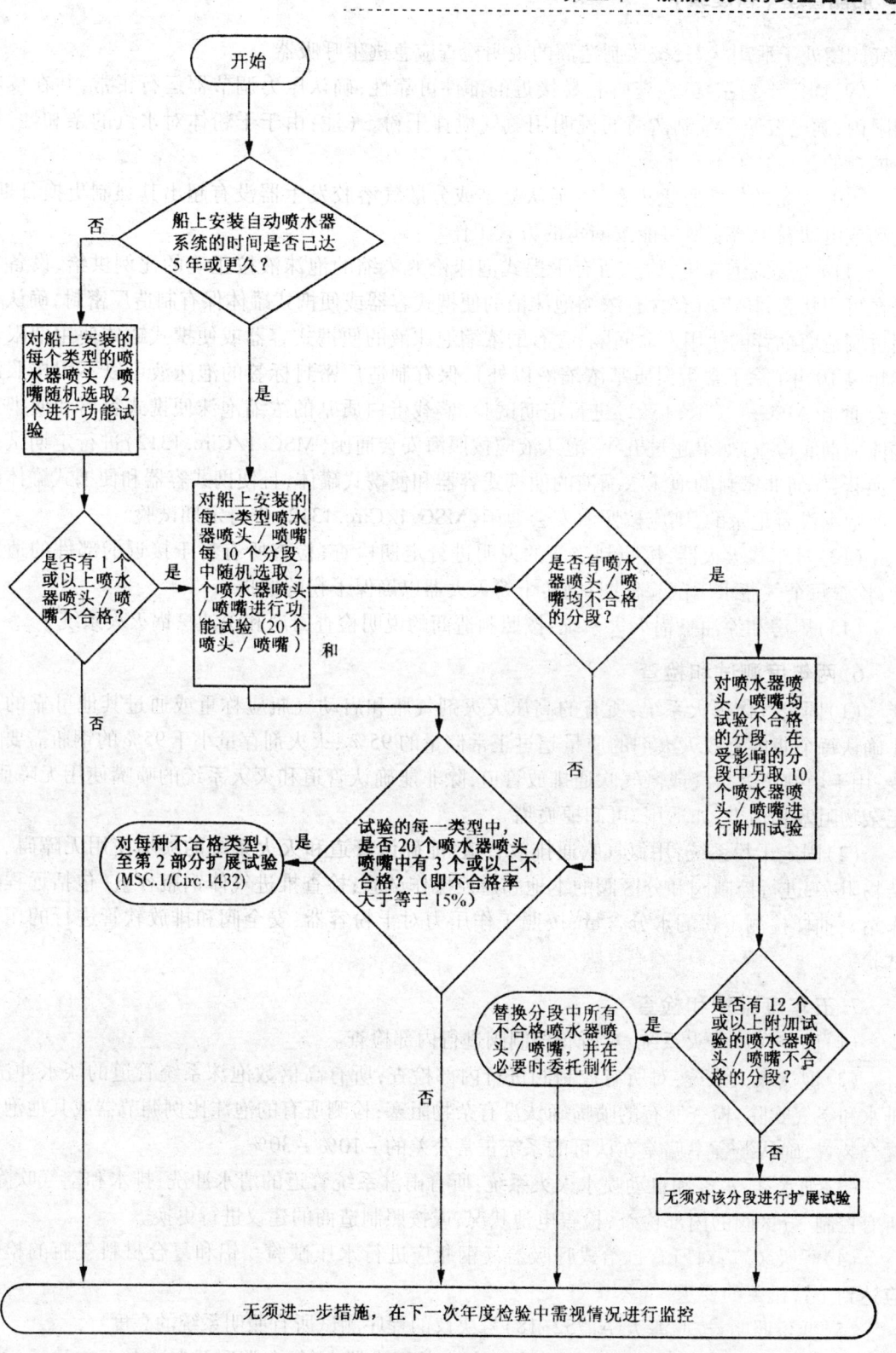

图 5-1 细水雾检查流程图

供气阀门处于适用状态;按照制造商的说明检查应急逃生呼吸器。

(9) 固定干粉系统:检查所有易接近的部件可靠性;确认压力调节器运行正常,并在校准期限内;确定按照系统制造商的说明用氮气搅拌干粉。(注:由于干粉体对水汽的亲和性,用于搅拌的氮气必须不含水分。)

(10) 固定的气溶胶灭火系统:确认凝结或分散气溶胶发生器没有超出其强制更换日期。气动或电动发生器应尽可能按演示的方式工作。

(11) 手提式泡沫枪:检查所有手提式泡沫枪的浓缩的泡沫液按正确的比例供给,设备应处在可用状态;核查所有含有浓缩泡沫液的便携式容器或便携式罐体保有制造厂密封,确认不超过制造商推荐的使用寿命间隔;含有的浓缩泡沫液的便携式容器或便携式罐体使用期限不能超过 10 年(除了含蛋白质基浓缩液以外),保有制造厂密封标签的泡沫液可以不用按照海安会通函(MSC.1/Circ.1312)进行定期试验;盛载蛋白质基的浓缩泡沫便携式容器和便携式罐体应彻底检查,如果超过五年,泡沫液应按照海安会通函(MSC.1/Circ.1312)进行定期试验或换新;任何非密封的泡沫浓缩液的便携式容器和便携式罐体,且便携式容器和便携式罐体的生产数据没有记录的,则应按照海安会通函(MSC.1/Circ.1312)进行定期试验。

(12) 舟车式灭火器:按照制造商的说明进行定期检查;检查所有易于接近的部件的适用性;检查每个气瓶水压试验日期;倒转干粉灭火器以确保干粉的搅拌。

(13) 厨房和深油烹锅灭火系统:按照制造商的说明检查厨房和深油烹锅灭火系统。

6. 两年度测试和检查

(1) 固定气体灭火系统:所有的高压灭火剂气瓶和启动气瓶应称重或通过其他可靠的方法确认每个瓶内有效灭火剂的质量超过正常储量的 95%,灭火剂存量小于 95% 的钢瓶需要充装;用干燥的压缩空气或氮气吹通排放管道,除非能确认管道和灭火系统的喷嘴使用无障碍、无杂物阻塞和污染,如适用,可卸掉喷嘴。

(2) 固定干粉系统:用氮气吹通排放管道,能确认管道和灭火系统的喷嘴使用无障碍、无杂物阻塞;进行控制阀和分区阀的本地和遥控操作试验;检查推进气体钢瓶容量(包括远程操作站);抽样检测干粉的水分含量;按照工作压力对干粉容器、安全阀和排放软管进行的压力试验。

7. 五年度维护和检查

(1) 固定气体灭火系统:对所有控制阀进行内部检查。

(2) 泡沫灭火系统:对所有控制阀进行内部检查;所有高倍数泡沫系统管道的淡水冲洗、排水和空气吹除;检查所有的喷嘴确认没有杂物阻塞;检测所有的泡沫比例调节器或其他泡沫混合装置,确认混合率偏差在认可的系统正常公差的 -10%~30%。

(3) 细水雾、水雾和自动喷水灭火系统:所有雨淋系统管道的清水冲洗、排水和空气吹除;所有控制/分区阀的内部检查;检查电池状况,或按照制造商的建议进行更换。

(4) 呼吸装置:对所有自给式呼吸器气钢瓶应进行水压试验。铝和复合材料气瓶的检测应达到主管机关的要求。

(5) 低位照明:按照海大 A.752(18) 号决议的程序测试所有照明系统的亮度。

(6) 舟车式灭火器:在同年制造和装配船上的灭火器中,每个类型至少抽查一个。

8. 十年度维护和检查

(1) 固定气体灭火系统:对 10% 的灭火系统的灭火剂和启动气体的钢瓶进行水压试验和

内部检查,如果一个或多个瓶体不合格,至少船上50%的钢瓶都应该检测,如果还有钢瓶不合格,所有气瓶都要进行检测;软管应按照制造商建议的间隔进行更换,但最长不超过10年;经主管当局批准,对哈龙瓶体,可以用外观检查和无损检测(NDT)代替水压试验。

(2)细水雾、水雾和自动喷水灭火系统:按照主管当局的导则对气体和水压容器进行水压试验和内部检查。如果没有这些导则,就按照 EN1968:2002 + A1 执行。

(3)固定干粉系统:由认可的服务机构对所有的干粉容器进行水压试验或无损检测。

(4)固定的气溶胶灭火系统:应按照制造商的建议对冷凝或分散气溶胶发生器进行更新。

(5)舟车式灭火器:由受过专门训练的人员按照认可的标准或制造商的说明对所有灭火器与推进盒进行水压试验。

第三节 保护船上人员的行动

适用对象:沿海航区及无限航区750 kW及以上船舶轮机长和大管轮。

知识要点概述:熟悉并掌握在紧急情况下保护所有船上人员安全应采取的行动。熟悉有些船员将承担对船上乘客召集管理的职责,包括警告乘客,确保所有乘客分散撤离,引导旅客到集合站,维持通道、楼梯和门道有序,检查乘客适当地着装并正确地穿着救生衣,清点乘客人数,引导乘客依次序登上救生艇筏或跳海,引导乘客到登艇处所,在演习中指导乘客,确保毛毯被送到救生艇。

(一)保护旅客安全的注意事项

保护旅客安全的注意事项如下:
(1)警告旅客。
(2)查看旅客已穿着适当,并已正确穿着救生衣。
(3)在集合站集合旅客。
(4)维持各走道及梯道的秩序,并对旅客的行动进行控制。

(二)警告旅客

通过船舶的汽笛或警报器发出紧急信号"七短一长"召集旅客到指定的集合地点。每位旅客的床头或其他合适的部位应该有应变部署卡,应变部署卡上应包含各种情况的紧急信号、各乘客的集合地点等内容。另外,应该在餐厅及其他公共场合张贴各种应急情况下的注意事项及逃生路线,并且能够很好地让乘客理解。

(三)确定旅客撤离

1. 协助旅客离开现场

旅客自住舱撤离到达救生艇甲板后,可能仍有部分旅客因为某种原因,如突发疾病受伤、无力独自行动或不知情等原因滞留客房内;或在行动中走散、迷失方向或无法跟随其他旅客到达救生艇甲板及集合地点,船员必须再搜索旅客住舱,以协助旅客离开现场。

2. 搜索旅客住舱室的方法

(1)依据旅客上船名单搜索有旅客的住舱室。
(2)采取呼喊的方法,询问住舱内是否有旅客。

(3)如时间允许,应该采取逐舱逐铺搜索的方式。

3. 船员撤离

船员要严守纪律、保持镇静,切不可惊慌失措,在旅客安全离船后,船员才可离船,不得与旅客争抢登艇筏。

(四)指导旅客至集合地点

当船长发出弃船命令后,应授权客舱主任且在船长亲自监督下,向旅客广播弃船应急声明。语言必须采用适用特定航线上所载旅客的主要国籍语言。广播员要反复发出安定人心的通告及指示,切勿使用过分紧张的言语,易引起旅客慌张与混乱。客舱服务人员要在自己的主管舱内指导旅客做弃船的准备并传达如何撤离或逃生。依照逃生路线图解说如何到集合地点集合,不断地告知旅客疏散或逃生路线以及如何前往集合地点。

(五)通信及警报系统

通信及警报系统如下:

(1)应具有包括固定式或轻便式或两者兼具的应急措施,以供船上应急控制站、集合地点、搭乘站及船上重要场所间双向通信。

(2)应具有一般应急警报系统,并应用于召唤旅客或船员至集合地点及开始部署表所列之行动。该系统应以广播系统或其他适当的通信措施予以补充。

(3)客船上,在所有甲板应均可听到一般警报系统。

(4)如船舶备有海上撤离系统,应确保登艇筏站与平台或救生艇筏间的通信。

(六)保持走道、梯道及门径之秩序

紧急情况发生后,维护旅客的秩序是良好旅客管理的关键。维持良好的旅客秩序是使旅客安全、快速撤离危险区域的先决条件。在混乱的局面下,声音嘈杂、喧闹不已,使船员无法使用常规方法传达正确的指令,使旅客产生恐惧心理,造成旅客争先恐后地向四处逃散,结果造成通道堵塞、自相践踏,阻碍撤离行动,甚至延误救援行动,导致严重灾难的后果。保持逃生路线无障碍才是自救及救人的关键。维持逃生路径无障碍,协助旅客快速到达安全集合地点的原则如下:

(1)控制走廊、楼梯和通道处旅客,遵循分层分舱离船法。

(2)为撤离的旅客选择适合的地点。

(3)选择最近的逃生通道。

(4)使用旅客名单清点撤离人数。

(5)弃船时禁止旅客携带包裹。

(七)检查着装

检查着装要求如下:

(1)弃船逃生人员应穿着温暖,外披防水布并穿鞋袜,衣服不仅能够保暖防湿,而且应该能够防日晒,并能够提供至少15 min的浮力。

(2)救生衣能够使求生者在入水后保持仰面向上的姿势,每位旅客均应正确穿着救生衣。

(3)情况许可时,应多带其他保护物,如衣服、毛毯等,使求生者在救生艇筏内可保持温暖。

(八)执行旅客点名

旅客登船前或登船时事务部人员应登记旅客姓名、身份证明、出生日期,制作旅客名单。

依据船上房间的安排,将发生紧急情况时应该采取的措施张贴在房间门上,应标示出逃生的路线,即以最快的速度前往集合地点或救生艇站。这样在紧急情况发生时,旅客一听到警报信号即可迅速行动,按照既定的应变程序完成集合。由负责的事务人员或船员依照每个集合地点的旅客名单清点人数,若有未及时赶到集合地点或救生艇站集合的旅客,可按照旅客名单确认其房间编号,立刻以电话或无线电通信设备向驾驶台或指挥中心报告,或由事务长直接掌管并及时派船员前往搜寻,以防耽搁救援时机。因此,必须掌握旅客房间名册及部署表,才能逐一清点以防遗漏。

各集合站必须与指挥中心保持联系,以无线电对讲机或电话,报告到齐的人数,有多少旅客没有找到,以便由指挥中心组成搜寻小组前往搜寻。搜寻小组必须由资深人员负责并按时汇报位置及搜寻情况。集合地点及救生艇筏站也应由驾驶员或事务部资深人员负责与搜寻人员保持通话。必要时向驾驶台指挥中心报告搜寻过程及搜寻结果,如果船长分析情势已无法再搜寻时必须下令停止搜寻,并命令搜寻人员赶回集合地点或救生艇筏集合站。

搜寻人员除配有通信器材外,还必须配上防护面具及防护衣以防危险时可以自救,并通知他人援救。

(九)指示旅客登上救生艇筏

旅客到达集合地点或者救生艇筏集合站,准备登上救生艇时,应有驾驶员在旁监督、维持秩序及协助旅客登上救生艇,应由老弱妇孺先登上救生艇,其次为其他旅客与船员,最后船长率重要损害管制人员携带重要文书离船,每艘救生艇需派高级船员负责。

(十)登艇(筏)方法

登艇(筏)方法如下:

(1)从船上的吊架将救生艇降至登艇甲板,通过救生艇的前后缆绳将艇拉紧并靠紧船舷,然后依序登艇,避免争先恐后发生混乱,待艇降落至水面时,船上的人员通过救生艇或救生绳下至救生艇上。

(2)若为充气式救生筏,可先拉动拉绳使其充气,然后使用吊杆将筏吊至登筏甲板,通过救生筏的固定绳索将筏拉紧并靠紧船舷,然后人员依序登筏。若不能使用此法可按照充气式救生筏下水法下水,再从船上跳入救生筏内。为避免损坏救生筏,在情况允许时,应尽可能地利用绳梯或绳索登筏。

(十一)跳水

(1)跳水逃生人员若穿有救生衣,高度不宜过高,否则可能因救生衣紧逼水面而致昏迷或伤害颈部。若无法避免高度跳跃时,应遵循以下步骤:

①左手紧握右上臂夹住救生衣(入水仍不得松放,待重浮水面才能放松)。

②右手捏鼻掩口,缩紧下巴。

③双脚交叉并拢。

④察看水面,避开障碍物。

⑤头上脚下,两眼注视前方。

⑥不要直接跳至艇内或筏顶及入口处,避免本身及救生艇受到伤害。

(2)离船逃生人员,尽可能沿木柱或绳索滑下水面,若跳水则可能因撞到断裂的船壳碎片而受伤。若当时风力很大,为防止被风浪吹向船边,应该由下风舷跳下,这样容易离开船边并且比较安全。若船边水面散布燃油,或燃油已经在燃烧中,跳下时需先脱去救生衣潜水而过。

不时浮上水面换气,浮上时必须紧闭眼睛,并以胸部冲击水面,使浮油离开面部。

(3)若遇难船舶有大角度倾侧,应选择较低的船首或船尾跳下,如果由高处跳下,可能撞击水下凸出物体或船壳板。

(十二)演习时指导旅客

(1)每艘船每月至少应参加一次弃船演习及一次消防演习。如在每艘特定船舶上超过25%的船员未参加前一个月该船的弃船及消防演习,则应在离港前24 h内举行船员演习。

(2)从事国际航线而非短程国际航线的船舶,应在旅客登船之后24 h内召集旅客进行弃船及消防演习。指导旅客使用救生衣及在紧急时应采取的行动。

(3)从事短程国际航线之船舶,如在开航后未进行召集旅客开展演习的情况,应促使旅客了解下列事项:

①船上每一人员在紧急情况下应遵循的事项。

②以适当的文字制作图解及说明并张贴于旅客房间,图解及说明能够明显地展示出集合地点及其他旅客的活动空间等,以便告知旅客集合地点的位置,以及旅客在紧急情况下应采取的措施及救生衣的穿着方法。

(十三)确定救生艇筏毛毯供应

人因水中散发热量的速率远比在空气中要快,所以逃生过程中维持体温是相当重要的,根据应变部署表的要求,每一艘救生艇筏均应有一人负责携带毛毯。虽然已经要求每位旅客逃生都必须携带毛毯,但情况危急时,可能会有部分旅客忘记携带,所以,必须确定救生艇筏内的毛毯数量充足,以避免造成人员不必要的伤亡。

救生设备月度检查表如表5-1所示,消防设备月度检查表如表5-2所示。

表5-1 救生设备月度检查表

	VESSEL(船舶):		
(1)	LIFE BOAT AND ENGINE(state the inspection dates)救生艇和艇机(填写检查日期):		
	Boat(艇)	Starboard(右)	Port(左)
	Outside Condition(外观)		
	Inside Condition(内部)		
	Engine(艇机)		
(2)	DAVITS AND FALLS OF LIFE BOAT(state the inspection dates) 救生艇架和降落装置(填写检查日期):		
	Item(项目)	Starboard Boat(右艇)	Port Boat(左艇)
	Frame(艇架)		
	Winch/Motor(卷扬机/马达)		
	Brake sets and test(刹车装置和试验)		
	Falls and blocks(降落钢丝和滑车)		
	The limit switches and test(限位器测试)		
	Above maintenance(钢丝和滑车的保养)		

续表

(3)	LIFE RAFT (state the inspection dates)(救生筏, 填写检查日期):	Starboard(右)	Port(左)	Forward(前部)
	Container(外包装)	___	___	___
	Launching Stand(抛投架)	___	___	___
	Hydrostatic Release Unit(水压释放器)	___	___	___

(4)	LIFE-SAVING EQUIPMENT 救生设备:			
	Item(项目)	Condition(状况)	Manufacture Date(制造日期)	Exp. Date(到期日)
	Life-jacket(救生衣)			
	Life-jacket Lights(救生衣灯)			
	Immersion Suit(浸水保温服)			
	Immersion Suit Lights(浸水保温服灯)			
	Life-buoy(救生圈)			
	Man overboard Signal(人落水信号)			
	Self-igniting Lights(自亮灯浮)			
	Life-line of the Life-buoy(救生圈绳)			
	Rockets in Bridge(驾驶台火箭降落伞)			
	Line-throwing Apparatus(抛绳器)			
	Speed-line(抛绳器绳子)			
	Rocket in S. Boat(右艇火箭)			
	Rocket in P. Boat(左艇火箭)			
	Hand Flare in S. Boat(右艇手持红火信号)			
	Hand Flare in P. Boat (左艇手持红火信号)			
	Smoke Signal in S. Boat(右艇烟雾信号)			
	Smoke Signal in P. Boat(左艇烟雾信号)			
	Food in S. Boat(右艇食品)			
	Food in P. Boat(左艇食品)			
	First-Aid Outfit in S. Boat(右艇急救包)			
	First-Aid Outfit in P. Boat(左艇急救包)			

(5)	THE GENERAL EMERGENCY ALARM SYSTEM TEST (state the test dates)应急警报系统试验(填写测试日期):
	_____
	Monthly Inspection(每月检查)

续表

	Inspection of life-saving appliances shall be carried out monthly using this CHECK-LIST, the inspection shall be entered in the log-book(按照此检查表每月对救生设备检查一次,将检查情况记入航海日志)
	Weekly Inspection(the inspection/test date, and the items shall be entered in the deck logbook)(每周检查,检查/试验项目和日期应记录在航海日志)
a)	Life boat, life boat davit and life raft shall be visually inspected(救生艇、艇架和救生筏外观检查)
b)	The life boat(s) shall be extended out from store position to a proper position to inspect the release/recover appliance(救生艇每周从固定位置适当扬出以检查降落/收绞设备状况)
c)	All engine in life boat shall be run ahead and astern(艇机进行正倒车试验)
d)	The general emergency alarm system shall be tested(总警报系统进行测试)

表 5-2 消防设备月度检查表

AA: Contents of testing and inspections(测试和检查内容):
(1) Fixed fire detection and alarm systems(火警探测和报警系统试验日期)____年____月____日
(2) Emergency fire pump tested on(应急消防泵试验日期)____年____月____日
(3) Public address and general alarm system tested on(公共广播和通用报警系统试验日期)____年____月____日
(4) Breathing apparatus including EEBD(包括EEBD在内的呼叫器设备检查日期)____年____月____日
(5) Fire doors(防火门试验日期)____年____月____日
(6) Low-location lighting(低位照明检查日期)____年____月____日
(7) Water mist, water spray and sprinkler systems(水喷淋系统检查日期)____年____月____日
(8) Fire mains, fire pumps, hydrants, hoses and nozzles(消防系统、设备检查、试验日期)____年____月____日
(9) Firefighter's outfits(消防员装备检查日期)____年____月____日
(10) Ventilation systems and fire dampers(通风系统和风闸检查、试验日期)____年____月____日
(11) Portable fire fighting extinguisher(手提式灭火器):
    Type(型号)____ Quantity(数量)____ Condition(状况)____ Inspection date(检验日期)____年____月____日
(12) Backup hand extinguishers(备用手提式灭火器):
    Type(型号)____ Quantity(数量)____ Condition(状况)____ Inspection date(检验日期)____年____月____日
(13) Portable foam applicators(手提泡沫枪):
    Type(型号)____ Quantity(数量)____ Condition(状况)____ Inspection date(检验日期)____年____月____日
(14) Wheeled (mobile) fire extinguishers(舟车式灭火器):
    Type(型号)____ Quantity(数量)____ Condition(状况)____ Inspection date(检验日期)____年____月____日
(15) Fixed Gas Fire-extinguishing systems(固定气体灭火系统):
    Type(型号)____ Quantity(数量)____ Condition(状况)____ Inspection date(检验日期)____年____月____日
(16) Foam/fixed dry chemical powder/fixed aerosol Fire-extinguishing systems(固定泡沫/干粉/喷雾灭火系统):
    Type(型号)____ Quantity(数量)____ Condition(状况)____ Inspection date(检验日期)____年____月____日
(17) Galley and deep fat cooking fire-extinguishing systems(厨房固定灭火系统):
    Type(型号)____ Quantity(数量)____ Condition(状况)____ Inspection date(检验日期)____年____月____日

BB: Check following items(检查下列项目):

续表

Fire Control Plan（防火控制图）	☐	Protective & Escape equipment（保护和逃脱设备）	
Emergency exits and labeling（紧急出口及标签）	☐	Closing of fire doors（防火门关闭）	
Alarm evacuation of engine rooms tested date（机舱撤退警报测试日期）：_____	☐	International coupling（fixing screw，packing，IMO symbol）[国际通岸接头（固定螺栓、垫圈、IMO标志）]	
Hydrant valves and couplings（消防栓与连接器）	☐	Quick closing device-emergency stop（速闭装置）	
Closing of ventilation（通风关闭）	☐	Manual call point（手动呼叫点）	
Closing of skylight（天窗关闭）	☐	Hose reels with pressure（皮龙和压力）	
Air pipe hoods（空气管帽）	☐	Hose disbursement-couplings（皮龙连接头）	
Main extinguishing layout in engine room（机舱水灭火系统）	☐	High pressure water Sprinkler（mist）fire system（高压水喷淋/水雾灭火装置）	
Pipes and nozzles（管系与喷嘴）	☐	Steam extinguishing system（蒸汽灭火装置）	
Stationary foam installation（固定泡沫装置）	☐	Foam fire-extinguisher equipment（泡沫灭火设备）	
Main extinguishing layout in tanker（油船灭火布置）	☐	Concentrate foam media（quantity/expiration date）（泡沫浓缩液数量/有效期）：_____	
CO_2 room and illumination（CO_2间状况和照明）	☐	CO_2 room ventilation（CO_2间通风）	
CO_2 room communication（CO_2间通信）	☐	Remote releaser and alarm（遥控施放装置和警报）	

CC：Check fireman equipment（Weekly）Date（救火员装备检查日期）（每周）_____ Stored location（存放位置）：_____			
Breathing apparatus（呼吸器装置）	☐	Fire damper（防火衣）	
Insulation boots（绝缘靴）	☐	Safety helmet（头盔）	
Fire hatchet（太平斧）	☐	Air bottle pressure（空气瓶压力）	
Safety lamps（安全灯）	☐	Rescue straps-lines（救助索）	
Spare air bottles（potion/quantity and pressure）（备用空气瓶位置/数量/压力）：			

DD：Check Emergency Escape Breathing Device（EEBD）（紧急逃生呼吸设备检查）Location/quantity（存放位置/数量）：_____			
Bottle pressure（气瓶压力）	☐	Accessories（附属件）	

EE：Check anti-chemical suit and appliance（防化服装备设备检查）			
Breathing apparatus（呼吸器装置）	☐	Anti-chemical suit（防化服）	
Air bottle pressure（空气瓶压力）	☐		

第六章

船舶应急反应计划

第一节 船舶和港口的应急管理

适用对象：沿海航区及无限航区 750 kW 及以上船舶轮机长和大管轮。

知识要点概述：要求沿海航区及无限航区 750 kW 及以上船舶轮机长，了解应变部署表和应变任务卡的编制依据、要求和方法，熟悉应变部署的组织、训练、演习要求和程序。要求沿海航区及无限航区 750 kW 及以上船舶大管轮；掌握应变部署表和应变任务卡的编制及如何组织训练；掌握机舱应急操作的职责及船舶应急计划编制规定；熟悉港口的应急操作规定。

一、船舶应变部署

船舶在大海上航行，所处的环境复杂多变，各种危及船舶和人命安全的事故随时可能发生，为了避免发生严重后果，把损失降到最低程度，船舶必须备有各种应变设备和器材，船员必须明确自身的应变职责，掌握足够的应变知识，能熟练操作应变系统、设备和器材，还必须制订一套完整的应变计划。

（一）应变部署表的编制依据、要求和方法

1. SOLAS 公约相关规定

（1）应变部署表应写明通用紧急报警信号和有线广播的细则，并应规定发出警报时船员和乘客必须采取的行动。应变部署表上应写明弃船命令如何发出。

（2）应变部署表应写明分派给各船员的任务。

①船上水密门、防火门、阀、泄水孔、舷窗、天窗、装货舷门和其他类似开口的关闭；

②救生艇筏的准备工作和降落；

③其他救生设备的一般准备工作；

④集合旅客；

⑤通信设备的用法；

⑥指定处理火灾的消防队人员的配备；
⑦指定有关使用消防设备及装置方面的专门任务；
……

（3）应变部署表应指明各高级船员负责保证维护救生设备和消防设备，使其处于完好和立即可用状态。

（4）应变部署表指明关键人员受伤后的替换者，要考虑到不同应变情况要求不同的行动。

（5）应变部署表应指明在应变时，指定给船员的与乘客有关的各项任务：
①向乘客告警；
②查看乘客是否适当地穿好衣服，以及是否正确地穿好救生衣；
③召集乘客于各集合地点；
④维持通道及梯道上的秩序，并控制乘客的动向；
⑤保证把毛毯送到艇筏上。

（6）应在船舶出航以前制定应变部署表。

（7）客船用的应变部署表的格式应经认可。

SOLAS 74 公约第三章第 8 条"应变部署表与应变须知"中规定：船上每个人员应配有一份在紧急情况应变时必须遵循的、明确的须知。如为客船，这些须知应使用船旗国的语言或船旗国要求的语言以及英语写成。应变部署表和应变须知应展示在全船各明显之处，包括驾驶室、机舱和各船员起居处所。应在乘客舱室内张贴配有适当文字的示意图和应变须知，并在集合地点及其他乘客处所明显地展示出来，以告知乘客集合地点和在紧急情况时必须采取的行动以及救生衣的穿着方法。

2. 应变部署表的编制要求

中国籍 200 总吨及以上的运输船舶都必须配备我国海事局认可的统一印制的货船（或客船）应变部署表。每次更换船员或船长，都应重新编制应变部署表。

应变部署表的编制应参照下述原则：

（1）符合本船的船舶条件、船员条件、客货条件以及航区自然条件。

（2）关键部位、关键动作选派得力船员。

（3）根据本船情况，可以一职多人或一人多职。

（4）人员的编排应最有利于应变任务的完成。

3. 应变部署表的主要内容

（1）船舶及船公司名称、船长署名及公布日期。

（2）紧急报警信号的应变种类及信号特征、信号发送方式和持续时间。

（3）职务与编号、姓名、艇号、筏号的对照一览表。

（4）航行中驾驶台、机舱、电台固定人员及其任务。

（5）消防应变、弃船求生、放救生艇筏的详细分工内容和执行人编号。

（6）每项应变具体指挥人员的接替人。

（7）有关救生、消防设备的位置。

4. 应变信号

根据 IMO A.686(17)号决议《报警器和指示器规则》，船舶声光报警信号和识别标志分别如表 6-1、表 6-2、表 6-3、表 6-4 所示，机舱警报柱如图 6-1 所示。

表 6-1 应急警报

功能	IMO 索引	听觉		视觉		备注
		装置	信号代码	颜色	标注	
总紧急警报	SOLAS Ⅲ/50, Ⅲ/6.4	汽笛 警笛 钟 喇叭 号角	1.a 1.b	绿/白		旅客集合站 船员登艇站
火警报警	SOLAS Ⅱ-2/40.4, Ⅱ-2/13	钟 喇叭 警笛 号角	2 1.b	红		船员消防站
	SOLAS Ⅱ-2/11.8.4, Ⅱ-2/14 (机器处所)	钟 蜂鸣器 号角	2	红		号角/钟在机器处所;蜂鸣器/钟在其他处所
灭火剂报警	SOLAS Ⅱ-2/5.1.6	警笛 号角	2	红	CO₂ HALON	信号在施放灭火剂之前发出,其听觉信号与其他所有听觉信号不同
驱动滑动水密门关闭警报	SOLAS Ⅱ-1/15.9.1	号角 喇叭 钟	2	红 绿	未指定标志	门口的信号,在关门之前及关门过程中连续发出;远处的信号:门开时红灯显示,门关时绿灯显示

表 6-2 呼叫信号

功能	IMO 索引	听觉		视觉		备注
		装置	信号代码	颜色	标注	
电话	SOLAS Ⅱ-1/50	号角 蜂鸣器 钟	3a	白色		号角/钟在机器处所和轮机员住所走廊,蜂鸣器/钟在机器控制室、驾驶台和轮机员住所
机舱车钟	SOLAS Ⅱ-1/37		2 3a			号角/钟在机器处所,蜂鸣器/钟在控制室和驾驶台

表 6-3　一级报警

功能	IMO 索引	听觉		视觉		备注
		装置	信号代号	颜色	标志	
机器报警	SOLAS Ⅱ-1/5.1	号角蜂鸣器	3	琥珀色	⚙	号角在机器处所内,蜂鸣器在其他地方
操舵装置报警	SOLAS Ⅱ-1/29.5.2;29.8.4;29.12.2;30.3					
控制系统报警	SOLAS Ⅱ-1/29.8.4;49.5				未指定标识	
舱底水故障报警	SOLAS Ⅱ-1/48					
轮机员报警	SOLAS Ⅱ-1/48					号角/蜂鸣器在轮机员住所走廊内,蜂鸣器在轮机员住所中
值守报警	SOLAS Ⅱ-1/38					号角在机器处所内,蜂鸣器在其他地方
探火报警	SOLAS Ⅱ-2/12;13	号角蜂鸣器钟	2	红	🔥	若在 2 min 内未被获悉,则应能自动启动失火报警。钟/号角在机器处所内,蜂鸣器/钟在其他地方
报警系统故障	SOLAS Ⅱ-1/51.2.2				未指定标识	
货物报警	IBC/BCH/IGC/GC	号角蜂鸣器	3	琥珀色	未指定标识	号角在机器处所内,蜂鸣器在机器控制室、货控制站和驾驶台

续表

功能	IMO 索引	听觉 装置	听觉 信号代号	视觉 颜色	视觉 标志	备注
气体探测	氯气	IGC 17.14.4.3; 17.14.1.4	警笛号角蜂鸣器	2	红	GAS Cl	Cl 气体可被指示
	氯气除外	IGC 17.12.5(d)(iii); 17.12.5(a)(iv)	号角蜂鸣器	3	琥珀色	GAS xxx	×××气体缩略名可被指示
动力驱动水密门故障报警		SOLAS Ⅱ-1/ 15.7.3; 15.7.8				未指定标识	号角在机器处所内,蜂鸣器在其他地方

表 6-4 听觉报警和呼叫频波形

1.a 1.b	频率/Hz 时间/s		总紧急警报
	总紧急警报时每个召唤集合的部署应有具体信号		
2	频率/Hz 时间/s		持续到被解除或收悉
3.a	频率/Hz 时间/s		
3.b	频率/Hz 时间/s		备选的波形,用以区分不同报警。同样地应用于一级和二级报警。脉冲频率在 0.5~2.0 Hz
3.c	频率/Hz 时间/s		
3.d	频率/Hz 0 2 4 时间/s		

现在船舶采用的是：

消防警报：钟/蜂鸣器，短声，连放 1 min；

弃船：警钟/汽笛，七短一长，连放 1 min；

综合应放：警钟/汽笛，一长声，持续 30 s。

（二）应变部署表和应变任务卡的编制

1. 应变部署表

根据 SOLAS 公约第三章第三十七条的规定，应变部署表应在船舶出航前制定。在应变部署表制定后，如船员有所变动而必须更改应变部署表时，船长应修订该表或制定新表。在我国远洋船上应变部署表通常是由大副具体负责。三副根据大副的部署意图，于船舶开航前编排应变部署表，经大副审核，船长批准签署后公布实施。应变部署表应张贴或用镜框配挂在驾驶台、机舱、餐厅和生活区内走廊的主要部位；在其附近，应有本船消防器材布置示意图。为使应变中各级负责人熟悉所领导的人员及其分工，应将部署表中各编队（组）分别抄录发给各艇（队、组）长。

图 6-1 机舱警报柱

在客船上，还应绘制出本船各层安全通道的路线图，图上应标明各楼梯口、出入口和各登艇点的位置和走向，张贴在旅客生活区（包括餐厅、休息室、主要走廊、重点舱室和其他旅客活动场所）各部位。在此附近和每个客房内均应挂有救生衣穿着法示意图。在备用救生衣站（箱或柜）处应有醒目标志。走廊内每隔适当距离，应标有指明通道走向的箭头标志并注明去向。

2. 应变任务卡

每个船员应有一份应变时的须知。在床头及救生衣上都有一张应变任务卡。

三副应根据船长批准的应变部署表和船舶应急程序文件编制应急任务卡，又称床头卡，分派给相应的船员，放置在每个船员床头边上的专用卡槽内。

应变任务卡应注明船员在本船的序列编号、应变时相应的应急岗位、职责、携带的器材、弃船时应登乘的救生艇筏的编号，以及各种相应的应急报警信号。

货船上的应变任务卡应包括消防、人员落水、弃船、溢油、碰撞搁浅等应急情况下的任务。

客船上应在旅客、集合地点及其他乘客处所，张贴图解和应急须知，向乘客说明集合地点、应急时采取的行动、救生衣穿着方法。应变任务卡实例见表 6-5。

表 6-5 应变任务卡实例

编号	01	执行人	船长	姓名	
弃船	信号	— — — — — — — — 重复连续播放 1 min			
	任务	发出最后弃船联络通信，指挥在船人员携带必要救生器材离船，本人最后离船			
消防	信号	短声连续播放一分钟 船首 - 船中 - - 船尾 - - - 机舱 - - - - 居室 - - - - -			
	任务	驾驶台总指挥，组织施救，负责通信联络			
人落水	信号	— — —连续播放 1 min			
	任务	驾驶台总指挥，组织施救，负责通信联络			

续表

编号	01	执行人	船长	姓名	
堵漏		信号	_ — — _ 连续播放 1 min		
		任务	驾驶台总指挥,组织施救,负责通信联络		

3. 应变部署表职责分工

关于船舶应变部署表上的职责分工各船务公司规定有所不同。各船务公司应该根据自己的船舶特点,按照 ISM 体系要求制定应变部署表的职责分工。船上的应变部署表应根据应急的性质,船员的职务、特长、工作能力等安排每个人的岗位和职责。船长是各类应急的总指挥,大副是船舶各类应急的现场指挥,当事故现场位于机舱时,由轮机长担任现场指挥。操作级以上船员在船舶应变部署中的职责分工见表 6-6。

表 6-6 操作级以上船员在船舶应变部署中的职责分工

职务	应变部署职责		
	消防	人员落水	弃船
船长	总指挥,在驾驶台负责指挥船舶	总指挥,在驾驶台负责指挥船舶	总指挥,在驾驶台负责指挥船舶
大副	火灾现场指挥	主甲板或放艇时在艇甲板,担任现场指挥	担任指定救生艇的艇长,做好释放救生艇准备
二副	驾驶台,负责通信联络、传达船长指令、执行船长的操船指令	驾驶台,负责通信联络、传达船长指令、执行船长的操船指令	驾驶台,负责通信联络、传达船长指令、记录过程
三副	带领消防队负责灭火	准备好救生器材,做好释放救生艇准备	担任指定救生艇的艇长,做好释放救生艇准备
轮机长	负责机器,机舱指挥	负责机器,机舱指挥	关闭所有运转机器设备
大管轮	负责主机、协助轮机长	负责主机、协助轮机长	关闭机舱油路、风机
二管轮	关闭有关门窗、舱口、通风孔、油路等	负责副机、记录等	管理负责艇机
电子电气员	负责电站和应急照明	负责电站、照明及应急照明、拆除充电插头	负责电站、照明及应急照明、拆除充电插头
三管轮	负责管理消防泵和应急消防泵	负责救助艇机器及各种修理工具	管理负责艇机

4. 应变部署的组织训练

(1) 演习的目的

① 有利于提高船员的安全意识;

② 督促船员建立良好的情景意识;

③ 提高船员对各种应急器材、设备的操作技能;

④ 通过定期演习,可以检查应急设备、器材的技术状态。

(2) 应急演习的周期

根据 SOLAS 公约的有关规定,每艘船舶都应该按照各自船公司的 ISM 体系文件中规定的演习周期进行。各种应急演习的周期规定也不尽相同,但 SOLAS 公约对消防和弃船演习有规定,即:货船每月进行一次消防和弃船演习,客船每周进行一次消防和弃船演习。其他应急演习通常是:应急操舵演习每三个月一次;油污应急演习每一个月一次;船舶保安演习每三个月一次;船舶堵漏演习每六个月一次。

(3)应急演习的具体安排

①根据船舶的具体情况,在不影响船舶的安全情况下进行;

②如若在港内或某些敏感区域演习,应事先经有关主管当局批准;

③演习类别应根据船舶实际情况安排。

(4)应急演习过程中的评估

①船舶发出应急警报信号后,参加演习的船员能否在 2 min 内到达指定地点;消防演习时,能否在 5 min 内启动应急消防泵出水;弃船演习时,能否在船长下达放艇命令后 5 min 内将艇放至水面。

②对参加演习的船员所规定的任务、行动是否有效地执行。

③对参加演习的船员是否熟练地使用设备。

④船上应急设备、器材等是否处于随时可用状态。

⑤参加演习船员的应变意识、协同合作、适应性等的效果如何等。

(5)演习总结

对本次演习进行总结,对出现的不足应予以纠正。

(6)演习记录

由大副将演习的起止时间、地点、演习内容等有关情况,如实、正确地记入航海日志。

(7)演习结束

演习结束后,将使用过的设备和器材恢复原状,以便能随时可用。

(8)应变部署的船上训练

应尽快地(不迟于船员上船后的两周内)进行船舶救生、消防设备用法的船上训练。

在装有吊架降落救生筏的船上,应在不超过 4 个月的时间间隔期内进行一次该设备用法的船上训练。

(9)训练手册

根据公约要求编写的训练手册应存放在餐厅、娱乐室、船员舱室及其他公共场所。

(三)应变部署组织训练、演习要求和程序

1. 消防演习的要求

SOLAS 公约对消防演习的要求:

(1)演习应尽可能按实际应变情况进行。

(2)每位船员每月应至少参加 1 次弃船演习和消防演习。若有 25% 以上船员未参加该特定船上的上个月弃船和消防演习,应在该船离港后 24 h 内举行该两项船员演习。当船舶是第一次投入营运或经重大修理或有新船员上船时,应在开航前进行这些演习。客船每周应举行一次弃船演习和消防演习。

(3)每次消防演习计划应根据船舶类型和货物种类而实际可能发生的各种应急情况,应给予充分考虑。

(4)每次消防演习应包括:

①向集合地点报到,并准备执行应变部署表规定的任务;

②检查是否按应变部署表上的规定携带指定器材;
③启动消防泵,要求至少使用 2 支所要求的水枪,以显示该系统处于正常的工作状态;
④检查消防员装备及其他个人救助设备;
⑤检查有关的通信设备;
⑥检查演习区域内水密门、防火门、挡火风闸和通风系统的主要进口和出口的操作;
⑦检查供随后弃船用的必要装置。

演习结束后应将使用过的设备应立即放回,保持其完整的操作状态,如在演习中发现有任何故障和缺陷,应尽快修补。

2. 弃船演习的要求

(1)根据 SOLAS 公约规定,每次弃船演习应包括:
①利用有线广播或其他通信系统通知演习,将乘客和船员召集到集合地点,并确使他们了解弃船命令;
②向集合地点报到,并准备执行应变部署表中所述的任务;
④查看乘客和船员的穿着是否合适,查看是否正确地穿好救生衣;
⑤在完成任何必要的降落准备工作后,至少降下 1 艘救生艇;
⑥启动并操作救生艇发动机;
⑦操作降落救生筏所用的吊筏架;
⑧模拟搜救几位被困于客舱中的乘客;
⑨介绍无线电救生设备的使用。

(2)每艘救生艇一般应每 3 个月在弃船演习时降落下水一次,并指定操作的船员在水上进行操纵(演习)。在这样的演习中,救生艇在降放时可不乘载操作的船员。

(3)对于从事短途国际航行的船舶,每艘救生艇应至少每 3 个月下降一次,并每年至少降落下水一次。

(4)自由式降落救生艇,每 3 个月至少有一次船员应登上救生艇,在其座位中正确系固并开始降落下水程序,但不必实际释放救生艇(即释放钩不应松开);在不超过 6 个月的间隔期内,搭载操艇船员自由降落下水,或按 IMO 制定的指南进行模拟降落下水。

(5)在合理可行的情况下,专用救助艇应乘载被指派的船员每月降落下水一次,并在水中进行操纵。在任何情况下,应每 3 个月至少进行一次。

(6)如救生艇与救助艇的降落下水演习是在船舶航行中进行的,该项演习应在遮蔽水域,并在有此项演习经验的驾驶员的监督下进行。

(7)在每次弃船演习时应试验供集合和弃船所用的应急照明系统。

3. 人员落水演习要求

(1)在船上举行的人员落水演习应包括以下内容:
①向船长报告,发出人员落水警报信号,模拟观察和抛掷救生圈;
②集合地点集合,并准备执行应变部署表中规定的任务;
③检查是否按照应变部署表规定携带指定器材;
④做好救助艇的释放准备;
⑤检查参加演习的人员是否熟悉自己的职责。

(2)人员落水演习根据船上的演习计划进行。

(3)在每次进行人员落水演习时按照 ISM 体系文件规定的程序进行。

4．应急操舵演习要求

SOLAS 公约规定，每次在船上的应急操舵演习应包括：

(1)在舵机间对舵机的直接控制。

(2)驾驶台与舵机间的通信程序。

(3)转换动力供应的操作。

二、机舱应急操作的职责

机舱的应急设备操作应按本船 ISM 体系中规定的操作程序和职责分工执行。

1．主机停车

现代船舶主机一般采用气动遥控系统，但大多采用计算机控制的主机遥控系统，典型的系统如 AC-4 主机遥控系统、AC-C20 型主机遥控系统。主机的停车操作有以下几种情况：

(1)主机正常运行中的正常停车

在主机正常运行当中，或者当船舶靠离泊等机动航行时，值班轮机员根据驾驶台的停车车令操作主机，使主机正常停车。

(2)主机的自动停车

当发生危及主机运行安全的故障时，安全保护装置根据其危害程度自动控制主机停车，同时发出声光警报，并显示遥控系统故障的原因。

一旦发生自动停车，值班轮机员应该报告轮机长，同时查找自动停车故障原因并排除。当故障排除后，在当前操作部位将操作手柄回零进行复位操作，然后才能启动主机。

(3)手动应急停车

当值班人员接到驾驶台的突发停车指令或发现机舱的紧急情况时，可通过按下应急停车按钮来实现应急停车。现代多数船舶在驾驶台车钟、集控室车钟和机旁车钟均装有应急停车按钮，按下任意操作部位的应急停车按钮，均可发出停车指令，与当前的操作部位无关。

手动应急停车的复位：再次按下应急停车按钮即可取消应急停车信号。

2．机舱通风机的遥控停止

机舱通风机的责任人是大管轮。机舱通风机的遥控停止按钮由电子电气员日常负责维护检查，保持电源通畅。当机舱发生火灾或其他紧急情况时需要紧急停止机舱风机运行，在机舱内无法操作时，由相关人员按下遥控停止按钮。

3．润滑油和燃油驳运泵的停止

润滑油和燃油驳运泵的责任人是二管轮。机舱值班人员负责对此泵的日常操作。

4．油类速闭阀

油类速闭阀的责任人是二管轮。根据设备的维护保养计划对速闭阀的控制箱或空气管路、气瓶或液压系统进行维护保养，保证随时可正常使用。在按要求进行试验时二管轮负责操作并检验效用。如果紧急情况发送需要关闭机舱油类速闭阀，轮机长应亲自操作或安排轮机员操作。

5．应急发电机

应急发电机的责任人是二管轮。应急发电机应按 ISM 体系文件和 PMS 的规定做定期检查、维护和试验;检查其柴油储存柜油量、冷却水箱与曲轴箱液位是否正常;润滑点要加油;检查启动电瓶或启动空气瓶,进行启动和并电试验(包括遥控启动);冬季或寒冷区域应做好防冻保温工作。

应急发电机若位于不保暖处所,冬季应做的保护工作有:选用适当凝点的轻柴油和冬季用润滑油;冷却水中加防冻剂;对于采用机外循环冷却的,应在使用后尽量放掉机内部管系中的残水。

每月试验应包括启动和供电:
(1) 自动启动、人工启动功能均正常。
(2) 在主电源断电后 45 s 内能及时供电。
在船舶发生紧急情况时,如消防、救生等,二管轮负责应急发电机的操作。

6. 应急配电板

应急配电板的责任人是电子电气员。应急配电板应保持内外清洁,螺母无松动;配电板上的各个指示仪表应正常工作;应急配电板上的应急照明、应急空压机、应急消防泵、舵机、助航设备等电源开关应保持正常使用;每月试验应急启动应符合要求;每年检查与主配电板连锁装置动作应正常。

在船舶发生紧急情况时,如消防、救生等,电子电气员负责应急配电板或协助二管轮的操作。

7. 应急消防泵

应急消防泵的责任人是三管轮。

应急消防泵每周应做效能试验:在最高/最远位置的消防栓上应能维持两股射程不少于 12 m 的水柱或消防栓处的压力达 0.28 MPa。

在船舶消防应急情况下,三管轮负责启动应急消防泵供水,保持应急消防泵的正常运行。

8. 机舱舱底水泵

机舱舱底水泵的责任人是三管轮。当使用机舱舱底水泵通过油水分离器向舷外排水时,控制方式有当地控制和油水分离器连锁控制。若排出舷外的水超标,则油水分离器报警的同时自动停止舱底水泵。

9. CO_2 释放装置

CO_2 释放装置的责任人是大管轮。CO_2 释放装置在日常维护保养中应:
(1) CO_2 室的通风和通信联系应良好可靠,站内不许存放任何杂物,开启站钥匙箱应完好。
(2) 瓶体明显腐蚀时应对其进行测厚检查或压力试验。
(3) 机舱 CO_2 遥控释放装置应完好可靠,释放前声光报警应完好。

三、船舶应急计划编制规定

(一) 船舶应急计划的编制

根据 ISM 规则第八章的"应急准备"中的强制性规定,船公司和船舶应对船上可能发生的各种紧急情况做好应急准备,建立应急反应程序,制定应急行动的训练和演习规定,以确保在船舶发生各种紧急情况时能迅速、有效地采取各种应变措施,最大限度地控制灾情,减少损失。

船上紧急情况大致可分为 4 类 23 种:

(1)火灾和海损类:碰撞、搁浅/触礁、火灾/爆炸、船体破损/进水、严重横倾、恶劣天气损害、弃船救生。

(2)机损和污染类:主机失灵、舵机失灵、供电故障、机舱事故、船舶溢油、造成污染的意外排放。

(3)货物损害类:货物移位、海难自救抛货、危险货物事故。

(4)人身安全类:严重伤病、人员落水、海盗或暴力行动、搜寻/救助、进入封闭场所、战区遇险、直升机操作。

为了协调船舶应急计划的编制结构,由国际海事组织(IMO)海上安全委员会(MSC)制定了《船上紧急情况应急计划整体系统构成指南》,并于1997年11月27日通过了IMOA.852(20)号决议。该指南提供了制定公司和船上人员对紧急情况做出有效反应的程序和框架,其主要目标是:

(1)利用综合系统的构成帮助公司将规则要求转化成行动要求。

(2)将有关船上的紧急情况融合进这一系统中。

(3)帮助制订一致的应急计划,使船上人员接受这一计划,并在紧急情况下得到正确应用。

(4)为取得一致的应急计划,鼓励各国政府采用整体系统的结构制订各种船上应急计划。

为避免重复,船上应急计划必须根据紧急情况和船舶类型对"初步行动"和涉及"后续反应"的主要反应工作加以区别,两层次的行动路线为模块式方法提供了基础,它可以避免不必要的重复。

(二)船上紧急情况应急计划综合系统

国际安全管理(ISM)规则明确每个公司和船舶都应建立、实施、保持安全管理体系(SMS),要求在安全管理体系中有描述船上可能的紧急情况和作业的反应程序。因此,统一的整体船上应急计划系统将作为国际安全管理规则的组成部分,成为公司和船舶安全管理体系的基本组成部分。船上应急计划整体系统的结构包括下列6个模块的内容,见表6-7。

为了使系统和相关计划更适合各公司和船舶的操作使用,必须考虑到船舶类型、构造、货、设备、配员和航线的差别。

表6-7 船上紧急情况应急计划模块

模块	模块1	模块2	模块3	模块4	模块5	模块6
内容	概述	规定	计划、准备和培训	反应行动	报告程序	附录

模块1:概述

该系统应有一"前言"的模块,该模块的内容应提供指导和主题事项的概观,包含明确本系统和整体计划的用途、主要目的、最终目标,以及改进要求,为系统的实施提出简单、明确的概念。

模块2:规定

在该模块中,应向本系统的使用者通报本计划至少符合的最重要要求。在本模块中应阐述下列主要要素:

(1)报告紧急情况时应遵循的程序。

(2)对潜在的船上紧急情况做出识别、描述和反应的程序。

(3)维护系统和有关计划的程序或活动。

该模块中应载有如何根据各公司和船上人员的改进建议制定本系统的资料和说明；规定船上应急预防准备和反应行动的主要目的是建立该系统并不断得到完善，岸上公司和船上应急计划和反应的协调联系、应急程序的评价、对实施提出适当反馈信息和修改计划的程序，以改进船上的事故预防、准备和措施。

模块3：计划、准备和培训

本模块应对船上人员的应急培训和教育做出规定，培养船上人员对紧急情况下采取行动的总体认识和理解。

在本模块中至少应提供有关已制定的程序、方案或行动进展的信息，目的是：

(1) 使船上人员熟悉本系统和计划的规定。

(2) 对新换岗船上人员进行有关本系统和计划的内容培训和教育。

(3) 制定演习和训练的时间表，使船上人员能够应付潜在的紧急情况。

(4) 对船上人员和公司的行动做出有效的协调，包括外部应急机构可能提供的帮助。

(5) 制定行之有效的反馈系统。

因此，本模块应规定对船上人员定期进行培训和教育；应提供信息保证船上的每个关键人物都了解计划、执行计划、履行职责、正确报告；应制订训练和演习计划；应反馈信息，不断改进。

模块4：反应行动

船舶潜在的紧急情况应在计划中指明，包括但不限于下列主要紧急类别：失火、船舶损坏、污染、威胁船舶及其旅客和船员安全的非法行为、人员事故、货物相关事故、向他船提供的紧急援助。

在该模块中应指导建立各种应急计划的反应和具体内容，其中包括：

(1) 反应行动的协调。

(2) 对可能的事故前景的整个范围的反应程序，包括保护人命、海上环境和财产的方法。

(3) 以职务和姓名指明负责所有反应行动的人员。

(4) 供与外部应急反应专家联络使用的通信战略。

(5) 有关具备的应急反应设备及其所在位置的信息。

(6) 船上报告和通信程序。

在该模块中，对船舶在航行、停泊、系泊、锚泊、在港内或干船坞中遇到的紧急情况，为保护人员、船舶、海上环境和货物而采取的最佳行动，认真考虑、制订计划，为船上人员提供指南，制定在事故发生时能使损害降至最低的程序标准。为使船上和岸上具有同样的计划，计划中应明确船上人员或岸上人员是否应采取行动。

在所有情况下，要按照保护人命、海上环境、财产的顺序采取行动，因此在制定"随后反应"行动的程序时，应充分考虑"初始行动"的程序。

模块5：报告程序

对涉及紧急情况或海上污染事故的船舶，必须与适当的船方联络点和沿岸国或港口联络点保持联系。因此，本系统必须对向有关方做初步报告的程序做出适当的详细规定。应尽一切努力确保用于报告紧急情况的下列信息是本系统的组成部分并得到定期更新：船方联络点、沿岸国联络点及港口国联络点。

处于危险的船舶与应急控制中心、公司和国家当局（RCC、控制点）之间建立、保持快速的、可靠的24 h通信线路是重要的。

关于报告程序可参照 IMO "船上油污应急计划编制指南"等对报告行动做出充分的计划。其中包括：报告时间、报告方法、联络人员、报告内容等。

模块6：附录

除了对紧急情况成功地做出反应所要求的信息外，可能还要求有其他一些有利于提高船上人员判定和操作计划能力的规定。图6-2给出了实施应急计划的步骤和方法。它指示的是步骤或要达到的目标而不是要遵守的具体程序。根据经验，可规定一个实施本计划的七步骤法，从而产生一个有用和有效的综合应急反应计划。

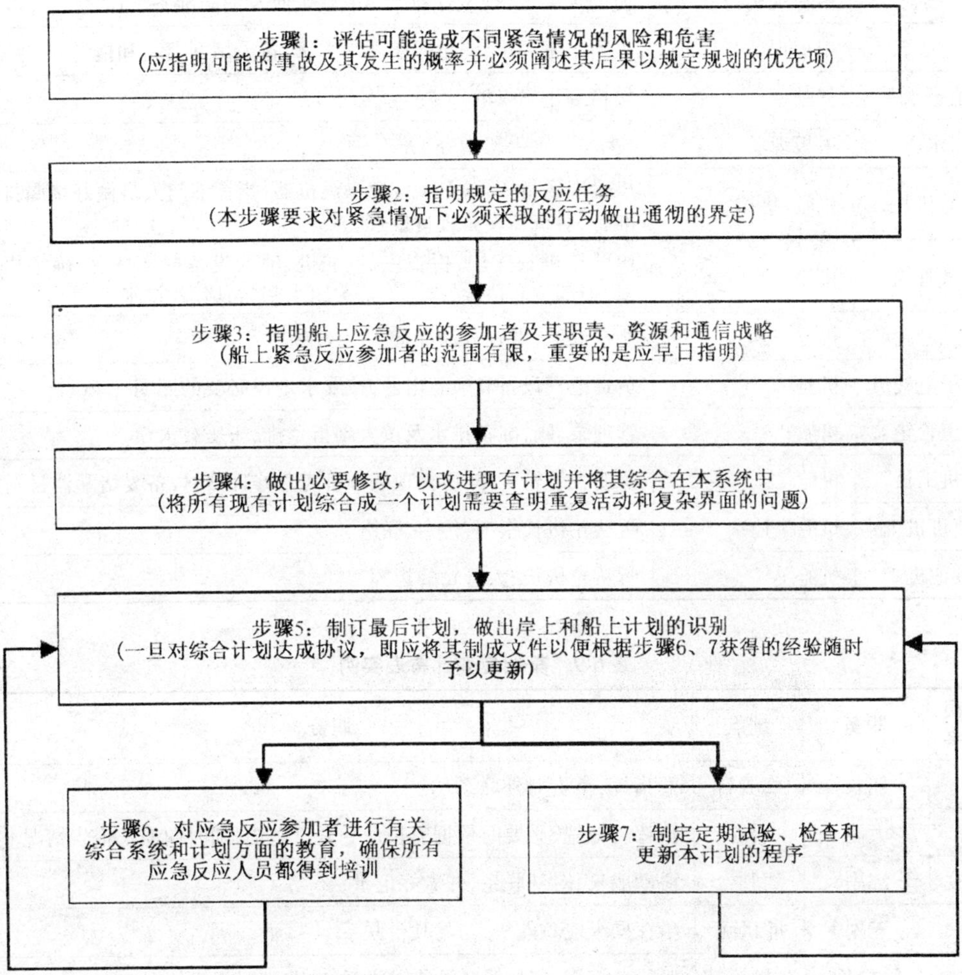

```
步骤1：评估可能造成不同紧急情况的风险和危害
（应指明可能的事故及其发生的概率并必须阐述其后果以规定规划的优先项）
              ↓
步骤2：指明规定的反应任务
（本步骤要求对紧急情况下必须采取的行动做出通彻的界定）
              ↓
步骤3：指明船上应急反应的参加者及其职责、资源和通信战略
（船上紧急反应参加者的范围有限，重要的是应早日指明）
              ↓
步骤4：做出必要修改，以改进现有计划并将其综合在本系统中
（将所有现有计划综合成一个计划需要查明重复活动和复杂界面的问题）
              ↓
步骤5：制订最后计划，做出岸上和船上计划的识别
（一旦对综合计划达成协议，即应将其制成文件以便根据步骤6、7获得的经验随时予以更新）
         ↙        ↘
步骤6：对应急反应参加者进行有关    步骤7：制定定期试验、检查和
综合系统和计划方面的教育，确保所有   更新本计划的程序
应急反应人员都得到培训
```

图6-2　应急计划实施流程图

现在的船舶上所制订的应急计划中，只有"油污应急计划"是按照IMO组织的规定而制订的完整应急计划。其他要求的"应急计划"在ISM体系文件当中，通常是按应急的种类编制的是"船舶应急行动计划"或"船舶应急部署表"，如某船的搁浅应急计划和某船应急舱的应变部署，表6-8是某船搁浅、触礁应急行动计划，表6-9是某船的应变部署表实例。

表 6-8　某船搁浅、触礁应急行动计划

职务	负责部位	应急/应变职责
船长	驾驶台、甲板现场	总指挥,据勘察/反馈情况确定脱险方案,对外联络
大副	甲板现场	甲板现场指挥,确定触礁/搁浅部位及吃水情况,指挥甲板人员工作,协助船长制定脱险方案
二副	驾驶台	二副接替值驾工作,详细记录触礁/搁浅/自力脱浅/外援脱浅及船舶采取的各项应急措施,监测气象、潮汐,做好记录
三副	甲板现场	协助大副工作,做好释放两舷救生艇及消防准备工作
水手长	甲板现场	关闭水密门窗,测量船舶四周水深,备妥堵漏器材和拖缆
值班水手	驾驶台	按指令正确操舵
水手	甲板现场	按大副、水手长指令工作
轮机长	机舱/集控室	机舱现场指挥,备车。应急操纵机器,指挥部门人员做好堵漏排水准备,对机器设备进行检查
大管轮	机舱	协助轮机长工作,检查主机、舵机、辅助设备损坏情况,确定机舱漏、损部位和情况,指派人员关闭水密门,堵漏、排水
二管轮	机舱	测量油舱,做好驳油准备
电子电气员	机舱	负责电气设备和应急电源,按要求增设必要的照明
三管轮	机舱	管理泵、阀,准备排水及按大副指令排、压压载水
机工长	机舱	协助大管轮工作,甲板现场准备应急修理器材,备妥堵漏器材
值班机工	机舱集控室	听从轮机长指挥,传令、联络
其他机工	机舱	听从轮机长、大管轮的指挥

表 6-9　某船应变部署表实例

船员编号	职务	地点	职责
1	船长	驾驶台	总指挥,负责对外联系
2	大副	船首	指挥备双锚,必要时依据船长命令紧急抛锚,随时向船长报告情况
3	二副	驾驶台	协助船长,对外联系,并做好记录
4	三副	舵机间	指挥操纵应急舵机,与驾驶台联系
5	轮机长	机舱	机舱总指挥,安排紧急抢修舵机系统,并随时报告情况
6	大管轮	舵机间	负责应急舵的启动运转,并紧急抢修舵机系统
7	二管轮	舵机间	协助大管轮
8	电子电气员	舵机间	检查操舵系统情况,随时报告轮机长/驾驶台
9	三管轮	机舱	协助轮机长,并与驾驶台及各部门保持联系和记录
10	水手长	船首	协助大副,备双锚
11	水手1	船首	协助备双锚,协助瞭望
12	水手2	船尾	携带对讲机,船尾瞭望,并随时报告情况

续表

船员编号	职务	地点	职责
13	水手3	驾驶台	负责驾驶台操舵当值,及悬挂操纵失灵信号或号灯
14	二水	舵机间	操纵应急舵
15	机工长	舵机间	协助大管轮、二管轮紧急抢修舵机
16	机工1	机舱	待命,协助机舱组联络通信
17	机工2	舵机间	遵照大管轮指示分配任务
18	机工3	机舱	遵照轮机长指示分配任务
19	清洁工	机舱	遵照轮机长指示分配任务
20	大厨	舵机间	遵照船长、轮机长指示分配任务

四、港口的应急操作规定

1. 船舶或港口设施失火的应急操作

(1) 本船在港口失火

①船舶失火时发出相应的警报信号;

②同时通过各种联系渠道与港口当局及消防部门取得联系;

③通知船务公司或船务代理公司;

④服从当地海事部门安排,视情移走本船或通知相邻船舶移走;

⑤将事故的发生时间、地点、采取的措施记录在航海日志上。

(2) 港口设施失火时的应急操作

①发生火灾后立即向港口当局报警;

②与港口当局保持有效联络;

③检查所有在船人员;

④随时做好离港准备。

2. 船舶机舱发生火灾的应急操作规程

若机舱失火(见图6-3),其应急操作规程如下:

(1) 若本船在停泊期间机舱发生火情,机舱当值人员应迅速发出火警警报并及时灭火,控制火势蔓延。

(2) 同时报告轮机长和船长,按照船舶的应变部署表采取应急措施。

(3) 视火情大小及本船是否需要支援,及时和当地港口及有关部门联系,将损失降到最低程度。

(4) 遵守当地港口有关规定及服从其指挥。

图 6-3　机舱失火示意图

3. 船舶因安全原因离港的规定

船舶可能因以下安全原因离港：

(1) 船舶或港口设施发生火灾或爆炸。
(2) 受台风袭击等影响。
(3) 其他特殊情形。

第二节　船舶损害控制

适用对象：沿海航区及无限航区 750 kW 及以上船舶轮机长和大管轮。

知识要点概述：要求沿海航区及无限航区 750 kW 及以上船舶轮机长，熟悉在失火、爆炸、碰撞或搁浅时限制损害与救助船舶的处置程序和方法；熟悉弃船操作时，机舱的操作程序及处置措施。要求沿海航区及无限航区 750 kW 及以上船舶大管轮，熟悉在失火、爆炸、碰撞或搁浅时限制损害与救助船舶的行动、处置程序和方法；熟悉弃船的步骤。

一、船舶损害的应急操作

(一) 船舶失火时的限制损害和救助行动

1. 船舶失火时所采取的行动

船舶火灾事故是常见的海损事故之一，火灾事故造成的损失很大。船舶发生火灾后，为达到迅速、有效灭火，减少损失的目的，一般应遵守下列行动顺序：查明火情、控制火势、组织救援和现场检查清理。

(1) 查明火情：现场指挥（大副）应指挥灭火人员尽快查明火源及火灾的性质、火场周围情况，以便确定合适的扑救方案，使用适当的灭火剂和采取正确的扑救方法。

(2) 控制火势：在探明火情的基础上可立即展开灭火行动，控制火势，或采取疏散、隔离火场周围的可燃物，喷水降低火场周围的温度，切断电源，关闭通风，封闭门窗等措施，防止火势蔓延。

(3) 组织救援：设法及时解救被火灾围困的人员及伤员，将其转移至安全地带。

(4) 现场检查清理：火灾被基本扑灭之后，应及时检查、清理现场，特别应注意查找存在或可能存在的余火和隐蔽的燃烧物，防止死灰复燃。

2. 船舶火灾的应急措施

(1) 发现者的行动：火灾的最初发现者，应大声呼救并就近取材将火扑灭。倘若火势扩大难以控制，则可就近按下手动报警按钮（走廊内每20 m和每个出口处都有），向全船报警，并采取适当而有效的措施救出伤员，移动易燃易爆物品，关闭门窗和通风系统，控制火势，并立即报告值班驾驶员有关火灾情势，包括火的种类、位置、火势和伤员情况。

(2) 消防组织：航行中的船舶，驾驶台接到报警后，应立即发出消防警报，全体船员应立即按应急部署表规定的分工和职责迅速就位，服从现场指挥的统一调度和指挥。

①船长是船舶消防的总指挥，驾驶台是船舶消防的指挥中心，各现场指挥应在第一时间向驾驶台提供有关火灾信息。驾驶台也应及时向现场指挥传达船长的命令及有利于灭火的信息。

②现场指挥由大副担任，若机舱发生火灾，则由轮机长担任现场指挥。在灭火过程中驾驶台、电台及机舱应有固定人员值班。人员应分编成消防、隔离和救护三个队。

③现场指挥应率领消防、隔离、救护各队，迅速抢救被困人员，弄清火警部位，火灾性质，火情火势以及周围的危险品、爆炸品或易燃物质等，并立即报告船长以确定施救方案。

④消防队由二副或水手长担任队长，直接担负现场探火和灭火任务。根据不同性质的消防器材划分若干小组，如水龙组、手提灭火机组、深火抢救组、应急消防泵组、固定灭火系统组等，分别操纵和使用各种灭火器材进行现场灭火。

⑤隔离队由木匠（或指定一水）和轮助任队长，其任务是根据火情，关闭所有的门窗、舱口、风机、挡风闸、孔道等。在机舱人员的配合下截断局部电路和油路，割断燃烧物，搬开近火处和相邻舱室的危险品和易燃易爆等物品，冷却火场四周或上下舱室，阻止火势的蔓延。

⑥救护队由医生、管事或大厨师担任队长，其任务是维持现场，准备担架，救护伤员，管理急救药箱等。

⑦机舱值班人员在轮机长领导下，尽快启动消防水泵及时供水，并提供其他一切应急服务，确保主机、辅机等机电设备的正常运行。

3. 救助与弃船

按规定向有关主管机关或沿岸国报告，当判断船舶自己灭火无望时，应尽早请求消防援助或做好弃船准备。

4. 常用的灭火方法

火灾的发生离不开"燃烧三要素"，即可燃物质、助燃物质和火源。灭火的方法就是针对三要素而采取的冷却法、隔离法、窒息法等。只要三要素的任一要素被迅速控制，即可达到灭火的目的。

(1) 机舱火灾

①扑灭机舱的火灾时，应以喷雾水枪掩护灭火人员；

②可打开机舱天窗排放机舱内的热气和烟雾，防止灭火人员被浓烟和巨大的热浪包围；

③因火势太猛而无法进入机舱灭火时，可尝试从轴弄或逃生孔进入，因为机舱底部的温度

和烟雾较轻,且易于接近火源;

④使用 CO_2 固定灭火系统时,必须先撤离一切人员,再封闭一切开口,然后快速一次性施放足量的灭火剂。

(2)货舱火灾

①扑灭一般货船的货舱火灾时,如使用 CO_2 固定灭火系统,应首先关闭舱盖、通风及所有开口,然后一次性施放足量灭火剂,但不能轻易开舱,防止复燃。对黄麻、棉花等物质的燃烧,至少要在灭火后 48 h 才能开舱。

②如使用水灭火系统,应估计大量注水后船舶损失的浮力和稳性。

(3)起居处所火灾

①扑救起居处所火灾时应考虑首先查明是否有被困人员并设法抢救;

②迅速关闭防火门、舷窗、切断通风,用水冷却舱壁,防止火势蔓延;

③扑救房间内的火灾,尽量不要开门,减少空气进入,水枪可从门下部的百叶窗处伸进喷射。

(4)危险品火灾

危险品的种类繁多且危险品的性质复杂,船舶装运危险品必须按照《国际海上危险货物运输规则》(IMDG规则)和我国有关规定进行,一旦发生火灾,应按其理化性质采取正确的扑救措施。

(5)爆炸品火灾

最有效的灭火方法是大量喷水,使燃烧的物质急剧降温(但与水发生反应者除外)。不能用沙土掩盖的窒息灭火法。

(6)压缩、液化气体火灾

高压下贮存在压力容器内的气体种类较多,具有易燃、助燃、剧毒等性质,受热或在剧烈撞击下可以燃烧或爆炸。扑救方法宜大量喷水冷却,也可用泡沫或砂土等。

(7)对不溶于水的油类火灾,扑救时宜用泡沫、干粉、砂土等方法,但不能使用水冲冷却法;对能溶于水的易燃液体,则可用水扑救。

(8)自燃物品和遇水燃烧物品火灾

扑救一级自燃物品火灾可用干粉、砂土等灭火剂,但不能用水;扑救遇水燃烧物品火灾,可用砂土、干粉等灭火剂,但不能用水和泡沫等灭火剂。

(二)船舶碰撞时的限制损害和救助行动

船舶碰撞事故是海上事故发生率很高的海事,其中80%以上是由人为因素造成的。在航行中,两船发生碰撞,其后果是非常严重的。根据船舶碰撞的程度,对船体及其相关设备可能造成的损坏包括:

(1)使船体破损进水,引起船身倾斜,甚至沉船。

(2)如果碰撞发生在船体燃油舱部位,则可能会造成燃油的泄漏,给海洋环境造成污染。

(3)有时会伴有火情产生,危及船舶及人员生命的安全。

例如:2018年1月6日巴拿马籍油船"桑吉"轮与中国香港籍散货船"长峰水晶"轮在长江口以东 160 n mile 处发生碰撞,导致"桑吉"轮起火。据交通运输部公众号消息,从上海海上搜救中心获悉,2018年1月14日12时左右,"桑吉"轮突然发生爆燃,船头疑似塌陷,船舶向右倾斜25°左右,全船剧烈燃烧,最终沉没,如图6-4所示。

因此,在船舶发生碰撞后,应迅速、果断地采取应急行动。船舶发生碰撞或邻近碰撞,应立

 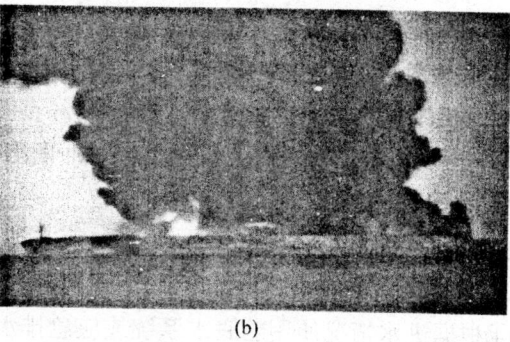

图6-4 "桑吉"轮爆炸起火

即发出警报,并通知船长和机舱,召集船员采取相应的应急措施。

1. 甲板部的应急行动

当一船撞入他船船体时,船长应视情况采取慢车顶推等措施减少破洞进水,可互用缆绳系住,保持顶住对方破洞之势,待对方采取防水措施后,确信脱离险境方可离去。当被撞船处于危险状态时,在不严重危及本船的安全情况下,应尽力抢救以保证对方人员的安全。当本船船体被他船撞入时,应尽可能地停住本船,减少进水量并使破洞位置处于下风侧。船长应督促大副和轮机长查明破损部位的损坏情况,有无进水、油污染情况及程度。

碰撞发生后,大副应立即率领水手长、木匠到达现场检查船体破损程度及邻近舱室损害情况,由木匠测量各污水沟、压载舱、淡水舱液位。二管轮测量油舱液位,由大副及时向船长报告监测结果,以使船长确定自救方案和判断是否需要外援救助。

大副作为现场指挥,若船体破损进水,应立即采取堵漏应急行动程序,组织排水和堵漏,进水严重应设法抢滩,若船体碰撞后发生火灾,应立即采取失火应急行动程序。若船体碰撞后发生油污染事故,应按船上油污应急计划行动。若碰撞后发生人员伤亡事件,则应立即组织抢救。

2. 机舱部的应急措施

(1) 轮机长迅速进入机舱。
(2) 如为航行状态,命令当值人员做好备车工作,使主机处于随时可操纵状态。
(3) 如为停泊状态,停止甲板作业(装卸货中),或加开一部发电机(锚泊中)。
(4) 监督值班轮机员按照船长命令操纵主机,做好轮机日志、车钟记录簿的记录。
(5) 其他人员应到指定地点(航行中到机舱)集合听候分配。

3. 碰撞部位在机舱外的进一步安全措施

(1) 视情切断碰撞部位的油、水、电、气、汽源,关闭有关油水柜的进出口阀,尽量减轻油水污染并为抢救工作创造一个安全的现场。
(2) 如有火情、进水现象发生,各职责人员应按应变部署表的规定迅速进入各自的应变岗位。
(3) 反复测量受损部位及其附近油水舱的液位高度(水舱由甲板部负责)变化情况。如发现有进水现象,应关闭该油水舱的进出口阀以切断舱柜之间的通道。对于油舱还应设法封闭该舱的透气管,尽量减少污染。
(4) 若碰撞发生在非机舱部位,除值班人员外应一律参加由甲板部组织的抢救工作。

4. 碰撞部位在机舱内的进一步安全措施

若碰撞发生在机舱内的部位，且有进水现象，则应按机舱进水应急操作程序处理。

(1) 机舱进水时的应急排水措施

① 一旦发现机舱进水，值班人员应立即发出警报并报告值班轮机员或轮机长，同时应迅速采取紧急措施，不得擅离机舱；

② 轮机长或值班轮机员接到报告后，应立即进入机舱现场检查并按应急部署组织抢救；

③ 尽力保持船舶电站正常供电，必要时启动应急发电机；

④ 根据进水情况使用舱底水系统或应急排水系统，机舱大量进水时做好应急吸入阀及其海水泵系的应急操作；

⑤ 根据进水部位、进水速率判断排水措施的有效性，进一步采取相应措施。

(2) 机舱进水时的应急堵漏措施

① 执行机舱进水时的应急排水措施，同时船长和轮机长立即组织人员摸清破损部位、进水流量，拟订有效的堵漏措施；

② 风浪天应关好水密门窗及通风口；

③ 如艉轴管及其密封装置破损，应酌情关闭轴隧水密门；

④ 如海底阀及阀箱、出海阀或应急吸入阀等破损，则应关闭相应的阀，并选用有效的堵漏器材封堵；

⑤ 冷却器、海水滤器或管路等破损，应关闭相应的阀，组织修复或堵漏。

(3) 机舱进水事故报告

① 值班人员立即将现场情况报告轮机长，轮机长立即报告船长。

报告内容应包括：

a 破损的部位、程度与原因；

b 已经采取的应急措施；

c 机舱水位与排水情况。

② 轮机长将抢修、抢救情况报告船长。

报告内容应包括：

a. 人员安排情况；

b. 堵漏措施及堵漏效果；

c. 机舱进、排水量；

d. 所需要的支援与要求。

③ 船长向海事局（港口国主管机关）和公司报告的内容：

a. 机舱进水的时间、船位与海况；

b. 破损的部位、程度与原因；

c. 应急排水和堵漏的效果；

d. 所需要的支援与要求。

④ 事后应向海事局（港口国主管机关）和公司报告的内容：

a. 进水的原因与性质；

b. 采取的应急措施及效果；

c. 进水对船舶营运的影响、损失估计。

（4）做好事故记录
①对轮机部所辖范围进行检查，将损坏部位和损坏情况记入轮机日志。
②详细记录机电设备的损失或损失的估计、发生的时间和抢救措施，为海事处理提供必要和准确的法律依据。

（三）发生搁浅事故时应采取的应急安全措施

船舶搁浅事故（见图6-5）的发生多数是船舶操纵不当、机械设备故障、船舶定位失误、走锚或不可抗力等因素造成。船舶搁浅事故也是海上发生率很高的海事。

图6-5 船舶搁浅事故实例

根据搁浅的程度，对船舶及其相关设备可能造成的损坏包括：
（1）海水系统吸进泥沙或堵塞。
（2）船舶底部破损，使相应的舱柜进水。
（3）船体变形，使运转设备的对中性改变。

船舶在航行中若发现船舶即将搁浅，值班驾驶员应立即停车并报告船长；船舶搁浅后，值班驾驶员应立即发出警报，同时应立即报告船长和通知机舱。

船长是应急总指挥。现场指挥应率领水手等了解搁浅部位情况，船员不断测量淡水舱、压载舱、油舱等液位，三副率领水手测量和记录船舶四周（尤其是船尾）水深，二副在驾驶台协助船长测定船位和估算潮水等。所有探测结果必须及时报告船长，以便船长做出正确的判断和决策。水手应及时按《国际海上避碰规则》显示号灯、号型（夜间：锚灯和垂直两盏红灯；白天：垂直三个黑球）。

1. 轮机部的应急措施

船舶发生搁浅或擦底时，轮机部应采取下列应急处理措施：
（1）轮机长迅速进入机舱。
（2）转换主机的操纵方式为集控室操纵，命令值班轮机员迅速进行相应的操作，使机舱的相应设备处于备车状态。
（3）根据主机的负荷情况，适时地降低主机转速。及时与驾驶台联系，询问情况，以便及时地采取相应的降速措施。
（4）使用机动操纵转速操纵主机。搁浅后，无论驾驶台采取冲滩或退滩措施，机舱所给车速都应使用机动操纵转速或系泊试验转速，防止主机超负荷。
（5）换用高位海底门。搁浅时值班轮机员应立即将低位海底门换为高位海底门，防止海水泵吸入泥沙，堵塞海水滤器。

2. 主机运转时的检查内容或处理措施

（1）推进装置及其附属系统

①持续检查主海水系统的工作情况，如果发现海水压力较低，立即换用另一舷的高位海底阀，同时尽快清洗海水滤器，清除积存的泥沙；避免因发生海水低压报警，出现主机不能正常运行、发电机因高温停止工作等情况。

②连续检查滑油循环柜的液位，关注主机滑油压力和主机滑油冷却器的滑油进出口温度。

③检查曲轴箱、中间轴承和艉轴的温度，观察艉轴在回转运动中是否有跳动现象、地脚螺栓是否有松动情况。

④倾听齿轮箱（如适用）的声音是否正常。

⑤检查舵机工作电流及转动声音是否正常。

（2）其他设备及系统

①搁浅时双层底舱柜可能变形破裂，要注意检查和测量各舱柜的液位变化，注意海面有无油花漂浮等，并做好机舱排水准备工作。

②停止非必须运行的海水冷却系统的工作，避免由于船舶搁浅而吸入泥沙造成大范围的海水系统堵塞。

3. 停止主机运转后的检查

搁浅可能引起船体变形，造成柴油机轴系中心线的弯曲，影响柴油机运转，所以船舶搁浅后必须检查轴系的情况。判断轴系状态可用下列方法：

（1）盘车检查：停车后为判断轴系是否正常，船尾部搁浅时可用盘车机盘车检查，检查轴系运转是否受阻，查看盘车机电流的变化情况是否正常。

（2）柴油机曲轴臂距差的测量：搁浅后应尽快创造条件测量曲轴臂距差，通过曲轴臂距差来判断曲轴中心线的变化和船体的变形，决定脱险后主机是否正常运行或减速运行。

（3）舵系的检查：搁浅时舵系有可能被擦伤和碰坏，因此搁浅后必须对舵系进行仔细检查。

①进行操舵试验，检查转舵是否受阻；

②检查舵机负荷是否增加，如电机电流和舵机油压是否正常；

③检查转舵时间是否符合要求（从任一舷的35°转至另一舷的30°不超过28 s）；

④检查舵柱有无移位，转舵时舵柱是否振动。

4. 做好事故记录

记录搁浅发生的时间和脱浅的时间；记录所采取的各项应急措施；记录所造成的直接损失和间接损失等，以便为海事处理提供正确和必要的法律依据。

二、船舶损害应急处理程序

对于营运船舶发生的失火、碰撞、搁浅等紧急情况，根据ISM规则第八章"应急准备"中的规定，每个船公司的安全管理体系（SMS）应对可能出现的船上紧急情况制定相应的处理程序，以便船舶一旦发生紧急情况，岸上和船上人员及时有效地处理。

该处理程序包括:

1. 船长将船舶损害情况的信息报告给公司

2. 公司的应急处理程序

(1) 收集信息

确认船舶受损害的信息,核实船舶损害的真实性。

(2) 通知相关机构

根据船舶损害的程度,可通知船舶保险机构、船舶租船人、港口代理。

(3) 救助

船务公司应负责安排船舶保险公司并提供必要的信息,以供保险公司在决定救助中作为参考;如果船舶处于危险损害中,如可能对海洋环境造成污染或即将对船员、旅客或船舶的安全构成威胁并且没有时间等待船舶保险人做出决定,船长具有签署"救助合同"的权利和义务。

(4) 财务担保

当载有货物的船舶发生损害事故时,公司可能要提出"共同海损"声明。在这种情况下,公司/船东应指定"海损协调人"。收货人提出的"海损债务"必须由货物保险人进行签署。海损声明必须是无条件的,如果货物没有进行投保,在交货之前,有必要要求货主提供银行担保或提供货物分担的保证金。

(5) 获得当地部门救助

在可能的情况下,应尽力与当地保险人的代表取得联系,接受他们提供的必要服务,因为他们熟悉当地的条件和机构,这将有利于保护保险人和船东的利益。

3. 船舶损害的应急处理程序

当船舶发生失火、碰撞及搁浅时,限制损害与救助船舶的处置程序和方法是:

(1) 船舶损害事故报告

船长报告船舶损害事故时,应该根据现场的实际情况如实报告,并提供足够的有效信息,以便信息接收人做出快速反应。报告的内容仅限于事实本身,不允许加入任何猜测或个人意见。

报告应包括但不限于下列内容:

① 船名和船舶呼号;
② 报告人姓名和职务;
③ 损害事故发生的日期和时间(标准时间);
④ 损害事故点的经度和纬度精确到分;
⑤ 损害发生时船舶的航向和航速;
⑥ 简要概述船舶的损害情况和船舶状态(吃水和倾斜);
⑦ 天气条件(风、雾、雨、冰等情况);
⑧ 海况和潮汐;
⑨ 正在采取的措施和将要采取的措施;
⑩ 需要的协助;
⑪ 已获得的协助;
⑫ 进一步通信的安排;

⑬已经通报的机构和人员。

(2)通信联系

通信联系包括：与公司保持通信联系；与他船的通信联系；与最近的海岸电台进行通信联系，以便及时通报本船的损害事故状况，得到及时的救助。

(3)通知有关机构

除需要通知本公司外，还应向有关机构报告，并立即通过公司或船长直接通知船舶保险人或其当地代表。

(4)针对船舶的损害事故，根据船舶的应急操作采取正确的措施以阻止事态的扩大。

(5)保存证据资料

证据资料包括：航海日志、车钟记录簿、轮机日志等；航向记录仪的记录；自动车钟操纵记录仪的打印记录；船舶损害事故发生时，用来标示航向、船位和时间的海图等。

三、船舶弃船程序

船舶弃船程序如下：

(1)当确认不弃船就无法保全船上人命安全时，船长应果断下令弃船，但除紧急情况外，船长应报经船舶所有人同意。

(2)船长下达弃船命令后，除"途中固定值班人员"外，全体船员应立即穿着救生衣，按应急部署表的分工完成各自的弃船准备工作。

(3)无线电员须在电台值守，按规定发送遇险电文，直至通知撤离。

(4)机舱固定值班人员在听到警报信号后仍应坚守岗位按令操作；在得到完车通知后，在轮机长的领导下，抓紧做好锅炉熄火放汽、关机、停电等弃船安全防护工作；如果接到两次完车信号或船长利用其他方法的通知，应立刻携带规定物品撤离机舱登艇。轮机长最后离开机舱。

(5)船长应督促检查下列工作(国旗和航海日志应亲自携带)：

①降下国旗并携旗下艇；

②销毁秘密文件；

③锅炉熄火放汽；

④关停发电机和机舱内正在运转中的其他一切设备；

⑤关闭海底阀及各个应急遥控油阀等；

⑥是否已发出遇险求救电报并已投放(卫星)应急无线电示位标；

⑦油舱在甲板上的透气口是否封死；

⑧检查艇长的放艇准备工作。

(6)船长应检查按应急计划规定须携带的物品，如国旗、航海日志、VHF和雷达应答器(若艇筏上设有)以及足够的食品、淡水、毛毯等物品。

(7)在登艇前，船长应布置(艇长应请示)以下事项：本船遇难地点；发出遇难求救信号是否有回答；可能遇救的时间及地点；驶往最近陆地或交通线的航向、距离；各艇筏间的通信约定及其他有关指示。

(8)按船长命令放下救生艇和救生筏，有序地登艇(筏)。

(9)弃船登艇时人员撤离的顺序是：首先组织旅客撤离，然后安排船员离船。

(10)最后，船长应通知坚守岗位的无线电员和机舱值班人员撤离，在确信全船无任何人员后方可离船登艇。

(11) 各艇应迅速在离开难船数百米以外集合,以防船舶沉没时对艇筏的影响。

(12) 离船后,船长对全体船员和旅客仍保持完全的职权。

四、弃船时轮机部应急安全措施

(一) 弃船时轮机部人员的职责

1. 轮机长职责

(1) 在机舱进行指挥,督促、指导和检查轮机部全体人员对应变部署表各自职责的执行情况,对突发的事件给予指导和决定。

(2) 负责与船长保持联系,及时掌握船舶的具体情况,确保轮机部人员安全撤离。

(3) 负责携带轮机部的相关文件,最后撤离机舱。

2. 大管轮职责

(1) 停主机及为其服务的辅助设备,同时切断其电源。

(2) 关闭海底阀及应急遥控阀。

(3) 关闭机舱水密门。

(4) 启动机舱风油切断装置。

3. 二管轮职责

(1) 停发电机及切断为其服务的辅助设备的电源。

(2) 如条件许可应尽可能开启应急发电机和应急电源保持供电。

4. 三管轮职责

(1) 停锅炉并放汽,切断电源。

(2) 关闭机舱各污油、污水柜的进出口阀门及测量孔等。

5. 电子电气员职责

(1) 按应变部署表中规定的职责执行。

(2) 协助轮机员关停相关设备的电源。

(3) 关闭 24 V 直流系统电源。

(二) 弃船时轮机部的应急措施

(1) 轮机长应该立即下机舱,现场督促、指导机舱人员的各项操作。

(2) 机舱固定值班人员在听到警报信号后仍应坚守岗位按命令完成各项操作。

(3) 各轮机员按照应变部署的要求进行弃船的各项操作。

(4) 如果接到两次完车信号或船长利用其他方法的通知,应立刻告诉轮机部全部人员撤离机舱,并待全部人员离开机舱后,轮机长才能携带轮机日志、副机日志、车钟记录簿、电气日志及其他重要文件,最后撤离机舱。应立刻携带规定物品撤离机舱登艇。

第七章
船舶机械状态监测

第一节 船舶机械的维修

适用对象：沿海航区及无限航区 750 kW 及以上船舶轮机长。

知识要点概述：熟悉船舶机器设备定时维修、故障维修、视情维修的基本特点和要求。

为了保证和提高船舶的修理质量，满足船级社和法定主管机关要求，使船舶始终处于良好的适航状态，确保船员的生命安全及满足防污染管理规定的要求，必须对船舶进行维修保养。

维修是对船舶机械和设备进行维护与修理的统称，是为了保持机械和设备的技术性能正常发挥所采取的技术措施。维护（或称技术保养）是为了保持船舶机械和设备的技术性能正常发挥所采取的技术措施；船舶修理（或称修船）是在船舶机械和设备的性能下降、状态不良或发生故障而失效时，为了保持或恢复其原有的技术性能所采取的技术措施。因此，船舶维修是维护船舶正常航行的重要技术保障工作。

现代船舶维修大多以预防维修为主，预防维修是指为了防止机械和设备发生故障，在故障发生前有计划地进行一系列的维修工作。

20 世纪 30—50 年代中期是英、美等西方国家广泛应用传统预防维修的阶段，即采用日常检查、保养和定时修理等措施进行有计划的预防维修。当时的科技水平有限，一般的机械设备故障规律被认为基本上符合浴盆曲线。20 世纪 50 年代后期，科学技术飞速发展，特别是电子技术的飞跃，传统的预防维修已经不完全适用，浴盆曲线不能够描述各类设备的故障规律，无法定时修理，只能采用状态监控的手段来防止故障的发生。20 世纪 50 年代中后期至今是采用现代预防维修的阶段，设备的维修主要采用以下几种方式。

一、事后维修

事后维修是在设备发生故障后才进行的维修。事后维修的主要原因是：某些复杂设备虽有故障，但是其许多零部件仍保持良好的基本功能以致无法预测故障的发生；某些设备缺乏适用的检测手段、参数和临界参数；某些设备不具备实施检测的条件。然而事后维修也绝非等待故障的发生,而是在故障发生前后均连续不断地进行状态监控,收集和分析设备的使用、维修的材料,以便评定和改进设备的可靠性和安全性。事后维修是一种非预防性的维修方式,但仍进行经常性的检查和保养工作。

事后维修的特点是不具备预防性,且只限于修复故障。

事后维修一般应用于发生故障后不直接危害使用安全且仍保持基本功能的设备,或采用预防维修方式不经济的设备。事后处理不应当是一种消极和被动的办法,而应当主动地加以监控。

二、定时(期)维修

定时(期)维修也叫计划维修,即按照规定的时限对机械、设备进行拆卸检验和维修,以预防故障的发生。定时维修的机械、设备应具备以下条件:

(1)故障率曲线有明显的磨损故障期,不适于发生偶然性故障设备。
(2)设备的无故障生存期要足够长,即正常使用期较长,否则无维修的必要。
(3)采用其他任何维修方式均不适宜的设备。

定时维修对防止某些设备、机械或零部件的故障发生有着重要的作用,是现代预防维修中不可缺少的维修方式。但是定时维修的缺点也不容忽视:针对性和准确性不高,有时不仅无效甚至有害,可靠性不是很高;维修工作量大,费用高;易存在维修不足或维修过剩。由于所规定的维修时间不一定符合设备的实际情况,在机械设备运转良好、距磨损故障期的出现甚远时进行定时维修不仅无益反而破坏了设备的良好技术状态,使检修后的设备精度可能低于检修前,以致易于发生故障。从对设备的监控角度来看,定时维修对设备的监控是阶段性的、不连续的。

定时维修的依据是浴盆曲线,即当故障率出现上升拐点时即进行维修工作。这种维修方式在船舶机械中应用较多。

三、视情维修

视情维修或称状态维修,是指对机械、设备不确定维修期,而是通过不断地监控设备的运转状况并定量分析其状态信息,按照实际情况来确定维修时间,从而避免故障的发生。采用视情维修的设备应具备的条件如下:

(1)设备的故障率曲线应具有进展缓慢的磨损故障期,以便监测到故障信息后来得及采取防止故障发生的措施。
(2)具有能够反映设备技术状态的参数、参数标准或标准图谱,以便准确地诊断设备的故障。
(3)具有视情设计的设备结构,为进行视情维修提供必要的条件,如设备上安装传感的孔、口等。
(4)视情维修是以现代化的监控手段和故障诊断技术为基础,需具备先进的原位无损检测装置及与计算机相连的终端显示装置等,以进行保护、预警,防止故障发生。

视情维修对设备不确定维修期,而是根据实际情况确定最佳维修时间,因此维修的针对性强。视情维修的特点是具有预防性,通过设备状态监(检)测,确定设备状态是否正常,从而确定是否需要进行维修工作。由于是在设备功能性故障发生前采取措施,因而可有效地预防故障发生并充分地利用设备的工作寿命。此外,视情维修的工作量小,费用低。视情维修是理想的预防维修方式。

视情维修的缺点是需要以监控手段和故障诊断技术为基础,一般只对渐进性故障有效。

四、主动维护

主动维护是对导致设备损伤的根源性参数进行修复,从而有效预防失效的发生,延长设备的使用寿命。主动维护是近几年国际上继状态维修之后提出的一种新的设备管理理念,能使设备的维修费用降低99%甚至更多。

船舶机械和设备在日常的工作中应推广使用主动维护;在维修方式上重点选用视情维修方式或定时维修方式;对不危及安全的故障,即偶然性故障可采用事后维修方式;对于一些经过精确计算有规定使用寿命的零部件或设备采用定时维修;而大多数设备和零部件逐步采用视情维修与定时维修相结合的方式预防故障发生。一个复杂的设备的不同项目,可依据具体情况分别选取不同的维修方式;同一项目可采取一种或多种维修方式。

第二节 船舶机械故障检测和处理

适用对象:沿海航区及无限航区750 kW及以上船舶大管轮。
知识要点概述:熟悉船舶机械故障检测和防止受损的措施。

一、船舶机械故障检测

船舶机械故障检测技术是一种依据一定的监控手段鉴别设备的技术状态是否正常,发现并确定故障的部位和性质,寻找故障起因,预报故障发展趋势并提出相应对策的技术。通俗地说,船舶机械故障检测技术是一种给设备"看病"的技术,能为视情维修提供必要的条件。这里所说的设备包括以下内容:

(1)机器的动态设备:如船舶主机、轴系等。
(2)设备机器的静态设备:如启动空气瓶、管道、阀门等。
(3)电气设备:如机舱中的发电机、配电板等。

(一)船舶机械故障原因及征兆

船舶机械故障原因可以分内因和外因两种:工作应力、环境应力、人为因素和时间是机械产生故障的外因;故障的内因则是指导致机械故障的物理、化学或机械过程,也称为故障机理。维修及管理人员根据故障的迹象判断故障部位,分析故障机理,制定故障对策。

一般情况下故障的原因可分为四个部分:自然损坏,使用维护不当,修理质量不高和设计、制造方面的缺陷。

1. 自然损坏

设备在正常使用过程中,磨损、腐蚀、疲劳等使其零部件尺寸、形状和质量发生变化,从而破坏设备原有的工作状态而导致的故障。

2. 使用维护不当

在使用过程中,未严格按照操作规程进行操作,甚至违章操作;维护不当或缺少维护而造成设备零部件的损坏,引起的船舶故障。例如:在主机备车时,对主机的预润滑不够;未及时地检查、添加或更换机油,造成机油数量不符合标准、机油变质;不及时清洗滑油冷却器、空气滤器等,使其流通阻力增大引发故障,等等。只有全面了解船用设备在使用过程中的要求及各设备零部件的技术状态变化规律,做到正确使用和及时维修,才能有效地预防由此产生的故障。

3. 修理质量不高

船用设备的零部件在维修时,从分解、清洗、检验、维修到装配等各个环节,均有严格的技术标准和要求。如不注重维修质量,会造成设备工作中出现故障,浪费物力、财力。常见的有:主机气阀间隙过大,敲缸严重;喷油泵针阀的研磨等。只有严格修理规范,改进维修设备,提高维修技能,加强对维修的检查和验收,才是提高维修质量的有效途径。

4. 设计、制造方面的缺陷

由于零部件在设计、制造方面存在缺陷,在使用过程中会突然或逐渐暴露出来,造成设备的故障。例如,主要铸件(气缸盖、气缸体等)存在砂眼、细小裂纹;运动件(连杆、曲轴等)的强度和刚度过小,在加工制造时,未能很好地消除内应力;零部件精度不合适等缺陷都会造成机器的故障,这种情况虽然较少,但一旦出现即为较重大事故。

船用设备因产生故障的不同而出现不同的征兆,归纳起来,大致有以下几种情况:

(1)工作状态突变。工作状况突变是指设备的工作状态突然出现不正常现象,这是比较常见的故障症状。例如:主机转速突然增加或减少;主机熄火后不能启动;滑油泵出口压力突然降低,等等。这种故障症状明显,容易察觉。

(2)异常响声。设备在运转过程中出现非正常声响,这是故障的"报警器",此时作为船上管理人员应该意识到设备出了问题,应该降速或者停车检查,切不可让设备"带病"作业。例如,主机在运转过程中出现"铛、铛"的异常响声,有可能是敲缸;泵出现"哗啦、哗啦"的响声,有可能是轴套松动;增压器出现刺耳的鸣叫声,等等。

(3)排气烟色不正常。主机或发电柴油机在工作过程中,正常的燃烧产物主要成分应该是二氧化碳和少量的水蒸气,如果燃烧不正常,废气中会掺有未完全燃烧的碳微粒、一氧化碳等碳氧化物,这时排烟的颜色可能变黑、变蓝或变白,也就是说排烟不正常。一般情况下,润滑油上窜到气缸时,尾气呈蓝色;燃烧不完全时,尾气呈黑色;油中有水时,尾气呈白色。

(4)过热。高温通常出现在主机排烟管或者油泵、水泵的壳体上。例如,主机排烟温度过高,轴承温度过高等。

(5)渗漏。渗漏是指发动机的燃油、滑油以及压缩空气等的现象。这也是明显的故障特征,通过细心观察可发现。燃油泄漏则会发现主机机体上有漏油的痕迹或机舱花钢板上有摊状的油迹;压缩空气漏泄时,可以明显地听到"嘶、嘶"的漏气声音。

(6)有特殊的气味。在主机或设备运转过程中,闻到一股特殊的气味,例如,离心泵盘根烧焦的味道,电路短路时也会有焦煳味产生。

(二)船舶机械故障检测

现代化船舶的机械故障检测是通过对机械的状态监测与故障诊断来完成的。状态监测与故障诊断是故障检测技术的两个组成部分。状态监测主要是对设备的技术状态进行初步识别,故障诊断则是对该状态的进一步分析识别和判断。实际上,没有监测就没有诊断,诊断是目的,监测是手段;监测是诊断的基础和前提,诊断是监测的最终结果。

1. 状态监测

状态监测的任务是了解和掌握设备的运行状态,包括采用各种检测、测量、监视、分析和判别方法,结合系统的历史和现状,考虑环境因素,对设备运行状态进行评估,判断其处于正常或非正常状态,并对状态进行显示和记录,对异常状态做出报警,以便运行人员及时处理,并为设备的故障分析、性能评估、合理使用和安全工作提供信息和准备基础数据。

通常设备的状态可分为正常状态、异常状态和故障状态几种情况。正常状态指设备的整体或局部没有缺陷,或虽有缺陷但其性能仍在允许的限度以内。异常状态指缺陷已有一定程度的扩展,使设备状态信号发生一定程度的变化,设备性能已劣化,但仍能维持工作,此时应注意设备性能的发展趋势,即设备应在监护下运行。故障状态则是指设备性能指标已有较大程度的下降,设备已不能维持正常工作。设备的故障状态还有严重程度之分,包括已有故障萌生并有进一步发展趋势的早期故障;程度尚不很重,设备尚可勉强"带病"运行的一般功能性故障;已发展到设备不能运行必须停机的严重故障;已导致灾难性事故的破坏性故障;以及由于某种原因瞬间发生的突发性紧急故障等。对应不同的故障,应有相应的报警信号,在机舱里一般用指示灯光的颜色来表示故障的性质,绿灯表示正常,黄灯表示预警,红灯表示报警。

2. 故障诊断

故障诊断的任务是根据状态监测所获得的信息,结合已知的结构特性和参数以及环境条件,同时结合该设备的运行历史(包括运行记录和曾发生过的故障及维修记录等),对设备可能要发生的或已经发生的故障进行预报、分析和判断,确定故障的性质、类别、程度、原因、部位,指出故障发生和发展的趋势及其后果,提出控制故障继续发展和消除故障的调整、维修、治理的对策与措施,并加以实施,最终使设备复原到正常状态。

不同部位、不同类型的故障,引起设备功能的不同变化,导致设备整体及各部位状态和运行参数的不同变化。故障诊断的主要任务就是当设备上某一部位出现某种故障时,要从这些状态及其参数的变化推断出导致这些变化的故障原因及其所在部位,由于状态参数的数量浩大,必须找出其中的特征信息,提取特征量,才便于对故障进行诊断。由某一故障引起的设备状态的变化称为故障的征兆。故障诊断就是从已知征兆判定设备上存在的故障类型及其所在部位的过程。因此,故障诊断的方法实质上是一种状态识别方法。

故障诊断技术是一门不断发展和完善的技术,从最原始、最简单的用人的感官来诊断,一直到现代化的计算机自动诊断系统。一个完整的故障诊断过程一般由以下几个基本环节组成。

(1)确立运行状态监测的内容

确立运行状态监测主要包括确立监测参数、监测部位及监测方式等方面的内容,这主要取决于故障形式,同时也要考虑被监测对象的结构、工作环境等因素以及现有的测试设备条件,这是整个诊断工作的基础。

(2)建立测试系统

根据环节(1)的要求选取传感器及其配套设施,组成测试系统,用以收集故障诊断所需的信息。在建立测试系统时,不仅要注意有用信号的获取(灵敏度和精度等性能),同时还要考虑测试系统的环境适应性以及如何在测试阶段进行降噪、除噪等,以便简化后续的信号分析处理过程。正确、有效信号的取得是正确诊断的先决条件。

(3)测试、分析及信息提取

对借助测试系统所获得的信号进行加工,包括滤波、异常数据的剔除以及各种分析算法等,其主要目的是从有限的信号中获得尽可能多的关于被诊断对象状态的有用信息,这是机械故障诊断的核心。

①信号采集。信号采集包括直接观察和参数测定：直接观察是根据决策人的知识和经验对机械设备的运行状态做出判断的方法，它是现场经常使用的方法；参数测定是通过对一些表征设备状态的参数进行测定取得故障诊断所需的信息，主要参数有振动、声音、光、温度、压力、电参数、表面形貌、污染物和润滑情况等。

②特征提取。特征提取是故障诊断过程的关键环节之一，直接关系到后续诊断的识别。如振动分析中进行特征提取的方法主要有时域分析法、频域分析法和时序分析法等；油液检测中通过磨粒形貌、成分、粒度大小等分析来进行特征提取。

(4) 状态监测、判断及预报

提取在有效的状态特征后进行状态识别是诊断工作的最后一个环节，也就是机械故障诊断的最终目的。这一步的工作关键是构造或选定判据，确定划分设备状态的各有关参量的阈值等内容，以此判定被诊断对象的运行状态，并对其未来发展趋势进行预测。

3. 故障诊断和状态监测的应用

状态监测一般通过测定设备的某个较为单一的特征参数(如设备的振动、温度等)来检查其状态是否正常。当特征参数小于允许值时便认为是正常，否则为异常。还可以用超过允许值的多少来表示故障的严重程度，当它达到某一设定值(极限值)时就要停机检修。这个过程的前半部分就是状态监测。有些情况下，监测结果不需要做进一步的处理和分析，仅以有限的几个指标就可以确定设备的状态，这就是以监测为主的简易诊断，也属于诊断的范围。一般来讲，简易诊断所用的仪器比较简单便宜，易于掌握，对人员素质要求不高，相当于医院门诊部的初诊。它的任务是弄清设备所处的客观技术状态。

通常情况下，当简易诊断发现设备或部件发生异常时，应转入精密诊断。通常所称的故障诊断不是简易诊断，而是指比较复杂的精密诊断。精密诊断应该对异常状态进行多方面的分析，包括收集设备运行的历史资料、对简易诊断的结果进行审核，同时进一步合理地选择测量仪器对设备的各种参数进行监测，对监测得到的特征信号进行全面的分析(如进行时域、频域、幅域分析等)，以便从特征信号中提取各种征兆，对设备做出综合判断。故障诊断(精密诊断)不仅要检查设备是否正常，还要对设备故障的原因、部位及严重程度进行深入分析，做出判断。它常常要使用较精密的电子仪器，价格高，对人员素质要求高，相当于医院住院部的检查。一般应用于下述情况：

(1) 生产中的重大关键设备，包括没有备用机组的大型机组，如船舶主机、艉轴系统等。

(2) 不能接近检查、不能解体检查的重要设备，如艉轴 - 艉轴管等。

(3) 维修困难、维修费用高的设备。

(4) 没有备件、备件贵的设备。

(5) 从人身安全、环境保护等方面考虑，必须采用诊断技术的设备。

二、防止受损的措施

船舶的机械故障有很多种形式，应根据机械故障的形式采取相应的措施：

对一般的机械故障，不影响航行安全的设备，如海水泵、淡水泵、阀等，利用船上现有的技术及备件进行修理。

对影响航行安全的设备，当故障发生时，应当及时通知驾驶台，为保证船舶的安全而采取相应的措施，如舵机故障、船舶主机故障等。尤其是在航行时，如果值班轮机员认为因机械故障有必要停车或降速时，应马上通知值班驾驶员和轮机长。轮机长应通知船长停车的原因和可能需要的停车时间。只要有可能，驾驶台和轮机长应在停车或降速前协商，以保证值班驾驶员采取必要的船舶航行安全预防措施。

在处理故障之前，需进行风险评估，评估优先次序和预定的工作计划，寻求正确、快捷的减轻风险的措施，尽快排除故障。绝对必要时才需要岸上修理厂协助修理的船上修理项目在必须进行时，除紧急情况外，船长只有在先得到船公司的允许后才可以安排修理。

完成故障处理之后，应就故障现象、发生时间及原因、处理过程，按照船公司的要求完成机械故障报告，并把故障的处理过程记录在轮机日志上。

第三节　船舶机械检测和调整

适用对象：沿海航区及无限航区750 kW及以上船舶大管轮和轮机长。

知识要点概述：沿海航区及无限航区750 kW及以上船舶轮机长，掌握根据船级检验及法定检验确定所要检查设备的方法；掌握按照设备说明书要求调整设备的方法；熟悉调整设备的专用工具；了解设备说明书关于维护保养的规定。沿海航区及无限航区750 kW及以上船舶大管轮，掌握按照设备说明书的要求对设备的保养规定；掌握根据船级检验及法定检验确定所要检查设备的方法；掌握按照设备说明书要求调整设备的方法；熟悉调整设备的专用工具。

一、船舶设备检查

按照ISM体系的要求，船舶的机械设备维护保养周期是船公司根据设备制造商说明书的要求，进行相应的检查。主管设备的责任人应当熟悉设备的检查周期、检查要点，并且严格执行，使机械避免发生故障，保证航行安全。

每种设备的制造厂商不同，说明书的要求也不同，这就要求设备的责任人一定要熟悉说明书的规定。设备的检查要求一般都写在维护保养手册里。每条船都要有自己的保养体系，体系里明确规定了各种设备的检查时间及内容。常见的船舶维护保养体系的计算机管理软件系统有AMOS、NS5、SMMS等。

二、根据船级检验及法定检验确定设备检查的方法

只要有船级的船舶都有规定的检验项目和设备。法定检验是强制的，每条船必须进行法定检验。法定检验由船旗国政府或其授权的船级社进行。船级检验项目和法定检验项目基本相同。

根据船舶船级检验确定所要检查的设备时，有两种方法可进行设备检验：一种方法是船长通知公司，联系当地相应的船级社人员上船检验；另一种方法是某些设备可委托船上的轮机长进行相应的检验。

（一）船级检验所确定设备的检验

每条船在建造时或在入级时都有一个确认检查的设备清单，规定了年度检验、中间检验、循环检验的设备要求。

进行船级检验时，如果是船级社人员上船检验，船上应当做好相应的准备工作。需要开放检查的设备，应当拆下，清洁干净，按顺序摆放好，并准备好相应的日常维护保养记录、测量记录等待检验；需要进行参数调整试验的设备，船上应当事先进行检查和调整，以备检验，如锅炉

在蒸汽压力下进行外部检验时,应提前将锅炉升汽至工作压力,各安全警报装置先自行试验正常后,再提交检验,以节省检验时间。

(二)法定检验所确定设备的检验

同样,每条船在建造或在加入某船旗国时,船旗国政府都有一个规定的设备清单,规定了年度检验、中间检验、循环检验的设备要求,是船旗国政府的强制行为。

进行法定检验可由主管机关指定的验船师或经主管机关授权的船级社进行法定检验。船舶准备设备的法定检验时,应当按照相关要求提前做好相应的工作。若是设备进行开放检查,则其做法与船级检验相同。

(三)检验报告

检验人员现场检验,签证检验报告。

三、设备调整方法

船舶设备的全面调整是指按照设备说明书的规定,其有关参数到了检查与调整的规定时间,或经检查有关参数值超出了说明书的规定值。在这种情况下,为了保证设备的安全运行,必须进行调整。每一种设备的调整在其说明书中都有详细的描述。通常是:

(一)调整前的准备

(1)安全措施:
①人员需佩戴个人安全装备。
②设备安全方面,如停止运行、切断空气、切断电源等。
(2)根据调整的内容准备好技术资料:对于需要拆卸的设备,在调整前应查阅相关说明书的说明,搞清装配关系、配合性质,不能粗心大意、盲目乱拆。同时应明确拆装目的、指定拆装方案。
(3)相关的专用工具应处于良好状态。

(二)调整方法

(1)严格按照设备说明书的规定步骤要求进行调整。需要拆卸的设备应:
①先拆易损件、附属机件,后拆主要机件。
②先上后下,从里到外,即应先从机器的上部、外部开始拆卸,然后拆卸机器的下部、内部机件。
③先拆整件,后分解。
(2)保证原有设备的精度。
(3)按照设备说明书的要求进行检查、清洗、测量、调整,恢复说明书所要求的数值。
(4)如需更换设备的零部件,需注意型号、质量。
(5)设备调整结束根据说明书的要求进行运转试验,运转时间、运转时的负荷一定要符合要求。

四、专用工具

进行有关保养工作时,使用推荐的随机器配备的专用工具要比使用标准工具更简便和省时间。缺乏专用工具不仅难以完成某些保养维修工作,还可能损坏设备。为了提高设备的可维修性并延长其寿命,各设备都随机配备推荐的专用工具,因此专用工具的种类和数量越来越多,一般都随设备一起供应或订购,如柴油机的液压拉伸器、缸套的拆装专用工具、活塞的拆装专用工具、主轴瓦的拆装专用工具及各种专用扳手、专用拉具、专用吊环螺钉、专用顶丝、专用液压工具、气动工具、专用测量工具、清洗工具、研磨工具等。

下面以大型低速柴油机为例说明专用工具:

(1) 液压拉伸器

液压拉伸器工具是大型柴油机中常用的工具(见图7-1),主要用于拆装大型柴油机缸头螺母、连杆、螺栓、螺母等。其主要工作原理是利用螺栓材料本身的弹性变形,借助液压的力量把螺栓拉伸长度,使螺母与其压紧的平面处于松弛状态,以便用扳手旋紧或旋松螺母达到螺栓上紧或旋松的目的。使用液压拉伸器时应根据说明书规定的压力进行。

 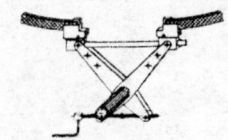 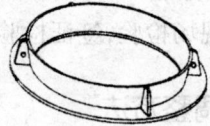

图 7-1　液压拉伸器

(2) 活塞环拆装专用工具

该工具专用于活塞环的拆装,适用于拆装缸径较大的柴油机活塞环。使用时要注意不能用力过猛,以免折断活塞环。

(3) 活塞装入缸套的专用工具

该工具在使用时要平稳地放置在缸套上平面,注意定位销的位置,将带环的活塞涂上滑油并保证环的搭口互相错位后,放入气缸。

(4) 大型低速柴油机常用的排气阀研磨机

排气阀研磨机在研磨时,固定好阀杆及阀座,调整好砂轮角度。研磨阀杆的角度调整到30.5°,研磨阀座的角度调整到30°,阀座的最大研磨量是 2.3 mm,阀杆的最大研磨量是 2.0 mm。值得注意的是,现代新型柴油机配备新型的排气阀和阀座(Dura型),不需要研磨,而且维护间隔和寿命都相对较长,目前只有 MAN B&W 生产。

(5) 缸套内径千分尺(量缸表)

缸套内径千分尺(量缸表)是用于测量缸套内径的一种专用千分表。为方便测量,大型柴油机都随机配备量缸表。其结构由千分表3、连杆7、活动量杆1、固定量杆4、支撑2、锁紧螺母5、调整垫片6等组成,见图7-2。根据缸套内径的大小配上适当的测量杆(即活动量杆1)。测量时,先把一个外径千分尺调到标准缸径,再将内径千分尺与之调校,调校好后再将内径千分尺放到缸套内进行测量。

(6) 桥规

桥规用来测量曲轴的桥规值和主轴颈的下沉量。柴油机主轴颈的下沉主要是由主轴承下瓦磨损和主轴颈磨损导致的。桥规是随机专用工具,其结构随机型不同而异,基本结构如图7-3所示。柴油机的桥规铭牌上一般标有柴油机台架试验时测量的各道主轴承的桥规值,作为在以后使用中测量比较的依据。前后两次测量的桥规值之差即主轴瓦下瓦相应时间段的磨损量。

以上是几种常见的专用工具。专用工具应保持良好的状态及良好的精度,否则会给机器的技术状况和维修计划带来麻烦。

第七章　船舶机械状态监测

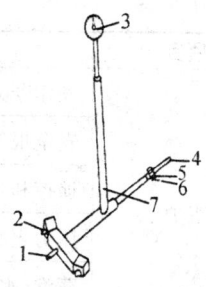

图 7-2　缸套内径千分径

1—活动量杆；2—支撑；3—千分表；4—固定量杆；5—锁紧螺母；6—调整垫片；7—连杆

五、设备保养规定与要求

船舶设备的良好维护保养是保证船舶航行安全的必要条件。对船舶设备进行的维护保养是为了保持船舶设备的技术性能正常发挥所采取的技术措施。船舶航行期间，按照船公司维护保养体系的规定进行适时、充分的维护保养工作，使船舶机械设备处于良好的可运行的状态，既保证了船舶安全航行，又降低了船舶修理费用及停航费用。

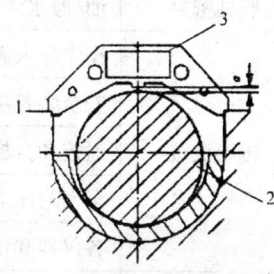

图 7-3　桥规基本结构图

1—桥规；2—主轴颈；3—桥规值

轮机人员日常管理工作的内容包括按照 ISM 体系及机械设备说明书的规定，对船舶机械设备进行维护保养工作，以保证船舶航行更安全，见表 7-1。

表 7-1　机舱内机械设备维护保养项目

项目	检查要点	满意/不满意	备注	条款
主机	操作令人满意			SOLAS 74/88 修正案 第Ⅱ-1章C部分
	安全装置功能正常			
	遥控功能正常			
	油/水无泄漏			
	高压油管套管状况良好			SOLAS 74/88 修正案 第Ⅱ-2/15.2章
	燃油油管套管状况良好			SOLAS 74/00年 修正案 第Ⅱ-2/4章
发电机辅机	操作令人满意			SOLAS 74/88 修正案 第Ⅱ-1章C部分
	安全报警装置功能正常			
	遥控和自控功能正常			
	油/水无泄漏			
	高压油管套管状况良好			SOLAS 74/88 修正案 第Ⅱ-2/15.2章
	燃油油管套管状况良好			SOLAS 74/00年 修正案 第Ⅱ-2/4章

续表

项目	检查要点	满意/不满意	备注	条款
锅炉	操作令人满意			
	安全报警功能正常			
	遥控和自控功能正常			
	压力表状况良好,且每年进行校准			
	蒸汽/水/油无泄漏			
	水位表状况良好			
艉轴密封	油/海水无泄漏			
重要机械	操作令人满意			SOLAS 74/88 修正案 第Ⅱ-1章C部分
	安全装置功能正常			
	遥控和自控功能正常			
	泵密封压盖处无泄漏			
	各仪器和仪表状况良好			
管系	无严重腐蚀或泄漏			
	无临时包缠堵漏/覆板/水泥箱			
	所有阀的操作令人满意			
舱底污水管	舱底油污水泵、管系状况良好			
	应急舱底水吸入阀操作令人满意			
管路的绝缘隔热	状况良好			
机舱总貌	机舱清洁度 机舱必须清洁,无垃圾或废油			SOLAS 74/88 修正案 第Ⅱ-1章C部分
	防护栏和格栅 保护罩和/或防护栏			
	所有仪器和仪表状况良好			
	燃油舱测深管的自闭装置			SOLAS 74/00年 修正案 第Ⅱ-2/4章
	防止油管在法兰/接头处油喷射的措施			SOLAS 74/88 修正案 第Ⅱ-2/15.2章
	最高温度超过220℃的所有机械表面的隔热			SOLAS 74/00年 修正案 第Ⅱ-2/4章
自动控制系统	机舱车钟			SOLAS 74/88 修正案 第Ⅱ章C部分 E部分:UMS
	报警打印机			
	发动机控制台			
	延伸报警			
	主机驾控操作			

第四节 船舶机械的无损检测

适用对象:沿海航区及无限航区 750 kW 及以上船舶大管轮。

知识要点概述:了解材料无损检测方法的常用方法及其在主辅机械部件中的应用;了解视觉检测的实践与局限性;了解染色渗透液测试的使用;了解磁粉检测的应用;了解放射显影的使用;了解红外热像仪的使用。

无损检测技术是一门新兴的综合性应用学科。它是在不损伤被检测对象的条件下,利用材料内部结构存在的异常或缺陷所引起的对热、声、光、电、磁等反应的变化来探测各种工程材料、零部件、结构件等内部和表面缺陷,并对缺陷的类型、性质、数量、形状、位置、尺寸、分布及其变化做出判断和评价。

无损检测技术除能用于检测材料或工件内部和表面的缺陷外,还能用于测量工件的几何特征和尺寸,测定材料或工件内部的组成、结构、物理性能和状态等。

无损检测技术能应用于产品设计、材料选择、加工制造、成品检验、维修保养等多个方面,目的在于定量掌握缺陷信息,检测设备(构件)在制造和使用过程中产生的结构不完整性及缺陷情况,以便改进制造工艺,提高产品质量,降低生产成本,及时发现故障,保证设备安全、高效、可靠地运行。

目前,在工业上已经广泛应用的常规无损检测技术主要有视觉检测、渗透检测、磁粉检测、射线检测、红外测温与成像、超声波检测、涡流检测。随着无损检测技术与计算机技术、数字图像处理技术、电子测量技术的结合,实时成像技术、层析射线照相技术、数字辐射成像技术等已成为无损检测技术主要的发展方向,无损检测技术的研究和应用呈现出数字化、实时化、大型化和广应用化的发展趋势。

一、视觉检测

观察法是通过人的眼睛或借助各种放大装置来观察和判断零件表面缺陷的方法。该方法简单、快速,是最常用的检测方法之一;缺点是仅能检查表面缺陷,受表面状况的影响,某些部位难以接近,当缺陷很小而检查面积很大时有漏检的可能。其准确程度与检验人员的经验有关。视觉检测常用的辅助工具有放大镜、内窥镜等。

二、渗透检测

渗透检测是一种以毛细管作用原理为基础的检查表面开口缺陷的无损探伤方法。

(一)渗透探伤的工作原理

渗透探伤的工作原理如图 7-4 所示。零件表面被施涂含有荧光染料或着色染料的渗透液后,在毛细管作用下,经过一定时间的渗透,渗透液可以渗进表面开口缺陷中;然后除去零件表面多余的渗透液,干燥后在零件表面施涂吸附介质——显像剂;同样,在毛细管作用下,显像剂将吸附缺陷中的渗透液,使渗透液回渗到显像剂中,并且在覆盖膜中扩大;在一定的光源(黑光和白光)下,缺陷处之渗透液痕迹被显示出(黄绿色或鲜艳红色荧光),从而探测出缺陷的形貌及分布状态。

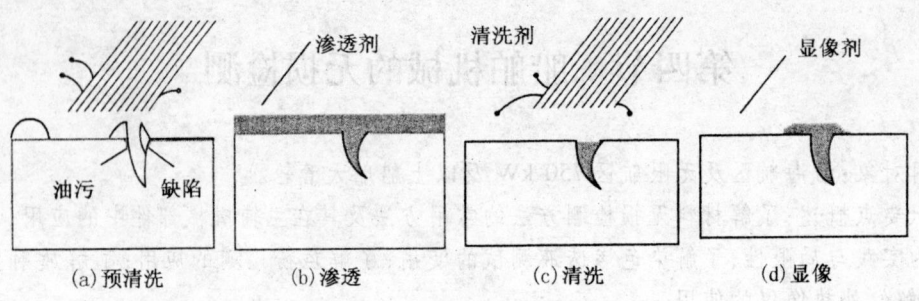

图 7-4 渗透探伤的工作原理

(二) 渗透探伤方法的分类

根据渗透液所含染料成分的不同,常用的渗透探伤方法有以下几种:

(1) 着色渗透探伤法:使用的渗透液主要是颜色深的着色物质,通常由红色染料及溶解着色剂的溶剂组成。显像剂则由含有吸附性强的白色颗粒状的悬浮液组成。通过白色显像剂所吸附的红色渗透剂,显现出对比度明显的色彩图像,能直观地反映出缺陷部位的形态及数量。

(2) 荧光渗透探伤法:使用含有荧光物质的渗透剂,经清洗后保留在缺陷中的渗透液被显像剂吸附出来。用紫外光源照射,使荧光物质产生波长较长的可见光,在暗室中对照射后的工件表面进行观察,通过显现的荧光图像来判断缺陷的大小、位置及形态。

(3) 荧光着色渗透探伤法:兼备荧光渗透探伤法和着色渗透探伤法的特点,缺陷图像在白光或日光下能显色,在紫外线下又能激发出荧光。

根据渗透液清洗方法,渗透探伤分为水洗型、后乳化型和溶剂去除型三大类。根据不同的显像剂,渗透探伤方法又可分为干式显像、湿式显像两大类。实际探伤时经常是将上述几种不同方法组合应用。例如,水洗型、溶剂去除型的渗透剂组合,既可以使用干式显像,也可以选用湿式显像。根据检验缺陷是否穿透,渗透探伤分为表面探伤和检漏法两大类。表面探伤主要检验表面缺陷,检漏法主要检测穿透性缺陷。

(三) 渗透检测的操作程序

常用渗透检测的基本操作包括表面预处理、施加渗透剂、清除表面渗透剂、显像和后清洗等几个环节。

(1) 表面预处理:表面预处理是向被检工件表面涂覆渗透剂前的一项准备工作,其目的是彻底清除工件表面妨碍渗透液渗入缺陷的油脂、涂料、铁锈、氧化皮及污物等附着物。清除污物的方法主要有机械法,化学法(酸、碱洗),溶剂去除法。

(2) 施加渗透剂:渗透剂施加方法有浸渍法、刷涂法、喷涂法。

渗透所需时间依渗透种类、被检工件的材质、缺陷本身的性质以及被检工件和渗透剂的温度而定。对水洗型渗透剂,无论是水基的还是自乳化型的,由于渗透性能较差,需要的渗透时间会长一些。对后乳化型和溶剂去除型的渗透剂,因有降低表面张力,增加润湿作用的成分,故有极好的渗透性能,渗透所需时间较短。

一般渗透探伤工艺方法标准规定:在 15~50 ℃ 的温度条件下,施加渗透液的渗透时间一般不少于 10 min,温度越低,放置时间就越长。应力腐蚀裂纹特别细微,渗透时间需更长,甚至长达 4 h。

(3) 清除表面渗透剂:无论采用何种类型的渗透剂,清洗处理都是必不可少的步骤。其目的是去除附着在被检工件表面的多余渗透剂。

(4)显像:显像是利用显像剂吸附从缺陷中回渗到受检零件表面的渗透液,形成一个肉眼可见的缺陷所示。

(5)后清洗:在检验结束之后,为了防止腐蚀试验体表面而进行的除去显像剂与残留的渗透液的处理。

(四)渗透检测的特点

渗透探伤的优点是设备简单、成本低廉、操作较为容易、缺陷显现直观、容易判断、不受材料种类的限制,广泛应用于各种金属材料和非金属材料构件的表面开口缺陷的质量检验。

但渗透探伤不能用于检验多孔性材料,所用试剂有一定的毒性,并对被检工件的表面光洁度有一定要求,使它的应用范围受到一定的限制。渗透探伤只能检测表面开口缺陷,只有和其他无损检测方法配合使用才能最终确定缺陷性质。

(五)渗透检测的安全技术

渗透探伤试验使用的试剂本质是无害的,但是直接将渗透液、清洗剂、显像剂等吸入体内或者大量吸入上述雾状物的话,就会影响身心健康。特别是在密封容器内或者在室内探伤的时候,由于挥发性气体、毒性气体容易滞留,所以要充分换气。另外,探伤剂附着到皮肤上的时候,或多或少会引皮肤起疹斑,为防止这种情况发生,最好使用橡胶手套。

显像剂中使用了很多金属酸化物的细粉末,在做试验的时候,细粉末就会飘散到空气中,因此,要注意加强通风换气。

储装渗透探伤剂的容器应密封。储存地点应尽量挑选冷暗处,并且避免烟火、热风、阳光直射等。压力喷罐严禁在高温处存放,因为在高温处,罐内的压力将增大,有发生自燃、爆炸的危险。另外,将罐废弃时,必须在罐上开孔。

在使用油溶性的探伤剂时,同使用普通油类或溶剂一样,必须进行预防火灾的管理。

在应用荧光探伤时,所用的黑光是由蒸气汞弧灯的光辐射中过滤出的强紫外辐射线,会产生各种物理、化学及生理性效应。紫外线产生的生理效应与波长有关。波长低于 32 nm 的紫外光对人体是有害的;而用于荧光检验的黑光波长一般为 320~400 nm,不会对人体造成严重后果。但当黑光直接或反射到检测人员的眼睛时会引起眼球的荧光效应,有时眼睛会被刺伤和产生不舒服感,使检测人员的视力模糊,检测无法进行。因此,应当安装黑光屏蔽罩,避免检测人员接触紫外线较长时间后患角膜炎或结膜炎,以保证检测过程中人员的舒适性和较高的工作效率。

三、磁粉检测

磁粉探伤,是一种通过磁粉在缺陷附近漏磁场中的堆积以检测铁磁性材料表面或近表面处缺陷的无损检测方法。磁粉探伤作为检查机械零件内部及表面缺陷的一种常用手段,其原理简单、操作容易,现已广泛应用于机械零件缺陷的检查中。

(一)磁粉探伤原理

磁粉探伤是利用铁磁性材料被磁化后,由于不连续的存在,工件表面和近表面的磁力线发生局部畸变而产生漏磁场(即磁感应线离开和进入表面时形成的磁场)。该磁场能够吸附施加在工件表面的磁粉,形成在合适光照下可见的磁痕,从而显示在不连续的位置,有着不同的形状和大小,如图 7-5 所示。

漏磁场的强度和分布取决于缺陷的长度、取向、位置（近表层）和被测表面的磁化强度。当缺陷垂直于磁化方向时，灵敏度最高；当缺陷平行于磁化方向时，则无磁粉痕迹显示。磁粉探伤可检验出铁磁性材料中裂纹、发纹、白点、折叠、夹杂物等缺陷，且能直观地显示出缺陷的位置、形状、大小和严重程度，检查缺陷的重复性好。

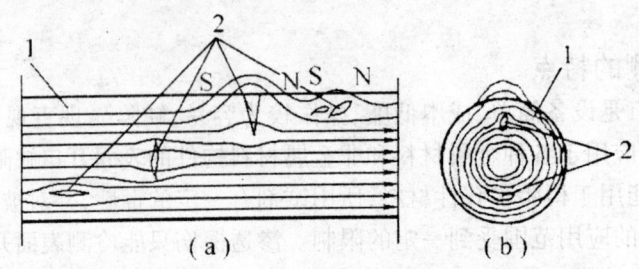

图 7-5　磁粉探伤原理
1—零件；2—缺陷

（二）磁粉检测程序

1. 预处理

被检查工件的表面应当清洁、干燥。工件表面有油脂、涂料、锈斑及其他异物附着时，不但会妨碍缺陷对磁粉的吸附，而且在使用磁悬液时这些异物会污染检查液，从而影响检验效果。

工件被磁性金属覆盖层覆盖时不宜用磁粉探伤法探伤。镀铁、镀镍、镀钴及其合金将使工件表面覆盖层具有较高的磁导率，被缺陷阻滞而弯曲了的磁力线将透过表面覆盖层，而不易造成漏磁场，致使工件表面层下缺陷不易被检验出。

工件被非磁性金属层覆盖时仍可用磁粉探伤法探伤。镀锌、镀锡、镀锑、镀铜等使工件表面覆盖层具有较低的磁导率，不会或很少影响表面缺陷造成的漏磁场，不会影响缺陷的检验。

对于装配件，应分解为单个零件进行探伤。因为装配件的形状一般较复杂，难以进行恰当的磁化和退磁。分解后的零件探伤操作方便，而且能观察到所有的探伤面。

检查前，对油孔及其他孔穴等应用软木塞或其他对检测无害的物质封堵，防止进入磁粉。被检工件表面的颜色相对于磁粉颜色应有最好的对比度，如用黑磁粉检测暗色表面工件即对比度很差时，可在表面喷涂一层很薄的白色反差增强剂。

2. 磁化

磁粉探伤是以工件缺陷处的磁痕堆积来反映缺陷的大小和性质。要使缺陷处的磁痕显示得最清晰，必须使缺陷处有足够大的漏磁场。因此，为了获得良好的探伤效果，应该对磁粉探伤时的技术参数进行选择，即确定工件磁化时的方向和所需的磁场强度。

3. 缺陷显示

磁力探伤对缺陷的显示方法有多种，有用磁粉显示的，也有不用磁粉显示的。用磁粉显示的称为磁粉探伤，因它显示直观、操作简单，是最常用的方法之一。不用磁粉显示的，习惯上称为漏磁探伤，常借助于感应线圈、磁敏管、霍尔元件等来反映缺陷。漏磁探伤比磁粉探伤更高效，无污染，易于实现自动化和量化分析，但不如磁粉探伤直观。

根据施加磁粉介质的种类不同，检验方法可分为湿法和干法。磁粉检测时，施加磁粉可以与通电同时进行（称为直接法），也可以在断电以后进行（称为剩磁法）。

磁粉分为荧光磁粉和非荧光磁粉两种。

4. 磁痕的观察、记录与缺陷评定

缺陷磁痕的显示记录可采用照相、录像和可剥性塑料薄膜等方式记录，同时应用草图标示。

磁粉图是分析裂纹缺陷的第一手资料，磁粉图的形状和分布情况大体上是对裂纹的形状和分布情况的描写。但磁粉检测所形成的磁痕有假磁痕、非相关磁痕和相关磁痕之分。

5. 退磁

退磁可分为交流退磁法和直流退磁法两种。

(1) 交流退磁法：将需退磁的工件从通电的磁化线圈中缓慢抽出，直至工件离开线圈 1 m 以上时，再切断电流；或将工件放入通电的磁化线圈内，将线圈中的电流逐渐减小至零或将交流电直接通过工件并同时逐步将电流减到零。

(2) 直流退磁法：将需退磁的工件放入直流电磁场中，不断改变电流方向，并逐渐减小电流至零。

大型工件可使用交流电磁轭进行局部退磁或采用缠绕电缆线圈分段退磁。工件的退磁效果一般可用剩磁检查仪或磁场强度计测定。

(三) 磁化方法

1. 按磁化电流性质分类

磁粉探伤按磁化电流性质分为交流电磁化法和直流电磁化法。

为了获得强磁场和确保安全，选用低压大电流，一般电压在 12 V 以下，电流则因零件大小按经验公式求得。它们的特点如下：

(1) 直流电磁化：磁场强度大，磁力线在零件截面上分布均匀，适用于表面缺陷或近表层 (6~7 mm) 缺陷的显示，设备复杂，使用不便，退磁困难，现在应用较少。

(2) 交流电磁化：穿透力小，适用于表面 (集肤效应，1~1.5 mm) 缺陷。可探测表面以下 2 mm 深度的缺陷，探测灵敏度高，易于退磁，设备简单，电源方便，应用广泛。

2. 按磁场方向分类

磁粉探伤按磁场方向分为纵向磁化、周向磁化、复合磁化和旋转磁化。

(1) 纵向磁化：零件磁化后产生平行零件轴线的磁力线，可以探测与零件轴线垂直或夹角不大于 45°的缺陷。纵向磁化的方法主要有线圈法(见图 7-6)、磁轭法(见图 7-7)。

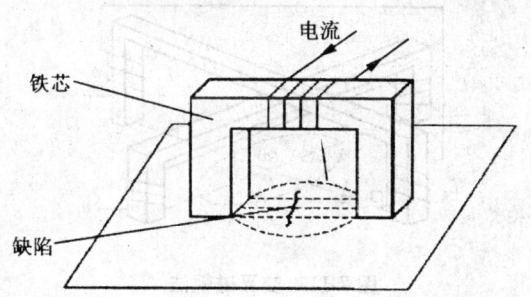

图 7-6 线圈法

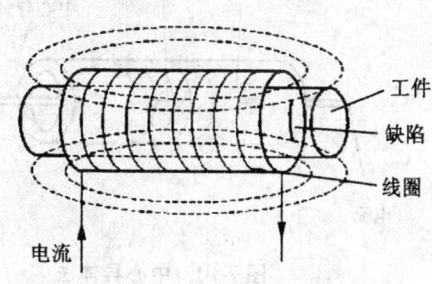

图 7-7 磁轭法

(2)周向(横向)磁化:零件直接通电或使穿过零件的芯轴通电,使在零件内产生垂直零件轴线的磁力线探测轴向缺陷,即平行或近平行零件轴线的缺陷。周向磁化的方法主要有轴向通电法(见图7-8)、触头法(见图7-9)、中心导体法(也称芯杆法,见图7-10)。

(3)复合磁化:零件上同时产生纵向和周向磁力线,可以探测零件上任意方向上的缺陷。复合磁化法包括交叉磁轭法(见图7-11)和交叉线圈法等多种方法。

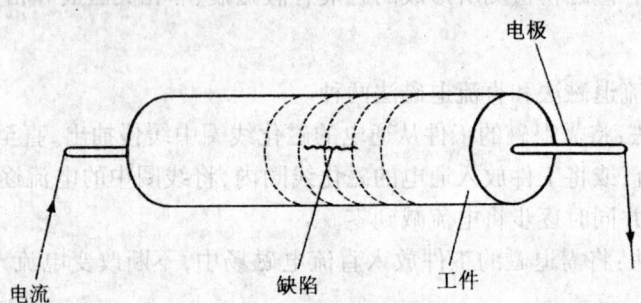

图7-8 轴向通电法

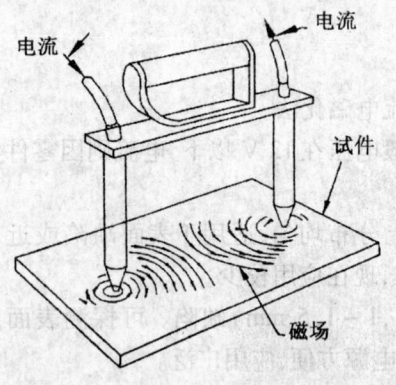

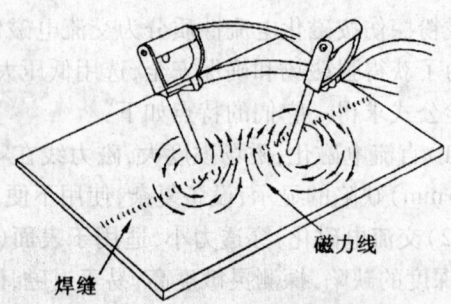

图7-9 触头法

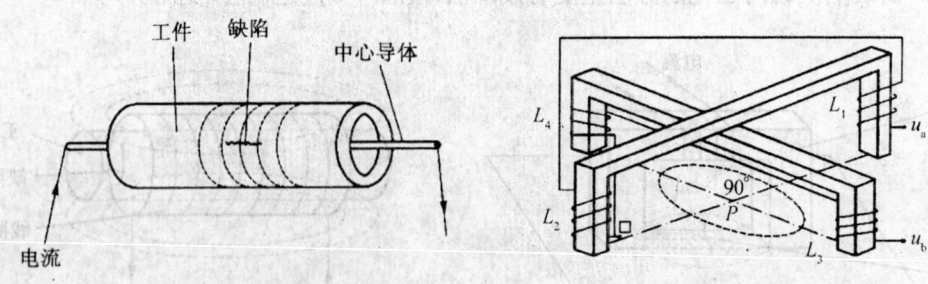

图7-10 中心导体法　　　　　　图7-11 交叉磁轭法

(4)旋转磁化:旋转磁化分为平面磁化和空间磁化。平面磁化是采用两个相互交叉的电磁轭,分别接入相位不同的交流电,在磁极所在平面产生旋转磁场,适用于钢板焊缝等的磁粉探伤。空间磁化是采用三组相互交叉的磁化线圈,分别接入相位不同的交流电,在磁化装置包容的区域内形成空间的旋转磁场,适用于复杂形状工件的磁粉探伤。

(四)磁粉检测特点

磁粉探伤具有下列优点:
(1)能直观显示出缺陷的位置、大小、形状和严重程度,并可大致确定缺陷的性质。
(2)具有很高的检测灵敏度,能检测出微米级宽度的缺陷。
(3)能检测出铁磁性材料工件表面和近表面的开口与不开口的缺陷。
(4)综合使用多种磁化方法,几乎不受工件大小和几何形状的影响,能检测出工件各个方向的缺陷。
(5)检查缺陷的重复性好。
(6)单个工件检测速度快,工艺简单,成本低,污染轻。

磁粉探伤的局限性如下:
(1)只能检测铁磁性材料。
(2)只能检测工件表面和近表面缺陷,且仅能显出缺陷的长度和形状,难以确定其深度。
(3)受工件几何形状影响会产生非相关显示。
(4)通电法和触头法磁化时,易产生打火烧伤。
(5)对剩磁有影响的一些工件,经磁粉探伤后还需要退磁和清洗。
(6)试件表面不得有油脂或其他能黏附磁粉的物质。

四、射线检测

射线探伤是利用射线(X射线、γ射线或其他高能射线)在穿透被检物各部分时强度衰减的不同,检测被检物中缺陷的一种无损检测方法。

X射线、γ射线均为不可见光,是一种波长很短的电磁波。其主要特性有:
(1)人眼不可见,以光速直线传播。
(2)不受电场和磁场的影响,其本质是不带电的。
(3)能穿透一般可见光所不能透过的物质。其穿透能力的强弱,与X射线的波长以及被穿透物质的密度和厚度有关。X射线波长愈短,穿透力就愈大;密度愈低,厚度愈薄,则X射线愈易穿透。
(4)能被物质的原子吸收和散射,从而在穿透物质的过程中发生衰减现象。
(5)能使某些物质起光化学作用,使胶片感光,使某些物质发生荧光作用。
(6)对生物细胞起作用(生物效应),伤害及杀死有生命的细胞。

(一)射线探伤的工作原理

X射线探伤原理如图7-12所示。当射线穿透被检验的金属时,由于原子对射线的吸收与散射作用,射线的强度被削弱,材料厚度愈大,强度减弱愈多。如果在X射线、γ射线穿透过程中,遇到材料内部的各种缺陷,如气孔、夹渣、裂缝等,由于这些缺陷对射线的衰减作用比毗邻的致密金属要小得多,从而使照相底片或荧光屏上呈现不同黑度的影像,由此即可判别缺陷的性质、大小和分布状态等。

(二)射线探伤的特点

射线探伤的主要优点是:适用于所有材料,底片可永久保存,较直观地展示内部缺陷的大小、形状和位置等。

在应用中,射线检测技术存在的主要问题是:检测成本高;射线照相检测技术对裂纹类缺

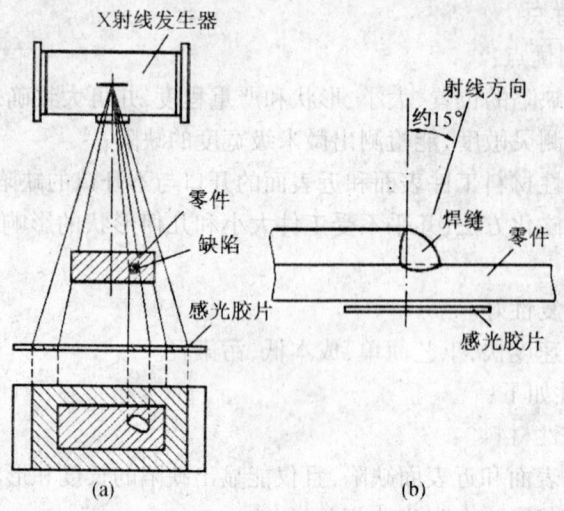

图 7-12　X 射线探伤示意图

陷有方向性限制,较难发现垂直于射线方向的裂纹;缺陷的深度很难辨别;厚件的曝光时间长,需要两面都能操作。另外,射线对人体有害,需要采取适当的防护措施。

针对常规射线检测技术存在的一些问题,近年来出现了一系列新技术、新设备,如射线实时成像检测技术、射线层析检测技术(又称工业 CT 技术)、缺陷自动识别与评定技术等,在相当程度上克服了常规射线检测技术的弱点,并为射线检测技术引入了新特点,这些特点为射线检测技术的应用开辟了重要的新领域。例如,工业 CT 技术(工业用计算机断层成像技术)就是在射线检测的基础上发展起来的,能对工件进行断层扫描,并进行数字处理,给出真实反映工件内部结构的断层二维图像,再经图像处理,给出三维立体透析图像,从而直观地反映出工件内部的结构、有无缺陷及损伤缺陷的准确位置。

五、红外测温与成像

非接触式测温,即红外测温。非接触式测温的方式避免了接触式测温存在的由热平衡和热接触带来的缺点和应用范围的限制,也避免了对一些高温、高电压、高风险设备的接触。

热辐射现象极为普遍,任何物体,只要它的温度高于绝对零度,就能产生热辐射,温度不同,辐射的波长组成不同,辐射能的大小也不同。该能量中包含可见光与不可见光的红外线两部分。温度决定了辐射的强度与波长,即温度这个物理量对热辐射现象起着决定性作用。当物体的温度在 1 000 ℃ 以下时,热辐射中最强的波是红外辐射,即热辐射中很重要的成分是红外辐射。当温度达到 300 ℃ 时,热辐射中最强的波长为 5 μm,是红外线;当温度达到 500 ℃ 时,热辐射中才会出现暗红色的辉光;当温度达到 800 ℃ 时,呈现"赤热"状态,热辐射中已有足够的可见光成分,但其绝大部分的辐射能仍属于红外辐射;只有当温度达到 3 000 ℃ 时(相对于白炽灯丝的温度)时,它的热辐射中才包含足够多的可见光成分。以上事实说明,热辐射中很重要的成分是红外辐射,故热辐射称为红外辐射。

红外线的波长为 0.76~1 000 μm。虽然红外线是一种看不见的光线,但红外线与可见光或电磁波一样,遵守相同的物理定律,以光速传播,可以被吸收、散射、反射、折射。这样就可以利用红外检测来监测设备的温升情况,借此来监控设备的运转状况。

红外测温设备主要由精密光学系统和红外探测器两部分组成。

精密光学系统用于收集处于视场内的红外辐射功率,再把它聚集到探测器的响应平面上;它与探测器一起决定了测温设备的视场和空间分辨率,由透镜组成。

红外探测器是红外测温的敏感器件。它是把入射的红外辐射能转变成其他能量或变成另一种便于测量的物理量的传感器。

目前,红外测温的仪器主要有:红外热像仪和红外点温仪。红外热像仪是利用红外探测器、光学成像物镜和光机扫描系统,在不接触检测目标的情况下,接收物体表面的红外辐射信号,该信号转变成电信号后,再经电子系统处理传至显示屏上,得到与景物表面温度热分布相对应的"实时热图像"的仪器。它实际上将景物的不可见的热图像转变为可见的图像,使人类的视觉范围扩大到了红外谱段,多用于精密诊断和大范围的检测。红外点温仪以黑体辐射定律为依据,通过对被测目标红外辐射能量的测量,经黑体标定,来确定被测目标的温度,在温度的非接触测量手段中最轻便、最直观、最价廉,多用于检测单独的连接处和对小面积进行简易诊断。

第五节 船舶机械材料测试

适用对象:沿海航区及无限航区 750 kW 及以上船舶大管轮。

知识要点概述:了解材料破坏性测试和非破坏性测试;了解材料样品的破坏性试验。

一、应力试验

机械零部件承受负载时,其内部应力的大小及其变化是造成失效(如变形、断裂、疲劳破坏、应力腐蚀等)的主要原因。工件内部应力的大小变化除了与其受力情况有关外,还与其加工过程、形变及周围的温度有关。因此,应力的测量及分析对控制工件的质量具有重要意义。目前,测量应力的方法主要分为机械法和物理检测法两大类。

(1)机械法包括小孔(释放)法、纳米压痕法,如钻孔法、取条法等。机械法测量残余应力一般将具有残余应力的部分从构件中分离或切割出来,使应力释放,然后测量其应变的变化求出残余应力,是一种间接测量手段。机械法会对工件造成一定的损伤和破坏,但由于其具有理论完善、技术成熟、测量精度较高等优点,目前在现场测试中应用广泛。

(2)物理检测法包括 X 射线衍射法、超声波检测法、磁粉检测法、Stoney 公式法等。这些方法均属于无损检测,对工件不会造成破坏,但成本较高,其中 X 射线衍射法的发展最为成熟。

(一)机械法

1. 小孔(释放)法

小孔(释放)法测量焊接残余应力是由德国学者 J. Mathar 于 1934 年提出的,具有操作简单、测量方便、对构件损伤程度小等特点。小孔法测定的是所钻小孔中释放的平均残余应力,也叫应力松弛法,现已得到广泛应用。根据钻孔是否钻通,小孔(释放)法又可分为钻孔法和盲孔法。

钻孔法测量残余应力的原理如图 7-13 所示,采用特制的箔式应变花粘贴在预测工件的表面上,在应变花中心钻一小孔,该处金属连同其中的残余应力即被释放,使原有残余应力场失去平衡。这时盲孔周围将产生一定量的应变，其大小与被释放的应力是相当的。测出这种释放应变值，即可利用相应的计算公式，确定测点处的原始残余应力大小，得到在孔深范围内的平均主应力（σ_1，σ_2）和主应力方向角（θ）。孔周围应变的测量可采用机械测长法、电阻应变仪法和光弹覆膜法等。

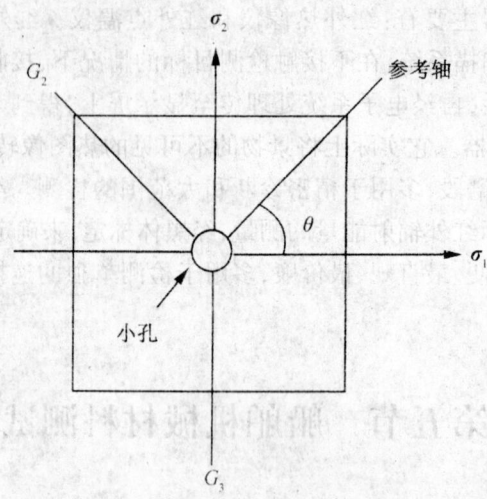

图 7-13　钻孔法测量残余应力原理图

盲孔法是在套用钻孔分析方法的基础上做些修正。若构件内存在残余应力场和弹性应变场，在应力场内任意点处钻一小盲孔（直径为 d，深为 h），该处的金属和其中的残余应力即被释放，原应力场失去平衡，盲孔周围将产生一定量的释放应变（其大小与释放应力相对应），并使原应力场达到新的平衡，形成新的应力场和应变场，测出释放应变 $\Delta\varepsilon$，即可利用相应公式计算出初始测试点的残余应力。

用小孔释放法测量残余应力的最重要的一点是应变释放系数 A、B 的确定，钻孔法应变释放系数可由 Kirsch 理论解直接计算出，盲孔法应变释放系数则需用实验标定。

由于应变片得到的只是长度范围内应变的平均值，因此不适用于残余应力梯度大的情况。近年来，基于钻孔法的特点，一些光学测量方法，如全息法、电子散斑、电子错位散斑、云纹法等逐渐与钻孔法结合起来。光学方法具有全场测量且可靠得到靠近孔周围的残余变形信息的优点，因此提高了钻孔法测量的精度。

2. 纳米压痕法

纳米压痕法是采用硬度试验方法、借鉴盲孔法的应变测量思想，根据应力场干涉理论而形成的一种全新的残余应力测量方法。通过测定材料的载荷 - 位移曲线来评估材料硬度、弹性模量、塑性等性能。

（二）物理检测法

1. X 射线衍射法

X 射线衍射法的依据是弹性力学及 X 射线晶体学理论。对于理想的多晶体，在无应力时，不同方位的同族晶面面间距是相等的；当受到一定的表面应力 σ 时，不同晶粒的同族晶面面间距随晶面方位及应力的大小发生有规律的变化。发生布拉格衍射时，产生的衍射峰也将随之移动，而且移动距离的大小与应力大小相关。用波长为 λ 的 X 射线，先后数次以不同的入射角照射到试样上，测出相应的衍射角 2θ，求出 2θ 对 $\sin2\psi$ 的斜率 M，便可算出应力 $\sigma\psi$。

$M<0$ 时为拉应力，$M>0$ 时为压应力，而 $M=0$ 时无应力存在。在 X 射线应力测定中，通常采取的测试方法有常规法、侧倾法、掠射侧倾法。

X 射线衍射法可以无损地测量构件中的应力或残余应力，特别适用于测量薄层和裂纹尖端的应力分布，是检验产品质量、研究材料强度、选用较佳工艺的一种重要手段。

X 射线的穿透深度较小，只能测量材料表面的残余应力，如果需要测量材料内部的残余应力，或者测量应力梯度，其能力则显得有些苍白。通常解决的办法是需要采用剥层法，即对样品逐层剥离，测量每层表面的应力，然后采用一定的算法扣除因为剥层造成的应力松弛，换算成各层真实的应力。近年来，有人采用中子衍射法和同步辐射 X 射线透过法来测量材料深度的残余应力。

2. 超声波检测法

超声波是一种机械波，它能灵敏地反映试件内部的信息，是一种无损测定残余应力的方法。超声应力测量建立在声弹性理论的基础上，利用受应力材料中的声双折射现象测量残余应力。无应力作用时，超声波在各向同性的弹性体内的传播速度与有应力作用时的传播速度不同。传播速度的差异与所作用的主应力大小有关。在各向同性材料中，由纵波声弹性关系可得到主应力和，横波声弹性关系可得到主应力差。在正交异性材料中，每种波都与主应力和主应力差有关。利用超声波波速与应力之间的关系来测量残余应力。

超声波无损检测技术对于大多数介质而言穿透能力比较强，在一些金属材料中穿透能力可达数米，并且超声检测仪器方便携带到室外或现场使用，现在已发展得比较成熟。但是，超声检测只能检测构件的表面应力，所研究的对象主要是金属材料中的钢铁和铝制品，其他的材料研究还需要大量的实验基础。目前，超声波测试残余应力主要应用在三方面：(1)测量热残余应力；(2)测量螺栓应力；(3)测量焊接应力。

3. 磁粉检测法

磁粉检测法是一种新型的无损测量方法，利用铁磁材料的磁致伸缩效应将应力的变化转化成可以测量的电量(如电压)来测量应力。其变换过程如下：

$$F \rightarrow \Delta \cdot \rightarrow \Delta \mu \rightarrow \Delta R_m \rightarrow \Delta V$$

其中，$\Delta \cdot$ 为应力变化量；$\Delta \mu$ 为铁磁材料磁导率的变化量；ΔR_m 为磁路中磁阻的变化量；ΔV 为传感器输出电压的变化量。目前，磁粉检测法有巴克豪森效应法、磁应变法、磁性各向异性法等。磁粉检测法具有仪器轻便、操作简单、测量速度快、适应性强等优点。但此法只能应用于铁磁性材料，对材料结构等因素也较敏感，因此限制了磁测法的应用。

4. Stoney 公式法

在薄膜残余应力的作用下，镀有薄膜的基底会发生挠曲，这种变形尽管很微小，但通过激光干涉仪或者面轮廓仪，能够测量到挠曲的曲率半径。基底挠曲的程度反映了薄膜残余应力的大小，Stoney 给出了两者之间的关系：

$$\delta_f = \frac{E}{1-v_s} \frac{t_s^2}{6rt_f}$$

式中，t_s 和 t_f 分别对应于薄膜和基底的厚度；r 为曲率半径；E 和 v_s 分别是基底的弹性模量和泊松比。根据该计算方法，人们给出了各种薄膜应力的测试方法，如悬臂梁法、基片曲率法。

二、硬度试验

金属的硬度可以看作金属材料表面在接触应力的作用下抵抗塑性变形的一种能力。硬度测量能够给出金属材料软硬程度的数量概念。由于在金属表面以下不同深处材料所承受的应力和所发生的变形程度不同,因而硬度值可以综合地反映压痕附近局部体积内金属的弹性、微量塑变抗力、塑变强化能力以及大量形变抗力。硬度值越高,表明金属抵抗塑性变形能力越强,材料产生塑性变形也就越困难。

硬度的试验方法很多,在机械工业中广泛采用压入法来测定硬度,压入法又可分为布氏硬度、洛氏硬度、维氏硬度等(见表7-2～表7-5)。

表7-2 布氏硬度试验规范

材料	硬度范围/HB	试样厚度/mm	P/D_2	钢球直径 D/mm	载荷 P/kgf	载荷保持时间/s
黑色金属(如钢的退火、正火、调质状态)	140～450	>6 6～3 <3	30	10 5 2.5	3 000 750 187.5	10
黑色金属	<140	>6 6～3 <3	10	10 5 2.5	1 000 250 62.5	10
铜合金及镁合金	36～130	>6 6～3 <3	10	10 5 2.5	1 000 250 62.5	30
铝合金及轴承合金	8～35	>6 6～3 <3	2.5	10 5 2.5	250 62.5 15.6	60

表7-3 常见洛氏硬度的试验规范及使用范围

标尺所用符号/压头	总负荷/kgf	表盘上刻度颜色	测量范围	相当维氏硬度值	应用范围
HRA 金刚石圆锥	60	黑色	70～85	390～900	碳化物、硬质合金、淬火工具钢、浅层表面硬化层
HRB 1/16″钢球	100	红色	25～100	60～240	软钢(退火态、低碳钢正火态)、铝合金
HRC 金刚石圆锥	150	黑色	20～67	249～900	淬火钢、调质钢、深层表面硬化层

注:(1)金刚石圆锥的顶角为120°+30′,顶角圆弧半径为(0.21±0.01)mm。
(2)初负荷均为10 kgf。

表7-4 维氏硬度试验的三种方法

试验力范围	硬度符号	试验名称
$F \geqslant 49.03$ N	$\geqslant$ HV5	维氏硬度试验
1.961 N $\leqslant F <$ 49.03 N	HV0.2～<HV5	小负荷维氏硬度试验
0.098 07 N $\leqslant F <$ 1.961 N	HV0.01～<HV0.2	显微维氏硬度试验

表 7-5 推荐的维氏硬度试验力

维氏硬度试验		小负荷维氏试验试验		显微维氏硬度试验	
硬度符号	试验力/N	硬度符号	试验力/N	硬度符号	试验力/N
HV5	49.03	HV0.2	1.961	HV0.01	0.098 07
HV10	98.07	HV0.3	2.942	HV0.015	0.147 1
HV20	196.1	HV0.5	4.903	HV0.02	0.196 1
HV30	294.2	HV1	9.807	HV0.025	0.245 2
HV50	490.3	HV2	19.61	HV0.05	0.490 3
HV100	980.7	HV3	29.42	HV0.1	0.980 7

注：(1) 维氏硬度试验可使用大于 980.7 N 的试验力。
(2) 显微维氏试验力为推荐值。

三、金相显微分析法

利用金相显微镜来研究金属及其合金组织和缺陷的方法叫作金相显微分析法。金相显微分析法是研究金属内部组织最重要的方法之一。常用的金相观察检验主要用于以下几个方面：

(1) 原材料检验：对原材料的冶金质量情况如偏析、非金属夹杂物分布类型与级别进行检查；对铸造材料的铸造疏松、气孔、夹渣组织均匀性进行检查；对锻造件的表面脱碳、过热、过烧、裂纹、变形等情况进行检查。

(2) 生产过程中的质量控制：金相分析可以提供调整工序及修改工艺参数的根据，指导生产，如热处理淬火加热温度、保温时间、冷却速度等是否合适（正确）；化学表面热处理工艺参数的控制；锻造的起始和终锻温度是否合适，等等。

(3) 产品质量检验：有些机械零件或产品除要求机械性能、物理性能指标外，有的还要求显微组织参数，作为质量评定的技术指标之一。

(4) 失效分析：金相检验是金属材料失效分析的一项很重要的工作，包括宏观检验和微观检验，常有以下几个方面的内容：

①低倍酸蚀检验。检查材料的内部偏析、疏松、夹杂、气孔等缺陷；表面折叠、夹砂、斑疤等缺陷；内裂纹、白点、过烧等；锻造流线、焊接质量、磨削烧伤等。

②利用硫印和磷印法检验钢中硫和磷的偏析。

③显维组织分析来判断失效件的热处理或冷加工工艺是否正常。

④分析失效件在工作条件下发生的腐蚀、磨损、氧化和表面加工硬化等。

⑤根据失效件上裂纹特征及裂纹两侧的显微组织来判断裂纹的性质。

⑥通过失效件材料内部的非金属夹杂物分析来判断材质是否合格。

金相试样的制备过程包括取样、磨制、抛光、浸蚀等几个步骤。

1. 取样

取样的部位及磨面的选择，根据检验金属材料或零件的特点、加工工艺及研究目的进行选择，取其具有代表性的部位。进行失效分析研究时，应在失效部位完整地取样。待确定好部位后，就可以把试样截下，试样的尺寸通常采用直径为 12～15 mm、高为 12～15 mm 的圆柱体试样或边长为 12～15 mm 的方形试样。

2. 磨制

磨制分为粗磨和细磨。粗磨可使用砂轮机或锉刀锉平,目的是将试样修整成平面。细磨分手工和机械磨制(在予磨机上磨制),目的是消除粗磨留下的磨痕,获得平整光滑的磨面,为抛光做好准备。细磨的操作方法如下:

(1)将砂纸放在玻璃板上,左手按住砂纸,右手紧握试样,并使磨面朝下,均匀、用力向前推行磨制。在回程时,应提起试样不与砂纸接触,以保证磨面平整而不产生弧度。

(2)细磨的砂纸从粗到细有许多号,先从最粗的80#砂纸开始磨制,再经过140#、280#、320#、400#、600#、800#、1 000#、1 200#终止。当前一号磨好后,必须将试样磨面、手及玻璃板擦净,再用下一道砂纸的磨制。每当换一号砂纸时,磨光方向都要转90°。

(3)细磨结束后,必须用水将试样、手清洗干净,以免将砂粒带到抛光盘上影响抛光质量。

有色金属应在金相砂纸上制备,用汽油、机油或肥皂水等作润滑剂。

3. 抛光

抛光的目的在于去除细磨时磨面上遗留下来的细微磨痕和变形层,以获得光滑的镜面。常用的抛光方法有机械抛光、电解抛光和化学抛光三种,其中以机械抛光应用最广。

机械抛光是在专用的抛光机上进行。抛光机主要由电动机和抛光圆盘(直径为200~300 mm)组成,抛光盘转速为200~600 r/min。抛光盘上铺以细帆布、呢绒、丝绸等,抛光时在抛光盘上不断滴注抛光液。抛光液通常采用Al_2O_3、MgO 或 Cr_2O_3等细粉末(粒度为0.3~1 μm)在水中的悬浮液。机械抛光是靠极细的抛光粉对磨面的机械作用来消除磨痕而使其成为光滑的镜面。

4. 浸蚀

抛光后的试样在显微镜下仅能看到某些非金属夹杂物、石墨、孔洞和裂纹等,而无法辨别出各种组成物及其形态特征,必须经过适当的浸蚀,才能使显微组织正确地显示出来。目前,**最常用的浸蚀方法是化学浸蚀法**。

化学浸蚀常用的化学试剂有硝酸、盐酸、苦味酸、过氧酸铵等,根据材料的不同来选择浸蚀剂配方。钢铁材料常用4%的硝酸酒精溶液进行浸蚀。试样浸蚀前用酒精棉擦净,浸蚀方法可采用浸入法或擦拭法,浸蚀时间一般为至试样表面发暗即可。浸蚀后立即用水冲洗,酒精擦洗,吹干后在显微镜下进行观察。

金属材料常用的浸蚀剂见表7-6。

表7-6 金属材料常用的浸蚀剂

浸蚀剂名称	成分	浸蚀条件	使用范围
A. 钢铁材料常用的浸蚀剂			
硝酸酒精溶液	硝酸 1~5 mL 酒精 100 mL	硝酸含量加快时,浸蚀速度增加。浸蚀时间从数秒至60 s	适用于显示碳钢及合金结构钢经不同热处理的组织。显示铁素体晶界特别清晰
苦味酸酒精溶液	苦味酸 4 g 酒精 100 mL	有时可用较淡溶液浸蚀数秒至数分钟	能显示碳钢、低合金钢的各种热处理组织,特别是显示细珠光体和碳化物。显示铁素体晶界效果则不如硝酸酒精溶液

续表

浸蚀剂名称	成分	浸蚀条件	使用范围
混合酸酒精溶液	盐酸 10 mL 硝酸 3 mL 酒精 100 mL	浸蚀 2~10 min	显示高速钢淬火及回火后钢的奥氏体晶粒,显示回火马氏体组织
王水溶液	盐酸(相对密度 1.19)3 份 硝酸(相对密度 1.42)1 份	试样浸入试剂内数次,每次 2~3 s,并抛光、用水和酒精冲洗	显示各类高合金钢组织,用于 Cr-Ni 不锈钢的组织显示、晶界、碳化物析出物特别清晰
B.有色金属材料常用的浸蚀剂			
氯化铁、盐酸溶液	$FeCl_3$ HCl H_2O 　(g)　(mL)　(mL) (a)　1　　20　　100 (b)　5　　10　　100 (c)　25　　25　　100	先擦拭,再浸入试剂中 1~2 min	显示黄铜、青铜的晶界,使二相黄铜中的 β 相发暗,铸造青铜枝晶组织图像清晰
氢氟酸水溶液	HF(浓) 0.5 mL H_2O 99.5 mL	用棉花沾上试剂擦拭 10~20 s	或显示铝合金的一般显微组织
浓混合酸溶液	HF(浓) 10 mL HCl(浓) 15 mL HNO_3(浓) 25 mL H_2O 50 mL	作粗视浸蚀用;若用作显微组织,则可用水按 9:1 比例冲淡后作为浸蚀剂用	是显示轴承合金粗视组织和显微组织的最佳浸蚀剂

第六节　船舶建造与修复

适用对象:沿海航区及无限航区 750 kW 及以上船舶大管轮。
知识要点概述:了解常见的制造技术,包括焊接、锻造、铸压;了解常见的修复工艺。

一、船舶建造与设备加工技术

1. 焊接

在金属结构和机器的制造中,经常需要用一定的连接方式将两个或两个以上的零件按一定形式和位置连接起来。金属连接方式可分为两大类:一类是可拆卸连接,即不必毁坏零件(连接件、被连接件)就可以拆卸,如螺栓连接、键和销连接等;另一类是永久性连接,也称不可拆卸连接,其拆卸只有在毁坏零件后才能实现,如铆接、焊接和黏接等。

焊接是通过外加热或加压,或同时加热、加压的方法,使两个金属件连接达到原子间的冶金结合,形成永久性连接的一种工艺。

按照焊接过程中金属所处的状态不同,可以把焊接方法分为熔焊、压焊和钎焊三类。

熔焊是在焊接过程中,将焊件接头加热至熔化状态,不加压力完成焊接的方法。目前熔焊应用最广，常见的有气焊、电弧焊、电渣焊、气体保护电弧焊、等离子弧焊、电子束焊、激光焊等。

压焊是在焊接过程中，必须对焊件施加压力（加热或不加热），以完成焊接的方法。如电阻焊、摩擦焊、气压焊、冷压焊、爆炸焊等属于压焊。

钎焊是采用比母材熔点低的钎料作填充材料，焊接时将焊件和钎料加热到高于钎料熔点、低于母材熔点的温度，利用液态钎料润湿母材，填充接头间隙并与母材相互扩散实现连接焊件的方法。常见的钎焊方法有烙铁钎焊、火焰钎焊等。

焊接与铆接、铸造相比具有以下优点：可以节省大量金属材料，减轻结构的重量，成本较低；简化加工与装配工序，工序较简单，生产周期较短，劳动生产率高；焊接接头不仅强度高，而且其他性能（如耐热性能、耐腐蚀性能、密封性能）都能与焊件材料相匹配，焊接质量高；劳动强度低，劳动条件好等。

焊接的主要缺点是产生焊接应力与变形，焊接中存在一定数量的缺陷，产生有毒、有害的物质等。

2. 锻压

锻压是在外力作用下使金属材料产生塑性变形，从而获得具有一定形状和尺寸的毛坯或零件的加工方法。它是机械制造中重要的加工方法。锻压包括锻造和冲压。锻造又可分为自由锻造和模型锻造两种方式。自由锻造还可分为手工锻造和机器锻造两种。

用于锻压的材料应具有良好的塑性，以便锻压时产生较大的塑性变形而不致被破坏。在常用的金属材料中，铸铁无论是在常温或加热状态下，其塑性都很差，不能锻压。低中碳钢、铝、铜等有良好的塑性，可以锻压。

锻造生产的工艺过程为：下料—加热—锻造—热处理—检验。

在锻造中、小型锻件时，常以经过轧制的圆钢或方钢为原材料，用锯床、剪床或其他切割方法将原材料切成一定长度，送至加热炉中加热到一定温度后，用锻锤或压力机进行锻造。塑性好、尺寸小的锻件，锻造后可堆放在干燥的地面冷却；塑性差、尺寸大的锻件应在灰砂或一定温度的炉子中缓慢冷却，以防变形或裂缝。多数锻件锻后要进行退火或正火热处理，以消除锻件内的应力和改善金属组织。热处理后的锻件，有的要进行清理，去除表面油垢及氧化皮，以便检查表面缺陷。锻件毛坯经质量检查合格后要进行机械加工。

冲压多以薄板金属材料为原材料，经下料冲压制成所需要的冲压件。冲压件具有强度高、刚性大、结构轻等优点。在汽车、拖拉机、航空、仪表以及日用品等工业的生产中占有极为重要的地位。

经过锻造加工后的金属材料，其内部原有的缺陷（如裂纹、疏松等）在锻造力的作用下可被压合，且形成细小晶粒，因此锻件组织致密、力学性能（尤其是抗拉强度和冲击韧度）比同类材料的铸件大大提高。机器上一些重要零件（特别是承受重载和冲击载荷）的毛坯通常用锻造方法生产，使零件工作时的正应力的方向与流线的方向一致，切应力的方向与流线方向垂直。

3. 铸造

铸造是一种古老的生产金属件的方法，也是现代工业生产制取金属制品的必不可少的重要方法。在一般机器中，铸件占总质量的 40%～80%。铸件一般作为毛坯用，经过切削加工后才能成为零件。铸造是熔炼金属，制造铸型，并将熔融的金属浇入铸型，经冷却凝固后获得具有一定形状和性能的铸件的方法。铸件是用铸造方法获得的金属制品。铸造生产工艺具有以下特点：

(1) 铸造生产适应性强

铸件尺寸和质量不受限制，铸件形状可以非常复杂，特别是可以获得具有复杂内腔的铸件，适于铸造生产的金属材质范围广，生产批量不受限制。

(2) 铸造生产成本低

铸造生产使用的原材料来源广泛，价格低廉，铸件形状、尺寸与零件相近，节省大量的金属材料和加工工时，废金属回收利用方便，因此铸造生产成本低廉。

按生产方式不同，铸造可分为砂型铸造和特种铸造。砂型铸造是用型砂紧实制成铸型生产铸件的铸造方法。砂型铸造是目前生产中最基本的而且是用得最多的铸造方法。用砂型铸造生产的铸件，占铸件总产量80%以上。与砂型铸造不同的其他铸造方法称为特种铸造。它能改变普通砂型铸造的铸件尺寸精度差、表面粗糙、力学性能低以及工人劳动条件差等不足。特种铸造主要有熔模铸造、金属型铸造、压力铸造和离心铸造等。

(3) 常见的铸件缺陷

铸造生产中影响铸件质量的因素很多，常见的铸件缺陷有以下几种：

① 孔洞类：气孔、缩孔、缩松等。

② 裂纹类：冷裂、热裂、冷隔等。

③ 表面类：夹砂、黏砂等。

④ 残缺类：浇不足等。

⑤ 形状尺寸类：变形、错型等。

⑥ 夹杂类：夹渣、砂眼等。

⑦ 铸件成分及性能类：化学成分、金相组织、力学性能不合格等。

二、船舶设备修复工艺

1. 堆焊

堆焊是用熔化焊条的方法在零件磨损或腐蚀的表面上熔敷一层或多层金属的操作。堆焊一般采用熔焊。堆焊工艺适用于修补零件大面积磨损、腐蚀破坏或补偿较大的尺寸以恢复零件原有尺寸，也可以用于新零件的预保护。它是焊接领域的一个分支，是一种熔焊工艺。堆焊的物理本质和冶金过程与焊接相同。原则上所有的熔焊方法都可以用于堆焊，但由于堆焊的作用与一般起连接作用的焊接完全不同，因此，堆焊还具有自身的特性，这些特性是：

(1) 堆焊的目的是表面改性，因此，堆焊材料与基体往往差别很大，因而具有异种金属焊接的特点。

(2) 与修复的零件相比，堆焊层是很薄的一层，因此，堆焊层对整体强度的影响较小，不像焊接(缝)对强度的影响那么大。堆焊层一般只承受表面耐磨作用。

(3) 堆焊层要求尽可能低的稀释率，以便保证堆焊层自身的高性能。堆焊用于强化某些表面时，希望堆焊层尽可能平整、均匀。

2. 电镀工艺

电镀工艺是利用电解原理在金属或非金属零件表面上镀覆一层金属或合金的工艺过程。电镀是一种修复工艺，也是一种强化工艺。它可以修复磨损严重的零件使之恢复原设计尺寸和改善零件工作表面的性能，如提高耐磨性、耐蚀性等。电镀工艺广泛应用于修船，如柴油机曲轴镀铁、活塞环槽和缸套镀铬等。近年来随着电刷镀（即无槽电镀）的推广应用，进一步扩大了电镀工艺在修船领域中的应用。在船机零件的修复工作中，常采用镀铬和镀铁来修复或强化零件工作表面。

电镀分为有槽电镀和无槽电镀。有槽电镀以被镀零件作为阴极，欲镀金属作为阳极，并使阳极的形状符合零件待镀表面的形状。电镀槽一般采用不溶金属或非金属，如铅、铅锑合金、塑料等。电解液是所镀金属离子的盐溶液。

电镀使用直流电源。电镀时，阳极金属失去电子变为离子溶于电解液中，即发生氧化反应；阴极附近的离子获得电子而沉积在零件表面，即发生还原反应。根据电镀质量、镀层厚度等的不同，电镀时所选用的电流密度、电解液的温度、电镀时间等工艺参数也不同。严格控制电镀工艺参数是获得优良镀层的关键。

具体的电镀工艺有很多种，每一种工艺都有其特点，而各种电镀工艺共有的基本特点是：

(1) 由于正常电镀时最高温度都不会超过70 ℃，因此，电镀不会改变零件基体材料的组织和性能，一般不会造成零件基体变形或产生裂纹。

(2) 电镀虽然可以增大零件的尺寸，但一般不能增加零件的承载能力（镀层不参与强度计算），而且有时会降低零件的疲劳强度。

(3) 电镀液都有不同程度的毒性，对人体和环境有一定危害。

3. 激光熔覆技术

激光熔覆技术是利用大功率、高能量激光束聚焦能量极高的特点，瞬间将被加工件表面金属微熔，同时使零件表面预置或同步自动送置的合金粉剂完全熔化。激光束扫描后合金快速凝固，获得与零件基体完全冶金结合的致密熔覆层。

许多的工模具及特殊工况的结构件（如柴油机增压器废气涡轮端的涡轮叶片、电厂汽轮机叶片、鼓风机叶片、齿轮、阀座、气门、挺杆等）要求表面有良好的耐磨性、耐蚀性及高温抗氧化性。这些零件损坏后采用整体材料来制造既浪费贵重金属，又无法兼顾工件对表面耐磨性、耐蚀性与心部强韧性的不同要求；而采用传统的等离子喷涂或堆焊硬质合金的方法又存在涂层疏松、缺陷多、基体热影响区大、生产周期长等缺点。采用激光熔覆涂层技术可在廉价的钢材表面获得高性能的耐磨、耐蚀陶瓷涂层，且涂层均匀致密、缺陷少、成品率高，因此，能大幅度降低成本，具有较大的经济意义，亦为这些零件的修复提供了一条新的途径。

激光熔覆可将高熔点材料熔覆在低熔点材料表面，且材料成分不受通常的冶金热力学条件限制，因此，采用的熔覆材料范围广泛，通常采用耐热、耐磨、耐腐蚀和耐疲劳性能好的材料。

激光熔覆工艺参数主要有：激光功率（kW）、光斑尺寸（mm）、送粉率（mg/s）、送粉角度（°）、载气流量（L/min）、搭接率等。

激光熔覆技术的性能特点如下：

(1) 激光熔覆层与基体为冶金结合，结合强度不低于原基体材料的90%。

(2) 基体材料在激光加工过程中仅表面微熔，微熔层厚度为 0.05～0.1 mm。基体热影响区极小，一般为 0.1～0.2 mm。

(3) 激光加工过程中基体温升不超过80 ℃，激光加工后基本无热变形。

(4) 激光熔覆技术可控性好，易实现自动化控制。

(5) 熔覆层与基体均无粗大的铸造组织，熔覆层及其界面组织致密，晶体细小，无孔洞、夹杂、裂纹等缺陷。

(6) 激光熔覆复合层组织是由底层、中间层以及面层组成的各具特点的梯度功能材料底层具有与基体浸润性好、结合强度高等特点;中间层具有一定强度和硬度、抗裂性好等优点;面层具有抗冲刷、耐磨损和耐腐蚀等性能,使修复后的设备在安全和使用性能上更加有保障。

激光熔覆粉末的要求如下:

(1) 应具有所需要的实用性能,如具有耐磨、耐蚀、耐高温、抗氧化等特性性能。

(2) 具有良好的固态流动性,粉末的流动性与粉粒的形状、粒度及湿度等因素有关。

(3) 粉末材料的热胀系数、导热性应尽可能与工件材料相接近,以减少合金层的残余应力。

(4) 具有良好的湿润性,湿润性与表面张力有关,表面张力愈小,湿润角愈小,液体流动性愈好。

4. 金属扣合修复工艺

金属扣合修复工艺是利用高强度合金材料制成连接件,通过材料的塑性变形把零件的裂纹或断裂处连接起来,使之恢复使用性能的一种修理方法。金属扣合修复工艺对零件的裂纹和断裂修理具有较好的效果和较高的经济效益,目前,金属扣合修复工艺作为修理裂纹和断裂的方法被广泛应用于修船工作中,尤其是对于难焊补的铸钢件和铸铁零件,以及不允许有变形的零件,金属扣合修复工艺是一种最佳修理方法。例如船用主、副柴油机的机座、机架、气缸体,各种机械的壳体和螺旋桨等的裂纹修复均可采用。近年来,金属扣合工艺与胶黏剂配合使用不仅增加了连接强度,而且有利于提高密封性。

金属扣合修复工艺的特点是在常温下完成修理,零件不变形,也不破坏其原有的形状、尺寸及位置精度;修理质量可靠,能够保证零件要求的强度、密封性等;工艺简单,操作方便、灵活、快速,生产效率高,成本低;不需特殊设备,可原地(现场)修理。

金属扣合修复工艺可分为以下几种:

(1) 强固扣合法

强固扣合法也称波浪键扣合法。它是在零件上沿垂直于裂纹方向加工出一定形状和尺寸的波形槽,将与波形槽相吻合的扣合键(波浪键)镶嵌其中,键与槽间有 0.1 mm 的间隙,常温下铆击波浪键,使其产生塑性变形而充满波形槽腔。利用波浪键与波形槽的相互啮合将零件上的裂纹拉紧形成牢固的整体。

(2) 强密扣合法

强密扣合法或称波浪键 - 密封螺丝法。它在上述强固扣合法的基础上,再沿裂纹钻孔攻丝,旋入涂有胶黏剂的密封螺钉。钻削第二个孔切入已装好的密封螺钉,使密封螺钉间有 0.5 ~ 1.5 mm 的重叠。全部裂纹上装满密封螺钉后用砂轮打磨平整。

(3) 加强扣合法

加强扣合法是在机件上垂直于裂纹方向加工出一定形状和尺寸的键槽,嵌入与之相应的形状和尺寸的高强度合金钢块,再于钢块与零件界面处镶入圆柱销,要求圆柱销分别在钢块和零件上各半,从而使加强块与零件的牢固结合。

(4) 热扣合法

热扣合法是利用金属材料的热胀冷缩的特性来修复零件裂纹的方法。将一定形状的扣合键加热至一定温度后嵌入零件裂纹处的相应形状、尺寸的键槽中,当扣合键冷却收缩后将零件裂纹拉紧而成一体。

5. 塑性变形修复法

塑性变形修复法是利用金属或合金的塑性变形的性能,使零件在一定外力作用下改变或恢复零件的几何形状和尺寸而不被破坏的修理方法。塑性变形修复法实质上是一般的压力加工方法,多用于变形零件的矫直。

零件在长期的使用过程中,由于受到机械碰撞或机械应力的作用而引起变形。例如:船舶螺旋桨桨叶打在缆绳或礁石上而使桨叶弯曲变形;柴油机曲轴或连杆在机械应力的作用下会发生弯曲变形,等等。零件产生的变形只要得到合理的校正仍然可以继续使用。因此,生产中常采用机械矫直、加热矫直、加热-机械校直法等进行修复,根据零件的变形程度选用。

6. 黏接修复技术

利用胶黏剂对表面的物理吸附力和胶黏剂固化后对表面的机械连接力等作用,将两个物体牢固地黏接在一起或对断裂件、磨损件等进行修复,使其恢复使用性能的方法,称为黏接修复技术。黏接修复技术近年来发展迅速,在机械、石油化工、船舶等部门的设备维修中得到了广泛的应用。用胶黏剂修复损坏的船机零件成功地解决了某些用其他方法无法修复的零件的维修问题。此外,利用胶黏剂还可进行装配工作和使零件保持密封性要求,从而使修造船工作中的某些配装工艺大大简化,生产效率明显提高。

该技术的优点是:

①不削弱基体的强度,不产生应力集中。

②可赋予黏接面耐腐蚀、绝缘、密封、导电、防振等性能。

③黏接温度低,不会引起基体热变形及组织变化,不易产生裂纹,因此适合于修复铸铁件、有色金属件、极薄(小)件和细长件。

④不受材质限制,可用于金属、非金属和异种材料的黏接。

⑤工艺简单、操作方便、成本低,便于现场修复。

该技术的缺点是:

①耐热性能和抗老化性较差。一般胶黏剂只能在小于150 ℃的温度下长期工作,只有耐高温胶黏剂可在300 ℃左右的温度下长期工作。

②抗冲击性能差。多数胶黏剂凝固后脆性较大。

7. 研磨技术

研磨是精密和超精密零件的制造和修理时进行精加工的主要方法之一,一般是在机床精加工之后的最终精加工工序。研磨加工可使零件获得极高的尺寸精度、几何形状和位置精度,最高的表面粗糙度等级并提高配合精度。零件的内、外圆表面、平面、圆锥面、斜面、螺纹面、齿轮的齿面及其他特殊形状的表面均可以采用该方法进行加工。船舶主、副柴油机燃油系统中的三对精密偶件:柱塞-套筒偶件、针阀-针阀体偶件、出油阀-出油阀座偶件的内、外圆表面、圆锥面、平面在制造时都需要采用研磨进行精加工,使之达到一定的密封性能。当这些偶件因磨损出现密封不良的现象时就需采用研磨技术进行修复,使配合面恢复密封性能。

研磨技术在轮机管理工作中是克服精密设备短缺、延长零件寿命、节省修理费用和保证船舶正常航行的有效工艺,因此,轮机人员应该掌握研磨技术。

研磨是在零件和与其相配合的研磨工具(或是与其相配合的另一个零件)之间加入研磨剂,在一定的压力下进行无强制的相对滑动或滚动的情况下,进行微切削和研磨液的化学作用,在零件表面生成易被磨削的氧化膜,从而加速研磨过程。研磨加工是在机械、化学联合作

第七章 船舶机械状态监测

用下完成的精密加工。

研磨分为手工研磨和机械研磨两种。手工研磨时,要使工件表面各处都受到均匀的切削,应合理选择运动轨迹,这对提高研磨效率、工件表面质量和研具的耐用度都有直接的影响。

第八章
船舶油料、备件和物料的管理

第一节 船舶油料理化性质

适用对象：沿海航区及无限航区 750 kW 及以上船舶轮机长。

知识要点概述：了解船用燃油和润滑油的基本性能指标；掌握船用燃油和润滑油的国内外的相关标准。

一、船用燃油和润滑油的基本性能指标

（一）船舶燃油的基本特性指标

燃油质量是以其理化性能指标来衡量的，根据其对柴油机工作的影响大致可分为三类：

(1) 影响燃油燃烧性能的指标，如十六烷值、柴油指数、计算碳芳香烃指数（C.C.A.I.）热值和黏度等。

(2) 影响燃烧产物成分的指标，如硫分、灰分、钒和钠含量、沥青分、残炭值等。

(3) 影响燃油管理工作的指标，如闪点、凝点、倾点、浊点、机械杂质和水分等。

1. 影响燃油燃烧性能的指标

(1) 十六烷值

十六烷值是评定燃油自燃性能的指标。其定义为在标准的四冲程柴油机上，将所试柴油的自燃性（通常以滞燃期长短计量）同正十六烷（十六烷值定为100）与 α 甲基萘（十六烷值定为0）的混合液相比较，当两者相同时，混合液中的正十六烷的容积百分比即为所试验燃料的十六烷值。柴油机对燃油的十六烷值要求，通常为高速柴油机使用燃油的十六烷值在 45～60，中低速柴油机在 40～50。对于燃用重油的大型低速柴油机，其十六烷值应不低于 25。

(2) 柴油指数

柴油指数也是衡量燃油自燃性的指标。其计算公式如下：

$$D.I. = (1.8t + 32)(141.5/d - 131.5) \times 1/100$$

式中：d——燃油比重（温度为 60 °F 时同体积燃油与水重量之比）；

t——苯胺点(℃)，苯胺点指同体积的燃油与苯胺混合加热成单一液相溶液，然后使之冷却，当混合液开始混浊（析出沉淀物）时的温度。

柴油指数和十六烷值在数值上相近。一般情况，柴油指数较十六烷值略高几个单位，两者换算公式为：

$$十六烷值 = \frac{2}{3} \times 柴油指数 + 14$$

(3) 计算碳芳香烃指数（C.C.A.I.）

计算碳芳香烃指数（C.C.A.I.）是 SHELL 公司提出用来测定燃料油发火性能的指标，它是根据燃料油的密度和黏度来确定的，可以用图表或下式来确定：

$$C.C.A.I. = D - 140.7 \lg[\lg(V + 0.85)] - 80.6$$

式中：D——15 ℃ 时的密度（kg/m³）；

V——50 ℃ 时的黏度（mm²/s）。

计算出的 C.C.A.I. 值小于 850 时，可以得到满意的发火性能；若 C.C.A.I. 值大于 875，则燃油难以发火。

(4) 热值

1 kg 燃油完全燃烧时放出的热量称为燃油的热值，单位用 kJ/kg 表示。其中不计入燃烧产物中水蒸气的汽化潜热值称低热值，用符号 Hu 表示。重油的基准低热值 $Hu = 42\,000$ kJ/kg；轻油的基准低热值 $Hu = 42\,700$ kJ/kg。

(5) 黏度

燃油在管路中输送的流量和压差、燃油在喷射时的雾化质量、燃油对喷油泵偶件的润滑能力等都与黏度有密切关系。液体的黏度值有绝对黏度和条件黏度（又称相对黏度）两种表示法。绝对黏度表示内摩擦系数的绝对值，相对黏度是在一定条件下测得的相对值，并因测定仪器而异。属于绝对黏度的有动力黏度和运动黏度；属于相对黏度黏度的有恩氏黏度、赛氏黏度和雷氏黏度。

①动力黏度：动力黏度是两个相距为 1 cm、面积为 1 cm² 的液层，相对运动速度为 1 cm/s 时所产生阻力的数值。动力黏度的工程单位制为 g/(cm·s)（泊），国际单位制为 Pa·s（帕·秒），1 Pa·s = 10 g/(cm·s)。

②运动黏度：运动黏度是动力黏度与同温度下液体密度之比，国际单位制为 m²/s 或 mm²/s。通常在实际中使用厘斯（cSt，工程单位），1 cSt = 10^{-6} m²/s = 1 mm²/s。

③恩氏黏度：恩氏黏度是 200 cm³ 液体在特定温度下，从恩氏黏度计流出所需的时间与蒸馏水在 20 ℃ 时流出相同体积所需的时间之比。它是一个无因次量，符号为°E。恩氏黏度曾是我国和欧洲部分国家常用的黏度表示法。

④赛氏黏度：赛氏黏度是液体在 37.8 ℃（100 °F）温度下从赛氏黏度计流出 60 cm³ 所需的时间，单位为 s。

⑤雷氏黏度：雷氏黏度是液体在 37.8 ℃（100 °F）温度下从雷氏黏度计流出 50 cm³ 所需的时间，单位为 s。

赛氏黏度和雷氏黏度是美、英国家常用的黏度表示法。各种黏度表示法的换算关系如下：

恩氏黏度(°E) = 0.132 × 运动黏度(mm²/s)；

雷氏黏度(s) = 4.05 × 运动黏度(mm²/s)；

赛氏黏度(s) = 4.62 × 运动黏度(mm^2/s)。

ISO 组织规定,自 1977 年 10 月开始,采用 50 ℃时的运动黏度值(mm^2/s)作为燃油的黏度值。

(6)密度

燃油在温度 t(℃)时单位体积的质量称密度 ρ_t,常用单位是 kg/m^3 或 g/cm^3。我国将 20 ℃时的密度称为标准密度 ρ_{20}。燃油的密度与其化学成分和馏分组成有关,燃油的密度随温度而变,其温度修正公式如下:

$$\rho_t = \rho_{20} - \lambda(t - 20)$$

式中:ρ_t 为燃油在温度为 t(℃)时的密度,g/cm^3;

λ 为燃油密度修正系数,$g/(cm^3 \cdot ℃)$。

2. 影响燃烧产物成分的指标

(1)硫分

燃油中所含硫的质量分数叫作硫分。燃油中含硫的危害如下:

①液态的硫化物(如硫化氢等)对燃油系统的设备有腐蚀作用。

②燃烧产物中的 SO_3 和水蒸气(H_2O)在缸壁温度低于其露点时,会生成硫酸附着在缸壁表面产生强烈的腐蚀作用。这一腐蚀只发生在低温条件下,故称为低温腐蚀。

③燃烧产物中的 SO_3 能加速碳氢化合物聚合而结炭,且结炭较硬,不易清除。

④硫燃烧后产生的 SO_2 是柴油机排放的主要有害成分。

(2)灰分

灰分是在规定条件下燃油完全燃烧剩余物的重量百分比。燃烧后残存的灰分中含有的各种金属氧化物,可造成燃烧室部件的高温腐蚀和磨料磨损,加剧气缸的磨损。

(3)钒和钠含量

燃油中所含钒、钠等金属的质量浓度用 10^{-6}(ppm)表示。钒以金属有机化合物形式存在于原油中。一般其熔点最低,仅为 300 ℃左右。当排气阀和缸壁温度过高而超过这些化合物的熔点时,它们就会熔化附着在金属表面上,与金属表面发生氧化还原反应而腐蚀金属。由于这种腐蚀只发生在高温条件下,故称为高温腐蚀。由此,为了控制此种腐蚀,应限制排气阀和缸套表面的最高温度。

(4)沥青分

沥青分表示沥青占燃油重量的百分数。沥青是多环的大分子量芳香烃,悬浮在油中呈胶状。沥青不易燃烧,导致滞燃期长,产生后燃,冒黑烟;使用中易形成沉积胶膜和结炭,增加磨损并使喷油器偶件咬死。

(5)残炭值

燃油在隔绝空气条件下加热干馏,最后剩下的一种鳞片状炭渣物称为残炭。残炭占试验油总质量的百分数称残炭值。残炭值表示燃油燃烧时形成结炭、结焦的倾向,并不表示形成结炭的数值。残炭中包括机械杂质和灰分。当燃用残炭值较大的燃油时,将在燃烧室产生较多的结炭使热阻增加,引起过热、磨损,缩短柴油机的维修周期。

3. 影响燃油管理工作的指标

(1)闪点

燃油在规定条件下加热到它的蒸气与空气的混合气能同火焰接触而发生闪火时的最低温

度称为闪点,根据测试仪器的不同,分为开口闪点和闭口闪点。闭口闪点低于开口闪点。闪点是衡量燃油挥发成分产生爆炸或火灾危险性的指标。按国内外船舶建造规范规定,船舶使用的燃油闭口闪点不得低于60 ℃。从防爆、防火的观点出发,在低于燃油闪点17 ℃的环境温度下倾倒燃油或敞开容器才比较安全。

(2)凝点、倾点和浊点

凝点、倾点和浊点都是说明燃油低温流动性和泵送性的重要指标。

燃油在试验条件下冷却至液面不移动时的最高温度称为凝点。燃油的凝点取决于它的成分和组成结构。对于含石蜡较多的燃油,在低温下由于石蜡结晶而形成网状晶架,从而使燃油失去流动性,称为结构凝固;对于含石蜡较少的燃油,在低温下由于黏度增大而失去流动性,称为黏温凝固。

燃油尚能够流动的最低温度称为倾点。

燃油开始变混浊的温度称为浊点。

通常,燃油的浊点比凝点高5~10 ℃,倾点比凝点高3~5 ℃。燃油的温度低于浊点时将堵塞滤器,使供油中断。燃油温度低于凝点时,将无法泵送。从使用角度来说,浊点是比凝点更重要的指标。燃油的使用温度至少应比浊点高3~5 ℃。

(3)机械杂质和水分

燃油中所含不溶于汽油或苯的固体颗粒或沉淀物的质量分数称为机械杂质。轻质燃油不允许含机械杂质,重质燃油允许含有少量机械杂质。

燃油中的水分以容积百分数表示。燃油中的水分能降低燃油的低热值,破坏正常发火,甚至导致柴油机停车。例如,含有海水将会造成腐蚀,加剧缸套磨损。因此应限制燃油中的水分,尤其是对轻柴油应限制其水分不大于痕迹(即含水量不大于0.03%)。

在船舶上可以使用燃油净化措施降低燃油的机械杂质和水分。

(二)船用润滑油的基本性能指标

船用润滑油的基本性能指标如表8-1所示。

表8-1 润滑油的基本性能指标

指标项目	注释
密度	①密度是润滑油最简单、最常用的物理性能指标 ②润滑油的密度随其组成中含碳、氧、硫的数量的增加而增大 ③在同样黏度或同样相对分子质量的情况下,含芳烃多的,含胶质和沥青质多的润滑油密度最大,含环烷烃多的居中,含烷烃多的最小
黏度	①黏度反映油品的内摩擦力,是表示油品油性和流动性的一项指标 ②在未加任何功能添加剂的前提下,黏度越大,油膜强度越高,流动性越差
黏度指数	①黏度指数表示油品黏度随温度变化的程度 ②黏度指数越高,表示油品黏度受温度的影响越小,其黏温性能越好,反之越差
闪点	①闪点是表示油品蒸发性的一项指标 ②闪点又是表示石油产品着火危险性的指标 ③油品的馏分越轻,蒸发性越大,其闪点也越低,反之越高 ④油品的危险等级是根据闪点划分的,闪点在45 ℃以下为易燃品,45 ℃以上为可燃品,在黏度相同的情况下,闪点越高越好。一般认为,闪点比使用温度高20~30 ℃,即可安全使用

续表

指标项目	注释
凝点	①凝点是指在规定的冷却条件下油品停止流动的最高温度,是表示润滑油低温流动性的一个重要质量指标 ②凝点高的润滑油不能在低温下使用 ③润滑油的凝点越低,其生产成本越高 ④在气温较高的地区则没有必要使用凝点低的润滑油。一般来说,润滑油的凝点应比使用环境的最低温度低 5~7 ℃
倾点	倾点和凝点都是油品低温流动性的指标,两者无原则性差别,只是测定方法稍有不同。同一油品的倾点和凝点并不完全相等,一般倾点比凝点高 2~3 ℃
酸值	①酸值是表示润滑油中含有酸性物质的指标 ②比较已用油和新油的酸值,可以看出油品使用期间的氧化情况,但不能从酸值得出绝对酸性来推断油品的使用性能;越精制的油品,酸值就越小 ③油中的酸性组分包括有机和无机酸类、酚类、酯类、内酯、树脂、重金属盐,以及酸性添加剂及其他酸性物质
碱值	①碱值是表示润滑油中碱性物质含量的指标 ②已用油的碱值得的变化固然能表示油品性质下降,但不能确切预示油品的使用性能 ③油中的碱性组分包括有机和无机碱类、氨基化合物、弱酸基、多元酸的碱性盐、重金属盐,以及盐性添加剂
中和值	中和值实际上包括了总酸值和总碱值,除了另有注明,一般所说的中和值实际上仅指总酸值
水分	①水分是指润滑油中含水量的百分数,通常是质量分数 ②润滑油中水分的存在,会破坏润滑油形成的油膜,使润滑效果变差,加速有机酸对金属的腐蚀作用,锈蚀设备,使油品容易产生沉渣。总之,润滑油中水分越少越好 ③发动机润滑油的水分含量不大于痕迹(含水量在 0.03% 以下认为是痕迹)
机械杂质	①机械杂质是指存在于润滑油中不溶于汽油、乙醇和苯等溶剂的沉淀物或胶状悬浮物(机械杂质含量在 0.005% 以下被认为是无) ②加添加剂后应不大于 0.01% ③这些杂质大部分是砂石和铁屑之类,以及由添加剂带来的一些难溶于溶剂的有机金属盐
灰分	①灰分是指在规定条件下,灼烧后剩下的不燃烧物质。灰分的组成一般认为是一些金属元素及其盐类 ②灰分对不同的油品具有不同的概念,对基础油或不含添加剂的油品来说,灰分可用于判断油品的精制深度。对于加有金属盐类添加剂的油品(新油),灰分就成为定量控制添加剂加入量的手段
硫酸灰分	国外采用硫酸灰分代替灰分。其方法是:在油样燃烧后灼烧灰化之前加入少量浓硫酸,使添加剂的金属元素转化为硫酸盐
残炭	①油品在规定的实验条件下,受热蒸发和燃烧后形成的焦黑色残留物称为残炭;残炭是为判断润滑油的性质和精制深度而规定的项目 ②油品的精制深度越深,其残炭值越小。一般来讲,空白基础油的残炭值较小。现在,许多油品都含有金属、硫、磷、氮元素的添加剂,它们的残炭值很高,因此含添加剂油的残炭已失去残炭测定的本来意义 ③润滑油中形成残炭的主要物质是:油中的胶质、沥青质及多环芳烃。这些物质在空气不足的条件下,受强热分解、缩合而形成残炭
氧化安定性	表示润滑油在使用和储存过程中,在高温和金属催化作用下,润滑油抗氧化作用的能力,抗氧化安定性越好,润滑油的使用寿命就越长
极压抗磨性	是衡量齿轮油等润滑油保护机器部件抵抗磨损、擦伤等失效现象的能力的指标,通常在润滑油的制造过程中加入一些添加剂来改善其耐压、抗磨损性能

二、船用燃料油和润滑油的国内外的相关标准

(一) 船用燃料油的相关标准

1. 船用燃油的国内标准

当前我国船用燃料油国家标准 GB/T 17411—2015,是按照国际标准 ISO 8217 执行的,是强制性国家标准。根据我国国家标准规定,船用燃油分为两类产品,一是馏分型船用燃料,二是残渣型船用燃料。

馏分型船用燃料包括 DMX(相当 -10#轻柴油)、DMA(相当 0#普通柴油)、DMZ、DMB 等,主要在高速柴油机及中速柴油机中使用,主要是为短距离航行的中小型船舶提供动力,如在长江、运河航行的运沙土船、渔船、干散货船等,或用于船舶的辅机发电使用等。

馏分型船用燃料油的称谓上还有 MGO 和 MDO 等不同的说法,都是柴油馏分,黏度不同,MGO(Marine Gas Oil)是轻柴油,适用于高速柴油机;MDO(Marine Diesel Oil)是重柴油,适用于中速柴油机。

残渣型船用燃料包括船用残渣燃料油 RMD80、RME180、RMG380 等,主要用于低速柴油机,或者与馏分型船用燃料混合后用于低速柴油机。船用燃料油根据 50 ℃时运动黏度的差异,通常分为 180 cSt、380 cSt、500 cSt 等,主要用在国际运输船舶,以及沿海、沿江运输的较大船型上,发动机马力大的要求其黏度高,最高可达到 700 cSt。目前,180 cSt、380 cSt 是市场上的主流品种。

2. 船用燃料油的国际标准

国际标准化组织(ISO)在 1987 年 9 月制定了船用燃料油标准,即 ISO 8217。ISO 8217 将船用燃料油分为 DM(Marine Distillate Fuel)级、RM(Marine Residual Fuel)级两个大的等级。这一修订在黏度等级和含硫量限制方面普遍被海事组织认可。ISO 8217 分别在 1996 年、2001 年、2005 年、2010 和 2012 年进行了 5 次修订,现在执行的是 2012 年修订的标准。

DM 级是指蒸馏燃油,也称直馏油或船用柴油。在 ISO 8217 船用燃油标准中,将该类燃油分为四种规格,即 DMX、DMA、DMZ 和 DMB。DM 级船用燃料油的规格 ISO 8217(2012)见表 8-2,RM 级见表 8-3。2012 年修订版与 2005 年版在 DM 级油上的不同主要在于增加了 DMZ 级油而将 DMC 级油降级为 RMA10 级油,同时增加了对硫化氢、氧化稳定性和润滑性的要求。

DMX 为船用应急柴油,该类柴油的自燃性指标,即十六烷值较高,且浊点最高为 -16 ℃,因此,在环境温度低至 -15 ℃时,也无须对其进行预热处理。此油品适用于救生艇引擎、应急设备柴油机和高度自动化燃油锅炉。

DMA 为船用轻柴油,通常称为轻柴油 LDO 或 MGO,这是高品质蒸馏燃油,不含渣油成分,其主要性能指标(密度、黏度、倾点、水分)明显好于船用柴油 DMB 和船用重柴油 DMC,适用于中、高速柴油机和生活用炉灶。DMZ 级油与 DMA 级油基本相同,只是最低黏度稍高。

DMB 为通用柴油,习惯称为船用柴油 MDO,此油品含有极少的渣油成分,其黏度与倾点的允许值已分别达 11.0 cSt(40 ℃)和 6 ℃(夏季),因此,该油品在环境温度较低时,需要进行预热处理,并采取沉淀、过滤、分离等方法,除去油品中的水分和机械杂质,降低危害程度。DMZ 油与 DMB 油基本相同,只是最低黏度稍高。

表 8-2 DM 级船用燃料油的规格 ISO 8217(2012)

性能指标	单位	极限	DMX	DMA	DMZ	DMB
运动黏度(40 ℃)	mm²/s	max.	5.5	6.0	6.0	11.0
		min.	1.4	2.0	3.0	2.0
密度(15 ℃)	kg/m³	max.	—	890	890	900
十六烷指数	—	min.	45	40	40	35
硫分	质量百分数	max.	1.0%	1.5%	1.5%	2.0%
闪点	℃	min.	43.0	60.0	60.0	60.0
硫化氢	mg/kg	max.	2.0	2.0	2.0	2.0
酸值	mgKOH/g	max.	0.5	0.5	0.5	0.5
热过滤总沉淀物	质量百分数	max.				0.10%
氧化稳定性	g/m³	max.	25	25	25	25
10% 蒸余物残炭	质量百分数	max.	0.3%	0.3%	0.3%	—
残炭微量发	质量百分数	max.				0.3
浊点	℃	max.	-16			
倾点 冬季	℃	max.	—	-6	-6	0
倾点 夏季	℃	max.		0	0	6
水分	体积百分数	max.				0.3%
外观				清澈透明		
灰分	质量百分数	max.	0.01%	0.01%	0.01%	0.01%
润滑性,修正磨痕直径(wsd1.4) 60 ℃	μm	max.	520	520	520	520

表 8-3 RM 级船用燃料油的规格 ISO 8217 (2012)

性能指标	单位	极限	RMA 10	RMB 30	RMD 80	RME 180	RMG 180	RMG 380	RMG 500	RMG 700	RMK 380	RMK 500	RMK 700
运动黏度(50 ℃)	mm²/s	max.	10	30	80	180	180	380	500	700	380	500	700
密度(15 ℃)	kg/m³	max.	920	960	975	991	991				1 010		
十六烷指数	—	max.	850	860	860	860	870				870		
硫分	质量百分数	max.				法规要求							
闪点	℃	min.	60	60	60	60	60				60		
硫化氢	mg/kg	max.	2.0	2.0	2.0	2.0	2.0				2.0		
酸值	mgKOH/g	max.	2.5	2.5	2.5	2.5	2.5				2.5		
总沉淀物	质量百分数	max.	0.1%	0.1%	0.1%	0.1%	0.1%				0.1%		
残炭	质量百分数	max.	2.5%	10.0%	14.0%	15.0%	18.0%				20.0%		
倾点 冬季	℃	max.	0	0	30	30	30				30		
倾点 夏季	℃	max.	6	6	30	30	30				30		

续表

性能指标	单位	极限	RMA 10	RMB 30	RMD 80	RME 180	RMG 180	RMG 380	RMG 500	RMG 700	RMK 380	RMK 500	RMK 700
水分	体积百分数	max.	0.3	0.5	0.5	0.5	0.5				0.5		
灰分	质量百分数	max.	0.04	0.07	0.07	0.07	0.10				0.15		
钒	mg/kg	max.	50	150	150	150	350				450		
钠	mg/kg	max.	50	100	100	50	100				100		
铝+硅	mg/kg	max.	25	40	40	50	60				60		

(二)船用润滑油的相关标准

1. 船用润滑油的国内标准

船用润滑油理化性能要求(GB 11122—2006),见表 8-4 ~ 表 8-5。

表 8-4 船用润滑油理化性能要求(1)(GB 11122—2006)

项目	质量指标				试验方法
	CC CD	CF CF-4	CH-4	CI-4	
水分,体积百分数不大于	痕迹	痕迹	痕迹	痕迹	GB/T 260
泡沫性(泡沫倾向/泡沫稳定性),mL/mL 24 ℃ 不大于 93.5 ℃ 不大于 24 ℃ 不大于	25/0 150/0 25/0	20/0 50/0 20/0	10/0 20/0 10/0	10/0 20/0 10/0	GB/T 12579
蒸发损失,质量百分数不大于 诺亚克法(250 ℃,1 h)或 气相色谱法(371 ℃馏出量)			10W-30 20 17	15W-40 18 15	SH/T 0059 ASTM D6417
机械杂质,质量百分数不大于	0.01%				GB/T 511
闪点(开口),℃(黏度等级)不低于	200(0W、5W 多级油) 205(10W 多级油) 215(15W、20W 多级油) 220(30) 225(40) 230(50) 240(60) CH-4、CI-4 不允许使用步骤 A				GB/T 3536

表 8-5 船用润滑油理化性能要求(2)（GB 11122—2006）

项目	质量指标 CC、CD、CF、CF-4、CH-4、CI-4	试验方法
碱值,mgKOH/g	报告	SH/T 0251
硫酸盐灰分,质量百分数	报告	GB/T 2433
硫[a],质量百分数	报告	GB/T 387、GB/T 388、GB/T 11140、GB/T 17040、GB/T 17476、SH/T 0172、SH/T 0631、SH/T 0749
磷[a],质量百分数	报告	GB/T 17476、SH/T 0296、SH/T 0631、SH/T 0749
氮[a],质量百分数	报告	GB/T 9170、SH/T 0656、SH/T 0704

a:生产者在每批产品出厂时要向使用者或经销者报告该项目的实测值,有争议时以发动机台架试验结果为准

2. 船用润滑油的国际标准

船用润滑油一般分类标准有两种,一种是以黏度为标准,另一种是以总碱值 TBN 为标准。

（1）黏度标准分类

①SAE 黏度等级

SAE 黏度等级是由美国汽车工程师协会制定的黏度标准（见表 8-6）,广泛用来表示汽车和船舶发动机润滑油的黏度等级,每个等级具有一定的黏度范围,多数润滑油具有一个黏度等级,汽车和船舶应急设备所用润滑油有两个黏度等级,如 10W/50、20W/20。

表 8-6 发动机润滑油的 SAE 黏度等级

SAE 黏度等级	黏度(CP)/℃ 最大	可泵温度/℃ 最高	温度倾点/℃ 最高	黏度/(mm^2/s)(100 ℃) 最小	最大
0W	3 250(-30 ℃)	-35	—	3.8	—
5W	3 250(-25 ℃)	-30	-35	3.8	—
10W	3 250(-20 ℃)	-25	-30	4.1	—
15W	3 250(-15 ℃)	-20	-25	5.6	—
20W	3 250(-10 ℃)	-15	-20	5.6	—
25W	3 250(-5 ℃)	-10	-15	9.3	—
20	—	—	—	5.6	<12.5
30	—	—	—	9.3	<12.5
40	—	—	—	12.5	<16.3
50	—	—	—	16.3	<21.9

②ISO 黏度等级

ISO 黏度等级是由国际标准化组织对液体润滑剂制定的黏度标准（见表 8-7）。除了柴油机润滑油和气缸油外,船舶大多数润滑油都采用这种黏度标准(40 ℃)。

表8-7 ISO 黏度等级

ISO 黏度等级	黏度居中值/ (mm^2/s)(40 ℃)	黏度范围/(mm^2/s)(40 ℃) 最小	最大	相当的SAE黏度等级 黏度指数100	黏度指数150
ISO VG2	2.0	1.98	2.42		
ISO VG3	3.2	2.88	3.52		
ISO VG5	4.6	4.14	5.06		
ISO VG7	6.8	6.12	7.48		
ISO VG10	10.0	9.00	11.00		
ISO VG15	15.0	13.50	16.50		
ISO VG22	22.0	19.80	24.20		
ISO VG32	32.0	28.80	35.20		
ISO VG46	46.0	41.40	50.60		
ISO VG68	68.0	61.20	74.80		
ISO VG100	100.0	90.00	110.00	20	20
ISO VG150	150.0	130.00	165.00	20	30
ISO VG220	220.0	198.00	242.00	30	40
ISO VG320	320.0	288.00	352.00	40	
ISO VG460	460.0	414.00	506.00	50	
ISO VG680	680.0	612.00	748.00		
ISO VG1000	1 000.0	900.00	1 100.00		
ISO VG15000	1 500.0	1 300.00	1 650.00		

（2）总碱值 TBN 分类

总碱值 TBN：

①高：总碱值为30～40，适合 IFO 120 mm^2/s 及 180 mm^2/s 燃油。

②中：总碱值为15～25，适合 MDO 或 IFO 30 mm^2/s 燃油，即 RW1（雷氏一号），黏度为 200 cSt。

③低：总碱值在15以下，适合0号轻柴、20号柴油，即 MDO 船用柴油。

近年来，在选择船用筒形活塞式柴油机曲轴箱润滑油时，由于所用的燃油的黏度大多在 IFO 120 mm^2/s 以上，所选润滑油多为 SAE 30、SAE 40，而 TBN 为 30～40。

第二节 船舶油料取样和测试

适用对象：沿海航区及无限航区 750 kW 及以上船舶轮机长和大管轮。

知识点概述：要求沿海航区及无限航区 750 kW 及以上船舶轮机长，掌握在燃油和润滑油加装过程中的取样方法和计量方法；要求沿海航区及无限航区 750 kW 及以上船舶轮机长和大管轮，了解对燃油和滑油质量进行持续监测的重要意义及对燃油和滑油进行测试的程序。

一、燃油和润滑油加装取样和计量

(一) 燃油

1. 取样

燃油的取样应使用专用的全程点滴取样器进行。图 8-1 所示为一符合要求的 DNV 燃油取样器。该取样器主要由三部分组成：连接法兰、调节阀、取样瓶。连接法兰内有不锈钢穿孔探，有 4 个直径为 2 mm 的针孔，针孔应延法兰直径均匀分布；调节阀可调节取样油滴的滴落速度，全程的点滴取样速度一致，取样量满足在加油结束时刚好充满取样瓶为最佳。取样器的前两部分一般由供油方提供，取样瓶由船方提供。应将取样器的连接法兰安装在船舶加油总管上，安装前应检查取样器中的取样孔是否有堵塞情况，调节阀是否正常工作。在加油的全程连续点滴取样，加油结束后，将混合均匀的油样分装在 4 个油样瓶内，受、供双方现场铅封，填签油样瓶标签如果有 Bunker Surveyor 在船，也应在场并签字。供油船一瓶，受油船保存两瓶（其中一瓶为 MARPOL 公约所要求的），另一瓶寄往实验室化验。

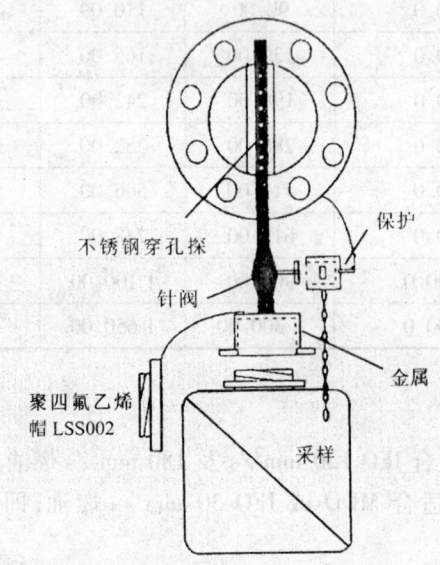

图 8-1　DNV 燃油取样器

2. 供油量的确认

加油的收据上最后确认的数量单位是吨，但船舶舱容表和流量计的读数全是以 m³ 为单位，在使用舱容表计算燃油舱、柜存量时，应首先确定燃油的密度。一般船舶加油得到的燃油密度（加油单据上）都是 15 ℃时的密度，而不同舱的燃油温度不同，计算时必须分别对密度进行修正。密度 ρ 的修正值由下式获得：

$$\rho = \rho_{15} - \lambda(t - 15)$$

式中：t——燃油温度；

　　ρ_{15}——燃油在 15 ℃时的密度；

　　λ——燃油密度/温度修正系数，如表 8-8 所示。

由于船舶燃油舱柜的自由面积比较大，各部分的液体测深 S（自由液面到舱底的深度）随船舶的不同方向而有不同的倾斜，在查取舱容表前应对测深值进行修正。一般船舶舱容表含有两方面的修正关系,即船舶前后吃水差(Trim)修正值 T 和船舶左右偏斜(Heel)修正值 H。就是说在测量出燃油舱的测深 S 后,应首先确定 T 和 H,T 和 H 可从各自的修正表查得。S 由下式进行修正:

$$S' = S + (T + H)$$

式中:T——船舶前后吃水差代数值;

H——船舶左右偏斜代数值。

经过上式修正后的 S' 值,可通过船舶舱容表查得该油舱燃油体积值,再通过经修正的燃油测量温度下的密度计算出燃油的质量值(t)。

如果燃油的体积值是通过流量表读出的,可直接通过经过修正的燃油测量温度下的密度计算出燃油的质量值(t)。由于船舶各污油舱柜的加热温度不同,为精确求得船舶机舱各污油舱的污油量,也应按修正的燃油测量温度下的密度分别进行修正计算。

表 8-8 燃油密度/温度修正系数

ρ_{15}	λ	ρ_{15}	λ
0.990~0.999	0.000 61	0.870~0.879	0.000 66
0.980~0.989	0.000 62	0.860~0.869	0.000 66
0.970~0.979	0.000 62	0.850~0.859	0.000 66
0.960~0.969	0.000 62	0.840~0.849	0.000 67
0.950~0.959	0.000 62	0.830~0.839	0.000 68
0.940~0.949	0.000 62	0.820~0.829	0.000 69
0.930~0.939	0.000 62	0.810~0.819	0.000 70
0.920~0.929	0.000 62	0.800~0.809	0.000 72
0.910~0.919	0.000 63	0.790~0.799	0.000 73
0.900~0.909	0.000 64	0.780~0.789	0.000 74
0.890~0.899	0.000 65	0.770~0.779	0.000 75
0.880~0.889	0.000 65	0.760~0.769	0.000 76

(二)润滑油

1. 取样

各主要品牌的润滑油都有各自的取样瓶。

船舶在加装散装润滑油时需要索取油样。油样应从加油过程中现场取样、装瓶并封口。油样每份至少 500 mL,一份由轮机长签字交供油方,一份由供油方签字,留船并保存至该批油用完为止。

2. 供油量的确认

在加装散装润滑油时,轮机长应同供油方代表确定加油量计量方法,并由主管轮机员(一般为大管轮)与供油方代表一起记录供油驳的流量表初始数值和船舶相关油舱初始存油量,如果供油驳没有流量表,一般由主管轮机员与供油方代表一起测量供油驳的相关油舱的初始存油量。在船上,润滑油的计量单位通常是升(L)。

二、燃油和滑油持续监测的意义

(一) 燃油质量的持续监测

现代船舶广泛使用低质燃油,因为低质燃油有以下突出特点:

(1) 密度大。劣质燃油的密度高达 940~1 060 kg/m³,由此造成燃油净化和雾化困难,同时油滴燃烧时易产生热裂化,导致机件结炭增多。

(2) 黏度高。低质燃油黏度在 50~2 000 mm²/s,由此造成燃油贮存、输送、净化和雾化的困难。

(3) 成分复杂。低质燃油含有较多的水分、灰分和硫、钒、钠、硅、铝、残炭等杂质,油中的杂质加剧了柴油机燃烧室部件和喷油设备的腐蚀和磨损。

(4) 发火性能差。低质燃油 CN 值很低,一般为 25 左右,因此,造成燃油滞燃期 τ_i 长,燃烧持续期长,排气温度 t_r 值偏高,且因燃烧不完全,其燃油消耗率 ge 和烟度有所增加。

因此,对船用燃油进行持续质量检测是非常重要的。如果不能够持续监测燃油的质量,不对燃油的质量进行改善(如预热、净化、添加剂等),则在机械运行中会产生不良后果。例如:

(1) 影响喷油设备正常工作。增加喷油设备的机械负荷和热负荷,引起喷油设备偶件过度磨损、腐蚀、喷孔结炭、变形等故障。

(2) 燃烧性能恶化。低质燃油雾化困难,自燃性能差,使燃烧性能恶化,最高燃烧压力降低;后燃严重,排气温度增高,排气烟度增加,气缸内结炭严重。

(3) 损坏主要部件。低质燃油中的灰分、机械杂质、结炭以及燃油裂化使用的含硅、铝的催化剂等,都会使缸套和活塞部件发生异常颗粒磨损;低质燃油中的高硫分和高钒、钠含量所产生的低温腐蚀和高温腐蚀将使缸套、轴承、排气阀与阀座、涡轮增压器等发生严重的腐蚀磨损,加剧部件损坏。

(4) 加速曲轴箱内滑油变质。含硫氧化物的燃气漏入曲轴箱,将使曲轴箱滑油迅速变质并腐蚀有关轴承。

因此,加强对低质燃油质量的持续监测,对维护设备的正常运行及防止大气污染有着重大意义。作为设备的主管人员,更应该注重对燃油的持续监测,保证设备的安全运行和防止大气污染。

(二) 滑油质量的持续监测

良好的滑油质量对于有效地使用机器设备和延长其使用寿命具有很大意义。为了更好地进行管理,防止因滑油质量不合格而导致设备故障甚至损毁的重大事故发生,必须对机器设备使用的滑油质量进行连续监测。其监测手段通常有:

(1) 定期取样进行常规化验分析来判断滑油的质量。

(2) 通过对机器设备使用的润滑油进行日常检查来判断滑油的润滑性能,如润滑油的颜色、气味以及是否含有杂质、水分等。

第三节 船舶油料化验结果分析

适用对象：沿海航区及无限航区 750 kW 及以上船舶轮机长和大管轮。

知识点概述：要求沿海航区及无限航区 750 kW 及以上船舶轮机长，了解对燃油和滑油进行测试的程序，包括黏度、油的含水量、密度、凝点、总碱值、微生物污染等；掌握燃油和滑油化验结果的分析和使用方法。要求沿海航区及无限航区 750 kW 及以上船舶大管轮，了解可用于燃油和滑油测试的实验室设备及可确定的特性参数；熟悉在维护计划中利用化验结果。

一、燃油、润滑油测试

(一) 黏度

船用燃油的黏度通常用运动黏度表示。

实验室设备：黏度计、恒温浴、玻璃水银温度计、秒表、吸耳球。

深色石油产品运动黏度测定法（逆流法）计算法 GB/T 11137 方法：

测定一定体积的液体在重力作用下流过一个经校准的玻璃毛细管黏度计（逆流黏度计）的时间来确定深色石油产品的运动黏度。

在测定黏度之前，必须将黏度计用溶剂油或石油醚洗涤干净。如果黏度计沾有污垢，则用铬酸洗液、水、蒸馏水或 95% 乙醇依次洗涤，然后放入烘箱中烘干或用棉花滤过的热空气吹干。测定时，应选择清洁干燥的黏度计，使试样的流动时间大于 200 s。

试样的运动黏度 ν（mm^2/s）按下式计算：

$$\nu = C \cdot t$$

式中：C——球 C 的黏度计常数，mm^2/s；

t——试样的流动时间，s。

(二) 密度

实验室设备：石油密度计、密度计量筒、温度计。

(1) 液体石油产品的密度是指单位体积液体的质量，单位以 kg/m^3 或 g/cm^3 表示。

(2) 密度的测试方法是：GB/T 1884 和 GB/T 1885。

(3) 密度的测试原理：使试样处于规定温度，将其倒入温度大致相同的密度计量筒中，将合适的密度计放入已调好温度的试样中，让它静止。当温度达到平衡后，读取密度计刻度读数和试样温度。用石油计量表把观察到的密度计读数换算成标准密度。如果需要，将密度计量筒及内装的试样一起放在恒温浴中，以避免在测定期间温度变动太大。

(4) 当试样表面有气泡时，用一片清洁的滤纸除去试样表面上形成的所有气泡。

(5) 在整个试验期间，环境温度变化应不大于 2 ℃。当环境温度变化大于 2 ℃ 时，应使用恒温浴，以免温度变化太大。

(6) 密度最终结果报告到 0.1 kg/m^3（0.001 g/cm^3）。

(三) 含水量

实验室设备：水分测定器、圆底烧瓶、接收器、冷凝管。

(1) 燃料油在贮存、运输和加注过程中可能由于各种原因而混入水分。另外，烃类燃料本身即具有一定的溶水性。

（2）测定程序概述：GB/T 260。将一定量的试样与无水溶剂混合，进行蒸馏测定其水分含量并以百分数表示。

（3）测定水分时所用溶剂是工业溶剂油或直馏汽油在80℃以上的馏分，溶剂在使用前必须脱水和过滤。

（4）接收器的刻度在0.3 mL以下设有十等分的刻线；0.3～1.0 mL设有七等分的刻线；1.0～10 mL每分度为0.2 mL。

（5）进入冷凝管的水温与室温相差较大时，应在冷凝管的上端用棉花塞住，以免空气中的水蒸气进入冷凝管凝结（允许在冷凝管的上端外接一个干燥管，以免空气中的水蒸气进入冷凝管凝结）。

（6）蒸馏接近完毕时，如果冷凝管内壁沾有水滴，应使圆底烧瓶中的混合物在短时间内进行剧烈沸腾，利用冷凝的溶剂将水滴尽量流入接收器中。

（7）接收器中收集的水体积不再增加，且溶剂的上层完全透明时，应停止加热。回流的时间不应超过1 h。停止加热后，如果冷凝管内壁仍沾有水滴，应从冷凝管上端倒入溶剂，把水滴冲进接收器。如果溶剂冲洗依然无效，就用金属丝或细玻璃棒带有橡皮或塑料头的一端，把冷凝器内壁的水滴刮进接收器中。

（8）精密度：在两次测定中，收集水的体积差数，不应超过接收器的一个刻度。

（9）取两次测定的两个结果的算术平均值，作为试样的水分。水分少于0.03%，则认为是痕迹。在仪器拆卸后接收器中没有水存在，认为试样无水。

不含水分通常是指游离水与悬浮水，燃料中的溶解水是很难去掉的。

（四）总酸值TAN、总碱值TBN

实验室仪器设备：自动电位滴定仪、玻璃电极、温度计、滴定杯。

测试程序：用蒸馏水或乙醇水溶液抽提试样中的水溶性酸、碱，然后分别用甲基橙或酚酞指示剂检查抽出溶液颜色的变化情况，或用酸度计测定抽提物的pH值，以判断油品中有无水溶性酸、碱的存在。

（五）凝点

试样在规定条件下，冷却至停止移动时的最高温度即凝点。将试样在规定的试管中，冷却至预期的温度时，将试管倾斜45℃经过1 min，观察液面是否流动。

实验室设备：圆底试管、圆底的玻璃套管、装冷却剂用的广口保温瓶或量筒形容器、水银温度计、支架、水浴。

测试程序：将试样装有温度计的试管中垂直地浸在(50±1)℃的水浴中，加热到(50±1)℃时，取出装有试样的温度计试管，擦干外壁，放入冷却剂中，当试样温度冷却到预期的凝点时，将浸在冷却剂中的仪器倾斜45°，并将这样的倾斜状态保持1 min，待试样停止流动时，作为试样的凝点。

二、测试结果分析

通过对燃油、润滑油的特性参数的测试，可以根据测试的结果来判断油品的质量；根据特性参数的测试结果可在日常维护保养设备中作为参考。

石油产品中水分的来源：
(1)在运输和储存过程中，进入石油产品中的水。
(2)石油产品有一定程度的吸水性，在与大气或与水接触时，吸收和溶解一部分水。
(3)使用过程中从管系中泄漏进入的水分。

(一)燃油

燃油中的水分能降低燃油的低热值，破坏正常发火，甚至会导致柴油机停车。如果有海水，将会造成腐蚀，加剧缸套磨损。因此，在日常维护保养计划中应加强对燃油处理设备(如预热器、分油机等)的管理。

在维护保养计划中应加强对设备的加热装置、分油机、管系的管理和检查。

1. 黏度和密度

对于燃油来说，控制合适的黏度可以增加设备的使用寿命，减少故障率。黏度大的液体流动性小，黏度小的液体流动性大。燃料的黏度对燃料雾化的质量有很大影响。黏度小的燃料雾化时颗粒较细，蒸发速度较快；黏度大的燃料雾化比较困难，蒸发速度也较慢，在低温时影响尤为显著。黏度不仅影响燃料雾化时分散的液滴大小，也影响雾化的锥角和射程。一般黏度大的液体燃料雾化时的锥角小而射程远，黏度小的燃料锥角大而射程近。燃料的黏度总是随温度的升高而降低。

根据测试结果，在维护保养计划中应加强对柴油机的燃油高压油泵、燃油喷油器、加热器、加热管系、分油机的管理。

2. 总酸值 TAN

燃料酸值高，可能是外源性污染物造成的。有时会造成船舶柴油机加速损坏，这种损坏基本发生在燃油喷射系统。目前还没有公认的酸值和腐蚀性之间的对应关系。但是，如果一种燃料检测出含有强酸，即使含量低到不能被标准方法(ASTM D664-09)检测出来，仍然不符合要求，因为燃料中的强酸和燃料腐蚀性之间有对应关系。

在日常维护保养保养计划中要加强对燃油喷射系统的管理。

(二)润滑油

1. 润滑油中分水分

润滑油中若水分含量超过标准值，将会使润油性能降低，给运动部件带来严重伤害，甚至导致严重的事故。因此在维护计划中应加强对机器设备的润滑系统的管系、冷却器等管理和监测。

2. 黏度

国际化标准组织(ISO)对液体润滑剂制定了标准黏度。船舶多数润滑油都采用这种黏度标准，黏度测试都在40 ℃下进行。根据黏度的测试结果，在维护计划中有针对性地对滑油系统进行管理和不间断的监测。

3. 总碱值 TBN

(1)高：总碱值 30~40。
(2)中：总碱值 15~25。
(3)低：总碱值 15 以下。

在筒形活塞式柴油机中，选择的润滑油的总碱值普遍较高，在维护计划中应加强对柴油机的缸套、活塞、活塞环的监测。

三、燃油、润滑油的化验及化验结果分析和使用

(一) 燃油的化验

燃油的质量化验应在每次加完油后立即将油样寄往公司指定的实验室进行化验,看其是否符合一定的国际标准(或合同约定的标准),是否适合船上使用。一般化验报告一周内即可返船。下面以某实验室的一份燃油化验报告为例,对相关问题进行叙述。

Sent: Thursday, April 13, 2006 4:20 AM
Subject: Report: FO604843121 - Vessel Name - RMG 380: conforms - EFN:59 - FROM: VISWA LAB TO:MV. ××××

Fuel Sample	×××××××
VLC Log No.	FO604843121 Date 02/19/06
Bunker. Port and Date	××××××× 02/15/06
Place and Date Sent	××××××× 02/1506
Supplier	×××××××
Date Received at VLC	02/19/06
Sample Type per Customer	IFO 380
Grade	RMG 35
Tamper Proof	510575: Sealed

Customer furnished data

Density	987.0 kg/m^3
Quantity	949 m. Tons

Specified Parameters for RMG 35

Density @ 15 degC	985.9, kg/m^3	(991.0 Max)
API Grade	11.94	(11.20 Min)
Viscosity @ 50 degC	283.25 cSt	(380.00 Max)
Viscosity @ 100 degC	30.2 cSt	(35.0.00 Max)
Upper Pour Point	11 degC	(30.0 Max)
Carbon Residue	14.43 % Wt	(18.00 Max)
Ash	0.038% Wt	(0.150 Max)
Water	0.05% Vol	(0.50 Max)
Sulfur	1.49% Wt	(4.5 Max)
Sediment	0.00% Wt	(0.10 Max)
Vanadium	44 Wt. ppm	(300 Max)
Al + Si	57ppm	(80.00 Max)
Flash Point	>65 degC	(60 Min)

Additional Parameters

Si	31ppm
Al	16ppm
Na	28ppm
Ca	29ppm

Fe	50ppm
Pb	<1ppm
Ni	16ppm
P	5ppm
Zn	2ppm
Mg	5ppm
CCAI	850
Calorific Value	40.76 MJ/kg
Minimum Transfer Temperature	39 degC
Injection Temperature(for 13 cSt Viscosity)	130 degC
Engine Friendliness Number(EFN:1~1100)	61
Grade Conformance	
The fuel sample tested conforms to grade	RMG 380

Comments

Suggestions & Recommendations to ship owners/operators/technical staff.

Temperature for Injection Viscosity 10 is 142 degC.

Temperature for Injection Viscosity 15 is 124 degC.

Catfines

Observation: Catfines content (Aluminium + Silicon) in fuel is high.

Catfines cause high wear in rubbing surface of cylinder and fuel system. If the catfines content is less than 20ppm, wear and tear for the engine will be minimal. Increased catfines content will increase the wear rate.

Purify continuously and recirculate the fuel several times to bring down the catfines content.

Pour Point

Observation:

Heat and store this fuel at 10 above the measure pour point temperature.

Sulfur

Observation: This fuel has low sulfur.

High alkalinity of some cylinder oils can cause scuffing and excess wear of cylinder liners.

Make sure cylinder oil used can handle low sulfur fuel.

CCAI

Observation: Ignition delay is indicated by *CCAI* greater than 840 for medium-speed engines and greater than 870 for low-speed engines.

Overall quality

Engine Friendliness Number(EFN) is a unique bench-mark of fuel quality evaluated by VISWA LAB from the point of view of engine wear tear resulting from the use of this fuel. Based on EFN, which is calculated form the analysis results listed in this report, the quality of this fuel is good.

Note: the conformance of this fuel to the contracted specifications may have no relationship to the evaluation of this fuel based on EFN.

化验报告提供了比较详细的燃油信息，同时还提供了主要燃油指标的极限值，利于比对。同时对此次加装燃油提出了使用建议和注意事项，如燃油最低驳运温度、雾化温度等。对一些可能影响柴油机正常工作的指标也给出了警示，如燃油中的磨料磨损成分(Al+Si)偏高、硫含量偏低等。

一般来说，燃油中含有的铝和硅大部分呈球形，直径在 5~150 μm，硬度比钢大。燃油中铝和硅偏高会导致主机的燃油喷射系统的偶件（喷油泵中柱塞套筒、喷油器中针阀偶件等）和活塞环、气缸套产生过度磨损。此外，它们还会对填料函密封圈造成过度磨损，引起填料函漏泄加重。一般要求铝和硅总量在加油时应小于30ppm，在进入气缸前应降低到10ppm以下。如果加油时它们的总量超过40ppm，一般认为此次加油含有较高的铝和硅的含量。

如果发现船舶已经加装了此类燃油，一般应采取以下措施：
（1）提高气缸油注油率。
（2）降低缸套冷却水温度（如从85℃降到75℃）。
（3）尽可能降低扫气温度。
（4）加强燃油沉淀柜和日用柜放残频率，最好放残回流到专用油舱，并供锅炉使用。
（5）启动全部分油机并联运行，缩短排渣周期。
（6）如果燃油系统安装了细滤器，不要使其旁通。
（7）当燃油日用柜有高和低两个吸口时，使用高位吸口。

如果发现过度磨损已经发生，应尽可能降低主机的负荷，如果有条件应更换硬度更高的活塞。实际上，去除燃油中铝和硅的最有效方法是在燃油系统中安装自动反冲洗细滤器（5～10 μm）。当燃用非FCC燃油时可使其工作在旁通位置。

（二）滑油的化验

（1）一般船舶具有一套专用的滑油取样器具，包括：取样瓶、取样标签、邮寄用包装物等，随润滑油一同订购。在公司的文件中包括各种标签填写说明及要求。

（2）公司的文件中规定了各种润滑油的取样周期，主要包括：主机系统油、副机系统油、艉轴管油、舵机油、甲板液压设备油等。一般主机、副机和艉轴管的取样化验周期为3～4个月；甲板机械的取样化验周期为5～6个月。

（3）取样点的选择应能代表使用中的润滑油情况，每次选择同一地点取样。

（4）取样应在机器运行期间，首先放掉足够的油量，以保证取样的代表性。

（5）取样标签应至少注明：船名、船舶IMO编号、公司名、取样港口、取样日期、设备运行时间、滑油牌号、油样邮寄日期及港口等。

下面是某船的主机十字头滑油化验报告：

Enercare Lubricant Analysis – Glossary

The BP Marine Enercare service utilises the latest analytical techniques and computer programming to offer an advanced lubricant analysis package that provides a valuable lubricant monitoring tool for the ship operator.

Lubricant properties reported on Enercare lubricant analysis reports
(tests conducted depend on machinery type and oil grade)

Viscosity	A measure of the resistance of a liquid to flow. Commonly referred to as the "thickness of an oil".
Closed Flash Point	Primarily a test for fuel dilution in engine oils. A decrease in flash point is generally. An indication of fuel ingress which has contaminated the lubricant.
Insolubles	A test for the total solids contamination in a lubricant such as combustion soot, dirt, oxidation products and metal wear debris.
Base Number	Previously known as Total Base Number (TBN) is a measure of the reserve alkalinity of an engine oil and its ability to neutralise harmful acids.

Acid Number	Tests the acidity of the oil. Certain oils have an inherent acidity level related to their additive chemistry. Increasing acidity may be indicative of the presence of organic acids derived from oil oxidation.
Water	The percentage (by volume) of the total amount of water contamination.
PQ Index	Not an oil property but an indices that provides a quantitative assessment, for trending purposes, of the amount of ferrous wear debris in the sample.
Asphaltenes and/or	Give an indication of heavy fuel derived components from raw fuel ingress products of combustion from blow-by.
IR Oxidation	An infrared method to assess the oxidation by the change in molecular structure that occurs during the oils ageing process.

Elemental analysis with some typical sources
(elements reported depend on machinery type and oil grade and are reported in PPM-Parts Per Million)

Aluminium	Pistons, bearings, housings, fuel derivative
Antimony	Bearings
Calcium	Lubricant derivative
Chloride	Salt level of the water phase from sea water contamination
Chromium	Piston rings
Copper	Bearings, gears, oil coolers, pipe-work, piston-rod glands
Iron	Cylinder liners, crankshafts, piston rings, gears
Lead	Bearings
Magnesium	Casings, housings, lubricant derivative
Manganese	Cylinder liners
Molybdenum	Piston rings
Nickel	Bearings, valves, gears, fuel derivative
Potassium	Salt Water
Phosphorus	Lubricant derivative
Silicon	Dust, dirt, fuel derivative, lubricant derivative
Silver	Bearings
Sodium	Salt water, coolant derivative, fuel derivative
Tin	Bearings
Vanadium	Fuel derivative
Zinc	Lubricant derivative

从滑油的化验报告中可以获得以下信息：

(1) 滑油的使用状态。

(2) 滑油的理化性能指标值。

(3) 金属元素的含量。

通过报告中的信息可以对滑油的性能进行分析:闪点和黏度的变化可以用来帮助判断润滑油中是否混入其他物质,如燃油、柴油和不同性质的润滑油等。黏度和碱值增加可以帮助判断润滑油中是否混入气缸油等。金属元素可以反映其来源和柴油机部件的磨损情况(见表8-9)。

表 8-9　滑油化验报告中的微量元素

序号	项目	微量元素来源
1	铝	轴承、活塞、机架和燃油衍生物
2	锑	轴承
3	钙	滑油衍生物
4	铬	活塞环
5	铜	轴承、传动齿轮、滑油冷却器、管路
6	铁	气缸套、曲轴、活塞环和传动齿轮
7	铅	轴承
8	镁	机架、部件壳罩、滑油衍生物
9	钼	活塞环
10	镍	轴承、排气阀、传动齿轮和燃油衍生物
11	钠	海水、冷却媒质衍生物、燃油衍生物
12	硅	燃油衍生物、滑油衍生物、污垢和尘土
13	锡	轴承
14	钒	燃油衍生物
15	锌	滑油衍生物

第四节　船舶油料加装管理

适用对象:沿海航区及无限航区 750 kW 及以上船舶轮机长和大管轮。

知识点概述:要求沿海航区及无限航区 750 kW 及以上船舶轮机长,掌握燃油、润滑油的申领、加装的程序及管理。要求沿海航区及无限航区 750 kW 及以上船舶大管轮,掌握燃油的申领、加装和管理;掌握润滑油的申领、加装、管理、取样和化验;掌握物料、工具、备件的申领、接收和管理。

一、燃油的加装管理

(一)加油申请

(1)船长会同轮机长根据航次任务,计算本航次燃油消耗量、备用油量和油舱、油柜内的存油量,按公司(机务管理部门)规定的燃油规格,拟订加油计划,并向公司(或租家)提出加油申请。

(2)船长接到公司(或租家)指定加油的港口及油品的规格、数量,并经轮机长确认后,船舶应及时回电确认。如对确定的燃油规格、数量、加油港口有异议,应及时报告公司

（或租家）。

（3）船长应在船舶抵港前通过代理与油商联系并商定具体的加油时间和地点，并及时通知轮机长。届时轮机长及主管轮机员应留船等候。如有变动，应尽早通知代理，并应得到供油公司的同意，避免发生装驳费、空驶费等。

（二）加油前的准备工作

轮机长和主管轮机员根据加油数量及船舶储油情况，做好详细受油计划书，具体格式可以参照 SMS 文件的相关附表，在与船长和大副商讨后执行。在美国水域加油还应制订船舶应变计划（VRP）。

（1）轮机长应组织召开由轮机部全体成员和驾驶部相关人员参加的加油准备会议。会议应包括以下内容：

①通报详细受油计划书。

②进行相关法律法规的学习及防污染操作教育。

③根据加油港的具体情况，明确各自的职责和分工。

（2）轮机长根据受油计划，书面通知大副加油的油舱及各油舱的加油量，以配合装货和水尺调整。

（3）大管轮负责安排好受油中的使用工具、通信工具、警告牌、清洁油污材料（木屑、棉纱及化学药剂）、试水膏及其他用品，并逐一检查确认无误。

（4）主管轮机员根据受油计划进行必要的并舱（如需要），以避免加油时造成混油。在油船到来前负责检查并打开受油舱的甲板透气管活瓣并确认透气管、测量管的溢油池旋塞可靠关闭。

（5）大副负责安排于油气可能扩散到的区域悬挂"禁止吸烟"的警告牌并备妥消防器材，严禁明火作业。

（6）在船靠妥油码头或油驳靠妥本船装油前，值班驾驶员应根据港口的规定转挂指示标志。例如，白天悬挂"B"信号旗，夜间开亮桅杆红灯等。

（7）木匠或水手长负责加油前堵塞甲板疏水孔。

（8）如加油被供方延误，造成船方直接或间接损失，船长应立即通知代理向供方提交滞期损失索赔通知，同时书面上报公司。

（三）受油工作

1. 加油前

加油开始前，轮机长应携同主管轮机员与供方代表联系，商定以下事项：

（1）燃油的规格、品种、数量是否符合要求，索取燃料油化验报告单、燃油化学品安全数据说明书（MSDS）、油样瓶标签。

（2）确定装油的先后顺序。

（3）最大泵油量（添装过程中泵油速度）及其控制方法。

（4）装油过程中的双方联系方法。

（5）加油泵应急停止方法。

（6）装油开始前，轮机长应亲自或指派主管轮机员检查油驳或油罐的检验合格证和规范图表，弄清油驳的舱位分布及数量，与供油方代表一起测量并记录供油油驳的所有油舱或油罐的油位、油温和密度，计算出储油量；审核驳船装单，如发现不一致，需当即弄清；要核对并记录流量计的初始读数,如为油罐车供油则应检查其铅封是否完好;双方确认后,轮机长在供方提交的装前状况确认书上签字。

(7) 装油开始前,应提请供油方按正确方法提取油样,并监督取样装置的安装及调整。

(8) 检查本船各有关阀门开关是否正确,各项工作准备妥善后,即可通知供方开始供油,并记录开泵时间。

2. 加油中

(1) 开始泵油后,注意倾听装油管的油流声,检查装油舱透气管的透气情况,证实油确已装入指定的油舱中,并及时测量受油舱液面的变化情况。

(2) 在整个装油过程中,要勤测量,记录每次测量值,同时计算加油速度,监督装油速度是否符合约定速度,必要时与供方联系调整。注意装油引起船舶倾斜对测量的影响及可能造成油面首先封住透气管而引起跑油。

(3) 受油舱中的油已达到本舱容量的70%左右时,应打开下一个受油舱的进口阀若干圈,防止溢油。

(4) 换装油舱时,应先全开下一个受油舱的进口阀,然后关闭正在装油的受油舱的进口阀。

(5) 在寒冷天气装油时,应适当升高加油温度,防止油入舱后温度下降过快,影响测量,甚至造成跑油。

(6) 油驳上均有油样提取装置,轮机长或主管轮机员应使用油样提取装置,在整个加油过程中点滴取样,最后混为3~4瓶标准油样,每瓶至少1 L,加油完毕后摇匀(约30 s),均分成3~4份,由双方代表现场铅封瓶口,再将有双方签字的标签贴在瓶上,并注意铅封是否完好,有无铅封号。油样一瓶交油公司,两瓶留船保存一年,如为四瓶则一瓶送实验室化验。

(7) 加油过程中,当有公证人员在船时,如果轮机长对第三方检验人员的工作程序或文件有异议,应当面提出,并应在加油操作前达成一致。加油数量应以公证人员测量数字为准。但是,船舶轮机长必须组织主管轮机员和其他人员在加油全过程中进行现场监装、监测、监督提取油样。油样应由船方、供方和公证人员共三方代表签字,船方不得接受供方提供的未经三方代表签字的油样。

(8) 在整个受油过程中,取样器要由专人照看,不得离人。

3. 加油后

(1) 待油舱中的油气稳定后(正常情况下,1~2 h可消除90%以上的气泡),轮机长和主管轮机员与供方代表一起测量并记录装毕后供方油驳所有油舱或油罐的油尺、油温和密度,并结合船舶装油后船舶的吃水差及左右倾斜角,计算出剩余油量;核对并记录流量计的读数和停泵的时间(如果有流量计)。双方确认一致后,轮机长在供油方提供的加油收据上签字。

(2) 于加油当天,将受油数量记录在轮机日志上。

(3) 如受油发生争议,轮机长与供方代表交涉,并告知船长,待解决后再在加油收据上签字。若双方不能通过现场协议解决,轮机长不要在加油收据上签字,也暂不要让供方代表及油驳等离开现场。如果船期允许,可以通过代理申请第三方实施公证检验,对双方的油舱、油舱的容积、标尺、油泵的流量计及泵油管路等进行检验、测算,做出裁决,同时将此情况报告公司。公证检验时,我方轮机长及主管轮机员须在现场。如果船期不允许,则轮机长必须在加油收据上加批注(供方不同意加批注时,可签署书面声明并由双方代表签字),并将此情况通知油公司,同时上报公司,验船费用将由败诉方承担。

(四)加油工作报告

加油工作结束后,轮机长应向船长汇报在港加油量(准确到小数点后三位)、规格、存油量及加油过程中存在的问题。船长应在离港电报中将加油的规格及数量(准确到小数点后三位)上报公司。如加油过程中出现争执问题,轮机长应及时将争执的起因、过程及处理情况写出详细的书面报告连同有关的日志摘要寄往公司。

(五)新加装燃油的使用

按照惯例,质量投诉有效期一般为30天(自加油之日起计算),最少为7天。因此,加完油后要在一周内试用该油,如有问题及时向公司汇报,以便公司及时安排油样化验、分析等取证工作和在索赔有效期(加油后1个月内)内进行索赔工作。另外,一些公司要求新加装燃油先送交指定的实验室化验,根据实验室的化验结果确定是否使用及如何使用。这样,待加装燃油结束后,应及时将符合要求的油样委托船舶代理送达或寄送实验室,以免耽误新加装燃油的使用。

二、润滑油的加装管理

1. 加油申请

轮机长应特别关注船舶各种润滑油的消耗情况,根据公司的要求及时准确地上报。尤其是对于一些消耗大,关系到主机安全运行的润滑油,更应留有必要的应急储备量,如主机气缸油、主机系统油等。其加油申请原则应包括以下几个方面:

(1)不同的港口,同一品牌同一型号润滑油的供应价格不同,有时相差较大,为了节省润滑油的费用,应科学选择加油港口和加油量。在船舶配有的润滑油使用相关文件中,一般有关于本船使用品牌的润滑油在世界各地港口加油价格列表,轮机长应根据以后航次任务、船舶润滑油存量及日消耗情况,综合制订出各型号润滑油的补充计划,并报送公司。

(2)在制订加油计划时,应注意保持各润滑油的最低储存量。在抵达加油港加油时,气缸油应至少保持正常航行7天消耗的存量;主机系统油应至少保持主机正常工作循环量的85%存量。

(3)加装润滑油应选择在靠泊装卸货或加装燃油时同时进行,应杜绝因加装润滑油专门挂靠港口。

(4)如果船舶处于航次租船或期租期间,应尽可能提前掌握租家的未来航次任务,避免在加油困难的港口补充润滑油。

(5)各主要品牌的润滑油都有各自的取样瓶,在向公司报送加油计划时,应根据需要一起定购。

2. 加油前的准备工作

(1)轮机长和主管轮机员应根据加油数量及船舶存油情况,做好加油计划。

(2)润滑油的加装一般由公司安排,但抵港前船长应主动与代理联系,明确加装润滑油的类型(散装还是桶装),以便做好相应的准备工作。

(3)主管轮机员根据公司批准的加油计划做好加油的一切准备工作,如果是桶装润滑油,做好调运和绑扎等准备工作。

(4)如果加油被供应方延误,造成船舶直接或间接经济损失,船长应向供方提出滞期损失索赔报告,并书面报告公司。

3. 加油中

（1）轮机长与供油方代表确认加油品种和数量。

（2）在加装散装润滑油时,轮机长应同供油方代表确定加油量计量方法。由主管轮机员（一般为大管轮）与供油方代表,一起记录供油驳的流量表初始数值和船舶相关油舱初始存油量,如果供油驳没有流量表,一般由主管轮机员与供油方代表一起测量供油驳的相关油舱的初始存油量。

（3）在加装桶装润滑油时,应与甲板部做好桶装润滑油的调运工作,确保吊装作业顺利、安全进行。

（4）开始加油后,应在数分钟之内核实被注入舱（柜）油量,确定油已经注入指定油舱（柜）中。

（5）当受油舱（柜）中的油量达到本舱（柜）高度的 3/4 时,应打开下一个舱（柜）的进口阀,防止溢油。应注意先全开下一个受油舱（柜）的进口阀,然后关闭正在装油的舱（柜）的进口阀。

（6）若主机气缸油与主机系统油同管,应先加装主机系统油；若主机系统油与副机系统油同管,应先加装副机系统油。但在换油之前,应尽量清空管系内的残油,尽量减少混油数量。

（7）监督油样的采取,并在油样瓶上做好相关的标记。

4. 加油结束

（1）等油舱（柜）中的油稳定后,主管轮机员与供油代表一起测量船方的加油舱（柜）的加油量,同时测量供油驳的供油量,确认一致后,由轮机长在供油收据上签字。

（2）如果发生争议,轮机长应与供油方代表协商,一般应以船方的测量记录为准,如果协商不能达成一致,轮机长应告知船长,由船长决定下一步的措施：

①若船期允许,可通过船舶代理申请公证人上船进行公证测量,以公证测量为准,同时将情况上报公司。

②如果船期不允许,轮机长在加油收据上加批注,并将情况报告公司。

③如果船期不允许,轮机长可以签署书面声明(抗议),并由轮机长与供油方代表签字。

若加装桶装润滑油,应快驳入油舱（柜）中,在时间不允许的情况下可暂时放在甲板上,但应牢固绑扎,防止被海浪打入海中造成损失及海洋污染。

第五节 船舶备件和物料管理

适用对象：沿海航区及无限航区 750 kW 及以上船舶大管轮。

知识点概述：掌握船舶备件、物料、工具的申领、接收和管理要点。

一、船舶备件的申领、接收和管理

（一）备件的数量要求

为了保证船舶的航行安全,船上必须配备主推进装置及辅助设备的主要备件。船舶留存适量的备件,可缩短停航时间,若备件数量过多,则需占用大量资金和库存空间。在正常情况下,一般远洋船舶需备有大约 4 000 件总价值为 60 万美元的备件。因此,建立一套完善的备件管理系统,做好备件保管工作,及时地从供应商、岸上仓库得到备件,尽可能控制备件库存量,是轮机管理工作的重要组成部分。

1. 备件数量的控制

备件库存最少数量应满足船级社规定的最低数量要求,在正常适航情况下备件数量不得低于这个最少数量。

订货时间系指必须订货的最迟时间,否则将出现库存备件数量低于最少数量的情况(其与交货时间的长短有关)。

订货的数量主要取决于经济效益。订货量大则占用资金多。库存数量的变化取决于备件消耗、订货数量和订货次数。对船上库存备件的数量可从以下几个方面来考虑:

(1) 从安全上考虑,船上应佩戴哪些备件。
(2) 应满足船级社的备件要求。
(3) 适应船舶备件消耗的具体情况。
(4) 应估计到备件交货时间的长短。

2. 规范对备件数量的要求

中国船级社《钢质海船入级与建造规范》(2002)和《船舶与海上设施法定检验技术规则》(1999)对主要备件的数量都做了明确的规定。船上备件如不能满足要求,不仅影响轮机入级证书的签发,而且影响法定证书(船舶航行安全证书或适航证书)的签发。

各船级的规定不尽相同,在建造和营运中船东可引用有利于己船的规定。

(1) 轮机装置的备件数量

对装有多机推进装置的船舶,仅需配备 1 台主机所需备件。如果发电机和空气压缩机的数量多于规范所要求的数量,则可不需要备件。CCS 对主柴油机备件、副柴油机备件的具体要求参见表 8-10 和表 8-11。

表 8-10 主柴油机备件

项目	备件名称	备件数量	
		无限航区	有限航区
主轴承	每种尺寸和型式的一个轴承或壳体,包括所有垫片和螺母总成	1 套	
主推力轴承	单环式推力轴承的推力块或滚柱力轴承的内外垫圈	1 套	1 套
气缸套	气缸套,包括密封环和垫圈总成	1 套	—
气缸盖	气缸盖,包括阀、密封环和垫片总成,对无缸盖的机器,每一个缸组的各种阀	1	—
	一个缸的气缸盖所需的螺栓及螺母	1~2 套	
气缸阀	一个缸的排气阀,包括阀套、阀座、弹簧和其他附件总成	2 套	1 套
	一个缸的进气阀,包括阀套、阀座、弹簧和其他附件总成	1 套	1 套
	启动空气阀,包括阀套、阀座、弹簧和其他附件总成	1 套	1 套
	安全阀总成	1 套	1 套
	一台机的每种尺寸和型式的燃油阀,包括所有附件总成	1 套	1~2 套

续表

项目	备件名称	备件数量 无限航区	备件数量 有限航区
连杆轴承	一个缸的每种尺寸和型式的下端轴承或轴承壳,包括垫片、螺母和螺母总成	1套	—
	一个缸的每种尺寸和型式的上端轴承或轴承壳,包括垫片、螺母和螺母总成	1套	—
活塞	十字头式:每种型式的活塞,包括活塞杆、填料函、刮油环、活塞环、螺栓和螺母总成	1套	—
	筒形活塞式:每种筒式的活塞,包括刮油环、活塞环、螺栓、螺母、活塞销和连杆总成	1套	—
活塞环	一个缸的活塞环	1套	—
活塞冷却	一个缸组的套管冷却管和附件,或其他相当的设备	1套	—
凸轮轴传动齿轮及链环	由船东决定		
喷油泵	喷油泵总成或能够在海上更换时,一台泵工作部件组合(柱塞、柱塞套、阀、弹簧等)	1套	—
喷油管	每种尺寸和型式的高压燃油管,包括接头总成	1套	—
扫气鼓风机(包括涡轮增压器)	转子、转子轴、轴承、喷嘴环、齿轮或其他型式的相应工件部件(注:如一台鼓风机发生故障,但机器能保持船舶操纵所要求的功率,则备件可省略。一台鼓风机发生故障时,应能在船上配备机器运转所需的盲板或盖板装置)	1套	—
扫气系统	每种型式一台泵的进、排气阀	1套	—
减速和/或倒车齿轮	齿轮箱中每种尺寸的轴承衬套	1套	—
	齿轮箱中每种尺寸的滚子或球座圈	1套	—
主机带动空气压缩机	每种尺寸的活塞环	1套	—
	每种尺寸的进、排气阀总成	1~2套	—

表8-11 副柴油机备件

项目	备件名称	备件数量 无限航区	备件数量 有限航区
主轴承	每种尺寸和型式的一个轴承的主轴承或壳体,包括垫片、螺栓和螺母总成	1套	—
气缸阀	一个缸的排气阀,包括阀套、阀座、弹簧和其他附件总成	2套	—
	一个缸的进气阀,包括阀套、阀座、弹簧和其他附件总成	1套	—
	启动空气阀,包括阀套、阀座、弹簧和其他附件总成	1	—
	安全阀总成	1	—
	一台机的每种尺寸和型式的燃油阀,包括所有附件总成	1~2套	—

续表

项目	备件名称	备件数量	
		无限航区	有限航区
连杆轴承	一个缸的每种尺寸和型式的下端轴承或轴承壳,包括垫片、螺母和螺母总成	1套	—
	筒形活塞式:一个曲拐的带有衬套的活塞销	1套	—
活塞环	一个缸的活塞环	1套	—
活塞冷却	一个缸的活塞冷却附件	1套	—
喷油泵	喷油泵总成或能够在海上更换时,一台泵工作部件组合件（柱塞、柱塞套、阀、弹簧等）	1套	—
喷油管	每种尺寸和型式的高压燃油管,包括接头总成	1套	—
垫片及填料	一个缸的气缸盖和气缸套每种尺寸和型式的专用垫片	1套	—

(2)自动化系统的备件

船上应备有自动化系统的必要备件,以保证自动化系统的可维修性和可靠性。备件一般应为完整的单元,但如单元中的易损件易于更换,则可由这些零件代替单元。永久装设在自动化系统的储备元件,可作为规定的备件看待。

下列设备应按所装每一不同规格总数的10%配置备件,且至少应备一件:

①容易损坏的传感器。

②指示仪表。

③控制器。

④执行器(如电磁阀等)。

⑤继电器。

⑥熔断器。

⑦指示灯。

⑧报警声响器。

⑨电子计算机(若使用时)的功能模块、外部设备等。

⑩其他。

(二)备件的管理系统

为了管理好船上的备件,必须建立一个备件管理系统,它包括备件管理、备件编号、备件标签、备件卡片、资料表格、备件存放位置、确定备件最大数量和最小数量、交货时间、订货单、定期记录等。

1.对备件管理系统的要求

一个合适的备件管理系统应满足下列要求:

(1)完善的库房和备件货架。

(2)备件的良好库存,包括分类编号、标签、卡片等。

(3)备件的及时订购和修复。

(4)完整的备件订货资料,包括备件编号册、规格说明书等。

(5)各供应厂家的资料。

2. 人工备件管理系统

人工备件管理系统适用于分散管理的船舶，也适用于集中管理的船舶，在分散管理的船舶上，往往由轮机长负责备件管理的各项事务，如购置和收货、各类备件订货和备件控制、档案文件。这种系统适用于长时间与岸上人员、机构缺乏联系的船舶。

所有备件的资料都可在备件表里查到，如备件存放位置，订货资料（正常库存、订货时间、订货数量等），技术规格和备件名称。

每个设备应按分类编码给出编号。在各备件表格中应填写备件库存量，记录备件的消耗和订购。每个月轮机长应在相应表格中记录备件的收货和消耗情况。

3. 计算机备件管理系统

对于集中经营几个船队的庞大船舶公司，采用计算机备件管理系统是更有效的，不仅易于管理，而且备件资料能互相补充。计算机既可用于船上，也可用于公司，或者两个地方都用，这取决于通信设备的能力。

计算机备件管理系统既能用于备件管理，又能用于维修保养系统，以便利用共同的技术资料。这种系统应具有备件供应的各种功用，如掌握整个船队的备件数据；控制备件的订货、接收和发送，当备件数量为最小库存量时，计算机具有自动订购的能力；计算机打印出船上和仓库里现有的备件和应订购的数量，以及消耗和费用情况。

计算机备件管理系统的主要优点是：

(1) 易于得到所有有关的备件技术资料。

(2) 便于备件的成本控制（对资金影响较大的特殊备件的消耗数据）。

(3) 有利于备件标签的打印。

(4) 具有备件自动订购系统。

(5) 可进行备件消耗的预测。

（三）备件管理

备件管理是一项重要而复杂的技术工作，它不仅关系到备件费用的多少，也涉及航行安全和船期。备件数量过多会积压资金，而缺少备件甚至是很小的备件，有时也会影响船舶安全。管理备件的业务是公司和船舶的共同工作，船方的及时申请和公司的及时订购，在备件管理中同等重要。目前，船公司正逐渐有效地应用电子计算机技术以提高备件管理水平。

1. 备件的管理原则

(1) 由轮机部、甲板部船员主管的机、电、动力设备和其他设备备用的成品零部件等都属于备件。

(2) 轮机部备件由大管轮直接管理，由其亲自或指定其他轮机员负责备件的接收和登记入库工作，各主管轮机员在详细掌握所管设备备件的库存情况的基础上，具体负责各自设备的备件补充申请工作，经大管轮确认，轮机长审批后报公司。

2. 备件的管理制度

下面以某公司为例，其制定的有关船舶备件的管理制度如下：

(1) 各船应加强对备件的管理和合理使用，按备件清册的要求，对备件进行定期清点、登记，并把消耗情况报公司，重大备件消耗要简要说明损坏原因。

(2) 凡申请船舶年度备件，应在该年 2 月以前，向公司提出备件申请单。申请单必须准确地注明机型、出厂号、名称、备件号(或图号)、规格和数量。

(3)船舶在国外购买少量急用备件,必须经公司批准后方可购买,如来不及批复也应电告公司,并将订购情况及账单寄回公司,以便结账。除少量急用备件,一律不要空运。

(4)船舶在国内领取备件,应根据船存备件情况,合理地提出备件申领单,并由公司船技部门批准。

(5)船上备件要有专人保管,并负责填写备件清册,半年统计一次,并列出清单交轮机长审查后上报公司。

3. 备件的申请

(1)备件的订购

船舶备件的订购一般由公司负责。可以从备件系统(设备说明书)里找到备件编码和设备号码,将要订购的备件编码和数量填进去。订购备件必须填写连续的订货号码。此外,还要告知供应厂家要求的交货时间、交货地点等。当公司收到供应厂的备件供应的具体时间、地点后,应及时通知船舶,以便船舶做好备件的接收工作。

对于应急的备件需求,在获得公司的批准后,船舶可通过船舶当地代理直接向备件供应厂家订购备件。一般由轮机长在船上填写4份备件订单。将订单分送给供货厂家(原件)和船公司(副本);船上的1份副本放在已订购文件夹内,待收到备件后再送给船公司;船上的另1份副本存入"已订购"文件夹内长期存查。

(2)船舶备件的申请

备件申请是一项十分细致的工作,必须向供应商或备件制造厂提供本船和机型的详细资料,以便船舶供应商查找到相应的备件。如果缺乏这方面的详细资料,可能订购不到需要的备件。

订购单应提供下列资料:
① 船名(包括原船名)。
② 船级社。
③ 主机机型和气缸编号。
④ 主机编号。
⑤ 主机制造厂。
⑥ 所需要的零件名称。
⑦ 零件的编号。
⑧ 需要的零件数量。

备件编号册对迅速正确地选购所需备件而言是十分重要的,因此轮机人员应熟练地使用备件编号册。如订购 Sulzer 6RTA48 型柴油机的备件,根据其编号册(Code Book for Parts)可迅速查找到有关备件的编号,并正确填写出订购单,见表8-12。

MAN-B&W 柴油机没有专门的备件编码册,而是在第三卷结构说明书中给出了各部件的图号和零件号。在零件明细表上注有 B&W 标准号(B&W Standard No.),在订购单上也应注明。

表 8-12 订购单

ITEM	CODE No.	Name of Parts	Quantity	Unit
1	T 34101	Piston-crown	1	pc
2	T 34121	Piston skirt	1	pc
3	T 34025	O-ring for piston rod T 34201	4	pc
4	T 34026	O-ring for piston rod T 34201	4	pc
5	T 27720	Indicator valve, complete	2	set
…	…	…	…	…

如订购 MAN-B&W 6S60 MC 柴油机排气阀上的某些备件,在图号 PLATE 90801-102 上可查找到各零件号,如表 8-13 所示。

表 8-13 订购单

Item No.	零件名称	Parts Description	B&W Standard No.
277	排气阀	Valve spindle	
324	排气阀座	Valve seat	
300	螺钉	Stop screw for valve seat	EN 63 P 820
639	气阀导套	Spindle guide	
…	…	…	…

备件申请还应注意下列事项:

①备件改型后是否可以通用。有的柴油机型号和备件编号不变,但某些备件如喷油器等的结构做了改进,应注意到它的适用性。

②备件质量有时差别很大,因为备件来源不同,有原制造厂生产的,有备件厂加工生产的,还有翻新的备件,所以要严格把好质量关。

③为了节约开支,必须向船舶供应商做好报价工作,以便选购到价格低廉、质量可靠的备件。

④对急需的备件,要求交货迅速,按期送上船。

⑤做好备件验收工作,凡型号不对、质量不合格、不能使用的备件应及时退货。

(3)船舶备件的接收

①每次备件送船时,大管轮应组织机舱人员对到船备件进行分类验收。验收项目应包括:备件号的核实、备件数量核实、备件质量的检查等,对任何有问题的备件应登记,并及时报告轮机长。

②轮机长对有问题(备件号、数量、质量等问题)的备件,如果时间允许应立即联系公司,根据公司的指示进行处理。

③在所有送船备件被核实后,轮机长应在签收单上签字,一般还应加盖船章。

④签收的备件签收单应随船舶月报表一同寄往公司。

二、船舶物料的申领、接收和管理

(一)船舶物料种类

船舶物料种类如下:

(1) 燃润料及水，包括各种燃油、润滑油、润滑脂和蒸馏水。

(2) 黑白金属，包括各种型钢、钢板、无缝钢管、焊接钢管、镀锌钢管、优质碳素钢材、合金钢材。

(3) 有色金属，包括有色金属原材及合金、紫铜材、黄铜材、青铜材和铅、铝、锌材等。

(4) 金属制品，包括各种阀门、管接头、螺栓、螺母、垫圈、开口销、焊接材料和其他金属制品。

(5) 化学品，各种化学原料、添加剂、试剂、油漆、清洁剂等。

(6) 电工材料。

(7) 各种工具。

(8) 仪器仪表。

(9) 安全设备、劳保用品。

(10) 垫料、橡胶及纤维品。

(11) 各种杂品。

(二) 物料的申请与供应

一般船舶都配有船舶物料手册，手册中有各种物料的编号、规格、性能、材料、图示等，以便指导对物料的选用和订购。

根据公司规定或工作需要，一般每季度或每航次由大管轮填写物料申请单，经轮机长审查后报送公司，公司经审核安排方便港口供应。在港口购买急需的物料应需事先经公司批准，一般通过港口代理购买。

物料供应到船舶时，应安排专人负责接收，一般由大管轮或其指定的人员具体负责，并及时清点入库。

(三) 物料的保管

为了保证物料储存的安全和按计划使用，避免丢失和浪费现象的发生，根据物料的化学性质、价值和使用，一般分别集中储存，如设有电器物料存储间、易燃易爆物料存储间、易耗物料存储间等。轮机部物料一般由大管轮总负责。可根据船舶类型和配员情况分别指派轮助、机匠长、电机员等分别负责不同物料的具体保管工作。

三、工具的申领、接收和管理

机舱使用的工具种类繁多，一般可分为三类：标准工具、推荐的专用工具、可租用的大型专用工具。

标准工具是指机舱日常保养维修工作所需的通用工具及装置，如活络扳手、梅花扳手、开口扳手、六角扳手、套筒扳手、吊环螺钉、钳子、提升工具、应急处理工具、各种量具、油枪、电焊、气焊、虎钳、车床、钻床、刨床等。

使用推荐的专用工具进行有关保养工作要比使用标准工具简便而节省时间。缺乏专用工具不仅难以完成某些保养维修工作，还可能损坏设备。为了提高设备的可维修性和延长其寿命，各种设备都随机配备推荐专用工具，因此专用工具的种类和数量越来越多，一般都随设备一起供应或订购，如各种专用扳手、专用拉具、专用吊环螺钉、专用顶丝、专用液压工具、气动工具、专用测量工具、清洗工具、研磨工具等。

可租用的大型专用工具是指向制造厂租借的、用于柴油机和重要部件的运输和安装的大型专用工具,如吊运横梁、托架、导轨、固定架等,安装结束后应归还制造厂。

(一)工具清单

大管轮应编制好上述各类工具的清单,并根据工具清单每年清点一次,报告给公司。如果需要订购附加的专用工具或者需要更换工具,应查明工具的名称、代号以及设备的型号。这些资料一般都附在设备说明书的工具表中。

(二)标准工具的使用和管理

每天的保养工作都离不开各种工具,大管轮应根据船舶实际情况制定工具使用和管理制度。通常有下列措施:设专人保管工具,负责工具的保管和借还;常用工具发放给个人保管使用;在不同地点架设工具板,将常用工具悬挂在板上固定位置,用后放回原处。

(三)专用测量工具的管理

专用测量工具应保持良好的精度,否则会给机器的技术状况和维修计划带来麻烦。专用测量工具一般由轮机长或大管轮使用和保管。

(四)液压工具的使用和管理

为了减轻体力劳动和提高安装质量,液压工具得到越来越广泛的应用。液压拉伸器由一个千斤顶和一个间隔环组成。使用时应按照说明书规定的压力数值泵油,无论何时均不得超过规定压力的10%,切不可超负荷或敲打碰撞,也不可超过"最大拉伸量"。使用后释放油压并使拉伸器活塞复位,以备再用。万一超过了最大的拉伸量,润滑油由特殊设计的泄油孔泄放,在多数情况下,下密封圈容易损坏,因此要检查这道密封圈,必要时换新。

液压工具不使用时,应仔细地涂上油脂,放在干燥、清洁的地方,防止损坏。长期存放或频繁使用后,密封圈会老化变硬,从而失去良好的密封作用,因此应储存一定数量的符合规定尺寸和质量要求的密封备件。安装新的密封圈时,应十分小心,不能损伤,不能过分拉紧而造成变形。

(五)专用工具的使用与管理

各轮机员所分管的专用工具由轮机员负责分管和使用;专用工具应在使用后清洁干净,涂上油脂防止生锈,损坏应及时补充;应放在固定的地方或专用工具箱内。

(六)工具的申领

船用标准工具也属于物料,按照物料的申领方式进行申领。

第六节　船舶油料处理方法

适用对象:沿海航区及无限航区750 kW及以上船舶轮机长。

知识点概述:了解燃油和润滑油的处理方法,包括存储、离心分离、混合、预处理。

一、燃油的处理方法

(一)预热

因重油黏度较高,凝固点都在30℃以上,常温下失去流动性,所以在注入、驳运、净化和使用前都必须进行加热,以降低黏度和增加流动性。不同机型对燃油进入高压油泵的黏度要求稍有不同,对于中低速机来说,雾化加热器的加热温度应使燃油的黏度范围控制在12~25 cSt。

(二) 存储

按照燃油的加装计划、航线情况,合理使用或调整各油舱的存量,尽量避免大量的不同品质的燃油掺混,混合比例应控制在20%以下。最好空舱加油。

要特别注意控制临近货舱的燃油舱加热,防止货损,其加热温度应尽可能低一些,满足油泵吸入要求即可。一般在25~35 ℃即可满足驳油要求,最高不超过40 ℃。油温过高会加速燃油老化变质,沉淀物增多;油温也不能太低,防止石蜡析出,要保持在倾点(5 ℃)以上。

燃油加装后要合理安排使用,不能在船保留时间太长,防止其老化和变质,影响使用效果。冬季加油前应提前对油舱进行适当加温。

加热管路要定期检查和试压,防止泄露,避免燃油污染。

(三) 离心净化

燃油净化主要是通过分油机来完成的。燃油在分油机中的净化效果主要取决于两个重要参数:一是燃油的流量,二是燃油适当的黏度。流量越小,燃油在分油机的分离筒中停留的时间就越长,净化的效果就越好;燃油的黏度越低,净化效果越好。

二、滑油的处理方法

(一) 存储

船上的滑油一般存储在滑油储存柜中。存储时间不能太长,防止滑油被污染、变质。

对于形筒活塞式柴油机,每年对滑油循环舱进行一次清洁,每两年对滑油储存舱进行一次清洁。对于十字头式柴油机,可适当延长清洁时间间隔。

(二) 离心净化

做好润滑油的净化分离工作是保证滑油正常使用的必要手段。

(1) 滑油分油机的分离温度保持在85~90 ℃。

(2) 大型低速柴油机的滑油分油机的分离量为额定流量的1/4,中速筒形活塞式为1/5。

(3) 有比重环的分油机应选择合适的比重环,保持油水分离界面在分离盘架的外边缘;无比重环的分油机应确保水位传感器的工作精度,保证可靠的排水。

(4) 停泊期间,如果停泊时间不长(1周左右),应使滑油分油机连续工作;如果停泊时间较长(10天以上),可考虑适当地停止滑油分油机一段时间。

(三) 滑油更换

(1) 对于筒形活塞式柴油机,应按说明书的要求定期更换系统润滑油。

(2) 当检测发现定期的滑油化验单反映出润滑油的部分指标变化异常或超标时,应及时采取措施,并尽快取得公司的技术支持。

(3) 更换或报废主机系统润滑油必须得到公司的批准。

(四) 滑油的混兑

在船用润滑油的使用过程中,常常会遇到两种油品(包括不同品牌的润滑油)能否相混的问题。因目前市场上润滑油的配方体系不尽相同,两种润滑油品相混后,可能会发生添加剂相互反应而产生沉淀或相互削弱作用等不良后果,甚至会造成严重的机损事故。因此必须注意,在没有经过科学试验(混兑试验)的情况下,两种不同公司(无论是国内与国外,还是国外与国外)生产的润滑油绝对不允许随便混合使用。

1. 润滑油的混用原则

（1）一般情况下，应尽量避免混用。因为混用后，其黏度、闪点、密度、酸值（或碱值）、残炭及灰分均有变化，而且会因添加剂不同影响润滑油的相溶性，产生沉淀等异常现象。

在以下特殊情况下，可考虑混合：

①高质量油品混入低质量油品，仍用于原使用的机械设备。

②同一种类但不同牌号的油品若要混用，需经调整油品黏度、闪点等理化性质，经正确掺配后方可混用。

（2）不同种类的油品混用，如果已知两种油品都是不加添加剂的，或其中一种是不加添加剂的，或两种油品所加添加剂互相不起反应的，一般也可以混用。但应注意，混用后质量高的油品质量会有所降低。

（3）对于尚不了解其性能的油品，如果确实需要混用，应在混用前做混兑试验。

（4）对混用油品的使用情况要跟踪检测。

2. 润滑油混用时的注意事项

（1）特种油品、专用油品不宜与别的油品混用。

（2）柴油机润滑油品种多，性能不一，加入的添加剂类型较多，混用时必须慎重。

（3）有抗乳化要求的油品，不得与无抗乳化要求的油品混用。

（4）抗氨汽轮机油不得与其他汽轮机油混用。

（5）抗磨液压油不要与普通液压油混用。含锌抗磨液压油、含银抗磨液压油等不能混用。

三、典型的离心式分油机操作

（一）分油机原理概述

目前，船上主要靠离心式分油机来净化燃油和滑油。其工作原理是：让需净化的油进入分油机中做高速旋转，密度较大的水滴和机械杂质所受的离心力最大，被甩向外围，水被引出，机械杂质则定期排出（分油机定期排渣）；密度较小的油所受离心力较小，便向里流动，从靠近轴的出口流出，油从而得到净化。

（二）典型的分油机操作与管理

目前，全自动分油机在船上得到了越来越广泛的应用，如典型的 ALFA – LAVALS 系列。这种分油机配有一个 EPC – 50 分油机自动控制系统，图 8-2 是 EPC – 50 的流程图，图 8-3 是其控制面板（OP）图。

1. 分油机手动启动

（1）检查电源是否正常，油底壳液位是否正常，出油管路的阀是否正常。

（2）启动分油机燃油供给泵，将蒸汽阀打开，按下 OP 上的加热按钮。

（3）温度达到要求后，按 Seperation/Stop 激活 EPC – 50，连续回答显示窗出现的几个问题后，启动分油机马达。

（4）待转速达到全速且油温正常后，EPC – 50 控制系统将自动进入分油启动程序，直到分油机正常分油。

（5）观察分油机有无异常的振动或噪声，通过 OP 上的显示数据判断分油机状态，若一切

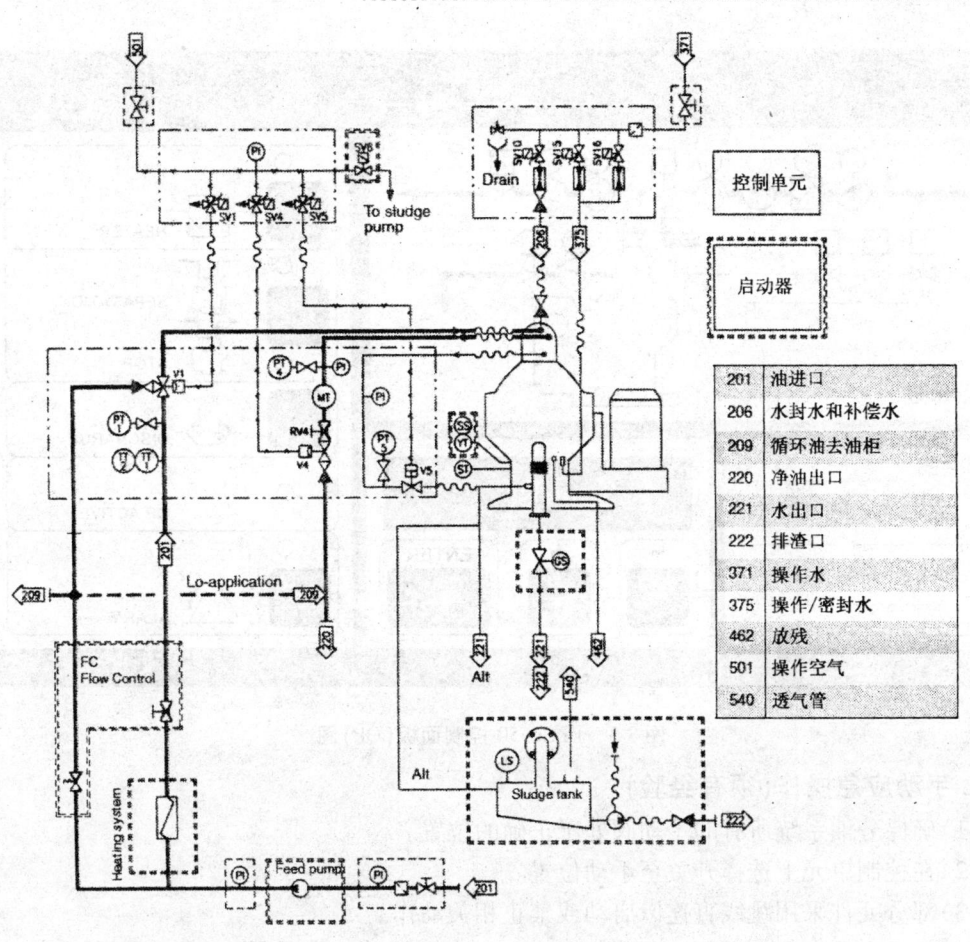

图 8-2　EPC-50 的流程图

正常,说明分油机开始正常工作。

2. 分油机手动停止

(1)若其间发生故障或需要停止分油机,可再次按下 Seperationg/Stop,实现手动停止控制,对应的黄色指示灯闪烁。

(2)自动启动排渣程序,排渣完成后,黄色指示灯常亮,绿色运行指示灯熄灭,数码管显示"Stop"。

(3)若加热器由 EPC-50 控制,则停止加热。

(4)油温下降时,供油泵自动停止运行。

(5)当分离设备完全停止运转时,显示"Standst"。

3. 控制系统在使用中的注意事项

(1)观察分油机有无异常的振动或噪声。

(2)通过 OP 上的显示数据判断分油机状态。

(3)在未找到故障原因及消除故障前禁止打开分油机。

(4)若分油机的工作电流正常工作后一直较大,则说明跑油,要停止分油机进行检查,定期检查各传感器、阀,控制空气压力等。

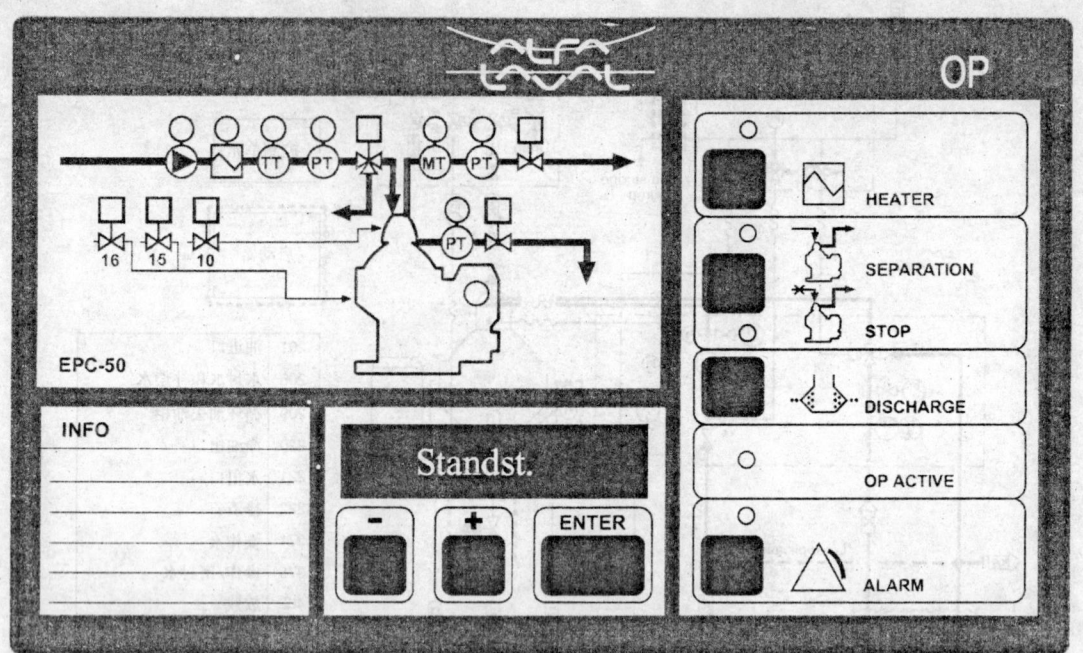

图 8-3 EPC-50 控制面板(OP)图

4. 手动应急操作(须有经验)

(1)确保分油系统所有的手动阀处于正确的位置。

(2)在控制单元上选择开关至手动位置。

(3)部分元件采用跳线直连以启动或禁止相关动作。

(4)手动把油加热到合适的分油温度。

(5)按照时序手动控制分油机的启动、停止、排渣等操作相关的电磁阀动作。

(6)手动操作期间,温度、流量和背压必须保持稳定。

第七节　船舶油料的污染管理

适用对象:沿海航区及无限航区 750 kW 及以上船舶轮机长和大管轮。

知识点概述:要求沿海航区及无限航区 750 kW 及以上船舶轮机长,了解微生物对燃油和滑油的危害及处理方法。要求沿海航区及无限航区 750 kW 及以上船舶大管轮,了解油被微生物污染的原因、症状和影响;掌握滑油中含水、燃油/固体的处理程序。

一、微生物污染

(一)燃油的微生物污染

1. 污染原因

水、氧是微生物生长繁殖的必要条件。燃油中的水:运输、驳运、存储、加热、分油机净化等途径流入,氧也是通过运输、驳运、存储等过程流入的。随着时间的累积,在油舱或油柜中就形成了油、水的分层。水、氧及适宜的温度为微生物在燃油中的迅速生长提供了有利条件。微生物通常在燃油和水的界面上生长。它们能利用烃类作为碳源并从水层中获得必需的微量元素。代谢作用会产生更多的水,促进微生物繁殖。

为了提高使用性能,燃油中还投入了各种添加剂。燃油中的添加剂主要有抗爆剂、金属钝化剂、抗静电剂、抗磨剂、流动改进剂、助燃剂等。有些添加剂可为微生物提供生长所需的氮源和微量元素,而有些添加剂本身就带有微生物。

燃油的主要成分是碳氢化合物,只是组成中烃类的碳链长度不同。燃油中低分子量的烃类对细胞膜具有溶解作用,对微生物是有害的,而长链烃类可作为微生物生长的碳源。

2. 微生物的危害

(1)微生物最主要的危害是导致燃油变质,影响性能指标。另外在储存、运输和使用过程中会造成腐蚀和堵塞。

(2)直接危害:分解碳氢化合物和添加剂;代谢生成水,提高燃油含水量;硫酸盐还原菌会增加含硫量,使燃油出现银片腐蚀不合格的问题;代谢产物分散于燃油中,增加燃油悬浮颗粒,有些代谢产物会使油水乳化,细胞进入油相生成黏泥;微生物通过形成菌膜等方式截留燃油存储系统中的水,致使排水不净。

(3)间接危害:结垢会堵塞管路、阀门、滤器,腐蚀油柜,还会引起机器设备污染;环境污染方面,因腐蚀造成的管路漏泄而污染环境。细菌分泌内霉素、致病菌等对健康造成危害。

3. 微生物的防治

控制燃油微生物最主要的物理方法包括除水、有效过滤、加热等。

(1)除水:解决微生物问题的最佳方法是预防污染的发生,最好的预防措施是在存储和使用过程中尽可能减少油柜中的自由水。首先应确保燃油洁净,水分含量不超标。尽量减少水分进入燃油的机会,最大限度地减少油舱上面的空气层,同时对燃油的沉淀柜、日用柜定期放残。采用分油机净化燃油,尽可能地采用循环分离,把含水量降到最低。

(2)有效过滤:微生物的体积非常小,在船上利用传统的过滤器是不能防治微生物污染的。

(3)加热:热处理是防治微生物污染的传统方法。原油降解菌生长和繁殖的适宜温度是10~40 ℃,温度和加热时间是热处理法控制微生物污染的关键因素。在船上,对燃油的加热有多个过程:燃油沉淀柜加热、进分油机前的加热、日用柜的加热、进机前的加热,可有效预防微生物的污染。

(二)滑油的微生物污染

1. 污染原因

(1)微生物污染的环境因素

在润滑油的存储和使用过程中,空气中存在着大量的微生物都有可能侵入。在适当的条件下,这些微生物会急剧繁殖,引起滑油不可逆转的性能变化。同时,落入滑油中的尘埃和有机污物对微生物的污染具有极大的促进作用,成为霉菌和细菌等微生物的补充媒介物。但这些微生物都需要一定的生存环境才能顺利地生长和繁殖。

烃类环境。微生物对不同种类烃的感受性是不同的。一般来说,润滑油中的烷烃易于被微生物氧化;芳香烃,尤其是重质芳香烃则难以被微生物氧化。润滑油中的烃类含量在细菌培养体中有很大作用。

营养环境。润滑油中的氧化烃类微生物除了碳之外还需要水和矿物盐营养物质。作为微生物生长的矿物盐有磷酸盐、镁盐、钾盐、铁盐、锌盐等。微生物生长需要的矿物盐非常少,存在于自然界水中的矿物盐已足够。水是一切生命存在的必备条件,也是微生物活动的条件之一。

(2)温度和湿度

微生物的生存和生长必须有合适的温度和湿度。一般来说,25~60 ℃是霉菌和细菌生长最迅速的温度范围。大气的湿度对微生物的生长影响也非常大。潮湿的空气有很多水分,有益于微生物的生长和繁殖。

(3)酸碱环境

润滑油中的微生物种类繁多,微生物能生长的pH值为4~9,偏酸性。

2. 微生物的危害

润滑油的物理化学性能和使用性能受到微生物的污染后会逐步恶化。首先,受到的影响是黏度和润滑性能的下降,长时间与微生物接触,其酸性、热氧化安定性等均有明显的恶化。其次,润滑油受到微生物污染后会大大提高其对金属的腐蚀性,甚至包括在通常条件下同石油产品不发生腐蚀的金属(如铝、镁及其合金等)。如果滑油被微生物长时间污染,油质就会变色、发臭。

3. 微生物的防治

防止润滑油中微生物破坏的机械方法和理化方法很多,如使用多种滤器设备、离心分离、凝聚过滤、浮选法、离子交换树脂等。但这些方法成本较高,适用范围也会受到限制,因此,现在使用抗微生物添加剂来预防微生物污染。在现代船舶上,通常采用减少不同品质的滑油混兑、分油机离心式分离、加强滑油的连续监测、定期取样化验、缩短存储期等防止微生物污染手段。

二、滑油污染的处理

(一)水对滑油的污染

海水和淡水都会导致润滑油的污染。海水主要是通过冷却器、曲轴箱连接管系渗漏进入,淡水主要是由缸套冷却水漏泄造成的。少量的进水可通过分油机去除,但当进水量超过曲轴箱润滑油总量的5%时,就很难通过分油机在短时间内去除,会导致油呈现灰色乳化状态,有条件时最好将进水的油驳入专用的沉淀柜中,加热将进水沉淀放出。

曲轴箱进水时,在去除的同时,要尽快找到水的来源。当船舶不允许停车处理时,要注意:一是将曲轴箱润滑油进机温度控制在允许下限以下;二是将润滑油压力调至上限,以便使乳化和半乳化的油充满被润滑点,形成足够的油膜。去除水分后,需对曲轴箱润滑油进行取样化验,根据化验结果,在公司指导下进行处理。

(二)燃油对滑油的污染

燃油进入曲轴箱润滑油中会导致润滑油性能降低,严重时会破坏油膜的形成,损坏轴承及运动部件,燃油渗入曲轴箱润滑油中大于10%会造成曲轴箱着火和爆炸,因此,要密切注意燃油的污染。通常进入到滑油系统中的燃油甚微。只有在个别缸不发火和喷油嘴漏油、高压油泵及油管连接处渗漏的情况下,才有可能使较多的燃油进入到系统中。检测燃油是否进入滑油系统一般通过化验闪点和黏度两个指标来确认。少量的燃油(重油)可通过分油机清除,但需提高分油机的工作温度(98 ℃)。大量的燃油(重油)进入到滑油系统中一般只能采取换油措施。

(三) 滑油中的沉积不溶物

滑油中的沉积不溶物包括燃烧产物、磨屑、铁锈和氧化物。这些污染物会使滑油黏度增加并生成泥渣。使用纯矿物油并且具有连续分离净化设备的十字头式柴油机,沉积不溶物在滑油中的占比一般不超过0.5%,若超过1%则说明滑油污染严重。使用添加剂的筒形活塞式柴油机,其滑油的沉积不溶物允许高达3%,因为这种滑油具有悬浮携带固体微粒的能力。

滑油中的不溶物污染处理方式主要是通过分油机的离心来净化的。

第九章
船舶防污染管理

海上交通运输相比其他运输方式运输成本更低,承担了世界货运总量的80%以上,是世界各国和各地区之间经济、贸易和文化交流的重要手段。随着经济全球化进程的不断加快,全球性的海上贸易得到了空前的发展,营运船舶数量、种类和吨位不断增加。同时海上运输又呈现出许多新特点,如船舶运输的大型化和专用化、货物的品种和形态的多样化、海上石油和散装液体化学品运量的逐年增加等,因此海洋环境面临的潜在威胁变得更加突出。由于海洋污染具有持续性强、扩散范围广、对人类的危害严重的特点,因此必须加强船舶防污染管理,高度重视保护海洋环境。

第一节 船舶防污染国际公约和国内法规的相关规定

适用对象:沿海航区及无限航区750 kW及以上船舶轮机长。

知识要点概述:掌握防止船舶含油污水、生活污水和压载水等污染的相关国际公约和国内法规的有关规定及排放原则。

为了保护海洋环境和防止污染损害,一系列国际性、区域性和各沿海国关于防止船舶污染海洋的公约、协议和法规相继制定、修订、生效和实施,且随着海洋污染的日趋严重和公众环保意识的不断增强,这些强制性防污法规越来越齐全,标准越来越高,执行也越来越严格。

一. MARPOL公约关于船舶防污染的相关规定

(一)MARPOL 73/78 附则Ⅰ——防止油类污染规则的相关规定

1. 定义

(1)油类,系指包括原油、燃油、油泥、油渣和炼制品在内的任何形式的石油(本公约附则Ⅱ所规定的石油化学品除外)。

(2)含油混合物,系指含有任何油类的混合物。

(3)油船,系指建造为或改造为在其装货处所主要装运散装油类的船舶,并包括全部或部分装运散装货油的兼装船,本公约附则Ⅱ中所定义的任何"NLS液货船"和经修订的SOLAS 74公约第Ⅱ-1/3.20条中所定义的任何气体运输船。

(4)原油油船,系指从事原油运输业务的油船。

(5)成品油油船,系指从事除原油以外的油类运输业务的油船。

(6)兼装船,系指设计为装运散装货油或者散装固体货物的船舶。

(7)最近陆地,系指最近的按照国际法划定的领海基线。

(8)特殊区域,系指由于海洋学和生态学以及其运输的特殊性质等方面公认的技术原因,需要采取特殊强制办法防止海洋污染的海域。本附则规定的特殊区域有10个:地中海区域,波罗的海区域、黑海区域、红海区域、海湾区域、亚丁湾区域、南极区域、西北欧水域、阿拉伯海的阿曼区域,南部南非区域。其中西北欧水域包括北海及其近海水域,爱尔兰海及其近海水域,克尔特海、英吉利海峡及其邻近水域和紧靠爱尔兰西部的东北大西洋部分水域。

(9)油量瞬间排放率,系指任何一瞬间每小时排油量(L/h)除以同一瞬间的船速(n mile/h),其单位为(L/n mile)。

(10)舱柜,系指由船舶的永久结构所形成的并设计为装运散装液体的围蔽处所。

(11)污油水舱,系指专用于收集舱柜排出物、洗舱水和其他含油混合物的舱柜。

(12)清洁压载水,清洁压载水系指这样一个舱内的压载水,该舱自上次装油后,已清洗到如此程度,以致倘若在晴天从一静态船舶将该舱中的排出物排入清洁而平静的水中,不会在水面或邻近的岸线上产生明显的痕迹,或形成油泥乳化物沉积于水面以下或邻近的岸线上。如果压载水是通过经主管机关认可的排油监控系统排出的,而根据这一系统的测定查明该排出物的含油量不超过15ppm,那么,尽管出现有明显的痕迹,仍应确定该压载水是清洁的。

(13)专用压载水,系指装入这样一个舱内的压载水,该舱与货油及燃油系统完全隔绝并固定用于装载压载水,或固定用于装载本公约各附则中所指各种油类或有毒物质以外的压载水或货物。

(14)百万分比,系指按体积的百万分比计算的油污水的含油率。

2. 例外

对于以下情况可不受本附则规定的排放条件和标准的限制:

(1)将油类或含油混合物排放入海,系为保障船舶安全或救护海上人命所必需者。

(2)将油类或油性混合物排放入海,系由于船舶或其设备遭到损坏的缘故。

①但须在发生损坏或发现排放后,为防止排放或使排放减至最低限度,已采取了一切合理的预防措施;和

②但是,如果船东或船长是故意造成损坏,或轻率行事而又知道可能会招致损坏,则不在此例;或

③将经主管机关批准的含油物质排放入海,用以对抗特定污染事故,以便使污染损害减至最低限度。但任何这种排放,均应经拟进行排放所在地区的管辖国政府批准。

3. 排油控制

(1)对所有船舶机器处所操作性排油的要求

①除上述例外情况以及本条第②、③和⑤规定外,应禁止将任何油类或含油混合物排放入海。

②特殊区域外的排放

除非符合下列条件，应禁止400总吨及以上的船舶排放油类或含油混合物入海：

（ⅰ）船舶正在航行途中；

（ⅱ）含油混合物经本附则要求的滤油设备加工处理；

（ⅲ）未经稀释的排出物含油量不超过15ppm；

（ⅳ）含油混合物不是来自油船的货泵舱的舱底；和

（ⅴ）如是油船，含油混合物未混有货油残余物。

③特殊区域内的排放

除非符合下列条件，应禁止400总吨及以上的船舶排放油类或含油混合物入海：

（ⅰ）船舶正在航行途中；

（ⅱ）含油混合物经滤油设备加工处理（该系统应保证通过该系统排放入海的含油混合物的含油量不超过15ppm，应装有报警装置，在不能保持这一标准时发出报警，还应装有在排出物的含油量超过15ppm时能保证自动停止含油混合物排放的装置）；

（ⅲ）未经稀释的排出物含油量不超过15ppm；

（ⅳ）含油混合物不是来自油船的货泵舱的舱底；

（ⅴ）如是油船，含油混合物未混有货油残余物。

④就南极区域而言，禁止任何船舶将任何油类或油性混合物排放入海。

⑤对除南极区域以外任何区域内小于400总吨船舶，应按下列规定将油类和含油混合物留存在船上或排放入海：

（ⅰ）船舶正在航行途中；

（ⅱ）船上所设经认可的设备正在运转以保证未经稀释的排出物含油量不超过15ppm；

（ⅲ）含油混合物不是来自油船的货泵舱的舱底；

（ⅳ）如是油船，含油混合物未混有货油残余物。

（2）对油船货物区域操作性排油的控制要求

①特殊区域外的排放

除非符合下列条件，禁止将油类或油性混合物排放入海：

（ⅰ）油船不在特殊区域之内；

（ⅱ）油船距最近陆地50 n mile 以上；

（ⅲ）油船正在途中航行；

（ⅳ）油量瞬间排放率不超过30 L/n mile；

（ⅴ）排入海中的总油量，对于1979年12月31日或以前交船的油船而言，不得超过这项残油所属的该种货油总量的1/15 000，对于1979年12月31日以后交船的油船而言，不得超过这项残油所属的该种货油总量的1/30 000；和

（ⅵ）油船所设的本附则要求的排油监控系统以及污油水舱正在运转。

②特殊区域内的排放

在特殊区域内，除清洁压载水和专用压载水的排放外，禁止油船将货油区域的油类或油性混合物排放入海。

③对小于150总吨的油船的要求

将油留存在船上以及随后将所有经污染的洗涤液排入接收设备。用于冲洗和流回到贮存柜中的全部油和水应排入接收设备，除非设有适当的装置以保证对允许排入海水中的流出物

有足够的监测以符合本条的规定。

4. 对防油污设备的要求

(1) 对所有船舶机器处所设备的要求

①除本条(ⅲ)的规定外,凡400总吨及以上但小于10 000总吨的任何船舶,应装有符合⑥规定的滤油设备。

②除本条(ⅲ)的规定外,凡10 000总吨及以上的任何船舶,应装有符合⑦规定的滤油设备。

③固定不动的旅店客船和水上仓库之类船舶,不必安装滤油设备。这种船舶应设有储存柜,其容积足够留存船上含油舱底水的总量,并使主管机关满意。所有含油舱底水均应留存船上,以便随后排入接收设备。

④主管机关应保证小于400总吨的船舶尽可能装有将油类或含油混合物留存船上或按本附则相关规定将其排放的设备。

⑤主管机关可对下述船舶免除本条(1)和(2)的要求:

a. 任何专门从事在特殊区域内航行的船舶;或

b. 任何按《国际高速船安全规则》发证(或其尺度和设计在该规则范围内),从事定期营运且返程时间不超过24 h的船舶,并包括这些船舶不载运旅客/货物的迁移航程;

c. 对上述a和b的规定,下列条件应予满足:

(ⅰ) 船舶设有储存柜,其容积足够容纳留存于船上含油舱底水的总量,并使主管机关满意;

(ⅱ) 所有含油舱底水均留存船上,以便随后排入接收设备;

(ⅲ) 主管机关确认在船舶停靠的港口或装卸站设有足够数量的接收设备,以接收该含油舱底水;

(ⅳ) 当需要备有国际防止油污证书时,应在证书中签署,说明该船是专门从事在特殊区域内的航行或被视为高速船和有确定业务;和

(ⅴ) 排放的数量、时间和港口应记入油类记录簿第Ⅰ部分内。

⑥滤油设备的设计,应经主管机关批准,而且应保证通过该系统排放入海的含油混合物的含油量不超过15ppm。

⑦本条②所述的滤油设备除应符合⑤的规定外,该系统应装有报警装置,在不能保持这一标准时发出报警。该系统还应装有在排出物的含油量超过15ppm时能保证自动停止含油混合物排放的装置。

(2) 对油船货物区域设备的要求

①排油监控系统

150总吨及以上的油船应装有一个经主管机关批准的排油监控系统。排油监控系统的设计和安装应符合本组织制定的油船排油监控系统指南和技术条件。主管机关可接受在该指南和技术条件内详述的具体布置。

②油水界面探测器

150总吨及以上的油船应备有经主管机关认可的有效的油水界面探测器,以便能迅速、准确地确定污油水舱中的油/水分界面,其他舱柜如需进行油水分离并拟从其中将排出物直接排放入海者,也应有这种探测器。

5. 对船舶构造的要求

(1) 残油舱

① 凡 400 总吨及以上的船舶,应参照其机型和航程的长短,设置一个或几个足够容量的舱柜,接收附则要求不能以其他方式处理的残油(油泥),如由于净化燃油、润滑油和机器处所中的漏油所产生的残油。

② 进出残油舱的管系,除公约要求的标准排放接头外,无直接排向舷外的接头。

③ 1979 年 12 月 31 日以后交船的船舶,残油舱的设计和建造,应能便利其清洗和将残油排入接收装置;1979 年 12 月 31 日或以前交船的船舶,应在合理和可行的范围内尽力符合这一要求。

(2) 标准排放接头

为了使接收设备的管路能与船上机舱舱底和油泥舱残余物(即舱底水和油渣)的排放管路相连接,在这两条管路上均应装有符合表 9-1 要求的标准排放接头。

表 9-1 舱底水和油渣排放接头法兰的标准尺寸

项目	尺寸
外径	215 mm
内径	按照管路的外径
螺栓圆直径	183 mm
法兰槽口	直径为 22 mm 的孔 6 个,等距分布在上述直径的螺栓圆上,开槽口至法兰盘外沿,槽口宽 22 mm
法兰厚度	20 mm
螺栓和螺帽(数量,直径)	6 个,每个直径为 20 mm,长度适当
法兰应设计为能接受最大内径不大于 125 mm 的管路,以钢或其他同等材料制成,表面平整,连同一个油密材料的垫圈,应能承受 6 kg/cm² 的工作压力	

(3) 泵舱底保护要求

对于所有 2007 年 1 月 1 日及以后建造的 5 000 载重吨及以上的油船,要求泵舱底保护,即泵舱应设双层底,且每一双层底舱处所的横切面上的垂直深度应不小于 $B/15$ 或 2 m(取两者之中小者,B 为船舶最大宽度),但最小深度不得小于 1 m。如果泵舱的底板比基线高出至少 $B/15$ 或 2 m(两者取其小者),或当泵舱的浸水不导致压载或货油转驳系统失效时,不需要双层底保护。

(4) 燃油舱保护要求

对于适用范围内的船舶的所有燃油舱(单个燃油舱的最大转载容量不超过 30 m³ 的小燃油舱除外),应满足双壳双底的要求,或者,如通过计算燃油意外溢油参数符合一定的标准,则不必设置双壳双底;对于单个燃油舱的容量不能超过 2 500 m³;不超过 30 m³ 的小燃油舱的总舱容不能超过 600 m³;如果燃油管路位于与船底或与舷侧的距离小于双壳双底所要求的最小距离,应在燃油舱内或紧邻燃油舱安装阀门或类似的关闭装置,并能从一个方便进入的封闭处所内操纵这些阀门。该封闭处所应能从驾驶室或主机控制位置进入,而不需穿过露天干舷甲板或上层建筑甲板。阀门应在遥控系统发生故障(关闭位置的故障)时予以关闭,并应在海上航行期间舱内有燃油时保持关闭状态,但进行过驳燃油操作时可打开。

6. 防止油污染的特殊措施

对油船货物区域的要求主要包括：

(1) 专用压载舱

1982年6月1日以后交船的20 000载重吨及以上的原油油船及30 000载重吨及以上的成品油油船，均应设置专用压载舱，并符合相应的规定。1982年6月1日以后交船的20 000载重吨以下的原油油船及30 000载重吨以下的成品油油船，可以任--货油舱作压载。

(2) 双壳体和双层底

1996年7月6日及以后交船的600载重吨及以上的油船需要双船壳和双层底保护。对于5 000载重吨及以上的油船要求整个货油舱由压载舱或非货油舱加以保护，5 000载重吨以下的油船需要双层底舱或处所保护。

(3) 1996年7月6日以前交船的5 000载重吨及以上的油船(满足边舱保护和分舱稳性的部分船舶除外)需要双船壳和双层底保护。对于该类船舶，MARPOL 73/78将它们分为三大类，并分别规定了满足双船壳和双层底保护的最后生效时间。

(4) 污油水舱

① 150总吨及以上的油船，应设有②至④所要求的污油水舱装置。对1979年12月31日及以前交船的油船，可指定任一个货油舱作为污油水舱。

② 应有清洗货油舱和从货油舱将污压载水的残余物与洗舱水过驳至经主管机关批准的污油水舱的适当设备。

③ 在该系统中，应有将油性废弃物以这样一种方式过驳至污油水舱或一组污油水舱的装置，即能使排入海中的任何排出物符合要求。

④ 污油水舱或一组污油水舱的布置，应有留存洗舱后所产生的污油水、残油和污压载水残余物所必需的容量。除非达到主管机关接受的标准，污油水舱的总容量不得小于船舶载油总量的3%。

⑤ 污油水舱的设计，特别是其入口、出口、挡板或堰(如设有时)的位置，应能避免油类的过分湍流和被带走或与水形成乳化。

⑥ 1979年12月31日以后交船的70 000载重吨及以上油船至少应设置两个污油水舱。

7. 油类记录簿

根据MARPOL 73/78附则Ⅰ的规定，凡150总吨及以上的油船，应备有油类记录簿第一部分(机舱处所的作业)和第二部分(货油/压载的作业)。油船应备有两种油类记录簿，一种用于机器处所的操作，由轮机部保管；另一种用于货油的操作，由大副保管。凡400总吨及以上的非油船，应备有油类记录簿第一部分(机舱处所的作业)。

(1) 油类记录簿的记载内容

所有船舶机器处所油类记录簿的记载，应按下列的记载细目一览表所规定的作业代号和细目数码填写。

油类记录簿有统一规定的格式，每当船舶进行下列任何一项作业时，均应详细记入油类记录簿。

① 油类记录簿第一部分——机器处所的作业

a. 150总吨及以上的油船和400总吨及以上的非油船，应备有油类记录簿第一部分(机器处所的作业)。

b. 船舶进行下列任何一项机器处所的作业，应逐项填入油类记录簿：
（ⅰ）燃油舱的压载和清洗；
（ⅱ）燃油舱污压载水或洗舱水的排放；
（ⅲ）残油（油泥）的收集和处理；
（ⅳ）机器处所内积存的舱底水向舷外排放或处理；
（ⅴ）添加燃油或散装润滑油；
（ⅵ）意外或其他特殊情况下的排放。

②油类记录簿第二部分——货油/压载的作业

a. 凡150总吨及以上的油船，应备有油类记录簿第二部分（货油/压载的作业）。这种油类记录簿不论是作为船上的正式航海日志的一部分或作为其他文件，均应按本附则附录Ⅲ中所规定的格式。

b. 船舶进行下列任何一项货油/压载的作业时，应逐项填写油类记录簿第二部分：
（ⅰ）货油的装载；
（ⅱ）航行中货油的内部转驳；
（ⅲ）货油的卸载；
（ⅳ）货油舱和清洁压载舱的压载；
（ⅴ）货油舱的清洗（包括原油洗舱）；
（ⅵ）压载水的排放，但从专用压载舱排放者除外；
（ⅶ）污油水舱的排放；
（ⅷ）污油水舱排放作业后，所使用的阀门或类似装置的关闭；
（ⅸ）污油水舱排放作业后，关闭清洁压载舱与货油和扫舱管路隔离所需阀门；
（ⅹ）残油的处理。

c. 对于150总吨以下的油船，应由主管机关制定适合的油类记录簿。

（2）油类记录簿格式

在油类记录簿首页说明之后，是机器处所的作业细目一览表，其具体内容如表9-2所示。

表9-2 作业细目一览表

（A）燃油舱的压载或清洗
1. 压载燃油舱的编号。
2. 自上次装油后是否已清洗，如未清洗，说明上次所装的油类。
3. 清洗过程：
.1 清洗开始和结束时的船位和时间；
.2 对具体油舱已采用的一种或其他方法的清洗（用化学品冲洗、蒸洗、清洗；使用的化学品种类和数量，m^3）；
.3 驳入清洗水的油舱的编号和数量，m^3。
4. 压载：
.1 压载开始和结束的船舶位置和时间；
.2 如油舱未清洗时的压载量，m^3。

（B）从（A）部分所述燃油舱排放污压载水或洗舱水
5. 注明燃油舱的编号。
6. 开始排放时的船舶位置。
7. 完成排放时的船舶位置。

8. 排放期间的船速。

9. 排放的方法：

.1 通过 15ppm 设备；

.2 排入接收设备。

10. 排放的数量。

（C）残油（油泥）的收集、过驳和处理

11. 残油（油泥）的收集。

留存在船上的残油（油泥）量，应每周记录一次①：（当船舶航程大于一周时，残油量应每周记录一次）

.1 注明油舱的编号；

.2 油舱的舱容⋯⋯⋯⋯⋯⋯⋯⋯⋯⋯⋯⋯⋯⋯⋯⋯⋯⋯⋯⋯⋯⋯ m^3 ；

.3 留存残油的数量⋯⋯⋯⋯⋯⋯⋯⋯⋯⋯⋯⋯⋯⋯⋯⋯⋯⋯⋯ m^3 ；

.4 通过人工方式收集残油的数量⋯⋯⋯⋯⋯⋯⋯⋯⋯⋯⋯⋯⋯ m^3 。

12. 残油（油泥）的处理方法。

注明处理的残油数量，同时注明从油舱中排出和留存在油舱中的数量，以 m^3 计：

.1 排入接收设备（注明港口）②；

.2 排入另一（或其他）油舱（注明油舱编号及油舱总容量）；

.3 已焚烧（注明焚烧作业的总时间）；

.4 其他方法（予以说明）。

（D）机器处所积存的舱底水非自动方式排出舷外、过驳或其他方法的处理

13. 排放、过驳或处理的数量，m^3 。

14. 排放、过驳或处理的时间（开始和结束）。

15. 排放、过驳或处理的方法：

.1 通过 15ppm 设备（说明开始和结束时的船位）；

.2 排至接收设备（注明港口）②；

.3 排至污油水舱或污水储存柜（注明舱柜号；注明留存在舱柜内的数量，m^3）。

（E）机器处所积存的舱底水自动方式排出舷外、过驳或其他方法的处理

16. 通过 15ppm 设备，将该系统定为自动向舷外排放的作业方式时的时间和船舶位置。

17. 将该系统定为自动将舱底水输入储存柜（注明柜号）的作业方式时的时间。

18. 将该系统定为手动作业方式时的时间。

（F）滤油设备的状况

19. 系统故障时间。

20. 系统已修复运转时间。

21. 故障原因。

（G）意外或其他异常的排油

22. 发生的时间。

23. 发生时船舶所在地点或船位。

24. 油的大概数量和种类。

25. 排放或溢漏的情况、原因和一般说明。

（H）燃油或散装润滑油的加装

---

① 仅指用于残油（油泥）的 IOPP 证书附件格式 A 和格式 B 中第 3.1 项所列的油舱。
② 船长应从包括油驳和油槽车在内的接收设备的操作人员处得到一份收据或证明，详细记录驳运的油舱冲洗水、污压载水、残油或含油混合物的数量，连同驳运的时间和日期。该收据或证明如附于油类记录簿，可有助于船长证明其船舶未涉嫌油污染事故。该收据或证明应与油类记录簿一同保存。

26. 加油：

.1 加油的地点；

.2 加油的时间；

.3 燃油的种类和数量以及油舱编号（说明加入的数量和油舱的总存量，以吨计）；

.4 润滑油的种类和数量以及油舱编号（说明加入的数量和油舱的总存量，以吨计）。

（I）补充的作业程序和一般说明

①填写格式

在油类记录簿的记载细目一览表之后是每项作业的记载表，格式见表9-3。

②填写要求

a. 油类记录簿中每页的船名、登记号或船舶呼号应正确填写，不得遗漏。

b. 对于非油船，应将每页最前边的"货油/压载作业"字样画线删除。

c. 填写油类记录簿时，日期、作业代号字母和细目数字，应记入相应的表格内，所要求的细节应按时间顺序记入空栏，不得留空白间隔。日期应以"DAY – MONTH – YEAR"格式记录，如 11 – MAR – 2011；

d. 每记完一项作业，应由轮机长或主管高级船员签署姓名和日期，每记完一页，应及时由船长签字。

e. 对残油的处理操作，无论是用焚烧炉烧掉或排入接收设备都要详细记录，排入岸上接收装置的，要向残油接收单位索要"残油接收证明"。

f. 油类记录簿包括许多油量参考数。油舱测量装置的精度、温度变化和残油皆可影响到这些读数的精确度。在填写油类记录簿时，应予相应的考虑。

g. 所有操作应按在船执行的时间顺序记录；IOPP证书中第3.1项所列的油舱中留存的残油（油渣）的数量应每周记录一次。

③注意事项

a. C 项记录中包括两方面：11 细目的残油收集和 12 细目的残油处理。前者收集的残油量是每日实际产生的渣油量（由分油机、放残和漏泄等部分组成），一般应为燃油消耗量的 1% ~ 2%，如果不同，应确定过多污油的来源及原因并消除；后者应注意 12.4 细目的记录，一般污油舱都有加热设备，会有部分水分被蒸发并通过透气孔排到舷外，会导致相关油舱柜中残油数量的减少。

b. D 项在记录时，一般应把机舱处所的所有污水首先打入污水舱，然后再通过 15ppm 设备排出舷外。在按 15.1 细目排出污水时，污水舱不能被排空，应存留 10% 舱容的污水在污水舱中。当船舶航行于夏季海域时，环境空气含湿量大，主机空冷器会产生较多的冷凝水，因此 15.1 细目的排出数量会明显增加。

c. H 项在记录时，包括燃油和散装润滑油，应注意桶装的滑油不包括在内。

d. 如果已在油类记录簿中错误记录，应立即通过在错误文字中间划单横线方式删除，使错误记录仍然清晰可见。错误的记录应签名并注明日期，下面附新的修正记录。

第九章 船舶防污染管理

表 9-3 油类记录簿填写示例

船名··
船舶编号或呼号······················
~~货油/压载的作业(油船)~~ */机器处所的作业(所有船舶)　　1/1

日期 Date	代号(字母) Code(letter)	细目(编号) Item(number)	作业记录/主管高级船员的签名 Record of operations/signature of officer in charge
13-03-2011	C	11.1	一号油渣柜/二号油渣柜/燃油泄放柜/污滑油柜/焚烧炉废油柜
		11.2	12.42 m³/9.10 m³/11.34 m³/11.34 m³/0.5 m³
		11.3	2.56 m³/3.24 m³/3.34 m³/0.96 m³/0.0 m³
		11.4	自 No.1 副机油底壳收集 0.7 m³
			轮机长：程斯壮　13-03-2011
15-03-2011	C	12.3	自一号油渣柜驳出 0.33 m³ 残油(渣油)，存 2.47 m³
			在焚烧炉中燃烧 17.5 h
			轮机长：程斯壮　15-03-2011
16-03-2011	C	12.2	自燃油泄放柜驳出 3.30 m³ 残油(渣油)，存 0.08 m³
			至一号油渣柜 3.30 m³，存 5.72 m³
			轮机长：程斯壮　16-03-2011
17-03-2011	C	12.4	焚烧炉废油柜中 0.16 m³ 水蒸发掉，存 0.28 m³
			轮机长：程斯壮　17-03-2011
18-03-2011	D	13	自舱底水舱中驳出舱底水 5.60 m³，总容量 29.72 m³，存 0.30 m³
		14	开始：0915　　　结束：1120
		15.1	通过 15ppm 处理装置处理出海
			开始船位：18°50.0′N/115°24.2′E
			结束船位：18°23.0′N/115°17.0′E
			轮机长：程斯壮　18-03-2011
20-03-2011	C	11.1	一号油渣柜/二号油渣柜/燃油泄放柜/污滑油柜/焚烧炉废油柜
		11.2	12.42 m³/9.10 m³/11.34 m³/11.34 m³/0.5 m³
		11.3	5.50 m³/3.24 m³/0.10 m³/1.02 m³/0.02 m³
			轮机长：程斯壮　20-03-2011
22-03-2011	C	12.1	9.87 m³ 残油自下述油柜驳出：
			一号油渣柜 5.80 m³，存 0.12 m³
			二号油渣柜 3.24 m³，存 0.01 m³
			污滑油柜 0.83 m³，存 0.20 m³
			至新加坡港口接收设施
			轮机长：程斯壮　23-03-2011
22-03-2011	H	26.1	新加坡
		26.2	开始：0900　　　结束：1700
		26.3	680.120 t, 380 cSt, 含硫量为 1.5% 的重油分别注入：
			一号左燃油舱 344.000 t，存 345.240 t
			一号右燃油舱 336.120 t，存 339.280 t
			轮机长：程斯壮　23-03-2011

*不适用者划去。　　　　　　　　　　　　　　　　　船长签名

e. 一旦遗漏了以前的操作项目,补记时按表9-4格式进行。

表9-4 遗漏项目的补记

日期	代号(字母)	细目(编号)	作业记录/主管高级船员的签名
dd – MONTH – yyyy(1)	I		前期遗漏操作记录补充记录
dd – MONTH – yyyy(2)	C	12.2	×× m³ 油泥至(3.1下所列舱室 & 标记名称),×× m³ 留存
			至(3.1下所列舱室 & 标记名称),存舱 ×× m³
			签名(1)(主管高级船员,姓名 & 职务) dd – MONTH – yyyy
			签名(2)(主管高级船员,姓名 & 职务) dd – MONTH – yyyy

说明:日期(1)应为以前的实际操作日期,日期(2)应为当前时间,即补记日期,签字(1)由补记者签署,签字(2)由漏记者签署。

f. 所有项目由高级船员或与操作有关的主管高级船员填写和签字,每一页记录完毕应速交船长审阅、签字。

(3) IOPP证书附录格式A(或B)第3项示例

在油类记录簿的最后有IOPP证书附录格式A(或B),记录油类记录簿时应关注一下其中的第3项。

3. 残油(油渣)的留存和处理措施以及舱底水储存舱/柜
3.1 该船设有如下残油(油渣)舱(见表9-5):

表9-5 残油舱详情表

舱室编号	舱室位置		容积(m³)
	肋位号(由)~(至)	横向位置	
NO.1 Sludge Tank	120 ~ 121	PORT	12.42
NO.2 Sludge Tank	120 ~ 121	STBD	9.10
F.O Drain Tank	116 ~ 118	PORT	11.34
Dirty L.O Tank	116 ~ 118	CENTER LINE	11.34
Incinerator Waste Oil Tank	114 ~ 116	STBD	0.50
		总容积	44.70

3.2 除残油舱设施外,附加处理残油的措施:
3.2.1 残油焚烧炉,处理能力 __500__ L/h 或 kcal/h 或 kW ············☑
3.2.2 以残油为燃料的辅锅炉 ··☐
3.2.3 其他可接受的设施,予以说明 ···☐
3.3 该船设有以下储存舱柜(见表9-6)用来留存船上的含油舱底水:

表9-6 储存舱柜详情表

舱室编号	舱室位置		容积(m^3)
	肋位号(由)~(至)	横向位置	
Bilge Water Holding Tank.	125~134	CENTER LINE	29.72
		总容积	29.72

*公约未要求舱底水储存舱,3.3项的填写是自愿的。

(4)法律效力

应及时将每项作业详细地记入油类记录簿的第一部分或第二部分。船舶事故造成任何油类和油性混合物的排放,不论是有意的还是意外的,均应记入油类记录簿,并说明排放情况和理由。每项记录应由该项作业的操作负责人签字,每记完一页由船长签字。记完最后一页应留船保存3年。

油类记录簿第一或第二部分的记录,对于持有IOPP证书的船舶,所选用的语言至少应为英文、法文或西班牙文的一种。若同时使用船旗国的官方文字做记录,在遇有争议或不相一致的情况时,应以该船旗国的官方文字记录为准。

油类记录簿应存放于船上在所有合理时间可随时取来检查的地方。缔约国的主管当局,可对停靠本国港口或近海装卸站的适用船舶检查油类记录簿,可将记录簿中的任何记录制成副本,并要求船长证明该副本是该项记录的正确副本。经船长证明为船上油类记录簿中某项记录的真实副本,在任何法律诉讼中可作为该项记录中所述事实的证据。对油类记录簿的检查和制作正确副本应尽快进行,不得对船舶造成不当迟延。

8. 船上油污染应急计划

(1)适用范围

根据MARPOL 73/78附则Ⅰ第37条和附则Ⅱ第17条的要求,凡150总吨及以上的油船和400总吨及以上的非油船,均应备有经主管机关认可的《船上油污染应急计划》(Shipboard Oil Pollution Emergency Plan,SOPEP);150总吨及以上准予装载散装有毒液体物质的船舶应备有经主管机关认可的《船上有毒液体物质海洋污染应急计划》;对于同时满足上述两条件的船舶,可以《船上海洋污染应急计划》(Shipboard Marine Pollution Emergency Plan,SMPEP)替代上述两项。《船上油污染应急计划》可以以中国船级社《船上海洋污染应急计划编制指南》(2007)为基础进行编写。

《船上油污染应急计划》应使用船长和高级船员的工作语言或他们精通的语言编制,以方便使用。当因船长和高级船员更换导致使用的语言与计划不一致时,计划应译成新船长和高级船员适用的语言。如果所用语言不是英文,还应提供英文的译文。

SOPEP至少应包括MARPOL 73/78所要求的下列几个方面的强制性规定:

①船长或负责管理该船的其他人员应遵循的油类污染事故报告程序。

②在发生油类污染事故时,需要联系的当局或人员名单。

③为减少或控制事故引起的油类的排放,船上人员将对立即采取行动进行详细说明。

④在处理油类污染事故中,为协调国家与地方当局的船上行动,要求在船上进行联系的程序和要点。

⑤所有 5 000 载重吨及以上的油船,应能快速获取"破损稳性和剩余结构强度岸基电脑计算程序"服务。

SOPEP 用于帮助船员处理意外排油,其主要目的是制定必要的措施,以控制或减少排放造成的影响。SOPEP 不仅适用于操作性溢油,还包括帮助船长应付船舶发生事故排放时所需的指导。编制 SOPEP 时要考虑到处于应急情况下的人员面临着各种压力和复杂工作。在这种紧急情况下,缺乏有效的计划会使一些明智的关键人员陷于混乱、错误,导致时间上的延误和浪费,使处境变得更糟,其结果可能使船舶及船员面临更大的危险和环境损害。因此,SOPEP 必须确切、实用、易于操作;船上人员和岸上船舶管理人员都能理解;定期进行评估、检查和修改。

(2)强制性规定部分

MARPOL 73/78 附则 I 规定,SOPEP 至少应由下述四部分组成:

①报告要求

根据 MARPOL 73/78 防污公约第 8 条和议定书 I 的要求,应该把油类或有毒液体物质实际的或可能的排放情况通知最近沿海国家,以便使沿海国家有可能估计此项事故受到的污染威胁以及采取适当的行动进行援救和协调行动。

船长或负责管理该船的其他人员,按照 IMO A. 851(20)决议通过的《船舶报告制度及报告要求总则(包括涉及危险货物、有害物质和/或海洋污染物事故报告指南)》为基础确定报告程序。

a. 报告时间

(a)实际排放

无论何时发生下列情况都必须做报告:

ⅰ. 由船舶或设备损坏引起排放;

ⅱ. 由确保船舶安全和在海上救生目的引起排放;

ⅲ. 超过现行公约允许排放总量或瞬时排放率;

ⅳ. 螺旋桨轴和艉轴油封装置损坏而引起的排放。

(b)可能发生的排放

当发生下述情况,船长判断可能发生排油时,需向最近沿岸国报告:

ⅰ. 船舶发生碰撞、搁浅、火灾、爆炸、结构受损、船舱进水、货物移动等影响船舶安全的故障;

ⅱ. 舵机、推进器、发电系统、关键的航行设备发生故障或失灵,使航行安全性下降。

b. 报告内容

报告应按规定的统一格式填写,其内容包括:

(a)船名、呼号、船旗国;

(b)发生事故的日期、时、分;

(c)事故位置,用纬度(N,S)和经度(E,W)表示;

(d)与岸标的距离和真方位表示的船位;

(e)真航向;

(f)航速(节);

(g)预定航线;

(h)监听电台频率;

(i)下次报告日期、时、分;
(j)船上货物及燃油的数量和种类;
(k)缺陷、故障、损坏简况;
(l)污染简况,包括估计溢出量;
(m)天气和海况简况(风向、风速、浪向、浪高);
(n)与船舶所有人、经营人、代理人联系的细节;
(o)船舶尺寸和类型(船型、船长、船宽、吃水、载重吨、总吨);
(p)附加资料(事故简况;外援需要;正在采取的措施;船员人数及受伤细节;保赔协会或当地相应机构细节;其他)。

c.报告程序

(a)初始报告发生排油或可能发生排油立即报告,包括上述的(a)~(p)项信息;

(b)补充报告根据需要对初始报告做进一步补充或提供有关油污事态发展信息,报告格式与初始报告一样;

(c)附加报告依据沿岸国的要求提供更详细的信息,报告格式也与初始报告一样。

②油污事故中需联系的当局或人员名单

船舶发生污染事故,需要进行通信联系的应包括:沿海国家和地区联系人;港口联系人;与船舶有关的重要联系人("破损稳性和剩余结构强度岸基电脑计算程序"服务提供者/船舶管理公司、船东/营运人等)。这些人的单位、姓名、地址、电话、电传、传真号码等列入附录的表中,而且随着人员更换和电话号码等的变动,这些信息必须经常更新。

③为减少或控制油类排放的措施

为确保 SOPEP 的实施,控制排放的措施应为船长和其他高级船员在发生溢漏事故时,如何迅速采取有关控制排放措施提供指导,以制止和减少排放。为此所有船员无论在什么时候,一旦发现船上溢漏事故,应立即报告船长或船上其他负责人。船长及其他负责人接到事故报告后,应立即发出溢漏报警,并组织船员按表9-7所示的船舶溢油应变部署表示例做出应急响应。

每艘船舶应有本船溢油应变部署表,在表中应注明:溢油报警信号、船员集合地点、每个船员负责的部位和应变职责等。

中华人民共和国国家质量监督检验检疫总局于 2010 年 11 月 10 日发布了船舶溢油应变部署表(GB/T 16559—2010)国家标准,2011 年 03 月 1 日起实施。该标准规定了当船舶发生溢油时,全体船员应变反应、分工部位和职责,并要求在船上相应位置如驾驶台、机舱、餐厅、居住区等公共场所张贴相应的船舶溢油应变部署表。

④国家和地方协作

在抗油污染行动中,船舶与国家及地方当局协同行动需取得联系的程序和要点。

发生溢油事故,船舶与沿岸国或其他有关部门快速、有效的协作,对降低污染事故的危害与影响至关重要,因此实施控制措施之前,有必要与沿岸国取得联系,以得到核准,计划应提供与沿岸国或地方当局联系请求协作的方式、注意事项和有关应急反应队伍的资料。

表9-7　船舶溢油应变部署表示例

报警信号：● — — ●　　　　　　　　　　　　　　　　　集合地点：主甲板

编号	职务	负责部位	职责
1	船长	驾驶台/现场	总指挥，对外联系
2	大副	溢油现场	协助轮机长做好溢油现场指挥工作
3	二副	驾驶台/现场	驾驶台值班，采取应急措施，做好现场记录
4	三副	溢油现场	提供并携带防污器材，艇长，指挥放艇，回收清除溢油
5	水手长	溢油现场	提供并携带防污器材，协助指挥放艇，回收清除溢油
6	木匠	溢油现场	检查甲板排水孔，关闭有关通道，回收清除溢油
7	水手	溢油现场	艇员，协助放艇，随艇下，回收清除溢油
8	轮机长	溢油现场	现场指挥，组织人员回收清除溢油
9	大管轮	机舱/现场	管理机舱设备和电站/回收清除溢油
10	二管轮	溢油现场	控制有关阀门，防止溢油扩散，做好现场记录
11	三管轮	溢油现场	协助放艇，随艇下，操纵艇机，回收清除溢油
12	电机员	机舱/现场	管理电站，回收清除溢油
13	机工长	溢油现场	提供并携带应急工具和防污器材，现场回收清除溢油
14	机工	溢油现场	艇员，协助放艇，随艇下，回收清除溢油
15	管事	生活区/现场	检查居住区火情，关闭有关通道，回收清除溢油
16	大厨	厨房/现场	检查厨房火情，关闭有关通道，回收清除溢油
17	医生	溢油现场	携带医疗急救器械和药品
18	其余船员	溢油现场	携带防污器材，回收清除溢油

船名：M.V. SUEZ　　船长：　　制表：程斯壮　　日期：xxxx 年 xx 月 xx 日

（来源：中国船级社《船上海洋污染应急计划编制指南（2007）》）

（3）非强制性部分

MARPOL 73/78 附则 I 规定除上述强制部分外，计划应有由地方或船公司要求提供的指导，如图表和图纸、应急反应设备、公关事务、记录保存、计划检查及演练等。

9. 国际防止油污证书

根据 MARPOL 73/78，150 总吨及以上油船和 400 总吨及以上非油船在航行缔约国所辖的港口或近海装卸站，应持有国际防止油污证书（International Oil Pollution Prevention Certificate，简称 IOPP 证书）。

150 总吨及以上的油船和 400 总吨及以上的其他船舶应进行下列检验：

（1）初次检验。在船舶投入营运以前或在首次签发本附则所要求的证书以前进行。该检验应包括对船舶的结构、设备、系统、附件、布置和材料的完整检验。该检验应确保其结构、设备、系统、附件、布置和材料完全符合本附则的适用要求。

（2）换证检验。按主管机关规定的间隔期限进行，但不得超过 5 年。换证检验应确保其结构、设备、系统、附件、布置和材料完全符合本附则的适用要求。

（3）中间检验。在证书的第二或第三个周年日前/后 3 个月之内进行，应取代一次年度检验。中间检验应确保设备及其附属的泵和管系,包括排油监控系统、原油洗舱系统、油水分离设备和滤油系统完全符合本附则的适用要求,并处于良好的工作状况。该中间检验应在证书上签注。

(4)年度检验。在证书的每周年日前/后 3 个月之内进行,包括对结构、设备、系统、附件、布置和材料的全面检查,以确保其已得到保养,同时确保其继续满足船舶预定营运的要求。该年度检验应在证书上签注。

(5)附加检验。在规定的调查导致进行修理或在任何重大修理或换新后应进行全面或部分检验。该检验应确保已有效进行了必要的修理或换新,确保这种修理或换新所用的材料和工艺在各方面均属合格,且船舶在各方面都符合本附则的要求。

(二) MARPOL 73/78 附则 Ⅱ——控制散装有毒液体物质污染规则的有关规定

1. 定义

(1)液体物质,系指在温度为 37.8 ℃时,绝对蒸汽压力不超过 0.28 MPa 的物质。

(2)有毒液体物质,系指《国际散装化学品规则》第 17 章或第 18 章的污染类别栏中所指明的或根据第 6.3 条规定经临时评定列为 X、Y 或 Z 类的任何物质。

(3)化学品液货船,系指建造为或改造为用于散装装运《国际散装化学品规则》第 17 章所列的任何一种液体货品的船舶。

(4)有毒液体物质货船,系指建造为或改建为用于散装运输有毒液体物质货物的船舶,包括本公约附则 Ⅰ 定义的核准用于散装运输全部或部分有毒液体物质货物的油船。

(5)清洁压载水,系指装入一个舱内的压载水,该舱自上次用于装载含有 X、Y 或 Z 类物质的货物以来,已予彻底清洗,所产生的残余物也已按本附则的相应要求全部排空。

(6)专用压载水,系指装入一个舱内的压载水,该舱与货物和燃油系统完全隔离并固定用于装载压载水,或固定用于装载本公约各附则中所定义的除各种油类或有毒液体物质以外的压载水或货物。

(7)《国际散装化学品规则》,系指由 IMO 海上环境保护委员会以 MEPC.19(22)号决议通过的并经 IMO 修正的《国际散装运输危险化学品船舶构造和设备规则》,但这些修正案应按照本公约第 16 条规定的有关附则附录的修正程序予以通过和生效。

(8)南极区域,系指南纬 60°以南海域。

2. 有毒液体物质的分类

有毒液体物质分为以下四类:

X 类——这类有毒液体物质如从洗舱或排除压载的作业中排放入海,将被认为会对海洋资源或人类健康产生重大危害,应严禁向海洋环境排放该类物质。

Y 类——这类有毒液体物质如从洗舱或排除压载的作业中排放入海,将被认为会对海洋资源或人类健康产生危害,或对海上的休憩环境或其他合法利用造成损害,因而对排放入海的该类物质的质和量应采取限制措施。

Z 类——这类有毒液体物质如从洗舱或排除压载的作业中排放入海,将被认为会对海洋资源或人类健康产生较小的危害,因而对排放入海的该类物质应采取较为宽松的限制措施。

其他物质——以 OS(其他物质)形式被列入《国际散装化学品规则》第 18 章污染类别栏目中的物质,并经评定认为不被列入本附则第 6.1 条所规定的 X、Y 或 Z 类物质之内,因为目前认为当这些物质从洗舱或排除压载的作业中排放入海时,对海洋资源、人类健康、海上休憩环境或其他合法的利用并无危害。排放仅含有被列为"其他物质"的舱底水或压载水或其他残余物或混合物,不应受本附则任何要求的约束。

3. 有毒液体物质残余物排放控制

(1)排放标准

对有毒液体物质或含有此类物质的压载水、洗舱水或其他混合物的残余物排放控制应符合下列排放标准:

①如果规定允许把 X、Y 或 Z 类物质的残余物或临时评定为此类物质的残余物或含有此类物质的压载水、洗舱水或其他混合物排放入海,则应符合下列排放标准:

(ⅰ)船舶在海上航行,自航船航速至少为 7 kn,或非自航船航速至少为 4 kn;

(ⅱ)在水线以下通过水下排放口进行排放时不应超过水下排放口的最高设计速率;

(ⅲ)排放时距离最近陆地不少于 12 n mile,水深不少于 25 m。

②2007 年 1 月 1 日之前建造的船舶,对于将 Z 类物质或临时评定为此类物质的残余物或含有此类物质的压载水、洗舱水或其他混合物在水线以下排放入海并无强制规定。

③对 Z 类物质,主管机关可对仅在本国主权或所辖水域内航行的悬挂其国旗的船舶免除关于排放时距最近陆地不少于 12 n mile 的要求。

(2)X 类物质残余物的排放

已被卸完 X 类物质货物的货舱,在船舶离开卸货港口之前,应予以预洗。清洗的残余物质量浓度等于或低于 0.1% 之前应被排入接收设备。其浓度指标由检查员从排入接收设备的残余物中提取样品进行分析后确定。当浓度达到要求后,应将舱内剩余的洗舱水继续排入接收设备,直到该舱排空。这些作业应在货物记录簿内做相应记录,并由检查员签署。

预洗后灌入舱内的任何水均可按上述排放标准排放入海。

(3)Y 类和 Z 类物质残余物的排放

Y 类和 Z 类物质残余物均可按上述排放标准排放入海。

(4)南极区域排放

禁止任何有毒液体物质或含有此类物质的混合物排放入南极海域。

(三)MARPOL 73/78 附则Ⅲ——防止海运包装有害物质污染规则的有关规定

1. 定义

(1)有害物质指那些在《国际海运危险货物规则》(IMDG 规则)中确定为海洋污染物的物质或符合本附则附录所述标准的物质。

(2)包装形式指 IMDG 规则中对有害物质所规定的盛装形式。

2. 包装

根据其所装的特定物质,包装件应能使其对海洋环境的危害减至最低限度。

3. 标志和标签

(1)盛装有害物质的包装件,应加上永久的标记或标签,以指明根据 IMDG 规则的相关规定该物质为有害物质。

(2)在盛装有害物质包装件上加标记和标签的方法应符合 IMDG 规则的相关规定。

4. 积载

有害物质应予正确积载和系固,以使其对海洋环境的危害减至最低限度,而不致损害船舶和船上人员的安全。

5. 限量

对某些有害物质,由于科学和技术上的合理原因,可能需要在禁止运输或对某一船舶的装载数量方面加以限制。在限制数量时应充分考虑船舶的大小、结构和设备,同时还应考虑这些物质的包装和固有性质。

6. 例外

(1)禁止将以包装形式装运的有害物质抛弃入海,但为保障船舶安全或救护海上人命所必需者除外。

(2)在遵守本公约规定的情况下,应根据有害物质的物理、化学和生物学上的特性采取相应措施,以对其泄漏物冲洗出船外进行控制,但这种措施的执行应不致危害船舶和船上人员的安全。

7. 关于操作要求的港口国控制

(1)当船舶停靠在另一缔约国港口或近海装卸站时,该船应接受该缔约国正式授权官员根据本附则进行的有关操作要求的检查。

(2)如有明显理由确信该船船长或船员不熟悉船上主要的防止有害物质污染程序,该缔约国应采取包括进行详细的检查在内的措施,并按要求确保该船在按本附则的要求调整至正常状态前,不得开航。

(3)本公约规定的港口国控制程序应适用于本条。

(4)本条的任何内容均不得解释为限制缔约国在本公约明确规定的操作要求方面进行控制的权利和义务。

(四) MARPOL 73/78 附则Ⅳ——防止船舶生活污水污染规则的有关规定

1. 定义

(1)新船,系指在本附则生效之日或以后订立建造合同的船舶,或无建造合同但在本附则生效之日或以后安放龙骨或处于相应建造阶段的船舶;或在本附则生效之日后3年或3年以上交船的船舶。

(2)现有船舶,系指非新船的船舶。

(3)生活污水,系指任何形式的厕所和小便池的排出物和其他废弃物;医务室(药房、病房等)的洗手池、洗澡盆和这些处所排水孔的排出物;装有活畜禽货物处所的排出物;或混有上述排出物的其他废水。

(4)集污舱,系指用于收集和储存生活污水的舱柜。

(5)国际航行,系指从某一适用本公约的国家至该国以外的港口的航行,或者相反。

2. 适用范围

本附则的规定适用于以下从事国际航行的船舶:

(1)400总吨及以上的新船和小于400总吨但经核定可载运15人以上的新船。

(2)本附则生效之日5年后(即2008年9月27日及以后),400总吨及以上的现有船舶和400总吨以下但经核定可载运15人以上的现有船舶。

3. 生活污水的排放控制

(1)除客船外的船舶在所有区域排放生活污水以及客船在特殊区域外排放生活污水的

要求：

除下述情况外，禁止将生活污水排放入海：

① 船舶在距最近陆地 3 n mile 以外，使用主管机关认可的系统，排放经粉碎和消毒的生活污水，或在距最近陆地 12 n mile 以外排放未经粉碎或消毒的生活污水。但在任何情况下，不得将集污舱中储存的生活污水即刻排光，而且应在航行途中，船舶以不低于 4 kn 的航速航行时，以适当速率排放；排放速率应经主管机关按 IMO 制定的标准予以认可。

② 船舶配备的经认可的生活污水处理装置正在运行，该装置已经主管机关验证符合 IMO 制定的各项操作及性能要求，同时，该装置的试验结果已写入该船的国际防止生活污水污染证书，并且排出物在其周围的水中不会产生可见的漂浮固体，也不会使周围的水变色。

上述规定不适用于在某一国家所辖水域内营运的船舶，也不适用于来自其他国家的访问船舶，这些船舶在该水域内按照该国可能施行的较宽要求排放生活污水。

如生活污水与 MARPOL 73/78 防污公约其他附则要求的废弃物或废水混在一起，则除应符合本附则的要求外，还应符合其他附则的要求。

(2) 客船在特殊区域内排放生活污水的要求：

① 对新客船，应于 2016 年 1 月 1 日或以后禁止在特殊区域内排放生活污水。

② 对现有客船，应于 2018 年 1 月 1 日或以后禁止在特殊区域内排放生活污水。

但满足下述条件者除外：

船舶所设经批准的生活污水处理装置正在运转，该装置已由主管机关验证符合公约的操作要求，且排出物在其周围的水中不应产生可见的漂浮固体，也不应使水变色。

4. 设备及构造要求

(1) 设备及构造要求

凡符合本附则的各项规定的每艘船舶，均应配备下列之一的生活污水系统：

① 生活污水处理装置，该装置应经主管机关型式认可，并考虑到 IMO 制定的标准和试验方法[参照 MEPC.2(VI)号决议]通过的《关于生活污水处理装置国际排放标准的建议和性能试验指南》(称为旧标准)；MEPC 于 2006 年 10 月 13 日在其第五十五届会议上以 MEPC.159(55)号决议通过了《经修订的实施生活污水处理装置排出物标准和性能试验导则》(称为新标准)，新标准适用于 2010 年 1 月 1 或以后安装上船的生活污水处理装置，即在该日期后吊装到不论新、旧船舶上的生活污水处理装置均应满足新标准的要求；或

② 经主管机关认可的生活污水粉碎和消毒系统，该系统应配备令主管机关满意的各项设施，用于船舶在距最近陆地不到 3 n mile 时临时储存生活污水；或

③ 集污舱，该集污舱的容量应参照船舶营运情况、船上人数和其他相关因素，能存放全部生活污水，并使主管机关满意。集污舱的构造应使主管机关满意，并应设有能指示其集存数量的目视装置。

(2) 标准排放接头

为了使接收设备的管路能与船上的排放管路相连接，两条管路均应装有符合表 9-8 的标准排放接头。

对于型深为 5 m 及以下的船舶，排放接头的内径可为 38 mm。

对于专项营运的船舶，即客滚船，船舶排放管路可选择配备一个主管机关接受的排放接头，如快速连接接头。

表 9-8　生活污水排放接头法兰的标准尺寸

项目	尺寸
外径	210 mm
内径	按照管子的外径
螺栓圈直径	170 mm
法兰槽口	直径为 18 mm 的孔 4 个等距分布在上述直径的螺栓圆上,开槽口至法兰盘外沿。槽口宽 18 mm
法兰厚度	16 mm
螺栓和螺帽:数量,直径	4 个,每个直径 16 mm,长度适当
法兰应设计为能接受最大内径不大于 100 mm 的管子,以钢或其他同等材料制成,表面平整,连同一个适当的垫圈,应能承受 6 kg/cm² 的工作压力	

5. 生活污水处理装置的排放标准

生活污水处理装置应经主管机关的型式认可,并考虑到 IMO 制定的标准和试验方法。

新标准适用于 2010 年 1 月 1 日或以后安装上船的生活污水处理装置,即在该日期后吊装到不论新、旧船舶上的生活污水处理装置均应满足新标准的要求。新、旧排放标准的对比如表 9-9 所示。

表 9-9　船舶生活污水处理装置新、旧排放标准的对比

排放指标	IMO 旧标准	IMO 新标准	USCG	Alaska
悬浮固体 SS/(mg/L)	50	35	150	30
生化需氧量 BOD_5/(mg/L)	50	25	—	30
化学需氧量 COD/(mg/L)	—	125		
大肠杆菌群/(个/百毫升)	250	100	200	20
pH 值	6~9	6~8.5	—	6~9
余氯/(mg/L)	尽可能低	<0.5		10
实验天数/天	10	16	10	30

(五) MARPOL 73/78 附则 V——防止船舶垃圾污染规则的相关规定

1. 定义

(1) 货物残余,指本公约其他附则未涵盖且在装载或卸载后仍留在甲板上或货舱内的任何货物的残余物,包括装载和卸载的多余货物或溢出物,无论其处于潮湿或干燥条件下或是夹带在洗涤水中,但不包括进行清扫后在甲板上残留的货物灰尘或船舶外表面上的灰尘。

(2) 食用油,指用来或拟用来预制或烹饪食物的可食用的任何类型油或动物脂肪,但不包括用这些油预制的食物本身。

(3) 生活废弃物,指其他附则未涵盖的在船上起居处所产生的所有类型废弃物。生活废弃物不包括灰水。

(4) 在航途中,指船舶在海上包括偏离最短直线航道的航行。就实际航行目的而言,会造成海上大范围实际又合乎情理的排放。

(5) 食品废弃物,指任何变质或未变质的食物,包括水果、蔬菜、乳制品、家禽、肉制品和船

上产生的食物碎屑。

(6)垃圾,指产生于船舶正常营运期间并需要持续或定期处理的各种食品废弃物、生活废弃物和作业废弃物、所有塑料制品、货物残余、焚烧炉灰渣、食用油、渔具和动物尸体等。

(7)特殊区域,指这样的一个海域,在该海域中,出于其海洋学和生态学的情况以及其运输的特殊性质等公认的技术原因,要求采取特殊的强制办法以防止垃圾污染海洋。就本附则而言,特殊区域为地中海区域、波罗的海区域、黑海区域、红海区域、海湾区域、北海区域、南极区域和大加勒比海区域。

(8)焚烧炉灰渣,指用于焚烧垃圾的船上焚烧炉产生的灰和熔渣。

2. 在特殊区域外排放垃圾

(1)船舶仅在航途中时才应允许在尽可能远离最近陆地的特殊区域外将下述垃圾排放入海,但在任何情况下不得:

①在距最近陆地不到 3 n mile 处将通过粉碎机或磨碎机的食品废弃物排放入海。这种业经粉碎或磨碎的食品废弃物,应能通过筛眼不大于 25 mm 的粗筛。

②在距最近陆地不到 12 n mile 处将未按上述①规定处理的食品废弃物排放入海。

③在距最近陆地不到 12 n mile 处将不能用通用的卸载方法回收的货物残余排放入海。根据本组织制定的指南,这些货物残余不应包含任何被分类为对海洋环境有害的物质。

④根据本组织制定的指南,对于动物尸体应尽可能远离最近陆地排放入海。

(2)可将货舱、甲板和外表面洗涤水中包含的清洁剂或添加剂排放入海,但根据本组织制定的指南,这些物质必须对海洋环境无害。

(3)如果垃圾与其他被禁止排放或具有不同排放要求的物质混在一起或被其污染,则应适用其中更为严格的要求。

3. 对处理垃圾的特殊要求

(1)除本条(2)的规定外,从事于海底矿物资源的勘探、开发以及相关的海上加工的固定或移动平台和停靠这种平台或其相距在 500 m 以内的一切其他船舶,禁止处理本附则所规定的任何物料。

(2)位于距陆地 12 n mile 以外的这种固定或移动平台和停靠这种平台或与其相距在 500 m 以内的一切其他船舶,可允许已通过粉碎机或磨碎机的废弃食物处理入海。这种业经粉碎或磨碎的食品废弃物应能通过筛眼不大于 25 mm 的粗筛。

4. 在特殊区域内处理垃圾

(1)船舶仅在航途中时才应允许在特殊区域内以下述方法将下述垃圾排放入海:

①食品废弃物排放入海应尽可能远离最近陆地,但距最近陆地或最近冰架应不少于 12 n mile。食品废弃物应业经粉碎或磨碎并应能通过筛眼不大于 25 mm 的粗筛。食品废弃物不应被任何其他类型的垃圾污染。不允许在南极区域排放外来的禽类产品,包括完整的家禽和不完整的家禽,除非其已经过无菌处理。

②将通常无法使用的卸载方法回收的货物残余排放入海应满足下述所有条件:

a. 根据本组织制定的指南,舱室洗涤水中包含的货物残余、清洁剂或添加剂中无任何被分类为对海洋环境有害的物质。

b. 驶离港和下一个到达港都在特殊区域内且船舶在这两个港口间航行时不会驶离特殊区域。

c. 根据本组织制定的指南,这些港口不具备合适的接收设备。

d. 含有货物残余的货舱洗涤水应尽可能远离最近陆地或最近冰架排放,但距最近陆地或最近冰架应不少于 12 n mile。

(2)可将甲板和外表面洗涤水中包含的清洁剂或添加剂排放入海,但根据本组织制定的指南,这些物质必须对海洋环境无害。

(3)南极区域除适用于(1)规定外,还适用于下列规定:

①各缔约国承担保证为在其港口内的来往于南极区域的船舶,按其使用需要尽快设置接收所有船舶垃圾的足够的设备,而不对船舶造成不当延误的义务。

②各缔约国应确保悬挂本国国旗的所有船舶在进入南极区域前,船上具有足够的能力留存在该区域作业时产生的所有垃圾,并已签订协议,保证船舶离开该区域后将这些垃圾排入接收设备。

(4)如果垃圾与其他被禁止排放或具有不同排放要求的物质混在一起或被其污染,则应适用其中更为严格的要求。

5. 垃圾管理计划和垃圾记录保存

(1)垃圾公告板

总长为 12 m 及以上的船舶均应张贴告示以使船员和乘客知晓本附则关于垃圾处理的规定。告示应以船上人员的工作语言书写,对航行于其他缔约国政府管辖权范围内的港口或近海装卸站的船舶,告示还应以英文、法文或西班牙文书写。

(2)垃圾管理计划

100 总吨及以上的船舶和核准载运 15 名或以上人员的船舶,均应备有一份船员必须遵守的垃圾管理计划。该计划应就减少、收集、储藏、加工和处理垃圾以及船上设备使用等提供书面程序,还应指定负责执行该计划的人员。该计划应基于本组织制定的指南,并用船员的工作语言书写。

(3)垃圾记录簿

400 总吨及以上的船舶和核准载运 15 名或以上人员、航行于其他公约缔约国管辖权范围内的港口或近海装卸站的船舶,均应备有一份垃圾记录簿。该垃圾记录簿不论是作为船舶的正式航海日志的一部分,还是以其他形式,其格式应与表 9-10 相同。

①垃圾记录簿应记录每次排放入海或至接收设备或完成的焚烧作业,并应由主管高级船员在排放或焚烧当日签署。船长应在垃圾记录簿完成记录的每一页上署名。垃圾记录簿的每项记载应至少用英文、法文或西班牙文书写。如果这些记载也使用该船船旗国的官方语言书写,在发生争执或有不同意见时,以船旗国的官方语言的记载为准。

②每次排放或焚烧记录应包括日期、时间、船位、垃圾种类和被排放或焚烧的垃圾的估算量。

③垃圾记录簿应存放于船上或固定或浮动平台上的在所有合理时间随时可供检查的地方。该记录簿应自最后一次记录日期起保留 2 年。

表 9-10 垃圾记录簿格式

船名_____ 船舶编号或呼号_____ IMO 编号_____

垃圾种类：

1——塑料制品

2——漂浮的垫舱物料、衬料、包装材料

3——粉碎的纸制品、碎布、玻璃、金属、瓶子、陶器等

4——纸制品、碎布、玻璃、金属、瓶子、陶器等

5——食品废弃物

6——焚烧炉灰渣（可能包含有毒或重金属残余的塑料制品除外）

注意：在特殊区域内禁止排放除食品废弃物以外的任何垃圾。只有排放入海的垃圾必须分类。除分类 1 外，只有排入接收设备的垃圾需要列出总的估算量。

时间/日期	船位	排放入海的估算量/m³					排入接收设备或其他船舶的估算量/m³		焚烧的估算量/m³	证明/签字
		分类 2	分类 3	分类 4	分类 5	分类 6	分类 1	其他		

船长签字_____ 日期_____

（六）MARPOL 73/78 附则 Ⅵ——防止船舶造成空气污染的相关规定

1. 定义

(1) 连续进料，指当焚烧炉在正常操作条件下，燃烧室工作温度在 850～1 200 ℃ 时，无须人工辅助把废物送入燃烧室的过程。

(2) 排放，指从船舶上向大气或海洋释放受本附则控制的任何物质，包括消耗臭氧物质、氮氧化物、硫氧化物和挥发性有机化合物。

(3) NO_x 技术规则，指由缔约国大会决议通过的《船用柴油机氮氧化物排放控制技术规则》[MEPC. 177(58)号决议]。

(4) 消耗臭氧物质，指在应用或解释本附则时有效的 1987 年消耗臭氧层物质蒙特利尔议定书第 1 条第 4 款中定义的并在该议定书附件 A、B、C 或 E 中所列的受控制物质。在船上可能有的消耗臭氧物质包括但不限于下列各项：Halon 1211（溴氯二氟甲烷）；Halon 1301（溴三氟甲烷）；Halon 2402 (1,2 - 二溴化物 - 1,1,2,2 - 四氟乙烷，亦称作 Halon 114B2)；CFC - 11（三氯氟甲烷）；CFC - 12（二氯二氟甲烷）；CFC - 113 (1,1,2 - 三氯 - 1,2,2 - 三氟乙烷)；CFC - 114 (1,2 - 二氯 - 1,1,2,2 - 四氟乙烷)；CFC - 115（氯五氟乙烷）。

(5) 排放控制区，指要求对船舶排放采取特殊强制措施以防止、减少和控制 NO_x 或 SO_x 和颗粒物质或所有 3 种排放类型造成大气污染以及随之对人类健康和环境造成不利影响的区域。

(6) 残油，系指来自燃油或润滑油分离器的油泥，主机或副机的废弃润滑油，或舱底水分离器、油过滤装置或滴油盘的废油。

(7) 船上焚烧，系指将船舶正常作业时产生的废物或其他物质在船上进行焚烧。

2. 船舶排放控制要求

(1) 消耗臭氧物质

①禁止消耗臭氧物质的任何故意排放。故意排放包括系统或设备的维护、检修、修理或处置过程中发生的排放,但故意排放不包括与消耗臭氧物质的回收或再循环相关的微量释放。

②消耗臭氧物质的装置的使用时限:

2005年5月19日或以后建造的船舶上安装的设备或交付船上的合同日期为2005年5月19日或以后的设备,禁止使用除氢化氯氟烃外的其他含消耗臭氧物质的装置;对于2020年1月1日以前建造的船舶,设备合同交付船上的日期为2020年1月1日或以后,或者无合同交付日期,实际设备交付船上的日期为2020年1月1日或以后,禁止使用含氢化氯氟烃物质的装置(如R22)。

③消耗臭氧物质以及含有此类物质的设备,从船上卸下时,须送至合适的接收设施。

④每艘按规定须持有IAPP证书的船舶须保存含消耗臭氧物质的设备清单。

⑤按规定须持有IAPP证书并具有含消耗臭氧物质的再充注系统的船舶须保存一份消耗臭氧物质记录簿。经主管机关批准,该记录簿可以是现有航海日志或电子记录系统的一部分。

⑥消耗臭氧物质记录簿中的登记,须按物质的质量(kg),就含消耗臭氧物质的设备的全部或部分重新充注、设备的修理或维护、消耗臭氧物质向大气中故意或非故意排放、消耗臭氧物质向陆基接收设施的排放以及向船舶供给的消耗臭氧物质情况及时记录。

(2) 氮氧化物(NO_x)

①适用范围

本条适用于船舶建造时安装的及2000年1月1日后经重大改装的输出功率超过130 kW的船用柴油发动机。安装于救生艇上仅在应急情况下使用或其他仅在应急情况下使用的船用柴油发动机不受本条规定限制。

②氮氧化物排放标准

a. 氮氧化物排放限值等级标准

氮氧化物排放限值可分成三个等级,如表9-11所示。

表9-11 氮氧化物排放限值

发动机额定转速 n/ (r/min)	氮氧化物排放限值/[g/(kW·h)]		
	第Ⅰ级	第Ⅱ级	第Ⅲ级
$n < 130$	17.0	14.4	3.4
$130 \leq n < 2\,000$	$45.0 n^{-0.2}$	$44.0 n^{-0.23}$	$9 n^{-0.2}$
$n \geq 2\,000$	9.8	7.7	2.0

b. 新装船用柴油发动机氮氧化物排放限值

2000年1月1日或以后至2011年1月1日以前建造的船舶上安装的船用柴油发动机,其氮氧化物排放量应符合第Ⅰ级标准。

2011年1月1日或以后建造的船上安装的船用柴油发动机,其氮氧化物排放量应符合第Ⅱ级标准。

2016年1月1日或以后建造并且在北美排放控制区内或美国加勒比海排放控制区内航行的船舶上安装的柴油发动机,其氮氧化物排放量须符合第Ⅲ级标准。

1990年1月1日或以后但在2000年1月1日以前建造的船舶上所安装的、输出功率超过

5 000 kW且每缸排量在90 L或以上的船用柴油发动机,其氮氧化物排放量须符合第Ⅰ级排放标准。

（3）硫氧化物（SO_x）和颗粒物质

①船上使用的燃油硫含量限值

a. 船上使用的任何燃油,其硫含量不得超过下述限值：

2012年1月1日以前为4.50% m/m；2012年1月1日及以后降至3.50% m/m；2020年1月1日及以后降至0.50% m/m。

IMO须建立专家组,对实施2020年全球标准（0.50% m/m）的可行性进行全面审核,此项审核在2018年前完成,如果确定船舶无法满足实施条件,则该款所述标准须推迟到2025年1月1日生效。

b. 排放控制区域内船上所用燃油的硫含量

目前,IMO划定的硫氧化物排放控制区（SECA）包括：波罗的海区域、包括英吉利海峡在内的北海海域、北美区域、美国加勒比海区域和根据本附则附录Ⅲ中设定的衡准和程序而指定的任何其他海域,包括任何港口区域。

船舶在SECA内营运时,船上所用燃油的硫含量在2010年7月1日以前不得超过1.50% m/m,2010年7月1日及以后降至1.00% m/m,2015年1月1日及以后降至0.10% m/m。在2020年1月1日以前,上述燃油的硫含量不应适用于在2011年8月1日或以前建造的、在北美区域或美国加勒比海区域营运的以推进锅炉为动力的船舶,该推进锅炉起初并未设计成依靠船用馏分油或天然气持续运转。

②上述燃油硫含量须由供应商按照本附则要求提供证明文件。

③若使用不同的燃油以符合SECA内燃油硫含量规定,进入或离开SECA的船舶须携有一份书面程序表明燃油转换如何完成,在其进入排放控制区域之前规定足够的时间对燃油供给系统进行全面冲洗,以去除所有硫含量超过规定的适用硫含量的燃料。燃油转换作业在进入SECA以前完成时或离开该区域后开始时的日期、时间及船位及届时各燃油舱中低硫燃油的容量须记录在主管机关规定的日志中。

（4）挥发性有机化合物（VOC）

①对液货船VOC排放进行控制的缔约国应向本组织提交一份通知书。该通知书应包括所需控制的液货船的尺度、需要蒸气释放控制系统的货物种类以及该控制的生效日期等信息。该通知书应至少在生效日期之前6个月提交。

②所有指定液货船挥发性有机化合物释放控制港口或装卸站的当事国,须保证在其指定的港口和装卸站配备经该当事国根据IMO制定的蒸气排放控制系统安全标准认可的蒸气排放控制系统,并确保该系统的操作安全及防止造成船舶的不当延误。

③受到VOC排放控制的液货船须配备主管机关认可的蒸气排放收集系统,并须在装载有关货物时使用该系统。根据本条要求安装了蒸气排放控制系统的港口或装卸站可以在生效日期之后的3年内接纳没有安装蒸气收集系统的液货船。

④载运原油的液货船须在船上备有并实施经主管机关认可的VOC管理计划。该计划应根据MEPC制定的指南编写,计划具体到各船并至少：为装载、海上航行和卸货时的VOC排放减至最低限度提供书面程序；考虑到原油洗舱产生的额外VOC；指定负责实施该计划的人员；对于国际航行船舶,用船长和高级船员的工作语言编写,如船长和高级船员的工作语言既非英语、法语,也非西班牙语,则应包括其中一种语言的译文。

(5)船上焚烧

①船舶正常操作过程中产生的污泥和油渣可在主或辅发电机或锅炉内焚烧,但不得在航行于港口、码头和内河中时进行。除此之外,船上焚烧只允许在船上焚烧炉中进行。

②禁止在船上焚烧下列物质:

受附则Ⅰ、Ⅱ或Ⅲ管辖的货物之残余物或相关被污染的包装材料;多氯联苯(PCB);所含重金属超过限量的附则Ⅴ定义的垃圾;含有卤素化合物的精炼石油产品;不是在船上产生的污泥和油渣;废气滤清系统的残余物。

③禁止在船上焚烧聚氯乙烯,但在已获发IMO型式认可证书的焚烧炉内焚烧除外。

④2000年1月1日或以后建造的船舶上的焚烧炉,或2000年1月1日或以后在船上安装的焚烧炉,须符合IMO制定的船上焚烧炉标准技术规范的要求。

⑤按上述④要求安装的焚烧炉,在该炉运行期间须随时对燃烧室气体出口温度进行监测。如焚烧炉为连续进料型,在燃烧室气体出口温度低于850℃时,不得将废弃物送入该焚烧装置。如焚烧炉为分批装料型,该装置须设计成其燃烧室气体出口的温度在启动后5 min内达600℃且随后稳定在不低于850℃的温度上。

(6)接收设施

各当事国保证提供充分的设施以满足船舶修理或拆船时接收从船上卸下的消耗臭氧物质以及含有这些物质的设备之需要;满足船舶使用其港口、装卸站或修理港时接收废气滤清系统产生的废气清除残余物之需要,而不对船舶造成不当延误;在拆船厂中用以接收从船上卸下的消耗臭氧物质和含有这些物质的设备之需要。

(7)燃油的质量

①供给本附则所适用的船舶,并用于船上燃烧的燃油须为石油精炼产生的烃的混合物,但允许加入少量用于改善某些方面性能的添加剂;燃油须不含无机酸,不得含有任何会危害船舶安全或对机械性能有不利影响、对人员有害或总体上增加空气污染的附加物质或化学废物。

②以石油精炼之外的方法得到的用于燃烧的燃油不得超过本附则规定的硫含量和导致发动机超过本附则规定的氮氧化物排放限值;不得含有无机酸、危害船舶安全或对机械性能有不利影响、对人员有害或总体上增加大气污染物排放量。

③根据本公约附则Ⅵ须持有IAPP证书的每一艘船舶,须以燃油交付单的方式对交付并作为船上燃烧用的燃油的细节加以记录。

④燃油交付单中需包括的资料:接受燃油的船舶名称和IMO编号;港口;交付开始日期;船用燃油供应商名称、地址和电话号码;产品名称;数量(t);15℃时的密度;硫含量(%m/m);一份由燃油供应商代表签署和证明的声明,证明所供燃油符合本附则适用款项的要求。

⑤燃油交付单须在燃油交付之后在船上保存3年,以供港口国主管当局检查。

⑥燃油交付单须附有一份所供燃油的有代表性的样品。该样品须由供应商代表和船长或负责加油作业的高级船员在完成加油作业后密封并签字,并须由船方保存至该燃油基本用完,无论如何其保存期不得少于12个月。

⑦供应商应将燃油交付单的副本至少保存3年,供港口国在需要时检查和核实。

3.国际防止空气污染证书

(1)证书的签发

初次检验或换证检验完成后,国际防止空气污染证书(简称IAPP证书)应签发给:

①从事前往其他缔约国港口或离岸码头航行的 400 总吨及以上船舶。

②从事前往其他 1997 年议定书缔约国主权或管辖水域航行的平台和钻井装置。

IAPP 证书由主管机关或经主管机关正式授权的任何个人或组织签发或签注,但在任何情况下,主管机关对证书负有全部责任。

IAPP 证书格式应符合附则附录 I 的规定,且至少使用英文、法文或西班牙文写成。如果还使用发证国的官方语言,出现争议或不相一致时,应以发证国官方语言为准。

IAPP 证书的有效期应由发证主管机关做出规定,但不得超过 5 年。

IAPP 证书在下列任何一种情况下将不再有效:

①如果在本附则规定的期限内没有完成相关的检验。

②如果证书未按照本附则的要求签注。

③当船舶改挂另一国国旗时。若转换船旗是在两个缔约国之间进行,如果在转换船期后 3 个月内提出请求,船舶原先悬挂其国旗的缔约国政府应尽速将变更船旗前该船持有的证书副本连同有关的检验报告副本(如有)转交主管机关。

(2)证书的检验

凡 400 总吨及以上的船舶和所有固定式和移动式钻井平台以及其他平台应接受下列规定的检验:

①初次检验。在船舶投入营运或在首次签发本附则规定的证书前进行。该检验应确保其设备、系统、装置、布置和材料完全符合本附则中适用的要求。

②换证检验。在主管机关规定的间隔期进行,但不可超过 5 年。该换证检验应确保其设备、系统、装置、布置和材料完全符合本附则中适用的要求。

③中期检验。在证书的第二或第三个周年日前/后 3 个月内进行,它应代替 1 次年度检验。该中期检验应确保船舶的设备和布置完全符合本附则中适用的要求,并处于良好的工作状态。中期检验应在签发的证书上签注。

④年度检验。在证书签发的每个周年日前/后 3 个月内进行,包括对相关的船舶设备、系统、配件、装置及材料的全面检查,以确保其按要求进行维护并使其保持在令人满意的服务状态。年度检验应在签发的证书上签注。

⑤附加检验。在调查所引起的总体或部分修理后,或在做过重大修理或换新后根据情况进行。这种检验应确保必要的修理或换新的有效性,修理或换新所用的材料和工艺在各方面都能令人满意而且船舶在各方面都符合本附则的要求。

二、《国际船舶压载水和沉积物控制与管理公约》的有关规定

2004 年 2 月 9 日—13 日,关于船舶压载水管理的外交大会在伦敦 IMO 总部召开,大会最终通过了《国际船舶压载水和沉积物控制与管理公约》。2016 年 9 月 8 日公约达到了生效条件,并于 2017 年 9 月 8 日正式生效。

1. 压载水管理计划

每一船舶均应在船上携带并实施压载水管理计划。此种计划应由主管机关批准并考虑到本组织制定的指南。压载水管理计划是各船特定的并应具体说明:

(1)本公约要求的与压载水管理有关的该船舶和船员的安全程序。

(2)本公约中所载的压载水管理要求和补充性的压载水管理实践所应采取的行动。

(3)详述沉积物的海上处置程序和岸上处置程序,包括与将在其水域中进行海上排放的

国家当局协调的船上排放压载水管理程序。

(4) 指定在船上负责确保计划得到正确实施的高级船员。

(5) 本公约规定的船舶报告要求以船舶的工作语言写成。如果使用的语言不是英文、法文或西班牙文,则应包括其中之一的译文。

2. 压载水记录簿

每一船舶均应在船上备有至少载有附录Ⅱ规定信息的压载水记录簿。该记录簿可以是一种电子记录系统,或可以被合并到其他记录簿或系统中。

压载水记录簿的记录事项应在完成最后一项记录后保留在船上至少两年,此后应在至少三年的期限内由公司控制。在依据公约相关条款排放压载水时,或在发生本公约未以其他方式予以免除的压载水的其他意外或异常排放时,应在压载水记录簿中做出记录,说明该排放情况的理由。压载水记录簿应在所有合理时间随时可供检查;对于被拖带的无人船舶,可放在拖船上保存。

每一压载水作业均应及时在压载水记录簿中做出完整记录。每一记录均应由负责有关作业的高级船员签字,每一页填写完毕均应由船长签字。压载水记录簿中的记录事项应以该船的工作语言填写。如果该语言不是英文、法文或西班牙文,则该记录事项应载有其中一种语言的译文。当填写的记录事项也使用了船舶有权悬挂其国旗的国家的官方国家语言时,在发生争端或有不一致时,应以此种语言填写的记录事项为准。经当事国正式授权的官员,当船舶在该当事国的港口或离岸码头时,可在本条适用的任何船上检查压载水记录簿,并可制作任何记录事项的副本和要求船长证明该副本是真实副本。经此种证明的任何副本应在任何诉讼中被允许作为记录事项中所述事实的证据。压载水记录簿的检查和被证明的副本的制作应从速进行,不应造成船舶不适当的延误。

3. 压载水管理标准

(1) 压载水更换标准

船舶按本条进行压载水更换,其压载水容积更换率应至少为95%。对于使用泵入-排出方法交换压载水的船舶,泵入-排出三倍于每一压载水舱容积应视为达到第1款所述标准。泵入-排出少于压载舱容积三倍,如船舶能证明达到了至少95%容积的更换,则也可被接受。

(2) 压载水性能标准

按本条进行压载水管理的船舶的排放,应达到每立方米中最小尺寸大于或等于50 μm的可生存生物少于10个,每毫升中最小尺寸小于50 μm但大于或等于10 μm的可生存生物少于10个;同时,指示微生物的排放不应超过第2款中所述的规定浓度。

作为一种人体健康标准,指示微生物应包括:

①有毒霍乱弧菌(O1和O139):少于每100 mL 1个菌落形成单位(cfu)或小于每一克(湿重)浮游动物样品1个cfu。

②大肠杆菌:少于每100 mL 250个cfu。

③肠道球菌:少于每100 mL 100个cfu。

4. 压载水更换

(1) 为符合公约第D-1条的标准而进行压载水更换的船舶:

①凡可能时,均应在距最近陆地至少200 n mile、水深至少为200 m的地方进行此种压载水更换并应考虑本组织制定的指南。

②当船舶不能按公约第 1.1 款进行压载水更换时，应考虑第 1.1 款所述指南，在尽可能远离最近陆地的地方，并在所有情况下距最近陆地至少 50 n mile、水深至少为 200 m 的地方进行此种压载水更换。

（2）在距最近陆地的距离或水深不符合公约第 1.1 款或第 1.2 款中所述参数的海中，经视情与邻近或其他国家协商并考虑到公约第 1.1 款所述指南，港口国可指定船舶进行压载水更换的区域。

（3）不应为符合公约第 1 款的任何特定要求而要求船舶偏离其预定航线或推迟航行。

（4）如船长合理地确定：由于恶劣天气、船舶设计或应力、设备失灵或任何其他异常状况，若压载水更换会威胁船舶的安全或稳性、其船员或乘客的安全，则应视情不要求进行压载水更换的船舶符合公约第 1 或 2 款。

（5）当船舶被要求进行压载水更换但未按本条这样做时，其理由应在压载水记录簿中做出记录。

5. 船舶压载水管理

船舶压载水的管理主要包括两种方式，即压载水置换和压载水处理。就 IMO"压载水公约"而言，压载水置换要求仅是一种过渡性管理措施，而最终的压载水管理目标是必须对加装到船上的压载水进行处理达到第 D-2 条的标准后，才允许排放。目前实施这一目标的主要手段是通过船舶安装获得型式认可的压载水处理系统（BWMS），对压载水进行处理来满足。

公约附则 B 部分第 3 条根据船舶建造的时间和船舶压载水容量对船舶的压载水处理提出了相应的管理标准，如表 9-12 所示。

表 9-12　压载水管理时间表

船舶建造时间	压载水容量 C/m^3	执行标准
2009 年之前	$1\,500 \leqslant C \leqslant 5\,000$	2014 年之前至少符合压载水更换或压载水性能标准，其后至少符合压载水性能标准
2009 年之前	$C < 1\,500$ 或 $C > 5\,000$	2016 年之前至少符合压载水性能标准，其后至少符合压载水性能标准
2009 年或之后	$C < 5\,000$	至少符合压载水性能标准
2009 年或之后但在 2012 年之前	$C \geqslant 5\,000$	2016 年之前至少符合压载水性能标准，其后至少符合压载水性能标准
2012 年或之后	$C \geqslant 5000$	至少符合压载水性能标准

6. 船舶沉积物管理

所有船舶应按本船的压载水管理计划的规定清除和处置被指定承载压载水的处所中的沉积物。第 B-3.3~B-3.5 条中所述船舶的设计和建造应考虑本组织制定的指南，在不降低安全或营运效率的情况下做到：将沉积物的摄入和不良聚留降低至最低程度，便于沉积物的清除和提供用于沉积物清除和取样的安全通道。第 B-3.1 条所述船舶应在可行的范围内符合本款。

7. 高级和普通船员的职责

高级和普通船员应熟知其在供职船舶实施其具体压载水管理方面的职责并应熟知与其职责相应的船舶压载水管理计划。

8. 检验和发证

本公约适用的 400 总吨及以上的船舶,应接受初次检验、换证检验、中间检验、年度检验和附件检验。为执行本公约的规定的船舶检验应由主管机关的官员进行。但主管机关可将检验委托给为此目的指定的验船师或由其认可的组织。证书应按主管机关规定的、不超过五年的期限颁发。证书应使用本公约中所载格式,以颁证国的官方语言写成。如果使用的语言不是英文、法文或西班牙文,则文本应包括其中一种语言的译文。

三、美国 1990 年油污法

除了上述在联合国登记注册的国际性公约外,一些有共同利害关系的沿海国家达成的区域性协议在特定的航区内起作用。大西洋东北、北海、波罗的海和地中海区域的沿岸国家在这方面已达成了具体协议。沿海国家除参加国际防污公约外,一般都根据本国实际情况,制定国家性的防污染法规。

(一) 背景

世界各国除参加国际防污公约外,一般都根据本国实际情况,制定本国的国家防污染法规。如日本政府以法律、运输省令和环境厅告示等规定了防止海洋污染法和有关防止船舶造成污染的具体要求。对违反其法规的船舶,要受到其主管机关的罚款惩处。特别是美国,制定了一整套本国的防止海洋污染法规,如《联邦水域污染控制法》《公海干预法》《外部大陆架地带法》《深水港口法》《防止船舶污染法》《溢油责任信托基金》《1990 年油污法》。

美国《1990 年油污法》(Oil Pollution Act 1990,OPA90,简称 90 油污法),是于 1989 年 3 月 24 日,美国"埃克森·瓦尔迪兹号(Exxon Valdez)"油船在阿拉斯加威廉王子湾搁浅,造成海域严重污染和巨大经济损失的背景下制定的。

90 油污法虽然不是国际公法,但对油污损害规定了船东、经营人和光船租船人的严格责任和义务,以及对油船和其他各类船舶设计和安全设备提出了严格要求。凡在美国海域从事航运的船舶都必须在其管理和经营方面遵守其制定的规则,因此引起国际航运界的极大关注。

(二) 主要内容

1. 概况

90 油污法共九章 78 节,涉及已颁布的美国四项法律,即《联邦水域污染控制法》《公海干预法》《深水港口法》和《外部大陆架地带法》(1978 年修正案)。

90 油污法从油污责任与赔偿,油污事件的预防与清除等方面,就防止船舶和海洋石油勘探开发等造成的污染,做出了一系列严格规定。

90 油污法对保护美国海域环境和油污受害者的利益起了重要作用,致使油船建造成本和石油运输成本大幅度上升并导致了 MARPOL 73/78 公约的修正。

2. 油污赔偿

(1) 赔偿限额(责任限制)

责任方(船舶拥有者、经营者或光船租赁该船的任何人)的赔偿责任以及负责方就每一油污事件造成的或在其名下的任何清污费用的总额不超出下列规定的范围:

①3 000 总吨以上的液货船限额为每总吨 1 200 美元,或总额 1 000 万美元,取其大者。

②3 000 总吨以下的液货船限额为每总吨 1 200 美元,或总额 200 万美元,取其大者。

③其他船舶限额为每总吨600美元,或总额50万美元,取其大者。

(2) 无限赔偿

如果油污染事故是负责方或其代理人、雇员或按照与负责方的合同关系的人员下列行为造成,则将承担无限赔偿,即不享受责任限制的权力:

①有重大过失或故意不当行为。

②违反适用的联邦安全、构造或操作规则和命令,其中包括没有按规定报告该事故或没有向有关方面提供关于清污活动和一切合理的合作与协助。

③从外部大陆架设施运载货油时,油污染事故所产生的一切清污费用全部由船东或经营人承担,不享受责任限制。

(3) 免责

由下述原因造成的油污事故,可免除赔偿损害和清污费用:

①天灾。

②战争行为。

③第三方的行为或不为,但负责方的雇员或代理人或其行为或不为涉及与负责方的任何合同关系的第三方不在此列。

(4) 拒赔

如油污事故由索赔人的严重过失或故意不当行为所造成,则负责方不对索赔人负责赔偿。

3. 对船员的要求

(1) 对船员的酗酒和吸毒行为进行严厉处罚,严重者追究其刑事责任。

(2) 凡到美国的船舶尤其是油船,其船上的船员要接受美国主管机关的考核,其内容包括配员、培训、资历和值班标准。油船还要求"原油洗舱"培训与证书、航行计划及英语能力,必须具备为防止和消除油污行动的应急反应能力。其他国家船员发证标准至少相当于美国法律或美国所接受的国际标准规定的能力,否则禁止其进港。

4. 对液货船航行安全标准的规定

(1) 配备完善足够的航行设备和系统。

(2) 制订符合规定的航行计划,制定驾驶台常规命令。

(3) 用船旗国官方语言和英文对照的船东管理船舶的规章制度。

(4) 实施船位报告制度。

(5) 威廉王子湾、华盛顿的罗萨里欧海峡和普夫特海峡等水域,强制雇用拖船护航。

5. 对油船构造和货油系统的要求

(1) 油船必须建造成双层壳体。

(2) 货油舱必须设置液位和舱内压力监测装置,超高液位报警装置。

(3) 设置舱内油气回收装置,保证油气不放入大气。

四、国内相关法律、法规的规定

我国于1982年8月23日通过了《中华人民共和国海洋环境保护法》,并于1983年12月颁布了《中华人民共和国防止船舶污染海域管理条例》。《中华人民共和国船舶污染物排放标准》(GB 3552—1983)和《中华人民共和国海洋倾废管理条例》也分别于1983年4月和1985年3月颁布施行。此外,国务院、交通部(现交通运输部)、港务监督局和船舶检验局当时也先后颁布相应的防污法规、条例和办法。

（一）中华人民共和国海洋环境保护法

现行的《中华人民共和国海洋环境保护法》是经1999年12月25日修订和公布的,并于2000年4月1日起生效施行。2017年11月4日,第十二届全国人民代表大会常务委员会第三十次会议决定通过对《中华人民共和国海洋环境保护法》做出的修改,自2017年11月5日起施行。经修订后的《中华人民共和国海洋环境保护法》共十章98条:第一章总则;第二章海洋环境监督管理;第三章海洋生态保护;第四章防治陆源污染物对海洋环境的污染损害;第五章防治海岸工程建设项目对海洋环境的污染损害;第六章防治海洋工程建设项目对海洋环境的污染损害;第七章防治倾倒废弃物对海洋环境的污染损害;第八章防治船舶及有关作业活动对海洋环境的污染损害;第九章法律责任;第十章附则。

1. 目的、适用范围和义务

为了保护和改善海洋环境,保护海洋资源,防治污染损害,维护生态平衡,保障人体健康,促进经济和社会的可持续发展,制定本法。

本法适用于中华人民共和国内水、领海、毗连区、专属经济区、大陆架以及中华人民共和国管辖的其他海域。在中华人民共和国管辖海域内从事航行、勘探、开发、生产、旅游、科学研究及其他活动,或者在沿海陆域内从事影响海洋环境活动的任何单位和个人,都必须遵守本法。在中华人民共和国管辖海域以外,造成中华人民共和国管辖海域污染的,也适用本法。

一切单位和个人都有保护海洋环境的义务,并有权对污染损害海洋环境的单位和个人,以及海洋环境监督管理人员的违法失职行为进行监督和检举。

2. 管理体制

国务院环境保护行政主管部门作为对全国环境保护工作统一监督管理的部门,对全国海洋环境保护工作实施指导、协调和监督,并负责全国防治陆源污染物和海岸工程建设项目对海洋污染损害的环境保护工作。

国家海洋行政主管部门负责海洋环境的监督管理,组织海洋环境的调查、监测、监视、评价和科学研究,负责全国防治海洋工程建设项目和海洋倾倒废弃物对海洋污染损害的环境保护工作。

国家海事行政主管部门负责所辖港区水域内非军事船舶和港区水域外非渔业、非军事船舶污染海洋环境的监督管理,并负责污染事故的调查处理;对在中华人民共和国管辖海域航行、停泊和作业的外国籍船舶造成的污染事故登船检查处理。船舶污染事故给渔业造成损害的,应当吸收渔业行政主管部门参与调查处理。

国家渔业行政主管部门负责渔港水域内非军事船舶和渔港水域外渔业船舶污染海洋环境的监督管理,负责保护渔业水域生态环境工作,并调查处理前款规定的污染事故以外的渔业污染事故。

军队环境保护部门负责军事船舶污染海洋环境的监督管理及污染事故的调查处理。

沿海县级以上地方人民政府行使海洋环境监督管理权的部门的职责,由省、自治区、直辖市人民政府根据本法及国务院有关规定确定。

3. 防治船舶及有关作业活动对海洋环境的污染损害

在我国管辖海域,任何船舶及相关作业不得违反本法规定向海洋排放污染物、废弃物和压载水、船舶垃圾及其他有害物质。从事船舶污染物、废弃物、船舶垃圾接收、船舶清舱、洗舱作业活动的,必须具备相应的接收处理能力。

船舶必须按照有关规定持有防止海洋环境污染的证书与文书,在进行涉及污染物排放及操作时,应当如实记录。船舶必须配置相应的防污设备和器材。载运具有污染危害性货物的船舶,其结构与设备应当能够防止或者减轻所载货物对海洋环境的污染。

船舶应当遵守海上交通安全法律、法规的规定,防止因碰撞、触礁、搁浅、火灾或者爆炸等引起的海难事故,造成海洋环境的污染。

国家完善并实施船舶油污损害民事赔偿责任制度;按照船舶油污损害赔偿责任由船东和货主共同承担风险的原则,建立船舶油污保险、油污损害赔偿基金制度。实施船舶油污保险、油污损害赔偿基金制度的具体办法由国务院规定。

载运具有污染危害性货物进出港口的船舶,其承运人、货物所有人或者代理人必须事先向海事行政主管部门申报。经批准后,方可进出港口、过境停留或者装卸作业。

交付船舶装运污染危害性货物的单证、包装、标志、数量限制等,必须符合对所装货物的有关规定。需要船舶装运污染危害性不明的货物,应当按照有关规定事先进行评估。装卸油类及有毒有害货物的作业,船岸双方必须遵守安全防污操作规程。

港口、码头、装卸站和船舶修造厂必须按照有关规定备有足够的用于处理船舶污染物、废弃物的接收设施,并使该设施处于良好状态。装卸油类的港口、码头、装卸站和船舶必须编制溢油污染应急计划,并配备相应的溢油污染应急设备和器材。

船舶及有关作业活动应当遵守有关法律法规和标准,采取有效措施,防止造成海洋环境污染。海事行政主管部门等有关部门应当加强对船舶及有关作业活动的监督管理。

船舶进行散装液体污染危害性货物的过驳作业,应当事先按照有关规定报经海事行政主管部门批准。

船舶发生海难事故,造成或者可能造成海洋环境重大污染损害的,国家海事行政主管部门有权强制采取避免或者减少污染损害的措施。对在公海上因发生海难事故,造成我国管辖海域重大污染损害后果或者具有污染威胁的船舶、海上设施,国家海事行政主管部门有权采取与实际的或者可能发生的损害相称的必要措施。

所有船舶均有监视海上污染的义务,在发现海上污染事故或者违反本法规定的行为时,必须立即向就近的依照本法规定行使海洋环境监督管理权的部门报告。

(二)防治船舶污染海洋环境管理条例

为了防治船舶及其有关作业活动污染海洋环境,依据《中华人民共和国海洋环境保护法》制定本条例,经国务院批准,自2010年3月1日起施行(1983年12月29日国务院发布的《中华人民共和国防止船舶污染海域管理条例》同时废止)。该条例共九章76条:第一章总则;第二章防治船舶及其有关作业活动污染海洋环境的一般规定;第三章船舶污染物的排放和接收;第四章船舶有关作业活动的污染防治;第五章船舶污染事故应急处置;第六章船舶污染事故调查处理;第七章船舶污染事故损害赔偿;第八章法律责任;第九章附则。主要内容有:

1. 适用范围和主管机关

防治船舶及其有关作业活动污染中华人民共和国管辖海域适用本条例。防治船舶及其有关作业活动污染海洋环境,实行预防为主、防治结合的原则。

国务院交通运输主管部门主管所辖港区水域内非军事船舶和港区水域外非渔业、非军事船舶污染海洋环境的防治工作。海事管理机构依照本条例规定具体负责防治船舶及其有关作业活动污染海洋环境的监督管理。

2. 船舶污染物的排放和接收

(1)船舶在中华人民共和国管辖海域向海洋排放的船舶垃圾、生活污水、含油污水、含有毒有害物质污水、废气等污染物以及压载水,应当符合法律、行政法规、中华人民共和国缔结或者参加的国际条约以及相关标准的要求。

船舶应当将不符合前款规定的排放要求的污染物排入港口接收设施或者由船舶污染物接收单位接收。

船舶不得向依法划定的海洋自然保护区、海滨风景名胜区、重要渔业水域以及其他需要特别保护的海域排放船舶污染物。

(2)船舶处置污染物,应当在相应的记录簿内如实记录。

船舶应当将使用完毕的船舶垃圾记录簿在船舶上保留2年;将使用完毕的含油污水、含有毒有害物质污水记录簿在船舶上保留3年。

(3)船舶污染物接收单位从事船舶垃圾、残油、含油污水、含有毒有害物质污水接收作业,应当编制作业方案,遵守相关操作规程,并采取必要的防污染措施。船舶污染物接收单位应当将船舶污染物接收情况按照规定向海事管理机构报告。

(4)船舶污染物接收单位接收船舶污染物,应当向船舶出具污染物接收单证,经双方签字确认并留存至少2年。污染物接收单证应当注明作业双方名称,作业开始和结束的时间、地点,以及污染物种类、数量等内容。船舶应当将污染物接收单证保存在相应的记录簿中。

(5)船舶污染物接收单位应当按照国家有关污染物处理的规定处理接收的船舶污染物,并每月将船舶污染物的接收和处理情况报海事管理机构备案。

3. 船舶有关作业活动的污染防治

(1)从事船舶清舱、洗舱、油料供受、装卸、过驳、修造、打捞、拆解,污染危害性货物装箱、充罐,污染清除作业以及利用船舶进行水上水下施工等作业活动的,应当遵守相关操作规程,并采取必要的安全和防治污染的措施。从事作业活动的人员,应当具备相关安全和防治污染的专业知识和技能。

(2)船舶不符合污染危害性货物适载要求的,不得载运污染危害性货物,码头、装卸站不得为其进行装载作业。污染危害性货物的名录由国家海事管理机构公布。

(3)载运污染危害性货物进出港口的船舶,其承运人、货物所有人或者代理人,应当向海事管理机构提出申请,经批准方可进出港口或者过境停留。

(4)载运污染危害性货物的船舶,应当在海事管理机构公布的具有相应安全装卸和污染物处理能力的码头、装卸站进行装卸作业。

(5)进行散装液体污染危害性货物过驳作业的船舶,其承运人、货物所有人或者代理人应当向海事管理机构提出申请,告知作业地点,并附送过驳作业方案、作业程序、防治污染措施等材料。海事管理机构应当自受理申请之日起2个工作日内做出许可或者不予许可的决定。2个工作日内无法做出决定的,经海事管理机构负责人批准,可以延长5个工作日。

(6)依法获得船舶油料供受作业资质的单位,应当向海事管理机构备案。海事管理机构应当对船舶油料供受作业进行监督检查,发现不符合安全和防治污染要求的,应当予以制止。

(7)船舶燃油供给单位应当如实填写燃油供受单证,并向船舶提供船舶燃油供受单证和燃油样品。船舶和船舶燃油供给单位应当将燃油供受单证保存3年,并将燃油样品妥善保存

1年。

（8）禁止船舶经过中华人民共和国内水、领海转移危险废物。经过中华人民共和国管辖的其他海域转移危险废物的，应当事先取得国务院环境保护主管部门的书面同意，并按照海事管理机构指定的航线航行，定时报告船舶所处的位置。

（9）船舶向海洋倾倒废弃物，应当如实记录倾倒情况。返港后，应当向驶出港所在地的海事管理机构提交书面报告。

（10）载运散装液体污染危害性货物的船舶和1万总吨以上的其他船舶，其经营人应当在作业前或者进出港口前与符合国家有关技术规范的污染清除作业单位签订污染清除作业协议，明确双方在发生船舶污染事故后污染清除的权利和义务。与船舶经营人签订污染清除作业协议的污染清除作业单位应当在发生船舶污染事故后，按照污染清除作业协议及时进行污染清除作业。

4. 船舶污染事故应急处置

（1）本条例所称船舶污染事故，是指船舶及其有关作业活动发生油类、油性混合物和其他有毒有害物质泄漏造成的海洋环境污染事故。

（2）船舶污染事故分为以下等级：

①特别重大船舶污染事故，是指船舶溢油1 000吨以上，或者造成直接经济损失2亿元以上的船舶污染事故。

②重大船舶污染事故，是指船舶溢油500吨以上不足1 000吨，或者造成直接经济损失1亿元以上不足2亿元的船舶污染事故。

③较大船舶污染事故，是指船舶溢油100吨以上不足500吨，或者造成直接经济损失5 000万元以上不足1亿元的船舶污染事故。

④一般船舶污染事故，是指船舶溢油不足100吨，或者造成直接经济损失不足5 000万元的船舶污染事故。

（3）船舶在中华人民共和国管辖海域发生污染事故，或者在中华人民共和国管辖海域外发生污染事故造成或者可能造成中华人民共和国管辖海域污染的，应当立即启动相应的应急预案，采取措施控制和消除污染，并就近向有关海事管理机构报告。发现船舶及其有关作业活动可能对海洋环境造成污染的，船舶、码头、装卸站应当立即采取相应的应急处置措施，并就近向有关海事管理机构报告。接到报告的海事管理机构应当立即核实有关情况，并向上级海事管理机构或者国务院交通运输主管部门报告，同时报告有关沿海地区的市级以上地方人民政府。

（4）船舶污染事故报告应当包括下列内容：

①船舶的名称、国籍、呼号或者编号。

②船舶所有人、经营人或者管理人的名称、地址。

③发生事故的时间、地点以及相关气象和水文情况。

④事故原因或者事故原因的初步判断。

⑤船舶上污染物的种类、数量、装载位置等概况。

⑥污染程度。

⑦已经采取或者准备采取的污染控制、清除措施和污染控制情况以及救助要求。

⑧国务院交通运输主管部门规定应当报告的其他事项。

做出船舶污染事故报告后出现新情况的，船舶、有关单位应当及时补报。

(5)船舶发生事故有沉没危险的,船员离船前,应当尽可能关闭所有货舱(柜)、油舱(柜)管系的阀门,堵塞货舱(柜)、油舱(柜)通气孔。船舶沉没的,船舶所有人、经营人或者管理人应当及时向海事管理机构报告船舶燃油、污染危害性货物以及其他污染物的性质、数量、种类、装载位置等情况,并及时采取措施予以清除。

(6)发生船舶污染事故或者船舶沉没,可能造成中华人民共和国管辖海域污染的,有关沿海地区的市级以上地方人民政府、海事管理机构根据应急处置的需要,可以征用有关单位或者个人的船舶和防治污染设施、设备、器材以及其他物资,有关单位和个人应当予以配合。被征用的船舶和防治污染设施、设备、器材以及其他物资使用完毕或者应急处置工作结束,应当及时返还。船舶和防治污染设施、设备、器材以及其他物资被征用或者征用后毁损、灭失的,应当给予补偿。

(7)发生船舶污染事故,海事管理机构可以采取清除、打捞、拖航、引航、过驳等必要措施,减轻污染损害。相关费用由造成海洋环境污染的船舶、有关作业单位承担。需要承担前款规定费用的船舶,应当在开航前缴清相关费用或者提供相应的财务担保。

(8)处置船舶污染事故使用的消油剂,应当符合国家有关标准。

5. 船舶污染事故调查处理

(1)船舶污染事故的调查处理依照下列规定进行:

①特别重大船舶污染事故由国务院或者国务院授权国务院交通运输主管部门等部门组织事故调查处理。

②重大船舶污染事故由国家海事管理机构组织事故调查处理。

③较大船舶污染事故和一般船舶污染事故由事故发生地的海事管理机构组织事故调查处理。

④船舶污染事故给渔业造成损害的,应当吸收渔业主管部门参与调查处理;给军事港口水域造成损害的,应当吸收军队有关主管部门参与调查处理。

(2)发生船舶污染事故,组织事故调查处理的机关或者海事管理机构应当及时、客观、公正地开展事故调查,勘验事故现场,检查相关船舶,询问相关人员,收集证据,查明事故原因。

(3)组织事故调查处理的机关或者海事管理机构根据事故调查处理的需要,可以暂扣相应的证书、文书、资料;必要时,可以禁止船舶驶离港口或者责令停航、改航、停止作业直至暂扣船舶。

(4)组织事故调查处理的机关或者海事管理机构开展事故调查时,船舶污染事故的当事人和其他有关人员应当如实反映情况和提供资料,不得伪造、隐匿、毁灭证据或者以其他方式妨碍调查取证。

(5)组织事故调查处理的机关或者海事管理机构应当自事故调查结束之日起20个工作日内制作事故认定书,并送达当事人。

6. 船舶污染事故损害赔偿

(1)造成海洋环境污染损害的责任者,应当排除危害,并赔偿损失;完全由于第三者的故意或者过失,造成海洋环境污染损害的,由第三者排除危害,并承担赔偿责任。

(2)完全属于下列情形之一,经过及时采取合理措施,仍然不能避免对海洋环境造成污染损害的,免予承担责任:

①战争。

②不可抗拒的自然灾害。
③负责灯塔或者其他助航设备的主管部门,在执行职责时的疏忽,或者其他过失行为。
(3)对船舶污染事故损害赔偿的争议,当事人可以请求海事管理机构调解,也可以向仲裁机构申请仲裁或者向人民法院提起民事诉讼。

(三)《中华人民共和国船舶及其有关作业活动污染海洋环境防治管理规定》

《中华人民共和国船舶及其有关作业活动污染海洋环境防治管理规定》已于2010年10月8日由交通运输部颁布,自2011年2月1日起施行。全文共七章63条。

1. 总则

为了防治船舶及其有关作业活动污染海洋环境,根据《中华人民共和国海洋环境保护法》、《中华人民共和国大气污染防治法》、《中华人民共和国防治船舶污染海洋环境管理条例》和中华人民共和国缔结或者加入的国际条约,制定本规定。

防治船舶及其有关作业活动污染中华人民共和国管辖海域适用本规定。

本规定所称有关作业活动,是指船舶装卸、过驳、清舱、洗舱、油料供受、修造、打捞、拆解、污染危害性货物装箱、充罐、污染清除以及其他水上水下船舶施工作业等活动。

2. 一般规定

船舶的结构、设备、器材应当符合国家有关防治船舶污染海洋环境的船舶检验规范以及中华人民共和国缔结或者加入的国际条约的要求,并按照国家规定取得相应的合格证书。船员应当具有相应的防治船舶污染海洋环境的专业知识和技能,并按照有关法律、行政法规、规章的规定参加相应的培训、考试,持有有效的适任证书或者相应的培训合格证明。

船舶从事下列作业活动,应当按照《中华人民共和国海事行政许可条件规定》,取得海事管理机构的许可,并遵守相关操作规程,落实安全和防治污染措施:
(1)在沿海港口进行舷外拷铲、油漆作业或者使用焚烧炉的。
(2)在港区水域内洗舱、清舱、驱气以及排放压载水的。
(3)冲洗沾有污染物、有毒有害物质的甲板的。
(4)进行船舶水上拆解、打捞、修造和其他水上、水下船舶施工作业的。
(5)进行船舶油料供受作业的。

3. 船舶污染物的排放与接收

在中华人民共和国管辖海域航行、停泊、作业的船舶排放船舶垃圾、生活污水、含油污水、含有毒有害物质污水、废气等污染物以及压载水,应当符合法律、行政法规、有关标准以及中华人民共和国缔结或者加入的国际条约的规定。

船舶在船舶排放控制区内航行、停泊、作业还应当遵守船舶排放控制区大气污染防治控制要求。船舶应当使用低硫燃油或者采取使用岸电、清洁能源、尾气后处理装置等替代措施满足船舶大气排放控制要求。

船舶应当将不符合规定排放要求以及依法禁止向海域排放的污染物,排入具备相应接收能力的港口接收设施或者委托具备相应接收能力的船舶污染物接收单位接收。

船舶污染物接收单位进行船舶垃圾、残油、含油污水、含有毒有害物质污水等污染物接收作业,应当在作业前将作业时间、作业地点、作业单位、作业船舶、污染物种类和数量以及拟处置的方式及去向等情况向海事管理机构报告。接收处理情况发生变更的,应当及时补报。港口建立船舶污染物接收、转运、处置监管联单制度的,船舶与船舶污染物接收单位应当按照联单制度的要求将船舶污染物接收、转运和处置情况报告有关主管部门。

船舶污染物接收单位应当在污染物接收作业完毕后,向船舶出具污染物接收单证,经双方签字确认并留存至少2年。污染物接收单证上应当注明作业单位名称,作业双方船名,作业开始和结束的时间、地点,以及污染物的种类、数量等内容。船舶应当将污染物接收单证保存在相应的记录簿中。

船舶进行涉及污染物处置的作业,应当在相应的记录簿内规范填写、如实记录,真实反映船舶运行过程中产生的污染物数量、处置过程和去向。按照法律、行政法规、国务院交通运输主管部门的规定以及中华人民共和国缔结或者加入的国际条约的要求,不需要配备记录簿的,应当将有关情况在作业当日的航海日志或者轮机日志中如实记载。船舶应当将使用完毕的船舶垃圾记录簿在船舶上保留2年;将使用完毕的含油污水、含有毒有害物质污水记录簿在船舶上保留3年。

船舶应当配备有盖、不渗漏、不外溢的垃圾储存容器,或者对垃圾实行袋装。船舶应当对垃圾进行分类收集和存放,对含有有毒有害物质或者其他危险成分的垃圾应当单独存放。船舶将含有有毒有害物质或者其他危险成分的垃圾排入港口接收设施或者委托船舶污染物接收单位接收的,应当向对方说明此类垃圾所含物质的名称、性质和数量等情况。

船舶应当按照国家有关规定以及中华人民共和国缔结或者加入的国际条约的要求,设置与生活污水产生量相适应的处理装置或者储存容器。

4.船舶载运污染危害性货物及其有关作业

本规定所称污染危害性货物,是指直接或者间接进入水体,会损害水体质量和环境质量,从而产生损害生物资源、危害人体健康等有害影响的货物。国家海事管理机构应当向社会公布污染危害性货物的名录,并根据需要及时更新。

进行船舶油料供收作业的,作业双方应当采取满足安全和防治污染要求的供受油作业管理措施,同时应当遵守下列规定:

(1)作业前,应当做到:检查管路、阀门,做好准备工作,堵好甲板排水孔,关好有关通海阀;检查油类作业的有关设备,使其处于良好状态;对可能发生溢漏的地方,设置集油容器;供受油双方以受方为主商定联系信号,双方均应切实执行。

(2)作业中,要有足够人员值班,当班人员要坚守岗位,严格执行操作规程,掌握作业进度,防止跑油、漏油。

(3)停止作业时,必须有效关闭有关阀门。

(4)收解输油软管时,必须事先用盲板将软管有效封闭,或者采取其他有效措施,防止软管存油倒流入海。

海事管理机构应当对船舶油料供受作业进行监督检查,发现不符合安全和防治污染要求的,应当予以制止。

船舶燃油供给单位应当如实填写燃油供受单证,并向船舶提供燃油供受单证和燃油样品。燃油供受单证应当包括受油船船名、船舶识别号或国际海事组织编号,作业时间、地点,燃油供应商的名称、地址和联系方式以及燃油种类、数量、密度和含硫量等内容。船舶和燃油供给单位应当将燃油供受单证保存3年,将燃油样品妥善保存1年。燃油供给单位应当确保所供燃油的质量符合相关标准要求,并将所供燃油送交取得国家规定资质的燃油检测单位检测。燃油质量的检测报告应当留存在作业船舶上备查。

(四)《船舶水污染物排放控制标准》

《船舶水污染物排放控制标准》已于2018年1月25日由环境保护部颁布,自2018年7月1日起施行。自实施之日起,《船舶污染物排放标准》(GB 3552—1983)废止。

为贯彻《中华人民共和国环境保护法》《中华人民共和国水污染防治法》《中华人民共和国海洋环境保护法》《中华人民共和国防治船舶污染海洋环境管理条例》等法律法规,保护环境,防治污染,促进船舶水污染物排放控制技术的进步,推进船舶污染物接收与处理设施建设,推动船舶及相关装置制造业绿色发展,制定本标准。

1. 适用范围

本标准规定了船舶含油污水、生活污水的污染物排放控制要求和监测要求,含有毒液体物质的污水和船舶垃圾的排放控制要求,以及标准的实施与监督等内容。

适用于中华人民共和国领域和管辖的其他海域内,船舶向环境水体排放含油污水、生活污水、含有毒液体物质的污水和船舶垃圾等行为的监督管理。不适用于为保障船舶安全或救护水上人员生命安全所必需的临时性排放行为。适用于法律允许的污染物排放行为。在内河和其他特殊保护区域内船舶污染物排放的管理,按照《中华人民共和国环境保护法》《中华人民共和国水污染防治法》《中华人民共和国海洋环境保护法》《中华人民共和国防治船舶污染海洋环境管理条例》等法律法规中关于禁止倾倒垃圾、禁止排放有毒液体物质、禁止在饮用水源保护区排污、防止船载货物溢流和渗漏等具体规定执行。

2. 含油污水排放控制要求

船舶含油污水的排放控制要求按表9-13中的规定执行。

机器处所油污水污染物的排放控制,应满足船舶在航行中,船舶油污水处理装置出水口出的污水含油量小于15ppm的要求。

表9-13 船舶含油污水排放控制要求

污水类别	水域类别	船舶类别	排放控制要求
机器处所油污水	内河	2021年1月1日之前建造的船舶	自2018年7月1日起,按本标准4.2执行或收集并排入接收设施
		2021年1月1日之后建造的船舶	收集并排入接收设施
	沿海	400总吨及以上船舶	自2018年7月1日起,按本标准4.2执行或收集并排入接收设施
		400总吨及以下船舶 非渔业船舶	自2018年7月1日起,按本标准4.2执行或收集并排入接收设施
		400总吨及以下船舶 渔业船舶	(1)自2018年7月1日起至2020年12月31日,按本标准4.2执行 (2)自2021年1月1日起,按本标准4.2执行或收集并排入接收设施

续表

污水类别	水域类别	船舶类别	排放控制要求
含货油残余物的油污水	内河	全部油船	自 2018 年 7 月 1 日起,收集并排入接收设施
	沿海	150 总吨及以上油船	自 2018 年 7 月 1 日起,收集并排入接收设施,或在船舶航行中排放,并同时满足下列要求: (1)油船距最近陆地 50 n mile 以上 (2)排入海中油污水含油量瞬间排放率不超过 30 L/n mile (3)排入海中油污水含油量不得超过货油总量的 1/30 000 (4)排油控制系统运转正常
		150 总吨及以下油船	自 2018 年 7 月 1 日起,收集并排入接收设施

3. 生活污水排放控制要求

(1)自 2018 年 7 月 1 日起,400 总吨及以上的船舶,以及 400 总吨以下且经核定许可载运 15 人及以上的船舶,在不同水域船舶生活污水的排放控制分别按以下要求执行:

①在内河和距最近陆地 3 n mile 以内(含)的海域,船舶生活污水应采用下列方式之一进行处理,不得直接排入环境水体:

a. 利用船载收集装置收集,排入接收设施;

b. 利用船载生活水处理装置处理,达到②规定要求后在航行中排放。

②在距最近陆地 3 n mile 以外海域,船舶生活污水污染物排放控制按表 9-14 中的规定执行。

表 9-14 距最近陆地 3 n mile 以外海域船舶生活污水排放控制要求

水域	排放控制要求
与最近陆地间距离大于 3 n mile 不超过 12 n mile 的海域	同时满足下列条件: (1)使用设备打碎固形物和消毒后排放 (2)船速不低于 4 kn,且生活污水排放速率不超过相应船速下的最大允许排放速率
与最近陆地间距离超过 12 n mile 的海域	船速不低于 4 kn,且生活污水排放速率不超过相应船速下的最大允许排放速率

(2)在内河或距最近陆地 3 n mile 以内(含)的海域,根据船舶类别和安装(含更换)生活污水处理装置的时间,利用船载生活污水处理装置处理的船舶生活污水分别执行相应的污染物排放限值。

①在 2012 年 1 月 1 日以前安装(含更换)生活污水处理装置的船舶,向环境水体排放生活污水,其污染物排放控制按表 9-15 中的规定执行。

表 9-15 船舶生活污水污染物排放限值(一)

序号	污染物项目	限值	污染物排放控制监控
1	五日生化需氧量(BOD_5)/(mg/L)	50	生活污水处理装置出水口
2	悬浮物(SS)/(mg/L)	150	
3	耐热大肠菌群数/(个/升)	2 500	

②在 2021 年 1 月 1 日及以后安装(含更换)生活污水处理装置的船舶,向环境水体排放生活污水,其污染物排放控制按表 9-16 中的规定执行,应执行下条③排放控制要求的船舶除外。

表9-16 船舶生活污水污染物排放限值(二)

序号	污染物项目	限值	污染物排放控制监控
1	五日生化需氧量(BOD_5)/(mg/L)	25	生活污水处理装置出水口
2	悬浮物(SS)/(mg/L)	35	
3	耐热大肠菌群数/(个/升)	1 000	
4	化学需氧量(COD_{Cr})/(mg/L)	125	
5	pH值(无量纲)	6~8.5	
6	总氯(总余氯)/(mg/L)	<0.5	

③在2021年1月1日及以后安装(含更换)生活污水处理装置的客运船舶,向内河排放生活污水,其污染物排放控制按表9-17中的规定执行。

表9-17 船舶生活污水污染物排放限值(三)

序号	污染物项目	限值	污染物排放控制监控
1	五日生化需氧量(BOD_5)/(mg/L)	20	生活污水处理装置出水口
2	悬浮物(SS)/(mg/L)	20	
3	耐热大肠菌群数/(个/升)	1 000	
4	化学需氧量(COD_{Cr})/(mg/L)	60	
5	pH值(无量纲)	6~8.5	
6	总氯(总余氯)/(mg/L)	<0.5	
7	总氮/(mg/L)	20	
8	氨氮/(mg/L)	15	
9	总磷/(mg/L)	1.0	

在2016年1月1日及以后安装(含更换)生活污水处理装置的船舶,若生活污水处理过程中由于工艺需求等被稀释,五日生化需氧量、悬浮物、化学需氧量、总氮、氨氮、总磷的水污染物排放浓度按下式换算,耐热大肠菌群数、pH值和总氯(总余氯)仍以实测浓度作为水污染物排放浓度。

$$\rho = \frac{Q_e}{Q_i} \cdot \rho_{实}$$

式中:ρ——水污染物排放浓度,mg/L;

$\rho_{实}$——水污染物实测浓度,mg/L;

Q_e——混入稀释水后,生活污水处理装置的出水流量,m^3/d;

Q_i——进入生活污水处理装置进行处理的生活污水的流量,m^3/d。

④在饮用水水源保护区内,不得排放生活污水,并按规定对控制措施进行记录。

4. 含有毒液体物质的污水排放控制要求

(1)船舶在沿海排放含有毒液体物质的污水排放控制要求,按表9-18中的规定执行。

表 9-18 含有毒液体物质的污水排放控制要求

污水中含有以下任何一种毒液体物质	排放控制要求
①X 类物质； ②Y 类物质中的高黏度或凝固物质； ③未按规定程序卸货的 Y 类物质； ④未按规定程序卸货的 Z 类物质	如不能免除预洗，船舶在离开卸货港前应按规定程序预洗，预洗的洗舱水应排入接收设施。其中，X 类物质应预洗至浓度小于或等于 0.1%（质量百分比），浓度达到要求后应将舱内剩余的污水继续排入接收设施，直至该舱排空。预洗后，再向该舱注水产生的含有毒液体物质的污水排放按本标准(2)执行
①按规定程序卸货的 Y 类物质； ②按规定程序卸货的 Z 类物质。	按本标准(2)执行；对于 2007 年 1 月 1 之前建造的船舶，含 Z 类物质或暂定为 Z 类物质的污水排放，免除(2)中③项在水线一下通过水下排出口排放的要求

(2) 在沿海的船舶按规定程序卸货，并按规定预洗、有效扫舱或通风后，含有毒液体物质的污水排放应同时满足下列条件：

①在距最近陆地 12 n mile 以外（含）且水深不少于 25 m 的海域排放。

②在船舶航行中排放，自航船舶航速不低于 7 kn，非自航船航速不低于 4 kn。

③在水线以下通过水下排出口排放，排放速率不超过最大设计速率。

5. 船舶垃圾排放控制要求

(1) 内河禁止倾倒船舶垃圾。在允许排放垃圾的海域，根据船舶垃圾类别和海域性质，分别执行相应的排放控制要求。

①在任何海域，应将塑料废弃物、废弃食用油、生活废弃物、焚烧炉灰渣、废弃渔具和电子垃圾收集并排入接收设施。

②对于食品废弃物，在距最近陆地 3 n mile 以内（含）的海域，应收集并排入接收设施；在距最近陆地 3 n mile 至 12 n mile（含）的海域，粉碎或磨碎至直径不大于 25 mm 后方可排放；在距最近陆地 12 n mile 以外的海域可以排放。

③对于货物残留物，在距最近陆地 12 n mile 以内（含）的海域，应收集并排入接收设施；在距最近陆地 12 n mile 以外的海域，不含危害海洋环境物质的货物残留物方可排放。

④对于动物尸体，在距最近陆地 12 n mile 以内（含）的海域，应收集并排入接收设施；在距最近陆地 12 n mile 以外的海域可以排放。

⑤在任何海域，对于货舱、甲板和外表面清洗水，其含有的清洁剂或添加剂不属于海洋环境物质的方可排放；其他操作废弃物应收集并排入接收设施。

(2) 在任何海域，对于不同类别船舶垃圾的混合垃圾的排放控制，应同时满足所含船舶垃圾的排放控制要求。

第二节 防污染设备及管理

适用对象：无限航区及沿海航区 750 kW 及以上船舶大管轮。

知识要点概述：了解舱底水分离器结构组成、工作原理及提高油水分离效果的措施；掌握生活污水处理的方法，典型生活污水处理装置的结构组成、工作原理；了解液体和固体废物如何在焚烧炉里焚烧；了解压载水处理的相关技术及典型压载水处理装置的结构组成和工作原理。

一、防止油污染设备及管理

(一) 15 mg/L 舱底水分离器

MEPC 于 2003 年 7 月 18 日以 MEPC.107(49)号决议的方式通过了《经修订的船舶机舱舱底水防污染设备指南和技术条件》,该决议替代了 MEPC.60(33)号决议。我国参照 MEPC.107(49)决议制订了中华人民共和国国家标准《15ppm 舱底水分离器》(GB/T 4795—2009)。为适应国际海洋环境保护的需要,该标准主要性能指标与 MEPC.107(49)号决议基本一致。

1.《经修订的船舶机舱舱底水防污染设备指南和技术条件》适用范围

(1)在 2005 年 1 月 1 日或以后安放龙骨或处于类似建造阶段的船舶所设装置。

(2)按合理可行的范围,在 2005 年 1 月 1 日以前安放龙骨或处于类似建造阶段的船舶于 2005 年 1 月 1 日或以后所设的新装置。

2. 15 mg/L 舱底水分离器的技术条件

(1)15ppm 舱底水分离器应有牢固的结构,适于船上使用,并要注意在船上的预定位置。

(2)若预定将其设在可能有易燃空气的位置,则应符合此类处所的相关安全规定。作为 15ppm 舱底水分离器一部分的任何电气设备应设在非危险区域,或应由主管机关认证为可在危险区域安全使用。设在危险区域的所有活动部件的布置应避免形成静电。

(3)15ppm 舱底水分离器应设计为自动运转,但应有故障保护布置来避免在出现故障时有任何排放。

(4)向 15ppm 舱底水分离器送舱底水改为送油,送舱底水改为送乳化舱底水,或送油和/或水改为送空气,不得导致排向舷外的任何混合物的含油量超过 15ppm。

(5)开动该系统应不需费神。对用于机舱舱底水的设备,该系统的开动应不需对阀和其他设备做任何调整。该设备应能在不予照应情况下,以正常功能运行至少 24 h。

(6)15ppm 舱底水分离器所有易损易坏的活动部件应易于接触,以便维修。

3. 15 mg/L 舱底水分离器的安装要求

(1)为以后在船上检查起见,应按实际可行程度在尽量靠近 15ppm 舱底水分离器出口的排液管垂直部分设一取样点。应在关停装置舷外出口后面及附近装有再循环设备,使包括 15ppm 舱底水报警装置和自动关停装置在内的 15ppm 舱底水分离系统能在舷外排放停止的情况下进行试验(见图 9-1)。再循环设备的安装应能防止在所有工作条件下出现任何绕过油水分离器的情况。

(2)给送泵的排量不应超过 15ppm 舱底水分离器额定容量的 110%,泵和电机的规格应记在型式认可证书上。

(3)15ppm 舱底水分离器应固定装有一个标牌,用以说明制造厂或主管机关认为必要的所有运行或安装限制。

(4)设有 15ppm 舱底水分离器的船舶应始终携有一份操作和保养手册。

(二) 工作原理

油水分离的方法较多,主要有物理分离法、化学分离法和生物处理方法等。

物理分离法是利用油水的密度差或过滤吸附等物理现象使油水分离的方法,主要特点是

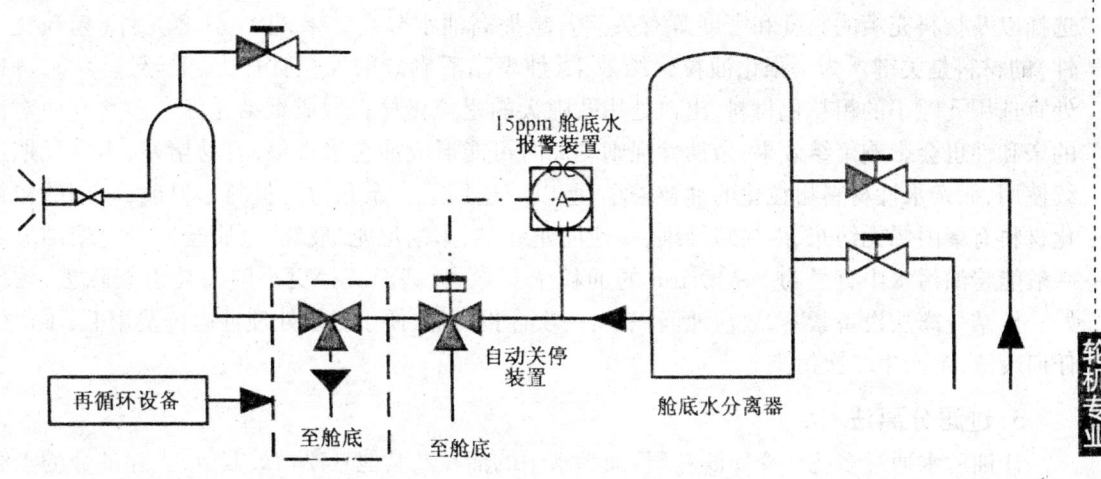

图 9-1 舱底水分离系统的安装要求

不改变油的化学性质而将油水分离,主要包括重力分离法、过滤分离法、聚结分离法、过滤分离法、吸附分离法等。化学分离法是向含油污水中投放絮凝剂或聚集剂,其中絮凝剂可使油凝聚成凝胶体而沉淀,聚集剂则使油凝聚成胶体使其上浮,从而达到油水分离的一种方法。电浮分离法是把含油污水引进装有电极的舱柜中,利用电解产生的气泡在上浮过程中附着油滴而加以分离从而实现油水分离的方法,实际上是一种物理化学分离方法。生物处理法有活性污泥法、生物滤池法等。由于船舶条件所限,目前在船用油水分离器中采用最多的方法是物理分离法,而物理法中又以重力分离法、聚结分离法、过滤分离法和吸附分离法为主。

1. 重力分离法

利用油水的比重差(或密度差),使油浮于上部而后排入污油柜中,下部清水若符合排放标准则可排出舷外。重力分离法如按其作用方式的不同,还可分为机械分离、静置分离和离心分离三种。

(1)机械分离是让含油污水流过斜板、波纹板细管和滤器等,使之产生涡流、转折和碰撞,以促使微小油粒聚集成较大的油粒,再经密度差的作用而上浮,从而达到分离的目的。

(2)静置分离是将含油污水贮存在舱柜内,在单纯的重力作用下,经过沉淀使油液自然上浮以达到分离的目的。这种方法需要较长的时间和较大的装置,同时也难以连续使用。

(3)离心分离是利用高速旋转运动产生的离心力,使油、水在离心力和密度差的作用下实现分离,它的特点是油污水在分离器中的停留时间很短,所以分离器体积较小。

重力分离法的优点是结构简单、操作方便,缺点是分离精度不高,只能分离自由状态的油,而不能分离乳化状态的油。一般认为油粒直径小于 $50~\mu m$ 就很难分离,不能满足 15ppm 的排放要求。因此,船用油水分离器大都采用重力分离法作为第一级分离方法。

2. 聚结分离法

当含油污水通过聚结分离元件时,让它们互相碰撞以使油粒聚合增大,油污水中的微细油珠聚结成较大的油粒(在这种分离过程中,由于微小油粒逐渐聚合长大,因此这种分离过程称为聚结,也叫作粗粒化过程)。在外力的作用下,粗粒化后的油粒脱离聚结分离元件的表面,利用油水比重差,克服阻力迅速上浮,从而达到提高油水分离精度满足排放要求的目的。微细油珠的粗粒化过程可分为截留、聚结、脱离和上浮四个步骤。粗粒化的程度与聚结元件的材料选择以及材料充填的高度和密度等有关。若想提高油水分离效果,聚结分离元件(粗粒化元件)的材料是关键。为了强化油粒聚结效果,使聚结后剥离的油粒直径大、上浮速度快,进口处宜选用孔隙小的粗粒化材料,出口处用孔隙大的粗粒化材料做成聚结元件。多孔介质对油的亲和性也会影响聚结效果,亲油性强则剥离时可能形成油包水现象,容易堵塞,不宜长期连续使用,而亲水性材料粗粒化的油粒较小,所以应选用适宜亲和力的材料。目前,应用的粗粒化材料有聚丙烯无纺布、丙烯腈纤维、弹性尼龙纤维、车削尼龙、玻璃、金属丝网等。聚结分离一般能将油污水中直径为 $5\sim10~\mu m$ 的油粒全部除去,甚至直径更小的油粒也能除去,效果好。聚结分离法设备紧凑,故占地面积小,一次性投资低,便于分散处理且运行费用低,不产生任何废渣,不产生二次污染。

3. 过滤分离法

让油污水通过多孔性介质滤料层,油污水中的油粒及其他悬浮物被截留,去除油分的水通过滤层排出,从而使油水得以分离。过滤分离过程主要靠滤料阻截作用,将油粒及其他悬浮物截留在滤料表面,此外由于具有很大表面积的滤料对油粒及其他悬浮物的物理吸附作用和对微粒的接触媒介作用,增加了油粒碰撞机会,使小油粒更容易聚合成大油粒而被截留。一般使用的过滤材料有:人造纤维和金属丝织成的滤布、特制的陶瓷塑料制品、石英砂、卵石、煤屑、焦炭以及多孔性烧结材料等。这些过滤材料共同的特点是化学稳定性好,不易溶于水,一般不与污染物质起化学反应,不会产生有害或有毒的新污染物,同时还具有足够的机械强度。任何一种过滤介质对污染物的过滤能力都有一定的限度。如果油污水中含有的悬浮固体物过多,将会大大缩短过滤介质堵塞时间,使过滤效果变差,甚至使过滤过程过早中断。滤料达到饱和状态后,必须进行反冲洗,使滤料重新获得良好过滤性能。如强度不够,会在反冲洗时由于不断碰撞和摩擦而使滤料产生粉末,并随冲洗水流一起流失掉,增加滤料损耗;反过来,在过滤时粉末又会聚积于滤料表层,增加流动阻力,使滤速增大,导致过滤质量恶化。

使用粒状介质作滤料时,要依据过滤要求及工艺条件选用适宜的滤料粒径的范围及在此范围内各种粒径的数量比例。在一定范围内还应尽可能选用孔隙率大的滤料,即滤料的孔隙体积与整个滤层体积的比值大,水力阻力损失小,滤层含污能力大,过滤效果好。

用粒状介质组成的滤料层,理想的状态应是各层粒径沿水流方向逐渐减少。这样整个滤料的作用都能充分发挥出来,含污能力强,水头损失速度慢,过滤使用时间延长,对仅用一种滤料做成的滤层,当水流自上而下流动时,实际上难以保持粒径自上而下逐渐减少的状态。因为反冲洗时,整个滤层处于悬浮状态,而且必然有粒径大重量大的滤料悬浮在下层,粒径小、重量小的滤料悬浮于上层,反冲洗停止后,就会自然形成粒径上小、下大的滤层,这样的滤层对于过滤是很不利的。因此,为提高滤料过滤性能,可改变水流方向或采用两种以上滤料组成多层滤料层。

过滤分离法通常是油污水处理过程的终端手段,做精分离用。

4. 吸附分离法

利用多孔性的固体吸附材料直接吸附油污水中的油粒以达到油与水分离的目的。

固体吸附材料表面的分子在其垂直方向上受到内部分子的引力,但外部没有相应引力与之平衡,因此,存在吸引表面外侧其他粒子的吸引力,由固体表面分子剩余吸引力引起的吸附称为物理吸附,由于分子间的引力普遍存在,所以物理吸附没有选择性,而且可吸附多层粒子,直到完全抵消固体表面引力场为止。

吸附是一种可逆过程,被吸附的粒子由于热运动,会摆脱固体表面粒子引力从表面脱落下来重新回到污水中,这种现象称作脱附。当吸附速度与脱附速度相等时,吸附达到平衡状态,这时单位重量吸附材料所吸附的油量称为吸附量,它是表面吸附材料吸附能力的参数,比表面积(单位重量吸附材料所具有的表面积)愈大,吸附量愈大。常用的吸附材料具有良好的亲油性,有纤维材料、硅藻土、砂、活性炭、焦炭和各种高分子吸附剂(如分子筛)等。吸附分离法主要是用来直接回收微小的油粒的,一般用作油污水处理的精分离手段。吸附油料达到饱和时,失去油水分离效能,因此,在吸附材料达到饱和之前就应更换,而吸附材料的更换和处理都比较困难,需要用大量吸附材料,所以吸附分离主要用于含油量很少的细分离。

近年来,为达到排放标准提高的要求(油分浓度小于15ppm),油水分离器多为重力式分离器配以过滤、吸附等组合方式,即由粗分离和细分离(精分离)两部分组成。

粗分离部分都是用于第一级,主要采用重力分离法,处理容易上浮的分散油滴。重力分离法结构有多层斜板式、多层隔板式、细管式和多层波纹板式等。

细分离部分用于第二级和第三级,多采用聚结分离法、过滤分离法、吸附分离法等,用以去除油污水中的微细分散油滴和乳化油滴。细分离部分结构有圆筒式和填充式,采用最多的是以纤维材料构成的圆筒式分离元件,其特点是结构紧凑、元件容易更换。填充式是在油水分离器中填充有形纤维等过滤吸附材料,截留和吸附微小油滴。在其吸饱油后,可进行反冲洗,但当压力降达到一定值时,就必须更换过滤吸附材料。

(三)典型装置实例

实际使用的船用舱底水分离器种类繁多,主要以重力分离法,再加上聚结分离法或过滤分离法或吸附分离法等的方式,也有通过离心分离的方式进行油水分离,以满足国际公约规定的排放标准的要求。下面简要介绍 TURBULO MPB 舱底水分离器、ZYF 型真空式舱底水分离器、HFM 型舱底水分离器和 BilgeMaster - E 型离心式舱底水分离器的基本结构组成及其工作原理。

1. TURBULO MPB 型舱底水分离器

TURBULO MPB 型舱底油污水分离器是利用重力 - 聚结原理的二级油水分离器。其外观结构如图 9-2 所示。

油污水从左侧一级分离器 100 的左上部泵入,在分离器上部粗分离后,污水迅速分散,由于流速较慢,污水在向下流动的过程中,大颗粒油滴上浮到分离筒顶部的集油室,含有较小油滴的污水则向下通过聚结元件(High Efficiency Coalescer, HEC)125。聚结元件表面亲油,呈多孔海绵状结构,具有高比表面积和低压头损失,在污水中具有足够的稳定性,污水中的污垢不会对其造成损害,即使有一定程度的脏污也无须对其进行更换,只需将聚结元件拆下,用热水冲洗干净即可重新使用。污水通过聚结元件时,由于聚结元件表面的亲油性,含有污水中的小油滴会短暂吸附在其表面,经过聚结长大,最后在浮力的作用下逐渐上浮进入分离筒顶部的集油室。细小油滴则随处理后的污水,一并经两分离筒底部的连通阀进入二级分离筒 200。

二级分离筒内装有多个圆筒式分离元件(Hydrocarbon Separator, HycaSep)245,每个元件外形一致,材质为高分子聚合纤维,具有良好的吸油性能。每一分离元件分上、下两级,经中间挡板和顶部支架固定在分离筒内,构成了二级分离筒内两级油水聚合分离层。进入二级分离筒的污水从分离筒的底部经下层分离元件的外表面流入,细小油滴经聚合后从水中分离;流入下层分离元件内腔体的水沿腔体轴线向上流动,进入上层分离元件的内腔体,在水流压力的作

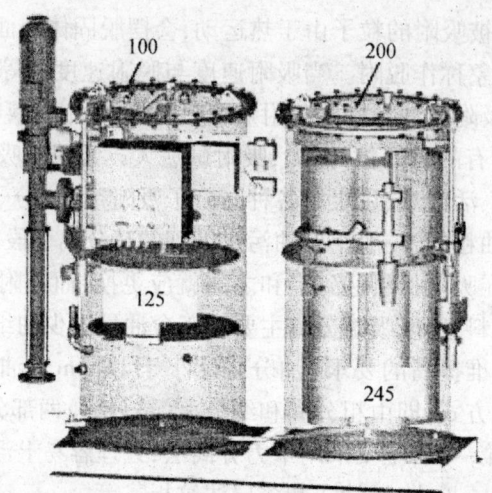

图 9-2　TURBULO MPB 型舱底油污水分离器外观结构图

用下,向外流出上层分离元件,其间,细微油滴被进一步分离。经处理后满足要求的清水从二级分离筒的上部排出阀流出。

二级分离筒内上、下两层分离元件虽均由聚合纤维构成,但由于处理的水质不同,因此上层聚合纤维比下层聚合纤维更聚密、空隙更小,能分离的油滴也更细微。在工作过程中,如果压力损失过大,则需对分离元件进行更换,而不是对其进行清洗。新的分离元件压力差约为 0.015 MPa,最大可用压力差约为 0.14 MPa。

在一级分离筒的上部装有油位检测电极,可以感知分离筒上部的油位,控制排油阀的打开或关闭,间歇地进行排油。二级分离筒上、下腔体内的集油量很小,采用人工方法定期通过手动排油阀排出。在一级分离筒上部集油室还装有电加热器,可以保证高黏度污油在环境温度较低的情况下顺利排出。

新舱底水分离器在一级分离筒中的聚合元件顶部可能有选装的一层"临时过滤垫",其作用是防止新船时期的大量污垢进入,在分离器正式运行前应撤除该垫。如装有该垫,分离器会贴有标签。此外,舱底水分离器在首次投入运行时,需冲洗数次(每周两次,每次半小时),以免颗粒、铁锈等形成堵塞。

2. ZYF 型真空式舱底水分离器

ZYF 型真空式舱底水分离器依靠后置螺杆泵抽吸作用使舱底水分离器的分离筒内保持一定的真空,油水在真空状态下进行重力分离,避免了污水泵造成乳化对分离效果的影响。ZYF 系列油水分离器属于重力-聚结组合式二级分离器,其工作原理如图 9-3 所示。

其基本工作原理是:当分离器在运行过程中时,单螺杆泵组 23 在分离装置排出口处抽吸处理后的排水过程中,使分离筒内产生真空度,舱底水经过污水吸入滤器 18 和上部气动三通阀 12 进入分离筒内部扩散喷口,进行初步的重力分离,被分离的大油滴浮至顶部集油室,含有小油滴的污水向下由环形室进入第一级集油器 5,在内部进行首次聚结分离,聚结形成的较大油滴逆向上浮至顶部集油室,污水继续由中心通道向下,进入第二级集油器 2 后向外腔流动,聚结后的大油滴停留在环形室顶部。符合排放标准(含油量小于 10ppm)的水则向下经分离器底部排出,流向气动三通阀 22,进入单螺杆泵组 23 吸入口,从泵的排出口排出再经过气动三通阀 24 排向舷外。当分离出的污油在顶部聚集到一定程度时,油位探测器 8 触发信号,使气源电磁阀 15 开启,压缩空气同时进入三只气动三通阀 12、22、24 的顶部气缸,推动活塞向下,关闭常通口,打开常闭口,使舱底水暂停进入分离器,分离后的水暂停排出。单螺杆泵组 23 仍在继续运转,使来自海水管的海水由气动三通阀 22 进入单螺杆泵组 23 的吸入口,泵出后再通过气动三通阀 24 进入分离器底,逆向经过聚结元件第二级集油器 2、第一级集油器 5 进行反向冲洗,向分离器内部补充海水,并使分离器内部由真空变成压力状态。聚集的污油通过上部气动三通阀 12 排向污油柜。第二级集油器属于精分离过程,聚集在环形室顶部的污油较少,当顶部集油室排油时,环形室第二级自动排油阀 3 就会自动开启将污油或油水混合液排放至舱底水舱。

ZYF 系列油水分离器将污水泵后置,属于真空式油水分离器。真空式油水分离器具有以下特点:

(1)水泵后置,真空抽吸含油污水,进出水泵的液体为处理后的清水,无杂质和泥沙,泵的磨损小,工作可靠。

(2)避免了油污水的乳化,筒内的真空度同时起到了"气浮分离"的效应,提高了油水分离效果。

(3)可采用电动柱塞泵和螺杆泵,密封性好,自吸能力强,磨损小,工作可靠。

(4)分离装置中的聚合元件能自动反向冲洗,不会堵塞,长期使用不需要更换。

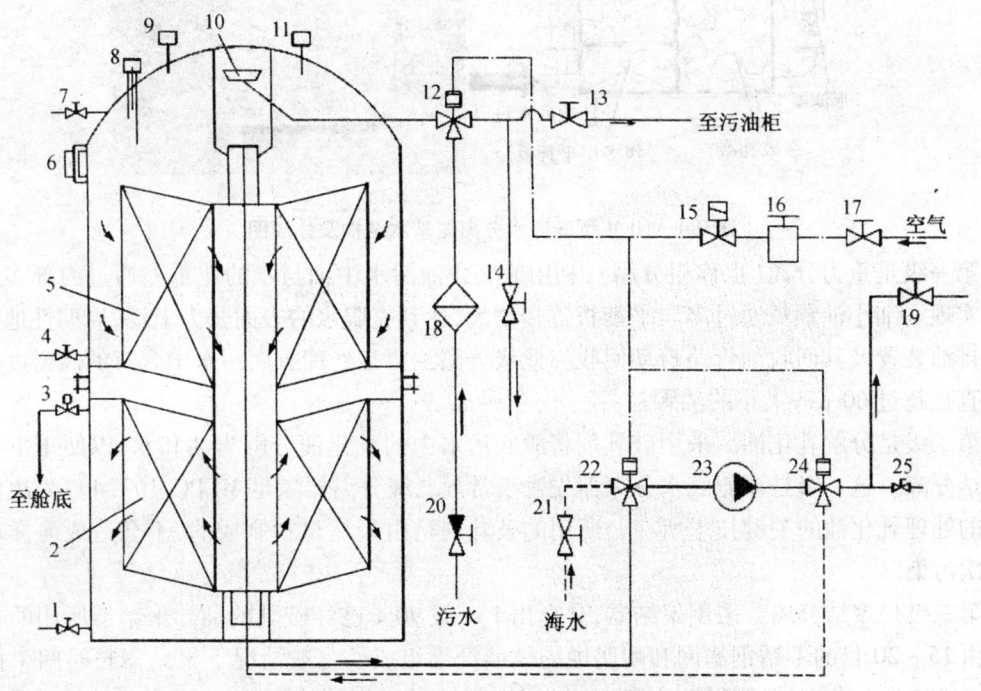

图 9-3 ZYF 型系列油水分离装置原理系统图

1—下排污阀;2—第二级集油器;3—第二级自动排油阀;4—上排污阀;5—第一级集油器;6—电加热器;7—检油旋塞;8—油位探测器;9—真空压力传感器;10—污水进入喷口;11—温度控制器;12、22、24—气动三通阀;13—排油截止阀;14—反冲洗管截止阀;15—气源电磁阀;16—空气压力控制阀;17—气源截止阀;18—污水吸入滤器;19—净水出口;20—污水吸入止回阀;21—海水吸入截止阀;23—单螺杆泵组;25—取样旋塞

3. HFM 型舱底水分离器

近年来,船舶燃、滑油广泛使用各种添加剂,致使机舱含油污水中含有更多性能相对稳定

的化学乳化油,因而依靠常规的二级油水分离器分离难度增大,分离的效果也变差。国际海事组织意识到超标排放的可能性、普遍性和严重性,第四十九次环保会通过了 MEPC.107(49)号决议《船舶机器处所舱底水防污染设备指南和技术条件》,增加了对舱底水分离器处理乳化油的要求,适用于 2005 年 1 月 1 日或以后安装龙骨的新船和改装的油水分离器。

HFM 型舱底水分离器是日本 HSN-KIKAIKOGYOCO. LTD 公司研制生产的新型油水分离器,目前已经成为按 MEPC.107(49)号决议《船舶机器处所舱底水防污染设备指南和技术条件》认可的型式。其基本结构及外观如图 9-4 所示。

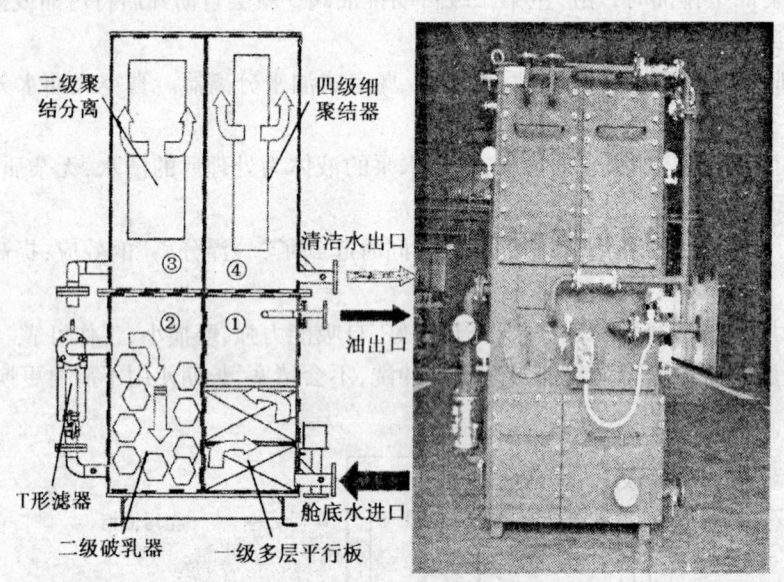

图 9-4　HFM 型舱底水分离器基本结构及外观图

第一级是重力分离(也称粗分离),利用舱底含油污水中油与水的比重差通过内部多层平衡板实现。细小油颗粒通过多层平衡板逐步增大,达到克服水的表面张力上浮,周期性地通过自动排油装置及其回收油管路自动回收。此级分离主要是处理舱底污水中含有的高密度燃料油和直径超过 60 μm 大小的油颗粒。

第二级是分解乳化油。采用破乳剂将舱底污水中的乳化油分解为油和水,以便于下一级的聚结分离。这一级是该舱底水分离器先进于常规二级分离器满足 MEPC.107(49)号决议所要求的处理乳化油的关键技术所在。所用的破乳剂是由天然材料制成的,不会造成海洋环境的二次污染。

第三级是聚结分离。采用聚结器,分离出上一级 90% 已经破乳的油。聚结器所用的材料主要由 15~20 目的不锈钢滤网和耐腐蚀的玻璃纤维组成。一般情况下聚结器长时间工作也无须更换清洁。若聚结器脏堵,则只要用蒸汽或热水清洗即可。

第四级采用细聚结器进行精分离。细聚结器把第三级未分离的细小油粒聚结长大浮出水面,最终经过四级分离达到排放标准的水通过外部连接管路排出船外。

在此舱底水分离器的第一级和第二极的连接管路上,安装有一个 T 形自清滤器,该滤器可有效保护第三级聚结器免受渣粒和杂物的脏堵。

4. BilgeMaster-E 型离心式舱底水分离器

BilgeMaster-E 型离心式舱底水分离器是由德国 GEA 公司生产的离心分离式油水分离

器。其满足 MEPC.107(49)号决议《船舶机器处所舱底水防污染设备指南和技术条件》中排放标准的相关要求。

其工作原理如图9-5所示。从图中可以看出,舱底水经污水供给泵吸入后首先经过自清滤器进行过滤。自清滤器可以将直径大于 0.4 mm 的杂质过滤掉,由于油水分离器的分离盘片之间的距离也大约为 0.4 mm,通过自清滤器过滤后可以有效降低流道的结垢。在自清滤器前后安装有压差传感器,用于监控其脏堵情况,如果超过设定的压差,自清滤器将会自动反冲洗,反冲洗产生的杂质收集在自清滤器的底部,可以根据设定情况自动排出至油渣舱。经过滤后的含油舱底水经过加热器进行加热,如果加热温度达到设定温度(85 ℃),舱底水经过三通阀进入油水分离器,如果加热温度未达到设定温度,舱底水将经过三通阀回流至舱底水舱。舱底水经过油水分离器的离心分离后,分离出的污油将排放至污油舱,净水经过油分浓度检测装置检测合格后(不大于 15ppm)气动三通阀动作,将符合规定的净水排放至舷外(在气动三通阀排舷外管路的下游还设有手动三通阀,可以通过手动三通阀转换选择排舷外或者回流至舱底水舱)。污水供给泵为变频调节,通过变频器控制频率在 20~74 Hz,根据油分浓度检测数值的大小自动调节进入油水分离器的舱底水的流量,以保证良好的分离效果,使排出净水的油分浓度低于 15ppm。

除上述满足 IMO MEPC.107(49)号决议的基本要求外,该装置还可增设一个 5ppm 的吸附滤器(BilgeMaster-E Cleandesign 型舱底水分离器),通过该滤器可以将经本装置处理后的含油舱底水中的含油浓度降低至 5ppm,以便更好地实现保护环境。如果吸附滤器产生故障,可以将其旁通而不影响系统的正常工作。

(四)舱底水分离系统

1. 典型的舱底水分离系统布置

船用舱底水分离系统主要组成部分包括控制箱,分离器(内有滤板、滤芯等),管路,专用配套泵,自动排油监控系统(排油电磁阀、加热器、压力表、温度表及探头等附属设备),油分浓度监测装置,自动停止排放装置等。

管路布置应尽量减少阻力节流损失,管路内径选择应使管内液体流速保持在层流状态下流动,不能用节流或旁通方法调节泵排量。为以后在船上的安全检查、港口国检查等检查的便利,应尽可能在靠近油水分离器出口的排液管垂直部分设一取样口。应在贯通装置舷外出口后面及附近装有再循环设备(经过船级社认可),使包括 15ppm 报警装置和自动切断装置的舱底水分离系统在停止舷外排放的情况下进行试验。典型的舱底水分离系统布置如图9-6所示。

2. 油分浓度监测装置(15ppm 报警装置)

公约规定,船舶油水分离器必须在有油分浓度监测装置时才能使用,以便对排放水的含油浓度、排放总量及瞬时排放率进行测定、记录和控制。若排放水中含油浓度超过规定的标准,检测器就发出声光报警,并自动切断舷外排放。轮机人员应立即检查舱底水处理系统的工作情况,并排除故障,直到水中含油浓度符合标准为止。

目前,常用光学方法来检测水中含油浓度,它又分为光学浊度法、红外线吸收法、紫外线吸收法和荧光法。

3. 自动排油装置

油水分离器分离出的污油聚集在分离器顶部达到一定数量时,便自动打开排油阀将污油

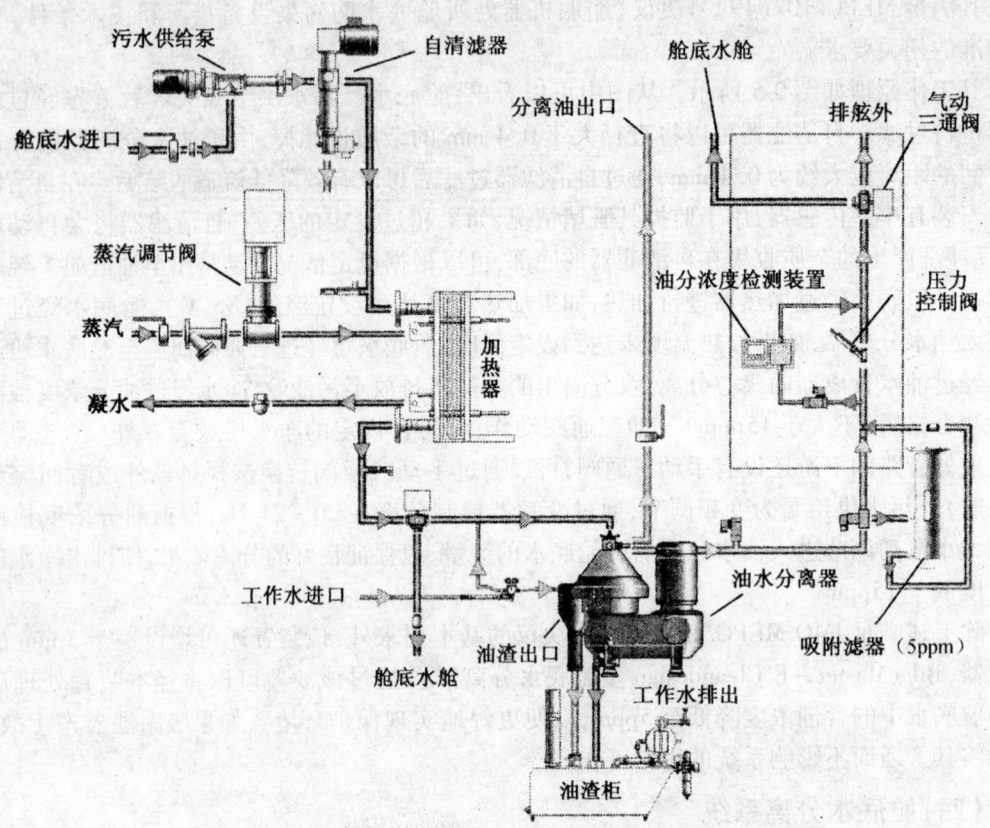

图 9-5 BilgeMaster-E 型离心式舱底水分离器工作原理简图

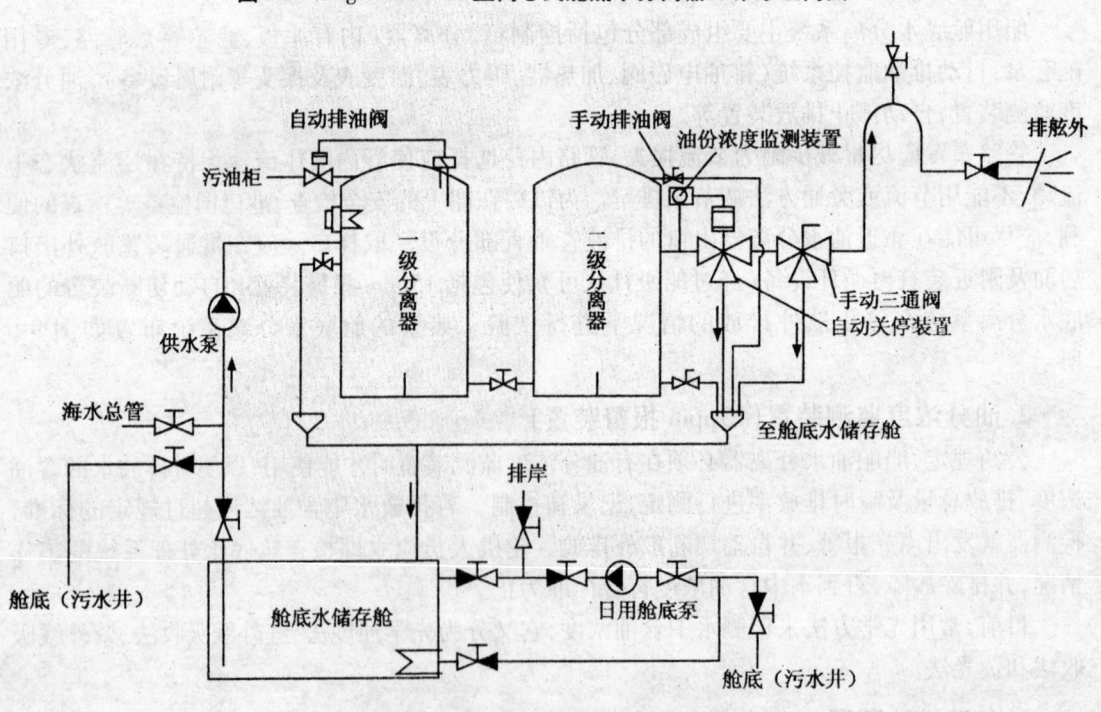

图 9-6 典型的舱底水分离系统布置图

排往污油柜或油渣柜,这种装置称为自动排油装置。自动排油装置主要由气动排油阀(或电磁阀)和电阻式或电容式油位探测器组成。油位探测器在分离器的集油室中,利用感受元件在油、水中与分离器壳体之间导电率(或电容)的变化,测出油层厚度的变化,并输出控制信号,通过电气控制箱控制排油阀的启闭。

4. 自动停止排放装置

在适用情况下,自动停止排放装置指当排出物含油量超过15ppm时用于自动关停油性混合物的任何舷外排放的装置。该自动停止排放装置为一种阀门装置,装于15ppm舱底水分离器的排出物出口处,当排出物含油量超过15ppm时自动将排向舷外的排出物引回舱底或舱底水舱。

(五)维护保养及管理要点

1. 油水分离效果的影响因素

油水分离器工作性能在实际使用中受到许多因素的影响,同样一台油水分离器在不同情况下使用,其工作性能相差很大。油水分离器的分离效果与其结构、内部清洁状况、舱底水泵的型式、污水中油的种类及其含油量、分离温度、工作压力、流量等因素有关。

(1)泵的影响

污水中油的微粒化、乳化程度越高,油水分离器效果越差,因此,污水通过泵时应尽量不产生乳化、搅拌或节流。

容积式泵如往复柱塞泵、单螺杆泵等乳化程度最小,容易分离。在同样静置时间内,往复泵排出的水中含油量比离心泵、齿轮泵等少,也就是说大部分油很快与水分离。

(2)工作压力的影响

油水分离器工作压力对分离性能有显著影响,工作压力提高,泵排出压力就要相应提高,则污水通过泵输送时,严重乳化,分离效果下降,排水含油量显著上升。如果油水分离器在真空条件下工作,比如污水泵不是以一定压力向油水分离器供水,而是从油水分离器出口吸水,这样,泵输送污水所产生的乳化现象可以完全消除。过滤式分离器在真空条件下工作,当过滤元件堵塞时,通流能力降低,而通流速度保持不变,不会影响分离效果。

据实验测得:在真空条件工作的油水分离器比在压力状态下工作排水含油量降低1/15~1/2。但分离器在真空条件下工作,管路应保证良好密封,安装高度要尽量低,如分离器安装位置高于机舱底板3~5m,真空就无法实现;或者设置重力式沉淀柜,这样设备增多、系统复杂,分离器顶部集油室内油的排放系统更复杂。因此,虽然真空工况净化质量高,但因系统复杂、体积大,不宜在船舶上应用。

(3)油种类的影响

根据司托克斯公式,油的比重越轻越容易分离,但也容易乳化,而且乳化对分离效果影响更大,因此,比重小的油更难分离。总体来讲,原油含有大量轻质油分,比较难分离。润滑油比较容易分离,润滑油的种类、油质劣化程度、各种添加剂的含量等都会影响分离性能。

(4)温度的影响

若含油污水温度升高及油、水的比重差增加,水的黏度降低,则油滴上升速度快,但温度升高通过泵时乳化严重,反而使分离性能下降,因此,综合起来影响不大。如果是低温通过泵,高温下分离可取得良好分离效果,特别是陆用大型静止分离池,提高温度是提高分离效果的有效办法,对于一般船用油水分离器温度的影响与其他因素相比是小的。

(5) 污水中含油的影响

污水中油分浓度高，分离性能当然恶化，油分浓度增加，乳化程度加重。但油滴相互碰撞机会也增加，一部分乳化油滴直径有增大的可能，使分离性能提高。油滴直径增大的程度，同油水分离器的种类、构造有关，但总的影响仍然是浓度增加，分离性能下降。

(6) 管路的影响

油水分离器系统中管路的长度、直径、曲度、阀门、滤器等对分离性能的影响比较复杂。若希望在到达分离器入口以前这段管路中也能进行一定程度分离，而且保持在层流状态下流动，则管径越大、管路越长，分离性能越好。阀门、滤器、管路弯曲部分等造成的节流，使流动状态变化，会使分离性能下降，使用管理中应注意保持水流在稳定层流状态下流动。

(7) 流量的影响

油水分离器流量增加，油水在分离器内停留的时间减少，流速增加，分离效果必然下降，当流量超过油水分离器标准处理量时，分离效果显著下降，排水质量根本达不到排放标准要求，在使用中和选用污水泵时应特别注意。

(8) 旁通的影响

舱底水分离系统的污水泵，往往用船上原有的舱底水泵，而排量大于分离器处理量时，多余部分经旁通管再返回污水井，这部分经泵排出乳化的污水，下次再被泵吸入，会更进一步乳化，所以送入油水分离器内的油污水乳化程度相当严重，使油水分离器性能显著下降。如果污水仅一次通过泵，油水分离效果可达到 30ppm，当有一半污水旁通再次通过泵送入分离器时，其分离效果超过 150ppm。

因此，当分离效果不佳，可从上述方面查找原因。例如，油品的比重过大或过小都不利于油水分离器的分离；离心式和齿轮式舱底水泵会使油污水乳化，不易分离，宜采用低速往复式活塞泵、柱塞泵或单螺杆泵。

如果油水分离器中分离出的水含油量过大，即分离效果不佳时，可采用以下措施：

(1) 改为间歇工作：即当分离器中装满舱底水后，停止供水，使容器内的舱底水有足够停留时间，然后再开启污水泵，用新泵入的水将沉淀分离后的污水排出。

(2) 分层抽吸：即先把下层含油少的污水直接排出舷外，只使上层含油较多的污水经分离器分离。

(3) 适当加温：将分离器内污水加热至 40~60 ℃，使油与水的比重差加大，增大浮力，水的黏度也降低，从而减少油滴上浮的阻力，加快油滴上浮速度。但一般当加热温度超过 60 ℃时，油、水乳化程度显著增加，分离效果显著下降，并很难达到排放标准。

(4) 改用输水平稳的污水泵（如单螺杆泵）以减轻油污水的乳化程度，使进入分离器的油污水中的大颗粒状的油易于分离。

2. 运行管理

正确地使用和定期维护保养是保证油水分离器充分发挥其分离能力的先决条件和重要保证。轮机人员应仔细阅读其使用说明书，了解其工作原理、运行及维护要求等。

(1) 启动的检查及准备

① 使用分离设备和过滤系统排放前，应先征得驾驶员同意，并注意监视海面是否有明显油迹。

② 首先检查油水分离装置的水、油、气源系统及电气线路安装是否正确。油水分离首次启动运转时，应先向分离筒内注满清水，注水时应将分离筒顶部空气阀和高位检查旋塞打开，直

至水从这些阀流出后,再将其关闭并停止注水;否则,分离器顶部充满空气,很可能会导致油位探测器误动作,将自动排油阀打开,大量的污水/清水灌入污油柜。

③打开出水、排油、泵前引水管系及吸入清水(海水或淡水)管系上的阀,关闭舱底油污水吸入阀。油水分离器在首次使用或清洗后投入使用时应先注满清水,以便有助于洗掉可能黏附的油污和杂质,避免油污水对分离器的污染。

④接通电源,启动配套泵的电机,向油水分离装置内供水,查看配套泵的转向是否符合箭头指示方向。此时自动排油指示灯应亮;直至顶部空气阀中有水溢出,表明分离器内已注满水,排油指示灯应自动熄灭。启动污水泵前应先打开舷外排出阀,检查自动排油装置和应急操纵手轮是否处于正常位置。

⑤打开舱底水吸入管系上的阀,然后关闭清水阀,由配套泵将舱底油污水输入分离装置进行分离处理;同时开启监控系统,调整排放水的含油指标为15ppm,确认监控系统和自动停止排放装置正常,并一直处于运行中。

(2)运行中的管理及注意事项

油水分离器在使用中若管理不善,分离性能就会下降,排水中含油量将超过排放标准,甚至将大量污油排出舷外,因此,必须严格按照各项管理要求使用油水分离器。

①日常检查

a. 检查控制箱

油水分离器控制箱有输油泵电控箱、自动排油电控箱及排油监控系统电控箱等,有的是结合在一起的,有的是分开的。在检查时,主要查看各电控箱能否对相关的用电设备正常供电及控制,有关指示灯能否亮。若电源指示灯不亮,则可能是总配电板或分配电板上油水分离设备电源开关未合闸,或电控箱内保险丝断了。

b. 检查分离器和管路

查看油水分离器本体,确认:无严重锈蚀,无锈穿现象;铭牌明显,标明的处理能力与证书相符;查看本体上取样口的阀门畅通,开关自如。

查看有无不经油水分离器而直接排往舷外的旁通管路。若有,则必须割除。若暂时不具备割除的条件,则允许临时用盲板封死。查看管路是否锈蚀严重,有无漏水现象。

c. 检查排油监控系统

可通过试验,检查油水分离器排油监控系统的报警功能。

具有自动停止排放功能的油水分离器排油监控系统,还需检查油水分离器在超过15ppm时能否使分离器专用配套泵停止运转,或能否使油水分离器排水管路上的气动、电磁、气动/电磁组合式等的三通阀动作。若不能,则说明是油水分离器排油监控系统本身的故障或三通阀故障。

三通阀故障可能有:电磁阀故障;气动三通阀驱动气体未达到设定气压;三通阀本身漏气。

d. 检查排油电磁阀

可通过从油水分离器自动排油按钮转换到手动排油按钮时的下列现象判断其正常:排油电磁阀,手触有振感,且可听到动作声;排油指示灯亮;观察镜中,可看到有污油排出,等等。

如油水分离器排油电磁阀设计成处于自动排油状态,可以通过在控制箱内的强制性动作试验按钮,查看排油电磁阀是否处于良好的工作状态。

e. 检查油位探头

油位探头通常在非排油状态。油水分离器腔体内充满水时,探头上的工作指示灯是亮的

（工作指示灯需打开探头盖才能看到）。若只是油位探头指示灯不亮，则可能是油水分离器排油电磁阀故障。若油位探头工作指示灯不亮，而相应排油电磁阀开启指示灯亮，则可能是探头受到污染，需要抽出来擦洗干净。若油位探头工作指示灯不亮，且相应油水分离器排油电磁阀开启指示灯也不亮，或相应探头取样口有污油排出，则可能是油水分离器探头本身故障，电信号不能传送到电磁阀处。

f. 检查运转情况

检查油水分离器专用配套舱底水泵在供电后能否正常运转，所附连的压力表、真空表或混合型的压力、真空表是否有指示，根据油水分离器泵的出口压力来判断泵的工作状态。在泵运转过程中，还需查看泵是否漏水（有时会出现盘根漏水的现象）。

② 使用注意事项

油水分离器在使用中应充分注意排油、加热和清洗。

a. 一定要按油水分离器说明书规定的条件（油水分离器工作压力、额定处理量、泵类型、转数等）使用油水分离器。调整排出水管路上阀的开度，保持分离器内具有一定压力，以利于分离器内污油排出。观察压力表、真空表等指示值是否正常，探测配套泵轴承表面温度是否在允许的范围内。设有电加热器温度自动控制的分离装置，应注意查看分离器上的温度表，以防温度过高产生故障。严禁分离器内无水时启动加热器。

b. 运行中特别注意避免油水分离器超负荷。超负荷，即超过其达到排放标准的分离能力。如果供水量过大，或排油装置失控，积油过多，都会降低分离效果，造成污油污染分离器内壁。检验超负荷的方法：一是检查低位检验旋塞，当它有油流出时说明积油过多，应立即排油，如果自动排油失灵应改为手动排油；二是通过出水口水样的观察，如果发现有可见的油迹，应停止分离器工作。

c. 观察处理后的排出水的水质和油分浓度报警器的工作情况。在刚启动油水分离器或运行一段时间后，经常出现油分浓度检测装置误报警，可能是由于油分浓度检测装置的玻璃管内壁脏污，此时应视情况手动清洁。

d. 要定期排放集油室中空气，防止自动排油装置因存气太多而失灵。

e. 油水分离器的供水泵多为单螺杆泵或柱塞泵，运行中千万不能空转，不允许泵在关阀时运行。无自动控制停泵装置或未设置泵干运转保护的油水分离器，应注意在舱底油污水吸空前及时停泵，避免配套泵空转而烧坏。

f. 为保证分离效果，根据气候条件和污水中油种的不同，采用加热的方法提高分离效果。蒸汽加热器一般用压力为 0.25~0.3 MPa 的饱和蒸汽加热到 40~60 ℃ 为宜，以加速油滴上浮和黏附内壁上的污油脱落。

g. 每次运行油水分离器时，切忌一次将舱底水柜彻底排空，以免舱底水柜内积存在上部的污油大量进入油水分离器，显著降低其性能。

h. 在油污水排放完后停用分离器之前，应引入海水继续运行 20~30 min，用以清洁油水分离器及其监控系统，以免被油污堵塞和污染。停泵后，应关闭油水分离器的进、出口阀，防止筒内充满的水泄漏，减轻内壁氧化腐蚀。

i. 每次使用油水分离器进行舱底水排放，均应记入油类记录簿。

j. 经常注意检查保养。定期进行清洗分离器内部或调换集结元件，一般 1~2 个月应清洗一次，为清洗沉积在分离元件表面上的蜡质等黏附物，最好用 50~60 ℃ 的热水清洗，但有的分离器不能用热水或蒸汽清洗，这一点应引起注意。一定不能用任何种类清洁剂清洗油水分离器。

k. 要及时排出集积在分离器集油室内的油,自动排油装置如发生故障,应采用手动排油。

二、防止生活污水污染设备及管理

(一)船舶生活污水处理方式

船舶生活污水处理装置按污水的排放方式可分为无排放型生活污水处理装置和排放型生活污水处理装置。无排放型生活污水处理装置通常包含船上储存方式和再循环处理方式;排放型生活污水处理装置必须按照国际公约和相关规定的排放要求,对生活污水进行相应处理后再排放。船上一般选用的都是排放型生活污水处理方式,并按其净化方式的不同有生化处理、物理化学处理等方式。

1. 无排放型生活污水处理方式

能满足 MARPOL 73/78 公约要求的简单常用的方法就是船上安装生活污水储存柜。该储存柜系统将船舶日常产生的生活污水收集、储存起来,当船舶航行到允许排放海域时将储存的生活污水排出舷外或条件允许时排入岸上的接收设备。其简单储存方式流程图如图 9-7 所示。

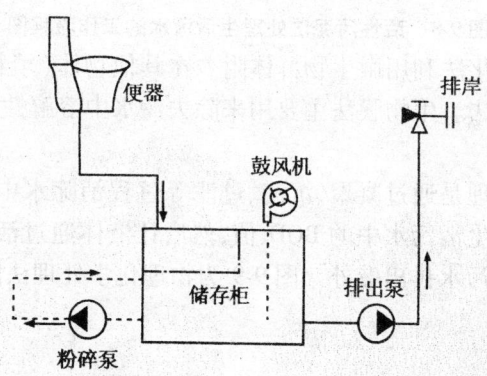

图 9-7 简单储存方式系统流程图

该系统包括生活污水的收集储存和排放两部分,主要设备有储存柜和排出泵。储存柜通常设置两个,两套排出泵、管系采用相互备用的并联方式,以备必要时调换使用。由于排出泵易被坚硬的粪便和碎纸片等固体物质堵塞,影响其正常运转而产生臭味,因此,在储存柜的出口专门装设了粉碎机、充气风机和通风管,以维持固体物的漂浮、减少气味和可燃性气体。柜内与外界保持密封,并装有冲洗设备。为了引出柜内产生的可燃气体,要装有带防火罩的透气管。另外,该装置在甲板上装有便于生活污水排往岸上接收设备的管路和标准排放接头。

该方式结构简单,操作管理容易,且对水环境几乎无任何损害。其主要缺点是:储存舱柜的容积较大,特别是在限制海域长期航行或停泊的船舶,必然造成船舶有效装载容积或机舱工作空间的减少;为了防止系统中在工作中散发臭味,需适时进行投药处理,从而使药品的使用费增加;船舶过驳生活污水增加了停港或抛锚时间,降低了船舶的营运效率。

2. 排放型生活污水处理方法

(1)生化处理法

该方法通过建立和保持微生物(细菌)生长的适宜条件,利用该微生物群体来消化分解污水中的有机物,使之生成对环境无害的二氧化碳和水,而微生物在此过程中得以繁殖。生物处理法有好氧生物法和厌氧生物法两大类,好氧生物法又分为活性污泥法和生物膜法两种。船上常用以好氧菌为主的活性污泥对污水中的有机物质进行分解处理。

图 9-8 是活性污泥法处理生活污水的工作流程图。污水进入曝气池,在不断通入空气的情况下,活性污泥在此消化分解有机物,离开曝气池后的混合液进入沉淀池。在沉淀池中活性污泥沉淀分离,而澄清的水进入投有杀菌药剂的消毒池,经杀菌后的净水排出舷外。从沉淀池中沉淀分离的活性污泥一部分流回曝气池,多余部分定期排出舷外。

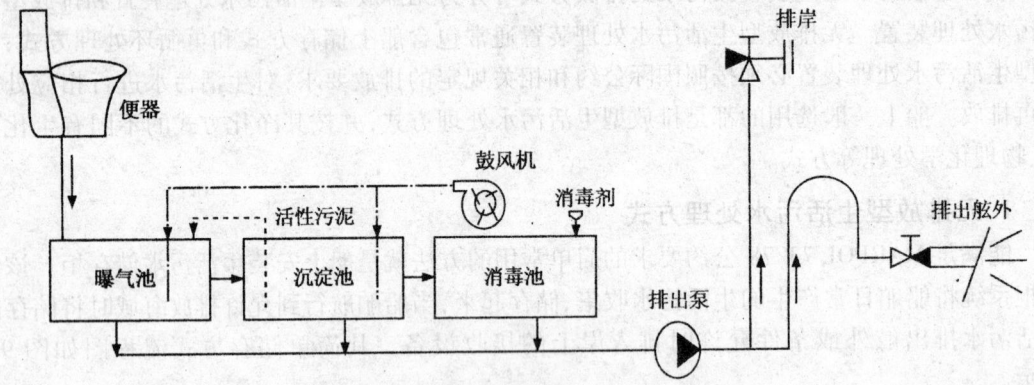

图 9-8　活性污泥法处理生活污水的工作流程图

生物膜法中的接触氧化法利用微生物群体附着在其他物体(填料)表面上呈膜状,让其与污水接触而使之净化的方法。生物膜法主要用来除去污水中溶解性和胶体性的有机物。

(2)物理化学处理法

物理化学处理法的原理是通过凝聚、沉淀、过滤等过程消除水中的固体物质,使之与可溶性有机物质相脱离来降低生活污水中的 BOD_5 值,然后让液体通过活性炭使之被消毒,最后将符合要求的处理后的生活污水排出舷外。图 9-9 为物理化学处理法的典型系统流程图。

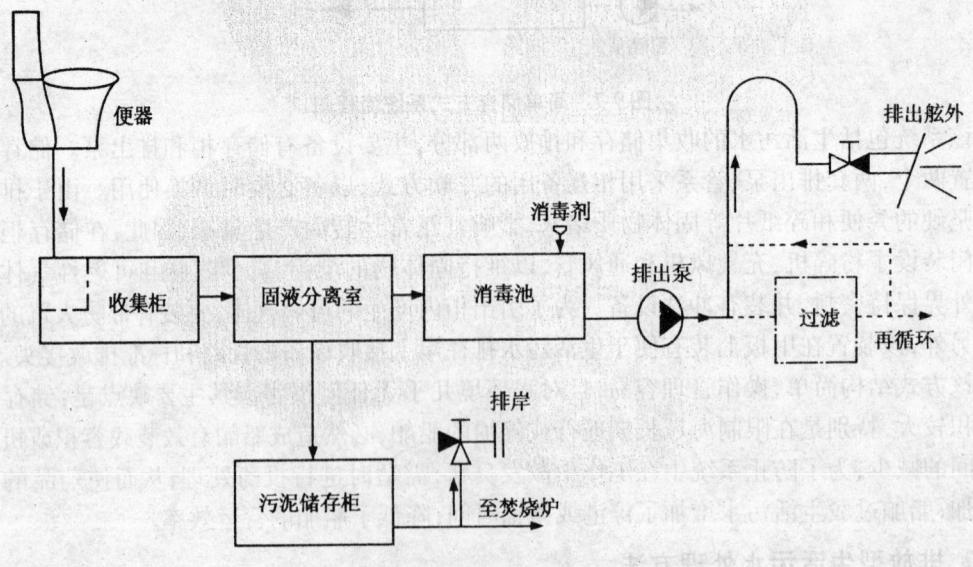

图 9-9　物理化学处理方法的典型系统流程图

采用物理化学法处理污水的装置体积小,使用灵活,对污水量的变化适应性较强,工作过程可全面实现自动化。但是,该处理方法的药剂使用量较大,运行成本较高。

（二）典型装置实例——WCB 型生活污水生化处理装置

1. 工作原理

图 9-10 为某公司生产的 WCB 型生活污水处理装置，利用活性污泥和生物膜的处理原理消解有机污染物质。

在一级曝气室内以好氧菌为主的活性污泥菌团形成像棉絮状带有黏性的絮体吸附有机物质，在充氧的条件下消解有机物质变成无害的二氧化碳和水，同时活性污泥得到繁殖，在作为菌团营养的有机污染物质减少时细菌呈饥饿状态以致死亡，死亡的细胞就成为附着在活性污泥中的原生生物或成为后生动物的食物，粪便污水中 95% 以上是易消解的有机物质，能被完全氧化。

在二级接触氧化室内悬挂有软性生物膜填料，具有吸附消解有机物功能的生物膜在水中自由漂动，大部分原生动物寄居于纤维生物膜内，同样由于充氧的作用，有机物质进一步与生物膜接触氧化分解。污水在进入沉淀柜时其中污泥量已很少，在沉淀柜内累积的活性污泥沉淀物再被返送至一级曝气柜内为菌种繁殖。

如果停机一段时间再启动的话，由于生物膜中尚有细菌的孢子存活，因此比常规曝气法启动时间要快得多。

经过沉淀的处理过的污水最后进入消毒柜用含氯药品杀菌，然后由排放泵排至舷外。

污泥排放周期视污水性质和负荷而定，一般 3 个月左右排放一次多余污泥是适当的。

2. 系统构成

WCB 型生活污水处理装置系统构成如图 9-10 所示。回转式鼓风机用于向装置供送空气，风机运转时，由滴油嘴往气缸体内滴入必要的润滑油，使摩擦表面润滑。润滑系统是利用风机工作时产生的压力差而形成的自动供给机油的循环装置，因此风机不能空负载运转。曝气风机不仅为曝气室提供反应所需的氧气，还为活性污泥从沉淀消毒室返回曝气室提供动力。

粉碎泵即排放泵，安装在装置前方，用于排出处理过的排放水，当需要排放本体各腔污泥时，也可以排放污泥，此时具有粉碎的功能。

加药泵用于向装置消毒柜添加氯，泵头由几个聚四氟乙烯滚轮组成，由一个电动机通过减速齿轮驱动，含氯液体由加药泵从塑料桶通过一根硅胶管由滚轮挤压到消毒柜内，在泵运转时，始终有一个滚轮压住尼龙管，保证液体不返回到塑料桶内，也不虹吸自流至柜内。

风机由控制箱内"连续－断续"选择开关控制，选择开关转向"连续"时，风机连续运转，转向"断续"时，风机断续运转和停止，其时间可由一个时间继电器控制，通常是运转 20 min，停止 20 min。

粉碎排放泵由控制箱内液位继电器根据消毒柜内液位自动控制泵的启动和停止，控制箱上有"手动－自动"选择转换开关，转向"手动"时排放泵连续运转，但应注意，不要让排放泵无水运转，转向"自动"时，排放泵按下述方式运转。

当液位达到"中位"电极时，泵自动启动，开始排放处理过的水；当液位降到"低位"电极时，泵自动停止，此时加药泵自动加药。经过设定时间（一般为 2 min），自动停止，等待下一周期，周而复始；当液位达到"高位"电极时，控制箱将发出报警信号。

在船上定员数量减少或船员上岸休息等造成低负荷甚至零负荷时，可以利用装置上的"连续－断续"开关转向"断续"，意即自动断续启停气泵，使细菌呈抑止繁殖状态，不致因过于富氧而饿死，同时也可节约能耗，待恢复正常运行时可很快"启动"装置。

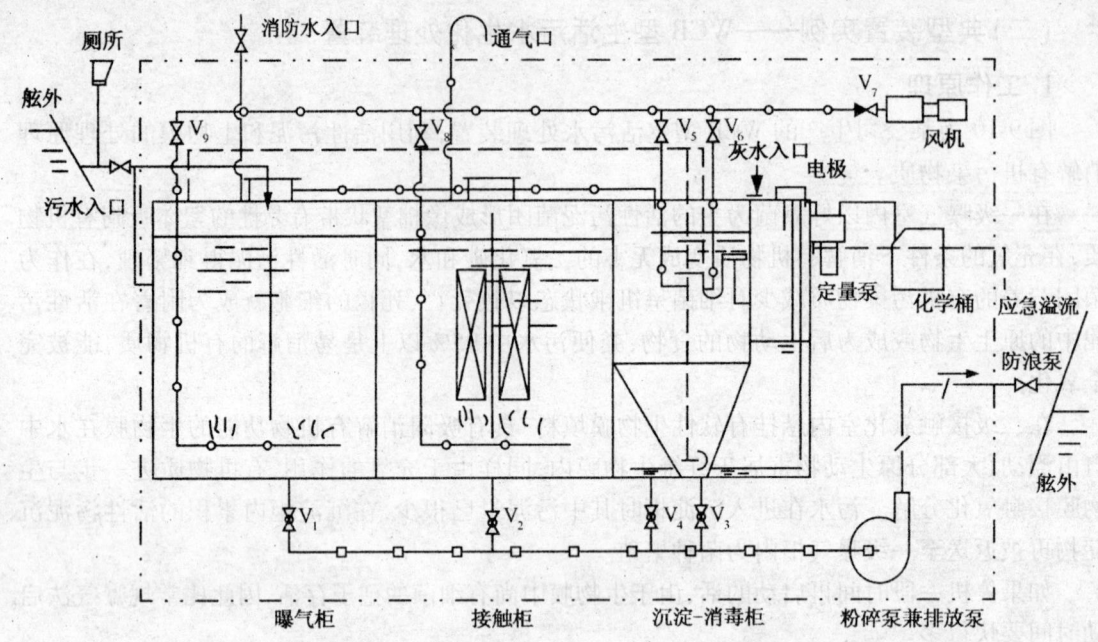

图 9-10 WCB 型生活污水处理装置系统构成图

(三)真空污水收集系统

目前,一些船舶采用真空抽吸的方式对本船生活污水中的黑水进行收集,常称为真空污水收集系统。

1. 工作原理

真空排水系统是由真空坐便器、真空管路、真空泵机组等设施组成的一个完全密闭的独立排水系统。工作原理就是利用系统内外的气压差来实现污水的排空和传输,利用真空泵站在真空排水管路中形成一定的真空,在系统内部真空和外界大气压的作用下,便器内的污水由真空泵抽吸并排入污水收集舱或污水处理装置内。

真空泵的启停由真空压力开关根据系统中的真空度控制,真空度一般设定为 $-40 \sim 60\ \text{kPa}$。为增加真空系统的可靠性并考虑经济性,真空系统的管路常采用 PVC 管。

2. 系统优点

(1)便器冲洗水量少,单次冲洗水量约为 1.5 L,用水节约,从而降低了船舶的载水量。

(2)管路安装铺设灵活,管路布置可横向布置甚至提升布置,管路水平敷设无须大坡度设计,不受船体倾斜或颠簸影响,减少了吊装工具的使用,大大节约了安装成本。

(3)如厕环境舒适性增加,无异味外泄,更加干净,无臭味。

(四)维护保养及管理要点

1. 鼓风机维护保养

HF 型回转式鼓风机结构精巧,主要由下列六部分组成:电机、空气过滤器、鼓风机本体、空气室、底座(兼油箱)、滴油嘴。

鼓风机维护保养要点：
(1)润滑系统的检查：
①定期检查油箱内的储油量是否低于最低刻线，如机油不足应加油。
②定期检查机油是否混入水分等污物而变质，如变质应及时更换机油。
③定期清洗油过滤器。
④定期检查滴油嘴的滴油状况是否正常，如滴油嘴脏了可卸下调整螺钉清洗。
(2)空气滤清器的检查：定期检查空气滤清器是否脏堵。如脏堵可卸下空气滤清器，旋开蝶形螺母，拿开盖子，清洗过滤海绵。
(3)三角带的检查：风机运行一段时间后，三角带会伸长。这时要将电机的固定螺栓松开，移动电机，拉紧三角带到合适位置后再将电机固定螺栓紧住，并注意电机皮带轮和风机皮带轮的端面要在同一平面上。同时检查一下皮带轮的顶紧螺丝是否松了，如松了请紧住。
(4)定期检查安全阀的灵活状况，如不灵活应清洗调试以保证可靠的启闭。
(5)定期检查有无漏油、漏气的部位并修理之，如不能修理应立刻通知生产厂商。
(6)经常检查风机及电机的运行状况，如发现噪声、温度不正常应及时停机检修。

2. 电气控制箱检修

要保证外部船舶开关处于"断开"位置，控制箱内电流断路器处于"断开"位置；在拆卸某几个电气元件时不必将整个电气控制板拆下来；检查某个电气元件时应该先拆去接线，注意电线上的标记和代号，在必须拆下电气元件时才取下该电气元件；当必须更换某个损坏的电气元件时，应参照电气原理图及原来的接线编号连接电线，只有当确认接线无误后才可以合闸通电试验。

3. 装置管理要点

(1)装置启动前，应先检查并确认电气系统、曝气风机等设备处于正常状态。向曝气室中注入污水，直至有水流入消毒柜，然后方可启动曝气风机，并注意观察风压是否正常。
(2)在将生活污水注入曝气室前，应先检查并确认各相关阀门是否处于正常开关位置，加药桶内已装妥氯片，粉碎泵开关已转至自动位置。然后开启曝气室入口阀，让生活污水流入，装置即开始投入正常工作。
(3)装置运行时必须使曝气风机始终运转供气，否则会造成微生物的死亡。船舶即使在非限制区域航行，装置也需要连续运行，但这时不必进行消毒处理。曝气室中活性污泥的浓度不能过大，因为浓度过大会使污水产生臭味，一般每2~3个月就应将多余的污泥排放一次。
(4)装置的污泥回流系统需定期检查，如发现供气管堵塞或漏泄，应立即疏通或处理。消毒片应定期补充，投药桶的充填量一般应保持在投药桶高度的1/4以上。
(5)使用生活污水处理装置期间，应注意尽量不要使用化学药剂清洁厕所，以免杀死微生物群。如必须使用化学药剂，则应将冲洗液直接排往船舷外。
(6)在装置短期停用期间，曝气风机应持续运转；如要长期停用，需放尽装置内污水，并用海水冲洗干净。装置再运行时，为培养微生物，一般需经1个月左右的时间。如果能通过微生物的移植来恢复装置的工作，则准备时间将大大缩短。

三、焚烧炉及管理

根据 MARPOL 73/78 公约附则Ⅵ，2000 年 1 月 1 日或以后建造的船舶上的焚烧炉或

2000年1月1日或以后船舶上安装的焚烧炉,须符合公约附则Ⅵ附录Ⅳ——《船用焚烧炉的型式认可和操作限制》的要求。符合该要求的焚烧炉须经主管机关按 MEPC 制定的《船用焚烧炉标准技术规范》予以认可。

按要求安装焚烧炉的所有船舶应持有一份制造厂的操作手册,该手册须随焚烧炉存放。

按要求安装的焚烧炉,在该炉运行期间须随时对燃烧室烟气出口温度进行监测。如焚烧炉为连续进料型,在燃烧室烟气出口温度低于850 ℃的最小许可温度时,不应将废弃物送入该焚烧炉装置。如焚烧炉为分批装料型,该装置应设计成其燃料室烟气出口温度在启动后5 min 内达600 ℃,且随后稳定在不低于850 ℃的温度上。

(一)工作原理

船舶垃圾来源于食品废弃物、舱室、污泥、废油、污油、渣油、油泥及扫舱垃圾等。对不同性质的垃圾采用不同的处理方法:排岸接收或航行中直接投弃、粉碎处理后投弃和焚烧炉焚烧处理等。

焚烧炉用来处理油渣、废油、生活污水处理装置中产生的污泥、食品残渣以及机舱产生的废棉纱和其他可燃的固体垃圾等。其中污油通过污油燃烧器燃烧;固体垃圾经投料口送入炉内燃烧;生活污泥可送入污油柜中与污油混合,经粉碎泵循环粉碎后,通过污油燃烧器送入炉内燃烧。

(二)典型装置实例——ATLAS 200 型焚烧炉

一般焚烧炉都有一个钢制的外壳、内衬耐火砖形成炉膛,炉膛周围设有固体废物投料口和出灰口。污油燃烧器用以喷入污油、污水和污泥;而辅助燃烧器用以点火助燃。焚烧炉装有排烟风机以保证炉膛呈负压并冷却排烟,防止烟气外漏和发生火灾。此外,还有废油柜、控制箱、废油加热装置和观察孔等。

1. 工作原理

图9-11 所示为 ATLAS 200 型焚烧炉原理图,配置 1200 SP 型污油混合柜。

焚烧炉炉体由主燃烧室和两级辅燃烧室组成。主燃烧室用于焚烧固体垃圾和所有形式的可燃非爆炸性的、闪点不低于60 ℃的污油,由一个速度控制单元自动调节污油供给量;辅燃烧室主要用于焚烧未充分燃烧的废气。主燃烧室和第一级辅燃烧室分别配有燃用柴油的主燃烧器和辅燃烧器,来自主燃烧器的热量用于干燥和点燃固体垃圾和污油。主要技术参数:焚烧污油速度为 24 L/h(最大 40 L/h);焚烧固体垃圾最大速度为 40 kg/h;烟气温度为 250 ℃;装置的运行由 PLC 单元自动控制。

主、辅燃烧室之间用顶端开口的耐高温重质陶瓷墙隔开,辅燃烧室顶装有排烟混合室,既便于维修,又可自由选择排烟管的走向。主燃烧室侧面分别设有固体加料门和出灰门。炉层可分为内、外两层,内炉层敷设耐火材料,内外壳之间通空气隔热,主鼓风机、辅助燃烧器(包括主、辅燃烧器)和废油燃烧器等配套设备组装在炉体上。主鼓风机提供冷却炉壁、燃烧和排烟用的空气。排烟混合室中以空气作介质的文丘里式抽气机抽吸并冷却烟气。

主、辅燃烧器(均为辅助燃烧器)为全自动气流式燃烧器,并配有电点火装置和火焰控制装置。污油燃烧器为压缩空气雾化式燃烧器,适用于燃烧含固体杂质直径不大于 0.8 mm 的油水污泥。压缩空气供应到焚烧炉,用于污油燃烧器、加料槽和速闭阀。为避免空气管的阻塞,设置空气滤器,网孔尺寸最大为 20 m³。

装置中使用的主、辅燃烧器的内置泵和污油计量泵是具有自吸能力的泵,并由变速电动机

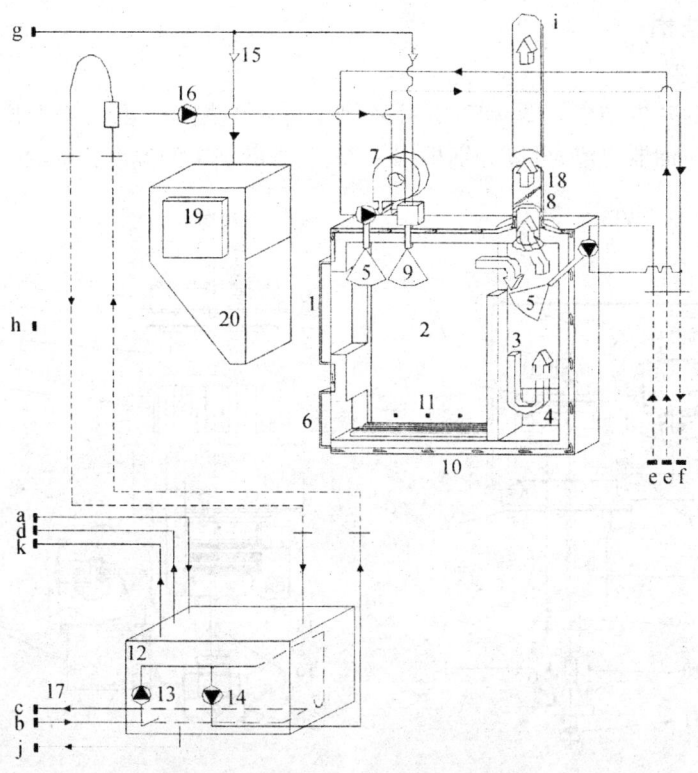

图 9-11 ATLAS 200 型焚烧炉原理图

1—进料门;2—主燃烧室;3—一级辅燃烧室;4—二级辅燃烧室;5—带内置泵的辅助燃烧器;6—出灰门;7—主鼓风机;8—抽吸式空气喷射器;9—污油燃烧器;10—空气冷却双层壁;11—燃烧空气进口;12—污油混合柜;13—粉碎泵;14—循环泵;15—压缩空气;16—污油计量泵;17—加热单元;18—风门挡板;19—加料门;20—加料槽;a—污油进口;b—蒸汽进口;c—蒸汽出口;d—污油柜透气口;e—柴油进口;f—柴油柜(图中未示出)透气口;g—压缩空气进口;h—电源供应;i—烟气出口;j—污油柜放残;k—污油柜溢流

驱动。主、辅燃烧器的内置泵均为齿轮泵,内置滤器,将柴油在焚烧炉柴油柜和燃烧器之间不断循环。柴油供应管路上装有粗滤器,为避免管路堵塞,滤器网孔尺寸最大为 50~75 m³。内置柴油泵设定压力为 10 bar,建议的管路吸入真空压力为 0.4 bar。

污油和生活污水装置产生的污泥焚烧前需做预处理,将二者均匀混合,用粉碎泵反复处理使其中的固相杂质充分搅拌、粉碎和乳化,减少沉淀和放残的需要,用蒸汽加热提高其流动性。装置的这一预处理系统包括污油混合柜(柜内装有加热管、搅拌器等),粉碎泵和循环泵等。

袋装的固态垃圾,在焚烧炉启动前投入主燃烧室。启动时,先点燃主燃烧器,燃烧约 30 min 以加热炉膛,同时启动污油混合柜搅拌器、循环泵和粉碎泵,当炉温达到 800 ℃ 时自动启动废油计量泵,自油水污泥预处理系统抽出的油水污泥被送往主燃烧室焚烧,污油计量泵的转速由主燃烧室的温度自动来调节。污泥含水量在 60% 以下时,污油燃烧器可正常燃烧,若污泥含水过多,热值过低使炉温下降到 800 ℃ 以下时,主燃烧器自动投入工作,以保证正常的焚烧作业。当污油混合柜的液位下降到低位开关动作液位时,便停止污油的燃烧,焚烧炉停炉后自动转入冷却状态。在燃烧和冷却期间,固体加料门紧锁。

单独焚烧固体垃圾时,在主燃烧器辅助燃烧及污油燃烧器工作过程中,若出现温度过高或过低、熄火、雾化压力太低等失常情况,则报警系统会发出报警信号。

2. 主要部件结构

（1）主、辅燃烧器

主、辅燃烧器的基本结构如图9-12所示，分别位于一级燃烧室和二级燃烧室，燃烧器组件由燃油泵、风机及喷油器组成，可以分别根据一级、二级燃烧室的温度自动启停。

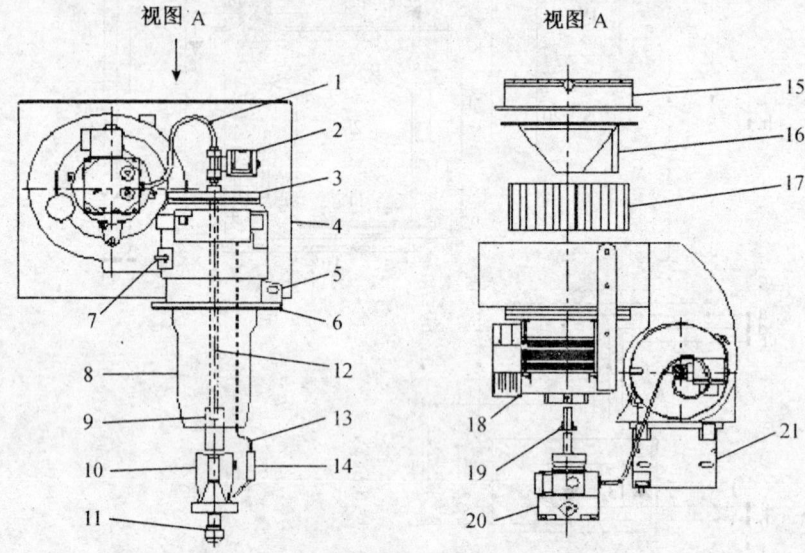

图9-12 主、辅燃烧器的基本结构

1—压力油管；2—电磁阀；3—后盖；4—罩壳；5—法兰；6—法兰垫片；7—火焰探测器；8—火焰通道；9—连接套；10—混合盘；11—喷油器；12—内部压力油管；13—点火电缆；14—点火电极；15—风量调节；16—吸风喷嘴；17—风机叶轮；18—马达；19—联轴器；20—油泵；21—点火变压器

点火电极及风量的调节如图9-13所示。两电极端部相距3 mm，电极端部距喷嘴中心线7 mm；风量调节时，螺母调向大的数值获得较多的空气。

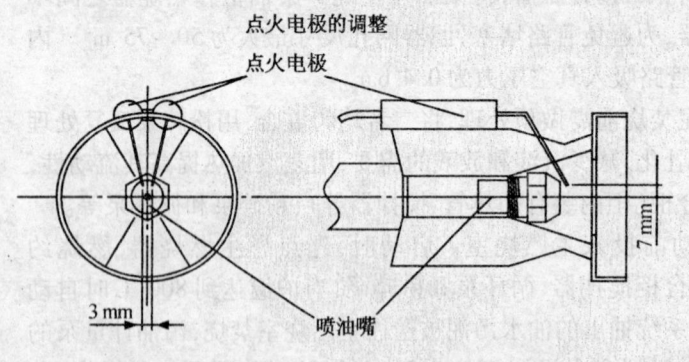 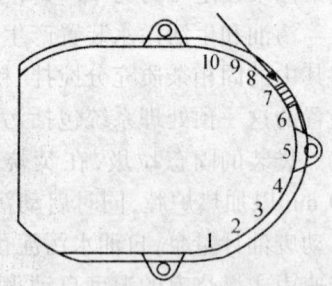

图9-13 点火电极及风量的调节

（2）污油燃烧器

污油燃烧器的基本结构如图9-14所示。

污油燃烧器由燃烧空气管道、空气调节挡板、空气挡板调节螺钉、空气挡板调节气缸、空气扰流器、压缩空气压力调节器及污油喷油器组成。污油燃烧器燃烧用的空气由鼓风机提供，燃烧用空气量可以通过空气挡板调节气缸控制空气挡板调节来自空气夹层的冷却空气，雾化空气量在出厂时通过调节螺钉进行了限制,调试完毕后一般不需要再次调节。污油的雾化空气由压缩空气供给,可以通过燃烧器组件上的雾化空气压力调节器来调节雾化控制以达到最好的雾化效果。在污油燃烧器的末端,即炉膛内部,还设置有扰流器,使进入燃烧器的燃烧用空气达到扰流效果,提高整个污油燃烧器的燃烧效果。

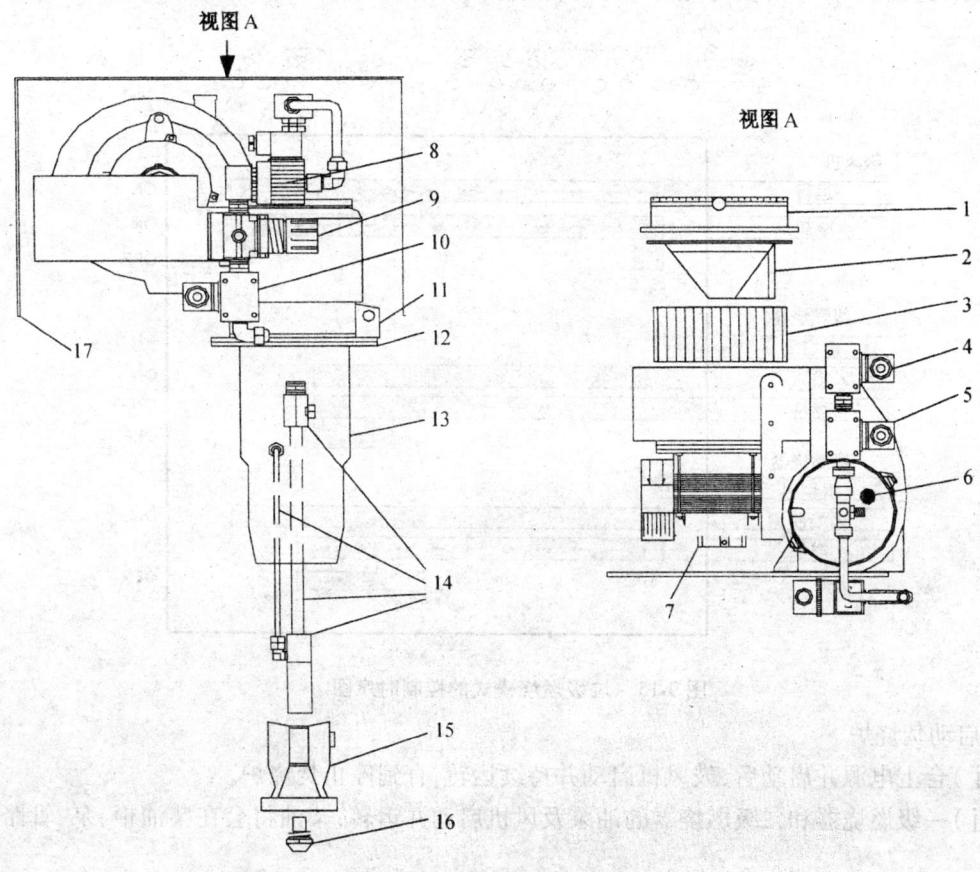

图9-14 污油燃烧器的基本结构

1—风量调节;2—吸风喷嘴;3—风机叶轮;4、5、8、10—电磁阀;6—后盖;7—马达;9—压力调节阀;11—法兰;12—法兰垫片;13—火焰通道;14—油头插件;15—混合盘;16—喷油器;17—罩壳

3. 焚烧炉的操作流程

（1）焚烧炉的启动准备

在启动焚烧炉之前,应完成下列准备工作:

①打开所有柴油进、出口阀。

②打开压缩空气进口阀。

③确认压缩空气到主鼓风机及烟气出口通道畅通。

④确认出灰门和加料门关闭。

⑤确认污油混合柜中存有污油。

⑥确认焚烧炉柴油柜中存有柴油。

（2）焚烧炉的运行

ATLAS 200型焚烧炉在实际工作时分为垃圾燃烧模式和污油燃烧模式。

①垃圾燃烧模式

当焚烧炉用于燃烧固体垃圾时,一定要注意不能超过焚烧炉限定的最大垃圾填入量和热负荷。当用焚烧炉来焚烧垃圾时,需要在控制箱的液晶屏上通过按钮选择"SOLID"模式。图9-15 所示为焚烧炉在垃圾燃烧模式时的控制时序图。

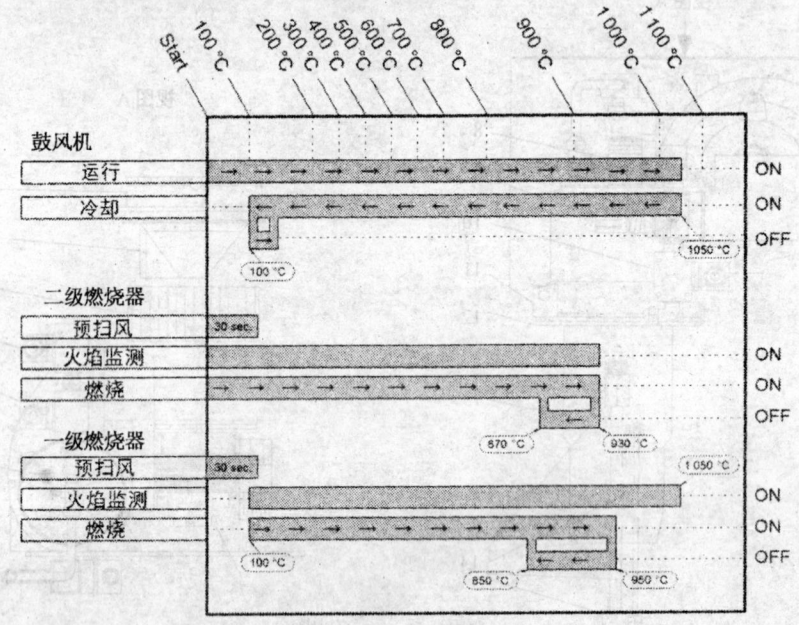

图9-15　垃圾燃烧模式的控制时序图

a. 启动焚烧炉

(ⅰ)合上电源并启动后,鼓风机启动并持续运转,直到停止焚烧炉。

(ⅱ)一级燃烧器和二级燃烧器的油泵及风机启动并运转,柴油将会在柴油柜、泵、管路中循环。

(ⅲ)一级燃烧器和二级燃烧器开始预扫风。

(ⅳ)小时计启动并计时。

b. 预热

在预扫风完毕后,二级燃烧器点燃,对整个焚烧炉的炉腔进行预热。

c. 开始燃烧

(ⅰ)当二级燃烧室内的温度达到100 ℃时,一级燃烧器点燃。

(ⅱ)二级燃烧器持续燃烧。

(ⅲ)为保证排气质量,当二级燃烧室的温度达到650 ℃时,位于进料斗内的垃圾将会自动进入一级燃烧室,这时焚烧炉的温度会快速提高。

在一级、二级燃烧室焚烧炉本体上各设置有一个火焰探测器,在焚烧炉整个运行期间,火焰探测器持续工作,并给出信号。如果出现故障,延时1 s后,焚烧炉会发出报警,并且除速闭阀外,所有阀门自动关闭。

d. 燃烧器运行

(ⅰ)当二级燃烧室的温度升高到930 ℃时,二级燃烧器停止工作;当二级燃烧室的温度降低到870 ℃时,二级燃烧器重新投入工作。

（ⅱ）当一级燃烧室的温度升高到950 ℃时，一级燃烧器停止工作；当一级燃烧室的温度降低到850 ℃时，一级燃烧器重新投入工作。

e. 停止燃烧

（ⅰ）燃烧器将会启动冷却程序。

（ⅱ）一级燃烧器和二级燃烧器上的电磁阀将会关闭。

（ⅲ）鼓风机及一级燃烧器和二级燃烧器上的风机持续运转。

f. 停炉

（ⅰ）当一级燃烧室内的温度降低到100 ℃时，冷却程序终止。

（ⅱ）鼓风机及一级燃烧器和二级燃烧器上的风机停止运转。

冷却程序在停炉后可能会重复，当经过4~6 h，焚烧炉彻底冷却后，可以将主开关转至"OFF"位置。

②污油燃烧模式

当焚烧炉用于燃烧污油时，一定要注意不能向焚烧炉内填入高热值的垃圾。当用焚烧炉来焚烧污油时，需要在控制箱的液晶屏上通过按钮选择"SOLID&OIL"模式。图9-16所示为焚烧炉在污油燃烧模式时的控制时序图。

由于船上的污油中含有大量的重油，需要在燃烧前对污油进行加热，如果污油的温度过低，其流动性不好，不能燃烧，污油的加热温度至少为60~70 ℃，因此需要在燃烧前3.5~8 h对污油柜内的污油进行预热。

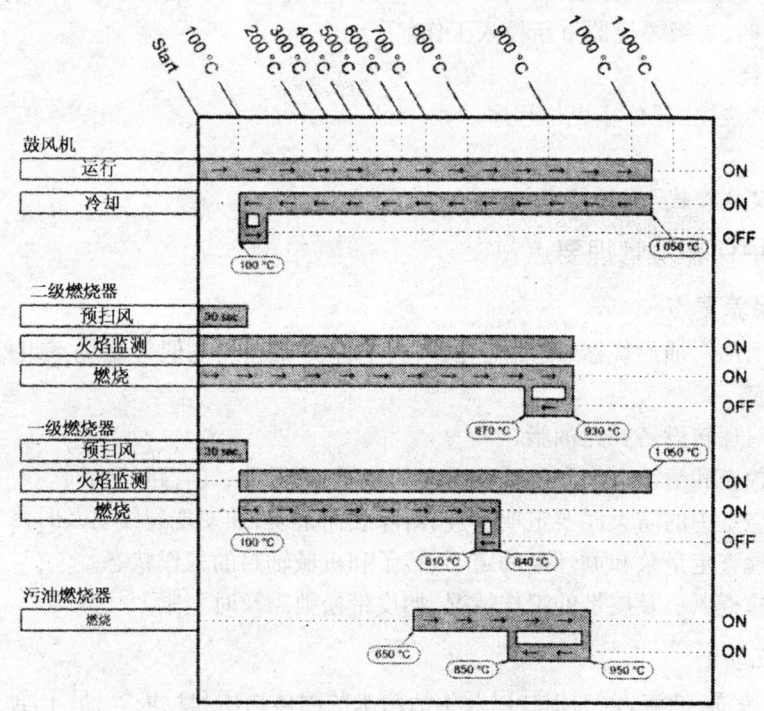

图9-16　污油燃烧模式的控制时序图

a. 启动焚烧炉

同"垃圾焚烧模式"启动程序。

b. 预热

同"垃圾焚烧模式"启动程序。

c. 开始燃烧

（ⅰ）当二级燃烧室内的温度达到100 ℃时，一级燃烧器点燃。

（ⅱ）二级燃烧器持续燃烧。

（ⅲ）为保证排气质量，当二级燃烧室的温度达到650 ℃时，位于进料斗内的垃圾将会自动进入一级燃烧室，这时焚烧炉的温度会快速提高。

（ⅳ）当一级燃烧室内的温度达到650 ℃时，定量泵将会启动并向各污油燃烧器供油，污油燃烧器开始燃烧；当一级燃烧室内的温度达到652 ℃时，污油燃烧器上的空气挡板将会开启；当一级燃烧室内的温度达到950 ℃时，污油燃烧器停止工作；当一级燃烧室内的温度低于850 ℃时，污油燃烧器重新投入工作。

在一级、二级燃烧室焚烧炉本体上各设置有一个火焰探测器，在焚烧炉整个运行期间，火焰探测器持续工作，并给出信号。如果出现故障，延时1 s后，焚烧炉会发出报警，并且除速闭阀外，所有阀门自动关闭。

污油燃烧器也通过位于一级燃烧室的火焰探测器监测。

d. 燃烧器运行

（ⅰ）当一级燃烧室内的温度达到840 ℃时，一级燃烧器停止工作；当一级燃烧室内的温度低于810 ℃时，一级燃烧器重新启动。

（ⅱ）当二级燃烧室的温度升高到930 ℃时，二级燃烧器停止工作；当二级燃烧室的温度降低到870 ℃时，二级燃烧器重新投入工作。

e. 停止燃烧

同"垃圾焚烧模式"停止燃烧程序。

f. 停炉

同"垃圾焚烧模式"停炉程序。

（三）维护保养及管理要点

1. 维护保养要点

（1）定期清洁污油燃烧器、柴油燃烧器、火焰探测器和热电偶等燃烧室组件，确保其处于良好的工作状态。

（2）定期对运转设备补充油脂。

（3）及时检查和清洁空气和燃油滤器中的杂质，确保油、气管路的畅通。

（4）对燃烧室中的防火泥要定期检查，清除表面杂质，如发现裂纹要及时修复。

（5）定期检查定量泵和循环泵的定子、转子和机械轴封的工作状态。

（6）定期检查风机及皮带的工作情况，如皮带松弛需及时上紧。

2. 注意事项

对船上的废油、油渣、含油棉纱以及生活污水的固体物质和垃圾等，最干净、最简便的处理方法就是用焚烧炉烧掉，但使用焚烧炉时应注意下列事项：

（1）可燃的固体垃圾应在点炉前打开炉门送入焚烧炉内，切不可在焚烧炉工作时打开炉门。

（2）焚烧炉在点火前应扫气30 s以上，驱除炉内油气，防止爆炸。

（3）焚烧炉污油柜加热到80~100 ℃，并放掉残水。

(4)用柴油引燃焚烧炉,待炉温达到一定温度(约600℃)后,再逐渐引入污油燃烧。污油中含有30%~50%水时,一般仍可连续燃烧。因此,当焚烧炉正常运行时,可以停止使用点火柴油;如果不能连续燃烧,则需用柴油一直引燃;停炉前应燃用柴油,以冲洗污油管路。

四、防止压载水污染设备及管理

(一)压载水处理技术

1. 压载水置换

该方法以生态学和生物学原理作为其理论基础:第一,反向引入的可能性是不存在的。生活在淡水、河口以及绝大部分浅海中的生物不可能在深海环境中生存下来。同理,深海压载水中的生物在排入淡水、河口或浅海中时也不可能生存。第二,被排入深海中后,幸存下来的生物通过其他船舶的置换压载水操作被带到近海水域的可能性也非常小。根据这一原理,IMO A.868(20)号决议指出,压载水置换应该在深水、公海和尽可能远离海岸处进行。该方法被认为是目前减少压载水排放带来的外来物种入侵的最有效的方法之一。

目前主要采用以下两种置换方法:

(1)排空-注入法

此方法的基本原理是将压载舱的压载水全部排出,直到把压载水排空为止,然后用深海海水重新加满。

该方法中,压载水的排空和注入通过已有的压载水管系和压载泵就可以实现。IMO规则推荐应在压载舱完全没有吸入时,才可以将压载水排出舱外。因此,在满负荷压载时,载荷大的变化将会影响到船舶的稳性、结构强度、吃水以及纵倾。

(2)径流法

此方法的基本原理是把深海海水从舱底泵入使压载水从舱顶连续不断地溢出,直到换掉足够量的压载水,以减少残留在舱中的微生物的数量。

巴西提出了一种新的置换压载水的方法——稀释法,即用3倍于舱容的水量从顶边舱注入,底部流出。此方法比底部注入、顶部流出产生的紊流大,有利于搅起沉积物,效果更好。

2. 过滤及旋流分离

过滤法处理压载水被认为是对环境最无害的方法,主要包括快速沙滤、筛漏、布质筛漏/过滤器和一系列的膜过滤器,可去除压载水中的微生物和病原体。病毒和细菌最小的直径只有$0.02~\mu m$和$0.1~\mu m$,原生动物最小的直径是$2~\mu m$。滤网数目越多,过滤需要的压力就越大,而且很快就需要反冲洗,不然的话过滤就无法进行下去。实际上海水本身含有许多悬浮物,会使过滤更加困难。

压载水中的许多微生物都具有特定的比重,并且与水的比重相近,其中的很多生物活动能力很强,在没有外力的情况下,这些微生物不会"安定"下来。因此要采用一定的技术对其进行分离。

旋流分离法就是利用水流在管路中高速流动产生的分离作用,将液体的水和固体的生物及病原体分离开。

3. 化学处理方法

该方法主要是采用杀虫剂来杀灭水生物,所使用的杀虫剂分为氧化杀虫剂和非氧化杀虫剂。氧化杀虫剂广泛应用于废水处理中。强氧化杀虫剂能破坏生物结构,如细胞膜。目前,所使用的氧化杀虫剂主要包括氯、二氧化氯、臭氧、过氧化氢、溴等。非氧化杀虫剂则是通过影响生物的繁殖、神经系统或新陈代谢功能来发挥作用。

4. 加热处理

目前看来,可以用于航行中处理的方法是加热处理。加热方法从实用性、经济性两方面分析都是一种非常好的处理方法,其主要原理是利用高温杀死压载水中的有害生物。来自船舶冷却系统和排气装置的废热是可免费获得的能量,这使它在成本上与置换处理大致持平。目前加热压载水的方法有:

(1) 压载水与发动机的冷却水回路接触。
(2) 压载水在热交换系统里反复流动来加温。
(3) 采用外加热源加热压载水。

5. 紫外线处理

波长在 240~260 nm,尤其是 253.7 nm 的紫外光(UV)对压载水中的微生物和病原体有杀灭作用。该方法应用的主要问题是,沿岸水中因含有大量的悬浮物质会阻挡紫外线对微生物和病原体的照射,含有的另一种溶解性有机物对波长为 254 nm 的紫外线有强烈的吸收作用,这两者都会影响处理效果。此外紫外线处理能耗很大。

6. 超声波处理

超声波通过各种间接反应对海洋生物有致命影响。它可以产生热量、压力波的偏向,形成半真空或真空状态从而脱氧导致浮游生物的死亡。

在健康和安全方面,一些转换环节可能会产生噪声,可能还有一些目前未知的牵涉到船舶结构完整性和人员频繁接触在超声波中引发的健康方面的问题。气蚀过程还会造成船舱表面或结构受到破坏。这些限制条件意味着超声波处理压载水并不是十分可行的方案。

7. 岸上处理

把压载水排放到岸上的污水处理厂进行处理,由于存在处理量大、时间长、占地面积大、设备利用率低等问题,导致运行成本大幅度提高。

8. 压载水不排放

压载水不排放就不会造成污染,但由于减少了船舶货物载运量,因此会使吨位运输成本增加。

(二) 压载水处理系统实例

从长远来看第 D-1 条的标准只是一个过渡性的标准,最终所有船舶压载水的排放都必须达到第 D-2 条的标准。近几年对于压载水处理技术的研究取得了巨大进展,一些压载水处理设备已取得了 IMO 组织的最终批准,具有实船应用价值。下面简要介绍几种国内外已取得 IMO 型式认可的、满足压载水公约第 D-2 条的标准要求的压载水处理系统的工作原理及其组成。

1. Pureballast 压载水处理系统

Pureballast 是由 AlfaLaval 公司与 Wallenius Water AB 公司联合研制,共同开发的一套压载水处理系统。2007 年 7 月,该系统获得 IMO 组织活性物质最终审核。该系统采用先进的氧化技术(AOT),具有不使用化学药品、对环境影响小、可自动处理、操作简单、内置自净系统、使用及维护费用低、适用范围广(设计处理能力为250～5 000 m³/h)等特点。

根据船舶压载水的数量,可以使用一套或多套AOT的Pureballast系统在压载水装载和排放期间进行水处理。该系统配备恶劣二氧化钛催化剂,能在光激发时产生自由基。生命周期仅为几毫秒的自由基可以分解微生物的细胞薄膜,无须使用化学药剂,也不会产生有害的残留物,对海洋环境和船员提供了保护。同时紧凑的设计很适合安装在机舱中,对空间的要求极低,而且便于安装和维护。此外,Pureballast系统还实现了完全自动化,使用寿命和船舶的使用寿命相当。

(1) Pureballast的工作原理

Pureballast压载水处理过程可分为两个阶段:预处理和最终处理。

如图9-17所示,压载水泵通过海底门吸入压载水,首先让压载水通过孔径为50 μm的过滤器以除去大于50 μm的生物,然后送入Benrad AOT Puerifer。小于50 μm的生物在压舱水通过光触媒装置时被杀死。在光触媒装置中,用紫外线照射二氧化钛(TiO_2)产生羟基(—OH),利用该基团夺取微生物等细胞膜内的氢元素(H),从而杀死微生物。经过AOT处理过的压载水,通过管路送入各压载舱。其中,过滤器还可以消除压载舱中积聚的沉淀物,每次装压载水结束,过滤器要用海水反冲清洗,所有清洗过滤器的反冲水都在压载水装载地点直接返回海洋,所以过滤器中的沉积物不会随船到达下一个港口而造成有害污染。

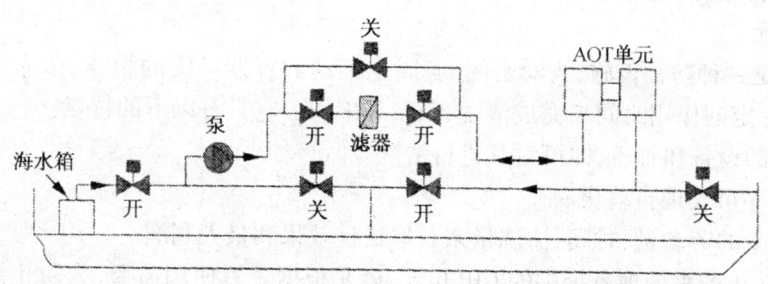

图9-17 Pureballast压载状态管路系统图

在最终处理阶段,即排出压载水时,压载水再次通过光触媒单元消灭航行期间在船舱中滋生的微生物。为了避免过滤器反冲造成二次污染,压载水排出时不再通过过滤器。整个过程无须任何准备工作或化学剂投放,完全自动化。操作员可以监控报警并可执行本地或遥控操作,一个按钮即可控制系统的启动或停止。

(2) Pureballast的系统组成

Pureballast系统主要由多组光触媒Wallenius AOT单元(根据处理压载水的多少,增减Wallenius AOT单元组数)、CIP单元、过滤器和流量计等组成,如图9-18所示。

①光触媒Wallenius AOT单元

光触媒Wallenius AOT单元中,二氧化钛作为催化剂,在紫外线的照射下,产生羟基(—OH)。系统产生的羟自由基(—OH)具有极强的氧化性,其氧化能力是H_2O_2、O_3的10^6～10^9倍。在羟自由基(—OH)的作用下,几乎所有的有机污染物都会经过一系列过氧自由基链反应被氧化降解为CO_2和H_2O。这种在温和反应条件下进行的羟自由基(—OH)强氧化过程被称为高级氧化过程。

光触媒二氧化钛在紫外线的照射下产生自由羟基场,当有机微生物在水流的带动下通过羟基场时,生命周期仅为几毫秒的自由羟基夺取微生物等的细胞膜内的氢元素(H),分解微生

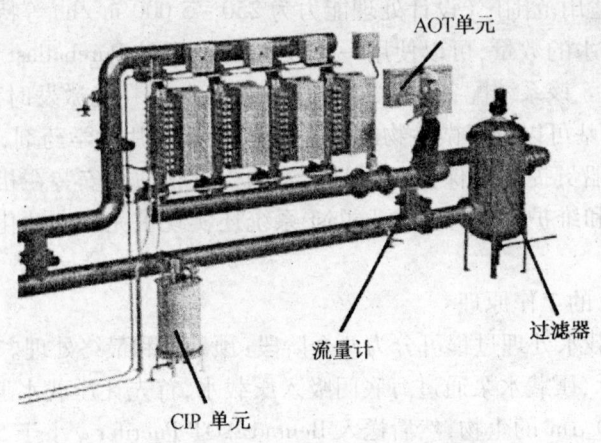

图 9-18　Pureballast 排放状态管路系统图

物的细胞薄膜，从而杀死微生物，而不同于超声波是破坏细胞 DNA。在实际应用中，光催化效率是一个非常重要的指标。影响二氧化钛光催化效率的因素很多，不仅与二氧化钛自身的晶体结构、表面缺陷等有关，而且一些外界因素如光强、温度、溶液的 pH 值、溶液中的杂质以及氧含量等，都会影响其光催化率。

②CIP 单元

CIP 单元是一种防护设施，为对密闭的、固定不动的容器一类的物体，依靠热能、物理能、化学能，通过一定的作用时间来完成清洗、杀菌等工作。它具有以下的特点：

a. 不需拆卸设备和管道，即可对其进行清洗。

b. 清洗程序可实现自动化。

c. 可以最少的劳动量、时间、清洗量来获取最佳效果和最大利润。

Pureballast 压载水处理系统中的 CIP 单元，就是根据装置使用需要，为防止海水在光触媒 Wallenius AOT 单元积结水垢而设置的自动清洗设施。作为光触媒装置的洗涤剂使用了从水果中提取的一种酸，不会对环境产生破坏作用。影响 CIP 清洗效果的因素主要有：清洗液的温度、清洗液的浓度、清洗液体的压力和清洗时间。CIP 系统控制是由设计人员按要求来设置能够调节的流量、温度、浓度、压力、时间等参数仪器和仪表对 CIP 系统进行自动控制，并且按设定的清洗工艺，以最少的时间、工作量、耗能完成清洗。

③过滤器

在压载操作期间，使用一个精度为 50 μm 的过滤器，不仅可以阻止较大的有机物伴随压载水进入压载舱，而且可以大大减少压载舱内的沉积物。压载水排出操作时，过滤器通过旁通阀旁通，以防过滤器自动反冲清洗时，其中可能的残存污染物污染压载水排放场所。过滤器每年检查一次。

④流量计

流量计指示 Pureballast 压载水处理系统中的流量在额定范围之内，以确保压载水的处理质量。同时流量计向装置主控系统提供已经吸入或排出压载水多时的有用数据。

2. BalClorBWMS 型压载水处理系统

BalClorBWMS 型压载水处理系统是由青岛双瑞海洋环境工程股份有限公司生产的压载水处理系统。该系统对压载水处理过程分为过滤、灭活和中和三个过程。

(1) BalClorBWMS 的工作原理

BalClorBWMS 压载水处理管路布置图系统如图 9-19 所示。船舶在进行压载操作时,首先让压载水全部通过孔径为 50 μm 的过滤器,以除去大于 50 μm 的海生物和固体杂质。经过滤后的海水从过滤器后的海水主管路引一支管进入电解单元电解,电解后的海水又会注回压载水主管路,并随主管路海水进入压载舱,对细菌及微生物进行灭活,残余的活性物质会在压载舱内存在一定时间,以抑制航行过程中细菌和微生物的生长。船舶在进行排载操作时,海水无须进入电解单元和过滤单元,可直接排出舷外,排载口的 TRO 传感器会即时监测排载水中 TRO 浓度(总残余氧化剂浓度)。如果 TRO 浓度大于 0.1ppm,系统会自动启动中和单元向海水管中注入中和剂,中和残余的氧化剂;如果 TRO 浓度小于 0.1ppm,中和单元不会启动,排载海水可直接排放。

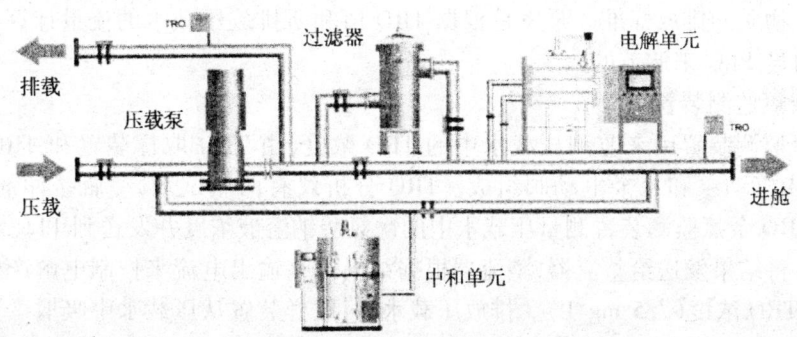

图 9-19 BalClorBWMS 压载水处理管路布置图系统

(2) BalClorBWMS 的系统组成

① 过滤单元 AFU

过滤单元由过滤器、排污泵和淡水注入管路组成。过滤器是一个自动反冲洗过滤器,在冲洗过程中只有很小的压力降,不会影响系统工作。该过滤器可以有效过滤大于 50 μm 的海生物和固体杂质。当前后压差变化超标或者达到设定时间时,系统将自动反冲洗 2~3 min,被反冲洗污水通过排污泵排至舷外。

② 电解单元 EDU

电解单元的主要作用是电解海水产生次氯酸钠,用于杀灭海水中的病菌,由电解槽、旋风式分离器、抽风机、气体探测器等组成。

a. 电解槽:整个系统的核心部件,应用于船舶全寿命周期。被过滤过的压载水有大约 1% 引入电解槽,在直流电作用下发生电解反应,电解后的海水又被注回压载水主管路。

b. 旋风式分离器:应用旋风分离原理分离在电解过程中产生的氢气。重力、惯性力和离心力的复合作用推动次氯酸钠溶液径向向外、向下通过液管出口流出,同时氢气被向里、向上通过气管排出。

c. 抽风机:BalClorBWMS 装置的最重要设备之一,其主要目的是稀释电解产物氢气,使氢气的体积至少是释放前的 100 倍,以确保船舶操作的安全。

d. 气体探测器:包括氢气探测器和氯气探测器。把气体的浓度值转换成 4~20 mA 的标准电流值并传送给 PLC。经过逻辑分析,控制器将通过发送声光报警信号、记录报警的时间和浓度值回复所收到的信号,同时如果气体的浓度值达到超高报警值,整个系统将会关闭。

e. 海水增压泵:在压载期间,如果是在淡水区域或者含盐分低的海水区域,需要先启动海水增压泵,少量的在艏尖舱过滤的压载水被泵进电解装置。

f. 加药单元:由加药泵、电磁流量计和气动阀组成,经电解后的海水通过加药单元注回压载管路。

③中和单元 ANU

中和单元用于中和排载水中残余的氧化剂,由中和罐和计量泵组成。

a. 中和罐:是一个容积为 1 m^3 的容器,用来配置中和剂(中和剂有效期为 3 个月)。中和剂采用硫代硫酸钠,它与次氯酸钠发生反应生成无毒产物。配药方法:先注入淡水至中和罐液位达总高度的一半,加入固体硫代硫酸钠(每立方米需加入 290 kg 硫代硫酸钠),再重新注入淡水至满,开启搅拌器,连续搅拌 20 min。

b. 计量泵:通过泵出一定量的中和物和残余氧化物作用,确保 TRO 水平不会超过 IMO 颁布的关于活性物质的排放标准。泵速是根据 TRO 值和所排放压载水的流量计算出所需中和液的数量并通过 PLC 来调节的。

④TRO 余氯监测装置

TRO 余氯监测装置用来监测压载水中的 TRO 浓度,由 TRO 取样装置和 TRO 分析仪组成,取样装置由气动泵和几个电动阀组成。TRO 分析仪有两瓶试剂,一瓶缓冲剂,一瓶指示剂。压载时 TRO 余氯监测装置测量压载水中的次氯酸钠溶液浓度并发送到 PLC,PLC 与设定值比较分析后将结果发送给整流器,整流器根据结果调整输出电流来控制电解产生次氯酸钠的量,以维持 TRO 浓度(7.5 mg/L)。排放压载水时,取样装置从压载水中吸取少量压载水到 TRO 分析仪中,由控制系统根据 TRO 值和所排压载水的流量自动分析计算出所需中和剂的量。

(3)日常操作与维护

①在设备进行压载/排载运行前,先确认相关的阀门处于正确的打开/关闭状态。需要注意的是,如果船舶要进入淡水区域或含盐量低的海水区域压载,要预先把艏尖舱压载一定量的**含盐量高海水,以备做电解海水**。

②确认 TRO 的试剂(包括缓冲剂和指示剂两种)已配置好并正确安放在 TRO 上,并保证试剂的注入管路通畅(TRO 的指示剂配置后有效期为 3 个月,缓冲剂有效期为 1 年)。

③进行排压操作时,确认中和单元的中和液已配置好,并高于液位报警值(20 cm)。

④设备停止运行后,关闭相关的管路阀门和设备气源,并将 TRO 的指示剂取出,冷藏保存。

⑤压载作业结束前,要至少手动反冲洗过滤器 5~6 次,以彻底冲洗过滤器,作业结束后,最好用淡水冲洗过滤器 8~16 次以置换滤器内海水,如果没有足够的淡水,也至少要用淡水注满滤器。

⑥开始排载后,前 10 min 左右管路有可能流量不稳定,TRO 一直显示测试值,10 min 后显示正常数值。

⑦TRO 每 2 min 取样一次,整流器电流依据取样四次动作一次。

⑧投药泵出口压力不低于 0.2 MPa,保证电解液能完全注入压载管路。

(三)船舶对压载水的管理及操作

为确保船舶在进行压载水处理的过程中满足公约的排放标准,实现对船舶压载水处理系统的有效管理,在压载水系统使用和维护及管理的过程中,需注意以下事项:

(1)船舶在港区排放压载水时,船长应向港口当局申请,被允许后方能实施排放。

第九章 船舶防污染管理

（2）当进行吸、排压载水操作前,大副应计算水舱变动前、后的船舶稳性及强度,确认在安全范围内后填写压载水记录簿交由木匠或水手长通知轮机员执行。在吸、排压载水过程中,木匠或水手长应保持与主管轮机员的联系,及时测量舱柜,做到不满溢,以免损坏船体和设备;同时,大副应告知值班驾驶员保持对压载水操作过程的监控。

（3）值班轮机员按大副指令,开泵吸、排压载水,在压载水记录簿的"操作人员记录栏"中记录启、停泵的时间及使用泵的编号。大副根据木匠或水手长的测量记录在压载水管理计划中做好船舶压载水管理记录。吸、排工作结束后,木匠或水手长应取回压载水记录簿。

（4）开始排、注压载水和结束压载水操作后,木匠或水手长在压载水记录簿的"木匠或水手长记录栏"中记录开始前、结束后的测量数值。除此以外,还应在航海日志、轮机日志中记录压载水吸、排开始及结束的时间信息和船位信息。

（5）对于遥控操作压载水管理系统的船舶,值班驾驶员应根据大副指令负责监控压载水的吸、排操作,同时木匠或水手长应负责压载水吸、排的具体操作。

（6）船舶经过大风浪或在港区内需要变动压载水前,值班轮机员应提前检查各类管路、阀门及压载水处理设备处于良好状态。排放压载水时,木匠或水手长应连续监控排出压载水的情况。如果有任何异常情况,应及时报告值班驾驶员并立即停止排放,以避免可能的污染事故。

（7）《压载水公约》要求营运船舶在加装压载水时尽量避免吸入沉积物,并定期对压载舱的沉积物进行清除和处理。当船舶在对压载舱内的沉积物进行清除时,应根据《压载水公约》和相关导则、压载水管理计划中的相关内容以及港口的具体要求,清除压载舱内的沉积物,送至港口接收设施进行无害化处理。

第十章
领导力和管理技能运用

第一节 船舶人员管理的相关规定

适用对象：沿海航区及无限航区 750 kW 及以上船舶轮机长。

知识要点概述：了解 ISM 规则、STCW 公约、海事劳工公约（MLC）等相关国际海事公约和国内法规有关船上人员管理的知识；熟悉 ISM 规则、STCW 公约、海事劳工公约（MLC）等相关国际海事公约和国内法规有关船上人员管理的知识。

船员工作比较艰苦，风险大，职业素质要求高。船员的职业素质和技术技能直接影响着海上人命财产安全和海洋环境保护的效果。许多国家都通过立法加强对船员的管理，有效控制船员的身份、职业素质和行为，保护船员的权益。国际海事组织和国际劳工组织也制定了相应的公约。对船员的管理，世界各国主要依据 STCW 公约、MLC 公约、ISM 规则及其修正案提出的原则来制定符合本国情况的规定。有些国家以《船员法》《劳工法》等法令形式出现。我国也颁布了一系列有关"船员管理"的法规。这些法令和法规的颁布与实施，对于加强船员的管理、维护船员的权益、提高船员的素质、履行国际公约等都有重大的现实意义。

我国对船员的管理主要由海事局、海关、国境卫生检疫机关与移民管理局等组织实施。

一、海员培训、发证和值班标准国际公约

（一）公约概述

1. STCW 78/95 公约

《1978 年海员培训、发证和值班标准国际公约》(International Convention on Standards of Training, Certification and Watchkeeping for Seafarers，简称 STCW 公约）是国际海事组织所制定的公约中最重要的公约之一。该公约于 1978 年 7 月 7 日在国际海事组织总部伦敦召开的国际海员培训、发证外交大会上通过，1983 年 4 月 27 日达到生效条件，1984 年 4 月 28 日生效。我国于 1980 年 6 月 8 日加入 STCW 公约，成为该公约的缔约国。

第十章　领导力和管理技能运用

STCW 公约是用于规范海员职业技术素质和值班行为的国际公约，自生效实施以来，对促进各缔约国海员素质的提高，在全球范围内保障海上人命、财产的安全和保护海洋环境，有效地控制人为因素对海难事故的影响等方面，都起到了积极的作用。

根据航海技术的发展及航运业的需要，公约进行了多次修正。1991 年修正案是关于"全球海上遇险与安全系统(GMDSS)"和驾驶台单人值班，该修正案于 1992 年 12 月 1 日生效。1994 年修正案是关于液货船船员的特殊培训，该修正案于 1996 年 1 月 1 日生效。

1993 年，IMO 开始对 STCW 78 公约进行全面修改，并在两年时间内完成全面的修改工作。在 STCW 78 公约签字日 17 周年的 1995 年 7 月 7 日，通过了《经 1995 年修正的 STCW 78 公约》（简称 STCW 78/95 公约）。STCW 78/95 公约于 1997 年 2 月 1 日生效，1998 年 8 月 1 日起强制实施。对于 1998 年 8 月 1 日之前已经进入海员队伍的人员以及已在接受海员教育和培训的人员，最迟在 2002 年 2 月 1 日前全面符合 STCW 78/95 公约的规定。STCW 78/95 公约除正文条款外，对 STCW 78 公约做了全面的修改，原公约的附则和附属大会决议均重新起草，并新增了与公约和附则相对应的更为具体的《海员培训、发证和值班规则》(Seafarers' Training, Certification and Watchkeeping Code，即 STCW 规则）。

STCW 78/95 公约主要由公约正文、附则以及 STCW 规则三部分组成。

公约正文共十七条，阐述和规定了制定公约的宗旨、缔约国义务、公约所用名词解释、适用范围、资料交流、与其他条约关系、证书、特免证明、过渡办法、等效办法、监督、技术合作、修正程序、加入公约形式、生效条件、退出方式、保管以及文本文字。

公约附则包括八章，分别是：总则；船长和甲板部；轮机部；无线电通信和无线电人员；特定类型船舶的船员特殊培训要求；应急、职业安全、医护和救生职能；可供选择的发证；值班。

STCW 规则分为 A、B 两部分，A 部分为强制性标准，给出了海员最低适任标准、特殊培训和专业培训的要求、发证标准以及海员值班标准等。B 部分是关于公约及其附则的建议和指导，旨在协助缔约国和其他各方以统一的方式使公约得以充分和完全实施。规则的条文编排与公约附则规定相对应。如：附则第Ⅲ章为轮机部，对应的 STCW 规则第Ⅲ章 A 部分是"关于轮机部的标准"，B 部分是"关于轮机部的指导"。A 部分的船员知识和技能要求采用表格形式陈述，分为管理级(Management level)、操作级(Operation level)和支持级(Support level)三个责任级别，共有七项职能。其中船长、大副、轮机长和大管轮属于管理级，二、三副、二、三管轮，500 总吨（或 750 kW）以下船舶的船长和高级船员属于操作级，值班水手和值班机工属于支持级。七项职能是：航行；货物装卸和积载；船舶作业管理和人员管理；轮机工程；电气、电子和控制工程；维护和修理；无线电通信。引用公约和附则的规定就必须引用 STCW 规则 A 部分的相应规定。

STCW 公约适用于在有权悬挂缔约国国旗的海船上服务的海员，但不包括在军舰、海军辅助舰船或为国家拥有或营运而只从事政府非商业性服务的其他船舶、渔船、非营业的游艇、构造简单的木船上服务的海员。

2. STCW 公约马尼拉修正案

随着全球经济一体化的进程，船舶正朝着大型化、快速化、专业化、现代化的方向发展，全球对海洋环境保护的要求更严格，包括信息技术(IT)在内的新技术的应用越来越广泛与深入，对海员的培训与值班标准的要求越来越高。同时，由于海盗猖獗，海运安全受到严重的挑战，对海员的培训与值班标准又提出了新的保障要求。1995 年修正案生效后，国际海事组织又对 STCW 公约和 STCW 规则进行了多次修正。1995 年修正案通过 10 年后，国际海事组织认为需要对 STCW 公约和 STCW 规则进行全面回顾，从而对 STCW 公约与 STCW 规则进行系统的修正。2006 年，应 STW 分委会第三十七次会议的请求，海上安全委员会(MSC)第八十一次会议指示 STW 分委会在工作计划中加入"对 STCW 公约和规则全面回顾"的高优先权议题。2007 年，STW 分委会第三十八次会议确定了对"STCW 公约和规则全面回顾"的八项原则：

(1) 保留 1995 年修正案的结构与目标。
(2) 不降低现有标准。
(3) 不修改公约条款。
(4) 解决不一致的问题，清理过时的要求及体现技术发展的需求。
(5) 确保有效的信息交流。
(6) 由于技术的创新，在履行培训、发证与值班要求方面提供一些灵活性。
(7) 考虑短航线船舶与近海石油工业的特点与环境。
(8) 考虑海上保安。

2010 年 6 月 21 日—25 日在菲律宾马尼拉召开的国际海事组织 STCW 公约缔约国外交大会上通过了 STCW 公约马尼拉修正案，并于 2012 年 1 月 1 日生效。

在很长一段时间内，国际海事组织将"航行更安全，海洋更清洁"确定为其追求的目标。但是，现在该目标已改变为"清洁海洋上安全、保安和高效的航运"。可以看出，国际海事组织已将"保安"与"安全""防污染"这两个传统主题并列，将"保安职责"全面纳入海员的培训内容。同时，"高效的航运"已经成为国际海事组织追求目标的新内容，国际海事组织已经认识到航海科技发展是实现"高效的航运"的重要技术保障。

STCW 公约马尼拉修正案主要修正内容如下：

(1) 第 Ⅰ 章"总则"的主要修正内容

①新增"适任证书""培训合格证书""书面证明""电子员""电子技工""高级值班水手""高级值班机工""保安职责"等新定义。明确证书分为三层：适任证书(COC)、培训合格证书(COP)、书面证明。适任证书系指依据相关规定向船长、高级船员以及 GMDSS 无线电操作员签发或签注的证书。培训合格证书系指向海员签发的除适任证书以外的，说明符合本公约要求的相关培训能力和海上服务资历的证书。书面证明系指除适任证书或培训合格证书以外的，用来证明已符合本公约的相关要求的文件。新修正案提高了证书的签发、签证、认可的审查要求，规定适任证书、培训合格证书仅应由主管机关签发。强调现代化船舶中电子员的必要性。适应海上运输保安的需要增设船舶保安方面的强制性培训要求。

②新增证书的签发和登记条款，对海上服务资历的认可、培训课程的确认、登记的电子查询、证书注册数据库的开发者都做了明确的规定。

③在控制近岸航行原则中新增缔约国应与相关缔约国就有关航区和其他相关条件的细节达成一致的条款。

④增加了独立评价报告内容的明确要求，对最初资料交流(履约报告)、后续报告(独立评价报告)及有资格人员的小组做出了明确的规定。

⑤明确了海员健康标准及健康证书的签发要求。要求海员健康检查均应由缔约国认可的完全合格的有经验的从业医生完成；缔约国应制定认可从业医生的规则，对从业医生进行登记，并根据请求向其他缔约国、公司及海员提供医疗救助。

⑥增加了公司的责任。公司应确保其指派到任一船上的海员均接受了本公约要求的知识

更新的培训，任何时候都必须确保其在船上能进行有效的口头交流。

⑦明确了过渡期的安排。过渡期为生效日加 5 年。

（2）第Ⅱ章"船长和甲板部"的主要修正内容

①强调电子海图显示与信息系统（ECDIS）的应用。新增使用 ECDIS 保持安全的航行值班（操作级）和使用有助于指挥决策的 ECDIS 和附属系统以保持安全航行（管理级）的要求。

②简化天文航海的知识、理解和熟练要求，提倡使用电子航海天文历和天文航海计算软件。

③新增领导力和团队工作技能的使用（操作级）与领导力和管理技能的使用（管理级）的强制性适任能力。驾驶台资源管理成为强制性适任标准。

④新增海洋环境保护意识方面的知识、理解和熟练要求。

⑤新增按照船舶报告系统和 VTS 报告程序的一般规定进行报告的内容。

⑥新增高级值班水手发证的强制性最低要求。

（3）第Ⅲ章"轮机部"的主要修正内容

①删除"至少 30 个月的认可的教育与培训"的要求。

②提高普通船员晋升轮机员的要求，从 1995 年修正案的"不少于 6 个月的轮机部海上服务资历"提高到"完成不少于 12 个月的金工实习和认可的海上服务资历"，其中包括不少于 6 个月的机舱值班（在轮机员的指导下）服务资历。

③新增领导力和团队工作技能的运用（操作级）与领导力和管理技能的运用（管理级）的强制性适任能力。机舱资源管理成为强制性适任标准。

④新增电子员和电子技工发证和资格的强制性最低要求。

⑤新增高级值班机工发证的强制性最低要求。

（4）第Ⅳ章"无线电通信和无线电操作员"的修正内容

本次修订对第Ⅳ章的有关概念进行了修改。将第Ⅳ章标题"无线电通信和无线电人员"修改为"无线电通信和无线电操作员"。本章中出现的"无线电人员"全部被改为"无线电操作员"，此外，增加了 GMDSS 无线电操作员的定义。

（5）第Ⅴ章"特定类型船舶的船员特殊培训要求"的修正内容

①对 1995 年修正案的液货船船长、高级船员和普通船员培训和资格强制性最低要求做了重大调整，由"液货船（油船、化学品船、液化气船）船长、高级船员和普通船员培训和资格强制性最低要求"分解为"油船、化学品船船长、高级船员和普通船员培训和资格强制性最低要求"及"液化气船船长、高级船员和普通船员培训和资格强制性最低要求"两部分。证书调整为 5 种：油船和化学品船货物操作基本培训证书、油船货物操作高级培训证书、化学品船货物操作高级培训证书、液化气船货物操作基本培训证书、液化气船货物操作高级培训证书。

②新增承担货物装卸、积载、洗舱、过驳或其他与货物有关操作直接责任的人员强制性适任能力的要求。

③将原来的"滚装客船的船长、高级船员、普通船员和其他人员的培训和资格的强制性最低要求"和"除滚装客船以外的客船的船长、高级船员、普通船员和其他人员的培训和资格的强制性最低要求"合并为"客船船长、高级船员、普通船员和其他人员的培训和资格的强制性最低要求"，不再突出对滚装客船的特殊要求。

④在 B 部分，增加"对近海供给船上的船长、负责航行值班驾驶员培训和资格的指导""对操作动力定位系统的人员的培训和资历的指导""对航行极地水域船舶船长和高级船员培训

的指导"。

(6) 第Ⅵ章"应急、职业安全、保安、医护和求生职能"的主要修正内容

①明确所有船员的熟悉和基本安全培训及训练的强制性最低要求,增加海洋环境保护基本知识、船上有效沟通、团队工作、理解并采取措施控制疲劳等新内容。

②保安培训分为4类培训:船舶保安员培训,熟悉保安培训,保安意识培训,负有指定保安职责人员的培训。船舶保安员必须持有"船舶保安员培训合格证书",所有船员必须持有"保安意识培训合格证书",被指定负有保安职责的海员还应持有"负有保安职责培训合格证书"。

③对船员保持包括基本安全、熟练救生艇操作、高级消防等适任能力的方式修改为每5年需要提供保持适任的证据;对于那些可以在船上实施的训练项目,主管机关可以接受船员在船上的训练和实践经历。但对于"如何保持不能在船上实施的训练项目的适任能力的方式与方法"并没有达成一致。

(7) 第Ⅶ章"可供选择的发证"的主要修正内容

增加了高级值班机工申请高级值班水手和高级值班水手申请高级值班机工应符合的适任标准,支持级船员发证资历要求和甲板部、轮机部特殊综合培训项目的指导。

(8) 第Ⅷ章"值班"的主要修正内容

规定主管机关为防止负有安全、防污染及保安职责的值班人员疲劳,应制定与实施保证足够休息时间的措施,规定主管机关为防止滥用药物和酗酒,应制定适当的措施。增加了负有保安职责的值班人员的规定、值班时间和休息时间的要求和防止药物和酒精滥用的指导。

公约规定:为所有负责值班的高级船员或参与值班的普通船员以及涉及指定的安全、防污染和保安职责的人员提供的休息时间应在任何24 h内不少于10 h,任何7天内不少于77 h;休息时间可以分为至多不超过2个时间段,其中一个时间段至少要求有6 h,连续休息时间段之间的间隔不应超过14 h。

为防止酗酒,主管机关应对正在履行安全、保安和海洋环境保护职责的船长、高级船员和其他海员设定血液酒精浓度(BAC)不高于0.05%或呼吸中酒精浓度不高于0.25 mg/L,或可导致该酒精浓度的酒精量的限制。

此外,在STCW公约中引用的一些法规的变化也体现在此次修正案中。例如,以《国际航空和海上搜寻救助手册》取代《商船搜寻和救助手册》,以《IMO标准航海通信用语》取代《标准航海用语》,以IMSBC规则取代BC规则等。

3. STCW公约 MSC.373(93)和 MSC.396(95)修正案

《1978年海员培训、发证和值班标准国际公约》修正案 MSC.373(93)号决议于2014年5月22日通过,2015年7月1日被默认接受,并于2016年1月1日生效。该修正案增加了符合性验证的条款,主要内容有:

(1)各缔约国在履行本附则所含的其义务和责任时,须使用文书实施规则的规定。

(2)每一缔约国均须接受本组织按照审核标准进行的定期审核,以对符合和实施本公约进行验证。

(3)本组织秘书长须负责根据本组织制定的导则管理审核机制。

(4)每一缔约国基于本组织制定的导则,均有责任便利开展审核和实施为处理审核结果的行动计划。

(5)所有缔约国审核均须:

①基于本组织秘书长制订的总体计划,并考虑到本组织制定的导则;和

②定期进行,并考虑到本组织制定的导则。

《1978年海员培训、发证和值班标准国际公约》的修正案 MSC.396(95)号决议于2015年6月11日通过,2016年7月1日被默认接受,并于2017年1月1日生效。该修正案增加了对适用《使用气体或其他低闪点燃料动力船舶国际安全规则》(IGF规则)的船舶船长、高级船员和普通船员的培训和资格的最低强制性要求,主要内容有:

(1)本条规则适用于在适用IGF规则的船舶上服务的船长、高级船员、普通船员和其他人员。

(2)海员在被指定在适用IGF规则的船舶上任职之前,须按照其职务、职责和责任完成所要求的培训。

(3)所有在适用IGF规则的船舶上服务的海员,须被指定在船上任职前接受规定的适当的船舶和设备特别熟悉培训。

(4)在适用IGF规则的船舶上负责与照管、使用或紧急情况下处置燃料相关的指定的安全职责的海员,须持有适用IGF规则的船舶所要求的船上服务基本培训证书。

(5)每个申请适用IGF规则的船舶船上服务基本培训证书的申请人,须按照培训规则的规定完成基本培训。

(6)在适用IGF规则的船舶上负责与照管、使用或紧急情况下处置燃料相关的指定的安全职责的海员,已按照有关液化气船的规定取得资格并经认证的,视为已达到对适用IGF规则的船舶所要求的船上服务基本培训要求。

(7)适用IGF规则的船舶上的船长、轮机部高级船员和所有对燃料及燃料系统的照管、使用负有直接责任的人员,须持有服务于适用IGF规则的船舶所要求的船上服务高级培训证书。

(8)持有培训合格证书的船员,须以不超过5年的间隔接受适当的知识更新培训或需提供在最近5年内已达到规定的适任标准的证据。

(二)STCW公约中关于值班原则的规定

1. 值班的一般原则

值班应基于下列驾驶台和机舱的资源管理原则:
(1)应确保根据情况合理地安排值班人员。
(2)在安排值班人员时应考虑人员的资格或适合能力的局限性。
(3)应使值班人员理解其个人角色、责任和团队角色。
(4)船长、轮机长和负责值班的高级船员应保持适当的值班,并最有效地使用可用资源,如信息、装置/设备和其他人员。
(5)值班人员应理解装置/设备的功能和操作,并熟练使用。
(6)值班人员应理解信息及如何回应来自每一工作站/装置/设备的信息。
(7)所有值班人员应适当地共享来自工作站/装置/设备的信息。
(8)值班人员在任何情况下应保持适当的相互交流。
(9)对为安全而采取的行动产生任何怀疑时,值班人员应毫不犹豫地通知船长/轮机长/负责值班的高级船员。

2. 轮机值班中应遵循的原则

(1)"轮机值班"一词,系指一个人或组成值班的一组人,或一个高级船员的责任时间段,在此时间段内,可以要求也可以不要求该高级船员亲临机舱。

(2)负责轮机值班的高级船员是轮机长的代表,在任何时候,主要负责对影响船舶安全的机械设备进行安全有效的操作和保养,并根据要求,负责轮机值班责任范围内的一切机械设备的检查、操作和测试。

二、《2006年海事劳工公约》(MLC公约)

(一)公约的产生及结构

海员的职业具有世界性的流动特征,对于海员的社会责任和权益保护来说,仅有海员所在国家的政策和立法很难完全实现其效应和作用。从1920年起,国际劳工组织(ILO)为船上就业的各个方面几乎都规定了国际标准,这一标准体系体现了国际劳工组织在保护海员和海运业方面取得的巨大成就。

自2001年开始,ILO经过近五年的努力,整合并修订了自20世纪20年代以来的现有ILO 60多个公约及建议书,还考虑了SOLAS 74公约和《1972国际海上避碰规则公约》中关于船舶安全、人身保安和船舶质量管理的国际标准、STCW 95公约及1982年《联合国海洋法公约》对船旗国船舶上的劳动条件、船员配备和社会事务的责任和义务等,形成了一本综合海事劳工公约,并于2006年2月23日在日内瓦举行的第九十四届大会暨第十届海事大会上以314票赞成、0票反对、4票弃权的绝对多数通过了该综合"国际海事劳工公约",即《2006年海事劳工公约》。该公约规定在达到至少30个国家批准且这些国家的商船总吨位占世界商船总吨位的33%之日起12个月后生效。我国政府、船东和海员代表均投了赞成票。2012年8月20日,国际上主要的海员供给国菲律宾批准了《2006年海事劳工公约》,标志着公约至少获得30个国际劳工组织成员国批准的条件得到满足。公约生效的另一个条件是批准国家商船总吨位应占世界商船总吨位的33%,该条件已于2009年达到。这样公约已达到生效条件,于2013年的8月21日正式生效。

《2006年海事劳工公约》在结构上分为三个层次,即正文条款、规则和守则,守则分为A部分和B部分。条款和规则规定了核心权利和原则以及批准本公约的成员国的基本义务,条款和规则只能由大会在《国际劳工组织章程》的框架下修改。守则包含了规则的实施细节,由A部分强制性标准和B部分建议性导则组成。守则可以通过本公约所规定的简化程序来修订。由于守则涉及具体实施,对守则的修正必须仍放在条款和规则的总体范畴内。

规则和守则是公约的标准,在内容上分为五个标题,标题一为"海员上船工作的最低要求";标题二为"就业条件";标题三为"起居舱室、娱乐设施、食品和膳食服务";标题四为"健康保护、医疗、福利和社会保障保护";标题五为"遵守与执行"。

《2006年海事劳工公约》适用于任何吨位的通常从事商业活动的所有海船,但专门在内河或在遮蔽的水域或与其紧邻水域或在港口规定适用水域航行的船舶、军船或军辅船、从事捕鱼或类似捕捞的船舶、用传统方法制造的船舶(如独桅三角帆船和舢板)除外;200总吨以下国内航行船舶可免除守则中的有关要求。按公约规定,公约生效后,舱室标准对现有船舶将不进行追溯。公约要求从事国际航行的500总吨及以上船舶应持有"海事劳工证书""海事劳工符合声明"。公约生效后,缔约国可对非缔约国的到港船舶进行港口国检查(PSC),以确保悬挂未批准本公约之任何国家旗帜的船舶得不到比悬挂已批准本公约之任何国家旗帜的船舶更优惠的待遇。

《2006年海事劳工公约》的通过,在世界劳工史和海运史上具有划时代的意义,这项被称为全球120万海员的"权利法案"将有效统一全球海员劳动和社会保障国际标准,成为继《国际海上人命安全公约》《防止船舶造成海洋环境污染国际公约》《1978年海员培训、发证和值班标准公约》之后的国际海运法律法规的第四大支柱,是规范国际航运业发展的重要法律文件,对保护全球海员的根本利益和促进国际海运业的健康发展产生积极而深远的影响,并构成今后全球质量航运的重要内容。公约的生效也会对我国船公司的船员管理运作、船员的福利待遇、船员的职业安全与健康、船员的招募与安置、船舶设计与建造等诸方面带来一系列较大影响。

《2006年海事劳工公约》的根本目标是:
(1)在正文和规则中规定一套确定的权利和原则。
(2)通过守则允许成员国在履行这些权利和原则的方式上有相当程度的灵活性。
(3)通过标题五确保这些权利和原则得以妥善遵守和执行。

(二)公约规则和守则的主要内容

1. 海员上船工作的最低要求

海员上船工作的最低要求包括了最低年龄、体检证书、培训和资格、招募和安置以及海员身份证件等方面的内容。

(1)最低年龄:明确未成年人不得上船工作,最低年龄为16岁。
(2)体检证书:海员须有体检证书证明其健康情况适合其履行职责,体检标准有国际指南。
(3)培训和资格:确保海员经过培训或具备履行其船上职责的资格,STCW规则规定了海员适任标准。
(4)招募和安置:确保海员有机会利用有效和良好规范的海员招募和安全系统。各成员国应向经批准的海员招募和安置服务机构颁发许可证。
(5)海员身份证件:确保海员能获得身份证件。

2. 就业条件

就业条件包括海员就业协议、工资、工作时间或休息时间、休假权利、遣返、船舶灭失或沉没时对海员进行赔偿、配员水平、海员职业和技能开发及就业机会等方面的内容。

(1)海员就业协议:确保海员得到公平的就业协议。海员和船东提前终止"海员就业协议"发出预先通知的最短期限。最短期限的长度应在与有关船东和海员组织协商后确定,但不得短于7天。
(2)工资:确保所有海员均应根据其就业协议定期获得全额工作报酬。在B部分包括最低工资。
①各成员国应要求按不超过一个月的间隔并根据任何适用的集体协议向在悬挂其旗帜的船舶上工作的海员支付其应得的报酬。
②应给海员一个应得报酬和实付数额的月薪账目,包括工资、额外报酬,以及在其报酬采用的货币或兑换率不同于曾经达成一致的货币或兑换率时所用的兑换率。
③"基本报酬或工资"一词系指正常工作时间的报酬,无论这一报酬如何构成,它不包括加班报酬、奖金、津贴、带薪休假或任何其他额外酬劳;"合并工资"一词系指包括基本工资和与工资有关的其他津贴在内的工资或薪资;"合并工资"可包括对所有加班工作给予的补偿和所有其他与工资相连的津贴,或者,它也可以包括部分"合并工资"内的某些津贴。

④出于计算工资的目的,在海上和港口的正常工作时间每天不应超过 8 h;对于由基本报酬或工资所涵盖的每周正常工作时间,应由国家法律或条例确定,但每周不得超过 48 h。加班补偿率不应低于每小时基本报酬或工资的 1 倍和 1.25 倍。所有加班时间应由船长或船长指定的人员进行记录,并至少按每月的间隔由海员签字。

(3)工作时间或休息时间:确保海员享有的规范工作或休息时间。

海员的正常工时标准应以每天 8 h,每周休息 1 天和公共节假日休息为依据。

应考虑到海员疲劳带来的危险,特别是那些职责涉及航行安全以及船舶的安全和保安操作的海员,对海员的工作或休息时间应做以下限制:

①最长工作时间:

在任何 24 h 时段内不得超过 14 h;且在任何 7 天时间内不得超过 72 h。

②最短休息时间:

在任何 24 h 时段内不得少于 10 h;且在任何 7 天时间内不得少于 77 h。

③休息时间最多可分为两段,其中一段至少要有 6 h,且相连的两段休息时间的间隔不得超过 14 h。

船员经常进出的地点应张贴一份船上工作安排表,该表应至少包括每一岗位在海上和在港口的工作时间、最长工作时间和最短休息时间。

应保持对海员的日工作时间或日休息时间进行记录,以便监督。记录应采用主管当局确定的标准格式。该表格应以船上的一种或多种工作语言和英文制定。海员应得到一份由船长或船长授权人员以及海员本人签字认可的有关其本人记录的副本。

出于船舶、船上人员或货物的紧急安全需要,或出于帮助海上遇险的其他船舶或人员的目的,船长可中止工作时间或休息时间安排,要求一名海员从事任何时间的必要工作,直至情况恢复正常。一旦情况恢复正常,船长应尽快地确保所有在计划安排的休息时间内从事工作的海员获得充足的休息时间。

(4)休假权利:确保海员有充足的休假。

各成员国应通过法律和条例,确定在悬挂其旗帜的船舶上工作的海员的最低年休假标准,并充分考虑到海员对这种休假的特殊需要。

海员带薪年休假的权利应以每服务 2 个月最低 2.5 日历天为基础加以计算。合理的缺勤不应被视作年假。禁止达成放弃享受最低带薪年休假的任何协议。

根据由主管当局或适用的集体协议确定的条件,因参加认可的海事职业培训班或出于患病或受伤或因生育等原因造成的缺勤,应算作服务期的一部分。

在年休假期间的报酬水平应为国家法律或条例或适用的海员就业协议中规定的海员正常报酬水平。对于受雇期短于 1 年的海员,或在雇佣关系终止的情况下,休假的权利应按比例计算。

下述情况不应算作带薪年休假的一部分:船旗国认可的公共和传统假日,不论其是否发生在带薪年休假假期内;在由各国主管当局或通过适当的机制确定的条件下,因患病或受伤或因生育而不能工作的期间;在履行就业协议期间准许海员的短期上岸休息;以及主管当局或通过各国适当的机制确定的条件下,任何类型的补休。

(5)遣返:确保海员能够回家。

①海员在以下情形有权得到遣返:如果当海员在国外时海员就业协议到期;如果其海员就业协议被船东终止或被海员出于合理的理由终止;如果海员不再具备履行其就业协议中职责

的能力或在具体情形下不能指望其履行这些职责。具体如因患病或受伤或其他健康问题需要其遣返且身体状况适于旅行时;在船舶失事时;由于破产、变卖船舶、改变船舶登记或任何其他类似原因而船东不能继续履行其法律或契约义务时;在船舶驶往战乱区域而船员不同意前往的情况下;以及根据仲裁裁定或集体协议而终止或中断雇佣关系,或出于其他类似原因终止雇佣关系。

②海员在有权得到遣返前在船上服务的最长期间应少于12个月;以及船东应给予的遣返权利,包括遣返的目的地、旅行方式、船东负担的费用项目和将做出的其他安排方面的内容。

禁止船东要求海员在开始受雇时预付遣返费用,禁止船东从海员的工资或其他收益中扣回遣返费用,除非根据国家法律或条例或其他措施或适用的集体谈判协议,海员出现严重失职而被遣返。

由船东承担的遣返费用应至少包括:到达遣返目的地的旅费;从海员离船时起至抵达遣返目的地时止的食宿费;如果本国法律、条例或集体协议有规定,从海员离船时起至抵达遣返目的地时止的工资和津贴;将海员个人行李 30 kg 运至遣返目的地的运输费;以及必要时,提供医疗使海员身体状况适合前往遣返目的地的旅行。

等待遣返所用的时间和遣返旅行时间不应从海员积累的带薪年假中扣减。

船东负责通过适当和迅速的方式对遣返做出安排。通常的旅行方式应为乘坐飞机。成员国应规定海员可被遣返的目的地。目的地应包括:海员同意接受雇用的地点、集体协议规定的地点、海员的居住国或可能在聘用时双方同意的其他地点。海员有权从规定的目的地中选择其将被遣返的地点。

如果有关海员在国家法律或条例或集体协议规定的合理的时间内未提出遣返要求,其应享的遣返权利可能失效。

(6)船舶灭失或沉没时对海员进行赔偿:确保在船舶灭失或沉没时对海员进行赔偿。

海员有权就由于船舶灭失或沉没所造成的伤害、损失或失业得到充分的赔偿。

在任何船舶灭失或沉没的各种情况下,船东就这种灭失或沉没所造成的失业向船上每个海员支付赔偿。在海员实属失业期间,应相当于就业协议中可支付工资的比例,但向任何一个海员支付的赔偿总额可仅限于两个月的工资。

(7)配员水平:为了船舶运营的安全、高效和保安,确保海员在人员充足的船上工作。

各成员国应要求悬挂其旗帜的所有船舶考虑到海员的疲劳以及航行的性质和条件,在船上配有充足数目的海员以确保船舶的安全、高效操作,并充分注意到在各种条件下的保安。

(8)海员职业和技能开发及就业机会:促进海员的职业发展和技能开发及就业机会。

各成员国应建立海员登记册,定期评审海员登记册名单的总人数,使之符合航运业需求。应有国家政策促进海员就业并鼓励在其领土内居住的海员的职业发展和技能开发以及寻求更多的就业机会。

3. 起居舱室、娱乐设施、食品和膳食服务

起居舱室、娱乐设施、食品和膳食服务包括船上居住舱室和娱乐设施、食品和膳食服务等方面的内容。确保海员在船上有体面的起居舱室和娱乐设施;确保海员获得根据规范的卫生条件提供的优质食品和饮用水。

(1)起居舱室和娱乐设施:在 A 部分包括房间和其他起居舱室空间的尺寸;取暖和通风;噪声和振动及其他环境因素;卫生设施;照明;起居舱室的净高;卧室的要求。这些标准在 PSC 检查中作为重点项目。但公约生效后,舱室标准对现有船舶将不进行追溯。

(2)食品和膳食:确保船员得到根据规范的卫生条件提供优质食品和膳食。要求船上厨师年满18岁,持船上厨师资格证书。在海员受雇期间,应为船上的海员免费提供食物。船长或经船长授权,在船上对以下方面开展有记录的经常性检查:食品和饮用水供应;用于储存和处理食物、饮用水的所有场所和设备;以及用于准备和供应餐食的厨房或其他设备。

4. 健康保护、医疗、福利和社会保障

健康保护、医疗、福利和社会保障包括船上和岸上医疗,船东的责任,保护健康和安全保护及防止事故发生,获得使用岸上福利设施和社会保障等。

(1)船上和岸上医疗:保护海员健康并确保其迅速得到船上和岸上医疗,包括医疗设备、医疗指南和船上医疗箱内药品应由主管当局指定负责人员妥善维护,并每隔不超过12个月进行定期检查。

(2)船东的责任:确保海员得到保护免受与其工作相关的疾病、受伤或死亡的财务影响,包括船东投保和应支付医疗费用。

船东应根据以下最低标准,对船上工作的所有海员的健康保护和医疗负责。

①对于在其船上工作的海员,船东应有责任对海员从开始履行职责之日起到遣返之日期间的疾病和受伤承担费用。

②船东应提供财务担保,保证对海员因工伤、疾病或危害而死亡或长期残疾的情况提供国家法律或海员就业协议或集体协议所确定的赔偿。

③船东应有责任支付医疗费用,包括治疗及提供必要的药品和治疗设备,以及在外的膳宿,直到该患病或受伤海员康复,或直到该疾病或机能丧失被宣布为永久性的;以及如果发生海员受雇期间在船上或岸上死亡的情况,船东应有责任支付丧葬费用。

④如果因疾病或受伤造成工作能力丧失,船东应有责任:只要患病或受伤海员还留在船上或者在海员得到遣返以前,向其支付全额工资;以及从海员被遣返或到达上岸之时起直到身体康复,或直到有权根据有关成员国的法律获得保险金(如果早于康复的话),按照国内法律或条例或集体协议的规定向其支付全额或部分工资。

⑤船东支付医疗和膳宿费用的责任限制和船东向离船海员支付全部或部分工资的责任限制在从患病或受伤之日起均不少于16周的期限内。

⑥以下情况可排除船东的责任:在船舶服务之外发生的其他受伤;受伤或患病是因患病、受伤或死亡海员的故意不当行为所致;以及在接受雇用时故意隐瞒的疾病或病症。

(3)保护健康和安全保护及防止事故:确保海员的船上工作环境有利于职业安全和健康。

各成员国应确保悬挂其旗帜的船舶上的海员得到职业健康保护,并且在一个安全和卫生的环境下在船上生活、工作和培训。

一切职业事故、职业伤害和疾病均应报告,从而能够对其开展调查以及保持、分析和公布完整的统计数据,并应考虑到保护有关海员的个人数据。报告不应局限于伤亡事故或涉及船舶的事故。统计数据应包括职业事故、职业伤害和疾病的次数、性质、原因和影响,如果可行,应明确指出事故发生在船上的什么岗位、是什么类型的事故以及在海上还是在港口。

(4)获得使用岸上福利设施:确保海员获得使用岸上设施与服务和在船上工作期间身心健康。

(5)社会保障:确保采取措施向海员提供社会保障的保护。全面社会保障保护而需要考虑的分项包括:医疗、疾病津贴,失业津贴,老年津贴,工伤津贴,家庭津贴,生育津贴,病残津贴和遗属津贴等9个分项。各成员国所提供的保护应至少包括上述所列9个分项中的3个,即

医疗、疾病津贴和工伤津贴。

5. 遵守与执行

遵守与执行包括检查与发证、港口国控制、船上及岸上投诉程序及船员提供国应尽的义务等。

公约要求 500 总吨及以上国际航行船舶应持有海事劳工证书和海事劳工符合声明，并规定公约生效后，缔约国可对非缔约国的到港船舶进行港口国监督(PSC)检查。

(1)船旗国的责任：确保各成员国就悬挂其旗帜的船舶实施根据公约应负的责任。

海事劳工证书和海事劳工符合声明(或海事劳工遵守情况声明)：各成员国要求船舶携带和保存一份符合公约要求的海事劳工证书和一份海事劳工符合声明。

海事劳工证书，证明该船舶上的海员工作和生活条件，包括海事劳工符合声明中所包括的持续符合措施，已经过检查并满足国家法律或条例或其他实施本公约的措施和要求。

海事劳工符合声明，陈述在海员的工作生活条件方面实施本公约的国家要求，并列明船东为确保符合对有关船舶的要求所采取的措施。

500 总吨或以上国际航行船舶应携带主管机关或主管机关认可的组织签发的海事劳工证书和海事劳工符合声明。海事劳工证书有效期不得超过 5 年，在第二个和第三个周年日之间举行一次中期检查，以确保持续符合国家履约法规的要求。中期检查的范围和深度应与证书换证检查相同。在中期检查通过后应对证书进行签注。

海事劳工符合声明应有两个部分：第Ⅰ部分应由主管当局编制，第Ⅱ部分应由船东编制并明确所采取的确保在两次检验之间持续符合国内要求的措施和为确保不断改进而建议的措施。主管机关或认可的组织应对第Ⅱ部分予以认证并应签发海事劳工符合声明。

海事劳工符合声明应附在海事劳工证书之后。在任何情况下，主管机关核实海事劳工符合声明的间隔期不得超过 3 年。

(2)港口国的责任：使各成员国能够履行公约关于在外国船舶上实施和执行公约标准方面进行国际合作责任。

港口国授权官员可要求到港船舶出示海事劳工证书和海事劳工符合声明，如发现问题或有投诉指称船上的海员工作和生活条件不符合公约要求，则可以进行一次更详细的检查。

如果有理由相信某些缺陷构成了对公约要求(包括海员的权利)的严重违反，或对海员的安全、健康或保安构成重大威胁，禁止船舶在采取必要措施前离港。

"投诉"系指对海员、专业机构、协会、工会或总体而言，由那些关心船舶安全，包括关心船上海员的安全或健康危害的任何人提交的信息。

(3)劳工提供责任：确保各成员国履行其在公约下关于海员招募和安置以及对其海员提供社会保护的责任。

(三)MLC 公约 2014 年修正案

MLC 公约的首个修正案，于 2014 年 6 月 11 日通过，并于 2017 年 1 月 18 日生效，该修正案在"遣返"中增加了财务担保条款；在"船东责任"中增加了财务担保和契约性索赔的处理条款。

1. 遣返的财务担保

(1)本标准提出了确保迅速和有效提供财务担保系统的要求，以便在海员被遗弃的情况下对其予以帮助。

(2)就本标准而言,海员须视为已被遗弃,如果船东违反本公约的要求或海员就业协议的条款:

①未支付海员的遣返费用;或

②未向海员提供必要的照料和援助;或

③以其他方式单方断绝其与海员的关系,包括未支付契约工资达至少 2 个月的时间。

(3)各成员国须确保悬挂其旗帜的船舶配备符合本标准要求的财务担保系统。财务担保系统的形式可以是社会保障体系或保险或国家基金或其他类似的安排,其形式须由成员国在与有关的船东组织和海员组织协商后决定。

(4)财务担保系统须依据本标准向在悬挂成员国旗帜的船舶上被遗弃的任何海员提供直接获取的渠道、充分的覆盖范围以及快速的财务帮助。

(5)各成员国须要求悬挂其旗帜的船舶,在船上携带财务担保提供方签发的财务担保证书或其他证明文件。一份副本须张贴在船上海员能够到达的显著位置。如果不止一个财务担保提供方提供了担保,则每个提供方提供的证明须携带在船上。

(6)财务担保证书或其他证明文件须载有要求的信息,须为英文或附有英语译文。

(7)海员或其指定的代表一经提出了请求且有必要的正当资格来支持该请求,则须立即准予财务担保系统提供的帮助。

(8)财务担保系统提供的帮助须足以涵盖以下各项:

①依据其就业协议、相关集体谈判协议或船旗国国内法律,船东应付海员的欠付工资和其他权益,限于 4 个月的任何此类欠付工资和四个月的任何此类欠付权益;

②海员合理发生的所有费用,包括遣返费用;和

③海员的基本需求,包括以下项目:充足的食物、必要时的衣物、住所、饮用水供给,在船上生存所必需的燃料,必要的医护,以及构成遗弃的作为或不作为所造成的任何其他合理费用或花费,直到海员到家。

(9)遣返费用须覆盖适宜和迅捷的旅行方式,通常是乘坐飞机,并包括提供从海员离船至海员到家的食宿、必要的医护、个人物品的通行和运输以及因遗弃造成的任何其他合理费用或花费。

(10)除非财务担保提供方至少提前 30 天通知了船旗国的主管当局,否则在财务担保有效期届满之前财务担保不得终止。

2. 船东责任的财务担保和契约性索赔的处理

(1)国内法律和条例须规定,财务担保系统符合以下最低要求。

①海员就业协议中规定的契约性赔偿须毫不延迟地全额支付。

②不得施压以接受低于契约全额的款项。

③如果海员长期残疾的特点使得难以估算海员可能有权获得的全额赔偿,须向海员支付一笔或多笔阶段性款项以避免不应有的困难。

④海员接收的款项须不损害其他合法权利,但该款项可由船东来冲抵海员针对船东提出且源于同一事件的任何其他索赔而发生的任何赔偿金。

⑤对契约性赔偿的索赔可由相关海员或其最近亲属或海员的代表或指定受益人直接提出。

(2)如果船东的财务担保将被取消或终止,国内法律和条例须确保海员提前得到通知。

(3)如果船东的财务担保被取消或终止,国内法律和条例须确保财务担保提供方通知船

旗国的主管当局。

（4）各成员国须要求悬挂其旗帜的船舶在船上携带财务担保提供方签发的财务担保证书或其他证明文件。一份副本须张贴在船上海员能够到达的显著位置。如果不止一个财务担保提供方提供了担保，则每个提供方提供的证明须携带在船上。

（5）除非财务担保提供方至少提前30天通知了船旗国的主管当局，否则在财务担保有效期届满之前财务担保不得终止。

（6）财务担保须支付由其担保的且发生于该证明有效期内的所有契约性索赔。

（7）财务担保证书或其他证明文件须载有要求的信息，须为英文或附有英语译文。

（8）"契约性索赔"一词是指相关于海员因国内法律、海员就业协议或集体协议所规定的职业伤害、疾病或危害而死亡或长期残疾的任何索赔。

（9）财务担保系统的形式可以是社会保障体系或保险或基金或其他类似的安排，其形式须由成员国在与有关的船东组织和海员组织协商后决定。

（10）国内法律和条例须确保存在有效的安排，通过快捷和公平的程序来接收、处理和公正地解决与赔偿有关的契约性索赔。

三、国际安全管理规则

（一）概述

1992年4月，IMO的海上安全委员会（MSC）草拟了"国际安全管理规则"。1993年11月4日，IMO第十八届大会通过了A.741（18）号决议，即《国际安全管理规则》（International Management Code for the Safe Operation of Ships and for Pollution Prevention，缩写为ISM Code；中文译为《国际船舶安全营运和防止污染管理规则》，简称《国际安全管理规则》；习惯称ISM规则）。1994年5月，SOLAS公约缔约国大会通过了公约附则新增第Ⅸ章"船舶安全营运管理"，把ISM规则纳入SOLAS公约，从而使ISM规则的各项要求成为强制性实施的要求。

在ISM规则出台之前，国际海事组织、相关行业组织出台了很多关于加强船舶安全的技术标准。尽管这些标准对船舶设施设备、船舶作业以及船员技能的要求越来越高，但海难事故频繁发生的势头并未得到有效抑制。经过调查发现，其原因在很大程度上与管理有关。管理不善，特别是岸上的管理不善，造成相关的技术标准未能得到真正有效的履行，被认为是海难事故不断发生的根本原因。为了促进技术标准的发行，减少由于人为因素导致的海难事故，IMO就加强、改善和规范航运公司管理，提高船舶安全营运和防止污染管理水平进行了研究，最终借鉴体系化管理的原理出台了ISM规则，要求公司建立船舶安全营运和防止污染管理体系。

（二）ISM规则的主要内容

ISM规则由前言和16条要素组成。这些要素包括：A部分——实施（总则，安全和环境保护方针，公司的责任和权力，指定人员，船长的责任和权力，资源和人员，船上操作方案的制定，应急准备，不符合规定的情况、事故和险情的报告和分析，船舶和设备的维护，文件，公司审核、复查和评价）；B部分——发证和审核（发证和期间审核，临时证书，审核，证书格式）。

ISM规则旨在提供船舶安全管理、安全营运和防止污染的国际标准；要求各国政府采取必要措施以保证船长在海上安全和保护海洋方面正当履行其职责；要求有适当的管理组织，使其能够对船上的某些需求做出反应,以便达到和保持安全和环境保护的高标准;声明考虑到航运公司或船舶所有人的情况各异以及船舶营运条件的大不相同,而ISM规则是根据一般原则和目标制定,用概括性术语写成,因而具有广泛的适用性;强调高级领导层的承诺是做好安全管理工作的基础,而各级人员的责任心、能力、态度和主观能动性将决定安全和防污染管理工作的最终结果。

1. A部分——实施
(1)总则
①定义

"公司"系指船舶所有人,或已承担船舶所有人的船舶营运责任并在承担此责任时同意承担本规则规定的所有责任和义务的任何机构或个人,如管理人或光船承租人。

"主管机关"系指船旗国政府。

"安全管理体系(SMS)"系指能使公司人员有效实施公司安全和环境保护方针的结构化和文件化的体系。

"符合证明(DOC)"系指签发给符合本规则要求的公司的文件。

"安全管理证书(SMC)"系指签发给船舶,表明其公司和船上管理已按照认可的安全管理体系运作的文件。

"客观证据"系指通过观察、衡量或测试获得并能被证实的有关安全或安全管理体系要素存在和实施的量或质的信息、记录或事实声明。

"评述"系指在安全管理审核过程中做出的并由客观证据证实的事实声明。

②目标

本规则的目标是保证海上安全,防止人员伤亡,避免对环境,特别是海洋环境造成危害以及对财产造成损失。

公司的安全管理目标尤其应该是:提供船舶营运的安全做法和安全工作环境;针对已认定的所有风险,制定防范措施;不断提高岸上及船上人员的安全管理技能,包括安全及环境保护方面的应急准备。

③安全管理体系

安全管理体系应当保证:符合强制性的规范和规则;对国际海事组织、主管机关、船级社和海运行业组织所建议的适用的规则、指南和标准予以考虑。

④适用范围

本规则的要求适用于所有船舶。

⑤安全管理体系的功能性要求

每个公司应建立、实施并保持包括下列功能性要求的安全管理体系:安全和环境保护方针;确保船舶安全营运和环境保护符合有关的国际和船旗国立法的指令和程序;明确船岸人员的权限和相互间的联系方式;事故和不符合本规则规定情况的报告程序;对紧急情况的准备和反应程序;内部审核及管理评审的程序。

(2)安全和环境保护方针

公司应当制定安全和环境保护方针,说明如何实现公司的安全管理目标;公司应当保证船岸各级机构均能执行和保持此方针。

(3)公司的责任和权力

如果负责船舶营运的实体不是船舶所有人,则船舶所有人必须向主管机关报告该实体的全称和详细情况。对管理、从事和审核涉及安全和防污染工作的所有人员,公司应当用文件形式明确规定其责任、权限及相互关系。公司应当负责保证提供足够的资源和岸基支持,以便指定人员能履行其职责。

(4)指定人员

为确保每一艘船舶的安全营运并提供公司与船上之间的联系,公司应当根据情况指定一名或数名能直接同最高管理层联系的岸上人员。指定人员的责任和权力应包括对每一艘船的安全营运和防止污染方面进行监控,并确保需要时提供足够的资源和岸基支持。

(5)船长的责任和权力

①公司应以文件形式明确规定船长的下列责任:执行公司的安全和环境保护方针;激励船员遵守该方针;以简明方式发布相应的命令和指令;审核具体要求的遵守情况;复查安全管理体系并向岸上管理部门报告其不足之处。

②公司应当保证在船上实施的安全管理体系中包含一个强调船长权力的明确声明。公司应当在安全管理体系中确立船长的绝对权力和责任,以便做出关于安全和防污染事务的决定并在必要时要求公司给予协助。

(6)资源和人员

①公司应当保证船长有适当的指挥资格;完全熟悉公司的安全管理体系;得到必要的支持,以便可靠地履行其职责。

②公司应当保证根据本国和国际的有关规定,为每艘船舶配备合格、持证且健康的船员。

③公司应当建立有关程序,以便保证涉及安全和环境保护工作的新聘人员和新调到该岗位的人员能适当熟悉其职责。凡需在开航前做出的指令均应当标明并以文件形式下达。

④公司应当保证与公司安全管理体系有关的所有人员对有关规定、规则和指南有充分的理解。

⑤公司应当建立并保持有关程序,以便标明为实施安全管理体系可能需要的任何培训,并保证向所有相关人员提供这种培训。

⑥公司应当建立有关程序,使船上人员借此能够获得以一种工作语言或他们懂得的其他语言书写的有关安全管理体系的信息。

⑦公司应当保证船上人员在履行其涉及安全管理体系的职责时能够有效地交流。

(7)船上操作方案的制定

对涉及船舶安全和防止污染的关键性的船上操作,公司应建立制定有关方案和须知的程序。对与之有关的各项工作,应明确规定并分配给适任人员。对涉及船舶安全和防止污染的关键性船上操作,公司应当建立有关方案和须知的制定程序,适当时还包括核查清单。与之相关的各项工作,应当明确规定并分配给适任人员。

(8)应急准备(应急部署/应急计划)

对船上可能出现的紧急情况,公司应当建立标明、阐述和反应的程序。公司应当制订应急行动的训练和演习计划。安全管理体系应提供措施,确保公司有关机构能在任何时候对涉及其船舶的危险、事故和紧急情况做出反应。

(9)对不符合规定的情况、事故和险情的报告和分析

安全管理体系应当包括确保向公司报告不符合规定情况、事故和险情并对其进行调查和分析的程序,以便改进安全和防止污染工作。公司应当建立实施纠正措施的程序。

(10) 船舶和设备的维护

公司应当建立有关程序,以保证船舶按照有关规定、规则以及公司可能制定的任何附加要求进行维护。为满足这些要求,公司应当保证:

①按照适当的间隔期进行检查。

②报告已知的不符合规定的情况并附上可能的原因。

③采取适当的纠正措施,保存这些活动的记录。

公司应当在安全管理体系中制定有关程序,以便标明那些会因突发性运行故障而导致险情的设备和技术系统。安全管理体系应当提供旨在提高这些设备和系统可靠性的具体措施。这些措施应当包括对备用装置及设备或非连续使用的技术系统的定期测试。上述检查和提及的措施应纳入船舶的日常操作性维护。

(11) 文件

公司应当建立并保持控制与安全管理体系有关的所有文件和资料的程序。公司应当保证:

①各有关部门均能获得有效的文件。

②文件的更改应由经授权的人审查批准。

③被废止的文件应及时清除。

用于阐述和实施安全管理体系的文件可称为"安全管理手册"。文件应当以公司认为最有效的方式予以保存。每艘船舶应备有与之有关的全部文件。

(12) 公司审核、复查和评价

公司应当开展内部审核,以核查安全和防止污染活动是否符合安全管理体系的要求。公司应当定期评价安全管理体系的有效性,必要时还应当根据公司建立的有关程序对安全管理体系进行复查。审核及可能采取的纠正措施应当按文件规定的程序进行。实施审核的人员应当不从属于被审核的部门,除非由于公司的规模和性质不可能做到。审核及复查结果应当告知该部门所有责任人员,以提醒他们注意。负责该部门的管理人员应当对所发现的缺陷及时采取纠正措施。

2. B 部分——发证和审核

(1) 发证和期间审核

①船舶应当由持有与该船相关的"符合证明"或与该船舶相关的"临时符合证明"的公司营运。

②"符合证明"应由主管机关、主管机关认可的机构或应主管机关的请求由另一缔约国政府,签发给符合本规则要求的公司,其有效期由主管机关确定,但不超过 5 年。该证明应当被视为该公司能够符合本规则要求的证据。"符合证明"仅对其载明的船舶类型有效。所载明的船舶类型以初次审核所认定的船舶类型为依据。对于其他船舶类型,只有在审核其公司的能力确已满足本规则关于此船舶类型的要求时才能被载入。船舶类型系指 SOLAS 公约第 IX 章第 1 条的规定。"符合证明"应在周年日前或后 3 个月内接受由主管机关或主管机关认可的机构,或者应主管机关的请求由另一缔约国政府实施的年度审核。

③如果没有申请所要求的年度审核,或者有证据表明存在重大不符合规定情况时,主管机关或应主管机关要求,签发证书的缔约国政府应当撤销该"符合证明"。如果撤销"符合证明",所有相关的"安全管理证书""临时安全管理证书"也应当撤销。

④船上应当保存一份"符合证明"的副本,以便船长被要求时出示给主管机关或主管机关

认可的机构查验,以及用来接受 SOLAS 公约第Ⅸ章第6.2条规定的监督检查。该副本不必是签发的原件。

⑤在审核该公司及其船上的管理确已按照经认可的安全管理体系运作后,主管机关或主管机关认可的机构,或者应主管机关请求的另一缔约国政府,应当向船舶签发有效期不超过5年的"安全管理证书"。该证书应被视为该船舶符合本规则要求的证据。

⑥"安全管理证书"应接受由主管机关或主管机关认可的机构,或者应主管机关的请求由另一缔约国政府实施的至少一次的中间审核。如果只进行一次中间审核,且"安全管理证书"的有效期为5年,中间审核应当在证书的第二和第三个周年日之间进行。

⑦除了上述要求之外,如果没有申请中间审核,或者有证据表明存在重大不符合规定情况时,主管机关或应主管机关请求签发该证书的缔约国政府应当撤销"安全管理证书"。

⑧尽管有上述规定,当换证审核在所持"符合证明"或"安全管理证书"有效期届满之前3个月内完成时,新签发的"符合证明"或"安全管理证书"应当自完成换证审核之日起有效,且有效期自原证书有效期届满之日起不超过5年。

⑨当换证审核在所持"符合证明"或"安全管理证书"有效期届满之日3个月前完成时,新签发的"符合证明"或"安全管理证书"应当自完成换证审核之日起有效,且有效期自完成换证审核之日起不超过5年。

(2)临时证书

①对于公司新成立,或现有"符合证明"新增船舶种类的公司,为便利其初始实施本规则,在审核该公司业已建立的安全管理体系满足本规则的目标要求后,可向其签发一份"临时符合证明",但前提是该公司已做出在"临时符合证明"有效期内运行满足本规则全部规定的安全管理体系的计划。

该"临时符合证明"应由主管机关或主管机关认可的机构,或者应主管机关的请求由另一缔约国政府签发,其有效期不超过12个月。船上应当保存一份"临时符合证明"的副本,以便船长被要求时出示给主管机关或主管机关认可的机构查验,以及在接受 SOLAS 公约第Ⅸ章规定的港口国监督检查时出示。该副本不要求是签发的原件。

②在下述情况下可向船舶签发"临时安全管理证书":新造船交付使用;公司新承担一艘船舶的营运责任;船舶换旗。

该"临时安全管理证书"应由主管机关或主管机关认可的机构,或者应主管机关的请求由另一缔约国政府签发,其有效期不超过6个月。

③在特殊情况下,主管机关或应主管机关请求的另一缔约国政府,可以对"临时安全管理证书"到期日起展期不超过6个月。

④"临时安全管理证书"应在审核下述情况后签发给船舶:

"符合证明"或"临时符合证明"覆盖了该船种;公司在该船实施的安全管理体系涵盖了本规则的关键要素并在为签发"符合证明"的审核中已做评估或在为签发"临时符合证明"的审核中已表明;公司已做好3个月内审核该船的计划;船长和高级船员熟悉安全管理体系以及其实施的计划安排;已标明的重要指令在开航前已下达;已用工作语言或船上人员懂得的其他语言提供了有关安全管理体系的信息。

(3)审核

本规则要求的所有审核,应当按照主管机关充分考虑国际海事组织制定的指南后认可的程序进行。

(4)证书格式

"符合证明""安全管理证书""临时符合证明""临时安全管理证书"应当按照本规则附录所示格式制作。如果所用语言既非英文又非法文,证书文字应当包括其中一种。

除了上述"发证和定期审核"中的要求,"符合证明"和"临时符合证明"中所载明的船舶种类可加以签注以反映安全管理体系所规定的对船舶营运的限制。

四、海事局对船员的管理(海事管理机构对船员的管理)

中华人民共和国海事局是我国船员管理的主管机关。主管机关通过海员证,船员服务簿,培训、考试和发证,安全配员及值班标准等相关立法来管理船员。海员证是船员的身份证明,用以加强海员出入境管理,保障航行安全和航运秩序。船员服务簿用以加强对船员的监督管理,核定其在船上的服务资历。培训、考试和发证用以控制船员的技术素质。安全配员规定用以确保船舶在航行和停泊时,配有足够数量的合格船员以保证船舶安全。海船船员值班规则用以加强船员值班管理。

(一)中华人民共和国海船船员适任考试和发证规则

为了提高海船船员素质,保障海上人命和财产安全,保护海洋环境,根据《中华人民共和国海上交通安全法》、《中华人民共和国船员条例》以及我国缔结或者加入的有关国际公约,2011年12月8日交通运输部第十二次部务会议通过了《中华人民共和国海船船员适任考试和发证规则》(交通运输部令2011年第12号,简称"11规则"),并于2012年3月1日起施行。2004年8月1日由原交通部颁布的《中华人民共和国海船船员适任考试、评估和发证规则》(交通部令2004年第6号)同时废止。该规则包括总则、适任证书、适任考试、特免证明、承认签证、航运公司及相关机构的责任、监督管理、法律责任及附则共9章64条内容,下面介绍其主要内容。

1. 总则

(1)适用范围

本规则适用于为取得中华人民共和国海船船员适任证书(以下简称适任证书)而进行的考试以及适任证书、适任证书特免证明和外国适任证书承认签证的签发与管理。

(2)主管机关

国务院交通运输主管部门主管全国海船船员适任考试和发证工作。国家海事管理机构在国务院交通运输主管部门的领导下,对海船船员适任考试和发证工作进行统一管理。国家海事管理机构所属的各级海事管理机构按照国家海事管理机构确定的职责范围具体负责海船船员适任考试和发证工作。

(3)原则

海船船员适任考试和发证应当遵循公平、公正、公开、便民的原则。

2. 适任证书

(1)适任证书基本信息

①适任证书包含以下基本内容:

a.持证人姓名、性别、出生日期、国籍、持证人签名及照片。

b.证书等级、编号。

c.有关国际公约的适用条款。

d. 持证人适任的航区、职务、职能。
e. 持证人适任的船舶种类、主推进动力装置、特殊设备操作等项目。
f. 发证日期和有效期截止日期。
g. 签发机关名称和签发官员署名。
h. 规定需要载明的其他内容。

②持证人适任的航区分为无限航区和沿海航区,但无线电操作人员适任的航区分为A1、A2、A3和A4海区。

③适任证书等级分为:
a. 船长、驾驶员、轮机长和轮机员适任证书等级分为:
(a)无限航区适任证书分为两个等级:一等适任证书(适用于3 000总吨及以上或者主推进动力装置3 000 kW及以上的船舶);二等适任证书(适用于500总吨以上至3 000总吨或者主推进动力装置750 kW及以上至3 000 kW的船舶)。
(b)沿海航区适任证书分为三个等级:一等适任证书(适用于3 000总吨及以上或者主推进动力装置3 000 kW及以上的船舶);二等适任证书(适用于500总吨以上至3 000总吨或者主推进动力装置750 kW及以上至3 000 kW的船舶);三等适任证书(适用于未满500总吨或者主推进动力装置未满750 kW的船舶)。

b. 高级值班水手、高级值班机工适任证书适用于500总吨及以上或者主推进动力装置750 kW及以上的船舶。

c. 值班水手、值班机工适任证书等级分为:
(a)无限航区适任证书(适用于500总吨及以上或者主推进动力装置750 kW及以上的船舶)。
(b)沿海航区适任证书分为两个等级:一等适任证书(适用于500总吨及以上或者主推进动力装置750 kW及以上的船舶);二等适任证书(适用于未满500总吨或者主推进动力装置未满750 kW的船舶)。

d. 电子电气员和电子技工适任证书适用于主推进动力装置750 kW及以上的船舶。
在拖船上任职的船长和甲板部船员所持适任证书等级与该拖船的主推进动力装置功率的等级相对应。

④船员职务根据服务部门分为:
a. 船长。
b. 甲板部船员:大副、二副、三副、高级值班水手、值班水手,其中大副、二副、三副统称为驾驶员。
c. 轮机部船员:轮机长、大管轮、二管轮、三管轮、电子电气员、高级值班机工、值班机工、电子技工,其中大管轮、二管轮、三管轮统称为轮机员。
d. 无线电操作人员:一级无线电电子员、二级无线电电子员、通用操作员、限用操作员。

⑤船员职能根据分工分为:
a. 航行。
b. 货物操作和积载。
c. 船舶作业和人员管理。
d. 轮机工程。
e. 电气、电子和控制工程。

f. 维护和修理。
g. 无线电通信。

船员职能根据技术要求分为：

a. 管理级。
b. 操作级。
c. 支持级。

⑥适任证书持有人应当在适任证书适用范围内担任职务或者担任低于适任证书适用范围的职务。但担任值班水手职务的船员必须持有值班水手或者高级值班水手适任证书，担任值班机工职务的船员必须持有值班机工或者高级值班机工适任证书。

(2) 适任证书的签发

①取得适任证书，应当具备下列条件：

a. 持有有效的船员服务簿。
b. 符合国家海事管理机构规定的海船船员任职岗位健康标准。
c. 完成本规则附件规定的适任培训。
d. 具备本规则附件规定的海上任职资历，并且任职表现和安全记录良好。
e. 通过相应的适任考试。

拟在油船、化学品船、液化气船、客船、高速船等特殊类型船舶上任职的船员，还应当具备规定的培训、资历等特殊要求。

②申请海船船员适任证书的，应当提交下列材料：

a. 海船船员适任证书申请表。
b. 船员服务簿。
c. 海船船员健康证书。
d. 身份证件。
e. 符合海事管理机构要求的照片。
f. 岗位适任培训证明或者航海教育毕业证书。
g. 船上见习记录簿。
h. 现持有的适任证书。
i. 专业技能适任培训合格证。
j. 适任考试的合格证明。

持有三副、三管轮适任证书申请二副、二管轮适任证书者，免于向海事管理机构提交上述第 f、g、h、i 项规定的材料。

按照本规则规定免于船上见习者，免于向海事管理机构提交上述第 g 项规定的材料。

初次申请海船船员适任证书者，免于向海事管理机构提交上述第 h 项规定的材料。

拟在特殊类型船舶上任职的，还应当提供相应的特殊培训合格证。

申请适任证书再有效的，还应当提交经过相应知识更新的材料，但按照下述⑤规定申请适任证书再有效的，免于提交上述 f、g、h、i 项规定的材料，按照下述⑥规定申请适任证书再有效的，免于提交上述 f、i 项规定的材料。

③海事管理机构对于发证申请，经审核符合本规则规定条件的，应当按照《行政许可法》《交通行政许可实施程序规定》的要求签发相应的适任证书。

④适任证书有效期不超过 5 年，有效期截止日期不超过持证人 65 周岁生日。

⑤持有船长和高级船员适任证书者在证书有效期内,满足下列条件之一,并经过与其职务相适应的知识更新培训,可以在适任证书有效期届满前12个月内向有相应管理权限的海事管理机构申请适任证书再有效:

a. 从申请之日起向前计算5年内具有与其适任证书所记载范围相应的不少于12个月的海上服务资历,且任职表现和安全记录良好。

b. 从申请之日起向前计算6个月内具有与其适任证书所记载范围相应的累计不少于3个月的海上服务资历,且任职表现和安全记录良好。

⑥未满足上述⑤规定的船长和高级船员,申请适任证书再有效的,应当符合下列规定:

a. 未满足上述⑤第a、b项规定,或者适任证书过期5年以内的,应当参加模拟器培训和知识更新培训,并通过相应的抽查项目的评估。

b. 适任证书过期5年及以上10年以下的,应当参加模拟器培训和知识更新培训,并通过相应的抽查科目的理论考试和项目的评估。

c. 适任证书过期10年及以上的,应当参加模拟器培训和知识更新培训,通过相应的抽查科目的理论考试和项目的评估,并在适任证书记载的相应航区、等级范围内按照船上见习记录簿规定完成不少于3个月的船上见习。

⑦适任证书损坏或者遗失时,持证人除应当向原证书签发的海事管理机构提交补发申请及上述②第a、d、e项要求的材料外,还应当满足下列要求:

a. 适任证书损坏的,应当缴回被损坏的证书原件。

b. 适任证书遗失的,应当在发行范围覆盖全国的报纸上登载适任证书遗失公告,或者提交原证书签发海事管理机构所在地公证机关出具的公证书;登载适任证书遗失公告的,自公告之日起满30日后方可申请。

补发的适任证书的有效期截止日期与原适任证书的有效期截止日期相同。

⑧因违反海事行政管理规定被吊销适任证书者,自证书被吊销之日起2年后,通过低一职务的适任考试,可以按照上述②的规定提交相应材料,向原签发适任证书的海事管理机构申请低一职务的适任证书。

海事管理机构对通过适任考试,且安全记录良好的,应当签发其相应的适任证书。

⑨曾在内河船舶、海洋渔业船舶或者军事船舶上任职的人员,具备下列条件的,可以按照国家海事管理机构的规定申请相应的适任证书:

a. 拟申请证书的等级和职务不高于其在内河船舶、海洋渔业船舶或者军事船舶上相应的证书等级和职务,其中可以申请的职务最高为大副或者大管轮。

b. 在内河船舶、海洋渔业船舶或者军事船舶上的水上服务资历能够与本规则规定的海上服务资历相适应,且任职表现和安全记录良好。

c. 参加相应的岗位适任培训,并通过与申请职务相应的理论考试和评估。

(3) 特殊类型船舶船员的特殊要求

①拟在油船、化学品船、液化气船、客船、高速船等特殊类型船舶上任职的,还应当完成相应的特殊培训,并取得培训合格证。

②在两港间航程50 n mile及以上的客船上服务的船长和高级船员应当持有适用于相应航区3 000总吨及以上或者3 000 kW及以上船舶的适任证书。

③初次申请适用于两港间航程50 n mile及以上客船轮机长、轮机员适任证书者,应当在其他种类的3 000 kW及以上海船上担任相应职务满12个月,任职表现和安全记录良好,并在

客船上任相应见习职务3个月。

通过三管轮适任考试者,在客船上完成规定的18个月船上见习,任职表现和安全记录良好,可以申请适用于客船的三管轮适任证书。

3. 适任考试

(1)海船船员的适任考试包括理论考试和评估。

理论考试以理论知识为主要考试内容,重点对海船船员专业知识的掌握和理解程度进行测试。

评估通过对相应船舶、模拟器或者其他设备的操作,国际通用语言听力测验与口试等方式,重点对海船船员专业知识综合运用、操作及应急等能力进行技能测评。

(2)适任考试科目、大纲由国家海事管理机构统一制定并公布。相关海事管理机构应当在职责范围内制订并公布适任考试具体计划,明确适任考试的时间、地点、申请程序等相关信息。

(3)申请参加适任考试的,应当按照公布的申请程序向有相应权限的海事管理机构提供下列信息:

①身份证件。

②所申请考试的适任证书航区、等级、职务。

③符合海事管理机构要求的照片。

(4)海事管理机构应当于适任考试开始5日前向申请人发放准考证,并告知申请人查询适任考试成绩的途径等事项。

(5)适任考试有科目或者项目不及格的,可以在初次适任考试准考证签发之日起3年内申请5次补考。逾期不能通过全部适任考试的,所有适任考试成绩失效。

(6)海事管理机构应当在考试结束后30日内公布成绩。适任考试成绩自理论考试和评估成绩均合格之日起5年内有效。

4. 特免证明

(1)中国籍船舶在境外遇有不可抗力或者其他导致持证船员不能履行职务的特殊情况,无法满足船舶最低安全配员要求,需要由本船下一级船员临时担任上一级职务时,应当向海事管理机构申请签发特免证明。

(2)申请船长、驾驶员、轮机长、轮机员特免证明的,应当符合下列条件:

①申请船长、轮机长特免证明的,应当持有大副或者大管轮适任证书并在自申请之日起前5年内,具有不少于12个月的不低于其适任证书所记载船舶、航区、职务的任职资历,任职表现和安全记录良好,且船长、轮机长不能履行职务的情况是因不可抗力原因造成。

②申请大副、大管轮特免证明的,应当持有二副、二管轮适任证书,并在自申请之日起前5年内,具有不少于12个月的不低于其适任证书所记载船舶、航区、职务的任职资历,且任职表现和安全记录良好。

③申请二副、二管轮特免证明的,应当持有三副、三管轮适任证书,并在自申请之日起前5年内,具有不少于12个月的不低于其适任证书所记载船舶、航区、职务的任职资历,且任职表现和安全记录良好。

④申请三副、三管轮特免证明的,应当持有高级值班水手、值班水手或者高级值班机工、值班机工适任证书,并在自申请之日起前5年内,具有不少于12个月的不低于其适任证书所记

载船舶、航区、职务的任职资历,任职表现和安全记录良好。

其他船员,不予签发特免证明。

(3)申请特免证明的,应当向海事管理机构提交包含下列内容的申请报告:

①申请理由。

②船舶名称、航行区域、停泊港口。

③拟申请签发对象的资历情况。

④相关证明材料。

(4)受理申请的海事管理机构应当在受理之日起 3 日内核实有关情况并报国家海事管理机构批准,对符合规定条件的,国家海事管理机构应当签发有效期不超过 6 个月的特免证明,但船长或者轮机长特免证明的有效期不超过 3 个月。不符合条件的,应当在受理申请之日起 3 日内告知申请人不予签发的决定及理由。

(5)1 艘船舶上同时持特免证明的船长和高级船员总共不得超过 3 名。

(6)当事船舶抵达中国第一个港口后,特免证明自动失效。失效的特免证明应当及时缴回原签发的海事管理机构。航运公司应当及时为当事船舶安排持相应适任证书的人员补充空缺职位。

5. 承认签证

(1)持有经修正的《1978 年海员培训、发证和值班标准国际公约》(以下简称 STCW 公约)缔约国签发的外国适任证书的船员在中国籍船舶上任职的,应当取得由国家海事管理机构签发的外国适任证书的承认签证。

(2)申请承认签证的,应当向国家海事管理机构提交下列材料:

①所属缔约国签发的适任证书原件。

②表明申请人符合 STCW 公约和所属缔约国有关船员管理规定的证明文件。

③申请人的海船船员身份证件。

(3)国家海事管理机构应当按照 STCW 公约和本规则规定的标准、条件等内容,对申请承认签证船员所属缔约国的有关船员管理制度从下列方面进行评价:

①有关船员适任培训、考试及发证制度是否符合 STCW 公约要求。

②是否按照 STCW 公约要求建立了有效的船员质量标准控制体系。

③船员适任条件等相关要求是否低于本规则规定的相关标准。

评价结果应当作为签发承认签证的依据,对于评价结果表明该缔约国的有关船员管理制度不低于 STCW 公约及本规则相关要求,且申请人提供的材料真实、全面的,国家海事管理机构应当签发相应的承认签证。其中,签发船长、大副、轮机长、大管轮适任证书承认签证前,申请人还应当参加与申请职务相应的海上交通安全、环境保护等方面的培训,并经海事管理机构考核合格。

(4)承认签证的有效期不得超过被承认适任证书的有效期,且最长不得超过 5 年。当被承认适任证书失效时,相应的承认签证自动失效。

6. 航运公司及相关机构的责任

(1)航运公司及相关机构应当保证被指派任职的船员满足下列要求:

①持有适当、有效的适任证书,熟悉自身岗位职责。

②熟悉船舶的布置、装置、设备、工作程序、特性和局限性等相关情况。

③具有良好工作语言运用及沟通能力,确保在紧急情况下和执行安全、防污染和保安职能时,能够有效履行职责。

(2)航运公司及相关机构应当建立并完善船员培训制度,按照以下要求加强对本公司、机构船员的培训:

①按照国家海事管理机构的规定制订并执行有关培训、见习等方面的培训计划,并在培训、见习记录簿内如实填写或者记载。

②采取有效措施,确保应当由本公司、机构负责的其他各类船员培训有效实施。

(3)航运公司及相关机构应当备有完整、最新的船员管理法规和相关国际公约。

航运公司及相关机构应当建立船员档案,对船员录用、培训、资历、健康状况以及有关船员考试、证书持有情况等信息进行连续有效的记录和管理,并确保可以供随时查询。

7. 监督管理

(1)海事管理机构应当对船员履行职责、安全记录等情况进行监督检查,加强对船员适任能力的监管。

(2)有下列情形之一的,海事管理机构可以组织对船员适任能力进行考核:

①船舶发生碰撞、搁浅或者触礁的。

②在航行、锚泊或者靠泊时,从船上非法排放物质的。

③违反航行规则的。

④以其他危及海上人命、财产安全和海洋环境的方式操作船舶的。

对船员进行适任能力考核的,应当根据本规则规定的船员适任要求通过抽考、现场考核等方式进行。对于考核结果表明船员不再符合适任条件的,海事管理机构应当注销其适任证书或者承认签证。

(3)按照上述(2)被注销适任证书的船员,可以按照海事管理机构的要求参加低等级、职务或者航区的评估,海事管理机构签发与其考核结果相适应的适任证书。

(4)负责船员适任考试和发证的海事管理机构应当配备满足适任考试、发证要求的人员、设备、场地和资料,建立相关的质量管理体系并通过国家海事管理机构的审核。

(5)海事管理机构应当加强对从事船员适任考试、发证工作人员岗位培训和考核。不符合上岗条件的,不得从事船员适任考试、发证工作。

(6)海事管理机构应当建立船员信息数据库、船员证书电子登记系统等船员档案,并按照国家海事管理机构的规定具备相应信息的查询功能。

(7)海事管理机构应当公开海船船员适任考试和发证管理的事项、办事程序、举报电话等信息,自觉接受社会的监督。

(8)除海事管理机构依法实施外,任何机构和个人不得以任何理由扣留或者吊销船员适任证书。

8. 法律责任

(1)隐瞒有关情况或者提供虚假材料申请适任证书、特免证明、承认签证的,海事管理机构不予受理或者不予签发适任证书、特免证明、承认签证,并给予警告;申请人在1年内不得再次申请与前次申请等级、职务资格、航区相同的适任证书、特免证明、承认签证。

(2)以欺骗、贿赂等不正当手段取得适任证书、特免证明、承认签证的,由签发证书的海事管理机构或者其上级海事管理机构吊销有关证书,并处2 000元以上2万元以下的罚款。

（3）伪造、变造或者买卖适任证书、特免证明、承认签证的，由海事管理机构收缴有关证书，处2万元以上10万元以下罚款，有违法所得的，还应当没收违法所得。

（4）船员未在培训、见习记录簿内做出如实填写或者记载的，由海事管理机构处1 000元以上1万元以下罚款；情节严重的，并给予暂扣船员服务簿、船员适任证书6个月以上2年以下直至吊销船员服务簿、船员适任证书的处罚。

（5）船长未在船员服务簿内如实记载船员的服务资历和任职表现，由海事管理机构处2 000元以上2万元以下罚款；情节严重的，并给予暂扣适任证书6个月以上2年以下直至吊销适任证书的处罚。

（6）因违反本规则或者其他水上交通安全法规的规定，被海事管理机构吊销适任证书的，自被吊销之日起2年内，不得申请适任证书。

（7）海事管理机构有下列情形之一的，由国家海事管理机构责令改正；情节严重的，限制或者取消其开展适任考试和发证的权限：

①违反行政许可法规规定的程序开展适任考试和发证工作的。

②超越权限开展适任考试或者签发适任证书的。

③对不具备条件的申请人签发适任证书的。

（二）中华人民共和国海船船员值班规则

为了规范海船船员值班，保障海上人命与财产安全，保护海洋环境，加强船舶保安管理，根据《中华人民共和国海上交通安全法》《中华人民共和国海洋环境保护法》《中华人民共和国船员条例》，以及我国缔结或加入的有关国际公约要求，经2012年11月27日交通运输部第9次部务会议通过，2012年12月17日，中华人民共和国交通运输部令2012年第10号公布了《中华人民共和国海船船员值班规则》，并于2013年2月1日起施行。1997年10月20日，原交通部颁布的《中华人民共和国海船船员值班规则》（中华人民共和国交通部令1997年第11号）同时废止。

本规则共有10章134条内容：总则；航次计划及值班一般要求；驾驶值班；轮机部航行值班；无线电值班；港内值班；驾驶、轮机联系制度；值班保障；法律责任；附则。本书主要介绍与轮机值班有关的内容。

1. 总则

（1）100总吨及以上中国籍海船的船员值班适用本规则，下列船舶除外：军用船舶；渔业船舶；游艇；构造简单的木质船。

（2）国家海事管理机构是实施本规则的主管机关。各级海事管理机构按照职责具体负责海船船员值班的监督管理工作。

（3）航运公司应当根据本规则以及有关国际公约的要求编制《驾驶台规则》《机舱值班规则》等船舶值班规则，张贴在船舶各部门的易见之处，要求全体船员遵守执行，以保证船舶航行安全。

（4）航运公司应当确保指派到船上任职的值班船员熟悉船上相关设备、船舶特性、本人职责和值班要求，能有效履行安全、防污染和保安等职责。

（5）船长及全体船员在值班时，应当遵守法律、行政法规、相关国际公约以及当地有关防治船舶造成海洋污染的要求，采取一切可能采取的预防措施，防止因操作不当或者发生事故等原因造成船舶对海洋环境的污染。

2. 航次计划及值班一般要求

（1）航次计划

船长应当根据航次任务，组织驾驶员研究有关资料，制订航次计划，及时通知各部门做好开航准备工作，保证船舶和船员处于适航、适任状态。

制订航次计划应当满足以下要求：

①与大副、轮机长协商后，预先确定并落实本航次所需各种燃润料、物料、淡水以及备品的数量。

②保证各种船舶证书和船员证件齐全、有效。

③保证本航次涉及的航海图书资料和其他航海出版物准确、完整、及时更新。

④保证运输单证及港口文件齐全。

（2）值班一般要求

①航运公司和船长应当为船舶配备足够的适任船员，以保持安全值班。

②船长应当安排合格的船员值班，明确值班船员职责。值班的安排应当符合保证船舶、货物安全及保护海洋环境的要求，并保证值班船员得到充分休息，防止疲劳值班。在船长统一指挥下，值班的驾驶员对船舶安全负责。轮机长应当经船长同意，合理安排轮机值班，保证机舱运行安全。船长应当根据保安等级的要求，安排并保持适当和有效的保安值班。

③值班应当遵守下列驾驶台和机舱资源管理要求：

a. 根据情况合理地安排值班船员。

b. 考虑值班船员资格和适任的局限性。

c. 值班船员应当熟悉其岗位职责和部门职责。

d. 值班船员对值班时所接收到的与航行有关的信息应当能够正确领会、正确处置，并与其他部门适当共享。

e. 值班船员应当保持各部门之间的适当沟通。

f. 对为保证安全所采取的行动，值班船员如果产生任何怀疑，应当立即告知船长、轮机长、负责值班的高级船员。

④值班的高级船员认为接班的高级船员明显不能有效履行值班职责时，不得交班，并立即向船长或者轮机长报告。

⑤值班的高级船员在交班前正在进行重要操作的，应当在确认操作完成后再交班，船长或者轮机长另有指令的除外。

⑥接班的高级船员应当在确认本班人员完全能有效地履行各自职责后，方可接班。

⑦不得安排船员在值班期间承担影响值班的工作。

⑧值班船员应当将值班期间发生的重要事件按照要求做好记录。

3. 轮机部航行值班

（1）值班安排

①轮机值班的组成应当适合当时的环境和条件，以确保影响船舶安全操作的所有机械设备在自动操作方式、手动操作方式模式下均能安全运行。

②确定轮机值班组成时，应当考虑下列因素：

a. 保持船舶的正常运行。

b. 船舶类型、机械设备类型和状况。

c. 对船舶安全运行关系重大的机械设备进行重点监控的值班需求。

d. 由于天气、冰区、污染水域、浅水水域、各种紧急情况、船损控制或者污染处置等情况的变化而采用的特殊操作方式。

e. 值班人员的资格和经验。

f. 人命、船舶、货物和港口的安全及环境保护的要求。

g. 有关国际公约、国家法规和当地规定。

（2）值班交接

①交、接班轮机员应当清楚下列交接事项：

a. 轮机长关于船舶系统和机械设备运行的常规命令和特别指示。

b. 对机械设备及系统进行的所有操作及目的、参与人员以及潜在的危险。

c. 污水舱、压载舱、污油舱、备用舱、淡水柜、粪便柜、滑油柜等使用状况和液位以及对其中贮存物的使用或者处理的特殊要求。

d. 备用燃油舱、沉淀柜、日用油柜和其他燃油贮存设备中的燃油液位和使用状况。

e. 有关卫生系统处理的特殊要求。

f. 主机、辅机系统（包括配电系统）的操作方式和运行状况。

g. 监控设备和手动操作设备的状况。

h. 自动锅炉控制装置和其他与蒸汽锅炉操作有关设备的状况和操作模式。

i. 恶劣天气、冰冻、被污染的水域或者浅水引起的潜在威胁。

j. 在设备故障或危及船舶安全的情况下而采取的特殊操作方式和应急措施。

k. 机舱普通船员的任务分派。

l. 消防设备的可用性。

m. 轮机日志的填写情况。

②接班轮机员对交班事项不满意或者观察到的情况与轮机日志记录不相符时，不得接班。

（3）值班职责

①值班轮机员是轮机长的代表，主要负责对与船舶安全有关的机械设备进行安全有效的操作和保养，并根据要求，负责轮机值班责任范围内的一切机械设备的检查、操作和测试，保证安全值班。

②值班轮机员应当维持既定的正常值班安排。机舱值班的普通船员应当协助值班轮机员使主机、辅机系统安全和有效运行。

③轮机长在机舱时，值班轮机员仍应当继续对机舱工作全权负责，除非被明确告知轮机长已承担责任。

④轮机值班的所有成员都应当熟悉被指派的值班职责，并掌握本船下列情况：

a. 内部通信系统的适当使用。

b. 机舱逃生途径。

c. 机舱报警系统和辨别各种警报的能力。

d. 机舱的消防设备和破损控制装置的数量、位置和种类，以及它们的使用方法和应当遵守的各种安全预防措施。

⑤轮机值班开始时，应当对所有机械设备的工作情况、工况参数加以验证、分析，以保持在正常范围值。

⑥在值班期间值班轮机员应当定期巡回检查机舱和舵机房，及时发现机械设备的故障和

损坏情况,并采取相应措施。

⑦值班轮机员应当对运转失常、可能发生故障或者需要特殊处理的机械设备,以及已经采取的措施做详细记录。需要时,应当对拟采取的措施做出安排。

⑧在机舱值守的值班轮机员应当能够随时操纵推进装置,以应对换向和变速的需要。机舱无人值守的,值班轮机员在获知报警、呼叫时,应当立即到达机舱。

⑨值班轮机员应当执行驾驶台的命令。对主推进动力装置进行换向和变速操作的,应当做好记录。当人工操作时,值班轮机员应当确保主推进动力装置的操纵装置有人不间断地值守,并随时处于准备和操作状态。

⑩值班轮机员应当掌握正在维护保养的机械设备(包括机械、电气、电子、液压和空气系统)及其控制装置和与此相关的安全设备、所有舱室服务系统设备的维护保养情况,并注意其物料和备品的使用记录。

⑪轮机长应当将值班时拟进行的预防性保养、破损控制或者修理工作等情况通知值班轮机员。值班轮机员应当负责值班责任内的拟处理的所有机械设备的隔离、旁通和调整,并对已进行的全部工作做好记录。

⑫机舱处于备车状态时,值班轮机员应当保证一切在操纵时可能用到的机械设备处于随时可用状态,并使电力有充足的储备,以满足舵机和其他设备的需要。

⑬值班轮机员应当指导本班值班人员,告知其可能对机械设备造成不利影响或者危及人命、船舶安全的潜在危险情况。

⑭值班轮机员应当对机舱保持不间断监控。在值班人员丧失值班能力时,应当安排替代人员。

⑮值班轮机员应当采取必要的措施,以减轻因设备损坏、失火、进水、破裂、碰撞、搁浅和其他原因而造成的损害。

⑯进行预防性保养、破损控制或者维修工作时,值班轮机员应当与负责维修工作的轮机员配合,做好下列工作:

a.对要进行处理的机械设备加以隔离,并保留值班所需的通道。

b.在维修期间,将其他的设备调节至充分和安全地发挥功能的状态。

c.在轮机日志或者其他适当的文件上详细记录维修保养过的设备、参加人员以及采取的安全措施。

d.必要时将已修理过的机器和设备进行测试、调整,投入使用。

⑰值班轮机员应当确保,在自动设备失灵时履行维修职责的轮机部普通船员能够立即协助其对机器进行手动操作。

⑱值班轮机员应当了解失去舵效或者因机械故障导致失速会危及船舶和海上人命的安全,当发生机舱失火或者机舱中即将采取的行动会导致船速下降、瞬间失去舵效、船舶推进系统停止运转或者电站发生故障或者类似威胁安全的情况,应当立即通知驾驶台。如可能,应当在采取行动之前通知,以便驾驶台有最充分的时间采取一切可能的措施来避免发生海上事故。

⑲出现下列情况,值班轮机员应当立即通知轮机长,并根据情况采取措施:

a.机器发生故障或者损坏,可能危及船舶的安全运行。

b.发生可能引起推进机械、辅机、监视系统、调节系统的损坏失常的现象。

c.遇到其他紧急情况或感到疑虑时。

⑳值班轮机员应当给予其他机舱值班人员适当的指示和信息,以保持安全值班。常规的

机械设备保养应当纳入值班工作。全船的机械、电子与电气、液压、气动等设备的维修工作,应当在轮机长和值班轮机员知情下进行,并做好记录。

（4）特殊环境下的轮机值班

①值班轮机员应当保证提供鸣放声号用的空气或蒸汽压力,并随时执行驾驶台变速、换向的命令,还应当备妥用于操纵的一切辅助机械。

②值班轮机员接到船舶进入通航密集水域航行的通知时,应当确保涉及船舶操纵的机械设备能够随时置于手动操作模式,舵和其他设备的操作有足够备用动力,应急舵和其他辅助设备处于随时可用状态。

③船舶在开敞的港外锚地或者开敞的海域锚泊时,值班轮机员应当做到下列内容：

a.保持有效的轮机值班。

b.定时检查所有正在运行和处于准备状态的机械设备是否正常。

c.执行驾驶台发布的使主机和辅机保持准备状态的命令。

d.遵守适用的防治污染规则,防治船舶污染海洋环境。

e.保持破损控制和消防系统处于准备状态。

在开敞锚地,轮机长应当与船长商定是否仍保持与在航时同样的轮机值班。

4. 港内值班

（1）港内值班应当遵守的一般要求

①船舶在港内停泊时,船长应当安排适当而有效的值班。对于具有特种形式的推进系统或者辅助设备,以及装载有危害、危险、有毒、易燃物品或者其他特殊货物的船舶,还应当按照有关规定的特殊要求值班。

②船长应当根据停泊情况、船舶类型和值班特点,配备足够具有熟练操作能力的值班船员,并安排好必要的设备。

③船舶在港内停泊期间的值班安排应当满足下列要求：

a.确保人命、船舶、货物、港口和环境的安全。

b.确保与货物作业相关机械的安全操作。

c.遵守有关国际公约、国家法规和当地规定。

d.保持船舶工作正常。

④停泊时,甲板值班人员应当至少包括1名值班驾驶员和1名值班水手。

⑤轮机长应当与船长协商确定轮机值班安排。决定轮机值班人员组成时,应当考虑下列内容：

a.至少有一名值班轮机员。

b.推进功率750 kW及以上的船舶,至少安排1名值班机工协助值班轮机员。

轮机员在值班期间,不应当承担妨碍其监控船上机械系统的其他任务。

（2）轮机值班

在港内值班时,值班轮机员应当做到下列内容：

a.遵守有关防范危险情况的特殊操作命令、程序和规定。

b.监测运行中的所有机械设备及系统的仪表和控制系统。

c.遵守当地有关防污染规定,按照规定采用必要的技术、方法和程序,防止船舶对周围环境造成污染。

d.查看污水井中污水的变化情况。

e. 出现紧急情况并且需要时，发出警报并且采取一切可能的措施避免船上人员、船舶及其货物遭受损害。

f. 了解驾驶员对装卸货物时所需设备的要求，以及对压载和船舶稳性控制系统的附加要求。

g. 经常巡查以判断可能发生的设备故障或者损坏情况，发现设备故障或者损坏情况的，应当采取补救措施以确保船舶、货物作业、港口及其周围环境的安全。

h. 在职责范围内采取必要措施，避免船上电气、电子、液压、气动以及机械系统发生事故或者损坏。

i. 对影响船上机械运转、调节或修理的重要事项做好记录。

(3) 轮机值班的交接班

①交、接班轮机员应当清楚交接下列事项：

a. 当日的常规命令，有关船舶操作、保养工作、船舶机械或者控制设备修理的特殊命令。

b. 所有机械和系统进行检修工作的性质、涉及的人员以及潜在的危险。

c. 舱底、残渣柜、压载水舱、污油舱、粪便柜、备用柜的液位及状态，以及对其中贮存物的使用或者处理的特殊要求。

d. 有关卫生系统处理的特殊要求。

e. 灭火设备以及烟火探测系统的状况和备用情况。

f. 获准从事或者协助机器修理的人员及其工作地点和修理项目，以及其他获准上船的人员。

g. 港口有关船舶排出物、消防要求及船舶防备工作等方面的特殊规定。

h. 发生紧急情况或者需要援助时，船上与岸上人员、相关机关可使用的通信方式。

i. 其他有关船员、船舶、货物的安全以及防治环境污染等重要情况。

j. 轮机部的活动造成环境污染时，向相关机关报告的程序。

②接班轮机员在承担值班任务前还应当做到以下内容：

a. 熟悉现有的和可用的电、热、水源和照明来源及其分配情况。

b. 了解船上的燃油、润滑油及淡水供给的可用程度。

c. 备妥机器以应对紧急状况。

5. 驾驶、轮机联系制度

(1) 开航前

①船长应当提前 24 h 将预计开航时间通知轮机长，如停港不足 24 h，应当在抵港后立即将预计离港时间通知轮机长；轮机长应当向船长报告主要机电设备情况、燃油、润滑油和炉水存量；如开航时间变更，应当及时更正。

②开航前 1 h，值班驾驶员应当会同值班轮机员核对船钟、车钟、试舵等，并分别将情况记入航海日志、轮机日志及车钟记录簿内。

③主机试车前，值班轮机员应当征得值班驾驶员同意。待主机备妥后，机舱应当通知驾驶台。

(2) 航行中

①每班交班前，值班轮机员应当将主机平均转数和海水温度等参数告知值班驾驶员，值班驾驶员应当回告本班平均航速和风向风力，双方分别记入航海日志和轮机日志；每天中午，驾驶台和机舱校对时钟并互换正午报告。

②船舶进出港口、通过狭水道、浅滩、危险水域或抛锚等情况下需备车航行时,驾驶台应当提前通知机舱准备。如遇雾或暴雨等突发情况,值班轮机员接到通知后应当尽快备妥主机。判断将有恶劣天气来临时,船长应当及时通知轮机长做好各种准备。

③因等引航员、候潮、等泊等原因须短时间抛锚时,值班驾驶员应当将情况及时通知值班轮机员。

④因机械故障不能执行航行命令时,轮机长应当组织抢修,通知驾驶台报告船长,并将故障发生和排除时间及情况记入航海日志和轮机日志。停车应当先征得船长同意。但情况危急,不立即停车会威胁人身安全或者主机安全时,轮机长可以立即停车并及时通知驾驶台。

⑤因调换发电机、并车等需要暂时停电时,值班轮机员应当事先通知驾驶台。

⑥在应变情况下,值班轮机员应当立即执行驾驶台发出的信号,及时提供所要求的水、气、汽、电等。

⑦值班驾驶员和值班轮机员应当执行船长和轮机长共同商定的主机各种车速,另有指示的除外。

⑧船舶在到港前,应当对主机进行停、倒车试验,当无人值守的机舱因情况需要改为有人值守时,驾驶台应当及时通知轮机员。

⑨抵港前,轮机长应当将本船存油情况告知船长。

(3) 停泊中

①抵港后,船长应当告知轮机长本船的预计动态,以便安排工作,动态如有变化应当及时更正;机舱若需检修影响动车的设备,轮机长应当事先将工作内容和所需时间报告船长,取得同意后方可进行。

②值班驾驶员应当将装卸货情况随时通知值班轮机员,以保证安全供电。在装卸重大件、特种危险品或者使用重吊之前,大副应当通知轮机长派人检查起货机,必要时应当派人值守。

③因装卸作业造成船舶过度倾斜,影响机舱正常工作的,轮机长应当通知大副或者值班驾驶员采取有效措施予以纠正。

④驾驶和轮机部门应当对船舶压载的调整,以及可能涉及海洋污染的各种操作,建立起有效的联系制度,包括书面通知和相应的记录。

⑤添装燃油前,轮机长应当将本船的存油情况和计划添装的油舱以及各舱添装数量告知大副,以便计算稳性、水尺和调整吃水差。

6. 值班保障

(1) 航运公司及船长应当采取有效措施防止船员疲劳操作。除紧急或者超常工作情况外,负责值班的船员以及被指定承担安全、防污染和保安职责的船员休息时间应当满足以下要求:

①任何 24 h 内不少于 10 h。

②任何 7 天内不少于 77 h。

③任何 24 h 内的休息时间可以分为不超过 2 个时间段,其中一个时间段至少要有 6 h,连续休息时间段之间的间隔不应当超过 14 h。

船长按照第②、③项中规定安排休息时间时可以有例外,但是任何 7 天内的休息时间不得少于 70 h。

对第②项规定的每周休息时间的例外,不应当超过连续 2 周。在船上连续两次例外时间的间隔不应当少于该例外持续时间的两倍。

对第③项规定的例外，可以分成不超过 3 个时间段，其中一个时间段至少要有 6 h，另外两个时间段不应当少于 1 h。连续休息时间间隔不得超过 14 h。另外在任何 7 天时间内不得超过两个 24 h 时间段。

（2）紧急集合演习、消防和救生演习，以及国内法律、法规、国际公约规定的其他演习，应当以对休息时间的干扰最小且不导致船员疲劳的形式进行。船员处于待命情况下，因被派去工作而中断了正常休息时间的，应当给予补休。

（3）因船舶、船上人员或者货物出现紧急安全需要，或者为了帮助海上遇险的其他船舶或者人员，船长可以暂停执行休息时间制度，直至情况恢复正常。情况恢复正常后，船长应当根据实际情况尽快安排船员获得充足的补休时间。

（4）船舶应当将船上工作安排表张贴在易见之处。船舶应当对船员每天休息时间进行记录，并制作由船长或者船长授权的人员和船员本人签注的休息时间记录表发放给船员本人。船上工作安排表和休息时间记录表应当参照《国际劳工组织（ILO）和国际海事组织（IMO）编制船员船上工作安排表和船员工作时间或休息时间记录格式指南》，并使用船上工作语言和英语制定。

（5）船长在安排船员值班时，应当充分考虑女性船员的生理特点和国家的有关规定。

（6）船员不得酗酒。值班人员在值班前 4 h 内禁止饮酒，且值班期间血液酒精浓度（BAC）不高于 0.05% 或呼吸中酒精浓度不高于 0.25 mg/L。

（7）船员不得服用可能导致不能安全值班的药物。

（8）航运公司应当制定相应的措施防止船员酗酒和滥用药物。船员履行值班职责或者有关安全、防污染和保安值班职责的能力受到药物或酒精的影响时，不得安排其值班。

7. 法律责任

（1）船员有下列情形之一的，由海事管理机构处 1 000 元以上 1 万元以下罚款；情节严重的，并给予暂扣船员服务簿、船员适任证书 6 个月以上 2 年以下直至吊销船员服务簿、船员适任证书的处罚：

①未按照要求保持正规瞭望。
②未按照要求履行值班职责。
③未按照要求值班交接。
④不采用安全航速航行。
⑤不按照规定守听航行通信。
⑥不按照规定测试、检修船舶设备。
⑦发现或者发生险情、事故、保安事件或者影响航行安全的情况时未及时报告。
⑧未按照要求填写或者记载有关船舶法定文书。
⑨在船上值班期间，体内酒精含量超过规定标准。
⑩在船上履行船员职务，服食影响安全值班的违禁药物。
⑪不遵守本规则规定的其他情形。

（2）船长有下列情形之一的，由海事管理机构处 2 000 元以上 2 万元以下罚款；情节严重的，并给予暂扣船员适任证书 6 个月以上 2 年以下直至吊销船员适任证书的处罚：

①未确保按照规定为船舶配备足额的适任船员。
②未按照要求安排值班。
③未保证船舶和船员携带符合法定要求的证书、文书以及有关航行资料。

④未保证船舶和船员在开航时处于适航、适任状态。
⑤未保证船舶安全值班。
⑥未按照规定在驾驶台值班。
⑦不遵守本规则规定的其他情形。

8. 附则

(1)"轮机值班"系指一个人或组成值班的一组人履行其职责,包括一个高级船员亲临机舱或不亲临机舱履行其高级船员的职责。

(2)本规则的值班规定系海船船员的最低值班要求。航运公司或船舶可以根据不同的航线、船舶种类或等级制定相应值班程序和要求,但是不得低于本规则的值班规定。

(三) 中华人民共和国船舶最低安全配员规则

为确保船舶的船员配备,足以保证船舶安全航行、停泊和作业,防治船舶污染环境,依据《中华人民共和国海上交通安全法》《中华人民共和国内河交通安全管理条例》和中华人民共和国缔结或者参加的有关国际条约,交通运输部于 2004 年 6 月 18 日第 15 次部务会议通过了《中华人民共和国船舶最低安全配员规则》,并于 2004 年 8 月 1 日起施行。2014 年 9 月 5 日中华人民共和国交通运输部令 2014 年第 10 号《关于修改〈中华人民共和国船舶最低安全配员规则〉的决定》对本规则进行了修正,调整后的海船甲板部、轮机部和客运部最低安全配员表自 2017 年 1 月 1 日起实施。本规则由总则、最低安全配员原则、最低安全配员管理、监督检查、附则共五章内容组成。

1. 总则

本规则适用于中华人民共和国国籍的机动船舶的船员配备和管理,不适用于军用船舶、渔船、体育运动船艇以及非营业的游艇。

中华人民共和国海事局是船舶安全配员管理的主管机关。各级海事管理机构依照职责负责本辖区内的船舶安全配员的监督管理工作。

本规则所要求的船舶安全配员标准是船舶配备船员的最低要求。船舶所有人(或者其船舶经营人、船舶管理人,下同)应当按照本规则的要求,为所属船舶配备合格的船员,但是并不免除船舶所有人为保证船舶安全航行和作业增加必要船员的责任。

2. 最低安全配员原则

(1)确定船舶最低安全配员标准应综合考虑船舶的种类、吨位、技术状况、主推进动力装置功率、航区、航程、航行时间、通航环境和船员值班、休息制度等因素。

(2)船舶在航行期间,应配备不低于按本规则所确定的船员构成及数量。高速客船的船员最低安全配备应符合交通部颁布的《高速客船安全管理规则》(交通部令 1996 年第 13 号)的要求。

(3)本规则列明的减免规定是根据各类船舶在一般情况下制定的,海事管理机构在核定具体船舶的最低安全配员数额时,如认为配员减免后无法保证船舶安全时,可予不减免或者不予足额减免。

(4)船舶所有人可以根据需要增配船员,但船上总人数不得超过经中华人民共和国海事局认可的船舶检验机构核定的救生设备定员标准。

3. 最低安全配员管理

(1)中国籍船舶配备外国籍船员应当符合以下规定:

船舶管理（管理级）

①在中国籍船舶上工作的外国籍船员,应当依照法律、行政法规和国家其他有关规定取得就业许可。

②外国籍船员持有合格的船员证书,且所持船员证书的签发国与我国签订了船员证书认可协议。

③雇佣外国籍船员的航运公司已承诺承担船员权益维护的责任。

(2)中国籍船舶应当按照本规则的规定,持有海事管理机构颁发的船舶最低安全配员证书。在中华人民共和国内水、领海及管辖海域的外国籍船舶,应当按照中华人民共和国缔结或者参加的有关国际条约的规定,持有其船旗国政府主管机关签发的船舶最低安全配员证书或者等效文件。

(3)船舶所有人应当在申请船舶国籍登记时,按照本规则的规定,对其船舶的最低安全配员如何适用本规则附录相应标准予以陈述,并可以包括对减免配员的特殊说明。海事管理机构应当在依法对船舶国籍登记进行审核时,核定船舶的最低安全配员,并在核发船舶国籍证书时,向当事船舶配发船舶最低安全配员证书。

(4)在境外建造或者购买并交接的船舶,船舶所有人应持船舶买卖合同或者建造合同及交接文件、船舶技术和其他相关资料的副本(复印件)到所辖的海事管理机构办理船舶最低安全配员证书。

(5)海事管理机构核定船舶最低安全配员时,除查验有关船舶证书、文书外,可以对船舶的实际状况进行现场核查。

(6)船舶在航行、停泊、作业时,必须将船舶最低安全配员证书妥善存放在船备查。船舶不得使用涂改、伪造以及采用非法途径或者舞弊手段取得的船舶最低安全配员证书。

(7)船舶所有人应当按照本规则的规定和船舶最低安全配员证书载明的船员配备要求,为船舶配备合格的船员。

(8)船舶所有人应当在船舶最低安全配员证书有效期截止前1年以内,或者在船舶国籍证书重新核发或者相关内容发生变化时,凭原证书到船籍港的海事管理机构办理换发证书手续。

(9)证书污损不能辨认的,视为无效,船舶所有人应当向所辖的海事管理机构申请换发。证书遗失的,船舶所有人应当书面说明理由,附具有关证明文件,到船籍港的海事管理机构办理补发证书手续。换发或者补发的船舶最低安全配员证书的有效期,不超过原发的船舶最低安全配员证书的有效期。

(10)船舶状况发生变化需改变证书所载内容时,船舶所有人应当到船籍港的海事管理机构重新办理船舶最低安全配员证书。

(11)在特殊情况下,船舶需要在船籍港以外换发或者补发船舶最低安全配员证书,经船籍港海事管理机构同意,船舶当时所在港口的海事管理机构可以按照本规定予以办理并通报船籍港海事管理机构。

4. 监督检查

(1)中国籍、外国籍船舶在办理进、出港口或者口岸手续时,应当交验船舶最低安全配员证书。

(2)中国籍、外国籍船舶在停泊期间,均应配备足够的掌握相应安全知识并具有熟练操作能力能够保持对船舶及设备进行安全操纵的船员。无论何时,500总吨及以上(或者750 kW及以上)海船、600总吨及以上(或者441 kW及以上)内河船舶的船长和大副,轮机长和大管轮不得同时离船。

（3）船舶未持有船舶最低安全配员证书或者实际配员低于船舶最低安全配员证书要求的，对中国籍船舶，海事管理机构应当禁止其离港直至船舶满足本规则要求；对外国籍船舶，海事管理机构应当禁止其离港，直至船舶按照船舶最低安全配员证书的要求配齐人员，或者向海事管理机构提交由其船旗国主管当局对其实际配员做出的书面认可。

（4）对违反本规则的船舶和人员，依法应当给予行政处罚的，由海事管理机构依据有关法律、行政法规和规章的规定给予相应的处罚。

（5）海事管理机构的工作人员滥用职权、徇私舞弊、玩忽职守的，由所在单位或者上级机关给予行政处分；构成犯罪的，依法追究刑事责任。

5. 附则

船舶最低安全配员证书由中华人民共和国海事局统一印制。船舶最低安全配员证书的编号应与船舶国籍证书的编号一致。船舶最低安全配员证书有效期的截止日期与船舶国籍证书有效期的截止日期相同。

海船轮机部最低安全配员表见表10-1。

表10-1 海船轮机部最低安全配员表

	航区和总功率	一般规定	附加规定
所有船舶	海上 3 000 kW 及以上	轮机长、大管轮、二管轮、三管轮各1人，值班机工或者高级值班机工3人（国际航行船舶配备高级值班机工1人，值班机工2人）	（1）连续航行时间不超过36 h，可减免三管轮和值班机工各1人 （2）AUT-0自动化机舱可减免二管轮、三管轮和值班机工2人 （3）AUT-1自动化机舱可减免三管轮和值班机工2人 （4）BRC半自动化机舱可减免值班机工2人
	海上 750 kW 及以上至未满 3 000 kW	轮机长、大管轮各1人，值班机工或者高级值班机工2人（国际航行船舶配备高级值班机工1人，值班机工1人）	连续航行时间超过16 h，须增加轮机员1人和值班机工1人（自动化机舱及BRC半自动化机舱除外）
	海上 220 kW 及以上至未满 750 kW	轮机长、三管轮各1人，值班机工2人	（1）连续航行时间超过24 h，须增加二管轮1人（自动化机舱及BRC半自动化机舱除外） （2）连续航行时间不超过8 h，可减免值班机工1人 （3）连续航行时间不超过4 h，可再减免三管轮1人
	海上 75 kW 及以上至未满 220 kW	轮机长、值班机工（自动化机舱、BRC半自动化机舱及机驾合一可减免）1人	连续航行时间不超过8 h，可减免值班机工1人
	海上 未满 75 kW	值班机工（机驾合一可减免）1人	
	港内	二管轮、三管轮（或轮机员）各1人，值班机工1人（机驾合一可减免）	未满750 kW，可减免二管轮1人；未满75 kW，可再减免三管轮（或轮机员）1人；机驾合一，可再减免值班机工1人

(四) 中华人民共和国海员证管理办法

海员证是我国海员出入中国国境和在境外通行使用的有效身份证件，是海员的专用护照。根据我国交通部、外交部、公安部联合制定的《中华人民共和国海员证管理办法》(1989 年 12 月 1 日起施行)，海员证由中华人民共和国海事局或其授权的下属海事局(下称颁发机关)颁发。

海员证由海员所在单位或派出单位向颁发机关申请办理。海员证的有效期：长期海员证，5 年；中期海员证，2 年或 3 年；短期海员证，18 个月或 12 个月或 6 个月或 3 个月。有效期满不得不延期时，延期最长不得超过 3 个月；有效期不足 2 年的海员证，不得延期。

办理海员证的海员出境批件自批准之日起 6 个月内有效，其批件审批权限由交通运输部确定。

海员在国内遗失海员证，海员本人应立即向所在单位或派出单位报告，由所在单位或派出单位向原颁发机关报告并申请补发海员证。补发海员证的有效期不超过原有期限。

海员在国外遗失海员证，应由所在船船长持书面报告，向中国驻外国的外交代表机关、领事机关或者外交部授权的其他驻外机关申请补发海员证。所补发海员证的有效期，按返回国内所需时间确定，但最长不得超过半年。

海员脱离原工作单位应交回海员证，否则颁发机关可处以罚款。

(五) 中华人民共和国船员注册管理办法

为规范船员注册管理，根据《中华人民共和国船员条例》，交通运输部于 2008 年 2 月 27 日经第四次部务会议通过了《中华人民共和国船员注册管理办法》，并于 2008 年 7 月 1 日起施行。本办法包括总则、船员注册的申请和受理、船员注册的变更和注销、船员服务簿管理、监督检查、法律责任、附则等 7 章 33 条内容。

1. 总则

(1) 中华人民共和国境内的船员注册以及相关管理活动，适用本办法。本办法所称船员注册，是指海事管理机构根据申请人的申请，经依法审查，对符合船员注册条件的予以登记，签发船员服务簿，准许申请人从事船员职业的行为。

(2) 交通运输部主管全国船员注册管理工作。中华人民共和国海事局负责统一实施全国船员注册管理工作。负责管理中央管辖水域的海事管理机构和负责管理其他水域的地方海事管理机构(以下统称海事管理机构)，依照各自职责具体负责船员注册以及相关管理工作。

2. 船员注册的申请和受理

(1) 船员注册申请可向任何海事管理机构提出。船员注册申请可由申请人本人提出，也可由船员服务机构、船员用人单位代为提出。

(2) 申请船员注册，应当具备下列条件：

① 年满 18 周岁(在船实习、见习人员年满 16 周岁)但不超过 60 周岁。

② 符合船员健康要求。

③ 经过海船船员、内河船舶船员基本安全培训，并经海事管理机构考试合格。申请注册国际航行船舶船员的，还应当通过海事管理机构组织的船员专业外语考试。

(3) 申请船员注册，应当提交下列材料：

① 船员注册申请。

② 居民身份证复印件。

③船员体格检查表。

④近期直边正面5 cm免冠白底彩色照片2张。

⑤海船船员、内河船舶船员基本安全培训合格证明复印件。申请注册国际航线船舶船员的,还应提交船员专业外语考试合格证明复印件。

申请人在提交居民身份证、海船船员基本安全培训合格证明、内河船舶船员基本安全培训合格证明以及船员专业外语考试合格证明等复印件时,应当同时向海事管理机构出示原件。

(4)海事管理机构应当自受理船员注册申请之日起10日内做出注册或者不予注册的决定。对符合本办法规定的,应当给予船员注册,并签发船员服务簿。对不符合本办法规定的,应当退回申请材料并书面说明理由。

(5)海事管理机构应当对船员赋予唯一的注册编号。业经注册的船员不得重复申请注册。

3.船员注册的变更和注销

(1)有下列情形之一的,船员应当在6个月内向管理本人注册档案的海事管理机构申请办理船员注册变更手续:

①船员服务簿中记载的事项发生变化。

②相貌发生显著变化。

海事管理机构应当将变更情况在船员服务簿中做相应记载或者换发新船员服务簿。

(2)船员有下列情形之一的,海事管理机构应注销船员注册,并予以公告:

①死亡或者被宣告失踪的。

②丧失民事行为能力的。

③依法被吊销船员服务簿的。

④本人申请注销注册的。

船员在劳动合同期间发生上述①、②项情形的,船员服务机构或者船员用人单位应当向海事管理机构报告,并提交相关证明材料,由海事管理机构核实后依法予以注销。

海事管理机构吊销船员服务簿的决定,应当向管理该船员注册档案的海事管理机构通报。

(3)申请人被依法吊销船员服务簿的,自被吊销之日起5年内不予重新注册。

4.船员服务簿管理

(1)船员服务簿是船员的职业身份证件,任何单位或者个人不得冒用、出租、出借、伪造、变造或者买卖。船员在船工作期间应携带船员服务簿。

(2)船员服务簿应当载明船员的姓名、性别、国籍、出生日期、住所、联系人、联系方式以及其他有关事项。海事管理机构应当在船员服务簿中记载船员的安全记录、累计记分情况和违法情况。

(3)船员上船任职后和离船解职前,应当主动将船员服务簿提交船长办理船员任职、解职签注。船长的任职签注由离任船长负责签注,船长的解职签注由接任船长负责签注。

(4)船员服务簿记载页满或者损坏的,应到管理本人注册档案的海事管理机构办理换发事宜,并提交下列材料:

①船员服务簿换发申请。

②近期直边正面5 cm免冠白底彩色照片2张。

③记载页满或者损坏的船员服务簿。

(5)船员服务簿遗失的,应到管理本人注册档案的海事管理机构办理补发事宜,并提交下列材料:

①船员服务簿补发申请。

②相应证明文件。

③近期直边正面5 cm免冠白底彩色照片2张。

5. 监督检查

(1)海事管理机构应建立船员注册数据库和设立船员注册记录簿,记载船员的基本信息。

(2)船员用人单位应建立船员档案,记录船员的个人基本资料、服务资历、培训纪录、安全纪录、健康状况、任解职情况等信息,保持记录内容的真实、连续和完整,并定期向海事管理机构报送船员任职、解职情况。

(3)海事管理机构对船员进行监督检查时,应对下列情况进行核查:

①持有并携带船员服务簿。

②船员服务簿的真实性和符合性。

③船长为在船船员进行签注的情况。

(4)海事管理机构对船员服务机构和船员用人单位进行监督检查时,应对下列情况进行核查:

①船员档案的建立情况;

②定期向海事管理机构报送船员任职、解职情况。

(5)海事管理机构实施监督检查,可询问当事人,向有关单位、船舶或者个人了解情况,查阅、复制有关资料。有关单位、船舶或者个人应当配合。海事管理机构应保守被调查单位、船舶或者个人的商业秘密和个人隐私。

6. 法律责任

(1)违反本办法的规定,以欺骗、贿赂等不正当手段进行注册并取得船员服务簿的,由海事管理机构吊销船员服务簿,并处2 000元以上2万元以下罚款。

(2)违反本办法的规定,伪造、变造或者买卖船员服务簿的,由海事管理机构收缴船员服务簿,并对违法个人处2万元以上5万元以下罚款,对违法单位处5万元以上10万元以下罚款,有违法所得的,还应当没收违法所得。

(3)违反本办法的规定,船员服务簿记载的事项发生变更,船员未办理变更手续的,由海事管理机构责令改正,并可以处1 000元以下罚款。

(4)违反本办法的规定,未进行船员注册而上船工作的,由海事管理机构责令其离岗。

(5)违反本办法的规定,船员在船工作期间未携带船员服务簿的,由海事管理机构责令改正,并可以处2 000元以下罚款。

(6)违反本办法的规定,船长未在船员服务簿内及时、如实记载船员服务资历和任职表现的,由海事管理机构处2 000元以上2万元以下罚款;情节严重的,并给予暂扣船员适任证书6个月以上2年以下直至吊销船员适任证书的处罚。

(7)违反本办法的规定,船员用人单位招用未经注册的人员上船工作的,由海事管理机构责令改正,处3万元以上15万元以下罚款。

(8)海事管理机构工作人员有下列情形之一的,依法给予处分:

①违反规定给予船员注册或者签发船员服务簿。

② 不依法履行监督检查职责。
③ 不依法实施行政强制或者行政处罚。
④ 滥用职权、玩忽职守的其他行为。

(六) 中华人民共和国船员违法记分办法

1. 总则

为增强船员遵守法律意识,减少人为因素对水上交通安全的影响,防治船舶污染水域,根据《中华人民共和国船员条例》等有关法律和法规,制定本办法。

本办法适用于对船员违反水上交通安全和防治船舶污染水域法律、行政法规行为实施累计记分(以下简称"船员违法记分")。

本办法所称船员,是指经注册取得服务簿的船员和引航员,以及游艇操作人员。

中华人民共和国海事局负责统一实施全国船员违法记分管理工作。各级海事管理机构,依照各自职责负责具体实施船员违法记分工作。

2. 周期和分值

(1) 船员累计记分周期(即记分周期)为 1 个公历年,满分 15 分,自每年 1 月 1 日始至 12 月 31 日止。

(2) 根据船员违法行为的严重程度,一次船员违法记分的分值为:15 分、8 分、4 分、2 分、1 分五种。

海船船员违法记分分值标准如表 10-2 和表 10-3 所示。

表 10-2 海船船员水上交通安全类违法记分分值标准

代码	行为名称	对象	分值	法律依据
11001	船舶、设施上的人员在船上值班期间,体内酒精含量超过规定标准的;在船上履行船员职务,服食影响安全值班的违禁药物的	当事船员	15	《海上交通安全法》第九条
11002	船长在弃船或者撤离船舶时未最后离船的	船长	15	《船员条例》第二十二条第(九)项
11003	由他人代替参加考试或者代替他人参加考试的	当事船员	15	《海上交通安全法》第九条
11004	发生海上交通事故的船舶、设施在不严重危及自身安全的情况下,擅自离开事故现场或逃逸的	船长	15	《海上交通安全法》第三十七条
11005	转让、买卖或租借船员职务证书的	当事船员	15	《海上交通安全法》第七条
11006	船舶、设施遇难时,不及时向海事管理机构报告出事时间、地点、受损情况、救助要求以及发生事故的原因的	船长	8	《海上交通安全法》第三十四条
11007	在事故现场附近的船舶、设施,不听从海事管理机构统一指挥实施救助的	船长及值班驾驶员	8	《海上交通安全法》第三十八条
11008	船舶、设施不符合安全航行条件而开航的	船长	8	《海上交通安全法》第十条
11009	船舶、设施不符合安全作业条件而作业的	船长	8	《海上交通安全法》第十条

续表

代码	行为名称	对象	分值	法律依据
11010	船舶、设施未按照规定进行夜航的	船长	8	《海上交通安全法》第十条
11011	船舶、设施未按规定拖带，或非拖带船从事拖带作业的	船长	8	《海上交通安全法》第十条
11012	装运危险货物的船舶擅自在非停泊危险货物船舶的锚地、码头或其他水域停泊的	船长	8	《海上交通安全法》第三十二条《危险化学品安全管理条例》第四十五条
11013	引航员在引领船舶时，未持有相应的引航员适任证书的	当值引航员	8	《船员条例》第九条第一款
11014	船员在船工作期间，未持有相应的船员适任证书或者其他适任证件的	未持证船员	8	《船员条例》第九条第一款
11015	船舶、设施不按照规定载运旅客、车辆的	船长	8	《海上交通安全法》第十条
11016	船舶、设施超过核定载重线载运货物的	大副	8	《海上交通安全法》第十条
11017	未按照规定保障船舶的最低安全配员的	船长	8	《船员条例》第二十二条第三项
11018	伪造船舶服务资历，或者提供虚假材料申请船员证书的	责任船员	8	《船员条例》第五十三条
11019	船舶无正当理由进入或者穿越禁航区的	值班驾驶员	8	《海上交通安全法》第十五条
11020	船员考试作弊的	当事船员	8	《海上交通安全法》第九条
11021	船舶、设施上的人员在船上履行船员职务，未按照船员值班规则实施值班的	当事船员	8	《海上交通安全法》第九条
11022	船舶、设施储存、装卸、运输危险货物，不遵守国家关于危险货物管理和运输规定的	当事船员	4	《海上交通安全法》第三十二条《危险化学品安全管理条例》第四十五条
11023	船舶、设施上的人员不按规定使用明火的	大副或轮机长	4	《海上交通安全法》第九条
11024	船舶进出港口或通过交通管制区、通航密集区和航行条件受到限制的区域时，不遵守中国政府或海事管理机构公布的特别规定的	船长	4	《海上交通安全法》第十四条
11025	引航员未按照水上交通安全和防治船舶污染操作规则引领船舶的	当值引航员	4	《船员条例》第二十条第(三)项
11026	船舶、设施上的人员不采用安全速度航行的	值班驾驶员	4	《海上交通安全法》第九条
11027	船舶、设施上的人员不按规定的航路航行的	值班驾驶员	4	《海上交通安全法》第九条

第十章 领导力和管理技能运用

续表

代码	行为名称	对象	分值	法律依据
11028	船舶、设施上的人员不遵守避碰规则的	值班驾驶员	4	《海上交通安全法》第九条
11029	船舶、设施上的人员不按照规定停泊、倒车、调头、追越的	值班驾驶员	4	《海上交通安全法》第九条
11030	船舶、设施上的人员不按规定进行试车、试航、测速、辨校方向的	船长	4	《海上交通安全法》第九条
11031	船舶、设施不遵守强制引航规定的	船长	4	《海上交通安全法》第十条
11032	船舶触碰航标不报告的	值班驾驶员	4	《航标条例》第十四条第二款
11033	未按照规定抄收海岸电台播发的海上航行警告的	船长、二副或值班驾驶员	4	《海上交通安全法》第九条
11034	船舶、设施超过核定航区航行的	值班驾驶员	4	《海上交通安全法》第十条
11035	游艇的航行水域超出检验证书所载明的适航范围的	游艇操作员	4	《游艇安全管理规定》第十七条第一款
11036	船长、高级船员在航次中，擅自辞职、离职或者中止职务的	当事船员	4	《船员条例》第二十三条
11037	船员未如实填写或者记载有关船舶法定文书的	当事船员	4	《船员条例》第二十条
11038	引航员在引领船舶时未携带规定的有效证件的	未带证引航员	2	《船员条例》第二十条第（一）项
11039	船员在船工作期间未携带规定的有效证件的	未带证船员	2	《船员条例》第二十条第（一）项
11040	游艇操作人员操作游艇时未携带合格的适任证书的	操艇员	2	《游艇安全管理规定》第十五条第三款
11041	船舶、设施上的人员不按规定显示信号的	值班驾驶员	2	《海上交通安全法》第九条
11042	船舶、设施不遵守航行通信和无线电通信管理规定的	值班驾驶员	2	《海上交通安全法》第十条
11043	船舶、设施上的人员不按照规定保持船舶自动识别系统处于正常工作状态，或者不按照规定在船舶自动识别设备中输入准确信息，或者船舶自动识别系统发生故障未及时向海事管理机构报告的	值班驾驶员	2	《海上交通安全法》第九条
11044	船舶、设施违反船舶并靠或者过驳有关规定的	船长	2	《海上交通安全法》第十条
11045	游艇未在海事管理机构公布的专用停泊水域或者停泊点停泊，或者临时停泊的水域不符合《游艇安全管理规定》要求的	操艇员	1	《游艇安全管理规定》第二十条

表 10-3 海船船员防治船舶污染类违法记分分值标准

代码	行为名称	对象	分值	法律依据
12001	因发生事故或其他突发性事件,造成海洋环境污染事故,不立即采取处理措施的	船长	15	《海洋环境保护法》第六十五条
12002	船舶向沿海水域排放《海洋环境保护法》等有关规定禁止排放的污染物或其他物质的	大副或轮机长及责任船员	15	《海洋环境保护法》第六十二条第一款
12003	发生船舶污染事故,船舶、有关作业单位迟报、漏报、瞒报和谎报事故的	船长	8	《防治船舶污染海洋环境管理条例》第三十七条
12004	船舶超过标准排放污染物的	大副或轮机长及责任船员	8	《海洋环境保护法》第六十二条第一款
12005	未经海事管理机构批准,使用消油剂的	船长	8	《海洋环境保护法》第七十条第(三)项；《防治船舶污染海洋环境管理条例》第四十三条
12006	未经海事管理机构批准,船舶载运污染危害性货物进出港口、过境停留、进行装卸的	大副	4	《海洋环境保护法》第六十七条；《防治船舶污染海洋环境管理条例》第二十二条
12007	载运污染危害性货物的船舶不符合污染危害性货物适载要求的	大副	4	《防治船舶污染海洋环境管理条例》第二十一条第一款
12008	未经海事管理机构批准,船舶进行散装液体污染危害性货物过驳作业的	船长	4	《防治船舶污染海洋环境管理条例》第二十六条
12009	船舶未按照规定在船舶上留存船舶污染物处置记录的;船舶污染物处置记录与船舶运行过程中产生的污染物数量不符合的	船长、大副或轮机长及责任船员	4	《防治船舶污染海洋环境管理条例》第十六条第一款

3. 实施

（1）船员违法记分由船员违法行为发生地的海事管理机构管辖。船员违法行为发生地包括船员违法行为的结果发现地、初始发生地和过程经过地。

海事管理机构对船员违法记分管辖发生争议的,报请共同的上一级海事管理机构指定管辖。

海事管理机构对不属其管辖的船员违法记分案件,应当移送有管辖权的海事管理机构;受移送的海事管理机构如果认为移送不当,应当报请共同的上一级海事管理机构指定管辖。

（2）海事管理机构发现船员存在依法应当实施船员违法记分行为的,应当进行调查,并听取当事人的陈述申辩。

船员违法行为事实清楚、证据确凿的,具有管辖权的海事管理机构应按照本办法对其实施船员违法记分,并予以相应记载。

（3）船员一次存在两种以上违法行为的,应当分别计算,累计记分分值。

对存在共同违法行为的船员,应当分别实施船员违法记分。

对船员的同一违法行为,不得给予两次及以上船员违法记分。

(4)船员在一个记分周期内累计记分达到15分的,最后实施船员违法记分的海事管理机构应当扣留其船员适任证书,责令其参加为期5日的水上交通安全、防治船舶污染等有关法律、行政法规的培训(以下简称"法规培训")并进行相应的考试。

船员在一个记分周期内累计记分未达到15分的,记分分值重新起算。

(5)船员在一个记分周期内累计记分两次及以上达到15分,或在连续2个记分周期内分别达到15分,或连续2个记分周期内累计记分达到40分的,最后实施船员违法记分的海事管理机构应当扣留其船员适任证书,责令其参加法规培训和考试,考试内容除理论部分外,还包括船员适任能力考核。

4. 培训和考试

(1)船员需参加法规培训的,可向最后被实施船员违法记分地、船员注册地或船员适任证书签发地的海事管理机构报名。

海事管理机构收到船员的报名后,对符合上款规定的应在15个工作日内组织培训。

(2)法规培训应包括水上交通安全和防治船舶污染等管理法规、安全知识的教育和海事案例等内容。

(3)被扣留船员适任证书的船员经相应考试合格后,海事管理机构应发还其船员适任证书,记分分值重新起算。

(4)被扣留船员适任证书的船员未经考试合格的,不得在船舶上继续服务。

5. 附则

本办法规定的法规培训及考试,不收取费用。

本办法自2016年1月1日起施行。2002年7月11日印发的《中华人民共和国船员违法记分管理办法(试行)》(海船员〔2002〕333号)同时废止。

(七)中国船舶报告系统管理规定

为保证中国船舶系统的有效运行,提高搜救行动的效率,保障海上人命、财产的安全,保护海洋环境,根据有关法律、法规制定《中国船舶报告系统管理规定》(自2001年6月1日起施行)。其主要内容如下:

1. 船舶报告系统

(1)含义:是指船舶使用规定的报告格式和程序向中国船舶报告管理中心报告,各海上搜救中心应用报告信息对遇险船舶组织救助的一种制度。

(2)组成:由中国海上搜救中心、船舶报告管理中心、区域海上搜救中心、报告接收站和参加中国船舶报告系统的船舶组成。

(3)性质:船舶报告系统是一个积极有益的应急保障系统。

(4)船舶报告系统功能:

①中国船舶报告系统将时刻关注报告船舶的航行安全,维护海洋环境清洁。

②中国船舶报告系统是一个集计算机、通信和网络技术为一体的信息系统。它具有对船舶报告的航线、船位进行自动标绘和推算、对延时未报船舶自动预警等功能。

③系统可提供船舶资料,为组织、协调指挥船舶参与搜寻救助提供相关信息,避免或减少海上人员伤亡和财产损失,保障人命安全。

2. 实施机关

（1）主管机关：中华人民共和国海事局是中国船舶报告系统的主管机关。

（2）各级海事机构的责任：检查、敦促符合强制参加中国船舶报告系统的船舶参加中国船舶报告系统，并向志愿参加船舶宣传中国船舶报告系统。

（3）对船舶所有人、经营人或代理人要求：督促船舶遵守本规定参加船舶报告系统。

3."中国船舶报告区域"的范围

适用于其他国家领海和内水以外的北纬9°以北，东经130°以西的海域。

4. 适用的对象

（1）航行在中国船舶报告区域内，且航行时间超过6 h的下列船舶必须加入中国船舶报告系统：

①航行于国际航线300总吨及以上的中国籍船舶；

②航行于中国沿海航线1 600总吨及以上的中国籍船舶；

③2005年1月1日后航行于中国沿海航线300总吨及以上的中国船舶。

（2）中国政府鼓励外国籍船舶和其他中国籍船舶志愿加入中国船舶报告系统。加入中国船舶报告系统的船舶必须遵守本规定。

5. 对加入中国船舶报告系统的船舶要求

应按照中华人民共和国海事局制定并颁布《中国船舶报告系统船长指南》中规定的报告方式、种类、格式、内容和要求进行报告。

6. 报告

（1）报告接收站应负责接收船舶报告信息，保证及时、准确地将接收的船舶报告信息提供给船舶报告管理中心，或能够被船舶报告管理中心及时、准确地采集。

（2）船舶所有人、经营人或代理人应通过有效的通信方式，及时、准确地向船舶报告管理中心提供船舶报告信息。

五、海关对船员的出入境管理

中华人民共和国海关是国家进出境监督管理机关。海关依照《中华人民共和国海关法》（简称《海关法》）和其他有关法律、法规，监管进出境的船舶、货物、物品，征收关税和其他税、费，查缉走私。海关向船员发放"运输工具服务人员进出境携带物品登记证"，按"运输工具服务人员携带进境自用物品限量表"规定的时间、物品和数量给船员以免税优待。船员带进物品、外币、金银制品等应如实填写"登记证"，向入境海关申报，经审核、验放后，方可进口。船员不得携带违禁物品出入境，不得受人委托携带物品。船员休假离船时，应向海关申报结清海关手续。

如违反我国《海关法》和有关法律、法规，海关可依法处以罚款，构成走私罪的，由司法机关依法追究刑事责任。

六、国家移民管理局对船员的管理

国家移民管理局负责对进出国境的人员及其护照，或者其他进出国境证件、行李物品、载运工具和物资实施检查，以保护我国主权和国家安全。进出境的船舶，必须向移民管理局申报船员、旅客清单,并接受其检查。进出境的船舶,在我国领海、内海、港湾或者江河内行驶时,不准中途上下人员或者装卸货物。外国籍船舶上下人员,必须向移民管理局交验上下船的有效证件,检查行李物品,并经许可。

我国在对外开放的港口、机场、国境车站和孔道以及特许的进出口岸,设立检查站。检查站负责对进出国境的人员及其护照(或海员证)、行李物品和进出国境的交通运输工具及其载运的物资,实施检查。

出境、入境的人员必须按照规定填写出境、入境登记卡,向检查站交验本人的有效护照或者其他出境、入境证件,经查验核准后,方可出境、入境。

上、下外国船舶的人员,必须向移民管理局检查人员交验出境、入境证件或者其他规定的证件,经许可后,方可上船、下船。

七、国境卫生检疫机关对船员的管理

中华人民共和国国境卫生检疫机关,依照《中华人民共和国国境卫生检疫法》(简称《国境卫生检疫法》)及其实施细则,实施国境卫生检疫,保护身体健康,防止传染病的传入或传出。中国籍船员出境前,均须到卫生检疫机关接受健康检查,预防接种,领取"健康证明书""国际预防接种证书"等卫生文书,出境时经卫生检疫机关验证,方可出境。入境船员需经卫生检疫机关验证。卫生检疫重点为鼠疫、霍乱、黄热病等检疫传染病;对中国籍船员还要检查有无艾滋病、性病或其他传染病。

对违反《公民出境入境管理法实施细则》《国境卫生检疫法实施细则》者,予以处罚。对违反我国《国境卫生检疫法》构成犯罪的,由司法机关依法追究刑事责任。

第二节 船上人员管理与训练

适用对象:沿海航区及无限航区 750 kW 及以上船舶大管轮和轮机长。

知识要点概述:要求无限航区/沿海航区 750 kW 及以上船舶大管轮掌握熟悉管理下属并保持良好关系的方法,了解船员就业的相关要求,掌握可以在船上采用的训练方法以及掌握训练方法的有效性评价。要求无限航区/沿海航区 750 kW 及以上船舶轮机长了解船上人员的培训的种类和方法;掌握船上人员培训的内容、程序和方法。

一、船上人员的管理

(一)管理下属并保持良好关系的原则

目前,船舶设备的可靠性已远远大于人的操作可靠性,人的失误对船舶安全构成了更大的威胁,这就使得提高船舶安全的关注点逐步转移到人的身上。国际海事界和航运界也意识到,对于船舶安全和防污染的管理,必须正视人为因素。STCW 公约马尼拉修正案中强调机舱资源管理的核心是机舱人力资源(软资源)的管理。人为因素的管理在船舶管理中占非常重要的地位。采用合适的手段管理下属并与其保持良好的人际关系,是减少人为因素对船舶安全影响的一个关键因素。

1. 人为因素

大量海难事故的统计分析表明,海事事故中有 80% 以上与人为因素有关。人为因素主要

是指船员的错误操作、责任心不强或人员素质不高等造成的安全事故。国际海事组织早在1993年第十八届大会上通过了关于《船舶配员中的疲劳因素和安全》的A.772(18)号决议,开始关注人为因素对船舶航行安全和海洋防污染的重要作用。另外,国际海事组织(IMO)的《海事调查员示范教程》第八部分"人为因素"中也强调了事故与人为因素有关。该文献指出:人为因素在事故的初发阶段起着十分重要的作用。因此,为了消除和减少人为因素对海上安全的负面影响,科学地考虑人为因素已是现代机舱管理的一个重要组成部分。

鉴于上述背景,1997年6月23日,国际海事组织所属的海上安全委员会和海洋环境委员会经过与有关国家专家的长期研究联合发布了《人为因素统一术语》,将海上事故中人为因素的主要表现归纳为五点:

(1)人的行为能力的降低:主要体现在易激动(冲动)、恐慌、焦虑、个人问题、精神创伤、酗酒、服用药物或吸毒、注意力不集中、伤害、思维疾病、身体疾病、消极、故意误操作、疲劳、士气低落、缺乏自律、视力障碍、工作负荷过大。

船舶航行中操作人员的行为有几个重要方面:第一,船员的心理状态,当船员在船舶航行中处于不良的心理状态,比如紧张、激动、孤独等情绪时,就很容易造成感知错误,继而产生错误判断,再者就会直接导致操作失误。第二,船员的生理方面,这方面主要包括船员身体健康程度和疲劳程度两个方面。由于船舶长期在海上航行,船员不仅要能够长时间持续工作,还要承受不同航区气候的变化,故船员的身体健康与否会对船舶航行安全产生直接影响。同时,船员的大脑疲劳在生理上表现为感觉迟钝、动作不准确且灵敏性降低,在心理上表现为注意力不集中、思维迟缓、反应慢、心情烦躁等。因此,疲劳会使不安全行为增加,船舶操纵质量下降,导致船舶安全事故或潜在安全事故数量增加。

(2)海上环境:环境因素是指航区天气、海况以及船舶自身等因素,主要体现在自然环境险恶、机舱设计方面的不良情况对人为因素的影响。

影响海运安全的气象海况条件包括能见度、风(浪)、洋流和潮汐等。例如:在大风浪中航行,船员必须争取并充分利用一切有利的因素,努力避免船舶陷入被动而形成险局。一旦出现险情,不要惊慌失措,要齐心协力战胜困难,树立战胜大风浪的信心。轮机部门要尽全部力量保障主机、辅机和舵机处于良好可使用状态,保证船舶动力正常,只有这样才能掌握主动权,使船舶在大风浪中不致失控。另外,海域交通环境因素也非常重要,在近海岸最容易发生海上事故,原因不仅仅是由于航道狭窄,还包括这一地区有大量的浅滩、暗礁、沉船等阻碍正常航行的障碍物,还有就是这一海域的船舶通航密度大增,进而造成船舶发生碰撞事故的概率增大。

(3)安全管理:主要体现在操作知识不足、对相应局面的联系/认识不足、缺乏联系和协调、对规则和标准的认识不足、对船舶操作程序不了解、对岗位职责不了解、缺乏语言技能。

统计分析表明,人为因素中约有80%可以通过有效的管理加以控制,即通过强化公司的内部管理和船舶的安全管理加以控制。海事检查发现,地方和民营船舶公司所属船舶的安全缺陷明显多于国家骨干航运企业所属船舶。只有积极而且有效的管理,才能使航运公司的各个部门、船上各个环节和不同的个体,有机地联系在一起,进而减少事故的发生。

(4)营运:主要体现在不遵守纪律、指挥失败、监督不足、协调或联系不足、硬件资源管理不善、配员不合适、没有足够的人力资源、工作计划不良、规章或程序实践不良以及错误应用。

(5)脑力劳动:主要体现在缺乏对局面的认识、缺乏洞察力、辨认错误、识别错误。

因此,综合分析造成船舶严重事故的深层次原因,可以看出影响船舶航行安全的因素主要有人的行为能力、环境因素、安全管理、营运和脑力劳动等方面。然而,作为人为因素研究的前提和基础,由于理解和分类的偏差,在海事调查中常常会忽视或遗漏人为因素中的关键信息。针对这一问题,IMO于1999年通过了A.884(2.1)《海事中人为因素调查指南》,向海事调查员提供了海事中人为因素调查的方法和程序。

实际上,除了上述这些重要的因素外,船员对待自己的工作态度和日常的团队工作技能在船舶安全和营运效益上也有不可替代的作用。

2. 管理下属并保持良好的人际关系

良好的管理者在船舶管理中,善于利用指导、沟通、协调与激励等手段,与下属建立和谐的人际关系,激发下属的积极性和创造性,做出最大的工作努力,产生最佳的工作业绩。

(1)指导

指导工作是领导者对下属的指点和引导,使他们明确方向和任务。具体指导方式包括以指令、指示形式指导和身先士卒、以身作则等形式指导。

在组织的集体活动中,领导者应当通过引导、指挥、指导等活动,帮助组织成员最大限度地实现组织的目标。尽管引导、指挥、指导等活动在形式上略有差异,但共同的要求都是:领导者不是站在组织成员的后面去推动、去督促,而是作为带头人来引导团队前进,鼓舞人们去奋力实现组织的目标。拿破仑·波拿巴曾说过:"只有糟糕的将军,没有糟糕的士兵。"我国也有俗语:"干部,干部,先走一步。"这些都说明,领导者只有站在群众的前面,以身作则,身先士卒,才能真正起到指挥的作用。

要有效发挥领导的作用,领导者还必须正确认识权力的性质和作用,努力提高自身素质,不断改善领导作风,从实际出发恰当选择领导方式,并充分发挥领导集体的作用。

(2)沟通

①沟通的含义

沟通也称为信息交流,是指发讯者把信息(也包括发讯者的思想、知识、观念、意图、想法等在内)按照可以理解的方式传递给接收者,达到相互了解和协调一致的效果,以确保组织目标的实现。这个过程主要有信息的发讯者、信息的接收者和信息的传播媒介三个环节构成,而且实际上信息的发讯者和接收者都有一个信息处理系统,这是一个最简单的沟通过程。

沟通有各种各样的类型,最常见的就是人与人之间的沟通,此外还有人与机器之间、机器与机器之间的信息交流。在管理的领导职能中,主要是人与人之间的沟通在起作用。

沟通应具备一些基本条件:

a.沟通必须在两个或两个以上人之间进行。

b.沟通必须有一定的沟通客体,即沟通情况等。

c.沟通必须有传递信息情报的一定手段,如语言、文字等。

②沟通的特征

人与人之间的沟通,有一些特别的特征,区别于人机和机器与机器之间的沟通方式。

a.人与人之间的沟通是通过语言文字来进行的。

b.人与人之间的沟通,不仅仅有信息的交流,同时还伴随着情感态度的交流。

c.人与人之间的沟通,受到人们心理因素的强烈影响。例如,情绪好的时候和情绪差的时候,沟通效果会有很大的不同。

d.人与人之间的沟通存在一些特殊的障碍。例如,随着信息在人们之间的传播,信息会被过滤。另外,人们对信息的理解存在着选择性的认知,再就是情绪障碍、语言语义障碍等。另外一个方面的沟通障碍就是非语言提示,沟通不仅仅是通过语言,人的动作同时也传达着信息。

③沟通的分类

a. 正式沟通与非正式沟通。

b. 上行沟通、下行沟通和平行沟通。

c. 单向沟通和双向沟通。

d. 口头沟通和书面沟通。

④沟通的作用

a. 沟通有利于消除误会,确立互信的人际关系,营造良好的工作氛围,增强组织的凝聚力。

b. 沟通有利于协调组织成员的步伐和行动,确保组织计划和目标的顺利完成。

c. 沟通有利于领导者准确、迅速、完整地了解组织及部属的动态,获取高质量的信息,有助于提高领导工作的效率。

d. 沟通有利于加强组织与外部环境的联系,同外部环境进行物质、信息及能量的交换,保证组织与环境协调一致。

e. 沟通有利于激励下属的斗志,激发整体创新智慧,增强组织的持续发展动力。

⑤沟通的技巧

怎样克服各种各样的沟通障碍呢？尤其是人与人之间的沟通,怎样来提高沟通的效率呢？这里有几方面的技巧。

a. 有效地运用反馈。反馈是改善沟通效率的一种比较有效的工具。在沟通的时候,通过这种积极的反馈,就可以提高对方的沟通意愿。

b. 简化语言。沟通主要是靠语言来进行,但并不是说得越多越好,实际上在很多场合下恰恰相反。为了有效地进行沟通,必须简化语言。

c. 遵循6C守则。为了有效地进行沟通,在沟通过程中要遵循6C守则,即清晰(Clear)、简明(Concise)、准确(Correct)、完整(Complete)、有建设性(Constructive)、礼貌(Couteous)。

清晰——表达的信息要清楚明白,不能模棱两可,能被接收者所理解。

简明——表达同样多的信息要尽可能占用少的信息载体容量,这样既可以降低信息保存、传输和管理成本,也可以提高信息使用者处理或阅读的效率。

准确——是衡量信息质量的最重要指标,直接决定了沟通的结果。不同的信息会导致不同的结论和沟通结果。

完整——表达的信息描述要完整,没有遗漏,否则会因为断章取义或片面的信息导致判断错误或沟通错误。

有建设性——主要强调的是沟通的目的性。

礼貌——情绪和感受是影响人们沟通效果的重要因素,礼貌、得体的沟通形式有利于沟通目标的实现。

d. 善于倾听。上帝给我们两只耳朵,一张嘴,意思就是让我们多听,少说。

倾听和听有区别。听是单从姿态讲,听到没听到,也许是另外一回事。倾听意味着非常专注地接受对手给你的信息。在很多管理人员的培训中,怎样听人讲话,是一个很重要的方面。听是需要有技巧的,善于倾听的人,尽管他本人也许说得不是很多,但是却能充分地进行沟通,能充分地让人理解。这就说明,作为管理者,听的本领同说的本领是同样重要的。在国外常常有这样的培训课程来训练或者教导管理者如何倾听别人的意见。例如,要面对讲话者,要通过用点头或者一些动作、表情来表达对讲话者的赞许来鼓励他说下去,要让人感到放松等,通过各种各样的措施来提高听的效率。

e. 善于抑制自己的情绪。不要让自己的情绪影响沟通的效果。人的情绪每天有高潮有低潮。在沟通的时候,就要善于自我调节,尽量使自己保持一种最佳状态,从而提升沟通的效率。

⑥有效沟通

a. 有效沟通的内涵

达成有效沟通须具备两个必要条件:首先,信息发送者清晰地表达信息的内涵,以便信息接收者能确切理解;其次,信息发送者重视信息接收者的反应并根据其反应及时修正信息的传递,免除不必要的误解。两者缺一不可。有效沟通主要指组织内人员的沟通,尤其是管理者与被管理者之间的沟通。

b. 有效沟通的原则

(a)能听话:不随意插断对方的话,听懂别人的想法。

(b)能赞美:沟通对象的话,有道理的地方,应适当予以赞美。

(c)能平心静气:沟通双方如无"平心静气"的心理准备,沟通起来就易于"斗气"。

(d)能变通:解决事情的方案绝对不止一个。

(e)能清楚说明:举个例子,"某块地有一英亩",听的人不见得清楚,再加以解说,一英亩大约等于一个足球场的面积,从来没去过足球场的人还不清楚,那就再加以举例说好像我们会议室面积的几倍。

(f)能幽默:有一次美国总统里根打电话给众院议长欧尼尔,他说:"依神的旨意,你我为敌,只能到下午六点,现在是下午四点,我们就把它假装现在是六点,好不好?"一句话,就此解决了彼此沟通的障碍,多高明呀!

c. 沟通障碍

沟通障碍,是指信息在传递和交换过程中,受噪声的干扰,而失真或中断。沟通障碍包括传送障碍、接受障碍、信道障碍。

克服沟通障碍的艺术有:建立正式、公开的沟通渠道;克服不良的沟通习惯;领导者要善于聆听。

d. 提高全员的沟通技巧

(a)改变沟通心态。建立平等、尊重、设身处地、欣赏、坦诚的沟通心态。

(b)清晰和有策略地表达。不同的事情,采取不同的表达方式。口语沟通做到简洁、清晰、对事不对人、注重对方感受;同时多利用身体语言及语音语调等,便于对方理解,并产生亲和感。书面沟通做到有层次、有条理,学会运用先"图"后"表"再"文字"的表达方式。

(c)仔细倾听。专注、耐心、深入理解式地倾听发言者所表达的全部信息,做到多听少说。

(d)积极反馈。对信息发送者所表达的信息给予积极的反馈(书面或口语回复、身体语言反馈、概括重复、表达情感等)。

⑦管理沟通

管理沟通分为外部沟通和内部沟通。

a. 外部沟通

一是通过公共关系手段,利用大众传媒、内部刊物等途径,与客户、政府职能部门、周边社区、金融机构等,建立良好关系,争取社会各界支持,创造好的发展氛围;二是企业导入企业形象识别系统,把理念系统、行为系统、视觉系统进行有效整合,科学合理地传播,树立良好的企业形象,提高企业的知名度、美誉度、资信度,为企业腾飞和持续发展创造好的环境。

b. 内部沟通

内部沟通是指为了实现组织的目标,组织内部领导班子成员之间、领导与下属之间、组织各部门之间以及职工之间关系的协调与信息交流。

内部沟通有两个70%值得注意。作为一个领导,每天大概有70%的时间是用来沟通的;在工作中所遇到的问题、障碍,70%是由沟通不畅造成的。一般来说,在内部沟通中容易存在三大障碍和问题:向上沟通无胆,向下沟通无心,平行沟通无肺。那么,领导如何破解这三个问题?作为领导,要赋予下属胆量和勇气,让他们敢于反映问题,在和员工沟通时,要用心、用情,和同事或各单位各部门之间沟通时,要敞开心扉,共享经验。

⑧团队中的沟通方式

a. 上行沟通

上行沟通指团队成员或基层一线工作人员通过一定的渠道与管理决策层所进行的信息交流。它有两种表达形式:一是层层传递,依据一定的组织原则或组织程序逐级向上反映;二是越级反映,减少中间层次,让决策者与团队成员直接对话。

通过上行沟通,小组成员可以直接向领导反映自己的意见,获得一定程度的心理满足;领导者或管理者可以通过这种方式了解整个部门或小组的状况,与下属形成良好的关系。但是在沟通过程中,下属因级别不同有心理距离,形成一些沟通障碍;害怕受到打击报复,不愿反映真实意见;经常性的信息被层层过滤,导致曲解,出现适得其反的结果。

成员不要畏惧或回避与领导者进行沟通,当然同时还要讲究一定的策略:

(a)尽量不要给上司出问答题,而要出选择题。

(b)永远不要只问问题,而不准备答案。

(c)准备随时随地沟通。

b. 下行沟通

管理者通过向下沟通的方式传送各种文件精神、政策指令到组织的下一级成员,这些信息一般包括:有关的工作指示、计划安排,工作内容的描述,成员应遵循的政策、程序、规章,成员绩效的反馈等。

通过下行沟通,小组成员了解了小组目标和领导意图,增加成员对所在团队的向心力和归属感;协调组织内部各个层次的活动,加强组织原则和纪律性,使组织机构正常地运转。但是,如果这种方式使用过多,会给人留下领导者高高在上的印象,小组成员会产生抵触情绪,影响团队的凝聚力;来自最高决策层或公司管理层的信息经过层层过滤,容易被耽误、搁置。

相对而言,下行沟通比较容易,领导者居高临下。例如,船长随时都能用公共广播发出呼叫或指令;上行沟通因为权力距离的固有影响,会比较困难。传统的管理方式偏重于下行沟通,领导风格趋向专制;而现代管理方式中上行沟通和下行沟通并用,强调信息反馈,增加成员参与决策的机会。

c. 平行沟通

平行沟通是指在组织系统(船舶)中,层次相当的个人及小组之间所进行的信息传递和交流。它包括一个系统内部各小组之间的沟通;小组内部成员之间的沟通。平行沟通既可以采取正式沟通的形式,也可以采取非正式沟通的形式。通常是以后一种方式居多,尤其是在正式的或事先拟定的信息沟通计划难以实现时,非正式沟通往往是一种极为有效的补救方式。

平行沟通可以使办事程序、手续简化,节省时间,提高工作效率;可以使系统内部各个小组之间增进了解,有助于培养整体观念和合作精神,克服本位主义倾向;可以增加员工之间的互谅互让,建立员工之间的友谊,满足员工的社会需要,使员工提高工作兴趣,改善工作态度。但其缺点表现在,平行沟通如果头绪多,信息量大,容易造成混乱;成员之间的平行沟通也可能成为其发牢骚、传播小道消息的一条途径,造成涣散团队士气的消极影响。

(3) 协调

协调,就是对可能影响组织和谐的各种矛盾、冲突进行调整、控制,使组织保持一种平衡状态,以实现组织的预定目标。

①协调的对象

a. 协调群体中的个人。

b. 协调组织中的群体。

c. 协调不同的组织。

②协调的种类

a. 纵向协调。纵向协调是指组织内部上下阶层的协调工作,通常经过指挥渠道来完成。

b. 横向协调。横向协调是指组织内同级阶层之间的协调。

③协调的作用

a. 协调是积极的平衡。

b. 协调是组合组织力量,实现组织目标的根本手段。

④协调的内容

a. 目标协调。目标协调是管理活动要达到的最高境界,是一切管理活动的最终归属,但目标作用的发挥需要组织涉及的方方面面的关系必须协调。它包括个人与组织、局部与整体、局部与局部、组织与外部等目标的协调。

b. 利益协调。利益协调是针对组织内部在各种利益,主要是物质利益分配方面已经出现和可能出现的问题而展开的协调,主要是两方面的问题:

一方面是职能部门的资源分配问题,要根据部门的职责、作用进行分配。另一方面是从调动全体成员积极性出发确定利益关系,实现组织与人员、人员与人员之间的利益协调。

c. 思想和行为协调。实现管理目标,最重要的是保持行为协调,而行为协调以人员思想的统一认识为前提。因此,思想协调应坚持宣传教育为主,其他手段为辅的原则。

d. 政策和规章制度的协调。做好政策和规章制度的协调工作应强调两方面工作:一是完善政策和规章制度体系,使部门和人员遵循同一标准活动;二是维护组织的权威性,使部门及其人员有令必行,有禁必止。

⑤协调冲突

冲突是指两个或两个以上的行为主体,由于在目标、认知与情感方面产生差异,在特定问题上采取相互排斥、对抗、否定等行为或情绪而形成的一种状态。

冲突作为一种矛盾的存在形式,存在着正面与反面、建设与破坏、有益与有害不同功能。在特定的情况下,冲突往往是促进组织向前发展的重要诱因。最早提出冲突不是坏事的是L. A. 科塞,他在《社会冲突的功能》一书中认为,有益冲突表现在:

a. 群体内的分歧与对抗能造成一个各社会部门相互支持的社会体系。

b. 让冲突暴露出来,恰如提供一个出气孔,使对抗的成员采取适当方式发泄不满,否则压抑怒气反而酿成极端反应。

c. 冲突增加内聚力,在外部压力下反而更加团结,一致对外。

d. 两大集团的冲突可以显现出它们的实力,并最后达到权力平衡,结束无休止的斗争。

e. 冲突可以促进联合,以求共存,或为了战胜更强大的敌人而结成同盟。

有害冲突是组织中具有破坏性的或阻碍组织目标实现的冲突。这种冲突会使人力、物力和精力分散,凝聚力下降,造成人际关系紧张与敌意,降低工作效率。

冲突与发泄——"安全阀"理论。德国社会学家齐尔美针对传统冲突对策的不彻底性、消极看待和处理冲突的方法而提出的"宣泄"理论和由此而来的社会冲突论中的"安全阀"理论是很有借鉴意义的。因此,领导者应从多维视角来看待冲突,既要看到它的破坏性,也要看到它的建设性,不能简单地把冲突等同于破坏。面对冲突与矛盾要因势利导,化害为利,而不能一味地采取压制与打击的办法。美国西点军校的《军事领导艺术》对领导者可以采取的解决冲突方法归纳为五种:回避、建立联络小组、树立更高目标、采取强制办法、解决问题。

(4) 激励

激励是通过满足人们的需要,引导人们做出预期行为的一种活动。从心理学角度讲,激励是指激发人的行动动机的心理过程,是一个不断朝着期望的目标前进的循环过程。简言之,就是在工作中调动人的积极性的过程。

① 激励的含义

可以从以下三个方面来理解激励这一概念。

a. 激励是一个过程。人的很多行为都是在某种动机的推动下完成的。对人的行为的激励,实质上就是通过采用能满足人需要的诱因条件,引起行为动机,从而推动人采取相应的行为,以实际目标,然后再根据人们新的需要设置诱因,如此循环往复。

b. 激励过程受内外因素的制约。各种管理措施,应与被激励者的需要、理想、价值观和责任感等内在的因素思想吻合,才能产生较强的合力,从而激发和强化工作动机,否则不会产生激励作用。

c. 激励具有时效性。每一种激励手段的作用都有一定的时间限度,超过时限就会失效。因此,激励不能一劳永逸,需要持续进行。

② 需要激励理论

既然激励是通过满足人们的需求来引导人们做出预期的行为,那就意味着管理者要对下属实施激励,首先就要了解下属的需求是什么,然后通过满足他们的需求,使他们的行为按照自己预期的方向来实现预期的目标。作为人类行为的原动力,需要是行为科学中激励理论的重点研究对象之一。许多著名的行为科学家曾从不同角度对需要进行了详细的描述。

a. 马斯洛需求层次理论

马斯洛是被人们引用较多的一位美国管理心理学家。他认为,人类的需要可分为五类:生理上的需要,安全上的需要,社交的需要,尊重的需要,以及自我实现的需要。

(a) 生理上的需要:指人类生存最基本的需要,如食物、水、住房、医药等。这是动力最强大的需要,如果这些需要得不到满足,人类就无法生存,也就谈不上其他的需要。

(b) 安全上的需要:是指保护自己免受身体和情感伤害的需要。这种安全需要体现在社会生活中是多方面的,如生命安全、劳动安全、职业有保障、心理安全等。

(c) 社交的需要:包括友谊、爱情、归属、信任与接纳的需要。人们一般都愿意与他人进行社会交往,想和同事们保持良好的社会关系,希望给予和得到友爱,希望成为某个团体的成员等等。这一层次的需要得不到满足,可能会影响人的精神上的健康。

(d) 尊重的需要:包括自尊和受到别人尊重两方面。自尊是指自己的自尊心,工作努力不甘落后,有充分的自信心,获得成就后的自豪感。受人尊重是指自己的工作成绩、社会地位能得到他人的认可。这一层次的需要一旦得以满足,必然信心倍增,否则就会产生自卑感。

(e)自我实现的需要:这是最高一级的需要,指个人成长与发展,发挥自身潜能、实现理想的需要,即人希望自己能够充分发挥自己的潜能,做他最适合的工作。马斯洛认为,如果一个人想得到最大的快乐,那么,一个音乐家必须创作乐曲,一个画家必须绘画,一个诗人必须写诗。

需求层次在企业中的应用见表10-4。没有满足的需要是激励的开端,而需要的满足则是激励过程的完成。可见,需要是人类行为的出发点、基础和最根本的原因。管理者只有了解了员工的需要以及员工之间需要的差异,然后有针对性地采取管理措施,才能收到良好的激励效果,充分调动员工的工作积极性。

表10-4 需求层次在企业中的应用

需求层次	激励因素(追求的目标)	应用
生理上的需要	工资和奖金 各种福利工作环境	足够的薪金、舒适的工作环境、适度的工作时间、住房和福利设施、医疗保险等
安全上的需要	职业保障 意外事故的防止	雇佣保证、退休养老金制度、意外保险制度、安全生产制度、危险工种营养福利制度
社交的需要	友谊、团体的接纳 组织的认同	建立和谐的工作团队、建立协商和对话制度、互助金制度、联ամ小组、教育培养制度
尊重的需要	名誉和地位 权力和责任	人事考核制度、职衔、表彰制度、责任制度、授权
自我实现的需要	能发挥个人特长的环境 具有挑战性的工作	决策参与制度、提案制度、破格晋升制度、目标管理、工作自主权

b.赫茨伯格的双因素理论

"双因素理论"是"保健、激励因素理论"的简称,是美国匹茨堡心理学研究所的赫茨伯格于20世纪50年代后期提出的。赫茨伯格认为,使员工感到满意的因素与使员工感到不满意的因素是大不相同的。使员工感到不满意的因素往往是由外界环境引起的,使员工感到满意的因素通常是由工作本身产生的。

(a)保健因素。赫茨伯格发现造成员工非常不满意的原因有:公司政策、行为管理和监督方式、工作条件、人际关系、地位、安全和生产条件等。这些因素改善了,只能消除员工的不满、怠工与对抗,但不能使员工变得非常满意,也不能激发他们的积极性,提高他们的效率。赫茨伯格把这一类因素称为保健因素,就像某些保健物品只能预防疾病,但不能提高身体状况一样。

(b)激励因素。赫茨伯格还发现使员工感到满意的原因有:工作富有成就感、工作成绩能得到认可、工作本身具有挑战性、负有较大的责任、在职业上能得到发展等。这类因素的改善,能够激励员工的工作热情,从而提高生产率。如果处理不好,也能引起员工的不满,但影响不是很大,赫茨伯格把这类因素称为激励因素。

保健因素与激励因素如表10-5所示。

表10-5 保健因素与激励因素

保健因素	激励因素
金钱	工作本身
监督	赏识

续表

保健因素	激励因素
地位	进步
安全	成长的可能性
工作环境	责任
政策与行动	成就
人际关系	……

③激励的原则

激励是一门科学,正确的激励应遵循以下原则:

a. 组织目标与个人目标相结合的原则。在激励机制中,设置目标是一个关键环节。目标设置必须体现组织目标的要求,否则激励将偏离实现组织目标的方向。目标设置还必须能满足员工个人的需要,否则无法提高员工的目标效价,达不到令人满意的激励强度。只有将组织目标与个人目标结合好,使组织目标包含较多的个人目标,使个人目标的实现离不开为实现组织目标所做的努力,才会收到良好的激励效果。

b. 物质激励与精神激励相结合的原则。员工存在着物质需要和精神需要,相应地激励方式也应该是物质激励与精神激励相结合。鉴于物质需要是人类最基础的需要,但层次也最低,物质激励的作用是表面的,激励深度有限。因此,随着生产力水平和人员素质的提高,应该把重心转移到以满足较高层次需要即社交、自尊、自我实现需要的精神激励上去。换句话说,物质激励是基础,精神激励是根本,在两者结合的基础上,逐步过渡到以精神激励为主。

c. 外在激励与内在激励相结合的原则。根据赫茨伯格的"双因素理论",在激励中可区分两种因素——保健因素和激励因素。凡是满足员工生存、安全和社交需要的因素都属于保健因素,其作用只是消除不满,但不会产生满意,这类因素叫外在激励。满足员工自尊和自我实现需要,最具有激发力量,可以产生满意,从而使员工更积极地工作,这些因素属于内在激励因素。内在激励因素所产生的工作动力远比外在的保健因素要深刻和持久。因此,在激励中,领导者应善于将外在激励与内在激励相结合,以内在激励为主,力求收到事半功倍的效果。

d. 正激励与负激励相结合的原则。根据强化理论,可把强化分为正强化和负强化,也称为正激励与负激励。显然,正激励与负激励都是必要、有效的,不仅作用于当事人,而且会间接地影响周围其他人。通过树立正面的榜样和反面的典型,扶正祛邪,形成一种好的风气,产生无形的压力,使整个群体和组织的行为更积极、更富有生气。但鉴于负激励具有一定的消极作用,容易产生挫折心理和挫折行为,应该慎用。因此,领导者在激励时应该把正激励与负激励巧妙地结合起来,而坚持以正激励为主、负激励为辅。

e. 按员工需要激励的原则。激励的起点是满足员工的需要,但员工的需要存在着个体差异性和动态性,因人而异,因时而异,并且只有满足最迫切需要的措施,其效益才高,其激励强度才大。因此,领导者在进行激励时,必须深入地进行调查研究,不断了解员工需要层次和需要结构的变化趋势,有针对性地采取激励措施,才能收到实效。

f. 坚持民主公正的原则。公正是激励的一个基本原则。如果不公正,奖不当奖,罚不当罚,不仅收不到预期的效果,反而会造成许多消极后果。公正就是赏罚严明,并且赏罚适度。赏罚严明就是铁面无私,不论亲疏,不分远近,一视同仁。赏罚适度就是从实际出发,赏与功相匹配,罚与罪相对应,既不能小功重奖,也不能大过轻罚。

④激励的方法

激励的方法多种多样,国内外的先进企业在这方面积累了丰富的经验,大体上有以下行之有效的方法:

a. 目标激励。企业目标是一面号召和指引千军万马的旗帜,是企业凝聚力的核心。它体现了员工工作的意义,预示着企业光辉的未来,能够在理想和信念的层次上激励全体员工。企业应该将自己的长远目标、近期目标大张旗鼓地进行宣传,做到家喻户晓,让全体员工看到自己工作的巨大社会意义和光明前途,从而激发大家强烈的事业心和使命感。

在进行目标激励时,还应注意把组织目标与个人目标结合起来,宣传企业目标与个人目标的一致性。企业目标中包含着员工的个人目标,员工只有在完成企业目标的过程中才能实现其个人目标。使大家具体地了解:企业的事业会有多大发展,企业的效益会有多大提高,相应地,员工的工资奖金、福利待遇会有多大改善,个人活动的舞台会有多少扩大,使大家真正感受到"厂兴我富,厂兴我荣"的道理,从而激发出强烈的归属意识和巨大的劳动热情。

b. 奖罚激励。"赏罚,政之柄也",实际上不管奖励也好,奖罚结合也好,尽管有关激励的各种研究和理论已大量涌现,但奖励和惩罚仍是两个有力的激励因素。当然,"赏罚必在至公",不可滥用;尤其是惩罚,它会引起自卫、报复等副作用。坚持正面的奖励和表扬,通常效果更好。

然而,有的管理人员说,用正面的奖励来满足员工的各种需要,诚然不错,可是有的员工"欲海难填"怎么办?事实上奖励及表扬的方法是很多的,以下几类都可适当加以选择并应用:

(a)薪酬与奖励:用加薪、奖金、奖品、礼品等以示奖励。

(b)增加责任:鼓励员工参与管理,减少外加的监督与控制,实现员工建议制等。

(c)对个人和群体实行适当灵活的优惠:如实行弹性工作时间,延长休息或午餐的时间,获准提早下班,带薪或无薪的假期,特殊待遇(如为员工装电话、组织旅游等),单位资助出席专业会议或送海外培训等。

(d)职务与地位的升迁:诸如获得新的职务、给予委派授权、工作轮换培训、职务多元化、升迁新的职衔、提供更佳的工作场所、被邀请参加"高层"会议或负责督导更多的下属。

(e)衷心的嘉许与表扬:具体赞扬所取得的成绩,做出坦率、真诚的评价,鼓励继往开来。

(f)社交活动:提供免费工作午餐,增加个人和群体的交往接触,组织运动会、户外活动及聚会,通过社交和与工作有关的场合使员工与上司有更多的相处时间。

c. 评比、竞赛、竞争激励。竞争是市场经济的重要特征之一,组织中经常开展必要的评比、竞赛、竞争,能使员工的情绪保持紧张,提高士气,克服惰性。同时,通过评比竞赛,能使劳动者的业绩得到公正合理的评价,促使他们为企业做出更大的贡献。

d. 榜样激励。榜样激励的方法是在组织中树立先进模范人物和标兵的形象,号召和引导员工向先进模范人物学习,将员工的行为引导到组织目标所期望的方向。现在,许多企业都有自己的报纸和内部网站,使榜样激励增添了许多更有效、更丰富、更灵活多样的内容和手段。但榜样的树立,应当坚持实事求是,不要虚构和夸张,以免引起员工的逆反心理。

榜样激励的一个很重要的方面是领导者本人的身先士卒,率先垂范。人们常说身教重于言教,正如一些企业负责人所说的:"喊破嗓子,不如做出样子。"领导的一个模范行动,胜过十次一般号召。领导的模范行动,像无声的命令,对其下属有巨大的影响力,可以激发出员工的工作积极性和工作热情。

e. 参与激励。员工是企业的主人,企业应该把员工摆在主人的位置上,尊重他们,信任他们,让他们在不同层次和不同深度上参与决策,吸收他们提出的正确意见,全心全意地依靠他们办好企业。通过参与,形成员工对企业的归属感、认同感,进一步满足自尊和自我实现的需要。全面质量管理小组,员工参与班组民主管理,员工通过职代会参与企业重大决策,是员工参与企业决策和企业管理的主要渠道。其他如"奖励员工合理化建议"制度、"诸葛亮会"等都是行之有效的员工参与形式。

f. 感情激励。感情投资在现代管理中是一个非常重要的因素,对人的工作积极性有重大影响。它能密切上下级关系,增强员工的动力,振奋员工的精神。感情激励就是加强与员工的感情沟通,尊重员工,关心员工,与员工之间建立平等和亲切的感情,千方百计创造条件满足他们的合理需要,并且积极为员工排忧解难,办实事,让员工体会到领导的关心、企业的温暖,从而激发出他们的主人翁责任感和爱厂如家的精神。感情激励的技巧在于"真诚"二字。

g. 员工持股激励。在市场经济条件下,员工持股激励是对员工激励的最根本方法之一。其出发点是实行产权多元化,鼓励员工在企业持股,利润共享。员工持股增加了他们对企业的认同感,使他们迸发出巨大的工作热情和责任感,促使企业效益的提高。

h. 危机激励。危机激励的实质是树立全体员工的忧患意识,做到居安思危,无论是在组织顺利还是困难的情况下,都永不松懈,永不满足,永不放松对竞争对手的警惕。日本学者小山秋义把这种激励方法称为"怀抱炸弹经营""置之死地而后生",唤醒全体员工的危机意识,确保组织立于不败之地。

i. 组织文化激励。推行组织文化有助于建立员工共同的价值观和组织精神,树立团队意识。美国、日本有许多组织全面推行组织文化,取得了非常成功的经验,不但增强了员工对组织的凝聚力和自豪感,而且提高了组织素质和整体实力。优良的组织文化也是组织必不可少的激励手段。

3. 轮机部人员管理

船长、轮机长、大副和大管轮是管理级船员,应当掌握人事管理的经验。同时,作为操作级船员的驾驶员和轮机员是负责值班的高级船员,值班期间必须行使其权力,管理负责值班的团队,这其中也包含人事管理的具体运用。在此基础上,管理级和操作级船员还要利用自己人事管理的经验,提高自己的知识水平,以提高和岸上人员协作的能力。

(1) 对轮机人员的组织管理

我国和国际上对船舶及机舱的组织管理已经形成了一套行政管理方式,在组织机构上具有严密的岗位责任制,按分工负责的原则把全体轮机人员组织起来。

行政管理方式,是依靠行政机构和领导者的权力,通过行政命令直接对管理人员发生影响。行政管理主要采用命令、指示、规定、指令性计划、规章制度等方式进行控制。

轮机长不仅是轮机部的行政负责人,也是全船机械、动力、电气设备的技术总负责人,具有行政权力和技术权威。

轮机长和大管轮对轮机人员管理的另一特点就是技术管理。为了保证船舶良好的营运,必须编制切实有效的技术措施、修理计划、操作规程等。在技术上轮机长负有领导责任,值班轮机员也是作为轮机长的代表在值班期间代表轮机长对全体值班人员进行领导、指导和监督。

行政管理和技术管理是相辅相成、融为一体的。技术管理通过行政方法付诸实现,行政管理依靠技术管理得以落实。轮机长的行政管理水平是调动轮机人员积极性的关键因素;轮机长的技术能力是提高轮机管理水平、增进船舶经济效益的决定条件。

(2)对轮机人员的技术训练

轮机人员的技术水平是做好轮机管理、降低运输成本、确保船舶安全生产的重要条件,船舶设备技术的发展更需要不断地提高船员的文化、技术水平,所以轮机长和大管轮应努力做好轮机人员的业务学习、技术训练工作。

STCW公约对各种功率范围的各类轮机人员规定了发证所要求的最低知识,轮机长和大管轮也应通过培训工作使船员达到各类人员最低知识所要求的水平。

除了上述规定的要求外,轮机长和大管轮还应充分利用技术管理指导性文件,结合本船实际情况,提高船员的管理水平。如制造厂提供的使用说明书、维修手册、试验报告等都是做好管理工作的指导性文件。由于机型和技术的迅速发展,厂家还不断发出一些技术指南,这些文件对船舶技术管理工作的改进很有帮助,依此修正操作规程有利于延长设备的使用寿命。对于船舶主管部门所发的指示和事故通报也应认真组织学习,吸取教训。

(3)对轮机人员的协调和激励

①协调工作

搞好机舱管理工作应使全体轮机人员团结一致,相互协作,发挥集体优势。轮机长和大管轮应注意下列协调工作:

a.部门之间的协调。与船长协商安排好船舶航行、停泊、装卸、修理时的各项工作。轮机部、甲板部的工作应互相支持,互相协助,互相谅解,互相配合。以船舶整体利益、公司整体利益为重,克服小团体主义倾向。

b.轮机员之间的协调。轮机员之间既要有明确的分工职责,又要分工不分家。轮机长和大管轮可根据维修保养的轻重缓急协调轮机员的工作,也可根据轮机员的不同特点适当调整其分工职责。

c.轮机员与电子电气员(若本船安排)的协调。在轮机长领导下轮机员与电机员应互相协作,共同做好各项维修保养工作;在分析故障时如有不同看法,轮机长应实事求是地给予指导。

d.机工之间的协调。机工之间因技术水平不同,值班与白班的责任不同,值班的班次不同,交接班时难免发生争执,应根据规章制度进行协调。

②业务考核和举荐

轮机长应对轮机部人员的技术水平、工作态度、工作能力、工作成效等情况进行考核。对不能胜任工作者应及时提出调换,对优秀人才应向上级推荐。

③奖励

行政管理还必须辅之以经济手段,本着多劳多得、少劳少得、不劳不得的分配原则,对工作积极的船员给予奖励,激励船员的生产、工作、创新的积极性。目前,在船上实行职务工资、航行津贴、节油奖、自修津贴、扫舱津贴、效益奖等。

(二)船员就业的相关要求

管理级船员在船上负有很大的人员管理责任。熟悉国际公约与国家法律法规对船上人员就业协议的细节是熟练进行人员管理的前提。目前,对中国籍船员,与船员就业管理密切相关的国际公约和国内法规主要包含《2006海事劳工公约》《中华人民共和国劳动法》《中华人民共和国劳动合同法》《中华人民共和国船员条例》。

1.中华人民共和国劳动法

为了保护劳动者的合法权益,调整劳动关系,建立和维护适应社会主义市场经济的劳动制度,促进经济发展和社会进步,1994年7月5日第八届全国人民代表大会常务委员会第八次会议通过了《中华人民共和国劳动法》,并于1995年1月1日起实施。劳动法共13章107条,包括总则;促进就业;劳动合同和集体合同;工作时间和休息休假;工资;劳动安全卫生;女职工和未成年工特殊保护;职业培训;社会保险和福利;劳动争议;监督检查;法律责任;附则。现根据船员的职业需要摘要介绍。

劳动者享有平等就业和选择职业的权利、取得劳动报酬的权利、休息休假的权利、获得劳动安全卫生保护的权利、接受职业技能培训的权利、享受社会保险和福利的权利、提请劳动争议处理的权利以及法律规定的其他劳动权利。劳动者应当完成劳动任务,提高职业技能,执行劳动安全卫生规程,遵守劳动纪律和职业道德。

用人单位应当依法建立和完善规章制度,保障劳动者享有劳动权利和履行劳动义务。劳动者有权依法参加和组织工会。工会代表和维护劳动者的合法权益,依法独立自主地开展活动。

(1)劳动合同

劳动合同是劳动者与用人单位确立劳动关系、明确双方权利和义务的协议。建立劳动关系应当订立劳动合同。订立和变更劳动合同,应当遵循平等自愿、协商一致的原则,不得违反法律、行政法规的规定。劳动合同依法订立即具有法律约束力,当事人必须履行劳动合同规定的义务。

下列劳动合同无效:

①违反法律、行政法规的劳动合同。

②采取欺诈、威胁等手段订立的劳动合同。

无效的劳动合同,从订立的时候起,就没有法律约束力。确认劳动合同部分无效的,如果不影响其余部分的效力,其余部分仍然有效。

劳动合同应当以书面形式订立,并具备以下条款:

①劳动合同期限。

②工作内容。

③劳动保护和劳动条件。

④劳动报酬。

⑤劳动纪律。

⑥劳动合同终止的条件。

⑦违反劳动合同的责任。

劳动合同除以上规定的必备条款外,当事人可以协商约定其他内容,如保守用人单位商业秘密的有关事项等。

劳动合同的期限分为有固定期限、无固定期限和以完成一定的工作为期限。劳动者在同一用人单位连续工作满10年以上,当事人双方同意续延劳动合同的,如果劳动者提出订立无固定限期的劳动合同,应当订立无固定限期的劳动合同。

劳动合同可以约定试用期。试用期最长不得超过6个月。

劳动合同期满或者当事人约定的劳动合同终止条件出现,劳动合同即行终止。经劳动合同当事人协商一致,劳动合同可以解除。

劳动者有下列情形之一的,用人单位可以解除劳动合同:

①在试用期间被证明不符合录用条件的。

②严重违反劳动纪律或者用人单位规章制度的。
③严重失职、营私舞弊,对用人单位利益造成重大损害的。
④被依法追究刑事责任的。

有下列情形之一的,用人单位可以解除劳动合同,但是应当提前30日以书面形式通知劳动者本人:

①劳动者患病或者非因工负伤,医疗期满后,不能从事原工作也不能从事由用人单位另行安排的工作的。

②劳动者不能胜任工作,经过培训或者调整工作岗位,仍不能胜任工作的。

③劳动合同订立时所依据的客观情况发生重大变化,致使原劳动合同无法履行,经当事人协商不能就变更劳动合同达成协议的。

用人单位濒临破产进行法定整顿期间或者生产经营状况发生严重困难,确需裁减人员的,应当提前30日向工会或者全体员工说明情况,听取工会或者职工的意见,在向劳动行政部门报告后,可以裁减人员。用人单位依据规定裁减人员,在6个月内需录用人员的,应当优先录用被裁减人员。

用人单位依据有关规定解除劳动合同的,应当给予经济补偿。

劳动者有下列情形之一的,用人单位不得解除劳动合同:

①患职业病或者因工负伤并被确认丧失或者部分丧失劳动能力的。
②患病或者负伤,在规定的医疗期内的。
③女职工在孕期、产期、哺乳期的。
④法律、行政法规规定的其他情形。

用人单位解除劳动合同,工会认为不适当的,有权提出意见。如果用人单位违反法律、法规或者劳动合同,工会有权要求重新处理;劳动者申请仲裁或者提起诉讼的,工会应当依法给予支持和帮助。

劳动者解除劳动合同应提前30日以书面形式通知用人单位。有下列情形之一的,劳动者可以随时通知用人单位解除劳动合同:

①在试用期内的。
②用人单位以暴力、威胁或者非法限制人身自由的手段强迫劳动的。
③用人单位未按照劳动合同约定支付劳动报酬或者提供劳动条件的。

(2)社会保险和福利

用人单位和劳动者必须依法参加社会保险,缴纳社会保险费。劳动者在下列情形下,依法享受社会保险待遇:退休;患病、负伤;因工伤残或者患职业病;失业;生育。劳动者享受社会保险待遇的条件和标准由法律、法规规定。劳动者享受的社会保险金必须按时足额支付。

(3)劳动争议

用人单位与劳动者发生劳动争议,当事人可以依法申请调解、仲裁、提起诉讼,也可以协商解决。调解原则适用于仲裁和诉讼程序。

解决劳动争议,应当根据合法、公正、及时处理的原则,依法维护劳动争议当事人的合法权益。

劳动争议发生后,当事人可以向本单位劳动争议调解委员会申请调解;调解不成,当事人一方要求仲裁的,可以向劳动争议仲裁委员会申请仲裁。当事人一方也可以直接向劳动争议仲裁委员会申请仲裁。对仲裁裁决不服的,可以向人民法院提起诉讼。

提出仲裁要求的一方应当自劳动争议发生之日起60日内向劳动争议仲裁委员会提出书面申请。仲裁裁决一般应在收到仲裁申请的60日内做出。对仲裁裁决无异议的,当事人必须履行。

劳动争议当事人对仲裁裁决不服的,可以自收到仲裁裁决书之日起15日内向人民法院提起诉讼。一方当事人在法定期限内不起诉又不履行仲裁裁决的,另一方当事人可以申请人民法院强制执行。

2. 中华人民共和国劳动合同法

为了完善劳动合同制度,明确劳动合同双方当事人的权利和义务,保护劳动者的合法权益,构建和发展和谐稳定的劳动关系,2007年6月29日经第十届全国人民代表大会常务委员会第二十八次会议通过并由中华人民共和国主席令发布了《中华人民共和国劳动合同法》,该法于2008年1月1日起施行。

劳动合同法是规范劳动关系的一部重要法律,在中国特色社会主义法律体系中属于社会法。该法在明确劳动合同双方当事人的权利和义务的前提下,重在对劳动者合法权益的保护,被誉为劳动者的"保护伞",为构建与发展和谐稳定的劳动关系提供法律保障。作为我国劳动保障法制建设进程中的一个重要里程碑,劳动合同法的颁布与实施有着深远的意义。

该法共分8章98条,包括:总则、劳动合同的订立、劳动合同的履行和变更、劳动合同的解除和终止、特别规定、监督检查、法律责任和附则。下面介绍其主要内容。

(1)劳动合同的订立

用人单位自用工之日起即与劳动者建立劳动关系。用人单位招用劳动者时,应当如实告知劳动者工作内容、工作条件、工作地点、职业危害、安全生产状况、劳动报酬,以及劳动者要求了解的其他情况,不得扣押劳动者的居民身份证和其他证件,不得要求劳动者提供担保或者以其他名义向劳动者收取财物;用人单位有权了解劳动者与劳动合同直接相关的基本情况,劳动者应当如实说明。

建立劳动关系,应当订立书面劳动合同。劳动合同由用人单位与劳动者协商一致,并经用人单位与劳动者在劳动合同文本上签字或者盖章生效。劳动合同文本由用人单位和劳动者各执一份。劳动合同应当具备以下条款:

①用人单位的名称、住所和法定代表人或者主要负责人。
②劳动者的姓名、住址和居民身份证或者其他有效身份证件号码。
③劳动合同期限。
④工作内容和工作地点。
⑤工作时间和休息休假。
⑥劳动报酬。
⑦社会保险。
⑧劳动保护、劳动条件和职业危害防护。
⑨法律、法规规定应当纳入劳动合同的其他事项。

此外,用人单位与劳动者可以约定试用期、培训、保守秘密、补充保险和福利待遇等其他事项。

劳动合同分为固定期限劳动合同、无固定期限劳动合同和以完成一定工作任务为期限的劳动合同。用人单位与劳动者协商一致,可以订立无固定期限劳动合同。有下列情形之一,劳动者提出或者同意续订、订立劳动合同的,除劳动者提出订立固定期限劳动合同外,应当订立无固定期限劳动合同：
①劳动者在该用人单位连续工作满10年的。
②用人单位初次实行劳动合同制度或者国有企业改制重新订立劳动合同时，劳动者在该用人单位连续工作满10年且距法定退休年龄不足10年的。
③连续订立二次固定期限劳动合同，且劳动者没有违反相关规定，续订劳动合同的。
用人单位自用工之日起满1年不与劳动者订立书面劳动合同的，视为用人单位与劳动者已订立无固定期限劳动合同。
劳动合同期限3个月以上不满1年的，试用期不得超过1个月；劳动合同期限1年以上不满3年的，试用期不得超过2个月；3年以上固定期限和无固定期限的劳动合同，试用期不得超过6个月。同一用人单位与同一劳动者只能约定一次试用期。以完成一定工作任务为期限的劳动合同或者劳动合同期限不满3个月的，不得约定试用期。试用期包含在劳动合同期限内。劳动合同仅约定试用期的，试用期不成立，该期限为劳动合同期限。劳动者在试用期的工资不得低于本单位相同岗位最低档工资或者劳动合同约定工资的80%，并不得低于用人单位所在地的最低工资标准。

下列劳动合同无效或者部分无效：
①以欺诈、胁迫的手段或者乘人之危，使对方在违背真实意思的情况下订立或者变更劳动合同的。
②用人单位免除自己的法定责任、排除劳动者权利的。
③违反法律、行政法规强制性规定的。
劳动合同部分无效，不影响其他部分效力的，其他部分仍然有效。

（2）劳动合同的履行和变更
用人单位与劳动者应当按照劳动合同的约定，全面履行各自的义务。用人单位应当按照劳动合同约定和国家规定，向劳动者及时足额支付劳动报酬。若拖欠或者未足额支付劳动报酬，劳动者可以依法向当地人民法院申请支付令，人民法院应当依法发出支付令。
用人单位应当严格执行劳动定额标准，不得强迫或者变相强迫劳动者加班。用人单位安排加班的，应当按照国家有关规定向劳动者支付加班费。劳动者拒绝用人单位管理人员违章指挥、强令冒险作业的，不视为违反劳动合同。劳动者对危害生命安全和身体健康的劳动条件，有权对用人单位提出批评、检举和控告。
用人单位变更名称、法定代表人、主要负责人或者投资人等事项，不影响劳动合同的履行。用人单位发生合并或者分立等情况，原劳动合同继续有效，劳动合同由承继其权利和义务的用人单位继续履行。
用人单位与劳动者协商一致，可以变更劳动合同约定的内容。变更劳动合同，应当采用书面形式。变更后的劳动合同文本由用人单位和劳动者各执一份。

（3）劳动合同的解除和终止
用人单位与劳动者协商一致，可以解除劳动合同。劳动者提前30日以书面形式通知用人单位，可以解除劳动合同。劳动者在试用期内提前3日通知用人单位，可以解除劳动合同。
用人单位有下列情形之一的，劳动者可以解除劳动合同：
①未按照劳动合同约定提供劳动保护或者劳动条件的。
②未及时足额支付劳动报酬的。
③未依法为劳动者缴纳社会保险费的。

④用人单位的规章制度违反法律、法规的规定，损害劳动者权益的。

⑤以欺诈、胁迫的手段或者乘人之危，使对方在违背真实意思的情况下订立或者变更劳动合同，致使劳动合同无效的。

⑥法律、行政法规规定劳动者可以解除劳动合同的其他情形。

用人单位以暴力、威胁或者非法限制人身自由的手段强迫劳动者劳动的，或者用人单位违章指挥、强令冒险作业危及劳动者人身安全的，劳动者可以立即解除劳动合同，不需事先告知用人单位。

劳动者有下列情形之一的，用人单位可以解除劳动合同：
①在试用期间被证明不符合录用条件的。
②严重违反用人单位的规章制度的。
③严重失职，营私舞弊，给用人单位造成重大损害的。
④劳动者同时与其他用人单位建立劳动关系，对完成本单位的工作任务造成严重影响，或者经用人单位提出，拒不改正的。
⑤以欺诈、胁迫的手段或者乘人之危，使对方在违背真实意思的情况下订立或者变更劳动合同，致使劳动合同无效的。
⑥被依法追究刑事责任的。

有下列情形之一的，用人单位提前30日以书面形式通知劳动者本人或者额外支付劳动者1个月工资后，可以解除劳动合同：
①劳动者患病或者非因工负伤，在规定的医疗期满后不能从事原工作，也不能从事由用人单位另行安排的工作的。
②劳动者不能胜任工作，经过培训或者调整工作岗位，仍不能胜任工作的。
③劳动合同订立时所依据的客观情况发生重大变化，致使劳动合同无法履行，经用人单位与劳动者协商，未能就变更劳动合同内容达成协议的。

有下列情形之一，需要裁减人员20人以上或者裁减不足20人但占企业职工总数10%以上的，用人单位提前30日向工会或者全体职工说明情况，听取工会或者职工的意见后，裁减人员方案经向劳动行政部门报告，可以裁减人员：
①依照企业破产法规定进行重整的。
②生产经营发生严重困难的。
③企业转产、重大技术革新或者经营方式调整，经变更劳动合同后，仍需裁减人员的。
④其他因劳动合同订立时所依据的客观经济情况发生重大变化，致使劳动合同无法履行的。

裁减人员时，应当优先留用下列人员：
①与本单位订立较长期限的固定期限劳动合同的。
②与本单位订立无固定期限劳动合同的。
③家庭无其他就业人员，有需要扶养的老人或者未成年人的。

用人单位按规定裁减人员，在6个月内重新招用人员的，应当通知被裁减的人员，并在同等条件下优先招用被裁减的人员。

劳动者有下列情形之一的，用人单位不得解除劳动合同：
①从事接触职业病危害作业的劳动者未进行离岗前职业健康检查，或者疑似职业病病人在诊断或者医学观察期间的。

②在本单位患职业病或者因工负伤并被确认丧失或者部分丧失劳动能力的。
③患病或者非因工负伤,在规定的医疗期内的。
④女职工在孕期、产期、哺乳期的。
⑤在本单位连续工作满15年,且距法定退休年龄不足5年的。
⑥法律、行政法规规定的其他情形。

用人单位单方解除劳动合同,应当事先将理由通知工会。用人单位违反法律、行政法规规定或者劳动合同约定的,工会有权要求用人单位纠正。用人单位应当研究工会的意见,并将处理结果书面通知工会。

有下列情形之一的,劳动合同终止:
①劳动合同期满的。
②劳动者开始依法享受基本养老保险待遇的。
③劳动者死亡,或者被人民法院宣告死亡或者宣告失踪的。
④用人单位被依法宣告破产的。
⑤用人单位被吊销营业执照、责令关闭、撤销或者用人单位决定提前解散的。
⑥法律、行政法规规定的其他情形。

用人单位按有关规定与劳动者解除劳动合同的,应当向劳动者支付经济补偿。经济补偿按劳动者在本单位工作的年限,每满1年支付1个月工资的标准向劳动者支付。6个月以上不满1年的,按一年计算;不满6个月的,向劳动者支付半个月工资的经济补偿。劳动者月工资高于用人单位所在直辖市、设区的市级人民政府公布的本地区上年度职工月平均工资3倍的,向其支付经济补偿的标准按职工月平均工资3倍的数额支付,向其支付经济补偿的年限最高不超过12年。

用人单位应当在解除或者终止劳动合同时出具解除或者终止劳动合同的证明,并在15日内为劳动者办理档案和社会保险关系转移手续。

(4)劳务派遣

劳务派遣单位是用人单位,应当履行用人单位对劳动者的义务。劳务派遣单位与被派遣劳动者订立的劳动合同,除应当载明劳动合同应具备的有关条款外,还应当载明被派遣劳动者的用工单位以及派遣期限、工作岗位等情况。

劳务派遣单位应当与被派遣劳动者订立2年以上的固定期限劳动合同,按月支付劳动报酬;被派遣劳动者在无工作期间,劳务派遣单位应当按照所在地人民政府规定的最低工资标准,向其按月支付报酬。

劳务派遣单位派遣劳动者应当与接受以劳务派遣形式用工的单位(即用工单位)订立劳务派遣协议。劳务派遣协议应当约定派遣岗位和人员数量、派遣期限、劳动报酬和社会保险费的数额与支付方式以及违反协议的责任。用工单位应当根据工作岗位的实际需要与劳务派遣单位确定派遣期限,不得将连续用工期限分割订立数个短期劳务派遣协议。

劳务派遣单位应当将劳务派遣协议的内容告知被派遣劳动者。劳务派遣单位不得克扣用工单位按照劳务派遣协议支付给被派遣劳动者的劳动报酬。

劳务派遣单位和用工单位不得向被派遣劳动者收取费用。

(5)法律责任

用人单位直接涉及劳动者切身利益的规章制度违反法律、法规规定的,由劳动行政部门责令改正,给予警告;给劳动者造成损害的,应当承担赔偿责任。

用人单位自用工之日起超过1个月不满1年未与劳动者订立书面劳动合同的,应当向劳动者每月支付2倍的工资。用人单位违反本法规定不与劳动者订立无固定期限劳动合同的,自应当订立无固定期限劳动合同之日起向劳动者每月支付2倍的工资。

用人单位违反规定与劳动者约定试用期的,由劳动行政部门责令改正;违法约定的试用期已经履行的,由用人单位以劳动者试用期满月工资为标准,按已经履行的超过法定试用期的期间向劳动者支付赔偿金。

用人单位违反规定,扣押劳动者居民身份证等证件的,由劳动行政部门责令限期退还劳动者本人,并依照有关法律规定给予处罚。

用人单位违反规定,以担保或者其他名义向劳动者收取财物的,由劳动行政部门责令限期退还劳动者本人,并以每人500元以上2 000元以下的标准处以罚款;给劳动者造成损害的,应当承担赔偿责任。

劳动者依法解除或者终止劳动合同,用人单位扣押劳动者档案或者其他物品的,依照有关规定处罚。

用人单位有下列情形之一的,由劳动行政部门责令限期支付劳动报酬、加班费或者经济补偿;劳动报酬低于当地最低工资标准的,应当支付其差额部分;逾期不支付的,责令用人单位按应付金额50%以上100%以下的标准向劳动者加付赔偿金:

①未按照劳动合同的约定或者国家规定及时足额支付劳动者劳动报酬的。
②低于当地最低工资标准支付劳动者工资的。
③安排加班不支付加班费的。
④解除或者终止劳动合同,未依照本法规定向劳动者支付经济补偿的。

劳动合同依照本法规定被确认无效,给对方造成损害的,有过错的一方应当承担赔偿责任。

用人单位违反本法规定解除或者终止劳动合同的,应当依照本法规定的经济补偿标准的2倍向劳动者支付赔偿金。

用人单位有下列情形之一的,依法给予行政处罚;构成犯罪的,依法追究刑事责任;给劳动者造成损害的,应当承担赔偿责任:

①以暴力、威胁或者非法限制人身自由的手段强迫劳动的。
②违章指挥或者强令冒险作业危及劳动者人身安全的。
③侮辱、体罚、殴打、非法搜查或者拘禁劳动者的。
④劳动条件恶劣、环境污染严重,给劳动者身心健康造成严重损害的。

3. 中华人民共和国船员条例

为了加强船员管理,提高船员素质,维护船员的合法权益,保障水上交通安全,保护水域环境,制定《中华人民共和国船员条例》(简称《船员条例》)。本条例于2007年3月28日国务院第172次常务会议通过,自2007年9月1日起施行。中华人民共和国境内的船员注册、任职、培训、职业保障以及提供船员服务等活动,适用本条例。国务院交通运输主管部门主管全国船员管理工作。国家海事管理机构依照本条例负责统一实施船员管理工作。负责管理中央管辖水域的海事管理机构和负责管理其他水域的地方海事管理机构(以下统称海事管理机构),依照各自职责具体负责船员管理工作。本条例共8章73条:总则;船员注册和任职资格;船员职责;船员职业保障;船员培训和船员服务;监督检查;法律责任;附则。下面介绍主要内容。

（1）船员注册和任职资格
①申请船员注册,应当具备下列条件：
a. 年满 18 周岁（在船实习、见习人员年满 16 周岁）但不超过 60 周岁。
b. 符合船员健康要求。
c. 经过船员基本安全培训,并经海事管理机构考试合格。
申请注册国际航行船舶船员的,还应当通过船员专业外语考试。
②申请船员注册,可以由申请人或者其代理人向任何海事管理机构提出书面申请,并附送申请人符合规定条件的证明材料。
海事管理机构应当自受理船员注册申请之日起 10 日内做出注册或者不予注册的决定。对符合本条例规定条件的,应当给予注册,发给船员服务簿,但是申请人被依法吊销船员服务簿未满 5 年的,不予注册。
③船员服务簿是船员的职业身份证件,应当载明船员的姓名、住所、联系人、联系方式以及其他有关事项。船员服务簿记载的事项发生变更的,船员应当向海事管理机构办理变更手续。
④船员有下列情形之一的,海事管理机构应当注销船员注册,并予以公告：
a. 死亡或者被宣告失踪的。
b. 丧失民事行为能力的。
c. 被依法吊销船员服务簿的。
d. 本人申请注销注册的。
⑤参加航行和轮机值班的船员,应当依照本条例的规定取得相应的船员适任证书。申请船员适任证书,应当具备下列条件：
a. 已经取得船员服务簿。
b. 符合船员任职岗位健康要求。
c. 经过相应的船员适任培训、特殊培训。
d. 具备相应的船员任职资历,并且任职表现和安全记录良好。
⑥申请船员适任证书,应当向海事管理机构提出书面申请,并附送申请人符合规定条件的证明材料。对符合规定条件并通过国家海事管理机构组织的船员任职考试的,海事管理机构应当发给相应的船员适任证书。
⑦船员适任证书应当注明船员适任的航区（线）、船舶类别和等级、职务以及有效期限等事项。船员适任证书的有效期不超过 5 年。
⑧中国籍船舶的船长和高级船员应当由中国籍船员担任；确需外国籍船员担任高级船员的,应当报国家海事管理机构批准。
⑨中国籍船舶在境外遇有不可抗力或者其他特殊情况,无法满足船舶最低安全配员要求,需要由本船下一级船员临时担任上一级职务时,应当向海事管理机构提出申请。海事管理机构根据拟担任上一级船员职务船员的任职资历、任职表现和安全记录,签发相应的批准文书。
⑩曾经在军用船舶、渔业船舶上工作的人员,或者持有其他国家、地区船员适任证书的船员,依照本条例的规定申请船员适任证书的,海事管理机构可以免除船员培训和考试的相应内容。具体办法由国务院交通主管部门另行规定。
⑪以海员身份出入国境和在国外船舶上从事工作的中国籍船员,应当向国家海事管理机构指定的海事管理机构申请中华人民共和国海员证。
申请中华人民共和国海员证,应当符合下列条件：

a. 是中华人民共和国公民。
b. 持有国际航行船舶船员适任证书或者有确定的船员出境任务。
c. 无法律、行政法规规定禁止出境的情形。

⑫海事管理机构应当自受理申请之日起7日内做出批准或者不予批准的决定。予以批准的,发给中华人民共和国海员证;不予批准的,应当书面通知申请人并说明理由。

⑬中华人民共和国海员证是中国籍船员在境外执行任务时表明其中华人民共和国公民身份的证件。中华人民共和国海员证遗失、被盗或者损毁的,应当向海事管理机构申请补发。船员在境外的,应当向中华人民共和国驻外使馆、领馆申请补发。

中华人民共和国海员证的有效期不超过5年。

⑭持有中华人民共和国海员证的船员,在其他国家、地区享有按照当地法律、有关国际条约以及中华人民共和国与有关国家签订的海运或者航运协定规定的权利和通行便利。

⑮在中国籍船舶上工作的外国籍船员,应当依照法律、行政法规和国家其他有关规定取得就业许可,并持有国务院交通主管部门规定的相应证书和其所属国政府签发的相关身份证件。

在中华人民共和国管辖水域航行、停泊、作业的外国籍船舶上任职的外国籍船员,应当持有中华人民共和国缔结或者加入的国际条约规定的相应证书和其所属国政府签发的相关身份证件。

(2) 船员职责

①船员在船工作期间,应当符合下列要求:
a. 携带本条例规定的有效证件。
b. 掌握船舶的适航状况和航线的通航保障情况,以及有关航区气象、海况等必要的信息。
c. 遵守船舶的管理制度和值班规定,按照水上交通安全和防治船舶污染的操作规则操纵、控制和管理船舶,如实填写有关船舶法定文书,不得隐匿、篡改或者销毁有关船舶法定证书、文书。
d. 参加船舶应急训练、演习,按照船舶应急部署的要求,落实各项应急预防措施。
e. 遵守船舶报告制度,发现或者发生险情、事故、保安事件或者影响航行安全的情况,应当及时报告。
f. 在不严重危及自身安全的情况下,尽力救助遇险人员。
g. 不得利用船舶私载旅客、货物,不得携带违禁物品。

②船长在其职权范围内发布的命令,船舶上所有人员必须执行。高级船员应当组织下属船员执行船长命令,督促下属船员履行职责。

③船长、高级船员在航次中,不得擅自辞职、离职或者中止职务。

④船长在保障水上人身与财产安全、船舶保安、防治船舶污染水域方面,具有独立决定权,并负有最终责任。船舶在海上航行时,船长为保障船舶上人员和船舶的安全,可以依照法律的规定对在船舶上进行违法、犯罪活动的人采取禁闭或者其他必要措施。

(3) 船员职业保障

①船员用人单位和船员应当按照国家有关规定参加工伤保险、医疗保险、养老保险、失业保险以及其他社会保险,并依法按时足额缴纳各项保险费用。

船员用人单位应当为在驶往或者驶经战区、疫区或者运输有毒、有害物质的船舶上工作的船员,办理专门的人身、健康保险,并提供相应的防护措施。

②船舶上船员生活和工作的场所,应当符合国家船舶检验规范中有关船员生活环境、作业

安全和防护的要求。

船员用人单位应当为船员提供必要的生活用品、防护用品、医疗用品,建立船员健康档案,并为船员定期进行健康检查,防治职业疾病。

船员在船工作期间患病或者受伤的,船员用人单位应当及时给予救治;船员失踪或者死亡的,船员用人单位应当及时做好相应的善后工作。

③船员用人单位应当依照有关劳动合同的法律、法规和中华人民共和国缔结或者加入的有关船员劳动与社会保障国际条约的规定,与船员订立劳动合同。

船员用人单位不得招用未取得本条例规定证件的人员上船工作。

④船员工会组织应当加强对船员合法权益的保护,指导、帮助船员与船员用人单位订立劳动合同。

⑤船员用人单位应当根据船员职业的风险性、艰苦性、流动性等因素,向船员支付合理的工资,并按时足额发放给船员。任何单位和个人不得克扣船员的工资。

船员用人单位应当向在劳动合同有效期内的待派船员,支付不低于船员用人单位所在地人民政府公布的最低工资。

⑥船员在船工作时间应当符合国务院交通主管部门规定的标准,不得疲劳值班。

船员除享有国家法定节假日的假期外,还享有在船舶上每工作2个月不少于5日的年休假。船员用人单位应当在船员年休假期间,向其支付不低于该船员在船工作期间平均工资的报酬。

⑦船员在船工作期间,有下列情形之一的,可以要求遣返:

a. 船员的劳动合同终止或者依法解除的。

b. 船员不具备履行船上岗位职责能力的。

c. 船舶灭失的。

d. 未经船员同意,船舶驶往战区、疫区的。

e. 由于破产、变卖船舶、改变船舶登记或者其他原因,船员用人单位、船舶所有人不能继续履行对船员的法定或者约定义务的。

⑧船员可以从下列地点中选择遣返地点:

a. 船员接受招用的地点或者上船任职的地点。

b. 船员的居住地、户籍所在地或者船籍登记国。

c. 船员与船员用人单位或者船舶所有人约定的地点。

⑨船员的遣返费用由船员用人单位支付。遣返费用包括船员乘坐交通工具的费用、旅途中合理的食宿及医疗费用和30 kg行李的运输费用。

⑩船员的遣返权利受到侵害的,船员当时所在地民政部门或者中华人民共和国驻境外领事机构应当向船员提供援助;必要时,可以直接安排船员遣返。民政部门或者中华人民共和国驻境外领事机构为船员遣返所垫付的费用,船员用人单位应当及时返还。

(4)船员培训和船员服务

①申请在船舶上工作的船员,应当按照国务院交通主管部门的规定,完成相应的船员基本安全培训、船员适任培训。在危险品船、客船等特殊船舶上工作的船员,还应当完成相应的特殊培训。

②船员服务机构应当向社会公布服务项目和收费标准。

③船员服务机构为船员提供服务,应当诚实守信,不得提供虚假信息,不得损害船员的合

法权益。

④船员服务机构为船员用人单位提供船舶配员服务,应当督促船员用人单位与船员依法订立劳动合同。船员用人单位未与船员依法订立劳动合同的,船员服务机构应当终止向船员用人单位提供船员服务。

船员服务机构为船员用人单位提供的船员失踪或者死亡的,船员服务机构应当配合船员用人单位做好善后工作。

(5) 监督检查

①海事管理机构应当建立健全船员管理的监督检查制度,重点加强对船员注册、任职资格、履行职责、安全记录、船员培训机构培训质量,船员服务机构诚实守信以及船员用人单位保护船员合法权益等情况的监督检查,督促船员用人单位、船舶所有人以及相关的机构建立健全船员在船舶上的人身安全、卫生、健康和劳动安全保障制度,落实相应的保障措施。

②海事管理机构对船员实施监督检查时,应当查验船员必须携带的证件的有效性,检查船员履行职责的情况,必要时可以进行现场考核。

③依照本条例的规定,取得船员服务簿、船员适任证书、中华人民共和国海员证的船员以及取得从事船员培训业务许可、船员服务业务许可的机构,不再具备规定条件的,由海事管理机构责令限期改正;拒不改正或者无法改正的,海事管理机构应当撤销相应的行政许可决定,并依法办理有关行政许可的注销手续。

④海事管理机构对有违反水上交通安全和防治船舶污染水域法律、行政法规行为的船员,除依法给予行政处罚外,实行累计记分制度。海事管理机构对累计记分达到规定分值的船员,应当扣留船员适任证书,责令其参加水上交通安全、防治船舶污染等有关法律、行政法规的培训并进行相应的考试;考试合格的,发还其船员适任证书。

⑤船舶违反本条例和有关法律、行政法规规定的,海事管理机构应当责令限期改正;在规定期限内未能改正的,海事管理机构可以禁止船舶离港或者限制船舶航行、停泊、作业。

⑥海事管理机构实施监督检查时,应当有2名以上执法人员参加,并出示有效的执法证件。

海事管理机构实施监督检查,可以询问当事人,向有关单位或者个人了解情况,查阅、复制有关资料,并保守被调查单位或者个人的商业秘密。

接受海事管理机构监督检查的有关单位或者个人,应当如实提供有关资料或者情况。

⑦劳动保障行政部门应当加强对船员用人单位遵守劳动和社会保障的法律、法规和国家其他有关规定情况的监督检查。

(6) 法律责任

①违反本条例的规定,以欺骗、贿赂等不正当手段取得船员服务簿、船员适任证书、船员培训合格证书、中华人民共和国海员证的,由海事管理机构吊销有关证件,并处2 000元以上2万元以下罚款。

②违反本条例的规定,伪造、变造或者买卖船员服务簿、船员适任证书、船员培训合格证书、中华人民共和国海员证的,由海事管理机构收缴有关证件,处2万元以上10万元以下罚款,有违法所得的,还应当没收违法所得。

③违反本条例的规定,船员服务簿记载的事项发生变更,船员未办理变更手续的,由海事管理机构责令改正,可以处1 000元以下罚款。

④违反本条例的规定,船员在船工作期间未携带本条例规定的有效证件的,由海事管理机

构责令改正,可以处 2 000 元以下罚款。

⑤违反本条例的规定,船员有下列情形之一的,由海事管理机构处 1 000 元以上 1 万元以下罚款;情节严重的,并给予暂扣船员服务簿、船员适任证书 6 个月以上 2 年以下直至吊销船员服务簿、船员适任证书的处罚:

a. 未遵守值班规定擅自离开工作岗位的。
b. 未按照水上交通安全和防治船舶污染操作规则操纵、控制和管理船舶的。
c. 发现或者发生险情、事故、保安事件或者影响航行安全的情况未及时报告的。
d. 未如实填写或者记载有关船舶法定文书的。
e. 隐匿、篡改或者销毁有关船舶法定证书、文书的。
f. 不依法履行救助义务或者肇事逃逸的。
g. 利用船舶私载旅客、货物或者携带违禁物品的。

⑥违反本条例的规定,船长有下列情形之一的,由海事管理机构处 2 000 元以上 2 万元以下罚款;情节严重的,并给予暂扣船员适任证书 6 个月以上 2 年以下直至吊销船员适任证书的处罚:

a. 未保证船舶和船员携带符合法定要求的证书、文书以及有关航行资料的。
b. 未保证船舶和船员在开航时处于适航、适任状态,或者未按照规定保障船舶的最低安全配员,或者未保证船舶的正常值班的。
c. 未在船员服务簿内如实记载船员的服务资历和任职表现的。
d. 船舶进港、出港、靠泊、离泊,通过交通密集区、危险航区等区域,或者遇有恶劣天气和海况,或者发生水上交通事故、船舶污染事故、船舶保安事件以及其他紧急情况时,未在驾驶台值班的。
e. 在弃船或者撤离船舶时未最后离船的。

⑦船员适任证书被吊销的,自被吊销之日起 2 年内,不得申请船员适任证书。
⑧违反本条例的规定,情节严重构成犯罪的,依法追究刑事责任。

二、船上人员的培训与训练

(一)船上人员培训与训练的种类和方法

1. 船员技能的分类

从管理的角度讲,船员的技能分为三种类别:业务和技术技能、人际关系处理技能以及解决问题的技能。船上人员的培训的目的是改变船员其中一项或多项技能。

(1)业务与技术技能

每位船员都拥有最基本的技能——阅读、写作、数学计算等基本能力,同时,船员还拥有与特定职务相关的专业领域的技能,例如驾驶员的船舶航海仪器操作的技能、轮机员的船舶动力设备拆装与操作的技能等。目前,航海业的技术进步使得船员的专业技能的要求越来越高,所要求掌握的理论与实践知识越来越复杂,对船员进行一系列的在船或脱岗培训是保证船员掌握不断进步的知识与技能必要手段。

(2)人际关系处理技能

同时,每位船员都从属于某个单位,在某艘船上工作。从一定程度上讲,船员的工作成绩取决于他与同事及上级的有效相处的能力。有些船员自身具备优秀的人际关系技能,有些船员则需要经过训练改进这方面的技能。人际关系技能培训通常包括学习如何做个好听众,如何更清晰地沟通,如何减少摩擦、冲突,如何增进合作与相互信任等。

(3)解决问题的技能

每位船员在工作中都会面临一系列问题,船舶的工作环境决定了大多数问题都需要由船员自己解决。例如船舶航行期间全船失电、船舶火灾等,问题复杂,处理不当有可能产生一系列衍生问题,甚至有可能对安全和环境造成严重威胁。为提高船员处理复杂问题的能力,需要对船员进行一系列的培训。

2. 船员培训与训练的种类与方法

船员的培训包括在职培训与脱产培训。大多数的船员培训是以在职的方式进行的,因为该培训方法简单易行、成本较低。但是,在职培训可能会扰乱正常的工作秩序,导致工作失误的增加。另外,有些培训内容复杂,难以实现边工作边学习,在这种情况下,培训需要在工作场地以外进行,需要进行脱产培训。

(1)船员培训与训练的法规依据

①《1978年海员培训、发证和值班标准国际公约》马尼拉修正案(简称 STCW 公约马尼拉修正案)规定了船员"适任证书""培训合格证""培训证明"三类证书的强制培训要求。

②《中华人民共和国海船船员适任考试和发证规则》及其附件《申请海船船员适任证书的培训、海上任职资历和适任考试要求》对船员培训与训练制定了具体要求,见表10-6。

③交通运输部《海船船员培训大纲(2016版)》对船员培训制定培训大纲。

④《中华人民共和国船员违法记分办法》对船员违法记分满足一定的条件需要参加强制培训。

⑤ISM 规则在要求公司建立并保持有关程序,以便标明为实施安全管理体系可能需要的任何培训,并保证向所有相关人员提供这种培训。

(2)船员培训与训练的种类

①根据《中华人民共和国船员培训管理规则(2013)》的规定,船员培训按照培训内容分为船员基本安全培训、船员适任培训和特殊培训三类。

a. 船员基本安全培训,指船员在上船任职前接受的个人求生技能、消防、基本急救以及个人安全和社会责任等方面的培训,分为海船船员基本安全培训和内河船舶船员基本安全培训。

b. 船员适任培训,指船员在取得适任证书前接受的使船员适应拟任岗位所需的专业技术知识和专业技能的培训,包括船员岗位适任培训和船员专业技能适任培训。

船员岗位适任培训分为海船船员岗位适任培训和内河船舶船员岗位适任培训。其中,海船船员岗位适任培训包含以下培训项目:船长、轮机长、大副、大管轮、三副、三管轮、电子电气员、高级值班水手、高级值班机工、普通值班机工、普通值班水手、电子技工、全球海上遇险和安全系统(GMDSS)操作员、引航员、非自航船舶船员、水上飞机驾驶员、地效翼船船员、游艇操作人员、摩托艇驾驶员。

船员专业技能适任培训仅针对海船船员,包含以下培训项目:精通救生艇筏和救助艇、精通快速救助艇、高级消防、精通急救、船上医护、具有保安意识、负有指定保安职责船员、船舶保安员。

c. 特殊培训,指针对在危险品船、客船、大型船舶等特殊船舶上工作的船员所进行的培训,分为海船船员特殊培训和内河船舶船员特殊培训。其中,海船船员特殊培训包含以下培训项目:油船和化学品船货物操作基本培训、油船货物操作高级培训、化学品船货物操作高级培训、液化气船货物操作基本培训、液化气船货物操作高级培训、客船船员特殊培训、大型船舶操纵特殊培训、高速船船员特殊培训、船舶装载散装固体危险和有害物质作业特殊培训、船舶装载包装危险和有害物质作业特殊培训。

②船员培训按照培训对象分为海船船员培训和内河船舶船员培训两类。

③船员培训按照安全管理体系的要求分为常规培训（包括体系培训），新聘、转岗人员培训和所聘船员的体系培训等。

④船舶公司为了进一步加强船员的综合素质与管理技能进行的业务和技术技能培训、人际关系处理技能培训以及解决问题的技能培训。

（3）船员培训与训练的内容

①《海船船员培训大纲（2016版）》从驾驶和通信、轮机和电子电气、基本安全和专业技能以及特殊培训等四个方面制定了培训大纲，对适任要求、理论知识与要求、实践技能与要求、评价标准以及培训课时做了详尽的规定。其中，与轮机部海船船员培训的内容相关的有"轮机和电子电气""基本安全和专业技能""特殊培训"等三个方面。

轮机部船员"轮机和电子电气"的培训职能模块有轮机工程、电子电气和控制工程、维护与修理以及船舶作业管理与人员管理等四个模块；

轮机部船员"基本安全和专业技能"的培训项目有基本安全培训、精通救生艇筏和救助艇培训、高级消防培训、精通急救培训、保安意识培训及负有指定保安职责培训等；

轮机部船员"特殊培训"的培训项目有油船和化学品船货物操作基本培训、液化气船货物操作基本培训、客船船员特殊培训等。

②《中华人民共和国船员违法记分办法》第九条规定：船员在一个记分周期内累计记分达到15分的，最后实施船员违法记分的海事管理机构应当扣留其船员适任证书，责令其参加为期5日的水上交通安全、防治船舶污染等有关法律、行政法规的培训（以下简称"法规培训"）并进行相应的考试。第十条规定：船员在一个记分周期内两次及以上达到15分，或在连续2个记分周期内分别达到15分，或连续2个记分周期内累计记分达到40分的，最后实施船员违法记分的海事管理机构应当扣留其船员适任证书，责令其参加法规培训和考试，考试内容除理论部分外，还包括船员适任能力考核。

③根据国际安全管理规则（ISM规则），公司按照建立的安全管理体系的要求对船上人员提供熟悉船舶岗位职责培训、船上操作方案的培训、船舶紧急情况及应急反应程序的培训等，并将培训内容记录在案。

④船公司进行的培训与训练

在船舶上工作的船员的专业性强，人员构成复杂，对船员的综合素质要求高，为保证船舶人员管理，需对船员开展多层次、多任务培训。主要培训有：公约法规的专题培训、模拟器培训、新设备新技术培训、安全管理体系培训等。

表 10-6 申请海船船员适任证书的培训、海上任职资历和适任考试要求

申请职务	培训		海上任职资历		适任考试	特别规定
	基本安全和专业技能适任培训	岗位适任培训	海上服务资历	船上见习		
值班水手、值班机工	完成基本安全培训、保安意识培训和负有指定保安职责船员的培训	完成相应的值班水手、值班机工岗位适任培训		具有相应等级的船舶的不少于6个月的海上服务资历,其中至少应有3个月是在船上合格的高级船员或者合格的支持级船员的直接监督之下履行了值班职责,或者按照见习计划和见习记录簿的要求,完成3个月的船上见习	通过相应的值班水手、值班机工适任考试	未满500总吨或者750 kW的船舶(特殊类型船舶除外),免除精通救生艇筏和救助艇培训
高级值班水手、高级值班机工	完成基本安全培训、精通救生艇筏和救助艇培训、保安意识培训和负有指定保安职责船员的培训		担任值班水手、值班机工满18个月		通过相应的高级值班水手、高级值班机工适任考试	
			担任值班水手、值班机工满12个月,其中后6个月中按照见习计划和见习记录簿的要求,完成不少于3个月的船上见习			
三副、三管轮	完成基本安全培训、精通救生艇筏和救助艇培训、高级消防培训、精通急救培训、保安意识培训和负有指定保安职责船员的培训	完成相应的三副、三管轮岗位适任培训	担任值班水手、值班机工或者高级值班水手、高级值班机工合计不少于18个月	申请未满500总吨或者750 kW适任证书者在相应等级船舶上;其他适任证书申请者在500总吨或者750 kW及以上的船舶上,在船长或者合格的高级船员的指导下履行了不少于6个月的驾驶台或者机舱值班职责	通过三副、三管轮适任考试	未满500总吨或者750 kW的船舶(特殊类型船舶除外),免除精通救生艇筏和救助艇培训、高级消防培训、精通急救培训
二副、二管轮	完成基本安全培训、精通救生艇筏和救助艇培训、高级消防培训、精通急救培训、保安意识培训和负有指定保安职责船员的培训	免除	担任三副、三管轮满18个月	免除	免除	未满500总吨或者750 kW的船舶(特殊类型船舶除外),免除精通救生艇筏和救助艇培训、高级消防培训、精通急救培训
大副、大管轮	完成基本安全培训、精通救生艇筏和救助艇培训、高级消防培训、精通急救培训、船上医护培训(仅限500总吨及以上大副)、保安意识培训和负有指定保安职责船员的培训	完成相应的大副、大管轮岗位适任培训	担任二副、二管轮满12个月	在相应航区相应等级的船舶上完成不少于3个月的船上见习	通过大副、大管轮适任考试	未满500总吨或者750 kW的船舶(特殊类型船舶除外),免除精通救生艇筏和救助艇培训、高级消防培训、精通急救培训

续表

申请职务	培训		海上任职资历		适任考试	特别规定
	基本安全和专业技能适任培训	岗位适任培训	海上服务资历	船上见习		
船长、轮机长	完成基本安全培训、精通救生艇筏和救助艇培训、高级消防培训、精通急救培训、船上医护培训（仅限500总吨及以上船长）、保安意识培训和负有指定保安职责船员的培训	完成相应的船长、轮机长岗位适任培训	担任大副、大管轮满18个月	在相应航区相应等级的船舶上完成不少于3个月的船上见习	通过船长、轮机长适任考试	未满500总吨或者750 kW的船舶（特殊类型船舶除外），免除精通救生艇筏和救助艇培训、高级消防培训、精通急救培训
电子技工	完成基本安全培训、精通救生艇筏和救助艇培训、保安意识培训和负有指定保安职责船员的培训	完成相应的电子技工岗位适任培训		具有不少于6个月的海上服务资历，其中至少应有3个月是在船上合格的高级船员或者合格的支持级船员的直接监督之下履行了职责	通过电子技工适任考试	
电子电气员	完成基本安全培训、精通救生艇筏和救助艇培训、高级消防培训、精通急救培训、保安意识培训和负有指定保安职责船员的培训	完成相应的电子电气员岗位适任培训	担任电子技工满18个月	在相应等级的船舶上完成不少于6个月的船上见习	通过电子电气员适任考试	
GMDSS限用操作员	完成基本安全培训、保安意识培训和负有指定保安职责船员的培训	完成GMDSS限用操作员岗位适任培训			通过GMDSS限用操作员适任考试	特殊类型船舶上任职，还须完成精通救生艇筏和救助艇培训、精通急救培训
GMDSS通用操作员	完成基本安全培训、精通救生艇筏和救助艇培训、精通急救培训、保安意识培训和负有指定保安职责船员的培训	完成GMDSS通用操作员岗位适任培训			通过GMDSS通用操作员适任考试	
GMDSS二级无线电电子员	同上	完成GMDSS二级无线电电子员岗位适任培训	担任GMDSS通用操作员满12个月		通过GMDSS二级无线电电子员适任考试	

续表

申请职务	培训		海上任职资历		适任考试	特别规定
	基本安全和专业技能适任培训	岗位适任培训	海上服务资历	船上见习		
GMDSS一级无线电电子员	同上	完成GMDSS一级无线电电子员岗位适任培训	担任GMDSS二级无线电电子员满18个月		通过GMDSS一级无线电电子员适任考试	

表注：

(1) 表中"海上服务资历"一列中规定的海上服务资历须在参加岗位适任培训前取得,其中申请无限航区适任证书职务晋升所要求的海上服务资历至少有6个月是在无限航区的船舶上任职,其余时间可以在沿海航区的船舶上任职;船长和高级船员船上见习需在适任考试所有科目和项目全部通过后进行,并在船上见习记录簿中记载;申请适任证书的航区扩大、吨位或者功率提高的,可以免予船上见习。但申请总吨或者功率提高至3 000总吨或者功率3 000 kW及以上适任证书的船长和管理级高级船员在适任考试所有科目和项目全部通过后,应当在相应航区的3 000总吨或者功率3 000 kW及以上见习相应的船长或者管理级高级船员职务3个月,并在船上见习记录簿中记载。

(2) 已持有适用于货物运输船舶适任证书的船员在各类非运输船舶上的海上服务资历可以视为在货物运输船舶的海上服务资历;在两港间航程50 n mile及以上的客船上服务的船长和高级船员的海上服务资历按照所持适任证书适用的航区、船舶等级确定。

(3) 申请适任证书航区扩大者,应当持有效的沿海航区相同船舶等级和职务的适任证书,并实际担任其职务不少于12个月,并完成相应的岗位适任培训;申请适任证书吨位或者功率提高者,应当持有效的与所申请的吨位或者功率较低一级但航区和职务相同的适任证书,并实际担任其职务满12个月,并完成相应的岗位适任培训。

(4) 接受航海类教育和岗位适任培训的学员,可以按照以下情形参加适任考试:

①接受不少于2年的全日制航海类中职/中专及以上教育的学生或者接受不少于2年三副、三管轮、电子电气员岗位适任培训的学员,完成全部理论和实践教学内容后,可以相应地申请沿海航区三副、三管轮、电子电气员的适任考试;或者具有不少于12个月的海上服务资历后,可以相应地申请无限航区三副、三管轮、电子电气员适任考试。

②接受全日制航海类高职/高专及以上教育的学生,或者完成全日制非航海类大专及以上教育并接受不少于18个月三副、三管轮、电子电气员岗位适任培训的学员,完成全部理论和实践教学内容后,可以相应地申请无限航区三副、三管轮、电子电气员的适任考试。

③经国家海事管理机构认可,教育培训质量良好的航海院校的全日制航海类本科教育学生,完成全部理论和实践教学内容后,可以相应地申请无限航区二副、二管轮的适任考试。

④正在接受航海类教育的学生和三副、三管轮、电子电气员岗位适任培训的学员,可以在毕业或者结业前6个月内相应地申请参加值班水手、值班机工、电子技工适任考试,免于参加相应的值班水手、值班机工、电子技工岗位适任培训。

接受航海类教育或者岗位适任培训的学员通过三副、二副、三管轮、二管轮适任考试后,应当在500总吨或者750 kW及以上的船舶上完成不少于12个月的船上见习,其中至少应当有6个月是在船长或者高级船员的指导下履行了驾驶台或者机舱值班职责;接受电子电气员航海类教育和适任培训的学员通过适任考试后,应当在相应航区750 kW及以上的船舶上完成不少于12个月的船上见习。

⑤经国家海事管理机构确认课程、培训质量体系运行及培训质量和社会声誉良好的培训机构,学员培训期间在船培训、见习的资历可以计入支持级和操作级职务的见习资历。

(5) 国家海事管理机构可以认可教育质量管理体系运行良好的航海类教育机构按照本规则开展的海船船员适任考试。

(4) 船上人员培训与训练的方法

①在职培训

船上见习。船上见习是指船员跟随富有经验的船长、船员一起工作,达到规定的见习时间,期间由其提供支持、指导和鼓励。

现场培训与训练。现场培训与训练是指公司或船舶按照管理体系培训计划的要求在船舶开展的有关现场培训与训练,包括技能比武、应急计划演练、安全与防污染训练等。

②脱产培训。脱产培训主要有课堂听课、实训室实操训练、专题讲座(互联网、电视等新媒体)、模拟练习(通过做实际的或模拟的工作的学习技能,如案例分析、实验演习、角色扮演和小组互动等)以及模拟器仿真练习等方法进行。

(二)船上人员培训与训练的程序与有效性评价

1. 船上人员培训与训练的程序

(1)在职培训程序

船舶船员上船工作前,按照安全管理体系文件的规定,应当到相关职能部门接受岗前培训或业务指导,并做好相关培训记录。船长、政委、轮机长、大副上船前,由公司职能部门负责对其进行重点培训或指导;对新聘人员,培训后应进行综合考核。

船员上船后,船长组织在船人员学习公司安全管理体系文件和相关的公约、规定等,并做好记录。对接班船员(包括新接船),船长应及时下达航前指令,对公司体系规定及航前必须具备的应知应会知识提出学习要求,并做好记录。船舶部门长应对本部门人员进行培训,并对其把握和熟悉的程度进行考核,特别对新聘职务人员的培训,要注重评价实际能力达到工作要求。

(2)脱产培训程序

船员下船后,填写培训需求,以书面形式上报职能部门。职能部门根据所报的培训需求,编制培训计划,报公司主管领导审批后按计划实施,培训计划的实施应当选择多种模式进行,如本单位内部培训班培训、委托外部培训机构的培训,在实施过程中可根据实际情况做适当调整。培训结束后,船员应以适当的形式向公司相关职能部门汇报学习情况。

2. 船上人员培训与训练的有效性评价

船上人员培训与训练的效果如何,需要建立培训与训练效果评价机制进行评价。评价机制包含评价标准的制定,根据评价标准形成客观公正的评价结果以及将评价结果文件化。进行有效性评价的方法主要有书面描述法、评分表法、多人比较法、目标管理法等。

(1)书面描述法

书面描述法是指考评者以书面形式描述一个员工的所长、所短、培训与训练所取得的绩效和以及在此过程中所表现的潜能,并提出改进建议的一种绩效评估方法。其优点是简单易行;其缺点是评价的客观性受限于考评者的写作及表达能力,可能不能完全展现真实的结果。

(2)评分表法

评分表法是一种最古老也最常用的绩效评估方法,它列出一系列培训考核因素,如理论成绩、职务知识、合作性、忠诚度、出勤、诚实和首创精神等,然后,考评者逐一针对表中的每一项,按增量尺度对员工进行评分。评分的尺度通常采用5分制或百分制,根据培训表现打分。其优点是考核数据定量,时间耗费少;其缺点是对具体行为的评价只有分数,没有详细信息。

(3)多人比较法

多人比较法是将一个员工的培训或训练的成绩与一个或多个其他人做比较。这是一种相对的而不是绝对的衡量方法。该类方法最常用的三种形式是:分组排序法、个体排序法和配对比较法。分组排序法要求评价者按特定的分组将员工编入诸如"前1/5""次1/5"之类的次序中;个体排序法要求考评者将员工按从高到低的顺序加以排列;而在配对比较法下,每个员工都一一与比较组中的其他每一位员工结对进行比较,评出其中的"优者"和"劣者",在所有的结对比较完成后,将每位员工得到的"优者"数累计起来,就可以排列出一个总的顺序。其优点是可以相互比较培训或训练的成果;其缺点是员工数量大时,操作困难。

(4) 目标管理法

目标管理法是培训或训练评估的一种方法。事实上,它是对管理人员和专门职业人员进行培训与训练进行绩效评估的首选方法。在目标管理法下,每个员工都确定有若干具体的指标,这些指标是其工作成功开展的关键目标,因此它们的完成情况可以作为评价员工的依据。其优点是结果导向,侧重目标;其缺点是耗时费力。

第三节 轮机部团队管理

适用对象:沿海航区及无限航区 750 kW 及以上船舶大管轮和轮机长。

知识要点概述:要求无限航区/沿海航区 750 kW 及以上船舶轮机长,对于轮机部团队任务,了解领导力和团队精神中关于任务和工作量管理的内容;对于轮机部团队操作,了解设计任务和进行工作量分配时应考虑人的局限性、个人能力、时间和资源限制、优先排序、工作量(休息和疲劳)。要求无限航区/沿海航区 750 kW 及以上船舶大管轮,对于轮机部团队任务,熟悉领导力和团队精神中关于任务和工作量管理的内容;对于轮机部团队操作,熟悉设计任务和进行工作量分配时应考虑人的局限性、个人能力、时间和资源限制、优先排序、工作量(休息和疲劳)。

一、轮机部团队任务

船舶是一个整体,船员是一个团队,整体有整体的大局,团队有团队的利益,任何个体只有依托于整体和团队才能有效发挥其作用。一个没有组织纪律性、没有服从意识的船员,即使他的能力再强,也势必会给船舶的整体工作带来危害;一个没有团队精神的船员只能导致船舶不和谐的工作局面。

(一) 团队的含义

团队,指的是具有不同知识、技术、技能、技巧,拥有不同信息,相互依赖紧密的一流人才所组成的一种群体。团队有几个重要的构成要素,总结为"5P":

1. 目标

团队(Purpose)应该有一个既定的目标,为团队成员导航,知道要向何处去,没有目标这个团队就没有存在的价值。

2. 人

人(People)是构成团队最核心的力量。3 个及以上的人就可以构成团队。

目标是通过人员具体实现的,所以人员的选择是团队中非常重要的一个部分。在一个团队中可能需要有人出主意,有人定计划,有人实施,有人协调不同的人一起去工作,还有人去监督团队工作的进展,评价团队最终的贡献。不同的人通过分工来共同完成团队的目标,在人员选择方面要考虑人员的能力如何,技能是否互补,人员的经验如何。

3. 团队的定位

团队的定位(Place)包含两层意思:

(1)团队的定位,团队在组织中处于什么位置,由谁选择和决定团队的成员,团队最终应对谁负责,团队采取什么方式激励下属?

(2)个体的定位,作为成员在团队中扮演什么角色,是制订计划还是具体实施或评估?

4. 权限

团队当中领导人的权利大小跟团队的发展阶段相关,一般来说,团队越成熟领导者所拥有的权利相应越小,在团队发展的初期阶段领导权相对比较集中。

团队权限(Power)关系的两个方面:

(1)整个团队在组织中拥有的决定权。比方说财务决定权、人事决定权、信息决定权。

(2)组织的基本特征。比方说组织的规模多大,团队的数量是否足够多,组织对于团队的授权有多大,它的业务是什么类型。

5. 计划

计划(Plan)的两层面含义:

(1)目标最终的实现,需要一系列具体的行动方案,可以把计划理解成目标的具体工作程序。

(2)提前按计划进行可以保证团队的顺利进度。只有在计划的操作下团队才会一步一步地贴近目标,从而最终实现目标。

(二)高效团队的特征

除了上述五个基本构成要素,高绩效的团队还具有以下一些特征。

1. 清晰的目标

高效的团队对所要达到的目标有清晰的了解,并坚信这一目标包含着重大的意义和价值。这种目标的重要性还激励着团队成员把个人目标升华到群体目标中去。在有效的团队中,成员愿意为实现团队目标做出承诺,清楚地知道他们应该做什么工作,以及他们应怎样共同工作来最终完成任务。

2. 充分的人际技能

高绩效团队的成员之间的角色是经常发生变化的,这要求团队成员具有充分的人际技能,即勇于面对并协调成员之间的差异。由于团队中的问题和关系时常变换,成员必须能面对和应付这种情况。成员之间有高度的相互作用和影响,因而易于调整彼此的关系。

3. 相互的信任

成员间相互信任是有效团队的显著特征,也就是说,每个成员对其他人的品行和能力都确信不疑。信任这种东西是相当脆弱的,它需要花大量的时间去培养,但又很容易被破坏。只有信任他人才能换来被他人的信任,不信任他人只能导致不信任。

组织文化和管理层的行为对形成相互信任的群体内氛围很有影响。如果组织崇尚开放、诚实、协作的办事原则,同时激发员工的参与性和自主性,它就比较容易形成信任的环境。

4. 一致的承诺

高效的团队成员对团队表现出高度的忠诚和承诺,为了能使团队获得成功,他们愿意去做任何事情。我们把这种忠诚和奉献称为一致的承诺。成员对团队具有认同感,他们很看重自己属于该团队的身份。成员对团队目标具有奉献精神,愿意为实现团队目标而发挥自己最大的潜能。

5. 良好的沟通

这是高效团队一个必不可少的特征。团队成员之间以他们可以清晰理解的方式传递信息,包括各种言语信息和非言语信息。此外,良好的沟通还表现在管理者与团队成员之间健康的信息反馈上,这种反馈有助于管理者对团队成员的指导,以及消除彼此之间的误解。如同一对共同生活多年的夫妻,高效团队中的成员也能迅速、有效地分享彼此的想法和交流情感。

6. 成员的工作自主性和精神状态

在高绩效团队中,成员被分配了合适的角色,并对其工作具有一定的自主权。成员有较强的工作动机和良好的精神状态,充满自信和自尊。目前的一些非传统型企业实行灵活的工作时间制度,正是为了充分调动员工的工作自主性和精神状态。

7. 有效的领导

高绩效团队的领导者能为团队建立愿景,指明前途,鼓舞成员的信心,帮助他们更充分地挖掘自己的潜力。领导者往往担任的是教练或后盾的角色,他们对团队提供指导和支持,而不是试图去控制下属。这不仅适用于自我管理团队,当授权给小组成员时,它也适用于任务小组和交叉职能型团队。对于那些习惯于传统方式的管理者来说,这种从上司到后盾的角色变换,即从发号施令到为团队服务,实在是一种困难的转变。当前,很多管理者开始发现这种新型的权力共享方式的好处,或通过领导培训逐渐意识到它的益处;但仍然有些脑筋死板、习惯于专制方式的管理者无法接受这种新概念,这些管理者应当尽快转变自己的老观念,否则将被取代。

8. 内部支持和外部支持

高绩效团队必须有一个支持环境。从内部条件来看,团队应拥有一个合理的基础结构,这包括:适当的培训,一套清晰而合理的测量系统用以评估总体绩效水平,一个报酬分配方案以认可和奖励团队的活动,一个具有支持作用的人力资源系统。恰当的基础结构应能支持团队成员,并强化那些取得高绩效水平的行为。从外部条件来看,管理层应该给团队提供完成工作所必需的各种资源。

(三)团队的作用

组织在组建团队之前,必须明确组建团队的目的,团队只是手段而不是目标。团队的功能主要表现在两个方面:一是更好地完成组织任务;二是更好地满足个体人员的心理需求。在完成组织任务方面,团队与传统的部门结构或其他形式的稳定性团体相比所具有的优点主要在于:

(1)它可以使不同的职能同时进行,而不是顺序进行,从而大大节省了完成组织任务的时间。

(2)当完成某项任务需要综合技能、判断力和经验才能时,团队个人产出明显增加。

(3)在应对不断变化的环境时,团队要比传统的部门或其他形式的固定工作部门更具弹性,反应速度也更快。

(4)它可以由团队成员自我调节、相互约束,促进员工参与决策过程,增强组织的民主气氛,并且削减组织中的某些中层管理职能。

(5)团队不仅仅可以使组织提高效率,改进工作绩效,还可以提高工作的满意度,因为团队加强了员工的参与度,提高了员工的技能,也促进了员工工作的多元化。

团队主要通过以下途径满足成员的心理需求:

(1)获得安全感。个体在团队中可免于孤独、寂寞、恐惧感等。

(2)满足自尊的需要。个体在团队中的地位,如受人欢迎、受人尊重、受人保护、承认他的存在价值等,都能满足个体自尊的需要。

(3)增强自信心。在团队中通过成员交换意见得出一致的看法,可使个体将某些不明确、没有把握的看法弄明白,从而增强自信心。

(4)增强力量感。个体在团队中与其他成员相互支持、相互帮助、相互依存,能使个人具有力量感。

(5)团队还可以成为进行有效信息沟通的窗口。在团队中,人们可以利用各种正式和非正式渠道,互通信息,交换情报,沟通与各方面的联系。

(6)团队还能协调人际关系,促进成员之间的相互激励。团队可以有针对性地做好成员的思想工作,消除隔阂,化解矛盾,促进成员间思想和感情的交流,激发成员你追我赶,奋发向上,团结互助完成组织目标。

(7)团队还有制约个体行为的功能。有关心理学家的研究指出,改变个体的不良行为,如果单纯从个体出发,往往效果不佳。要改变一个人的行为,可以借助于团队的影响和压力,从外在舆论、环境上改造人的行为。

(四)团队成员的角色及作用

"天生我才必有用",讲的是人们在人类社会活动过程中,任何人都会有自己的价值和贡献。其实,团队中的各成员更是如此。从团队成员性格和行为的角度可以将团队成员分成如下 8 种角色类型(如图 10-1 所示):

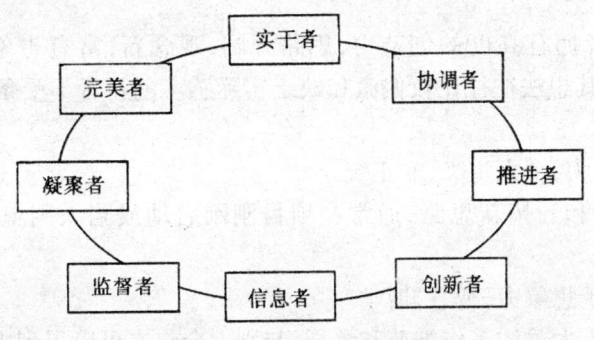

图 10-1 团队成员的角色类型

以下分别从角色描述、典型特征、作用、优点、缺点几个方面简单分析一下这 8 种角色类型。

1. 实干者

角色描述:实干者非常现实、传统甚有点保守,他们崇尚努力,计划性强,喜欢用系统的方法解决问题;实干者有很好的自控力和纪律性,对团队忠诚度高,为团队整体利益着想而较少考虑个人利益。

典型特征:有责任感、高效率、守纪律,但比较保守。

作用:由于其可靠、高效率及处理具体工作的能力强,因此在团队中作用很大;实干者不是根据个人兴趣而是根据团队需要来完成工作。

优点:有组织能力、务实,能把想法转化为实际行动;工作努力、自律。

缺点:缺乏灵活性,可能会阻碍变革。

2. 协调者

角色描述:协调者能够引导一群不同技能和个性的人向着共同的目标努力。他们较为成熟、自信和信任,办事客观,不带个人偏见;除权威之外,更有一种个性的感召力。在团队中能很快发现各成员的优势,并在实现目标的过程中能妥善运用。

典型特征:冷静、自信、有控制力。

作用:擅长领导一个具有各种技能和个性特征的群体,善于协调各种错综复杂的关系,喜欢平心静气地解决问题。

优点:目标性强,待人公平。

缺点:个人业务能力可能不会太强,比较容易将团队的努力归为己有。

3. 推进者

角色描述:说干就干,办事效率高,自发性强,目的明确,有高度的工作热情和成就感;遇到困难时,总能找到解决办法;推进者大都性格外向且干劲十足,喜欢挑战别人,好争斗,而且一心想取胜,缺乏人际间的相互理解,是一个具有竞争意识的角色。

典型特征:挑战性、好交际、富有激情。

作用:推进者是行动的发起者,敢于面对困难,并义无反顾地加速前进;敢于独自做决定而不介意别人的反对。推进者是确保团队快速行动的最有效成员。

优点:随时愿意挑战传统,厌恶低效率,反对自满和欺骗行为。

缺点:有挑衅嫌疑,做事缺乏耐心。

4. 创新者

角色描述:创新者拥有高度的创造力,思路开阔,观念新,富有想象力,是"点子型的人才"。他们爱出主意,其想法往往比较偏激和缺乏实际感。创新者不受条条框框约束,不拘小节,难守规则。

典型特征:有创造力、个人主义、非正统。

作用:提出新想法和开拓新思路,通常在项目刚刚启动或陷入困境时,创新者显得非常重要。

优点:有天分,富于想象力,智慧,博学。

缺点:好高骛远,不太关注工作细节和计划,与别人合作本可以得到更好的结果时,却喜欢过分强调自己的观点。

5. 信息者

角色描述:信息者经常表现出高度热情,是一个反应敏捷、性格外向的人。他们的强项是与人交往,在交往的过程中获取信息。信息者对外界环境十分敏感,一般最早感受到变化。

典型特征:外向、热情、好奇、善于交际。

作用:有与人交往和发现新事物的能力,善于迎接挑战。

优点:有天分,富于想象力,智慧,博学。

缺点:当初的兴奋感消逝后,容易对工作失去兴趣。

6. 监督者

角色描述:监督者严肃、谨慎、理智、冷血质,不会过分热情,也不易情绪化。他们与群体保持一定的距离,在团队中不太受欢迎。监督者有很强的批判能力,善于综合思考、谨慎决策。

典型特征:冷静、不易激动、谨慎、精确判断。

作用:监督者善于分析和评价,善于权衡利弊以选择方案。

优点:冷静、判别能力强。

缺点:缺乏超越他人的能力。

7. 凝聚者

角色描述:是团队中最积极的成员,他们善于与人打交道、善解人意、关心他人、处事灵活,很容易把自己同化到团队中。凝聚者对任何人都没有威胁,是团队中比较受欢迎的人。

典型特征:合作性强,性情温和,敏感。

作用:凝聚者善于调和各种人际关系,在冲突环境中其社交和理解能力会成为资本;凝聚者信奉"和为贵",有他们在的时候,人们能协作得更好,团队士气更高。

优点:随机应变,善于化解各种矛盾,促进团队合作。

缺点:在危机时刻可能优柔寡断,不太愿意承担压力。

8. 完美者

角色描述:具有持之以恒的毅力,做事注重细节,力求完美;他们不大可能去做那些没有把握的事情;喜欢事必躬亲,不愿授权;他们无法忍受那些做事随随便便的人。

典型特征:埋头苦干,守秩序,尽职尽责,易焦虑。

作用:对于那些重要且要求高度准确性的任务,完美者起着不可估量的作用;在管理方面崇尚高标准严要求,注意准确性,关注细节,坚持不懈。

优点:坚持不懈,精益求精。

缺点:容易为小事而焦虑,不愿放手,甚至吹毛求疵。

此外,在团队中还存在技术专家这一角色。技术专家热衷于自己的本职专业,甘心奉献,他们为自己所拥有的专业和技能自豪。他们的工作就是要维护一种标准,而不能降低这个标准;他们陶醉在自己的专业中,是某个领域里绝对的权威。技术专家在团队中的作用不可或缺,他们为团队的产品或服务提供专业工作方面的支持;作为管理者,由于在专业领域掌握的技能比其他人都多,他们要求别人能服从和支持。但是,他们中间有许多人缺乏管理方面的经验。

以上每个角色在不同领域中均有各自的擅长领域。在团队中,通常创新者首先提出观点,信息者及时提供信息,实干者开始运筹计划,推进者希望散会后赶紧实施,协调者在想谁干合适,技术专家在考虑可行性,监督者开始泼冷水,完美者吹毛求疵,凝聚者润滑调试等,团队的价值就在于通过反复组合而达到完美。应指出的是,一个人在团队中的角色并不完全是单一的,有时一个人可以充当不同的角色。

从以上的描述可知:实干者善于行动,团队中如果缺少实干者,则会太乱;协调者善于寻找到合适的人,团队中如果缺少协调者,则领导力不强;推进者善于把想法立即变成行动,团队中如果缺少推进者,则工作效率将会不高;创新者善于出主意,团队中如果缺少创新者,则思维会受到局限;信息者善于发掘最新"情报",团队中如果缺少信息者则会比较封闭;监督者善于发现问题,团队中如果缺少监督者,则工作绩效不稳定甚至可能大起大落;凝聚者善于化解矛盾,团队中如果缺少凝聚者,则人际关系将会变得紧张;完美者强调细节,团队中如果缺少完美者,则工作会比较粗糙;技术专家考虑工程技术可行性,团队中如果缺少技术专家,工作容易出纰漏。

(五)轮机部团队工作

团队工作,又称小组工作,是指与以往每个人只负责一项完整工作的一部分(如一道工序、一项业务的某一程序等)不同,由数人组成一个小组,共同负责完成这项工作。在小组内,每个成员的工作任务、工作方法以及产出速度等都可以自行决定。在有些情况下,小组成员的收入与小组的产出还挂钩,这样一种方式就称为团队工作方式,其基本思想是使全员参与,从而调动每个人的积极性和创造性,使工作效果尽可能好。这里工作效果系指效率、质量、成本等的综合结果。

在远洋船上工作生活过的人大都有过这样的经历,当身体不适的时候,特别渴望同事给予关心和安慰。并不是说关心和安慰对身体的康复有多么神奇的疗效,重要的是让船员感觉到个人受到了重视,感觉到这个集体的温暖,一旦有了困难会得到帮助,就易产生安全感。如若这个集体发生了问题,需要他的时候,他也会毫不犹豫地挺身而出,这就是团队精神。这样的团队精神对于我们这种相对封闭、独立、危险的工作和生活环境的人而言是大有裨益的,对企业而言更是十分需要的。

团队精神,简单来说就是大局意识、协作精神和服务精神的集中体现。团队精神的核心是协同合作,反映的是个体利益和整体利益的统一。良好的团队精神可以充分发挥集体的潜能。当然,团队精神并不是以牺牲自我为前提的,相反,团队精神尊重个人兴趣和成就,培养和肯定每个成员的特长,从而充分发挥每个成员的作用。

有团队精神的团队,团队成员的个人智商可能是100,但加在一起的团队智商可能会达到150甚至更高;而反过来缺乏团队精神的团队,即使个人智商达到120,但团队组合到一起的智商只有60~70。出现这种情形的关键要素就是团队中的文化成分,也就是所说的团队精神。

1. 团队精神包含的内容

(1)团队的凝聚力

团队的凝聚力是针对团队和成员之间的关系而言的。团队精神表现为团队强烈的归属感和一体性,每个团队成员都能强烈感受到自己是团队当中的一分子,把个人工作和团队目标联系在一起,对团队表现出一种忠诚,对团队的业绩表现出一种荣誉感,对团队的成功表现出一种骄傲,对团队的困境表现出一种忧虑。当个人目标和团队目标一致的时候,凝聚力才能更深刻地体现出来。

(2)团队合作的意识

团队合作意识指的是团队和团队成员表现为相互协作和共为一体的特点。团队成员间相互依存、同舟共济,互敬互重、礼貌谦逊;他们彼此宽容、尊重个性的差异;彼此间是一种信任的关系,待人真诚、遵守承诺;相互帮助、互相关怀,大家彼此共同提高;利益和成就共享、责任共担。良好的合作氛围是高绩效团队的基础,没有合作就谈不上最终很好的业绩。

(3)团队高昂的士气

这一点是从团队成员对团队事务的态度体现出来的,表现为团队成员对团队事务的尽心尽力及全方位的投入。

2. 团队精神在船舶上的体现

良好的团队精神在船舶上至少体现在四个方面:

(1)良好的团队精神可以预防事故的发生,有益于安全工作。事故的发生有多方面因素,人的因素占很大的成分,大家相互协作,取长补短,彼此提醒,事故就一定会大幅度减少。

(2) 良好的团队精神有助于增加船员之间互相沟通、交流,实现船舶的准点、节能增效的目标。降本增效不是一句空洞的口号,需要大家共同努力,共同钻研才能取得显著效果。

(3) 良好的团队精神可以促进船员个人事业的发展。每个人在工作上都可能遇到这样或那样的问题,如果和周围的人经常沟通,就会及时化解一些矛盾,解决相关的问题,对自己的个人业务也会有促进和帮助,一旦有了发展的机遇也能很好地把握。

(4) 良好的团队精神可以健全人格,完善提高个人素质。集体中的每个人各有各的优点和缺点,只有融入这个团队,才会发现对方的美,同时也能在比较中看到自己的不足,逐步培养自己求同存异、与人为善的素质,形成良性循环。在日常生活中,培养良好的与人相处的心态,并在日常生活中运用,这不仅是培养团队精神的需要,也是获得人生快乐的重要方面。

3. 团队精神的培育

在船舶上打造良好的团队精神,其特殊性要求我们每一个人都要承担起责任,齐心协力,众志成城。第一,要营造一个相互信任的氛围。彼此信任是最坚实的基础,它会增加我们对船舶的认可,让大家在心理上有充分的安全感,从而才能真正把"以船为家"的观念落实下来。第二,要建立合理有效的沟通机制。多一些沟通、交流,始终抱着合作的心态,多理解别人的苦衷,多设身处地为别人想一想,要懂得以恰当的方式同他人合作,用恰当的方式让别人接受,学会被别人领导和领导别人,这样工作起来就会得心应手、事半功倍了。第三,要强化业务知识、敬业精神的学习和提高。态度并不能解决所有的问题,远洋船员不仅要有高度的责任感、良好的敬业精神,同时还应该有丰富的技能,成为某方面的专长,能够帮助别人解决问题。帮助别人的同时也是在帮助自己,使别人快乐的同时也使自己快乐。第四,船舶管理人员要发挥带头作用。"火车跑得快,全靠车头带。"管理干部的行为有着极强的示范意义。他们应该注意自己的言行举止,有宽广的胸怀和长者的风范,懂得关心和体恤下属,有包容之心,能够营造大家庭的环境。

远洋船舶大部分时间远离陆地,各项工作需要船舶人员协同完成,不能仅仅抱着"各人自扫门前雪"的态度。尤其是在特殊情况下,各自为政,互不买账,不仅"门前雪"扫不好,还会造成整艘船的工作任务完不成,甚至会出现危情和险境。在现实生活中因只顾"自扫门前雪"而造成各种事故和灾难的事例不胜枚举。良好的团队精神,可以融洽船舶气氛,消除各种压力所带来的负面影响。远洋船舶上每个人的个性和具体情况不同,工作生活中难免会出现各种问题,很容易产生一些消极的想法,严重的甚至会以生命为代价。以前曾经发生的一些安全事件,让人痛心。倘若这些船舶团队精神强,这些船员兄弟能够很好地融入这个团队,那么悲剧就可以避免了。"人心齐,泰山移",我们应该吸取既往的教训,相互体贴,彼此关怀,从各个渠道用各种方法培养船员良好的团队意识,打造船舶良好的团队精神,这样我们就一定能够过关斩将,跨越各种困难险阻,完成各项工作任务,为公司增光添彩。

二、轮机部团队操作

(一) 计划

1. 计划的含义

从狭义上来讲,计划是一种管理文件,是指组织在未来一定时期中,用文字和指标等具体形式表达的,关于组织成员的行动方针、行动目标、行动内容及行动安排的管理文件。从广义上来讲，计划可以泛指计划工作或计划职能。计划的主要内容包括"5W2H"，计划必须清楚地确定和描述这些内容：

What——做什么？目标与内容。
Why——为什么做？原因。
Who——谁去做？人员。
Where——何地做？地点。
When——何时做？时间。
How——怎样做？方式、手段。
How much——需多大代价？

2. 计划的制订

狭义的计划是广义工作计划中最适中的一种。这个特点表现在时间一般为一年、半年左右，范围一般是一个单位的工作或某一大项重要工作，内容和写法要比规划具体、深入，要比设想正规、细致，要比方案简明、集中，要比安排扩展、概要。

下面介绍一些基本、实用的制订计划的办法。

(1) 做好预测。这需要一个周全的思路，把各种可能的情况都要想到，这个工作期不妨长一些，即使是在日常的工作、生活中偶有灵感，也最好赶快记录下来。

①考虑经济形势的变迁。
②以考虑可能遭遇到的困难为着眼点。
③想到事态本身的因果关系。
④预测有机械性与分析性两种类型：

机械性的预测是凭感观的因果关系来预测。这种预测只是简单性的预测，由于角度的不同因而得出的答案也不同。分析性的预测是从计划观点、心理观点、统计观点来分析的。应该说这是一种综合性的方法，所以驾驭难度也较大，但准确率较高。

(2) 设定目标。目标是动力也是出发点，所以制订计划前先确定一个长远目标。

①目标即将来业务发展的指标。
②设立目标要根据预测——目标不是凭空捏造的。
③目标要简单、明确。
④设定目标时要让本部门的员工参加。群策群力会使目标制定得更完善，同时也是对员工们的一种激励。

(3) 制定政策。
①政策是工作的指导准则，要有贯彻性、调和性。
②政策必须关系到部门。
③要使大家了解政策。
④政策是计划的基本依据。

(4) 制定进程。这部分实际上就是将要贴在办公室墙上的核心内容。根据业务需要，编制一套有秩序的措施和运用人力、财力、物力的步骤，并能很有效地执行。但所制定的进程必须根据政策不断修正，并予以标准化。

(5) 编制预算。
①必须有效运用可用资源。
②设定绩效标准和衡量尺度。

以上就是制订计划中必须注意的几项原则,另外不要忘记在制订计划的时候应广泛征求员工们的意见,多与他们进行沟通,因为这是在为整个部门制订计划,而不是为某个人。

3. 具体方案的制定

员工们并不只是"服从命令的工作机器",他们对每一件事、每一项决定都有他们自己的看法和观点。忽视他们的感受,懒得听取他们的意见,可不是明智的领导之举。这个道理虽然几乎每位领导都十分明白,甚至可以对群策群力的好处倒背如流,如数家珍,可不幸的是有些领导仍旧常常无视他们的存在,这的确是很令人沮丧的。也许在一些领导的眼里,员工们只有在谈论家常的时候才会争先恐后、口若悬河,而当在会议上询问他们的看法时却一个个大眼瞪小眼、呆若木鸡,那么可否自问,是否做过一些调动员工们参与进言的积极性的工作呢?鼓励下属们踊跃发言有以下基本方法:

(1) 使员工们感觉到自己在组织中的重要性。一般这种重要性的表现有很多,如收入多、位置高、有保障、有归属感、获得赏识等。这里所列举的所有方面,对于一个成功的领导者来说,应该是让每一位员工都能够感受到的。没有人希望自己的发言和意见不受别人的重视,所以,只有当他们十分清楚地意识到,自己的作用在部门内是不可缺少时,他们才会敢于表达个人的看法。这也许和人与生俱来的自尊心有所联系吧。因此理解他们,给一些重视和尊重,他们定会发挥自己的作用。

(2) 了解组织中每一个成员的特点。也许有些人天生寡言,尤其是在众人面前,所以当领导需要了解他们的内心活动的时候,只能私下里和他们进行深入交谈。也许有些人不愿招致别人的闲话,信奉"枪打出头鸟"的谚语,那么只有在帮助他克服了这一心理障碍以后,才有可能在会上听到他的发言。总之,了解员工们的意见其实也不一定要在会议上,平时多深入群众,可以有效了解每一位员工,这样更有助于采用不同的方法鼓励员工在上司面前开口讲话。

(3) 保证已经采纳的意见立即执行。这一点至关重要。我们常常可以看到这样的情况,讨论会开得异常成功,员工们在会上讨论热烈,领导微笑着频频点头,最后,大家终于商讨出一项所有人都认可的决议,领导一拍板,"行,就这么办"。几天过去了,迟迟不见行动。几个月过去了,仍不见半点执行决议的迹象。第二次员工大会开始了,发言的人寥寥无几。应该知道,当员工们怀着极大热情加入了决策的讨论,最后却看不到任何回报时,他们再也不会相信领导的话了。

4. 计划的组织实施

计划编制完成后,就要把计划所确定的目标任务从时间和空间两个角度展开,落实到组织中的各个单位和个人,规定他们在计划期内应该从事什么活动,达到什么要求,这个过程就是计划的组织实施过程。其行之有效的方法主要有目标管理和"PDCA"循环等。

(1) 目标管理

目标管理是指在计划内,组织以目标作为一切管理活动的出发点、归宿点和手段。它要求把组织的总目标分解为下属单位与成员的分目标。一切活动的进行以目标为导向,活动的结果用目标来评价,管理者通过"目标-责任链"对下级进行领导,并以此来保证组织总目标的实现。

目标管理的程序一般包括三个阶段,即目标的制定与展开、目标的组织与实施、成果的检查与考核。

第一阶段,目标的制定与展开。组织目标的制定是目标管理的中心内容。一般应由组织的领导决策层首先制定出组织的总体目标,然后由组织下属各单位依据组织总目标制定出分目标,再由组织各成员依据单位分目标制定出个人目标。在目标制定过程中,首先,要求分目标必须保证总目标的实现,个人目标必须保证组织目标的实现。其次,要求在上、下级之间进行目标协商,各部门之间的目标要相互协调配合。组织对整个目标体系要进行综合平衡。这种从上到下、层层分解、逐级落实组织总目标的过程,就叫作目标展开。在目标展开的过程中,除了必须做好目标分解工作,还要抓好目标责任的落实。以工业企业为例,在企业目标确定之后,首先要把企业总目标逐级分解为各部门、车间、班组和个人岗位等各个层次的分目标,构成企业目标体系。同时,也将目标责任逐级分解落实到各部门、车间、班组和个人岗位,形成企业目标责任体系。整个企业的目标责任体系,则通过"目标-责任链"这条纽带把它连接起来。

第二阶段,目标的组织与实施。"自我控制"是目标管理的组织实施过程中一个十分重要的指导思想。自我控制,就是组织的下属机构和全体员工都按照单位和个人所承担的目标责任,在实现目标的过程中,充分发挥主动性和积极性,进行自主管理,即不断进行自我分析、自我检查、自找差距、自我激励、自我完善。上级的管理则主要表现在指导、协助、授权、提供情报、提出问题、创造条件、纵横协调;改善环境等工作上;此外,就是做好检查和考核工作,实施奖惩。

第三阶段,成果的检查与考核。为了保证目标的实现,对目标实施的全过程必须进行控制和检查,其基本做法是通过信息反馈系统,将组织所属各级单位和全体员工的目标实施情况定期逐级反馈到上级单位,从中发现差异,查清原因,以便及时采取措施,纠正偏差。若在检查中发现预定目标与实际情况不符,或因不可抗拒的原因造成无法实现预定目标,则应对原定目标进行调整修改。在检查工作中,可以把自我检查与上级检查相结合,把专业检查与全面检查相结合,把定期检查与经常检查相结合。

在对目标实施过程进行检查、控制的同时,还应对检查结果做出评价和考核,并与经济责任制联系在一起,实施奖励和惩罚。具体做法就是按月份、季度和年度定期组织管理人员对组织下属各级单位和全体员工的目标责任完成情况进行检查考评,并据考评结果决定工资、奖金的发放水平,组织行政的嘉奖惩罚和岗位职务的升降调动。

一个计划期的目标管理过程结束之后,可根据检查考评资料发动广大群众进行总结,以推广成功的经验,吸取失败的教训,并用以指导和改善下一个计划期的目标管理工作,进行新的、更高水平的目标管理循环。

(2)"PDCA"循环

①"PDCA"循环的特征

a."PDCA"循环是大循环套小循环、小循环保大循环、一环扣一环的综合体系。大循环是指整个组织的计划管理活动的"PDCA"循环,小循环是指组织下属各级单位和部门的计划管理活动的"PDCA"循环。上一级循环是下一级循环的根据,下一级循环又是上一级循环的保证。通过"PDCA"循环,使组织各个方面、各个环节的计划组织实施工作有机结合起来,形成一个相互制约、相互促进的整体,更有利于实现组织的计划目标。

b."PDCA"循环每循环一次,就提高一步。"PDCA"循环不是原有水平的重复,而是螺旋式的上升,每循环一次,就前进一步,使计划管理水平和组织目标水平上升到一个新的高度,并在新的高度基础上,制定更高的组织目标,不断提高管理水平,开始进行新的更高一级的循环。

c."PDCA"循环是综合性的开放式的循环。"PDCA"循环是包含组织内部各种资源要素(人力、财力、物力、信息等)和各个职能部门管理活动以及各级下属单位的全方位的、综合性的循环。在循环过程中,要不断根据客观环境的变化,不断适应新情况,解决新问题。在动态管理过程中,进行新的综合平衡。因而循环的四个阶段不是绝对的,各阶段之间也不是截然分开的,而是紧密相连的,有时还得一边计划,一边实施,一边检查,一边处理,各个环节交叉进行。

"PDCA"循环体现了计划管理过程是一个从实践到认识,再从认识回到实践,并且不断地通过再认识、再实践,从而使主观认识和客观实际逐步趋于统一的事物发展过程,这正是辩证唯物主义的认识论和方法论在计划管理工作中的具体应用。

②"PDCA"循环的运转

"PDCA"循环的运转程序一般要经历四个阶段八个步骤。

a.计划制订阶段(P)。编制组织计划可分为四个步骤:

第一步,对组织现状进行分析,找出组织营运中存在的主要问题。

第二步,对组织存在问题的产生原因和影响因素进行分析。

第三步,从影响组织活动的各种可控因素中找出主要因素,以便抓住主要矛盾,解决主要问题。

第四步,针对组织存在的主要矛盾和问题及其产生的主要原因制订出组织计划和对策措施。

b.计划实施阶段(D)。这一阶段就是按照计划的要求,切实执行计划,努力实现目标,这是第五步。

c.计划检查阶段(C)。检查,就是把执行计划的结果与计划预期的目标进行对比,对实施计划的效果进行考核与评价,这是第六步。

d.计划处理阶段(A)。处理阶段,是在计划执行完毕之后的善后阶段。这一阶段包含两个步骤:

第七步,总结经验,吸取教训,巩固成绩,处理问题。这项工作主要通过发动全体员工上下一起来进行。

第八步,修订计划,克服偏差,协调平衡,以利再战。修订计划可采用滚动计划的方法,使组织计划更适合新的环境变化的要求,更切实可行。

在"PDCA"循环的运转过程中,旧的问题解决了又会产生新的矛盾,随着"PDCA"循环的不停运转,矛盾和问题不断地出现又不断地被解决,计划管理水平也就不断地得以提高,组织也因而不断地发展和壮大。

(二)组织

1.组织的含义与类型

在管理学中,组织的含义可以从静态与动态两个方面来理解。从静态方面看,指组织结构,即反映人、职位、任务以及它们之间的特定关系的网络。这一网络可以把分工的范围、程度、相互之间的协调配合关系、各自的任务和职责等用部门和层次的方式确定下来,成为组织的框架体系。从动态方面看,指维持与变革组织结构,以完成组织目标的过程。通过组织机构的建立与变革,将生产经营活动的各个要素、各个环节,在时间上、空间上科学地组织起来,使每个成员都能接受领导、协调行动,从而产生新的整体职能(大于个人和小集体的简单功能)。

组织的类型,一般有正式组织与非正式组织。其中,正式组织一般是指组织中体现组织目标所规定的成员之间职责的组织体系。我们一般谈到组织都是指正式组织。在正式组织中,其成员保持着形式上的协作关系,以完成企业目标为行动的出发点和归宿点。非正式组织是在共同的工作中自发产生的,具有共同情感的团体。非正式组织形成的原因很多,如工作关系、兴趣爱好关系、血缘关系等。非正式组织常出于某些情感的要求而采取共同的行动。

2. 划分组织部门的原则

(1)目标任务原则。企业组织设计的根本目的,就是实现企业的战略任务和经营目标。组织结构的全部设计工作必须以此作为出发点和归宿点。

(2)责权利相结合的原则。责任、权力、利益三者之间是不可分割的,且必须是协调的、平衡的和统一的。权力是责任的基础,有了权力才可能负起责任;责任是权力的约束,有了责任,权力拥有者在运用权力时就必须考虑可能产生的后果,不至于滥用权力;利益的大小决定了管理者是否愿意担负责任以及接受权力的程度,利益大、责任小的事情谁都愿意去做,相反,利益小、责任大的事情人们很难愿意去做,其积极性也会受到影响。

(3)分工协作原则及精干高效原则。组织任务目标的完成,离不开组织内部的专业化分工和协作,因为现代企业的管理工作量大、专业性强,分别设置不同的专业部门,有利于提高管理工作的效率。在合理分工的基础上,各专业部门又必须加强协作和配合,才能保证各项专业管理工作的顺利开展,以达到组织的整体目标。

(4)管理幅度原则。管理幅度是指一个主管能够直接有效地指挥下属成员的数目。由于受个人精力、知识、经验条件的限制,一个上级主管所管辖的人数是有限的,但究竟多少比较合适,很难有一个确切的数量标准。同时,从管理效率的角度出发,每一个企业不同管理层次的主管的管理幅度也不同。管理幅度的大小同管理层次的多少成反比的关系,因此在确定企业的管理层次时,也必须考虑到有效管理幅度的制约。

(5)统一指挥原则和权力制衡原则。统一指挥是指无论对哪一件工作来说,一个下属人员只应接受一个领导人的命令。权力制衡是指无论哪一个领导人,其权力运用必须受到监督,一旦发现某个机构或者职务有严重损害组织的行为,可以通过合法程序,制止其权力的运用。

(6)集权与分权相结合的原则。在进行组织设计或调整时,既要有必要的权力集中,又要有必要的权力分散,两者不可偏废。集权是大生产的客观要求,它有利于保证企业的统一领导和指挥,有利于人力、物力、财力的合理分配和使用;而分权则是调动下级积极性、主动性的必要组织条件。合理分权有利于基层根据实际情况迅速而准确地做出决策,也有利于上层领导摆脱日常事务,集中精力抓大问题。

3. 人员配备

人员配备是组织根据目标和任务需要正确选择、合理使用、科学考评和培训人员,以合适的人员去完成组织结构中规定的各项任务,从而保证整个组织目标和各项任务完成的职能活动。

(1)人员配备的任务

①物色合适的人选。组织各部门是在任务分工基础上设置的,因而不同的部门有不同的任务,具备不同的工作性质,必然要求具有不同的知识结构和水平、不同的能力结构和水平的人与之相匹配。人员配备的首要任务就是根据岗位工作需要,经过严格的考查和科学的论证,找出或培训为己所需的各类人员。

②促进组织结构功能的有效发挥。要使职务安排和设计的目标得以实现,让组织结构真正成为凝聚各方面力量,保证组织管理系统正常运行的有力手段,必须把具备不同素质、能力

和特长的人员分别安排在适当的岗位上。只有使人员配备尽量适应各类职务的性质要求,从而使各职务应承担的职责得到充分履行,组织设计的要求才能实现,组织结构的功能才能发挥出来。

③充分开发组织的人力资源。现代市场经济条件下,组织之间的竞争成败取决于人力资源的开发程度。在管理过程中,通过适当选拔、配备和使用、培训人员,可以充分挖掘每个成员的内在潜力,实现人员与工作任务的协调匹配,做到人尽其才、才尽其用,从而使人力资源得到高度开发。

(2) 人员配备的程序

①制订用人计划,使用人计划的数量、层次和结构符合组织的目标任务和组织机构设置的要求。

②确定人员的来源,即确定是从外部招聘还是从内部重新调配人员。

③对应聘人员根据岗位标准要求进行考查,确定备选人员。

④确定人选,必要时进行上岗前培训,以确保能适用于组织需要。

⑤将所定人选配置到合适的岗位上。

⑥对员工的业绩进行考评,并据此决定员工的续聘、调动、升迁、降职或辞退。

(3) 人员配备的原则

①经济效益原则。组织人员配备计划的拟定要以组织需要为依据,以保证经济效益的提高为前提;它既不是为了盲目地扩大职工队伍,更不是为了单纯地解决职工就业,而是为了保证组织效益的提高。

②任人唯贤原则。在人事选聘方面,大公无私,实事求是地发现人才,爱护人才,本着求贤若渴的精神,重视和使用确有真才实学的人。这是组织不断发展壮大、走向成功的关键。

③因事择人原则。因事择人就是员工的选聘应以职位的空缺和实际工作的需要为出发点,以职位对人员的实际要求为标准,选拔、录用各类人员。

④量才使用原则。量才使用就是根据每个人的能力大小而安排合适的岗位。人的差异是客观存在的,一个人只有处在最能发挥其才能的岗位上,才能干到最好。

⑤程序化、规范化原则。员工的选拔必须遵循一定的标准和程序。科学合理地确定组织员工的选拔标准和聘任程序是组织聘任优秀人才的重要保证。只有严格按照规定的程序和标准办事,才能选聘到真正愿为组织的发展做出贡献的人才。

4. 组织机构及成员的基本职责

(1) 船舶组织机构

远洋货轮一般都在万吨以上,全船人员一般定员 19~24 人。除船长、政委外,高级船员 8 人,普通船员有 10 人,厨师有 2 人。船员组织结构分为甲板部(包括事务部)、轮机部。每个部门内部都有明确的岗位分工。

①甲板部

甲板部主要负责船舶航海、船体保养和船舶营运中的货物积载、装卸设备、航行中的货物照管;主管驾驶设备包括导航仪器、信号设备、航海图书资料和通信设备;负责救生、消防、堵漏器材的管理;主管舱、锚、系缆和装卸设备的一般保养;负责货舱系统和舱外淡水、压载水和污水系统的使用和处理。

②轮机部

轮机部主要负责主机、锅炉、辅机及各类机电设备的管理、使用和维护保养;负责全船电力系统的管理和维护工作。

③事务部

事务部主要负责全船人员的伙食、生活服务和财务工作。

(2)轮机部组织机构及成员的基本职责

轮机部人员分为三个级别：管理级、操作级和支持级。

①管理级

a. 轮机长

轮机长在船长和政委的领导下,熟悉和执行公司的安全和环境保护方针,对全船机械、动力、电气设备（无线电通信导航和由甲板部使用的电子仪器除外）的操作和维护负总责,确保全船机电设备的适航；全面负责轮机部的生产和行政管理工作；检查轮机部各项规章制度的执行以使各种设备保持良好的运行技术状态。

b. 大管轮

大管轮在轮机长的领导下,熟悉和执行公司的安全和环境保护方针,履行轮机值班职责,主管船舶推进装置及其附属设备,协助轮机长进行轮机技术管理和轮机部日常工作,确保主管设备适航。当轮机长不能执行职务时,大管轮临时代理轮机长职务。

②操作级

a. 二管轮

二管轮在轮机长和大管轮的领导下,熟悉和执行公司安全和环境保护方针,履行轮机值班职责,主管发电原动机等设备,确保主管设备适航。

b. 三管轮

三管轮在轮机长和大管轮的领导和监督下,熟悉和执行公司安全和环境保护方针,履行轮机值班职责,主管锅炉、甲板机械等设备,确保主管设备适航。

③支持级

值班机工,即轮机部日常营运和工作中的支持级人员,在轮机员的领导下,熟悉和执行公司安全和环境保护方针,执行机炉舱和机械设备的检修、保养工作。

（三）疲劳与压力

1. 疲劳

目前,航运界已经普遍认识到疲劳是造成人为失误的主要原因之一。它能降低人的工作能力和判断能力,使人反应迟钝,这些足以对航行安全构成严重威胁。

对疲劳的概念,目前还没有个统一的定义,一般而言,疲劳是指降低人的工作水平,使人的工作能力下降的一种状态。在 IMO 人为因素统一术语中,对疲劳的定义是："由于身体、精神或情绪上的消耗,导致体力和（或）思维能力上的降低。它可以使行为者能力降低,这种降低包括力量、速度、反应时间、协调性或平衡性。"

(1)疲劳容易引起的现象

①不能集中注意力——不能组织有效的活动,因注意一些琐碎的小事而忽略了重大的问题,警惕性降低。

②决策能力降低——错误的判断和理解,没有注意应该做的事情,具有冒险倾向。

③记忆力降低——遗忘某项任务或任务的一个部分,工作程序错漏,工作不认真。

④反应迟钝——对正常、非正常或紧急情况的反应迟钝。

⑤活动失去控制——不能保持清醒,提起重物时不能尽全力,语言障碍。
⑥行为改变——沉默寡语、沮丧、易发怒及具有反社会的行为。
⑦态度改变——估计不到危险,观察不到警告信号,具有较高的冒险倾向。

（2）疲劳产生的原因

疲劳产生的原因很复杂,可能是长时间的脑力或体力劳动造成的,也可能是不适当的休息或是不理想的环境因素造成的。通常从四个方面加以分析：

①船员自身方面,它与船员的生活方式、行为、个人爱好等有关。主要包括：睡眠和休息；生物钟或生理节律；心理和感情因素；服用药物；工作量。

②管理方面,它与船舶的管理及操作有关。主要包括：组织因素；航行/航次计划。

③船舶方面,它与可能引起疲劳的船舶特性有关。主要包括：船舶设计；设备可靠性；检查与维护；船舶的运动。

④环境方面,它包括外部环境与内部环境两个方面。内部环境可能是噪声、船舶振动、温度等。外部环境有港口情况、天气情况、船舶交通情况等。

对船员而言,公认的疲劳原因有以下几种：睡眠不足或睡眠质量不高；休息不够或休息质量不高；紧张或不安；噪声或振动；船舶移动；饮食不当；疾病或服用药物；超负荷工作。

（3）睡眠

虽然引起疲劳的原因很多,但有研究表明睡眠问题是造成疲劳的主要原因。美国的一个研究睡眠问题的小组在1993年的一份报告中指出"睡眠不足将导致疲劳和工作能力变差……"；在1996年一份提交给MSC第67次会议的报告中也指出"疲劳主要与睡眠的连续性、持续时间和质量有直接关系……没有足够睡眠时间的人,很容易产生疲劳"。统计数据充分证明了这一点。IMO专家们认为对付疲劳的最有效的方法是保证船员获得高质量和足够的睡眠。毫无疑问,对船员,尤其是值班人员而言,有效的睡眠是保证航行安全的前提。

一个有效的睡眠必须同时具有以下三个条件：合适的持续时间,每个人所需的睡眠时间不尽相同,通常认为平均 7~8 h 是合适的；高质量的睡眠；较好的连续性,睡眠不应被打断。实践证明,一个持续 7 h 的睡眠,其效果远胜于 7 个持续 1 h 的打盹。

为了海员的保证休息时间,防止疲劳,STCW 公约规定了海员最短休息时间,《2006 海事劳工公约》则对最长工作时间和最短休息时间都做了规定。以下是《2006 海事劳工公约》的规定：

应考虑到海员疲劳带来的危险,特别是那些职责涉及航行安全以及船舶的安全和保安操作的海员,对海员的工作或休息时间应做如下限制：

①最长工作时间：
在任何 24 h 时段内不得超过 14 h；且在任何 7 天时间内不得超过 72 h。

②最短休息时间：
在任何 24 h 时段内不得少于 10 h；且在任何 7 天时间内不得少于 77 h。

③休息时间最多可分为两段,其中一段至少要有 6 h,且相连的两段休息时间的间隔不得超过 14 h。

船员经常进出的地点应张贴一份船上工作安排表,该表应至少包括每一岗位在海上和在港口的工作时间、最长工作时间和最短休息时间。

应保持对海员的日工作时间或其日休息时间进行记录,以便监督。记录应采用主管当局确定的标准格式。该表格应以船上的一种或多种工作语言和英文制定。海员应得到一份由船长或船长授权人员以及海员本人签字认可的有关其本人记录的副本。

出于船舶、船上人员或货物的紧急安全需要,或出于帮助海上遇险的其他船舶或人员的目的,船长可中止工作时间或休息时间安排,要求一名海员从事任何时间的必要工作,直至情况恢复正常。一旦情况恢复正常,船长应尽快地确保所有在计划安排的休息时间内从事工作的海员获得充足的休息时间。

我国海事局规定了船员工作或休息时间记录表的格式。

2. 压力

压力是当人们去适应由周围环境引起的刺激时,身体或者精神上的生理反应,它可能对人们心理和生理健康状况产生积极或者消极的影响。换句话说,压力是人与所处环境的交互作用。来自环境而引起压力的物理或生理要求称为紧张性刺激。这种刺激产生压力或潜在的压力。人们能感觉到压力是代表着超过人的反应能力的一种要求。

紧张性刺激包括像噪声、振动、热、暗光和高加速度等工作环境特征,也包括诸如焦虑、疲劳和危险等的心理因素。这些紧张性刺激体现为主观经验、心理变化和效率降低。它能产生直接或间接的影响。直接影响是指由影响操作者或机器反应精度的信息质量的刺激,如振动降低了视觉输入质量,噪声影响了听觉输出质量。时间压力减少信息数量的同时,自然地降低了性能。直接影响也包括噪声对工作记忆的影响以及操作者因关心个人问题而引起的精力分散。因此,操作者可能再次关注所思考的问题,而不是手头的工作。

一些能被观察到的间接影响性刺激(如焦虑或害怕)与其他的直接影响性刺激(如噪声、振动)一样也影响着信息处理的效率。

(1) 造成压力的原因

在工作环境中造成压力的原因是多种多样的,压力的起因或来源大体分为三方面:工作压力、家庭压力、社会压力。

① 工作压力

工作压力是指在工作中产生的压力。它的起源可能有多种情况,如工作环境(包括工作场所物理环境和组织环境等)、分配的工作量及难易程度、工作所要求完成时限长短、员工人际关系影响、工作新岗位的变更等,这些都可能是工作压力的诱因。

② 家庭压力

每一个员工都有自己的个人家庭生活,家庭生活是否美满和谐对员工具有很大影响。这些家庭压力可能来自父母、配偶、子女及亲属等。

③ 社会压力

还有一些压力来自社会方面,包括社会宏观环境(如经济环境、行业情况、就业市场等)和员工身边微观环境的影响。员工所处社会阶层的地位高低、收入状况同样对其构成社会压力。当员工自身收入状况与其他社会阶层相比,或者与其他同行业从业人员相比较低时,对其也会产生压力。

(2) 人对压力的反应

人对压力的反应受多种因素影响,如人的身体素质、心理承受力、对局面的控制程度和人实际感知潜在压力事件的情况等。克服压力需要某种适应形式。如果不能适应,会导致身体损耗、虚弱和与压力有关的疾病,并导致更加无法承受以后在生活中遇到的压力。另外,成功的适应压力会使人愉快地成长和具有安全感,对以后的压力更具抵抗力。

①短期反应
短期反应,一方面来自生理方面,另一方面来自精神/情绪方面。
生理方面有:头痛,偏头痛;背痛;眼睛和视力问题;皮肤过敏反应;睡眠紊乱;消化失调;心跳加速;血液胆固醇增加和肾上腺激素/非肾上腺激素含量增加。
精神/情绪方面有:对工作不满;焦虑;沮丧;易怒;失落;家中或单位人际关系破裂;酗酒和吸毒;吸烟和无法放松。
②长期反应
就个体而言是指:消化系统溃疡;哮喘;糖尿病;关节炎;中风;高血压;心血管疾病和心理疾病。
对组织而言是指:旷工;不守时;员工流动率高;病假率高和生产效率低。
(3)压力对工作的影响
压力对工作的影响是多方面的,主要表现在:旷工、事故、工作表现不稳定、注意力不能集中、出错、不正常的个人外表、与同事关系差、焦虑和沮丧等。
①旷工
尤其在星期一早上或早餐或加餐休息时的旷工是产生压力的典型表现。
②事故
饮酒造成的事故是事故平均数的3倍。许多事故的发生与压力有间接的联系。
③工作表现不稳定
有时,由于个人外部的变化而使工作效率发生高低的交替,这通常是肌体中存在压力的征兆。
④注意力不能集中
生活充满压力通常导致人们注意力不能集中,因而容易使人心烦意乱,或不能及时完成工作。
⑤出错
压力是判断错误的根本原因,判断错误容易引起事故,出现这种错误却常常责备他人。
⑥个人外表
一个人变得异常,口中常有酒精气味,可能是处于压力状态下的普遍表现。
⑦同事关系不佳
人们处于压力状态一段时间后,变得频频发怒,对批评过于敏感。这可能伴有情绪变化,所有这些对同事间关系有直接影响。
⑧焦虑
这是紧张与忧虑、担心、内疚、不安全感共同表现出来的一种状态,是恢复轻松状态的经常性需要。它伴有一些身体症状,如大量出汗、呼吸困难、胃紊乱、心跳加速、尿频、肌肉紧张或高血压。
⑨沮丧
从另一方面说,沮丧更是一种心情。其特征是感觉颓废和消沉,以及如感觉没有希望、无用和内疚等。它也被描述为丧失对事件逻辑发展认识的一种悲哀。它可轻可重,轻微时可导致工作关系出现危机;严重时表现出生化机制混乱;极端时可能导致自杀。
(4)压力管理
为了预防和减少压力对员工个人和组织造成的消极影响,发挥其积极效应,企业实施适当的压力管理能有效地减轻员工过重的心理压力,保持适度的、最佳的压力,从而使员工提高工作效率,进而提高整个组织的绩效,增加利润。

①个体层面的压力管理

a. 认知性自我管理技能

这是指个体通过对自身和压力源的剖析,减轻压力反应的技能。这种技能包括认知训练、运动和呼吸训练等。认知自己的性格特征、生活习惯和工作状态,接收自己的压力信号,审视自己对每日生活中面对压力付出的代价,注意可能引起高压力的个人嗜好、特殊生活习惯和工作情况,找出压力来源并积极地减少或消除压力。另外也可以通过运动放松和呼吸训练来减轻压力。

b. 应对性自我管理技巧

这是指个体在感觉到很大的压力时如何通过工作和时间的调整,使自身从过分紧张的状态恢复到乐观放松心态的技能。时间管理的原则是一个非常好的手段,也就是将任务根据紧急和重要两个维度分类。时间管理的原则可以概括为:列出每天要完成的事情,根据重要程度和紧急程度对事情进行排序,根据优先顺序进行日程安排,努力确定所有任务中最关键的部分,了解自己日常活动的周期状况,在自己最清醒、最有效率的时间段内完成工作中最重要的部分。

c. 支持性自我管理技能

这是指个体在面对较大的压力时,通过寻求外部支持性途径排遣压力的技能。建立并扩大支持网络是应对压力的重要途径,它使个体之间可以交流挫折和不满,得到建议和鼓励,并体验到情感上的联系,提供应对压力事件所需的共鸣和支持。

d. 保护性自我管理技能

这可以增强个体的适应能力,从根本上减少过度压力反应的机会。这些措施包括精神构想、放松技巧、合理膳食和运动调节等,养成科学、合理、均衡的饮食习惯;保证充分的睡眠和休息时间;营造舒适放松的生活氛围;坚持定期运动等方式都可以有效地缓解压力。

②工作层面的压力管理

a. 合理的工作安排

工作安排是指根据具体工作的重要性和难易程度对任务进行合理的安排,有效的工作安排可以缓解过多的压力。先做不喜欢的工作、再做喜欢的工作的整体效率要比先做喜欢的工作、后做不喜欢的工作效率高。合理地安排时间,有效的时间管理可以提高工作效率,降低烦琐的工作带来的压力。

b. 自我工作能力提升

个人的能力与压力感有密切的关系,能力越强,感受到的压力越小,而对压力的态度越积极。对压力的态度积极可使压力变为动力,而对压力的消极态度可使压力变为阻力。个人应注意自身良好的心态和正确人生观的培养,努力增强自身实力,如知识、技术、人际交往等技能,可有效减少因自身能力不足而感受到的压力。

③组织如何解压

a. 改善组织的工作环境和条件,减轻或消除工作条件恶劣给员工带来的压力。给员工提供一个赏心悦目的工作环境,有利于实现员工与工作环境相适应,提高员工的安全感和舒适感,减轻压力,确保员工拥有做好工作的良好设备条件。

b. 从组织文化氛围上鼓励并帮助员工提高心理保健能力,学会缓解压力、自我放松。组织可为员工订阅有关保持心理健康与卫生的期刊、杂志,可开设宣传专栏普及员工的心理健康知识,有条件的还可开设有关压力管理的课程或定期邀请专家讲座、报告。可告知员工诸如压力的严重后果、代价,压力的自我调适方法,向员工提供各种锻炼、放松的设备,使员工通过运动和健身释放和宣泄自身的压力。

c. 组织制度、程序上帮助减轻员工压力,加强过程管理。

第一,领导或管理者应向员工提供组织有关的信息,及时反馈绩效评估的结果,并让员工参与与他们息息相关的一些决策等,使员工知道企业里正在发生什么事情,他们的工作完成得如何等,从而增加其控制感,减轻由于不可控、不确定性带来的压力。

第二,各级主管应与下属积极沟通,真正关心下属的生活,全方位了解下属在生活中遇到的困难并给予尽可能多的安慰、帮助,减轻各种生活压力源给员工带来的种种不利的影响和压力,并缩短与下属的心理距离。

④船舶抵御压力的方法

a. 了解抵御压力对轮机部团队的影响。

b. 良好的培训。

c. 岸上管理部门保证船上有足够的适任人员进行工作。

d. 良好的个人时间管理。

e. 良好的健康状况和充足的睡眠。

f. 按已建立的标准操作程序来开展每项工作。

g. 即使在紧张的工作中,也应用幽默和愉快作为防止压力积累的良药。

h. 按团队的管理方式工作,其他成员可以发现存在的不足。

(5) 预防压力的措施

下述为工作中减轻压力的方法:

①清理工作现场。利用一些技术减轻压力,创造一个良好的工作环境。

②设计一份未来工作计划表。该计划表分为短期和长期两种,并写在记事本上。小便条或小纸片很容易丢掉,而记事本会提醒注意并指导船员去做这项工作。无论何时完成它,都可以在记事本中划掉,这样有助于去筹划。一些人已开始利用软件程序记录每天的工作并自动将未完成的任务顺延到第二天,非常有用。

③每隔 20 min 休息一次。研究表明我们在 20 min 的时间段内工作最有效。休息片刻、闭上眼睛、散散步或做深呼吸,只要你改变工作的节奏,做短时间的中断是值得的。

④不能中断必须完成的一项工作。拿开你的电话,避免他人干扰,关上办公室的门或躲藏在无人能发现的会议室中。

⑤按时回家。学会确定和平衡工作与家庭、工作时间与私人时间之间的关系。

⑥科用已经讨论的一些技术减少工作量,为自己、家庭和朋友留些时间。

⑦澄清工作责任和工作期望值问题。如不知道如何处理某一特殊工作的话,摆脱压力就不是轻而易举的事了。

⑧使工作更加有趣。研究表明喜欢工作的人会更加投入,且压力较少。关键是将自己的工作变得更像游戏那样轻松,找到诀窍使工作更有趣。把压力转换成学习的机会或是寻找解决问题的方法。

⑨决定哪些是绝对要自己做的,哪些是分派给他人做的工作。分配任务可以节省时间,提高工作效率。许多情况下,分配任务表明对他人能力的一种肯定。

⑩善于挖掘自己的聪明智慧。若对某项任务不满意,建议采取更可操作或富有成效的办法。设法利用经验,采取更有效、更能驾驭命运的方法。

一般来说,应该做到:使你和你的团队放松;掌握潜在的压力局面;尽可能进行逼真的培训;对团队成员进行关于压力方面的教育;每次都进行指示和总结;保持身体健康;充分了解你自己。

(四)影响机舱安全的因素和作用机制

机舱的安全工作是由人(甲板人员、机舱人员),机(船舶、货物、设备等),环境和管理等4个要素组成的有机整体。该项工作在进行过程中,将受到人的因素、船舶因素、环境因素和管理因素的影响与制约。为了全面了解船舶事故的发生原因,掌握产生原因的由来及其相关的因素,以便采取有效的措施和行动来避免,有必要对以上各因素做一定的分析和研究。

1. 人为因素

在机舱工作中船舶机舱人员等的人为因素是最活跃、最重要的一个因素。如前所述,船舶机舱事故绝大部分是由人的失误造成的,因为这类事故的发生总是直接或间接地与船舶机舱人员的人为因素有着密切的联系。

在这种人为因素中,它们包括了船舶机舱人员的责任、知识、技能、经验、气质、健康状况以及心理、生理和行为特点等方面的情况。首先,在所有这些因素中,最为基本的因素是责任和知识。责任心是做好任何工作的基础。尽管不同的船舶要求船舶机舱人员知识的深度、广度会有差别,但为船舶安全航行所必需的知识是不可缺少的。此外,船舶越复杂,自动化程度越高,所要求的知识水平就越高。

其次,船舶机舱人员的技能也是构成人为因素的重要部分。技能与知识虽有密切关系,但在本质上却各有其特殊的内容与要求。即使理论知识学得非常好,但没有从事船舶机舱操作的实际经验,也是不能保证机舱安全的。当然,如只有一些实际技能而无足够的理论知识,也将给自己的工作带来极大的局限性。一般来说,这些操作技能只能通过实际技术训练或实践才能获得,它们必须能适应经常不断变化的外界条件的要求,还必须能及时满足不断更新的技术与设备的发展需要。

再次,另外一个非常重要的因素是船舶机舱人员的健康状况,因为它是充分运用自己知识和技能的基本条件。很难想象一位健康状况不良的船舶机舱人员会有足够的精力和体力去学习和灵活应用自己的知识和技能,会适应机舱多变的自然条件以及紧张工作的要求。健康状况不良,会降低各感官的功能,容易疲劳,难以集中注意力,以致不能正常和安全地完成自己的任务。

最后,必须强调的因素是船舶机舱人员的心理状态。他们应具有极高的责任心和职业道德水准、极强的情景与安全意识、顽强的战胜困难的意志与毅力、忠于职守的热忱与执着、模范的工作习惯以及临危不惧巧于应变的能力等所反映出的心理状态。如无上述心理状态,再丰富的技术知识、熟练的技能和健康的体魄都将难以发挥作用。

2. 船舶因素

船舶因素主要表现在其本身的适航性能方面,即船舶设备装置、操纵性能资料、货载配置等方面的状况。没有适航的船舶,即使有再好的轮机技术,不论怎样遵守规章,事故还是难免的。由于航行环境千变万化,船舶在设计、建造和性能方面,应具备在各种海况或工况下正常航行与操纵的能力。具体来说,机舱各种设备都应符合安全航行的要求;反之,就会形成船舶机舱的不安全状态。

　　船舶机舱的不安全状态是构成船舶事故的物质基础,它可以由一种不安全状态转变为另一种极端状态,即事故的发生。事故的严重程度也随着船舶机舱不安全程度的增大而增大。从某种意义上来讲,生产发展和技术进步的过程,实际上就是人们对事物的不安全状态不断认识,并对这些工作和问题不断完善并逐步克服的过程。当船舶的不安全状态还没有被人们认识的时候,一旦时机成熟就很有可能转变为事故;当机舱人员认识到船舶机舱的不安全状态,并想方设法加以预防时,船舶机舱的不安全状态就会消除。

3. 环境因素

　　环境因素主要包括了船舶所处水域的自然条件、航道条件和交通条件等。这些条件的具体内容如下:

　　(1) 自然条件

　　自然条件是指船舶所处水域的气象、水文、潮汐的情况。通常船舶在航行过程中受到了风浪、潮流、雾以及其他自然现象的影响,这些自然现象在多数情况下是无法彻底回避的。例如,在大风浪中航行,船员必须争取并充分利用一切有利因素,努力避免船舶陷入被动而形成险局。一旦出现险情,不要惊慌失措,要齐心协力战胜困难,树立战胜大风浪的信心。轮机部门要尽力保障主机、辅机和舵机处于良好可使用状态,保证船舶动力正常,这样才能掌握主动权,使船舶在大风浪中不致失控。

　　(2) 航道条件

　　航道条件是指船舶所处水域的航路的地理情况。船舶在航行中由于航道宽度、弯曲度,以及岩礁、浅滩等碍航物的客观存在,要求船舶机舱人员必须如同对待自然条件一样,保证船舶动力正常,适应航道条件的种种限制。

　　(3) 交通条件

　　交通条件则是指船舶所处水域中的交通密度、流量方向、交通秩序、交通局面以及保障航行安全的航道设施状况。船舶机舱人员必须充分考虑交通条件,注重不同时间、季节、航段等的特点。

　　此外,自然条件、航道条件和交通条件有极大的相关性,若将能见度不良、航道狭窄和通航密度增加等条件加在一起,往往会给船舶的航行带来更大的难度。

4. 管理因素

　　发生事故的直接原因虽然是人、船、环境等因素,但发生船舶事故的本质往往是与管理不善或管理中存在缺陷密切相关的。目前,国际上有几种关于人为因素对海事影响的说法。如果将其联系起来,可以大致得出以下结论:即在海上事故中,约有80%与人为因素有关;而在与人为因素有关的事故中,约有80%与管理有关;而在与管理有关的事故中,约有80%与公司岸上管理有关。如果按照这种逻辑以数学方法计算,即所有事故中有51.2%与公司管理有关。这种主流观点将管理因素涵盖在人为因素之中。不论上述说法和推断正确与否,不能不说它代表着相当一部分人的看法。对船舶航行安全来讲,生产管理和安全管理是一个问题的两个方面,密不可分,安全寓于生产当中,没有安全就不可能实现生产。可以说,没有管理就无法组织运输生产,船舶安全就无保障。在目前的实际工作中,存有将经验和管理分开的趋势,如何使二者加以统一是人们遇到的一项新的课题。

　　涉及船舶航行安全管理的单位与内容是多方面的。外部管理部门主要涉及对船舶通航加以管理与监控的港口主管机关,安排港口的引航、码头泊位、港作拖船与带缆艇等作业的港务集团相关部门等;内部管理则主要为船舶人员对船舶的全局管理,包括船舶人员的学习与船舶安全航行工作的指导与安排,以及在船舶航行作业中安全保障体系的正常运作等。实践证明,许多船舶事故中所存在的船舶人员的不安全行为,船舶主机、设备、环境的不安全状态和相关单位与部门之间的协作问题等都与这些管理中的缺陷有关。

轮机部航行值班,轮机长在确定轮机值班的组成时,应当适合当时的环境和条件,以确保影响船舶安全操作的所有机械设备在自动操作方式、手动操作方式模式下均能安全运行。确定轮机值班组成时,应当考虑下列因素:

(1)保持船舶的正常运行。
(2)船舶类型、机械设备类型和状况。
(3)对船舶安全运行关系重大的机械设备进行重点监控的值班需求。
(4)由于天气、冰区、污染水域、浅水水域、各种紧急情况、船损控制或者污染处置等情况的变化而采用的特殊操作方式。
(5)值班人员的资格和经验。
(6)人命、船舶、货物和港口的安全及环境保护的要求。
(7)有关国际公约、国家法规和当地规定。

港内值班时,轮机长应当与船长协商确定轮机值班安排。决定轮机值班人员组成时,应当考虑下列内容:

(1)至少有1名值班轮机员。
(2)推进功率750 kW 及以上的船舶,至少安排一名值班机工协助值班轮机员。

轮机员在值班期间,不应当承担妨碍其监控船上机械系统的其他任务。

第四节　轮机部团队的有效管理

适用对象:沿海航区及无限航区750 kW 及以上船舶大管轮及船舶轮机长。

知识要点概述:要求无限航区/沿海航区750 kW 及以上船舶轮机长,了解有效沟通、船岸通信的内容;了解有效的资源分配、指派和优先排序理论;了解根据团队经验进行决策的理论;了解领导风格和决断能力的理论;了解有关获得和保持情景意识的理论;掌握根据不同的场景完成包括设备使用、人员分工、职责分配、执行步骤等在内的行动预案。要求无限航区/沿海航区750 kW 及以上船舶大管轮,掌握有效沟通、船岸通信的内容;掌握有效的资源分配、指派和优先排序理论;掌握根据团队经验进行决策的理论;掌握领导风格和决断能力的理论;掌握有关获得和保持情景意识的理论。

一、通信

通信,指人与人或人与自然之间通过某种行为或媒介进行的信息交流与传递,广义上指需要信息的双方或多方在不违背各自意愿的情况下无论采用何种方法,使用何种媒介,将信息从某方准确、安全地传送到另一方。

(一)船内通信系统

船内通信系统主要有船用电话、车钟、广播与警报装置三种类型。《钢质海船入级规范》

规定各种不同用途的船内通信装置,其声响信号应有不同的音色,以利于辨别。

1. 船用电话

《钢质海船入级规范》要求下列处所以电话为通信工具时,则应为声力电话或蓄电池供电的指挥电话:

(1)驾驶室——机舱。

(2)驾驶室——应急操舵站及舵机舱。

(3)驾驶室——火警信号站及消防设备集中控制站,船首、船尾。

(4)驾驶室——无线电室等。

其中(1)、(2)须为直通电话。

对于船用电话通信系统的使用与管理,要注意以下几点:

(1)目前建造的大型船舶中,都有对讲(直通)电话系统、指挥电话系统和自动电话系统。平时维护的重点应是前两种,因为它们结构简单、接通迅速、工作可靠,多作为船舶指挥联络之用,与船舶航行安全直接相关。

(2)必须消除话机的侧音,以免使受话方不能正确理解另一方的意图,影响指挥联络的效果。

(3)自动电话拨号时从话机送出的是脉冲信号,而不是拨号时用劲越大、速度越快越容易接通。

(4)及时排除指挥电话系统的故障。

2. 车钟装置

为了传达驾驶员的车速命令,控制船舶速度,船上设有车钟装置。

(1)车钟的组成及作用

在驾驶室、机舱集控室和主机机侧操纵台旁,各设一个车钟。

车钟的两面各有圆形钟面,上面印有各种速度标志,钟面中央有一指针,针上装有可以前后摇动的扳手。如在有两部推进器的船上,右边的车钟代表右舷的推进主机;左边的车钟代表左舷的推进主机。在船舶利用双车掉头时,切莫搞错左或右。

小船上的车钟多为链条式,由人工操纵,比较笨重。较大型的船舶一般都安装轻便的电传令钟(电车钟)。

车钟是用来传送改变主机转速的发令和回令装置,主要在船舶航行特别是机动航行用车时使用。

(2)车钟的使用和注意事项

①车钟的使用关系到船舶安全,必须注意听清车令,按照指挥人员的命令,正确摇动车钟并复述车令,他人不得任意摇动车钟。在改变车令时,需按规定在车钟记录簿上记录,车钟记录簿用完后不得销毁,应存船备查。

②备车时应校对驾驶室和机舱车钟,校对方法是:先用电话与机舱联系,摇动驾驶室车钟至各个速度的位置,看机舱回令是否指在所要求的速度位置上,如果没有误差表示正常。车钟校对完毕后置于"备车"位置。转车、冲车、试车完毕后置于"停车"位置,表示车已备妥。

③如果摇动车钟,机舱没有回令,应再摇一次。若发现车钟信号不正确或有疑问,则应来回多次摇动,以引起机舱注意。船舶航行过程中,若与前方船舶有碰撞危险需紧急倒车,驾驶台可连续两次将车钟拉到倒车位置,机舱应立即执行车令。

④改变车速时,应及时观察转速表所指的数值(转数)。

⑤如要定速航行,驾驶台应向机舱重复一次"前进三"车令。

⑥车钟应结构良好,当船舶在任何摇摆或颠簸的情况下,都能正常工作。平时应经常保持清洁光亮,活动部分须涂上润滑油(脂)。

3. 舱内警报系统

船上应急警报系统有全船性警报系统和局部性警报系统。全船性警报系统通常挂接火灾自动警报系统、烟火探测自动警报系统、手动火警按钮和驾驶台警报器等。局部性警报系统主要有:主机、舵机、供电、锅炉等的故障自动警报系统,用于通知机舱值班人员的值班呼叫警报系统;用于机舱施放二氧化碳前通知机舱人员立即撤离的警报系统。

除上述的声光警报系统外,船上还使用汽笛和有线广播报警。必要时,船钟、铜锣、口哨等均可用于报警。船员应熟悉各种形式的警报,以免延误宝贵的应急时机。

机舱设备发出的报警信号一般为声、光两种信号。值班人员先确认警报,消声,保留灯光信号,再排除故障。弃船信号的发出是船舶在海上出现紧急情况,驾驶台连续向机舱发出完车信号,通知机舱人员迅速撤离。

(二)机舱值班人员的通信与沟通

1. 值班期间

(1)值班轮机员应告示其他值班人员有关对机器的潜在危险情况,以及危及人命和船舶安全的情况。

(2)值班轮机员应将保证安全值班的一切适当指示和信息告知值班人员,日常的机器保养工作应纳入值班日常工作制度之内。

(3)在进行一切预防性保养、损害控制或维修工作时,值班轮机员应与负责维修工作的轮机员合作。

(4)值班轮机员应记住,为使船舶和船员的安全免遭任何威胁,在船舶推进系统发生故障引起速度变化或停止运转、舵机瞬间失灵或失效、机舱发生火灾、电站发生故障或类似这种威胁安全的其他情况时,应立即通知驾驶台。这种通知如有可能,应在采取行动之前完成,以便驾驶室有最充分的时间采取一切可能的措施来避免可能发生的海难。

(5)在下班前,值班轮机员应将值班中有关主、辅机发生的事情完整记录下来,并提醒接班人员注意。

(6)出现紧急情况而需要时,拉响警报并采取一切可能的措施避免船舶及其货物和船上人员遭受损害。

2. 值班交接

(1)在交接班前,值班轮机员应向接班轮机员告知以下事项:

①当日的常规命令,有关船舶操作、保养工作、船舶机械或控制设备修理的特殊命令。

②所有机构和系统进行修理工作的性质、涉及的人员以及潜在的危险。

③使用中的舱底污水或残渣柜、压载水舱、污油舱、粪便柜、备用柜的液位高度及状态以及对其中贮存物的使用或处理的特殊要求。

④有关卫生系统处理的特殊要求。

⑤移动式或固定式灭火设备以及烟火探测系统的状况和备用情况。

⑥获准从事机器修理的人员,其工作地点和修理项目,以及其他获准上船的人员和需要的

船员。

⑦有关船舶排出物、消防要求,特别是在恶劣天气将来临时船舶的准备工作等方面的港口规定。

⑧船上与岸上人员可使用的通信线路,包括万一发生紧急事件或要求援助时与水上安全监督机关的通信线路。

⑨其他有关船舶、船员、货物和安全以及防止环境污染等重要情况。

⑩由于轮机部造成环境污染,向水上安全监督机关报告的程序。

(2)接班轮机员在承担值班任务前,应对交班轮机员告知的上述事项充分满意,同时还应:

①熟悉现有的和可能有的电热、水源及其分配情况。

②了解船上的燃油、润滑油及一切淡水供给的可用程度和情况。

③尽可能地将船舶及机器准备妥,以便在需要时备车或应付紧急状况。

3. 通知轮机长

在遇到下列情况时,值班轮机员应立即通知轮机长:

(1)当机器发生故障或损坏,可能危及船舶的安全运行时。

(2)发生失常现象,经判断会引起推进机械、辅机、监视系统、调节系统的损坏或破坏时。

(3)发生紧急情况或对于采取什么措施和决定无把握时。

(三)机舱与驾驶台的通信与沟通

1. 开航前

(1)船长应当提前24 h将预计开航时间通知轮机长,如停港不足24 h,应当在抵港后立即将预计离港时间通知轮机长;轮机长应当向船长报告主要机电设备情况、燃油、润滑油和炉水存量;如开航时间变更,应当及时更正。

(2)开航前1 h,值班驾驶员应当会同值班轮机员核对船钟、车钟、试舵等,并分别将情况记入航海日志、轮机日志及车钟记录簿内。

(3)主机试车前,值班轮机员应当征得值班驾驶员同意。待主机备妥后,机舱应当通知驾驶台。

2. 航行中

(1)每班交班前,值班轮机员应当将主机平均转数和海水温度等参数告知值班驾驶员,值班驾驶员应当回告本班平均航速和风向风力,双方分别记入航海日志和轮机日志;每天中午,驾驶台和机舱校对时钟并互换正午报告。

(2)船舶进出港口,通过狭水道、浅滩、危险水域或抛锚等情况下需备车航行时,驾驶台应当提前通知机舱准备。如遇雾或暴雨等突发情况,值班轮机员接到通知后应当尽快备妥主机。判断将有恶劣天气来临时,船长应当及时通知轮机长做好各种准备。

(3)因等引航员、候潮、等泊等原因需短时间抛锚时,值班驾驶员应当将情况及时通知值班轮机员。

(4)因机械故障不能执行航行命令时,轮机长应当组织抢修,通知驾驶台报告船长,并将故障发生和排除时间及情况记入航海日志和轮机日志。停车应当先征得船长同意。但情况危急,不立即停车会威胁人身安全或者主机安全时,轮机长可以立即停车并及时通知驾驶台。

(5)因调换发电机、并车等需要暂时停电时,值班轮机员应当事先通知驾驶台。

(6)在应变情况下,值班轮机员应当立即执行驾驶台发出的信号,及时提供所要求的水、气、汽、电等。

(7)值班驾驶员和值班轮机员应当执行船长和轮机长共同商定的主机各种车速,另有指示的除外。

(8)船舶在到港前,应当对主机进行停、倒车试验,当无人值守的机舱因情况需要改为有人值守时,驾驶台应当及时通知轮机员。

(9)抵港前,轮机长应当将本船存油情况告知船长。

3. 停泊中

(1)抵港后,船长应当告知轮机长本船的预计动态,以便安排工作,动态如有变化应当及时更正;机舱若需检修影响动车的设备,轮机长应当事先将工作内容和所需时间报告船长,取得同意后方可进行。

(2)值班驾驶员应当将装卸货情况随时通知值班轮机员,以保证安全供电。在装卸重大件、特种危险品或者使用重吊之前,大副应当通知轮机长派人检查起货机,必要时应当派人值守。

(3)因装卸作业造成船舶过度倾斜,影响机舱正常工作的,轮机长应当通知大副或者值班驾驶员采取有效措施予以纠正。

(4)驾驶和轮机部门应当对船舶压载的调整,以及可能涉及海洋污染的各种操作,建立起有效的联系制度,包括书面通知和相应的记录。

(5)添装燃油前,轮机长应当将本船的存油情况和计划添装的油舱以及各舱添装数量告知大副,以便计算稳性、水尺和调整吃水差。

(四)轮机部与公司职能部门的通信与沟通

1. 轮机部向公司主管部门送报

(1)各种机务报表和维修保养计划执行情况报告。

(2)机舱备件、物料的申领、入库、消耗和库存报表。

(3)机电动力设备事故报告。

(4)有关船机状态的报告。

(5)有关设备安全和性能的特殊情况报告。

2. 公司机务部与轮机部的沟通

(1)审核、确认机舱的备件、物料、油料、修理、检验等申请,批注要求的供船时间、地点和其他相关的要求。

(2)收集最新生效的公约、规则、规范和船旗国、港口国等外部组织的最新要求,及时通报船舶,提示船舶注意相关的营运安全问题。

(3)确认以下方面是否需提供岸基支持:
①备件、物料、油料。
②临时修理或计划修理。
③证书/检验。
④PSC 检查。

(4)在登船时,听取轮机长的工作汇报,对提出的问题在职权范围内做出合理的解释,阐明本人登船的工作任务和需要船方配合的事项。

(5)调查、了解主要干部船员的技术状况和人员的配合情况、思想状况。

(6)检查船舶维修保养情况,根据船舶的实际状况,布置下阶段工作,并提交轮机长进行书面确认。

(7)收集船舶应报送的各种机务报表,在可能情况下审阅并提出意见。

(8)检查船舶的 SMS 运行情况,尤其是各种档案、报表、报告的归档与保管情况。

(五)轮机部与备件物料供应人员的沟通

首先是确保供应人员准确无误地理解采购内容,包括型号、色泽、数量、质量要求、供货进度等。其次,与供应人员的沟通一定要充分并形成文字记录,既然是沟通,就切忌将自己的主观意志强加给供应人员,所以协商时,要善于引导供应人员积极配合。与供应人员打交道,最忌"以为"两字。很多事就犯在"以为"上,如"以为"他听懂了、"以为"他收到了、你"以为"他知道、他"以为"你知道、"以为"没有问题、"以为"不会出事、"以为"能按时交货。一解释起来,全是"以为",就是没有确认,最终不能确定,怎么讲也讲不清。只有充分有效的沟通,才能保证主观上出错的概率最低。把能讲的事讲完讲到位,并形成双方确认的书面记录,出了事,是谁犯了错就一目了然。

二、资源分配、指派和优先排序

(一)机舱资源

1. 资源的含义

广义的资源指人类生存发展和享受所需要的一切物质和非物质的要素,所以资源包括物质和非物质的要素。狭义的资源仅指自然资源,是指在一定的时间、地点的条件下能够产生经济价值的,以提高人类当前和将来福利的自然环境因素的总和。

目前,在资源概念的解释和使用上有多种情况。总的来讲,资源是指在一定历史条件下被人类开发利用以提高自身福利水平或生存能力的,具有某种稀缺性,受社会环境约束的各种环境要素或事物的总称。

通常我们将资源按以下几种情况分类:

(1)按资源的基本属性不同分为:自然资源、社会资源。

(2)按利用限度划分:可再生资源、不可再生资源。

(3)按其性能和作用的特点:硬资源、软资源。

(4)按资源的更替特点:可更新资源、不可更新资源。

(5)按自然资源的固有属性:可耗竭性、可更新性、可重复使用性、发生的差异性等。

2. 机舱资源的构成

机舱资源的构成如图 10-2 所示。STCW 公约马尼拉修正案中强调的是机舱人力资源(软资源)的管理。

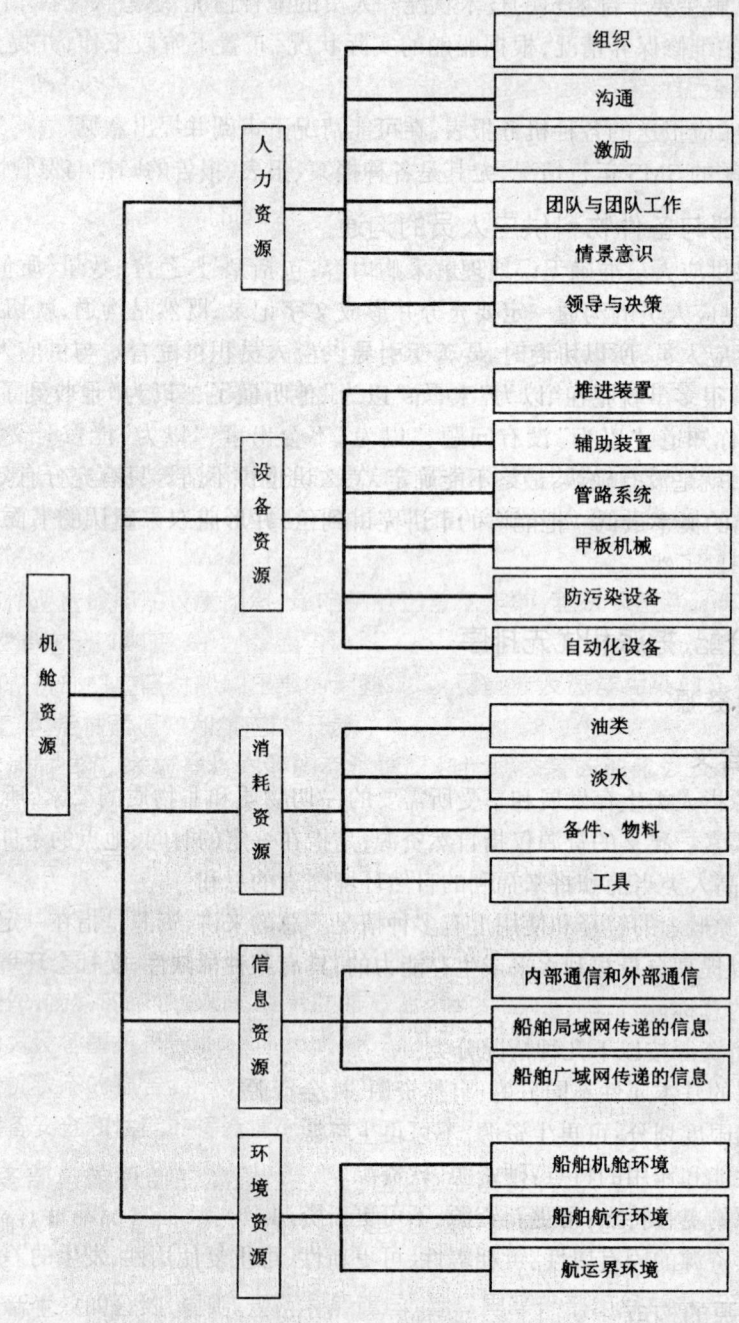

图 10-2 机舱资源的构成

(二) 机舱资源的管理

1. 管理的含义

长期以来,许多中外学者从不同的研究角度出发,对管理做出了不同的解释。直到目前为止,管理还没有一个统一的定义。西方各个管理学派,按照其各自的管理理论,对管理的概念有不同的解释,主要有以下几种情况:

(1) 管理是一种程序,通过计划、组织、控制、指挥等职能完成既定目标。

（2）管理就是决策。决策程序就是全部的管理过程，组织则是由作为决策者的个人所组成的系统。

（3）管理就是领导，则强调管理者个人的影响力和感召力对管理工作的重要意义。

（4）管理就是做人的工作，它的主要内容是以研究人的心理、生理、社会环境影响为中心，激励职工的行为动机，调动人的积极性。

综合各种观点，对管理的比较系统的理解应该是：管理是管理者或管理机构，在一定范围内，通过计划、组织、控制、领导等工作，对组织所拥有的资源（包括人、财、物、时间、信息）进行合理配置和有效使用，以实现组织预定目标的过程。

这一定义有四层含义：第一，管理是一个过程；第二，管理的核心是达到目标；第三，管理达到目标的手段是运用组织拥有的各种资源；第四，管理的本质是协调。

2. 资源管理的含义

资源管理是指对所拥有或应当拥有的资源进行组织、协调、控制、改进，以使其正常发挥其效用的过程。所拥有的资源一般可分为人、机、料、信息、环境等五种主要资源，而这些资源是企业生存和发展所必备的条件，没有资源或没有完备的资源就不能或不可能正常进行企业经营运作，不可能有目的地产出，也就不会有满意的产品或服务。皮之不存，毛将焉附？所谓的质量也就没有意义了。因此，从某种意义上说，企业管理，特别是质量管理，就是对资源的管理。

3. 机舱资源管理

机舱资源管理，属于管理科学的范畴。它是管理科学的一个具体的分支和应用。机舱资源管理是轮机人员充分利用船舶机舱人力、物力、信息、环境等各种资源，通过机舱组织和程序的执行，充分发挥轮机部团队的作用，对各种信息充分沟通和交换，明确各自在机舱各项工作中的职责，对机舱现有的各种机械动力设备、安全设备进行合理配置和有效使用，减少和杜绝潜在的人为失误，以达到船舶安全营运的目的。

（1）机舱资源管理的特点

机舱资源管理的工具是机构，没有机构也无法实现管理。机舱配备的一定编制的技术管理人员，他们的组织形式就是机构。管理的手段是"法"。"法"，从广义上来讲，不仅包括有关法规、规范和公约，也包括航运企业内部和船舶各种规章制度。机构是由人员组成的，"法"是靠人员制定和执行的。人除了制定和执行"法"以外，还要传递信息了解情况，同时又运用信息进行联系。机舱资源管理的对象，有物、财、时间和信息，同时也包括人。机舱所属的各种设备、备品、燃油、物料、材料以及工具仪器等就是物；在管理中达到某些经济指标，如节油、节水以及节省修理费用等就是财；提高船舶装卸效率，加快船舶周转（其中也包括其他因素的影响，如自然条件、调度、货源等）就是时间；各种形式的交流经验，互通情报，就是信息。所有这些，都离不开人，都要通过人去完成。因此，人是主导因素。机舱资源涉及的范围甚广，具体内容也相当复杂。其中，人力资源管理是整个机舱资源管理的核心。

机舱资源管理体系中人是主体，机舱的各项工作都要落实到人，所以机舱管理很大程度上是人员管理。很多事例说明，在其他条件相同的情况下，由于不同的人在管理上差异所表现出来的生产能力是截然不同的。因此，搞好人力资源管理，提高人的责任意识，提高人的技术业务能力，调节好人与人之间的关系，是搞好机舱资源管理的关键。

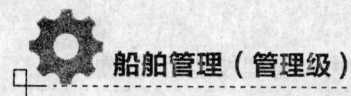

(2) 机舱资源管理的目的

船舶机舱资源管理培训的目的在于通过进一步加强安全工作理念的学习与教育,使船舶机舱人员能在正确思想认识的基础上,提高与转变思想认识与理念,端正自己的工作态度,熟悉与掌握一些实用的船舶资源管理的相关知识与方法,进而提高自己在船舶安全管理方面的水平,形成一种人人重视安全、自觉遵守各项安全制度、自觉维护船舶安全的安全文化,从根本上消除和减少人为因素造成的海事事故。

机舱资源管理的内容与以往许多技术或技能性学习与培训不同,通过对船舶机舱资源管理理论与知识的学习,应使船舶机舱人员能更好地做到以下各点:

① 转变思想理念,端正工作态度

为了有计划、有组织、有控制、有激励、有协调、有创新性地将船舶安全管理水平上升到一个新台阶,船舶轮机人员必须通过对船舶机舱资源管理的理论与知识的学习,改变理念、端正态度、规范行为来理顺工作思路与关系,改变和完善自己的工作行为,从而能将相关的理论知识与管理方法应用到实际工作中,确保船舶及其人员、机器和环境的安全。

② 提高情景意识,及时发现和中止失误链与事故链

船舶机舱人员应能正确认识和了解各种内、外在因素对船舶航行安全的影响,掌握船舶的实际状态,始终保持高度的情景意识,对即将发生的情况或局面做出正确的判断,检查和监督其他轮机部成员所采取的操作行动,注意这些行动对船舶航行安全的影响,利用团队的智慧,规避风险。船舶事故大多数是由人为失误造成的。每一事故都是由一系列失误链或事故链引发的。正确了解工作环境情况,认识每一个失误链或事故链的形成过程与迹象,并能采取相应的措施,及时破断失误链或事故链,就可以终止失误链或事件链的发展从而避免事故的发生。为此,船舶轮机员应对船舶机舱设备的安全操作和管理制订周全的计划,并加以认真的实施和全程监控,以达到预期的安全目标。

③ 注重不同文化意识与背景,保持良好的通信与交流

轮机长或其他相关人员在从事船舶安全管理的工作中,应始终贯穿人性化管理的理念。应充分注意船员在生理、心理方面的特点;特别应注重相关人员之间,包括和外部人员之间各自的文化意识与背景,了解不同国家与民族之间的文化差异,并通过采用尊重、理解、学习等方法化解异国异族之间在信息沟通方面的障碍。同时,他们还应采取多种有效的手段加强和保持内部与外部之间的通信与交流,正确掌握和充分运用适当的通信与交流方法,积极有效地沟通、协调自己与船员、公司人员、海事主管机关、船级社等多方之间的各种工作关系,从而有序和安全地完成船舶航行的各项工作任务。

④ 改进管理作风,提高团队合作水平

作为船舶团队工作重要成员的船舶轮机部人员,应明确轮机部团队工作的要求,摆正自己在该团队成员中的位置,并充分发挥团队成员的作用,认真收集信息资料,正确操作和管理机器设备。同时,这些人员在工作与生活中应协调好与他人的关系,尊重并虚心听取其他人员的意见,形成和谐的船舶氛围。特别是在关键和发生紧急情况的时刻,他们能在船长和轮机长的指挥下,采取积极果断的措施,防止事故的发生。

⑤ 执行规章制度与操作程序,确保船舶作业的安全

船舶轮机人员应合理使用轮机部的人力与设备资源,充分认识到认真执行规章制度与操作程序的必要性与重要性。同时,船舶轮机人员还必须根据航行与作业的需要,认真地按照规定的各类操作规程来维护和使用设备。在本人自觉遵守相关规章制度和严格执行操作程序的

基础上，监督其他船员认真自觉地执行规章制度和工作程序，检查和监督其他轮机部工作团队人员所采取的操作行动对船舶航行安全的结果与影响，确保船舶机舱各类操作的安全。

⑥探讨船舶轮机部管理中决策与领导工作的改进

鉴于船舶轮机部工作的特点，船舶轮机部人员在制订维修保养计划、安排轮机设备检修等过程中必须根据船舶安全的需要做出一些决策，并客观地在轮机部团队工作中发挥领导的作用。他们所做的决策和自己所处的指挥地位，在船舶的实际航行工作中具有非常重要的作用。如何改进和提高自己的决策能力，更好地发挥轮机部团队工作的领导作用，对船舶安全航行具有非常积极的意义。

⑦掌握正确处理船舶航行中的工作压力和消除疲劳的方法

由于轮机设备的复杂性和船舶航行的实际情况，船舶机舱作业在特定的条件下，是一项高难度和高强度的工作，再加上有时工作繁忙、船期周转快，而船员编制又有限等因素影响，船舶轮机人员极易产生很大的工作压力和过于疲劳的现象，而许多船舶事故都是在这些情况下发生的。为此，船舶轮机人员在实际工作中有必要掌握正确处理工作压力和消除疲劳的方法，以提高船员的续航力。

⑧提高船舶应急处理的技能

船舶航行时经常面临一些由于设备、环境原因或人为因素而突然发生的异常情况与紧迫局面。因为船舶环境的限制与复杂性，如果轮机人员稍有处理不当，即可引起严重的后果。为此，船舶轮机人员必须在工作中熟悉和掌握各种不同紧急情况与局面下的应急处理方法，并不断提高自己在处理和应对这些不同紧急情况与局面的技能。

⑨与驾驶台资源管理培训一起，旨在创建船舶安全文化

为了充分发挥轮机人员的积极性和促进船舶的安全管理工作，在切实做好船舶机舱资源管理的工作中，还包括以人为本，努力在船上创建船舶安全文化。安全文化是一种以保证安全、维护安全为准则和价值取向的普遍理念。结合驾驶人员的驾驶台资源管理培训，使得全船人员都能转变观念，端正态度，在维护和保证人员以及财产安全方面统一认识，创建一种自觉遵守安全操作制度、自觉执行各项安全管理规程、主动查找安全方面漏洞、人人为保证船舶安全做贡献的安全文化氛围。

(三) 资源的区分、分配和指派

作为一个轮机部门的领导，针对自己手里掌握的资源，无论是"人"的资源，还是"物"的资源、"信息"的资源、"环境"的资源，或者"管理"的资源，首先要学会区分。知道什么是重要的资源，什么是一般的资源，什么劣质的资源。然后进行合理的分配、分派或排序，所谓用其所长、避其所短、因人而异、因物而异、因时而异、因地而异、因变而异。

1. 第一排序"人"的资源

在所有的资源里，"人"的资源是第一位的，即人为因素是第一性的。作为轮机部门的领导，必须了解下属的知识结构、实际技能、身体健康、心理承受能力和敬业精神及职业道德水平，知人善任、用其所长、避其所短，倡导一个团结、紧张、严肃、活泼的和谐环境。在使用经济杠杆调节时，要奖勤罚懒、奖优罚劣、赏罚分明。同时还要关心下属人员的成长，为他们设计发展规划，开展思想教育和业务学习，做好轮机部人员的职业道德、业务技术的训练工作。

2. "物"资源的优先排序

对"设备资源"要学会区分是关键设备还是一般设备。主机、副机、应急设备和防污染设

备均属于关键设备,值班管理时要多加以关注,维修保养时要排在前列;其他的一般设备也要在负责的责任范围内进行检查、操作和测试;但须分清主次、轻重和缓急。

3."消耗资源"的优先排序

对"消耗资源"也要根据燃油、滑油、淡水、备件、物料和工具的排序进行管理和补充。在提倡低碳环保的现今,燃润油料是最重要的,以其保证船舶的安全运行和海洋防污染。

4."信息"资源的优先排序

"信息"的资源也要根据它的来源、重要性、急迫性、显性地或隐形地进行及时的、适当的反馈和处理。对于影响船舶安全、人身安全和关键设备安全的信息要引起足够的注意,及时做出反应和响应,必要时须报告上级领导和有关部门,并根据他们的指示和建议采取相应行动。

5."环境"资源的排序

一位优秀的管理人员应充分关注"环境"资源带来的影响,并做出合理的排序。例如,航运界环境资源(航运市场、货源、运价、汇率、保险、索赔、法规等因素)带来的影响;船舶航行环境资源(船舶航线、天文条件、水文条件、航行区域等因素)带来的影响;船舶机舱环境资源(机舱的温度、湿度、空气新鲜度、噪声、振动等因素)带来的影响。然后根据具体情况,做出正确的判断,采取相应的措施。

6.对事故原因的排序

开展科学的轮机管理,对已发生的船舶事故、人身伤亡事故和机损事故的原因进行排序是十分重要的。统计资料证明,在人为因素造成的事故中,普通船员发生的概率要大于干部船员发生的概率,操作级船员发生的概率要大于管理级船员发生的概率。因此,作为轮机部门的领导,加强对下属人员的培训、教育和提高就非常必要,对事故原因进行及时、科学的排序也非常必要。

(四)优先排序

优先排序问题一直是运筹学、系统工程以及科学管理领域中一个十分活跃的研究课题,同时也是在实际中应用最广的运筹学分支之一,特别是对于在现有资源条件下提高工作效率和经济效益有重要的作用。优先排序是按时间的先后,将有限的人力、物力资源分配给不同的工作任务,使预定的目标最优或近似最优的问题。一般来说,优先排序涉及需要完成的人的因素、设备因素、工作时间、工作性质、资源运用等多种指标,是根据事情的重要程度决定优先顺序。为什么要按照事情的重要程度来决定优先顺序呢?举一个例子:有一个非常大的桶,桶旁边放了一些大石块、小石块、水和沙子,你怎么做才能最大限度地把这些东西都放进桶里呢?正确的顺序是先放大石块再放小石块,再放沙子,最后放水,如果按照反过来的顺序,先把水倒进去,再放沙子,再放小石块,最后放大石块,这个桶就装不下这么多的东西。其实,人的精力就像这个桶的容量一样是有限的。大石块就相当于那些非常重要的事情,小石块、沙子和水其实就相当于那些琐碎的小事,如果先去处理那些琐碎的小事,到最后大的事情反而会被忽略。因此,要按照事情的重要程度来确定优先顺序,这样能够节省你的精力和时间,专注于你要做的事情。

应该按照什么来确定事情的优先顺序呢?这是一个仁者见仁、智者见智的问题。为了进一步说明这个问题,我们根据事情的重要和紧急程度的不同,将事情划分成为四种类型:

第一类就是既重要又紧急的事情。比如,房屋着火或者客户打来的投诉电话,对这种事情我们的态度是马上处理,防止危机进一步扩散。

第二类是重要但不紧急的事情。如平时要做的工作规划、预算,和客户沟通,同事之间的交流等,虽然不紧急但是一定要花很多时间。

第三类是不重要但是很紧急的事情。比如说,在工作的时候,你的父母或者好朋友突然打来电话,询问你的工作情况。事情虽然不是很重要,但是父母或好朋友打来电话怎能不处理。因此,要尽量减少这类事情的发生,无意义的闲聊应该杜绝。

第四类是非重要又非紧急的事情。

这四种类型的事情有一个规律:如果不把时间投资在这种重要但不紧急的事情,就一定会吃苦头,这类事情会使你的工作不能正常进行。

下面对优先排序在机舱资源中的应用进行介绍。

1. 确保任何情况保持轮机安全值班

STCW 公约要求值班制度的安排能使所有值班人员的效率不致因疲劳而削弱,并且班次的组织能使航次开始的第一个班及其后各班次人员均已充分休息,或者用其他办法使其适于值班。负责轮机值班的高级船员在轮机长的领导下,应能在召唤时立即到达机舱,在需要时,应在其负责的任何时间内始终身在机舱。全体船员应了解由于操作不当或意外事故对海洋环境造成污染的严重后果,并应遵照国际公约和我国有关防止船舶造成污染的法律、法规的要求,制定出本船防污染的具体措施,采取切实有效的手段,防止船舶对海洋环境造成污染。

2. 对船舶设备的安全管理

负责轮机值班的轮机员是轮机长的代表,在任何时候,主要负责对影响船舶安全的关键机械设备进行安全有效的操作和保养;并根据需要,负责值班责任范围内的一切机械设备的检查、操作和测试,确保在任何时候均能保证安全值班;特别注意对应急设备和防污染设备的维护、保养和管理,使之处于随时可用的状态。

3. 工作性质的安全优先排序

按照 CWBT 和 PMS 的原则,根据轮机部维修保养工作任务的长期性或者短期性,工作要求的紧迫性或者日常性,工作对象的日常运转管理性或者维护修理性,从安全管理的前提出发,进行优先排序,然后付之于实际行动。

三、领导风格

(一)领导风格

领导风格,是指领导者的行为模式。领导风格主要有以下几种:

1. 专制型

团队的权力定位于领导者个人手中,领导者只注重工作的目标,只关心工作任务的完成和工作效率的高低,对团队成员个人不太关心。在这种团队中,团队成员均处于一种无权参与决策的从属地位。团队的目标和工作方针都由领导者自行制定,具体的工作安排和人员调配也由领导者个人决定。团队成员对团队工作的意见不受领导者欢迎,也很少会被采纳。

领导者根据个人的了解与判断来监督和控制团队成员的工作。这种家长式的作风导致了上级与下级之间存在较大的社会心理距离和隔阂,领导者对被领导者缺乏敏感性,被领导者对领导者存有戒心和敌意,下级只是被动、盲目、消极地遵守制度和执行指令。团队中缺乏创新与合作精神，容易产生成员之间的攻击性行为。

2. 官僚教条主义型

官僚教条主义型领导工作"按书"执行，密切遵守规则和程序。其主要表现：一是用规则、纪律和程序来进行管理，管理者和员工都必须执行；二是当遇到规则里没有规定的问题时，官僚教条主义的管理者就只能依靠自己的上司来做出判断；三是官僚教条主义的领导没有创新性。

以下情况适合官像教条主义型领导：一是员工操作危险或精密仪器的时候，需要清晰的工作程序；二是员工做习惯性的工作，也需要清晰的工作程序；三是希望员工理解操作标准和程序；四是员工的安全是第一位的；五是在处理金钱时。

虽然一些员工喜欢和讲究规范的领导一起工作，但是大多数员工却不喜欢这样死板的领导方式。

3. 魅力型

这种领导有着鼓励下属超越他们的预期绩效水平的能力。他们的影响力来自以下方面：有能力陈述一种下属可以识别的、富有想象力的未来远景；有能力提炼出一种每个人都坚定不移赞同的组织价值观系统；信任下属并获取他们充分的信任回报；提升下属对新结果的意识，激励他们以部门或组织的利益优先。这种领导者不像事务型领导者那样不擅长预测，而是善于创造一种变革的氛围，热衷于提出新奇的、富有洞察力的想法，并且还能用这样的想法去刺激、激励和推动其他人勤奋工作。此外，这种领导者对下属有某种情感号召力，可以鲜明地拥护某种达成共识的观念，有未来眼光，而且能就此和下属沟通，明确他们的工作方向。

4. 民主型或参与型

民主型的领导者注重对团队成员的工作加以鼓励和协助，关心并满足团队成员的需要，营造一种民主与平等的氛围，领导者与被领导者之间的社会心理距离比较近，在民主型的领导风格下，团队成员自己决定工作的方式和进度，工作效率比较高。

民主型团队的权力定位于全体成员，领导者只起到一个指导者或委员会主持人的作用，其主要任务就是在成员之间进行调解和仲裁。团队的目标和工作方针要尽量公之于众，征求大家的意见并尽量获得大家的赞同。具体的工作安排和人员调配等问题均要经共同协商决定。

有关团队工作的各种意见和建议将会受到领导者鼓励，而且很可能会得到采纳，一切重要决策都会经过充分协商讨论后做出。在这种领导风格下，团队成员的工作动机和自主完成任务的能力较强，责任心也比较强。

5. 放任型

放任型的领导者采取的是无政府主义的领导方式，对工作和团队成员的需要都不重视，无规章、无要求、无评估，工作效率低，人际关系淡薄。

放任型团队的权力定位于每一个成员，领导者置身于团队工作之外，只起到一种被动服务的作用，其扮演的角色有点像一个情报传递员和后勤服务员。领导者缺乏关于团体目标和工作方针的指示，对具体工作安排和人员调配也不做明确指导。

领导者满足于任务布置和物质条件的提供，对团队成员的具体执行情况既不主动协助，也不主动监督和控制，听任团队成员各行其是，自主进行决定，对工作成果不做任何评价和奖惩，以免产生诱导效应。在这种团队中，非生产性的活动很多，工作的进展不稳定、效率不高，成员之间存在过多的与工作无关的争辩和讨论，人际关系淡薄，但很少发生冲突。

6. 任务导向型

一个以任务为导向的领导者专注于完成工作,往往是专制的方式。该任务有清晰明确的计划,组织也是明确的,参与的人知道自己的角色,并有能力执行他们和服从领导人的命令。然而,这种做法可能会变得过于专制,并会让员工产生一种不参与决策和不满的感觉,也会让员工不愿意与领导沟通并且工作效率低下。

7. 关系型

这种领导风格以人为中心,关系型领导者努力在员工之间营造一种和谐的氛围,是一种不受时间约束的好方法。下列情况下尤其应该使用:需要努力建立和谐的团队氛围、增强团队士气、改善员工之间的交流,以及恢复大家之间的信任等。不适用的情形:它不宜单独使用。由于这种领导风格千篇一律地对员工进行表扬,所以它可能会给那些绩效较差的员工提供错误的导向,可能会让他们感觉到在这个组织之中平凡是可以被容忍的。

8. 交易型

在船舶上,普通船员知道并接受发布命令的高级船员,这是在上船工作时就已经接受的。"交易"是指工作报酬和其他报酬的回报,并且领导有权惩罚工作不符合标准的团队成员。在交易型领导下,团队成员很少有满意的,但可以通过一些激励机制来控制,如发放加班费。

9. 变革型

变革型的领导者鼓励下属为了组织的利益而超越自身利益,并能对下属产生深远而且不同寻常的影响,如美国微软公司的比尔·盖茨。这种领导者若关心每个下属的日常生活和发展需要,帮助下属用新观念分析老问题,进而改变他们对问题的看法,能够激励、唤醒和鼓舞下属为达到组织或群体的目标而付出加倍的努力。

(二)领导技巧

鉴于领导力对组织产生的巨大影响力,各国研究者对领导力进行了大量的研究,那么如何才能进行有效的领导呢?

1. 以身作则

美国领导力大师波斯纳和库泽斯的研究结果显示,卓越领导者的五项行为中,排在首位的就是领导者以身作则。"身教"往往比"言传"更为有效。领导者要始终坚持以身作则,这是非常具有挑战性的事情。领导者要做到以身作则,至少应该包括以下三个方面:

第一,要遵守规章制度,不搞特殊化。企业的各项规章制度一旦建立起来,领导者就不要轻易破坏。不要将自己视为特殊一员,领导者也是群体中的一分子,要遵守所立下的各项规章制度。领导者要求别人做到的,自己首先做到;禁止别人做的,自己首先不做。

第二,领导者要身先士卒,冲在最前沿。"领导"二字的含义就是带领和引导,如果领导者不走在最前面,不去业务一线,而是整天躲在办公室里,就不能成为真正的领导者。以身作则的领导者,总能深入企业的最前沿,与企业奋斗在一线的骨干精英们打成一片。

第一次世界大战期间,麦克阿瑟将军下属的一位指挥官米诺赫尔将军说:"我怕总有一天我们会失去他,因为在战况最危急的时候,士兵们会发现他就在他们身边。在每次前进的时候,他总是戴着军帽,手拿着马鞭,和先头部队在一起。他是激励士气的最大资源,整个部队都忠于他。"这就难怪只有38岁的麦克阿瑟能成为美军历史上最年轻的准将,麦克阿瑟身先士卒的精神,让他成为领导者的楷模。

第三,领导者要控制舌头,要言传身教。教导下属是领导者的责任之一,但是用何种形式来教导非常重要。很多领导者喜欢对下属说教,甚至在对下属工作不满意的时候,就严厉指责他们。其实,影响和改变他人,说教是效果最差的方法,没有人喜欢被说教,最好的方式就是言传身教,以行动作为教导下属的主要方式,并要控制舌头,尽量减少语言的说教。

2. 制定愿景

吉姆·柯林斯在其著作《基业长青》一书中指出,那些真正能够流芳千古的宏伟基业都有一个共同点:有令人振奋并可以帮助员工做重要决定的"愿景"。

愿景就是公司对自身长远发展和终极目标的规划和描述。缺乏理想与愿景指引的企业或团队会在风险和挑战面前畏缩不前,他们对自己所从事的事业不可能拥有坚定的、持久的信心,也不可能在复杂的情况下,从大局、从长远出发,果断决策,从容应对。

一些人错误地认为,企业管理者的工作就是将100%的精力放在对企业组织结构、运营和人员的管理和控制上。这种依赖于自上而下的指挥、组织和监管的模式虽然可以在某些时候起到一定效果,但它会极大地限制员工和企业的创造力,并容易使企业丧失前进的目标,使员工对企业未来的认同感大大降低。相比之下,为企业制定一个明确的、振奋人心的、可实现的愿景,对于一家企业的长远发展来说,其重要性更为显著。处于成长和发展阶段的小企业可能会将更多精力放在求生存、抓运营等方面,但即使如此,管理者也不能轻视愿景对于凝聚人心和指引方向的重要性;对于已经发展、壮大的成功企业而言,是否拥有一个美好的愿景,就成为该企业能否从优秀迈向卓越的重中之重。

3. 授权

很多领导者追求自己对权力的掌控,他们习惯于指挥部下,并总是将部下以努力换来的成绩大部分归功于自己。这种"大权在握""命令为主"的管理方式很容易造成以下几种情况:

一是管理者身上的压力过大,员工凡事都要请示领导,等待管理者的命令。

二是团队过分依赖于管理者,团队的成功也大半取决于管理者个人能否事无巨细地处理好所有问题,而通常说来,没有哪个领导可以事事通晓,也没有哪个领导可以时时正确。

三是整个团队对于外部变化的应对能力和应对效率大幅降低,因为所有决策和命令都需要由管理者做出,员工在感知到变化时只会习惯性地汇报给领导。

因此,"授权"比"命令"更重要,也更有效。但是,管理者该如何做好授权呢?这其中最重要的就是权力和责任的统一。在向员工授权时,既定义好相关工作的权限范围,给予员工足够的信息和支持,也定义好它的责任范围,让被授权的员工能够在拥有权限的同时可以独立负责和彼此负责,这样才不会出现管理上的混乱。也就是说,被授权的员工既有义务主动地、有创造性地处理好自己的工作,并为自己的工作结果负责,也有义务在看到其他团队或个人存在问题时主动指出,帮助对方改进工作。为了做好授权,可以预先设定好工作的目标和框架,但不要做过于细致的限制,以免影响员工的发挥。

4. 监督

监督就是对现场或某一特定环节、过程进行监视、督促和管理,使其结果能达到预定的目标。要做好有效监督,可采用以下步骤:(1)施加控制;(2)减少风险;(3)强化角色;(4)提供支持;(5)维持界限;(6)提供反馈;(7)论功行赏;(8)分析总结。

实施监督时,应注意以下事项:

(1)在被授权人执行任务中,除非发生重要错误,否则不做任何干涉。

(2) 认同被授权人所达成的目标,应鼓励并按自己的方案执行。
(3) 留意可能出错的现象,但容忍一些轻微的错误。
(4) 随时准备为被授权人提供你的想法、鼓励和帮助。
(5) 避免亲自去做,除非不得已,否则不要轻易收回授权。

四、决断力

(一) 决断力的含义

随着领导力时代的来临,越来越多的领导和研究人员将目光从管理转移到领导上来。领导力对于企业的重要性已经得到国内外学者的共识,决断力作为领导力的重要方面,已经得到世界各国成功领导者的高度重视。一项关于国内外大型企业失败的权威研究表明,外国企业的失败大多在于执行,存在于管理环节;而中国企业的失败大多在于决策,存在于领导环节。可见,在中国,很多决策者欠缺决断力,决断力的培养工作任重道远。

相比较而言,国内对于决断力的研究尚缺乏权威的观点,还未达成普遍共识。有学者从行政角度对决断力做出如下定义:决断力,就是要求领导者对于客观形势、具体事务及时做出肯定的判断,并根据这种判断来下定决心、制订计划、部署力量、付诸行动。有学者从企业管理角度进行研究,认为决断力是指领导者善于审时度势,能够及时做出正确的抉择,并能坚决地去贯彻执行的意志品质。它是决策心理因素的重要组成部分。有学者认为,决断力是指领导者快速判断、快速反应、快速决策、快速行动及快速修正的综合能力。总之,国内对于决断力的研究尚未形成定论。但是,研究者都对决断力的重要性给予充分肯定,指出决断力是领导者综合素质中最重要的一种能力。敢于决断、善于决断是成大事的首要前提。在关键时刻,领导者就要坚决地做出最后定论,以引导自己所在的组织夺取胜利或规避风险。

综合国内外学者的观点,给出决断力的定义如下:决断力,是指决策者能够审时度势,及时、正确地做出抉择,并且坚定不移地贯彻执行的优秀品质。决断力贯穿于决策制定的全过程,主要表现为信息处理力、问题洞察力、思维直觉力、方案分析力、行为创新力、决策执行力和品格意志力。

(二) 决断力的特征

决断力是领导力的主要组成部分,具有以下几方面的特征:

1. 及时性

及时性就是要求决策者在决策时必须善于捕捉时机,当机立断。在认准方向时,凡是能当场决定的问题绝不推到以后,凡是半天能解决的问题绝不拖上一天,凡是今天能拍板的问题绝不等到明天。优柔寡断就会坐失良机,事倍功半。决策者在必须"拍板"决断之际,决心下的是否正确、是否及时、是否坚决,直接与问题处理的好坏成败相联系。人们常说"当断不断,反受其乱",从心理学的角度看,这是决策者的思维活动陷入了摇摆不定的振荡中,思维若是在各个决策方案的固定思路中进行,难以鉴别各方案的优劣差别,结果就是被"布里丹小驴"引入歧途,出现决策中的"布里丹效应",长时间在两种以上方案或目标中犹豫不决,难做决策,其结果必然是使决策时机丧失殆尽,坐失良机。

2. 准确性

决断不同于武断,更有别于独断。决断、武断与独断都有一个"断"字,即判断、裁决的意思,这说明三者都是对某件事做决定或进行判断,但不同之处在于其判断的方式。武断主要指主观轻率地做决定,而决断是建立在灵性思考上当机立断;独断往往仅凭独断者的一己之力,而决断更多时候是集体智慧的结晶。正如有学者指出,"武断者坏事,也不管事实如何,也不问群众意见如何,就盲目拍板定案。如再有不同意见者,则拍案定众。这其实是主观主义、命令主义的表现。武断者,不考虑决策是否科学,凭主观臆断,凭权利决断。结果往往是断小事生非,断大事成害"。独断缺少群策群力,往往变为武断。与之相区别的是,决断力求准确,更要避免"不谋而断"(未经过筹划就草率决断)或者"断而不谋"(草率或漫不经心做决定)。

3. 灵活性

灵活性是决策者决断的方式应伴随决策环境的改变而改变。当然,其目的是提高决断的准确性,灵活性是准确性的衍生。灵活性要求决策者在决断时进行创新、进行变革,换句话说就是要超越管理、进行领导。

4. 顽强性

决断力的顽强性包含有两层含义:一是在既定目标确定之后,锲而不舍,不达目的誓不罢休;二是在意外的重大挫折面前所表现出来的意志坚定性。由于受各方条件的限制,决策者所做的决定很可能带有风险性。因此,对决策必须有风险意识,不回避风险,敢于承担风险。从决策过程来看,其关键是选择,要选择必然存在风险,决断追求准确,但是在面对风险的情况下,选择的更多是满意而非最优。对决策者而言,其意志的顽强性在组织的突发变故面前,具有稳定军心的巨大魅力。这一点对于身处茫茫大海上的船舶极为重要,船长、轮机长及其他高级船员在面临突发问题时,需要有足够的顽强性。

5. 过程性

现代决策理论认为决策是一个过程。决策的过程性决定了决断力的过程性。尽管决断力需要及时,但是作为一种决策力,它体现于决策的整个过程。组织中的决策并不是单项决策,而是一系列决策的综合,每个决策本身就是一个过程。

6. 复合性

复合性的特征在很大程度上与决策的过程性及决断力的过程性有关。决断力是一种合力,具体包括决策前的信息处理能力,识别问题的洞察力,确定决策标准、给标准分配权重、拟订方案、分析方案、选择方案时的分析能力、直觉能力和创新能力以及实施方案时的执行力、意志力。

从内涵来看,决断力涉及五个基本要素:"的",即决断的方向;"境",即对客观形势的评估;"时",即时间把握;"机",即决断切入点的把握;"具",即决断过程中可利用的手段和条件。这五个要素构成了复合性的整体,成为决策者在决断时必须考虑的问题。

7. 关键性

决断力是现代成功领导者的核心品质。正如一些学者论述的那样,决断力是领导力的一部分,是关键的一部分。

(三)决策方法

面对复杂的问题,在决断风险、决断资源和决断时机等约束条件下,利用好的决策方法、工具和理论来分析、判断、决断问题,使组织收益最大化,是决断的关键。无数的事实和经验证明,采用正确的决策方法和工具,能指引各项领导活动顺利开展;采用错误的决策方法和工具,会招致重大的损失和挫折,甚至整个事业的失败。决策者在决断时离不开先进的决策理论、方法以及决策工具的支持。

决策理论的发展大致经历了统计决策理论、序贯决策理论、多目标决策理论、群决策理论、模糊决策理论、集成决策理论等几个阶段,并相应地剔除了许多决策方法。决策方法一般可分为定量决策方法、定性决策方法以及定性与定量相结合的决策方法等三类,如成本效益分析法、资源分配法、关键路径法、经验判断法、实验法、决策树法、程序法、智力激励法、随机决策法、危机决策法、预测法、模拟法、调查研究法、头脑风暴法等。随着信息处理、数据存储与检索手段的进步以及决策模型的日臻完善,决策的方式发生了巨大的变化。管理信息系统、决策支持系统、人工智能系统、实施管理系统等智能化信息系统决策工具的出现,使得决策过程变得更加方便、智能、准确、快速。

四、情景意识

(一)情景意识的含义

情景意识是人们对于事故发生的一种预知和警惕,是指在一个特定的时间对影响机器的因素和条件的准确感知,能敏捷地察觉和了解周围情况的变化及影响,能正确考虑和计划好即将面临的局面,能随时知晓与团队任务相关的将发生的事情,能够识别失误链和在事故发生前将其破断的能力等。

(二)情景意识对安全的影响

情景意识是安全意识的一个重要组成部分,在船舶安全中起着相当关键的作用。情景意识是指识别一个过失链和在事故发生前将其破断的能力,可随时知晓与团队任务相关的将要发生的事情,识别和找出失误。情景意识对安全有很大的影响:工作人员的理解力、判断力和适应性越强,情景意识就越高,事故风险就越小,安全系数就越高;工作人员不良的身体、心理、经验、操作技能及较低的领导与管理能力,都会导致低的情景意识,这样安全性就低,发生事故的可能性就大;同时,工作人员对工况的熟悉程度越高,对局面和条件的感知越清晰准确,团队协作能力越强,情景意识自然越高,是预防和控制轮机事故发生的有效方面。

(三)机舱管理中情景意识的培养

1. 轮机知识的积累是情景意识培养的基础

知识是一切文明意识产生的根源。没有相关的轮机知识,对轮机管理中情况和条件的变化就缺少联想的基石,甚至是熟视无睹,更谈不上灵活运用轮机知识来推断变化的原因或预料即将发生的结果,轮机情景意识就成了无源之水、无本之木。作为轮机人员应自觉地进行系统性的轮机理论知识的学习,将设备说明书研究透彻,弄清各种运行参数的具体内涵,结合公司安全管理体系搞清方方面面的规定标准和安全裕量;并随着新科技在船舶上的广泛应用,不断更新专业知识与技术,从而使自己储备足够数量的专业知识。同时,要重视专业知识间的联系,有意识地沟通书本与实际、不同知识点之间的纵横交叉联系,使自己所获得的专业知识不是一个孤立的点,而是能够融会贯通、有机配合的网络化、一体化的知识结构,以提高轮机知识的质量。只有掌握了数量足够和质量较高的专业知识的轮机人员才具备产生相应的情景意识的基础和做出相应专业判断的前提条件。

2. 加强轮机管理的关联研究是培养情景意识的关键

轮机本身就是一个多学科的共同结晶,设备种类异常繁多,运行环境变化多端,这些便造就了各船有各船的情景,不同时段有不同时段的情景。轮机人员工作在这样一个不断变化的情境当中,如何去把握这样一个庞大的系统的种种变化呢?这就要靠轮机人员对整个系统进行关联研究,能"窥一斑而知全豹",形成对应的情景意识。具体的关联包括轮机内部系统间的关联、轮机与运行环境间的关联,轮机与人的干预之间的关联等。如排气温度高,从内部关联考虑,要检查喷油设备是否发生异常、气缸状态有无变化、排温表有无失灵等;从外部关联考虑,要核查是否由于航行工况改变导致了负荷增加,抑或是环境温度变高了等;从人的干预的关联考虑,油门是否被人为增加了、是否更换了不同品质的燃油等。只有充分地加强轮机管理的关联研究,对人、机、环境三者内部关系有清楚的了解,"以不变应万变",才能使得轮机人员在任何时候都能对轮机参数的变化产生相应的"条件反射",形成良好的情景意识,进行全面认识和预见,对这一系统进行妥善的管理和控制。

　　对关联研究的方法通常有两种途径。其一,是寻根求源法,即利用很多表面现象都是有其根源的道理来进行推断。比如,主机各缸缸头出水温度高,应首先对照脑海中存贮的参数,试问自己主机缸头进水温度高不高,从而判断是否是主机负荷变化引起的;若进水温度也高,要结合海水温度或海水流量有无变化,再检查淡水的循环量及淡水冷却器的冷却能力如何。其二,是内外联系法。轮机运行参数的变化经常受到外部环境变化的影响,如船舶由深水区向浅水区航行情景出现,就要与船舶阻力变大、主机负荷增加相联系,与海水水质、海水流量相关联等。

3. 良好工作态度的形成是培养情景意识的保证

　　工作态度包括轮机人员对轮机管理工作的认知要素、情感要素以及行为倾向要素。当轮机人员认识到自身工作的重要性和对轮机管理安全的意义时,就会对工作充满热情和兴趣,表现出工作认真踏实、责任心强、积极主动的特点,能够迅速地注意到异常信息,形成相应的情景意识,便于及时发现问题和解决问题。反之会缺乏主动性,对异常信息和潜在的问题就不能形成相应的情景意识,造成事故隐患。轮机人员是否具有良好的工作态度,将直接影响到轮机人员对情景的感知状态,其情景意识的高低与工作态度良好与否密切相关。因此,对轮机人员工作态度的培养是一项不容忽视的任务。培养轮机人员良好的工作态度,可从以下三方面入手:第一,应提高轮机人员对轮机管理工作的认识,使其明确轮机管理工作的重要性及意义,并使之内化为自我的认知观念。第二,应充分调动一切积极因素,激发轮机人员对轮机管理工作的兴趣。第三,应严格管理制度,借助公司安全管理体系等使轮机人员在工作中形成良好的行为习惯,养成对工作兢兢业业、认真负责、一丝不苟的作风。

4. 重视注意力的分配是情景意识培养的重要环节

　　情景意识形成的整个映射过程是由轮机人员感官所收集的信息触发的,并且感官收集的信息的数量及其质量对形成的情景意识正确与否有着决定性的影响。这些信息可能包括:船舶驾驶台信息,如船舶位置,航向,航速,载货状态,风、流的方向及强弱,航道环境和交通状况,驾驶台用车用舵情况等;轮机部信息,如主机、副机、锅炉、甲板机械、其他设备的各种参数技术状态及轮机人员的操作信息等。收集的信息太少,可能遗漏判据,难以形成相应的情景意识;质量不高的信息太多,可能产生干扰,影响情景意识的形成质量。收集的信息太少或太多本质上均是由注意力分配不合理引起的。实践证明,每个人注意力的容量是有限性的。某位轮机人员将注意力过于集中于某一个点,他必然会忽略了其他信息的收集;注意力过于分散,没有集中到对应的关键信息,关注不够,收集的信息质量自然就不会高。可见,合理分配注意力是情景意识形成的重要环节。因此，轮机人员在管理工作中要清楚地了解信息资源与情景意识及管理工作的关系，充分认识注意力的有限性，始终跟踪环境和状态的发展变化，加强对机舱管理信息，尤其是发生变化的信息的警示，提高对信息的掌控能力，有效防止疏忽重要信息或"贪多嚼不烂"现象的发生，从而导致情景意识的丧失或错误。

5. 做好轮机管理中特殊情景的预想是培养情景意识的助推器

情景意识其实是一种触景生"情"的反应能力，只是掌握了大量的知识还是不够的，从"知道"到"做到"，看似咫尺之遥，却是两重境界。例如，在机动航行时，驾驶台突然由全速前进转换为全速后退，或主机存在部分参数越限等非正常情况时，一些轮机人员脑子就懵了，根本不能按车钟指令及时给出相应的转向和转速。这是因为这些轮机人员没有对紧急倒车、参数越限时操车等情景做任何预想，而当这个情景突然到来时，便感到目不暇接、手忙脚乱，不知道先做什么，后做什么，思维暂时停顿，情景意识出现断档；待克服慌乱，重新镇定下来，忆起紧急倒车、参数越限操车的程序，想按部就班时，船舶的状态和速度等现实情景早已超越起始的情景，错过根据现实情景采取"应景措施"的机会了。因此，轮机管理人员在平时不但要做好正常情况下的情景预想，还要对在轮机管理关键阶段可能出现的特别情况进行情景预想，有备无患，从容应对轮机管理中情景的不断变化。

6. 加强对轮机管理案例的学习研究是情景意识培养的捷径

轮机运行工况变化多端，影响轮机安全的因素千千万万，而公司安全管理体系、设备说明书等只能提供有限的程序帮助，而且其中大多还是基于其他系统、外部环境都正常的逻辑基础之上建立的。另外，单靠自己的经验，不但许多特殊情况个人体验不到，而且由于经历局限于某些常用的情况，还会使某些思维通道因频数效应而畸形发展，导致思维定式的缺陷。因此，要想更多地获取各种情况下的情景意识，学习和研究别人的轮机管理案例不失为一个快捷而有效的途径。

（四）机舱管理中良好情景意识的保持

保持良好的情景意识是预防和控制事故发生的有效措施。根据情景意识原理及案例分析并结合机舱资源管理理念，良好情景意识的保持表现在以下六个方面：

1. 身心状况

情景意识是属于思维和思想活动的范畴，是工作态度和情感的产物，身体和心理状况是思维与情感的基础，良好的身体和心理状况是良好的情景意识的基本条件。很难想象一位没有充分的休息、健康状况不良的轮机管理人员会有足够体力去学习和灵活应用自己的知识和技能，会适应海上多变的自然条件以及机舱繁重、恶劣的工作环境，会保持良好的情景意识。同时强烈的责任心、充分的安全意识、优秀的职业道德水准、顽强的意志、忠于职守的热忱与执着及临危不惧巧于应变的能力等，也都是轮机人员具有良好的情景意识应有的心理表现。

2. 经验与训练

经验和训练是获取知识的重要途径。知识越丰富，理解力、判断力和适应性越强，情景意识自然越高。虽然不同级别的船舶要求轮机员知识的深度、广度有所差别，但随着机舱自动化程度越高，所要求的知识水平就越高。轮机人员日常工作中的传统习惯和适任性操作训练，即当值人员应具有的知识、经验、技能和在各种情况下所要求的戒备以避免危险的做法，都可以作为有效应付不同条件和局面的经验，这些经验可以认为是良好情景意识的基本表现。

3. 理解力与操作技能

理解力与操作技能是良好情景意识的重要表现,理解力与操作技能越强,情景意识越高。机舱是轮机人员操作和控制的重要场所,机舱是船舶的心脏,对船舶安全有着重要的影响。理解力是指对于动力装置的实际状态与变化趋势能正确地感知,并对轮机各种设备适航状态的完全理解。操作技能是指通过实际技术的训练才能获得的能力,特别是机舱实际操作与维修技术,必须能够适应经常不断变化的各种工况的要求,又能够及时跟上不断更新的现代技术与设备的发展。

4. 适应性与熟悉程度

海上环境千变万化,有时风平浪静,有时狂风恶浪;有时海域宽阔,有时水道狭窄,加上船舶昼夜航行,长时间连续不断的机器振动、噪声使船员得不到充足的睡眠。特别是在机舱的恶劣工作环境中,轮机员必须在短时间内处理这些迅速多变的航行工况。这就要求轮机人员具有良好的适应性,此时稍有不慎就可能发生意外,造成重大损失。同时,轮机人员对轮机工况的熟悉程度越高,认识过程中对局面和条件的感知越清晰明白,在思考、分析和判断上会达成与实际情况的一致性,情景意识就越高。

5. 注意力与判断力

注意力是指轮机人员能敏捷地察觉各自负责维护和保养的设备的实际运行情况与变化趋势。发扬团队精神,同事间及时善意的提醒和知识技能互补,能增加失误链破断的能力,确保轮机设备安全、高效运行。信息输入是轮机人员进行判断的前提,这些信息包括:船舶驾驶台信息,如船舶位置,航向,航速,载货状态,风、流的方向及强弱,航道环境和交通状况等;轮机部信息,如主机、副机、锅炉、甲板机械和其他设备的信息等。

为了实现有效、而正确的决策判断,轮机人员还必须对信息进行整理、分析,以便正确确定其真伪。因此,轮机人员具有良好的注意力与判断力也是情景意识的重要表现。

6. 领导与管理技能

船舶作业是一项多部门多人员协同配合的工作。轮机长、轮机员、电机员、机工是常见的一种工作组合,单凭个人的力量是很难保持高水平情景意识的。在轮机部工作的领导与管理中,要获得良好的情景意识,在注意物的不安全状态的同时,要密切注意人的不安全行为。充分发挥每一位轮机部成员的作用和相互间的支持和监督是十分必要的。良好的轮机部领导与管理技能是保证该团队所有成员具有良好的情景意识的关键,也是预防和控制轮机事故发生的有效措施。

五、人为失误与预防

人为失误,即人的行为失误,是指工作人员在生产、工作过程中导致实际要实现的功能与所要求的功能不一致,其结果可能以某种形式给生产、工作带来不良影响的行为。换句话说,人为失误就是工作人员在生产、工作中产生的错误或误差。

(一)人为失误

1. 人为失误的分类

(1)极限失误:导致操作失败的一种程序上的失误。

(2)设计失误:设计不周引起的失误。

(3)操作失误:因操作不正确引起工作失败、程序上的失败,包括使用错误的程序,使用不当的工具也包括动机上的失误。

(4)记忆与注意失误:忘记、看错、想错等。

(5)过程失误:确认失误、解释失误、判断失误,以及操作过程中的失误。

2. 人为失误的原因

人为失误产生的主要原因很多,既有人的主观原因,也有客观原因;既有生理、心理因素,也有环境因素。

(1)产生不安全行为的内在因素

船员在船舶生产活动中,产生的不安全行为活动,主要的内在因素是船员本身初始条件的不足所导致不安全行为的发生。

①生理、心理因素上的不足

船员在上岗时,身体健康条件及心理因素没有达到岗位要求,如视力弱、听力差、反应迟钝,身体本身存有不同的疾病,性格孤僻等。

②安全素质差

船员本人缺乏安全意识,没有接受安全知识和安全技能的专业培训,安全认识水平低下,应急应变的能力更差。

③道德品质不良

缺乏服从意识,无组织无纪律,自私自利,道德败坏,以自我利益为中心。

④违背生产规律

不服从管理,不遵守操作规章,冒险蛮干,操作中随心所欲,急于求成等。

⑤身体疲劳

精神不振,神志恍惚,力不从心,偷懒耍滑,作业中睡觉,心不在焉。

(2)产生不安全行为的外在因素

船员产生不安全行为的外在因素,主要是客观环境对船员的身心影响,促成船员不安全行为的发生。主要的外在因素有:

①社会和家庭的影响

由于社会和家庭的原因,船员思想情绪反常,加深烦恼和忧虑,思想混乱,注意力不集中,深深陷入苦闷冲动的情绪中。

②客观环境影响

船员在高温、严寒、风、雨、雪的环境中作业,船员在作业中受到噪声、异光、异物等的刺激,身心受到严重的影响和刺激。

③各种信息不准

船员在作业中得到了错误的警报、指令,或者在船舶工作、生活中接收到了一些不正确或不准确的信息,造成心慌意乱、恐惧胆怯,作业时措手不及。

④作业使用的设备存在缺陷

船舶设备存在缺陷,技术性能差,超载运行,操作使用的索具不标准,没有安全保护。

⑤船舶管理失控

船舶管理混乱,无章可循,违章操作无人追究,没人认真履行岗位职责,人人都在混时间。

(二)人为失误的预防

1. 加强船员的安全意识,坚持预防为主的原则

安全是船舶营运的核心要素,是船舶管理的重要内容。安全意识是一种自觉意识,即遇到某种情况时,会不假思索地按相关的法律、法规、规章办事。这种意识要通过严格训练和反复灌输才能养成。船员端正的安全态度是保证船舶安全营运的基本前提,只有具备正确的安全意识,才能具备良好的安全态度,从而正确调控自身的行为,避免侥幸心理。作为船公司、航海院校或船员培训机构应该把培养船员的安全意识放在船员教育和培训的首要位置,使船员主动防御安全隐患。坚持预防为主的原则,就是要不断地研究和掌握事故发生的规律,提前采取防范措施,要防患于未然,把事故消灭在萌芽状态。必须把重点放在治理事故的致因上,如果知识不足,就要及早学习和教育,提高船员的知识水平,使之能适应管理系统的需要;如果技术不足就要通过科学的训练来培养提高,等等。

2. 改善人、机、环境系统安全状况,提高系统整体的可靠性

保证机械设备、电器仪表的制造安装质量,提高日常检修维护水平,消除装置设备和电气仪表的隐患。采取科学的手段来弥补人的不足,防止误操作造成事故。例如,重要设备或工艺过程,要有紧急停车和放空泄压的安全联锁装置;对重要安全设施要采用限位开关、声光报警信号和自动停车功能;对易发生人身伤害的转动设备、危险设施、危害场所,安装防护罩、防护栏、警戒线和警示标志。

不断提高系统本质安全化程度,当发生误操作时,系统应给出提示或警报或有防范误操作的执行功能;改善、优化人机界面状况以及环境因素,从而达到提高系统安全性的目的。

3. 培养船员良好的心理素质

船员长期在海上工作和生活,反复面对着几张同样的面孔,信息得不到交流,单调的海上生活使人沉默寡言,情绪烦躁、不稳定、易激动。为适应这种特殊的工作、生活环境,应付各种突发事件,要求船员必须具有健康的体魄和旺盛的精力。船员要掌握一定的运动知识,利用各种手段进行科学的身体锻炼,养成良好的生活习惯和锻炼习惯,建立良好的自身调节能力,丰富自己的生活。

狭窄的生活空间,特殊的工作条件及值班制度,复杂多变的气象条件、时差,意想不到的突发事件,都要求船员具备良好的心理素质。在航海理论知识、实际操作技能和心理素质三者中,心理素质至关重要。良好的心理状态能使人心情愉快、精神饱满、头脑清醒,能提高工作效率,较好地处理各种突发事件。良好的心理素质能使理论知识和操作技能得到正常的发挥,某种程度上还可以弥补理论知识和操作技能的不足,同时还可以感染周围的船员。对于高级船员来讲,良好的心理素质尤其重要。如果遇事不冷静,情绪急躁,手忙脚乱,会使局面陷入混乱。因此,要培养船员良好的心理素质,要求船员掌握一定的航海心理学知识,接受相关的心理训练,以提高船员在实际工作中的心理承受能力和心理调节能力。

4. 做好团队协作,增强情景意识

个人的能力并不是保证安全的决定因素,安全取决于全体船员是否协调配合,取长补短,最大限度地发挥船员的整体功能。船舶航行是一项涉及多种因素与条件的综合性工作,轮机部团队要保持人员之间的沟通与合作,以便保证船舶的安全航行。为了降低航行风险,保证航行安全,除了应全面认识人为因素与船舶事故的关系外,还应对船舶事故的综合因素加以认真分析。根据船舶事故发生的实际情况,涉及人为原因及其综合因素包括主体原因及客体原因。主体原因中往往涉及船舶轮机员自身技术方面的原因。客体原因主要有机械设备、环境因素等。这就要求轮机员加强自身素质及技能的训练,制定有效措施来消除或减少人为失误。除此之外,还要重视情景意识与安全的关系,将失误链在事故发生之前破坏掉。由情景意识与安全的关系理论可知,情景意识越好,事故风险越小。低情景意识产生高风险,而高情景意识减少风险。

第五节　风险评估与决策

适用对象:沿海航区及无限航区 750 kW 及以上船舶大管轮和轮机长。

知识要点概述:要求无限航区/沿海航区 750 kW 及以上船舶轮机长,了解状况与风险评估理论和方法;了解识别和进行选择的理论;了解在决策时选择行动过程的理论;了解实施结果有效性的评价方法。要求无限航区/沿海航区 750 kW 及以上船舶大管轮,掌握状况与风险评估理论和方法;掌握识别和进行选择的理论;了解在决策时选择行动过程的理论;了解实施结果有效性的评价方法。

一、风险评估

航海是高风险行业,受人、船舶、环境的影响比较明显,危险发生的可能性比较大,造成的后果也往往比较严重。就船员劳动而言,同样可能遭遇各种危险,包括不安全的环境条件、不安全的操作、机器设备的故障以及其他不安全因素对船员造成伤害的情形,因而有必要对船员劳动安全进行风险评估,目的在于查明危险源,分析风险,制定风险控制措施,从而降低风险导致危险发生的概率,控制可能造成严重危害的劳动安全事故或事件的发生,实现船员劳动安全的目的。船员在船期间的劳动安全可通过危险源辨识、风险评估和风险控制三个步骤来实现。

（一）危险源辨识

只有辨识出危险源之后才能进行风险评估,才能控制和消除风险。

危险源是指可能导致伤害或疾病、财产损失、环境破坏或这些情况组合的根源或状态。在生产劳动过程中,危险源不仅存在而且形式多样,大多都是不容易被人发现的,人们要采取一些特定的方法对其进行识别,这一识别过程就是危险源辨识。危险源辨识是控制危险事故发生的第一步,只有识别出危险源的存在,找出危险事故的根源,才能有效地控制危险事故的发生。

船上需要进行危险源辨识的作业(行为)包括:开关舱、靠离泊、抛起锚、装卸作业、系固绑扎、扫舱作业、收放艇梯、甲板维护保养、机舱检修、机舱吊缸、机舱维护保养、电器检修、车钳作业、明火作业、登离船、船上行走、徒手搬运重物、应急或演习等。这些作业(行为)的危险源辨识可由公司组织的专家小组来完成。

在进行船上劳动安全危险源辨识时需要考虑下列问题:
(1)在船上劳动作业现场存在什么样的危险源?
(2)这些危险源是否易于转化为危害?
(3)谁会受到这些危险源的伤害?
(4)伤害将会怎样发生?

就船上劳动安全而言,在进行危险源辨识时应重点注意下列可能造成船员伤害的危险源:

(1) 易导致滑跌的环境。

(2) 因物体(如缆绳、索具、紧固件、工具等)弹出、破断、坠落造成的击打。

(3) 因物体(如货物、舱盖、舷梯、救生艇、缸套、活塞等)移动造成的挤压。

(4) 运动机械(如锚机、绞缆机、起货机、吊艇机、舷梯起落装置、机舱设备、车床等)转动造成的机械伤害。

(5) 高处(如从舱口、壁梯、桅杆、烟囱顶部、机舱天窗、货物顶部等处)坠落。

(6) 设备、工具、索具、缆绳等本身的缺陷或强度不够。

(7) 防护缺陷(包括个人劳动防护用品的短缺或不适用、设备防护和制动装置的缺陷或故障,以及开关、电器、电缆的漏电等)。

(8) 作业环境不良(如空间不足、照明不足、缺氧、场地杂乱、场地湿滑、无安全通道、标志不清、环境过热或过冷、大风浪天气等)。

(9) 易燃易爆物质(如易燃易爆的货物、易燃的船舶物料、高压锅炉、高压容器、满装气瓶等)。

(10) 可接触或摄入的有毒、有害、腐蚀性物质(包括货物)。

(11) 可伤害眼睛的粉尘、铁屑、眩光等。

(12) 可造成灼烫伤的物体(如主副机燃油滤器、加热器、高温废油、电炉灶、沸油、沸水、高温货物等)。

(13) 有害能量(如电、辐射、噪声、振动等)。

(14) 身心异常(如过度疲劳、身体疾病、心理异常、情绪异常、酒后等)。

(15) 行为失当(如缺乏情景意识、缺乏团队合作精神、沟通与交流不畅、不安全行为、违章指挥、违章操作、误指挥、误操作、领导和决策错误等)。

在进行船上劳动危险源的识别时应充分考虑下列问题:在正常状态下作业有哪些危险源;在异常状态下(如进行设备抢修或在恶劣天气条件下)作业有哪些危险源;在紧急状态下(如抢险或应变)作业有哪些危险源。

(二) 风险评估

评估风险,就是判定风险发生的可能性和可能的后果。风险发生的可能性和可能的后果决定了风险的程度,风险程度分为高风险、中风险和低风险。对于低风险我们通过作业(生产)程序进行管理,中风险需要坚决的管理,而高风险是我们在生产作业中无法容忍的,必须在生产作业前采取措施降低它的风险程度。对风险进行评估可采取定量分析和定性分析两种方法。定量分析需要各类专业人员合作参加,一般过程复杂,适用于对重大风险进行准确评估。定性分析主要通过人的主观判断、人的习惯等进行评估,方法相对简单,适用于对各种风险进行定性评估。常用的风险评估有两种方法。

1. "风险矩阵图"法

这是目前在国际上对风险进行定性评估的常用方法(如图10-3所示)。如果评估出的风险程度是在"风险矩阵图"的红色和黄色区域,那么这种风险是主要风险。我们必须采取风险降低措施降低这些风险的程度,使这些风险的程度在生产作业前至少要在"风险矩阵图"中的中风险区域。

序号	后果		可能性				
	人	损害	1 作业中没听说过	2 不太可能发生	3 可能发生	4 有多次发生的可能	5 普遍,周、日都有
A	可忽略的	可忽略的					
B	轻微的	轻微的					
C	主要的	局部的					
D	个体死亡	区域性的					
E	多人死亡	灾难性的					

低风险　　　中风险(黄色)　　　高风险(红色)

图 10-3 "风险矩阵图"

2. 作业条件危险性评价

作业条件危险性评价法是一种简单易行的评价操作人员在具有潜在危险性环境中作业时的危险性的半定量评价方法,它是由美国的格雷厄姆和金尼提出的,因此也称为格雷厄姆－金尼法。

作业条件危险性评价法用与系统风险有关的三种因素指标值的乘积来评价操作人员伤亡风险的大小,这三种因素分别是:L(事故发生的可能性)、E(人员暴露于危险环境中的频繁程度)和C(一旦发生事故可能造成的后果)。但是,要取得这三种因素的准确数据,却是相当烦琐的过程。为了简化评价过程,可采取半定量计值方法,给三种因素的不同等级分别确定不同的分值,再以三个分值的乘积D来评价作业条件危险性的大小,即:

$$D = LEC$$

作业条件危险性评价法的特点是比较简便,容易在企业内部实行。目前,已在航空工业系统、部分铁路交通系统和石化系统试点使用,效果较好。它有利于掌握企业内部各危险点的危险状况,有利于整改措施的实施。

(1) 评价步骤

格雷厄姆－金尼法的评价步骤如下:

①以类比作业条件比较为基础,由熟悉类比作业条件的人员组成评价小组。

②由评价小组成员按照规定标准给L、E、C分别打分,取三组分值集的平均值作为L、E、C的计算分值,用计算的危险性分值(D)来评价作业条件的危险性等级。

由于采用专家打分方法进行评价,评价结果的准确性会受到专家经验、判断能力的影响,因此,组成评价小组时应慎重,以避免评价结果失真。

(2) 赋分标准

①事故发生的可能性(L)

事故发生的可能性(L)定性表示了事故发生概率。绝对不可能发生的事故概率为0;而必然发生的事故概率为1。然而,从系统安全的角度考虑,绝对不发生事故是不可能的,所以人为地将发生事故可能性极小的分数值定为0.1,而必然要发生的事故的分数值定为10,以此为基础规定介于这两种情况之间的分数值,如表10-7所示。

表 10-7　事故发生可能性分数值

分数值	事故发生的可能性
10	完全会被预料到
6	相当可能
3	可能,但不经常
1	完全意外,很少可能
0.5	可以设想,很不可能
0.2	极不可能
0.1	实际上不可能

由于该方法中事故发生的可能性只有定性概念,没有定量的标准,评价时很可能在取值上因人而异,影响评价结果的准确性。因此,在应用该方法时,建议在评价开始之前确定定量的取值标准,如"完全可以预料"是平均多长时间发生一次,"相当可能"是多长时间一次等。这样,就可以按统一的标准来评价企业各子系统的危险程度。

②人员暴露于危险环境的频繁程度(E)

人员暴露于危险环境中的时间越多,受到伤害的可能性越大,相应的危险性也越大。规定人员连续出现在危险环境的情况定为 10,而非常罕见地出现在危险环境中定为 0.5,介于两者之间的各种情况规定若干个中间值,如表 10-8 所示。

表 10-8　人员暴露于危险环境频繁程度分数值

分数值	人员暴露于危险环境的频繁程度
10	连续暴露
6	每天工作时间内暴露
3	每周一次,或偶然暴露
2	每月暴露一次
1	每年几次暴露
0.5	非常罕见地暴露

③发生事故可能造成的后果(C)

事故造成的人员伤害和财产损失的范围变化很大,所以规定分数值为 1~100。把需要治疗的轻微伤害或较小财产损失的分数规定为 1,把造成多人死亡或重大财产损失的分数规定为 100,其他情况的数值在 1~100,如表 10-9 所示。

表 10-9　发生事故可能造成后果分数值

分数值	发生事故可能造成的后果
100	大灾难,许多人死亡,或造成重大财产损失
40	灾难,数人死亡,或造成很大财产损失
15	非常严重,一人死亡,或造成一定的财产损失
7	严重,重伤,或造成较小的财产损失
3	重大,致残,或造成很小的财产损失
1	引人注目,不利于基本的安全卫生要求

④危险性等级划分标准

根据经验,危险性分值在20以下为低危险性,这样的危险比日常生活中骑自行车去上班还要安全些;如果危险性分值在70~160,有显著的危险性,需要采取措施整改;如果危险性分值在160~320,有高度危险性,必须立即整改;如果危险性分值大于320,极度危险,应立即停止作业,彻底整改。

危险性等级的划分是凭经验判断,难免带有局限性,不能认为是普遍适用的,应用时需要根据实际情况予以修正。

按危险性分值划分危险性等级的标准如表10-10所示。

表10-10 危险程度等级标准

D 值	危险程度
>320	极度危险,不能继续作业
160~320	高度危险,需要立即整改
70~160	显著危险,需要整改
20~70	比较危险,需要注意
<20	稍有危险,可以接受

(三) 风险控制

风险控制是指采取风险控制方法降低风险程度,使风险的程度降到我们在生产作业中可以接受的程度,并对风险进行有效控制。风险控制方法主要分为以下7种。

(1) 排除。排除风险就是消除作业中的隐患。如一个漏电的插座,在生产过程中我们要经常触摸,通过风险评估矩阵图评估风险程度在D4区,为高风险,是我们无法容忍的。如果我们用一个绝缘良好的插座换掉这个漏电的插座,就消除了风险。

(2) 替换。当隐患无法消除时,可采取替换的方法降低风险程度。替换,是指用无风险代替低风险,用低风险代替高风险的风险控制方法。如以无毒材料代替有毒材料、以低毒材料代替高毒材料降低有毒材料对人体伤害的方法,就是一个简单的替换方法。

(3) 降低。降低是指采用工程设计等措施降低风险程度。如在木材加工厂工作的职工每天都要在噪声值接近90 dB(A)的环境中工作,通过风险评估矩阵图评估,风险程度在C5区是高风险,是我们无法容忍的。通过在木材加工机械上加装噪声消除设备,使吸声值降低到60~70 dB(A),再通过风险评估矩阵图评估,风险程度降到了B5区,为中风险。

(4) 隔离。隔离是指将人的生产作业活动与隐患隔开的风险控制方法。在野外施工时要穿越一条湍急的河流,我们用渡轮到达对岸的方法就是一个隔离的方法。

(5) 程序控制。程序控制指针对风险制定工作程序,使企业的生产活动严格在工作(作业)程序控制之下。如地震作业小队在野外施工时制定了车辆行驶控制程序,要求所有乘车人员必须系安全带。车辆行驶时速不得超过60 km/h,降低了车辆行驶的风险程度。

(6) 保护。保护是指对人员进行保护,如给职工配备劳动用品等。在前面我们提到的木材加工厂如果再给职工配备防噪声耳罩,就可将风险降至A5区,为低风险。

(7) 纪律。纪律指加强劳动纪律,对违反劳动纪律的人员进行必要的处罚。如对串岗、睡岗和酒后驾车人员的纪律处罚。

风险控制报告表见表10-11。

表10-11 风险控制报告表

风险控制报告				
风险索引号:NO.				
日期:		报告人:		
类型:	人员	损害	环境	治安
输入风险水平:可能性　后果　风险程度　高 　　　　　　　　　　　　　　　　　　中 　　　　　　　　　　　　　　　　　　低				
控制: 消除　替换　降低　隔离 　　　程序控制　保护　纪律 具体描述:				
输出风险水平:可能性　后果　风险程度　高 　　　　　　　　　　　　　　　　　　中 　　　　　　　　　　　　　　　　　　低				

(四)应用实例

船舶修理过程中,施工人员进入未经测爆的密闭舱室,评价这一操作条件的危险性。

未经测爆的密闭舱室,可能会积聚可燃性混合气体,若贸然进入舱内进行作业,有可能酿成事故,但事故不会经常发生,故取 $L=3$;厂修时的船舶修理过程中,进入密闭舱室的频繁程度属于非连续性间断工作,应取 $E=6$;一旦发生事故,其后果是非常严重的,可能造成人员的伤亡,取 $C=15$。

$$D = LEC = 3 \times 6 \times 15 = 270$$

危险性分值 $D=270$,处于 $160\sim320$,危险等级属高度危险,须在作业前采取测爆措施降低它的风险程度。

第六节　轮机部团队操作实例

适用对象:沿海航区及无限航区750 kW及以上船舶大管轮和船舶轮机长。

知识要点概述:要求无限航区/沿海航区750 kW及以上船舶大管轮熟悉开发、实施、监督和批准标准操作程序(SOPs)的方法。要求无限航区/沿海航区750 kW及以上船舶轮机长了解开发、实施、监督和批准标准操作程序(SOPs)的方法。

一、开发、实施和监督标准操作程序

船舶上全体船员应以同舟共济、安全航行作为共同的目标,任何个体只有依托整体和团队才能有效发挥其作用。当船舶碰到需要团队协作共同完成的目标时,团队协作与配合就显得非常重要。轮机长作为轮机部团队的领导,应该将轮机部相关的团队操作制定出标准操作程

序,在日常的工作中组织训练或演练,并做出合适评价,不断整改与提高。

轮机部团队标准操作程序分为常规工况下标准操作程序与应急工况下标准操作程序。常规工况下标准操作程序是在轮机部设备处于正常状态下,由轮机部团队人员共同完成的常规操作,如备车操作、完车操作、并电操作、加油操作等;应急工况下标准操作程序是在轮机部设备处于异常状态下,由轮机部团队人员共同完成的应急操作,如主机遥控失灵、舵机失灵、全船失电、机舱火灾等。

轮机部团队操作程序包含团队操作程序的开发、团队操作程序的实施以及团队操作程序的监督与评价标准等三方面内容。

(一)团队操作程序的开发

轮机部团队在开发标准操作程序时,首先预设团队任务,然后分组讨论、分析任务,并做出计划,讨论计划,最后确定操作方案,下文所述是"全船失电操作方案"的范例。

范例:船舶定速航行期间全船失电时轮机部团队操作方案。

(1)发生全船失电后,值班轮机员立即通知值班驾驶员。

(2)值班人员通知轮机长及其他相关人员进入机舱,并记录相关事项。

(3)轮机长根据团队的情境意识,按照优先顺序进行合理的人员分工及任务分派。

(4)团队成员按照分工进行全船失电时的应急操作、检查并及时相互沟通。

①团队成员立即行动

a.检查发电柴油机和应急发电机的运行情况。

b.如果需要,应当把主机控制位置从"驾控"转换到"集控",主机操作手柄到"停车"位,将控制模式转换为手动。

c.根据机舱实际情况,如有需要,对燃油和滑油分油机采取必要措施,关闭给水阀,停止对造水机加热。

②电站恢复

a.检查主机的辅助机械是否重新启动。

b.检查所有辅助装置和舵机是否自动重新启动。

c.重新启动其他手动启动机械(辅锅炉、燃油和滑油分油机以及通风机等)。

d.重新启动主机的准备(复位主机停车和其他故障)。

③重新启动主机

a.根据车令,以"慢速前进"启动主机。

b.根据车令,逐步地提高主机转速,直到"港口全速前进"。

c.根据"海上全速"指令,将操纵手柄设置为海上速度。

d.将主机控制位置转换到驾驶台控制。

(5)条件允许后,检查发电机故障原因并排除。

(6)做好相关记录。

(7)团队成员对任务的完成情况相互评价。

(二)团队操作程序的实施

轮机部团队操作程序的实施可以根据需要在全任务轮机模拟器进行演练。演练时根据已经编制好的标准操作程序,预先设置轮机模拟器初始状态,在轮机长的带领下,由轮机部团队集体演练完成。演练结束后,根据演练过程中出现的问题,修改完善计划,进行总结,同时,由教练员进行点评,最终将团队操作程序修改完善。

轮机部团队操作程序的实施可以根据预设的标准操作流程在船舶工作现场进行演练。演练的模式可以参考船舶演习的模式,由轮机部团队人员在轮机长的带领下,在船舶现场进行模拟演练,注意演练的过程中尽量进行模拟操作,注重流程、配合等要素,避免对船舶工作造成干扰。演练过程中轮机部团队尽量分组,有操作的,有观摩的,做到互相评估,以利于改进团队操作流程。

在团队操作程序的演练过程中,要注意重点突出团队操作的关键要素,如保持有效的沟通、有效的资源分配、优先排序、根据团队经验进行决策、获得和保持情境意识、正确地领导和决策等。

(三)团队操作程序的监督与评价

(1)对轮机部的团队操作程序的监督与评价重点从以下方面展开:

①情景意识:对于所做的工作,要有感知、认知、全面了解以及预测等方面的团队情景意识,对情境进行合理的判断。

②资源的分配、分派和优先排序:按照合理的优先顺序进行资源分配、任务分派。

③沟通的能力:团队要做好情感上的、业务信息上的、制度上的以及责任、权利、利益的沟通;沟通效果好,属于有效沟通。

④轮机长(员)的领导力和决断力:科学决策能力、全员执行能力、管理能力。

⑤团队协作配合:团队的协作意识、凝聚力和高昂的士气。

⑥团队自评:针对完成的工作,团队从资源管理方面进行自评。

(2)轮机部的团队操作程序的评估标准(按照百分制评价):

①团队领导能按正确的优先顺序分配任务,沟通能力强;具有良好的决断力和领导力;良好的情景意识;充分考虑团队经验。(100%)

②团队领导能按正确的优先顺序分配任务,沟通能力强;具有良好的决断力和领导力;情景意识一般;团队经验一般。(80%)

③团队领导能按较正确的优先顺序分配任务,沟通能力较好;决断力和领导力一般;情景意识一般;团队经验一般。(60%)

④团队领导分配任务一般,沟通能力较差;决断力和领导力一般;情景意识一般;团队经验一般。(40%)

⑤团队领导不能按正确的优先顺序分配任务,沟通能力差;没有决断力和领导力;情景意识差;配合差。(0%~20%)

二、轮机部团队操作实例

(一)狭窄航道航行

事故简介:某轮在船厂坞修结束后离开船厂起航,刚离开码头进入狭窄航道航行,机舱主机缸套水高温报警;两台并联运行中的一台副机,相继出现滑油、淡水高温报警以及滑油低压报警(但没到极限停车值)。5 min 后,另一台副机也发生同样情况。此时情况万分危急,由于在狭窄水域航行一旦跳电有可能碰撞或搁浅,后果不堪设想,必须立即采取果断措施。轮机长一方面通知驾驶台,告知机舱出现的问题,通知驾驶台做好应急准备;同时采取减速措施,避免冷却水温升高过快;在维持最低冷却需求的前提下,迅速组织轮机部人员快速解体一台中央冷却器,从根源上消除冷却隐患。轮机部人员协调一致,行动迅速,用最短时间将堵塞冷却器的异物取出,恢复冷却;等船舶到开敞水域,将另外一台中央冷却器彻底解体,彻底排除故障。

原因分析:从机舱资源管理方面考虑:

1. 轮机部团队经验与熟练程度不够

(1)修船中海水管换新后,大管轮没有仔细验收海水管内是否有棉纱等异常物,船出入坞也没有检查海水系统是否畅通,备车时仍没有检查主海水压力是否正常。

(2)二管轮没有发现副机滑油、淡水温度持续上升,也没有发现副机滑油压力持续下跌,此时已形成副机即将跳电的失误链,导致出现本例首段提到的措手不及的危险局面。

2. 轮机长具有良好的情景意识,领导与管理技能强

(1)当听到大管轮、二管轮汇报主副机高温报警时,先询问驾驶台,主机能否做减速处理,然后对主机进行减油、减速,既保证了船舶安全,又保证了设备的安全。

(2)根据设备的参数变化,思路正确,应对到位,做出中央冷却器脏堵需解体处理的决定。

(3)考虑好替代方案,一旦在解体中央冷却器过程中发生副机跳电,即在船头备双锚抛锚,应急发电机可随时投入使用。

(4)操作时主机开低速,既保持有一定船速,也保证了舵效,最终将危险局面化解。

3. 轮机部团队协作意识高

问题出现后,轮机团队人员密切配合,相互沟通通畅,步调一致,操作环节严密,程序正确,及时避免海上事故发生。

以上案例说明在机舱资源管理中情景意识对轮机安全产生重要影响。情景意识薄弱会干扰轮机人员的注意力与判断力,使他们对周围情况感知不全面或混乱。随着压力和疲劳的增加,进一步降低了他们的身体和大脑的反应能力、信息接受能力及综合处理问题的能力。提高情景意识能有效地应对突发事件,敏捷地察觉和了解周围情况的变化及影响,增强轮机人员识别失误链和在事故发生前将其破断的能力等。

(二)全船跳电

事故简介:××轮航行于印度洋,1800时机舱副机缸套冷却水高温报警。轮机长和当班轮机员下机舱处理警报,其间副机缸套水温度继续上升,结果导致电网的两台副机相继跳闸,应急发电机自动启动并提供照明电源。机舱立即启动第三台副机并电工作,但没有多久也由于缸套水高温跳电。此时轮机长又多次启动副机想尽快恢复供电,结果把两个气瓶的空气全部用完,副机无法再次启动。此时,应急发电机的风门挡板没有打开,导致应急发电机过热故障。船上条件局限无法恢复供电,造成整船完全失电,且没有恢复的可能,船舶只能漂航,等待公司安排拖船救援。最后公司安排远洋拖船把该轮拖至斯里兰卡,由岸基协助船上把气瓶补足空气,启动副机恢复供电,船舶恢复航行。这次事故给公司造成了巨大的损失。

原因分析:本例可从机舱资源管理中情景意识方面的失误来找解决的办法,防止此类事故的再次发生。

1. 判断力、注意力与理解力差

轮机长和当班轮机员在副机缸套冷却水高温报警下,没能正确考虑可能面临的跳电局面,判断能力与理解力差,仅把注意力集中到副机上,在特定的时间对影响副机正常运行的因素和条件的准确感知能力不强。

2. 适应性与心理素质欠佳

海上环境多变，机舱工作繁重，船员身心容易疲劳，需要很强的心理适应能力。在故障处理中对事态的发展缺乏掌控，在原因尚未查清前多次启动副机，导致两个气瓶的空气全部用尽，完全属于非正常行为，心理抗压与适应能力差。

3. 轮机长操作与领导技能差

应急发电机的风门挡板没有打开致使电机过热，同时没有及时安排电机员参加故障排除，结果造成没有恢复供电的可能。

4. 经验与训练不足

值班轮机员（二管轮）对自己的主管机舱设备熟悉程度不够，操作技能差，没有预计到由低温冷却器脏堵引起的冷却水高温可能导致全船跳电。

因此，该事故的根本原因是轮机长和当班轮机员缺乏足够高的情景意识，由此造成判断和决策失误不可避免。

（三）主机故障

某船的主机型号 MAN - B&W 6L70MC，主机额定功率为 15 720 kW，额定转速为 106 r/min，常用转速为 95 r/min，主机增压器型号为 VTR564-32。

1. 事故概述

该轮某航次靠新加坡次日离港，在离港不久以后主机还未达到海上转速时，发现主机 NO.6 缸排气阀高压油管振动，主机转速越往上加振动越强烈，排气阀和排气阀伺服油缸敲击声很大，单缸扫气温度随主机转速上升而上升，达到 100 ℃ 左右，并伴有 NO.2 透平喘振。主机不得不减速至 66 r/min 以下运行。

2. 船舶组织的检查

故障发生后多次停车，对主机做了以下工作：
（1）更换了 NO.6 缸排气阀。
（2）打开凸轮箱道门检查排气阀凸轮及驱动滚轮的工作状况。
（3）解体了 NO.6 缸排气阀伺服油缸及驱动装置。
（4）更换了 NO.6 缸油头。

NO.6 缸故障现象仍然存在。轮机长请求公司给予岸基支持。

3. 公司对情况的了解和分析

除船舶汇报的检修情况外，公司还知道该轮在港停泊期间未对主机做任何检修工程。进港前无任何异常的现象。

分析：燃气下串引发主机透平喘振，然而造成燃气下串的可能原因是排气阀启阀定时错乱或活塞与气缸间漏气，排气阀高压油管强烈振动又可能是造成排气阀定时混乱的元凶。

公司把以上可能出现的故障因素及相互关系与轮机长进行沟通交流，要求轮机长对可能造成排气阀启闭的部件进行拆检并确认无误，包括排气阀的空气缸安全阀、伺服油缸进油单向阀、排气阀顶部节流气阀、回油管、排气阀高压油管二端接头端面间隙以及排气阀定时等。在完成上述检查确认无异，主机 NO.6 缸故障仍未能消除。

公司要求轮机长将主机 NO.6 排气阀伺服油缸总成、排气阀高压油管，以及排气阀总成与 NO.5 缸逐一对调做试验，每完成一项进行一次试车，将三个部分的工作状况加以确认。

完成上述工作后,NO.6缸故障还是依旧存在。

轮机长又组织船员对主机NO.6缸进行了吊缸检查,同时检查主机凸轮轴联轴器的连接状况。检查结果为一切正常。

主机重新启动运行,观察NO.6缸排气阀油管仍然振动。通过调整各缸油门,减少NO.6缸喷油量,主机转速可达82 r/min,其他参数正常。但主机运行不过几小时,主机NO.2增压器就发生频繁喘振,只好将主机减速到72 r/min。经过观察发现只要听到排气阀混杂的声音,或当外界负荷变化,主机透平就随时发生喘振现象。纵观前后几天对主机NO.6缸故障查找,尽管船员们付出大量的劳动,但还是未能根本解决故障。

几天后,公司接到轮机长报告,在提高了凸轮轴油泵出油压力后主机故障现象消失了。主机恢复正常,查找真正的故障原因也就暂时停止了。

4. 新任轮机长上船,"意外"排除故障

新任轮机长上船之后,了解到NO.2凸轮轴油泵压力比NO.1低,不可用,无意中将NO.2凸轮轴油泵调换NO.1使用,运行没多久,机舱值班人员就报告说,NO.6缸排气阀异声没有了,经检查NO.6缸排气阀工作正常,油门恢复,主机加速,增压器也不喘振了。

检查记录结果:在新加坡码头时,大管轮将NO.1泵换用NO.2泵。记录还显示NO.2泵已很久未用了。

主机NO.6缸故障的罪魁祸首是"NO.2凸轮轴油泵"——油压过低。

NO.1油泵:出口压力为0.39 MPa,集控室表压力为0.33 MPa。

NO.2油泵:出口压力为0.37 MPa,集控室表压力为0.31 MPa(与NO.1油泵差0.02 MPa)。

检查NO.2油泵的调压阀已调到极限,且无法再调高,观察NO.2油泵的运行无其他异常情况。

为什么NO.2油泵比NO.1油泵压力低0.02 MPa就会导致NO.6缸排气阀故障呢?因为报警值为0.20 MPa。

经解体NO.2凸轮轴油泵,检查机械密封已经失效。

将机械密封解体、清洁,更换密封圈后装好,油泵出口压力达到0.40 MPa,集控室表压力为0.34 MPa,比NO.1油泵还要高0.01 MPa。

经运行观察,主机NO.6缸排气阀未发现异常。

5. 故障原因分析

当机械密封失效,空气吸入造成油泵压力下降,排量减少(凸轮轴油泵在运转中,密封腔具有负压力,泵在机械密封失效情况下也不出现滑油外泄。)。

因为吸入的空气进入系统后,首先集结在NO.6缸排气阀高压油管内,导致排气阀伺服油缸的活塞在泵油时,高压油管内空气被压缩并产生强烈波动,造成了排气阀高压油管的剧烈振动。

高压油管内的空气被压缩后产生强力波动使排气阀启阀定时出现混乱,造成高温废气窜入扫气,使扫气温度升高;造成单缸扫气不足,缸内燃烧不良,引起增压器背压升高、空气流量减少而导致主机透平喘振。

6. 轮机部团队操作分析

(1)设备长期未被使用,大管轮缺乏正确的感知,没有仔细地去查阅其停运的理由。

（2）设备出现运行参数偏离原始数据，团队工作人员缺乏注意力，并对可能发生的问题没有意识。

（3）主机问题出现以后，团队工作人员注意力过于集中，缺乏全面的判断力。

（4）在几次检修后故障问题仍然存在时，团队工作人员缺乏应对这种局面的替代计划，只是盲目地进行主机吊缸。

机械故障出现以后，船舶管理人员包括公司在内的指导都是局限在NO.6缸的排气阀上。未能把一线的情况做充分了解。指导上也出现了一定的盲区。

（5）通信方面：电话和邮件。

未能采用信息技术来获取一线的资料和原始档案。即使主机换用凸轮轴增压泵后，公司也没有和船舶人员进行联系沟通，在船人员也没有认真查找公司提出的可疑点。

（6）工作压力和心理方面。

①航行中出故障，班期压力让船舶管理人员在处理中临时性的丧失扩大思维的判断能力。

②连续几天的检修工作、身体疲劳等因素，导致完成任务的过程中，未能按照先难后易的次序。

③由于工作压力和心理压力太大，轮机长与公司的交流中出现不耐烦的情绪，未能很好地沟通，公司的质疑也没有产生效果。

参考文献

[1] 魏海军. 轮机维护与修理. 3版. 大连：大连海事大学出版社，2018.
[2] 李斌. 现代大型低速柴油机. 哈尔滨：哈尔滨工程大学出版社，2015.
[3] 俞文胜. 轮机动力设备拆检技术. 大连：大连海事大学出版社，2017.

参考文献